Gérer les risques climatiques et faire face aux pertes et aux dommages

OCDE
DES POLITIQUES MEILLEURES
POUR UNE VIE MEILLEURE

Ce document, ainsi que les données et cartes qu'il peut comprendre, sont sans préjudice du statut de tout territoire, de la souveraineté s'exerçant sur ce dernier, du tracé des frontières et limites internationales, et du nom de tout territoire, ville ou région.

Les données statistiques concernant Israël sont fournies par et sous la responsabilité des autorités israéliennes compétentes. L'utilisation de ces données par l'OCDE est sans préjudice du statut des hauteurs du Golan, de Jérusalem-Est et des colonies de peuplement israéliennes en Cisjordanie aux termes du droit international.

Note de la Turquie
Les informations figurant dans ce document qui font référence à « Chypre » concernent la partie méridionale de l'Ile. Il n'y a pas d'autorité unique représentant à la fois les Chypriotes turcs et grecs sur l'Ile. La Turquie reconnaît la République Turque de Chypre Nord (RTCN). Jusqu'à ce qu'une solution durable et équitable soit trouvée dans le cadre des Nations Unies, la Turquie maintiendra sa position sur la « question chypriote ».

Note de tous les États de l'Union européenne membres de l'OCDE et de l'Union européenne
La République de Chypre est reconnue par tous les membres des Nations Unies sauf la Turquie. Les informations figurant dans ce document concernent la zone sous le contrôle effectif du gouvernement de la République de Chypre.

Merci de citer cet ouvrage comme suit :
OCDE (2022), *Gérer les risques climatiques et faire face aux pertes et aux dommages*, Éditions OCDE, Paris, https://doi.org/10.1787/be5c2857-fr.

ISBN 978-92-64-46259-5 (imprimé)
ISBN 978-92-64-61500-7 (pdf)
ISBN 978-92-64-66233-9 (HTML)
ISBN 978-92-64-55952-3 (epub)

Crédits photo : Cover © Maro Haas

Les corrigenda des publications sont disponibles sur : www.oecd.org/fr/apropos/editionsocde/corrigendadepublicationsdelocde.htm.

Préface

Il est grand temps de s'attaquer aux impacts du changement climatique. La dernière évaluation scientifique du Groupe d'experts intergouvernemental sur l'évolution du climat ne laisse aucun doute quant à la gravité des dangers climatiques qui nous attendent ; des phénomènes de grande ampleur aux impacts terribles – comme la fonte de la banquise et la modification radicale des courants océaniques – ne peuvent non plus être exclus. La situation dans laquelle nous nous trouvons est de plus en plus dangereuse. Une grande partie de la population actuelle et future du globe terrestre sera confrontée à des dangers climatiques plus fréquents et plus intenses. Le nombre d'États adoptant des objectifs de neutralité carbone est encourageant. Cependant il faut que cela se traduise par des actions et des résultats concrets. À court terme, les actions ne contribuent souvent pas à réduire les risques climatiques, bien au contraire.

Il est extrêmement important, pour atteindre les objectifs exposés dans l'Accord de Paris, d'accroître la transparence, la confiance et la solidarité. Cet accord est lui-même un instrument de transparence qui fournit des mécanismes de contrôle pour encourager une action climatique véritable et de plus en plus ambitieuse. Chaque État a la responsabilité très importante de tenir les engagements pris dans le cadre de cet accord. La réussite dépendra toutefois de la solidarité entre les pays et en leur sein, de l'efficacité des institutions, de la cohérence des politiques publiques et de leur capacité à mettre en place des incitations adaptées dans tous les secteurs de l'économie, de l'innovation dans les partenariats et les technologies, de l'adoption d'approches porteuses de transformations et des investissements visant l'amélioration de la résilience.

Bien que l'on ne sache pas exactement à quoi ressemblera le changement climatique dans les différentes régions au cours des prochaines décennies, ce n'est pas une raison pour retarder l'action. Le rapport de l'OCDE passe en revue les incertitudes qui planent concernant les risques climatiques et examine en détail les trois principaux types de dangers, à savoir : les changements à évolution lente, les phénomènes météorologiques extrêmes et les points de basculement. Il analyse ensuite les dispositifs politiques, financiers et technologiques qui sont requis pour réduire et gérer les risques de pertes et de dommages induits par le changement climatique.

L'OCDE amplifie son soutien aux pays pour les aider à faire face aux défis climatiques qui les attendent, et ce rapport en fait partie. Un certain nombre de recommandations importantes y sont formulées. En plus de limiter le réchauffement à 1.5°C, les États doivent étudier avec attention les incertitudes des risques climatiques avant de prendre des mesures et des décisions en matière d'investissement. Les pays développés doivent accroître leur soutien technique et financier aux pays en développement et le rendre plus accessible et prévisible. Mon espoir est que ce rapport permette d'alimenter les discussions relatives aux Pertes et Préjudices dans le cadre du processus des Nations Unies sur le climat. Son but est également d'étayer les mesures politiques, financières et technologiques qui seront prises sur le terrain pour accroître l'efficacité des actions visant à réduire et gérer les risques de pertes et dommages induits par le changement climatique.

Mathias Cormann
Secrétaire général, OCDE

Avant-propos

Le présent rapport aborde la question urgente des pertes et dommages liés au climat qui se font déjà ressentir et surviendront dans l'avenir. Il le fait sous l'angle de la gestion des risques. Il examine comment le changement climatique se manifeste et se manifestera dans différentes régions du monde au fil du temps, en s'intéressant à trois types d'aléa : les changements à évolution lente comme la montée du niveau de la mer ; les phénomènes climatiques extrêmes comme les vagues de chaleur, les fortes précipitations et les sécheresses ; enfin, les éventuelles modifications non linéaires de grande ampleur du système climatique lui-même. Le rapport étudie les approches envisageables pour réduire et gérer les risques en mettant l'accent sur l'action des pouvoirs publics, ainsi que sur le financement et l'utilité de la technologie dans l'efficacité des processus de gestion des risques. S'appuyant sur les expériences menées dans le monde entier, en particulier dans les pays les moins avancés et les petits États insulaires en développement, il met en lumière un certain nombre de bonnes pratiques et indique des marches à suivre.

L'essentiel du présent document a été rédigé avant que le Groupe de travail I du Groupe d'experts intergouvernemental sur l'évolution du climat (GIEC) ne publie son compte-rendu dans le cadre de son sixième Rapport d'évaluation. Il n'en repose pas moins sur les mêmes travaux de recherche (ainsi que sur des travaux plus récents). Élaboré dans le cadre d'un projet couvrant une année, il a bénéficié des conseils et contributions spécifiques des plus grands spécialistes du changement climatique des milieux scientifiques, ainsi que des connaissances d'un large éventail d'experts issus de la recherche académique (notamment dans les domaines de l'économie et des sciences sociales), de l'analyse des politiques, des risques financiers, des risques de catastrophe et de la reconstruction travaillant pour des organisations internationales, des administrations nationales et des laboratoires d'idées. L'organisation d'une série d'ateliers réunissant des acteurs des pouvoirs publics et du monde scientifique et la constitution d'un groupe consultatif de haut niveau chargé d'accompagner l'élaboration du rapport se sont révélés particulièrement utiles, fournissant ainsi une large diversité de points de vue et de connaissances spécialisées.

Ce rapport s'adresse aux décideurs chargés d'étudier et d'évaluer les mesures envisageables pour réduire et gérer les risques de pertes et de dommages induits par le changement climatique. Par ailleurs, nombre de ses conclusions concernent de façon plus générale la société, notamment pour ce qui est de la gestion de l'environnement et des risques de catastrophe, ainsi que les ministères responsables des domaines dans lesquels il est de plus en plus nécessaire de prendre en compte les effets néfastes du changement climatique, tels que ceux de la finance, des infrastructures, de l'eau et de l'agriculture. Ce rapport distille des informations permettant de mieux comprendre certaines des grandes questions entourant ces risques. Il vise ainsi à enrichir la concertation politique et publique (au niveau international et national) et à encourager une action indirecte des acteurs du secteur privé et de la société civile.

Remerciements

Le rapport *Gérer les risques climatiques et faire face aux pertes et dommages* a été élaboré sous la supervision de Simon Buckle, Chef de la Division de l'environnement, des transitions et de la résilience au sein de la Direction de l'environnement de l'OCDE, qui a également participé à sa rédaction. Nicolina Lamhauge, Marcia Rocha, Balazs Stadler et Bopha Chhun, de la Direction de l'environnement de l'OCDE, en sont les auteurs principaux et les coordonnateurs. Les chapitres, sections et encadrés ont été rédigés avec le concours des experts suivants :

- *Chapitre 2 : Types d'incertitudes et compréhension des risques de pertes et de dommages*
    - Auteurs principaux : Erica L. Thompson (London School of Economics) (intégralité du chapitre 2) ; Friederike Otto (Oxford University, désormais Grantham Institute, Imperial College London) et Luke Harrington (Victoria University of Wellington, Nouvelle-Zélande) (section 2.2.1) ; Chandra Sekhar Bahinipati (Indian Institute of Technology Tirupati, Inde (encadré 2.6) ;
- *Chapitre 3 : Les impacts du changement climatique et leurs effets en cascade : conséquences en termes de pertes et de dommages*
    - Auteurs principaux : Jochen Hinkel (Global Climate Forum) (encadré 3.2 et section 3.4) ; Friederike Otto (Oxford University, désormais Grantham Institute, Imperial College London) et Luke Harrington (Victoria University of Wellington, Nouvelle-Zélande) (section 3.5) ; Timothy M. Lenton, Jesse F. Abrams, Paul D. L. Ritchie, Chris A. Boulton, Mark Williamson (Global Systems Institute, University of Exeter) (sections 3.2.1 et 3.6) ;
    - Autre auteur : Leigh Wolfrom (Direction des affaires financières et des entreprises de l'OCDE) (section 3.2.1) ;
- Chapitre 4 : *Action publique, gouvernance et institutions à l'appui de la réduction et de la gestion des pertes et dommages*
    - Auteurs principaux : Jochen Hinkel (Global Climate Forum) (section 4.5) ; Rosalind Cornforth, Lindsay Todman, Ross Fairgreave, Heather Plumpton, Theodore Shepherd, Elena Tarnavsky, Celia Petty (Walker Institute, University of Reading) (encadré 4.3) ;
    - Autre auteur : James Acidri (Evidence for Development) (dont les points de vue ont servi de fil directeur tout au long du chapitre) ;
- *Chapitre 5 : Le financement et les risques financiers face à l'augmentation des pertes et des dommages*
    - Auteurs principaux : Leigh Wolfrom (Direction des affaires financières et des entreprises de l'OCDE) (section 5.3.3) ; Juan Casado-Asensio et Alberto Agnelli (Direction de la coopération pour le développement de l'OCDE) (section 5.4).

Le rapport a également bénéficié des précieuses orientations stratégiques définies par les membres d'un groupe consultatif ad hoc de haut niveau et leurs équipes. Le Groupe consultatif de haut niveau a été coprésidé par Masamichi Kono, Secrétaire général adjoint de l'OCDE, et Maria Flachsbarth, Secrétaire d'État parlementaire auprès du ministère fédéral de la Coopération économique et du Développement de l'Allemagne (BMZ). Les membres du Groupe consultatif de haut niveau sont (par ordre alphabétique) : M. Christoph Bals, Directeur des politiques à Germanwatch et vice-président de l'initiative MCII (*Munich Climate Insurance Initiative*) ; Mme Janine Coye Felson, Ambassadrice et représentante permanente adjointe, mission permanente du Belize auprès des Nations Unies ; M. Arunabha Ghosh, fondateur et administrateur général, Council on Energy, Environment and Water(CEEW) ; M. Saleemul Huq, Directeur, International Centre for Climate Change and Development (ICCCAD) ; Mme Ekhosuehi Iyahen, secrétaire générale, Insurance Development Forum (IDF) ; Mme Maria Carolina Urmeneta Labarca, chef de la division Changement climatique, ministère de l'Environnement, Chili ; M. Jürg Luterbacher, directeur Science et Innovation, et scientifique en chef, l'Organisation météorologique mondiale (OMM) ; M. Ricardo Mena, Directeur, Bureau des Nations Unies pour la prévention des catastrophes (UNDRR), Genève ; M. Seyni Nafo, Ambassadeur et haut représentant du président malien pour le climat et coordonnateur de l'Initiative pour l'adaptation de l'agriculture africaine ; Mme Mari Elka Pangestu, directrice générale pour les politiques de développement et les partenariats, Banque mondiale ; M. Johan Rockström, Directeur, Potsdam-Institut für Klimafolgenforschung (PIK) ; M. Aiyaz Sayed-Khaiyum, procureur général et ministre de l'Économie, de la Fonction publique et des Communications, République des Fidji ; Mme Anne-Marie Trevelyan, Championne internationale (Royaume-Uni) de l'adaptation et de la résilience pour la présidence de la COP26, secrétaire d'État au commerce international et présidente de la Commission du commerce ; M. German (Jerry) Velasquez, directeur de la Division de l'atténuation et de l'adaptation, Green Climate Fund (GCF).

Il convient de remercier les relecteurs extérieurs, qui ont formulé des observations et suggestions utiles : Annette Detken, InsuResilience Solutions Fund ; Christian Otto, Potsdam-Institut für Klimafolgenforschung (PIK); Roger Pulwarty, National Oceanic and Atmospheric Administration (NOAA) ; Debra Roberts, Groupe d'experts intergouvernemental sur l'évolution du climat (GIEC) (IPCC) et eThekwini Municipality, Durban ; Theodore Shepherd, University of Reading ; Erica Thompson, London School of Economics ; et Koko Warner, Secrétariat de la Convention-cadre des Nations Unies sur les changements climatiques (CCNUCC).

Ces remerciements s'adressent aussi aux intervenants et participants des trois ateliers ci-après, organisés aux fins de l'établissement du rapport :

- *Évaluer les pertes et dommages socio-économiques induits par le changement climatique*, 13 janvier 2021 ;
- *Démarches de réduction et de gestion des risques de pertes et dommages*, 15 avril 2021 ;
- *Problèmes méthodologiques posés par l'évaluation des pertes et dommages socio-économiques induits par le changement climatique en Inde*, 25 mai 2021 (organisé en collaboration avec l'Indian Institute of Technology Tirupati (IITT) and the Indian National Institute of Disaster Management (NIDM)).

Les auteurs sont reconnaissants au Comité des politiques d'environnement (EPOC), à son Groupe de travail sur le climat, l'investissement et le développement (GTCID) et au Réseau du Comité d'aide au développement (CAD) sur l'environnement et la coopération pour le développement (ENVIRONET) de leur action de supervision, de révision, d'information et de conseil.

Le projet a bénéficié des orientations générales de Rodolfo Lacy et d'Ingrid Barnsley, respectivement directeur et directrice adjointe de la Direction de l'environnement de l'OCDE. Les auteurs remercient également leurs collègues ci-après, de leurs précieux commentaires et travail de révision : Aimée Aguilar-Jaber, Marta Arbinolo, Juan Casado-Asensio, Mario Cervantes, Antoine Dechezleprêtre, Kathleen Dominique, John Dulac, Jane Ellis, Catherine Gamper, Raphael Jachnik, Sirini Jeudy-Hugo, Takayoshi Kato, Fatos Koc, Eliza Lanzi, Xavier Leflaive, Catriona Marshall, Mireille Martini, Mariana Mirabile, Michael Mullan, Shashwati Shankar Padmanabhan, Robert Patalano, Edward Perry, Mikaela Rambali, Delia Sanchez-Trancon, Jens Sedemund, Leigh Wolfrom et Robert Youngman.

Nassera Belkhiter, Dominique Haleva et Ines Reale, de la Direction de l'environnement de l'OCDE, ont concouru à la mise en forme du texte pour publication, et Mark Foss à sa rédaction.

Enfin, il convient de saluer l'aide financière et la collaboration du ministère fédéral de la Coopération économique et du Développement de l'Allemagne (BMZ) ainsi que les contributions de différents programmes de la Deutsche Gesellschaft für Internationale Zusammenarbeit (GIZ) GmbH, en particulier celles apportées par Marting Kipping, Christoph von Stechow, Manuel Friedlein, Nicola Hanke, Joana Helms, Lea Sarah Kulick, Daniel Stadtmüller et Britta Horstmann.

Table des matières

Tableaux

Graphiques

Encadrés

Résumé

Le changement climatique est rapide et ses manifestations d'une intensité croissante se constatent de manière généralisée. L'influence de l'être humain dans ce changement est sans équivoque. Les vagues de chaleur, les incendies, les inondations et les tempêtes tropicales qui ont frappé de nombreuses régions du monde ces dernières années sont un avant-goût de ce qui se produira à l'avenir. S'il n'est pas contrôlé, le changement climatique affectera tous les aspects de la vie humaine et du monde naturel, causant des pertes et dommages de plus en plus importants. Les vies humaines, les moyens de subsistance et la stabilité économique et sociale des pays et des régions se trouvent menacés, de même que l'environnement naturel dont nous dépendons tous.

Les effets du changement climatique ne sont pas répartis de manière homogène. En effet, les pays en développement – en particulier les pays les moins avancés (PMA) et les petits États insulaires en développement (PEID) – les subissent de façon disproportionnée du fait de leur emplacement géographique et de leur niveau élevé d'exposition et de vulnérabilité face aux aléas climatiques. Cette vulnérabilité concerne plus particulièrement les populations et communautés marginalisées au sein d'un même pays ou d'un pays à l'autre.

Il ne fait guère de doute que certains aspects du changement climatique sont directement liés au réchauffement du système climatique et à la gravité des effets qui en découlent. En revanche, on ignore où, quand et sous quelles formes les aléas climatiques se manifesteront et quelle sera leur interaction avec les situations socioéconomiques futures qui détermineront les niveaux d'exposition et de vulnérabilité. Pour reprendre une métaphore médicale, les scientifiques ont désormais diagnostiqué la nature et la cause de la maladie « réchauffement » et établi un diagnostic sûr, sans toutefois pouvoir prédire avec précision la chronologie et la gravité de ses conséquences ni la manière exacte dont elle pourrait interagir avec des conditions préexistantes, telles que la pauvreté extrême ou la perte de biodiversité.

Ces incertitudes ne sont pas une raison pour retarder l'action. Bien au contraire. Néanmoins, leur nature détermine en grande partie la façon de procéder pour réduire et gérer les risques. Par ailleurs, le contexte dans lequel il convient d'agir est complexe et difficile. L'idée défendue dans le rapport est que les différents groupes de parties prenantes se partagent la responsabilité de réduire et de gérer les risques, tant au niveau national qu'à l'échelle internationale. Il incombe aux grands pays émetteurs d'être le fer de lance de la transition vers la neutralité en gaz à effet de serre. Les pays développés doivent accroître leur soutien technique et financier aux pays en développement et rendre celui-ci plus accessible et prévisible. En engageant dès aujourd'hui une action climatique ambitieuse et audacieuse, les pertes et dommages peuvent être réduits à l'avenir ; ne pas agir reviendrait à faire supporter le fardeau et les risques aux générations futures.

Les autorités publiques, le secteur privé, les chercheurs, les organisations de la société civile et les citoyens individuels agissent tous, souvent en groupe, par des moyens différents et avec des ressources et des niveaux d'ambition variables. Ces parties prenantes ont chacune un rôle complémentaire à jouer qui offre de nouvelles possibilités d'action et de collaboration. On trouvera ci-après une synthèse des actions recommandées dans le rapport pour réduire et gérer les pertes et les dommages économiques et non économiques, en mettant l'accent sur le rôle des autorités publiques :

1. **Appliquer le principe de précaution en se donnant pour objectif de limiter le réchauffement à 1.5 °C** : accélérer l'exécution des stratégies visant à atteindre la neutralité en GES d'ici à la moitié

du siècle en arrêtant des objectifs et des plans à plus court terme, tout en faisant monter rapidement en puissance les financements, la technologie et le renforcement des capacités.

2. **Façonner un paysage du financement international du développement plus favorable, qui appuie les efforts pour réduire et gérer les impacts actuels et les risques de pertes et de dommages prévus :** augmenter le volume des interventions financières, améliorer l'accès aux financements et réduire les coûts de transaction de manière à limiter les risques futurs tout en encourageant l'appropriation par les pays et en faisant mieux cadrer le financement international du développement avec les priorités, la situation et les besoins des pays.

3. **Renforcer l'architecture mondiale du financement des risques liés au climat et aux catastrophes** : améliorer la disponibilité et l'accessibilité de la protection financière, en particulier pour les plus vulnérables, et renforcer la cohérence du soutien international au financement des risques liés au climat et aux catastrophes.

4. **Renforcer la résilience budgétaire pour pouvoir faire face à des impacts de plus en plus défavorables** : mettre en œuvre une approche globale de la gestion des risques pour réduire, retenir et transférer les risques de pertes et de dommages, limiter les passifs éventuels et examiner les conséquences des risques climatiques pour la viabilité budgétaire.

5. **Protéger les moyens de subsistance et réduire la précarité par le biais de l'assurance, de la protection sociale et de l'aide humanitaire** : développer les marchés de l'assurance pour assurer la couverture des risques climatiques, protéger les segments les plus vulnérables de la société en leur offrant une meilleure protection sociale et réduire les pertes et les dommages grâce à une action humanitaire anticipative et prévisible.

6. **Opter pour des approches de la prise de décision qui tiennent compte de l'incertitude des risques climatiques** : gérer les risques sur différentes échelles temporelle et spatiales, renforcer les capacités au sein du processus de prise de décision pour planifier dans un contexte d'incertitude, adopter des processus de prise de décision itératifs et adaptatifs, et déterminer et gérer les risques potentiellement hors de portée des capacités locales.

7. **Traiter les objectifs liés au climat et au développement durable de façon intégrée et améliorer la cohérence des politiques** : considérer les décisions relatives aux risques climatiques comme faisant partie intégrante du développement durable et renforcer la cohérence entre les communautés d'action nationales et internationales.

8. **Améliorer les données, les capacités et les processus à l'appui de la gouvernance des risques climatiques** : renforcer l'aide internationale apportée au renforcement des capacités d'observation et de prévision, en particulier dans les pays en développement, notamment aux fins de la collecte et de l'interprétation des données relatives aux phénomènes extrêmes et à leurs incidences ; continuer à renforcer les services d'information météorologique et climatologique et mettre en place un mécanisme international en vue de surveiller les points de bascule du système climatique de façon à émettre des alertes précoces qui guideront les stratégies et mesures à adopter.

9. **Faciliter l'engagement inclusif des parties prenantes, qui devrait s'appuyer sur les connaissances, les compétences et les valeurs des différents acteurs et prendre dûment en considération les pertes et les dommages immatériels** : mettre en place des partenariats pour resserrer la collaboration entre les acteurs de l'action publique et ceux qui interviennent sur le terrain, à l'échelle nationale et internationale, mieux faire connaître et comprendre les risques, consolider les démarches de réduction et de gestion des risques de pertes et dommages et mobiliser les compétences du secteur privé.

1 Pertes et dommages induits par le changement climatique : un moment critique pour agir

L'évolution du climat entraîne déjà des pertes et des dommages, et les risques de pertes et dommages futurs iront croissants avec la poursuite du changement climatique. Ce chapitre dresse un tableau rapide des modifications physiques, observées et anticipées, dues au changement climatique. Il définit le cadre d'analyse des risques climatiques et des risques associés de pertes et dommages sur lequel repose ce rapport. Quelques exemples de la manière dont les risques climatiques se manifestent sont présentés, et les responsabilités en matière de réduction et de gestion des risques sont analysées. Ce chapitre récapitule également les principaux messages et recommandations qui émanent du rapport, notamment sur l'ensemble d'instruments d'action et d'outils financiers et technologiques qui peuvent être utilisés pour réduire et gérer les risques de pertes et de dommages.

En bref

Un moment critique pour agir face à la montée des pertes et des dommages induits par le changement climatique

Les aléas liés au climat ont aujourd'hui de multiples effets dévastateurs sur les êtres vivants et affectent aussi directement les moyens de subsistance des individus. Cela est particulièrement le cas lorsque ces aléas se manifestent dans un contexte de tensions sociales, économiques ou politiques. S'il n'est pas contré, le changement climatique aura des conséquences économiques et sociales de plus en plus graves. Il entraînera, par exemple, des modifications de la productivité du travail et de la productivité agricole, des effets sur la santé, la perte de biens d'équipement, le déplacement de populations, ou encore des bouleversements des écosystèmes. Dans un monde interconnecté, les impacts climatiques ressentis dans un pays – et les ripostes mises en place – peuvent générer des menaces à l'extérieur de ses frontières.

Au-delà des incidences sur la production économique, les individus et les populations sont également vulnérables à des pertes et des dommages immatériels ou non économiques. Des problèmes psychologiques ou des altérations de la santé mentale peuvent ainsi être provoqués par les phénomènes extrêmes ou à évolution lente, la disparition d'objets ou de lieux chargés de culture, ou encore le sentiment de perte d'identité et de sécurité. Ces effets immatériels sont difficiles à quantifier et apparaissent donc rarement dans les évaluations socioéconomiques. Or, pour de nombreuses personnes, la vulnérabilité de certains aspects non matériels (comme la santé des proches ou le sentiment de sécurité) est jugée plus importante que les bénéfices apportés par des niveaux de revenus, et donc de consommation, plus élevés.

Le risque climatique dépend de l'aléa, de l'exposition des biens et des personnes, et de leur vulnérabilité face à cett aléa particulier. Il peut être aggravé par d'autres problèmes imprévus (comme beaucoup de pays en ont fait l'expérience pendant la pandémie de COVID- 19, par exemple). Par conséquent, l'importance des risques climatiques varie en fonction d'un ensemble de facteurs contextuels, dont le niveau des revenus et des ressources, la structure économique (y compris budgétaire) et institutionnelle, et le lieu géographique. Différents facteurs influent également sur la manière dont les personnes ressentiront les risques climatiques, notamment : i) les valeurs et les visions du monde ; ii) le sentiment d'appartenance et les identités, les cultures et les valeurs attachées à des lieux et des paysages ; iii) les perceptions de la justice et de la redevabilité (par exemple sur le plan de la redistribution et des procédures) ; et iv) la communication et le pouvoir.

Les pays en développement, notamment les pays les moins avancés et les petits États insulaires en développement, subissent de façon disproportionnée les effets du changement climatique. À l'intérieur des pays, les segments de population marginalisés, par exemple du fait de leur situation socioéconomique, de leur genre, de leur race, de leur âge, d'un handicap, de leur revenu, de leurs identités de classe ou de leur localisation géographique, sont particulièrement exposés. Les générations futures vont payer le prix du laxisme des générations actuelles et passées en matière d'action climatique, et plus spécialement celles des économies fortement émettrices et des pays exportateurs d'énergies fossiles.

Dans ce rapport, les **risques de pertes et dommages** désignent les effets néfastes potentiels pouvant résulter des interactions entre les aléas liés au climat et l'exposition et la vulnérabilité à ces aléas. Il est possible de les réduire et de les gérer par des actions d'atténuation et d'adaptation, ainsi que par d'autres interventions comme la prévention des risques de catastrophes naturelles – et son financement – et l'aide humanitaire. L'évolution du climat entraîne déjà des pertes et des dommages, qui iront croissants si l'on n'agit pas d'urgence pour gérer les risques climatiques. En plus de réduire rapidement et radicalement les émissions de gaz à effet de serre afin d'atteindre la neutralité climatique au niveau mondial, il est indispensable de redoubler d'efforts pour intervenir sur les deux autres composantes du risque : l'exposition et la vulnérabilité dans leurs contextes spécifiques.

Les répercussions du changement climatique sur les systèmes humains et naturels sont sujettes à des degrés variables d'incertitude. Compte tenu du caractère et de l'échelle des effets naturels et socioéconomiques observés et anticipés, dont certains peuvent entraîner des dommages irréversibles, ces incertitudes ont des implications importantes en ce qui concerne les mesures à prendre pour réduire et gérer les risques climatiques.

Le contexte d'action est complexe et pose de nombreux problèmes. En premier lieu, même à la plage de températures définie dans l'Accord de Paris, une grande partie des populations actuelles et futures seront confrontées à des aléas climatiques de plus en plus fréquents et intenses, certaines régions étant touchées par des aléas nouveaux, par exemple suite à une modification de l'aire de répartition de vecteurs de maladie. Toutes choses égales par ailleurs, cela se traduira par des augmentations des pertes et dommages subis actuellement par des populations n'ayant parfois contribué en rien au changement climatique.

Réduire l'exposition et la vulnérabilité au changement climatique constitue aussi un véritable défi. Les niveaux actuels d'exposition et de vulnérabilité sont le résultat, entre autres, de processus complexes issus du passé. Les choix opérés aujourd'hui peuvent favoriser encore davantage des modifications de ces composantes qu'il pourrait être difficile d'inverser, par exemple l'extension des aménagements urbains et péri-urbains, la persistance d'inégalités ou encore l'intensification des pressions sur l'environnement (notamment sur les ressources en eau). La capacité des pays à réagir au changement climatique dépendra également de facteurs tels que l'existence d'une économie forte et diversifiée et de capacités humaines et institutionnelles, mais aussi l'accès à des financements et des technologies, et la présence de structures de gouvernance fonctionnelles.

Les responsabilités en matière de pertes et dommages sont partagées entre de nombreux acteurs différents, au niveau national et international. Les grands pays émetteurs de gaz à effet de serre jouent un rôle déterminant dans le niveau d'aléa climatique. L'ampleur et l'efficacité des mesures destinées à réduire et gérer les risques dépendront de plusieurs facteurs : les ressources financières disponibles (publiques et privées, aux niveaux national et international), l'existence de capacités techniques pertinentes, et l'efficacité et la cohérence des interventions des pouvoirs publics visant à accroître la résilience et réduire l'exposition et les vulnérabilités aux aléas liés au climat. Dans beaucoup de pays en développement, les possibilités d'agir pour réduire et gérer les risques de pertes et dommages reposeront sur l'aide internationale. Cela fait partie des sujets actuels de discussion et de négociation au sein des Nations Unies, en particulier s'agissant des niveaux actuels et futurs du financement climatique.

Il sera également important d'avoir en place tout un ensemble de politiques nationales et d'aides internationales en faveur du développement durable ou de la réduction des risques de catastrophe, du relèvement et de la reconstruction. En effet, les décisions en matière d'action climatique ne sont pas prises isolément. Elles s'inscrivent dans les stratégies de développement des pays et doivent donc être évaluées au regard de tout le spectre de risques socioéconomiques et des incertitudes associées à prendre en compte dans le processus décisionnel. Si elles ne sont pas organisées convenablement, certaines mesures visant à réduire et gérer le risque de pertes et dommages peuvent accroître les risques pour d'autres segments de la société ou d'autres pays.

1.1. Introduction

La vie et les moyens de subsistance de centaines de millions d'êtres humains, leurs cultures, les progrès de développement, la prospérité économique et l'égalité sont menacés par les pertes et dommages liés au climat d'ores et déjà observés ou attendus dans le futur. Les températures continuent d'augmenter et les aléas liés au climat qui provoquent des pertes et dommages majeurs tant dans les pays développés que dans ceux en développement deviennent plus fréquents et plus intenses.

La pandémie de COVID-19 a montré l'ampleur et l'impact que pouvaient avoir des bouleversements planétaires. Mais elle a prouvé aussi qu'il était possible d'agir avec force face à une menace urgente, d'abord pour sauver des vies, puis pour préserver aussi les moyens de subsistance. Les appels se sont donc multipliés pour profiter de la reprise afin de tracer une nouvelle trajectoire économique et écologique visant la neutralité en GES et prévoyant des mesures destinées à renforcer la résilience sociétale, notamment face au changement climatique, et à combiner action climatique et efforts d'amélioration du bien-être en général, y compris en matière de patrimoine naturel (Buckle et al., 2020[1]).

D'après les premières évaluations des mesures de riposte au COVID-19 annoncées par les pays de l'OCDE et les grandes économies émergentes, il semble qu'à peine plus de 20 % d'entre elles ciblent expressément des objectifs environnementaux. Les autres ne prennent pas en compte les dimensions environnementales, ou pire, entraînent un retour en arrière sur certaines d'entre elles (OCDE, 2021[2]). Des progrès importants ont pourtant été réalisés ces dernières années pour relever les défis du changement climatique. Les pays et d'autres acteurs se mobilisent pour prendre des mesures plus rapides et ambitieuses qui n'auraient pas semblé possibles il y a dix ans. Depuis 2019, un grand nombre de pays se sont engagés à atteindre la neutralité carbone ou en gaz à effet de serre (GES) d'ici le milieu du siècle (CCNUCC, 2015[3]). En mai 2021, ces engagements couvraient plus de 70 % des émissions mondiales (CAT, 2021[4]). Cependant, les mesures climatiques alignées sur ces objectifs de neutralité carbone sont hétérogènes, et les engagements à court terme des pays ne sont pas toujours en phase avec leurs objectifs à plus longue échéance.

En mars 2021, 126 pays en développement avaient entrepris de formuler et mettre en œuvre des plans nationaux d'adaptation (PNA), et 22 pays avaient achevé la préparation de leur premier PNA (CCNUCC, 2021[5]). Mais devant l'augmentation des pertes et dommages, les pays prennent conscience de la nécessité de renforcer la cohérence entre leurs stratégies climatiques et celles de réduction des risques de catastrophes (UNDRR, 2021[6] ; OCDE, 2020[7]). Et la communauté humanitaire considère désormais le changement climatique comme l'une des plus graves menaces qui pèse sur les populations du monde entier (FICR, 2021[8]).

Le présent rapport propose des analyses, des éclairages, des réflexions et des recommandations sur les risques de pertes et de dommages induits par le changement climatique. Il présente également des approches possibles pour réduire et gérer ces risques, susceptibles d'éclairer les politiques et processus nationaux et internationaux concernés. Le sujet a été amplement examiné au sein de la Convention-cadre des Nations Unies sur les changements climatiques (CCNUCC). Dans ce contexte, l'article 8 de l'Accord de Paris, qui encourage les Parties à l'Accord à « améliorer la compréhension, l'action et l'appui [...] eu égard aux pertes et préjudices liés aux effets néfastes des changements climatiques » revêt une importance particulière. Par ses analyses et ses recommandations, le présent rapport entend contribuer à cet objectif. Tout en adoptant une perspective mondiale, il souligne la diversité des situations dans lesquelles les populations se trouvent et s'intéresse plus particulièrement aux pays les moins avancés (PMA) et aux petits États insulaires en développement (PEID).

Le reste de ce chapitre s'organise autour de cinq sections. La section 1.2 dresse un tableau des modifications physiques observées et anticipées dues au changement climatique. La section 1.3 définit le cadre d'analyse des risques climatiques, des impacts et des pertes et dommages sur lequel repose ce rapport. Elle examine les pertes et dommages liés au changement climatique qui sont déjà observés, quelques exemples de la manière dont les risques climatiques se manifestent, et les relations entre changement climatique et biodiversité. La section 1.4 expose le contexte dans lequel le travail de réduction et de gestion des risques de pertes et dommages sera mené. La section 1.5 présente la structure du rapport et explique à qui il s'adresse, et enfin la section 1.6 récapitule les principales recommandations qui ressortent du rapport.

1.2. Changements climatiques observés et anticipés

Cette section fait rapidement le tour des modifications climatiques déjà observées et des évolutions futures anticipées. Elle souligne également certaines incertitudes inhérentes à la prévision des changements climatiques futurs, dues à de multiples sources. Quelques exemples non exhaustifs sont présentés à titre d'illustration. Des informations plus complètes peuvent être consultées dans la contribution du groupe de travail I du Groupe d'experts intergouvernemental sur l'évolution du climat (GIEC) au sixième Rapport d'évaluation de ce dernier (AR6) (GIEC, 2021d[9]) et dans les prochaines contributions des groupes de travail II et III attendues en 2022. Les autres chapitres du rapport approfondissent les différents types d' aléas.

1.2.1. Modifications climatiques observées

Le rôle de l'être humain dans le réchauffement du système climatique est sans équivoque (GIEC, 2021d[9]). La température moyenne à la surface du globe a augmenté de 1.09 °C entre les périodes 1850-1900 et 2011-20, avec une hausse plus marquée en milieu continental (1.59 °C) qu'océanique (0.88 °C) (GIEC, 2021d[9]). L'évolution est loin d'être uniforme à la surface de la Terre. Les régions polaires et les espaces continentaux se sont davantage réchauffés, en valeur absolue, que les régions tropicales et la surface des océans, et cette tendance devrait se poursuivre (GIEC, 2021d[9]). Outre la hausse des températures à la surface du globe, le changement climatique se traduit physiquement par une élévation du niveau de la mer (Frederikse et al., 2020[10]) et une fonte des glaces, ainsi que par une dégradation des sols exacerbée par les modifications du climat (GIEC, 2019[11]), entre autres.

Les océans ont absorbé plus de 90 % du réchauffement dû au changement climatique entre 1971 et 2018 (GIEC, 2021d[9]). La température des océans a ainsi augmenté, surtout les couches supérieures car il faut beaucoup de temps pour que toute la masse océanique atteigne un équilibre thermique. La dilatation thermique consécutive est responsable de la moitié de l'élévation du niveau de la mer enregistrée entre 1971 et 2018, avec des hausses d'environ 3.7 millimètres par an sur la période 2006-18 (GIEC, 2021d[9]). D'autres facteurs participent aussi de plus en plus à l'accélération de la hausse moyenne du niveau de la mer, tels que le recul de la cryosphère, c'est-à-dire des régions gelées du système terrestre, même si seule la fonte des glaces continentales contribue à la montée du niveau de la mer.

Le climat est naturellement variable du fait de facteurs comme le rayonnement solaire, l'activité volcanique et les interactions complexes entre l'atmosphère et l'océan. La hausse des températures enregistrée au XXe siècle est toutefois très supérieure à celles qui pourraient être attribuées à la variabilité naturelle (Crowley, 2000[12]). L'Organisation météorologique mondiale (OMM) a ainsi averti récemment que, du fait de cette variabilité, il y avait environ 40 % de probabilités que cette hausse atteigne temporairement 1.5 °C durant au moins l'une des cinq prochaines années (OMM, 2020[13]). En raison de la variabilité naturelle et des interactions à l'intérieur du système climatique, la fourchette d'estimations des conséquences des émissions anthropiques de GES sur le climat – appelée sensibilité climatique – demeure incertaine. Cette incertitude persiste en dépit des importants progrès scientifiques ayant permis de rétrécir la fourchette (Sherwood et al., 2020[14] ; GIEC, 2021d[9]).

L'ampleur des évolutions du système climatique et l'état actuel de bon nombre de ses aspects sont sans précédent par rapport aux derniers siècles et même millénaires (GIEC, 2021d[9]). Le changement climatique contribue également à accroître la gravité, la diversité et la fréquence de certains phénomènes météorologiques extrêmes comme les canicules (Vautard et al., 2020[15]) et les incendies incontrôlés (Kirchmeier-Young et al., 2019[16]). Le degré de certitude du GIEC augmente s'agissant de l'attribution aux activités humaines des phénomènes extrêmes observés (vagues de chaleur, fortes précipitations, sécheresses, par exemple) (2021d[9]). Il est le plus élevé pour les canicules.

L'océan et la cryosphère réagissent sur un temps long au forçage radiatif du système climatique créé par les GES. Les grands fonds marins continueront de se réchauffer et le niveau de la mer à monter durant les siècles prochains, même si les concentrations de GES étaient stabilisées aujourd'hui (GIEC, 2019[17]). Cela signifie que les GES émis par l'homme – en particulier le dioxyde de carbone qui persiste longtemps dans l'atmosphère – auront des répercussions climatiques dans ces systèmes pendant plusieurs siècles. Par conséquent, il importe de prendre en compte les échelles de temps potentiellement longues dans l'évaluation actuelle des risques climatiques (Clark et al., 2016[18]).

Le changement climatique modifie aussi la répartition géographique des espèces à un rythme accéléré (Pecl et al., 2017[19]). Certaines espèces se déplacent en direction des pôles, d'autres montent en altitude vers des zones plus fraîches. En moyenne, les populations terrestres se déplacent de 17 km par décennie, et les espèces marines de 72 km par décennie. L'aire de répartition d'autres espèces soumises à des niveaux de chaleur intolérables se rétrécit. Des interactions en place entre espèces sont perturbées et de nouvelles relations se forment.

1.2.2. Prévisions des changements climatiques futurs

Les trajectoires d'émissions futures seront déterminées par l'ensemble complexe et excessivement mouvant des choix sociétaux, technologiques, économiques et politiques des gouvernements, des pays et des individus à court, moyen et long termes. Depuis les années 1970, les modèles climatiques ont montré leur capacité à prédire la hausse de la température moyenne à la surface du globe à partir de scénarios de concentrations de GES dans l'atmosphère (Hausfather et al., 2020[20]). On a une bonne compréhension de la manière dont des choix différents influenceront les émissions futures, même si un certain degré d'incertitude demeure quant à leurs conséquences sur les concentrations atmosphériques de GES, parce que les interactions entre les différents éléments du système climatique se modifient à mesure que la planète se réchauffe.

Le GIEC a défini cinq scénarios RCP (profils représentatifs d'évolution des concentrations) centraux, encadrés par un scénario d'atténuation à faibles émissions de carbone (RCP1.9) et un scénario de départ à émissions de carbone élevées (RCP8.5). Chaque scénario représente une trajectoire possible de forçage radiatif, des concentrations plus élevées de GES dans l'atmosphère se traduisant par des hausses supérieures de la température moyenne à la surface du globe. Le Graphique 1.1 montre des exemples de profils d'évolution pour différents mondes futurs, fondés sur les RCP.

Graphique 1.1. Émissions annuelles futures de CO_2 et de plusieurs autres GES dans cinq scénarios RCP

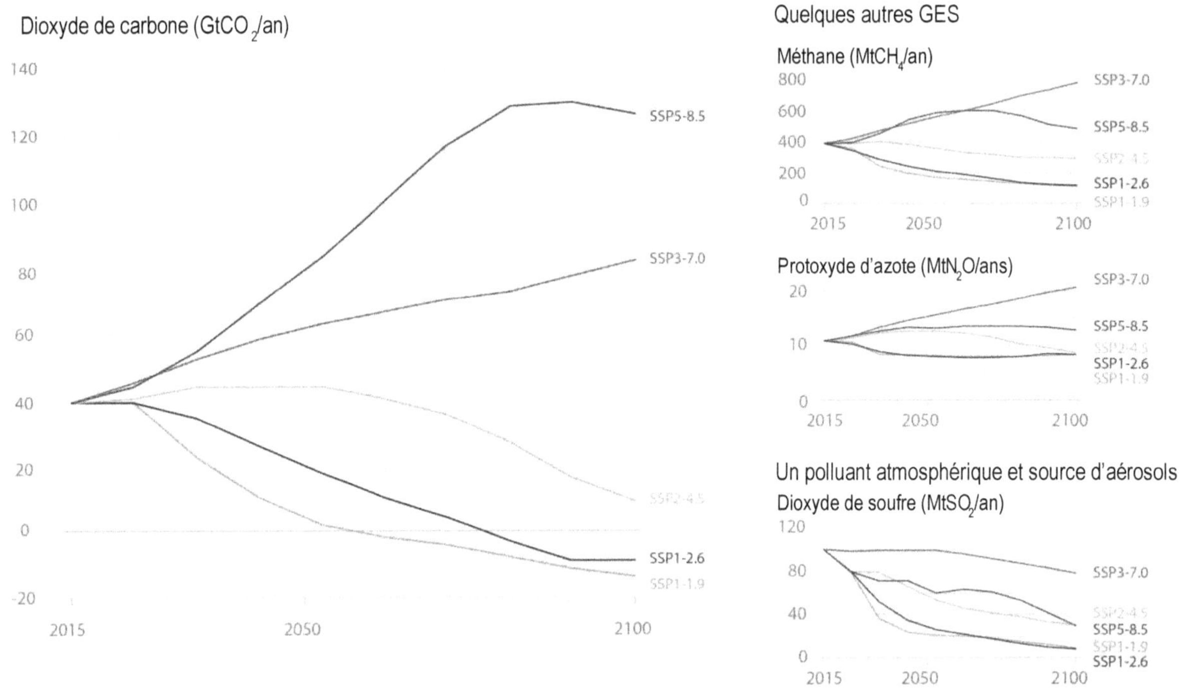

Note : Émissions de dioxyde de carbone (CO_2) seul, de quelques autres GES et d'un polluant atmosphérique et source d'aérosols. Les catégories de scénarios regroupent les nouveaux scénarios d'émissions publiés dans la littérature scientifique. Les profils tracés correspondent à un scénario RCP couplé à une trajectoire socioéconomique partagée (SSP) (voir le chapitre 2 pour plus de détails). Les SSP fournissent les facteurs socioéconomiques et technologiques qui entraînent des émissions différentes et donc des profils différents d'évolution des concentrations. Les codes SSP1-1.9, SSP1-2.6, SSP2-4.5, SSP3-7.0 et SSP5-8.5 correspondent respectivement aux combinaisons de scénarios RCP/SSP suivantes : RCP1.9/SSP1, RCP2.6/SSP1, RCP4.5/SSP2, RCP7/SSP3 et RCP8.5/SSP5, qui servent de base à l'étude physique des différentes perspectives d'avenir pour la planète, avec différents degrés de réchauffement et impacts en termes de changement climatique.

Source : (GIEC, 2021d[9]).

Le Tableau 1.1 présente les hausses anticipées de la température moyenne à la surface du globe pour plusieurs périodes de 20 ans à court, moyen et long termes par rapport à la fin du XIXe siècle (1850-1900). Comme on le voit sur le tableau, le risque de dépasser les 2 °C au cours du siècle est respectivement peu probable et extrêmement peu probable uniquement dans les scénarios à faibles émissions (SSP1-2.6) et très faibles émissions (SSP1-1.9) de GES. Entre 2021 et 2040, tous les scénarios prévoient au moins d'atteindre les 1.5 °C ou de les dépasser. Le changement climatique devrait continuer d'amener des modifications de la fréquence, de l'intensité, de l'étendue spatiale, de la durée, de la diversité et de la période d'occurrence de nombreux phénomènes météorologiques extrêmes, pouvant entraîner des épisodes extrêmes sans précédent (GIEC, 2021d[9]). De fait, des records de température ont été battus de plusieurs degrés récemment à de nombreux endroits en Amérique du Nord, par exemple.

Tableau 1.1. Évolution de la température de surface du globe dans différents scénarios RCP

	Court terme, 2021-40		Moyen terme, 2041-60		Long terme, 2081-2100	
Scénario	Meilleure estimation (°C)	Fourchette très probable (°C)	Meilleure estimation (°C)	Fourchette très probable (°C)	Meilleure estimation (°C)	Fourchette très probable (°C)
SSP1-1.9	1.5	1.2 à 1.7	1.6	1.2 à 2.0	1.4	1.0 à 1.8
SSP1-2.6	1.5	1.2 à 1.8	1.7	1.3 à 2.2	1.8	1.3 à 2.4
SSP2-4.5	1.5	1.2 à 1.8	2.0	1.6 à 2.5	2.7	2.1 à 3.5
SSP3-7.0	1.5	1.2 à 1.8	2.1	1.7 à 2.6	3.6	2.8 à 4.6
SSP5-8.5	1.6	1.3 à 1.9	2.4	1.9 à 3.0	4.4	3.3 à 5.7

Note : Évolution de la température de surface du globe (par rapport à 1850-1900), évaluée à partir de nombreuses sources de données, pour plusieurs périodes de 20 ans et les cinq scénarios d'émissions étudiés. Les chiffres correspondent à un scénario RCP couplé à une SSP (voir le chapitre 2 pour plus de détails). Les SSP fournissent les facteurs socioéconomiques et technologiques qui entraînent des émissions différentes et donc des profils différents d'évolution des concentrations. SSP1-1.9, SSP1-2.6, SSP2-4.5, SSP3-7.0 et SSP5-8.5 correspondent respectivement aux combinaisons de scénarios RCP/SSP suivantes : RCP1.9/SSP1, RCP2.6/SSP1, RCP4.5/SSP2, RCP7/SSP3 et RCP8.5/SSP5, qui servent de base à l'étude physique des différentes perspectives d'avenir pour la planète, avec différents degrés de réchauffement et impacts en termes de changement climatique. La fourchette « très probable » correspond à l'intervalle entre les 5e et 95e percentiles.
Source : Tableau SPM.1 dans (GIEC, 2021d[9]).

Plusieurs profils d'émissions peuvent être observés avec chaque scénario RCP. Des facteurs non constants influent sur les concentrations de GES dans l'atmosphère, notamment l'absorption du carbone atmosphérique par les végétaux et l'océan et le pourcentage et la trajectoire de différents GES et d'autres agents de forçage radiatif. Les projections des hausses de température à des niveaux d'émissions plus faibles, comme ceux des scénarios RCP1.9 et RCP2.6, sont probablement plus précis et plus exacts que les prévisions des effets des niveaux d'émissions plus élevés. Les trajectoires actuelles correspondant aux engagements de réduction des émissions semblent coïncider avec un réchauffement avoisinant les 2.4 °C d'ici la fin du siècle (CAT, 2021[4]).

Les aléas liés au climat continueront d'augmenter en gravité en même temps que le réchauffement (GIEC, 2021d[9]). Ces aléas comprennent, entre autres, l'élévation du niveau de la mer (Frederikse et al., 2020[10]), la fonte des glaces et la dégradation des sols exacerbée par les modifications du climat (GIEC, 2019[11]). Le changement climatique devrait continuer d'amener des modifications de la fréquence, de l'intensité, de l'étendue spatiale, de la durée, de la diversité et de la période d'occurrence de phénomènes météorologiques extrêmes, pouvant entraîner des épisodes extrêmes sans précédent (Seneviratne et al., 2012[21] ; Kirchmeier-Young et al., 2019[16] ; Vautard et al., 2020[15]).

Avec le changement climatique, certains éléments du système terrestre pourraient aussi franchir des seuils critiques. Les données s'accumulent sur le risque de dépasser ce type de points de bascule du système climatique, et pour certains au cours de ce siècle (Lenton et al., 2019[22] ; GIEC, 2019[17]). Les points de bascule sont des seuils de modifications abruptes, souvent durables et irréversibles, qui ne peuvent pas être évitées une fois le seuil franchi. La fonte de la banquise et des glaciers et la dégradation du permafrost font partie des éléments du système terrestre pouvant ainsi basculer. D'après les prévisions, ces effets seront irréversibles aux échelles de temps des sociétés humaines et des écosystèmes.

La circulation méridienne de retournement en Atlantique (AMOC), qui est à son niveau le plus bas du dernier millénaire, est un autre élément océanique susceptible de basculer. Son arrêt, ou même son ralentissement, pourrait avoir des répercussions potentiellement majeures sur les régimes météorologiques régionaux sur lesquels reposent les systèmes humains et écologiques (Caesar et al., 2021[23]), et par contrecoup sur les écosystèmes, mais aussi la santé humaine, les moyens de subsistance, la sécurité alimentaire, l'approvisionnement en eau et la croissance économique au niveau planétaire. Par exemple, l'Europe deviendrait plus froide et plus sèche et verrait ainsi sa productivité agricole diminuer. L'évolution des régimes de précipitations et de la température de surface de l'océan dans l'Atlantique tropical aurait des effets sur la stabilité de l'Amazonie et pourrait perturber les moussons ouest-africaine et indienne. Les systèmes terrestres étant interconnectés, le franchissement d'un point de bascule climatique pourrait également en entraîner d'autres (Rocha et al., 2018[24]). Une telle succession de basculements à l'échelon mondial constituerait clairement une urgence (Lenton et al., 2019[22]). Les implications sont examinées en détail au chapitre 3.

1.3. Risques climatiques, impacts et pertes et dommages

Les risques climatiques sont un point de départ essentiel de toute analyse des pertes et dommages. Ce rapport utilise la conceptualisation du risque climatique du GIEC qui le définit comme une fonction de l'aléa lié au climat, de l'exposition des personnes et des biens, et de leur vulnérabilité à cet aléa particulier (GIEC, 2014[25]) (Graphique 1.2). À l'intersection de l'aléa, de l'exposition et de la vulnérabilité, les conséquences des risques climatiques se matérialisent par des « effets sur les vies, les moyens de subsistance, la santé et le bien-être, les écosystèmes et le patrimoine social et culturel ; les services (y compris les services écosystémiques) ; et les infrastructures » (GIEC, 2018[26]). Bien que les impacts puissent être aussi bien négatifs que positifs, ce rapport n'étudie que les premiers.

Graphique 1.2. Illustration des notions essentielles du concept de risque formalisé par le GIEC

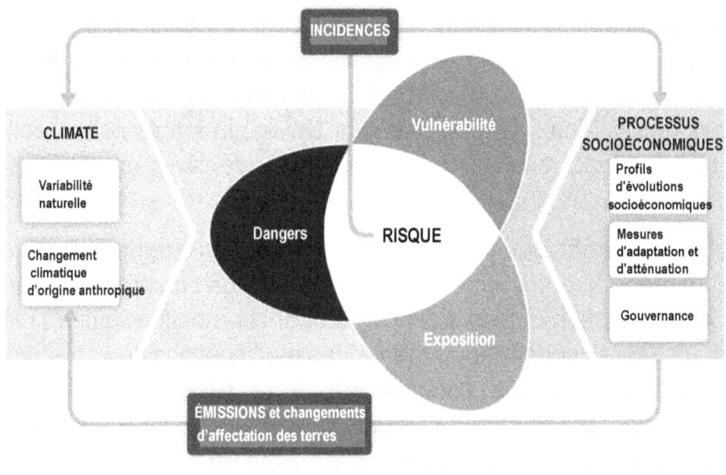

Note : Les risques climatiques résultent de l'interaction entre les aléas générés par les modifications physiques du climat, l'exposition des personnes et des biens à ces aléas, et la vulnérabilité de ces éléments exposés. Les modifications du système climatique (à gauche), y compris d'origine anthropique, et les processus socioéconomiques (à droite), comprenant les trajectoires socioéconomiques et les mesures d'atténuation et d'adaptation, influent sur les aléas, l'exposition et la vulnérabilité.
Source : (GIEC, 2014[25]).

Par aléa, on entend la survenance possible d'un événement physique ou d'une évolution d'origine naturelle ou anthropique. Il peut entraîner, entre autres, la perte de vies, de moyens de subsistance et de biens naturels ou produits. Les aléas liés au climat vont des phénomènes météorologiques extrêmes (épisodes de canicule ou de grand froid, sécheresses, inondations et tempêtes, par exemple) à des changements à évolution lente (comme l'élévation du niveau de la mer). Les aléas incluent aussi des points de bascule dans le système climatique qui seront déclenchés et se déploieront à des échelles temporelles et spatiales et des intensités différentes si certains seuils sont dépassés. Certains aléas (parmi les points de bascule, par exemple) n'ont pas encore touché l'humanité ; d'autres déjà rencontrés pourraient, aujourd'hui et dans le futur, apparaître dans des lieux nouveaux. En d'autres termes, la gestion des risques doit englober les aléas inédits.

L'exposition décrit les vies, les moyens de subsistance, les biens naturels et économiques qui sont géographiquement et temporellement exposés aux effets d'aléas particuliers d'une intensité donnée. La nature et le degré de l'exposition dépendent de l'aléa, ainsi que des caractéristiques de la zone concernée. Par exemple, un ouragan ou un cyclone tropical plus violent aura probablement des répercussions sur un plus grand nombre de personnes et de biens dans une région côtière, par rapport à un ouragan de plus faible intensité. L'exposition évolue en outre avec le temps : la montée du niveau de la mer se traduit par une extension des zones exposées à des marées de tempêtes potentielles pour une intensité d'ouragan donnée. De surcroît, l'urbanisation et le développement modifient le nombre de personnes et la valeur des biens exposés : ils sont infiniment plus importants dans une grande ville que dans une région côtière peu peuplée. Comme il a été dit plus haut, l'étendue géographique et la nature des aléas sont susceptibles d'évoluer, et donc de modifier l'exposition.

La vulnérabilité correspond aux diverses manières dont les personnes et les biens sont sensibles aux aléas liés au climat et peuvent être touchés négativement. La vulnérabilité aux aléas est déterminée par le contexte socioéconomique (biens, structures, et circonstances particulières). Il influence, favorise ou limite la capacité des personnes à accéder aux ressources matérielles et immatérielles nécessaires pour réduire l'exposition aux aléas et gérer les impacts. La vulnérabilité varie selon les régions géographiques, les secteurs économiques, et à l'intérieur d'un même segment de population (par exemple en fonction du genre, de la classe ou de l'appartenance ethnique). Elle dépend aussi de caractéristiques individuelles telles que l'âge et l'état de santé. Les mesures prises face à des aléas peuvent être progressives, comme la rénovation des logements ou la modification des matériaux de construction. Mais dans le cas d'un aléa suffisamment intense, certaines transitions peuvent être irréversibles (par exemple la réinstallation de tout un groupe de population après un incendie ravageur). Un autre aspect important de la vulnérabilité est la capacité des systèmes à se relever après la survenance d'un aléa intense. Tant la rapidité que l'ampleur des efforts de relèvement comptent pour réduire les pertes et les dommages.

Bien que les êtres humains vivent sous des régimes climatiques très variés, chaque société s'est culturellement adaptée au fil des millénaires au climat d'un lieu particulier, à partir de quoi un changement ou une déviation peut entraîner des pertes ou des dommages. Si le changement climatique peut avoir des effets bénéfiques dans certaines régions, par exemple l'extension de zones agricoles à des altitudes et des latitudes plus élevées en Sibérie (Tchebakova et al., 2011[27]) et au Canada (Hannah et al., 2020[28]), ces conséquences positives s'accompagneraient d'impacts sur l'environnement, notamment sur l'eau, la conservation de la nature et le stockage du carbone (Hannah et al., 2020[28]). Les bénéfices sont donc minimes par rapport aux incidences climatiques négatives potentielles à l'échelle de la planète. Ce sont les vies et les moyens de subsistance de centaines de millions d'êtres humains, leurs cultures, les progrès de développement et la prospérité économique qui sont menacés.

Dans ce rapport, les **risques de pertes et dommages** font référence aux effets néfastes potentiels pouvant résulter des interactions entre les aléas liés au climat et l'exposition et la vulnérabilité à ces aléas. Il est possible de les réduire et de les gérer par des actions d'atténuation et d'adaptation, ainsi que par d'autres interventions comme la prévention des risques de catastrophes naturelles – et son financement – et l'aide humanitaire. Les risques de pertes et dommages varient en fonction d'un ensemble de facteurs contextuels qui influent sur la nature des aléas et sur l'exposition et la vulnérabilité des pays à ces aléas. Ces facteurs comprennent : i) l'intensité et la fréquence (évolutives) de l'aléa ; ii) l'emplacement géographique ; iii) l'exposition des personnes et des biens ; iv) la vulnérabilité des personnes et des biens à cet aléa , et v) les incidences que les pertes et dommages immédiats auront à plus long terme sur les moyens de subsistance des populations et sur le développement plus largement.

Les pays en développement, notamment les PMA et les PEID, subissent de façon disproportionnée les effets du changement climatique. Cela tient à leur situation géographique à des basses latitudes, à des niveaux généralement plus faibles de développement et de diversification économique, à des contraintes budgétaires et à leurs caractéristiques physiques. À l'intérieur des pays, certains segments de population sont particulièrement à risque, notamment les groupes marginalisés, par exemple du fait de leur situation socioéconomique, de leur genre, de leur race, de leur âge, d'un handicap, de leur revenu et de leurs identités de classe (Eriksen et al., 2021[29]). Dans beaucoup de pays en développement, les femmes peuvent être plus vulnérables que les hommes aux aléas climatiques au sein d'un même foyer. Cela s'explique par des pratiques sociales qui font que les femmes ont des réseaux sociaux moins développés ou accumulent moins de capital humain, et ainsi sont moins au courant des risques et des solutions possibles (Alhassan, Kuwornu et Osei-Asare, 2019[30] ; Rahman, 2013[31]). Les estimations tendent à montrer que le changement climatique pourrait faire basculer plus de 130 millions de personnes supplémentaires dans la pauvreté d'ici 2030 (Jafino et al., 2020[32]). Dans plusieurs régions, cette situation peut détériorer la stabilité politique et affaiblir la cohésion sociale (Sofuoğlu et Ay, 2020[33]).

1.3.1. Pertes et dommages actuels

Les aléas liés au climat ont déjà de multiples effets dévastateurs sur les êtres vivants et les moyens de subsistance, en particulier lorsqu'ils apparaissent dans un contexte de tensions sociales, économiques ou politiques. En 2018, par exemple, les sécheresses, les inondations et les tempêtes ont provoqué quelque 6.1 milliards USD de dommages en Inde (Guha-Sapir, Below et Hoyois, 2021[34]). Lorsque l'ouragan Dorian s'est abattu sur les Bahamas en 2019, il a tué au moins 70 personnes, et les pertes et dommages ont été estimés à un quart du PIB national (Zegarra et al., 2020[35]). En Australie, les incendies de 2019-20 ont brûlé 19 millions d'hectares de terres et provoqué au moins 33 décès. L'impact économique a été estimé à 20 milliards AUD (Filkov et al., 2020[36]). Les données scientifiques montrent clairement que le changement climatique augmentera la probabilité de survenance de ces phénomènes (Shultz et al., 2020[37] ; Hunt et Menon, 2020[38] ; van Oldenborgh et al., 2021[39]).

Les phénomènes météorologiques extraordinaires observés dans l'hémisphère nord durant l'été 2021 attestent que nul n'est à l'abri des effets des phénomènes extrêmes. Les records de chaleur enregistrés en Europe et dans l'ouest de l'Amérique du Nord et le nord-est de la Fédération de Russie (ci-après « la Russie ») ont déclenché des canicules mortelles et des incendies dévastateurs. Selon certains scientifiques, la vague de chaleur en Amérique du Nord n'aurait pas pu se produire sans changement climatique induit par l'homme (Sofuoğlu et Ay, 2020[33]). À Lytton, un village de Colombie-Britannique (Canada), la température maximale a atteint 49.6 °C, soit 4.6 °C de plus que le précédent record de chaleur jamais enregistré au Canada. Peu après, un incendie a détruit une grande partie du village (OMM, 2021[40]). En juillet, il est tombé en deux jours deux mois de précipitations normales dans certaines régions d'Europe, entraînant des inondations, quelque 200 décès et d'importants dégâts à des infrastructures économiques clés (World Weather Attribution, 2021[41]). Dans l'est du bassin Méditerranéen, des températures caniculaires en juillet et début août 2021 ont déclenché de graves incendies en Turquie et en Grèce. Plus tard dans le mois, la vague de chaleur s'est étendue vers l'ouest et a entraîné des incendies dans d'autres pays d'Europe et d'Afrique, comme l'Italie et l'Algérie. Des pluies de mousson plus fortes que la normale en Inde et dans le reste de l'Asie du Sud, et des pluies incessantes et prolongées en République populaire de Chine, ont provoqué également d'importantes pertes économiques et fait de nombreux morts et blessés.

De 1970 à 2019, les catastrophes résultant de phénomènes météorologiques, climatiques et hydriques extrêmes ont représenté 50 % de l'ensemble des catastrophes, 45 % des décès liés à des catastrophes, et 74 % des pertes économiques associées (OMM, 2021[42]). Les améliorations apportées aux systèmes d'alerte rapide sauvent des vies : dans les années 2010, le nombre de morts imputables à ces catastrophes était tombé à environ 40 % du niveau des années 1970. Plus de 91 % des décès ont eu lieu dans des pays en développement. D'après l'évaluation de l'OMM, les pertes économiques journalières moyennes ont été multipliées par près de huit entre 1970-79 et 2010-19. Cependant, la valeur absolue des pertes économiques déclarées ne rend vraisemblablement pas assez compte de l'impact de ces catastrophes sur le développement et les moyens de subsistance. Il est possible aussi que les données fournies par les pays en développement soient incomplètes. À titre d'exemple, 35 % des décès liés à des phénomènes météorologiques, climatiques et hydriques extrêmes se sont produits en Afrique, alors que seulement 1 % des pertes économiques mondiales déclarées ont eu lieu dans cette région (OMM, 2021[42]).

1.3.2. Mécanismes de transmission et facteurs influant sur la traduction du risque dans la réalité

Cette section présente quelques exemples de manières ou mécanismes de transmission par lesquels le changement climatique peut provoquer des pertes et des dommages économiques et non économiques. Le changement climatique met des vies en danger et a des effets directs sur les moyens de subsistance des individus, par exemple par le biais de modifications de la productivité du travail et de la productivité agricole, de certains effets sur la santé, de la perte de biens et du fonctionnement des écosystèmes. D'autres répercussions plus indirectes sur les moyens de subsistance sont dues par exemple à des modifications de la demande de biens et de services, à la perturbation des chaînes d'approvisionnement, à la propagation plus rapide de certaines maladies infectieuses et aux effets négatifs sur le bien-être en général. Les exemples ci-dessous illustrent les impacts socioéconomiques observés dans des évaluations empiriques pour des déviations relativement minimes du climat passé :

- ***Santé :*** La limite physiologique de la survie d'un être humain s'établit à 35 °C à 100 % d'humidité (température humide de 35 °C, équivalant à 45 °C à 50 % d'humidité). Des niveaux de température élevés sont donc fortement corrélés à des taux de mortalité importants dans tous les pays (Deschênes et Greenstone, 2011[43] ; Carleton et al., 2019[44]). Une hausse des températures contribue aussi à augmenter la morbidité due aux maladies vectorielles. Par exemple, les moustiques peuvent se reproduire plus vite dans un environnement où les eaux se réchauffent. La propagation du paludisme pourrait alors s'intensifier (Linthicum et al., 1999[45] ; Luque Fernández et al., 2009[46] ; Makin, 2011[47]). Simultanément, la fécondité décroît lorsque les températures augmentent et affectent la santé des cellules reproductrices (Lam et Miron, 1996[48] ; Fisch et al., 2003[49] ; Barreca, Deschênes et Guldi, 2018[50]).
- ***Production :*** Le changement climatique peut entraîner une insécurité alimentaire grave et plus chronique, augmentant la propension à la malnutrition (Jankowska et al., 2012[51] ; Grace et al., 2012[52]). Elle peut venir de perturbations de la production agricole, du stockage des produits agricoles, des chaînes d'approvisionnement agricoles ou de la valeur nutritionnelle des cultures. Quand des phénomènes climatiques détruisent des récoltes ou du bétail ou diminuent les rendements agricoles, ils peuvent aussi avoir des répercussions sur les prix alimentaires. Les canicules de 2010 en Russie ont ainsi conduit les autorités russes à interdire les exportations de céréales. Cette mesure a entraîné à son tour une hausse des prix céréaliers dans le monde entier (Welton, 2011[53]) (voir le chapitre 4, encadré 4.1).
- ***Productivité :*** Compte tenu des effets du stress thermique sur la santé, des niveaux de température élevés abaissent aussi la productivité du travail, tant pour les tâches manuelles qu'intellectuelles (Cai, Lu et Wang, 2018[54]) (Graff Zivin et al., 2020[55]). Par exemple, une étude a calculé que la productivité des ouvriers dans les usines de transformation chinoises diminuait de 2 % pour chaque degré Celsius de plus au-delà de 25 °C en journée (Cai, Lu et Wang, 2018[54]). Une hausse des températures est également associée à un ralentissement de la croissance du PIB. L'ampleur de la baisse dépend de la géographie du pays ainsi que de la méthode et des hypothèses utilisées pour évaluer l'effet (Dell, Jones et Olken, 2012[56] ; Burke, Hsiang et Miguel, 2015[57]).

Les phénomènes extrêmes peuvent avoir des effets négatifs très importants sur la croissance économique, susceptibles de durer des années ou des décennies, le temps que l'impact de la catastrophe se dissipe (Botzen, Deschênes et Sanders, 2019[58] ; Hsiang, 2010[59] ; Loayza et al., 2012[60]) (voir le chapitre 5). La lenteur du relèvement de la Nouvelle-Orléans après le passage de l'ouragan Katrina en 2005 illustre combien des phénomènes extrêmes peuvent avoir des conséquences durables et non linéaires. Seize ans plus tard, l'emploi à la Nouvelle-Orléans n'a toujours pas retrouvé les niveaux d'avant Katrina en raison de l'émigration dont la ville a souffert (Bureau of Labor Statistics, 2021[61]). La reconstruction et le relèvement pèsent lourd sur le budget et dépendent de la capacité économique de la région touchée, entre autres facteurs. On voit là l'importance d'avoir des niveaux suffisants de secours d'urgence et de soutien à la reconstruction et au relèvement après de telles catastrophes. Dans le cas de phénomènes particulièrement violents ou répétés, les régions touchées ne parviennent pas toujours à se relever complètement. Cette situation peut entraîner des déplacements de population à court ou plus long terme (voir le chapitre 4, encadré 4.6).

Dans un monde interconnecté, les impacts climatiques ressentis dans un pays – et les ripostes mises en place – peuvent générer des menaces à l'extérieur de ses frontières. Ces impacts peuvent se manifester par différents biais : des chaînes d'approvisionnement mondiales qui perturbent le prix, la qualité ou la disponibilité des biens et des services (GIEC, 2019[11]) ; la propagation de maladies infectieuses (Liang et Gong, 2017[62]) ; ou encore le déplacement de populations touchées par des modifications de l'environnement et du climat (McLeman, 2019[63]). Par exemple, l'ouragan Katrina a endommagé une part importante des capacités de raffinage de pétrole des États-Unis. Il en est résulté une flambée des prix de l'énergie de 40 % au niveau mondial, qui a ensuite fait fléchir la demande de voitures (Kilian, 2008[64]).

Au risque climatique se superpose celui que des pertes se propagent par effet domino dans des systèmes socioéconomiques interconnectés et mettent les pays dans des situations insoutenables (UNDRR, 2019[65] ; Zscheischler et al., 2020[66]). Différents cas de figure peuvent se rencontrer à cet égard, dont trois sont évoqués ici (voir le chapitre 3) :

- Deux phénomènes extrêmes ou plus qui surviennent simultanément ou successivement : par exemple, le cyclone tropical Harold s'est abattu sur plusieurs îles du Pacifique en 2020 alors que les populations et les systèmes étaient déjà confrontés à l'épidémie de COVID-19.
- Des phénomènes extrêmes qui se produisent dans des contextes de nature à amplifier leur impact : l'ouragan Harvey qui a entraîné des inondations au Texas en 2017 a ainsi été amplifié par l'affaissement des sols.
- Des combinaisons de phénomènes qui ne seraient pas en soi considérés comme extrêmes mais qui, cumulés, produisent des effets importants : avec le changement climatique, ce type de modifications à évolution lente et de phénomènes extrêmes qui se renforcent mutuellement pourraient avoir divers effets potentiels, comme d'importantes perturbations de la production alimentaire dans le monde (Kummu et al., 2021[67]).

Au-delà des effets sur la production économique, la population est aussi vulnérable aux pertes et dommages immatériels ou non économiques. Ceux-ci comprennent la perte d'objets ou de lieux chargés de culture, et la perte du sentiment d'identité et de sécurité, due par exemple à un déplacement (Graham et al., 2013[68] ; Barnett et al., 2016[69] ; Adger et al., 2012[70]). Ces effets sont difficiles à quantifier et apparaissent donc rarement dans les évaluations socioéconomiques. Or, pour de nombreuses personnes, la vulnérabilité de certains aspects non matériels (comme la santé des proches ou le sentiment de sécurité) est jugée plus importante que celle de la consommation associée à des revenus plus élevés (Tschakert et al., 2019[71]). L'impact psychologique ou sur la santé mentale de phénomènes extrêmes ou à évolution lente est un exemple d'effet immatériel (Rataj, Kunzweiler et Garthus-Niegel, 2016[72] ; Hayes et al., 2018[73]). Les grands incendies qui ont frappé la Californie en 2018, par exemple, se sont révélés avoir un impact majeur sur la sévérité des dépressions, des troubles du stress post-traumatique (TSPT) et de l'anxiété ; une exposition directe est associée à des symptômes de TSPT 30 % plus graves que l'absence d'exposition (Silveira et al., 2021[74]). Cette quantification est néanmoins partielle. Les expériences vécues d'un groupe de population à l'autre et au sein d'un même groupe du fait, par exemple, de l'emploi occupé ou d'autres identités, déterminent aussi la perception des risques climatiques. Celle-ci dicte à son tour la réponse aux risques évalués (Rühlemann et Jordan, 2020[75] ; Eriksen et al., 2021[29]).

Les facteurs qui influent sur la manière dont les risques climatiques sont vécus au niveau d'un foyer et d'un groupe de population comprennent (Granderson, 2014[76]) :

- ***Les valeurs et les visions du monde***, notamment les normes, les hypothèses, les croyances, les préférences et les intérêts qui guident les perceptions que les individus ont d'eux-mêmes dans le monde et leurs opinions sur ce qui mérite d'être protégé et fait. Les valeurs et les visions du monde mettent aussi en relief certains risques, pris en compte dans les processus décisionnels. D'autres risques peuvent être cachés.
- ***Le sentiment d'appartenance***, et les valeurs attachées aux lieux ou aux paysages, déterminent les perceptions des risques climatiques. Les effets de l'évolution et de la variabilité du climat se manifestent dans des lieux et des paysages. Or, ces derniers sont liés également à des identités, des valeurs et des institutions. Lorsque des lieux sont perturbés ou disparaissent (par exemple à cause de l'élévation du niveau de la mer, d'incendies ou de la fonte des glaciers), les croyances ou les pratiques culturelles souvent associées aux lieux et aux paysages orienteront les solutions envisagées.
- ***Les perceptions de la justice et de la redevabilité*** varient dans l'espace et dans le temps et peuvent être étudiées de deux manières. Une perspective distributive considère le caractère juste et équitable des situations, tandis qu'une perspective procédurale s'intéresse au caractère inclusif et délibératif des processus de décision ainsi qu'à leur transparence et à la nécessité de rendre des comptes. Les segments marginalisés de la société, à l'intérieur et à l'extérieur des frontières nationales, ont souvent peu contribué à l'évolution et à la variabilité du climat. Ils sont pourtant souvent plus vulnérables aux impacts de ces changements du fait des ressources dont ils disposent. De même, les générations futures vont payer le prix du laxisme des générations actuelles et passées en matière d'action climatique car celles-ci ont hésité à prendre des mesures ambitieuses face à des risques climatiques souvent jugés trop incertains.
- ***La communication et le pouvoir*** détermineront les acteurs dont les évaluations des risques, et les ripostes, seront pris en compte dans le processus décisionnel. Parce qu'ils sont aussi le reflet de la politique et des dynamiques de pouvoir, ils érigeront certaines personnes en experts et légitimeront certaines mesures.

1.3.3. Changement climatique et biodiversité

S'il n'est pas contré, le changement climatique aura des conséquences économiques et sociales de plus en plus graves, notamment à travers son impact sur la biodiversité et les services écosystémiques dont dépendent les sociétés et les individus (IPBES, 2019[77]). Par exemple, depuis des millénaires, les incendies jouent un rôle important dans l'évolution biologique et la forme que prennent les écosystèmes. Mais à cause du changement climatique et d'autres facteurs humains, ils menacent aujourd'hui d'extinction certaines espèces et modifient radicalement des écosystèmes terrestres qui n'ont jamais été exposés à ce type d'aléas ou qui ne s'y sont pas adaptés (Kelly et al., 2020[78]). La modification de la répartition des espèces entraînée par le changement climatique va exacerber l'érosion de la biodiversité, toucher des fonctions écosystémiques, avoir des effets sur la santé humaine et les moyens de subsistance reposant sur les écosystèmes, et même se répercuter à nouveau sur le changement climatique (Pecl et al., 2017[19]).

Les responsables publics doivent prendre en compte ces interdépendances importantes entre le changement climatique et la biodiversité pour décider des stratégies et des actions à mener. Par exemple, un grand nombre de communautés ont besoin des écosystèmes pour vivre. Grâce aux solutions fondées sur la nature, les approches écosystémiques peuvent aider à réduire à la fois la vulnérabilité des populations aux aléas climatiques et la gravité des aléas eux-mêmes par le piégeage du carbone. Ces approches ne sont toutefois pas dénuées de risques si elles sont mises en œuvre sans le consentement et l'adhésion totale des populations locales et des peuples autochtones, n'intègrent pas les objectifs en matière tant de changement climatique que de biodiversité, ou détournent l'attention d'autres priorités vitales dans ces domaines (Seddon et al., 2021[79]).

1.4. Réduire et gérer le risque de pertes et dommages : le contexte d'action

La section 1.3 souligne que l'évolution du climat entraîne déjà des pertes et des dommages, et que les risques de pertes et dommages futurs iront croissants avec la poursuite du changement climatique. La complexité et le rythme des modifications mettent à rude épreuve la capacité des systèmes humains et naturels à s'adapter aux impacts actuels et à réduire et gérer les risques. Ces risques menacent les gains acquis en matière de développement.

Des pertes et des dommages peuvent survenir même lorsque les risques sont bien compris et potentiellement évitables. Cela peut s'expliquer par le coût de la réduction des risques ; l'échec ou l'absence de mesures d'atténuation des émissions de GES (collectivement) et d'adaptation (à l'échelle nationale ou locale) ; des barrières ou des inégalités économiques, sociales ou technologiques ; le degré d'efficacité et de cohérence des interventions des pouvoirs publics ; les limites physiques à l'adaptation ; le rôle de facteurs aggravants tels que des maladies ; ou des facteurs autres que le changement climatique (voir l'Encadré 1.1). Les efforts de réduction et de gestion des risques de pertes et dommages doivent donc envisager des mesures intervenant sur les trois composantes des risques climatiques. Ils doivent viser plus précisément à :

- limiter l'augmentation de la fréquence et de l'intensité des aléas par la réduction significative et urgente des émissions de GES ainsi que par des actions de protection et d'amélioration des puits de carbone naturels ;
- réduire au minimum l'exposition des vies, des moyens de subsistance et des biens à ces aléas ;
- réduire la vulnérabilité des systèmes humains et naturels exposés à ces aléas.

La science nous dit que tout retard pris dans l'atténuation des émissions de GES et dans la protection et le renforcement des puits de carbone naturels tels que les forêts et les tourbières augmente les risques d'impacts climatiques négatifs et de plus en plus graves (GIEC, 2021d[9]). Il importe donc de limiter d'urgence les augmentations de l'intensité et de la fréquence des aléas climatiques destructeurs. Cela est possible par des réductions rapides et radicales des émissions des pays développés, mais aussi de celles des grandes économies en développement en plein essor et très émettrices, permettant d'atteindre l'objectif de température de l'Accord de Paris (CCNUCC, 2015[3]). Le niveau d'aléa n'est pas quelque chose sur lequel des pays en développement isolés peuvent peser, en dehors des plus grands d'entre eux, fortement émetteurs.

Même si la plage de températures prévue dans l'Accord de Paris est atteinte, une grande partie de la population actuelle et future du globe terrestre sera confrontée à des aléas climatiques de plus en plus fréquents, intenses et parfois nouveaux (pour la région considérée). Par exemple, l'élévation du niveau de la mer continuera longtemps après que les températures mondiales auront été stabilisées. Toutes choses égales par ailleurs, cela entraînera des augmentations des pertes et dommages qui touchent aujourd'hui des populations ayant peu contribué au changement climatique, voire pas du tout. Il convient donc de redoubler d'efforts pour agir sur les deux autres composantes du risque : l'exposition et la vulnérabilité.

L'exposition et la vulnérabilité sont le résultat de processus, de dotations et de choix complexes, notamment des modèles historiques de développement économique et social (comme les influences coloniales), des politiques publiques et des choix individuels. Certains déterminants de l'exposition et de la vulnérabilité peuvent être traités par des processus internes aux pays (par exemple la gestion de l'utilisation des sols ou les normes en matière d'infrastructures). D'autres peuvent faire l'objet d'une coopération ou de changements au niveau international, comme ce qui se passe aujourd'hui sur les marchés mondiaux.

Encadré 1.1. Résumé de l'analyse des limites de l'adaptation figurant dans le cinquième Rapport d'évaluation du GIEC

Les études se sont penchées sur les questions des obstacles et des limites à l'adaptation dus, par exemple, aux valeurs, aux objectifs et aux horizons de planification des acteurs. Les perceptions des risques influent sur les approches de gestion des risques. Certains risques seront jugés ordinaires ou avoir un impact limité et être donc acceptables. D'autres seront considérés comme intolérables car menaçant fondamentalement les objectifs des acteurs ou la durabilité des systèmes naturels. La gestion des risques a pour but d'écarter ce type de risques intolérables ou de les réduire à un niveau tolérable par diverses interventions. Mais la capacité des acteurs sociétaux et des systèmes naturels à réduire et gérer les risques est limitée par des facteurs biophysiques, institutionnels, financiers, sociaux et culturels, mais aussi par un manque réel ou supposé de capital humain, social et financier.

Les limites de l'adaptation ont été illustrées par des seuils se rapportant à différentes caractéristiques du changement climatique. Au-delà de ces seuils, des réactions non linéaires sont possibles pour les cultures agricoles, les espèces de poissons, les forêts et les communautés marines, comme les récifs coralliens. Ce phénomène est lié à la notion de points de bascule climatiques ; le franchissement de ces points peut entraîner des modifications importantes et non linéaires dans le système climatique (voir le chapitre 3). Dans la plupart des régions et des secteurs toutefois, il est encore difficile de quantifier les degrés de changement climatique qui constitueraient les limites futures de l'adaptation. Par ailleurs, les développements économiques et technologiques, ainsi que l'évolution des valeurs et des normes culturelles, détermineront la capacité d'un système à éviter ces limites. Cela a conduit à établir une distinction entre limites « molles » et « dures » de l'adaptation, avec des possibilités d'atténuer les premières au fil du temps, mais pas d'éviter les risques intolérables pour les limites dures.

Source : (GIEC, 2014[25]).

Réduire l'exposition peut être compliqué, et pas toujours souhaitable pour des raisons socioéconomiques plus générales. En dépit (et non à cause) de la concentration croissante des personnes et des biens, les taux d'urbanisation restent hauts. Des zones exposées à des risques élevés d'aléas climatiques continuent ainsi d'être construites. Par exemple, des aménagements urbains et péri-urbains viennent empiéter sur des espaces boisés, même lorsque des stratégies d'atténuation de la vulnérabilité climatique sont en place (Goss et al., 2020[80]). En outre, le coût de l'amélioration de la résilience des infrastructures face à des aléas plus intenses finira par devenir prohibitif. Dans certains cas, la construction de ce type d'infrastructures protectrices pourrait modifier fondamentalement le caractère du lieu qu'elles sont censées protéger (voir l'analyse de la situation des PEID au chapitre 4). Certaines mesures d'adaptation peuvent être relativement peu coûteuses, comme la pose de pilotis pour les maisons construites dans les zones côtières sujettes aux inondations. Mais elles ne pourront pas rendre les systèmes résilients à tous les niveaux physiquement possibles d'intensités d'aléa.

Réduire les vulnérabilités au changement climatique pose aussi un certain nombre de difficultés. Parmi les pays les plus vulnérables, beaucoup ne possèdent pas les éléments clés nécessaires pour s'adapter au changement climatique (Hallegatte, Fay et Barbier, 2018[81]), à savoir, entre autres, une économie forte et dynamique, l'accès à des financements et des technologies (y compris des systèmes de diffusion de l'information) et une gouvernance solide prévoyant des fonctions et attributions bien définies en matière d'adaptation. Le manque de capacités et de moyens dans un pays ne fera que rendre plus difficiles la réduction et la gestion des risques de pertes et dommages. Cela est particulièrement vrai dans un contexte de changement climatique s'intensifiant encore et d'urbanisation rapide.

D'autre part, la gestion et la réduction des pertes et dommages doivent se fonder sur une bonne compréhension des risques. Le changement climatique est façonné par l'action de l'homme. Mais les incidences précises du changement climatique sur les systèmes humains et naturels, qui varient dans le temps et dans l'espace, présentent aussi des degrés d'incertitude variables (voir le chapitre 2). Même les changements physiques entraînés par la modification de la dynamique de l'atmosphère ou des océans sont extraordinairement difficiles à modéliser. Il est plus compliqué encore de modéliser comment ces changements touchent et interagissent avec les systèmes humains et naturels, où les incertitudes sont au moins aussi grandes. Certains impacts socioéconomiques et naturels observés et anticipés peuvent entraîner des dommages irréversibles. Compte tenu du caractère et de l'échelle de ces impacts, les incertitudes ont des implications importantes sur les mesures à prendre pour réduire et gérer les risques climatiques.

De nombreux pays en développement auront besoin, pour y parvenir, de recevoir un soutien adéquat de la communauté internationale. Cela fait partie des sujets actuels de discussion et de négociation au sein des Nations Unies, en particulier s'agissant des niveaux actuels et futurs du financement climatique. Il sera également indispensable d'avoir en place tout un ensemble de politiques nationales et d'aides internationales en faveur du développement durable ou du relèvement et de la reconstruction après une catastrophe. Elles pourront aider à déterminer la résilience d'un pays face aux risques climatiques, ainsi que l'aide humanitaire à fournir en prévision ou à la suite d'un phénomène extrême.

Les décisions relatives à l'action climatique ne sont en effet pas prises isolément. Elles s'inscrivent dans les stratégies de développement des pays et doivent donc être évaluées au regard de tout le spectre de risques socioéconomiques et des incertitudes associées à prendre en compte dans le processus décisionnel. Cette évaluation peut être directe ou indirecte. Une évaluation directe, par exemple, examinerait la gestion de l'utilisation des sols, les pratiques agricoles et les normes en matière d'infrastructures. Une évaluation indirecte pourrait étudier le développement des moyens de subsistance, la protection sociale et la fourniture de services de santé de base. Outre les facteurs de changement dans les trois composantes du risque climatique, le processus pourrait évaluer la cohérence des stratégies suivies dans les différents domaines de l'action publique en dehors du changement climatique. Si elles ne sont pas organisées convenablement, certaines mesures visant à réduire et gérer le risque de pertes et dommages peuvent accroître les risques pour d'autres segments de la société ou d'autres pays (Eriksen et al., 2021[29]).

Les responsabilités en matière de pertes et dommages présents et futurs sont donc partagées entre de nombreux acteurs différents, au niveau national et international. L'ampleur et l'efficacité des mesures destinées à réduire et gérer les risques de pertes et dommages dépendent de plusieurs facteurs. Entrent notamment en jeu les ressources financières disponibles (aux niveaux national et international) et l'existence de capacités techniques pertinentes. Tout aussi importantes sont l'efficacité et la cohérence des interventions des pouvoirs publics destinées à accroître la résilience et réduire l'exposition et les vulnérabilités aux aléas liés au climat. L'équilibre entre ces différents facteurs variera dans le temps dans chaque contexte géographique. Les responsabilités relatives des grands émetteurs – pays développés et en développement – pour les émissions de GES les plus déterminantes en termes d'aléa sont relativement bien établies sur le plan scientifique et peuvent être quantifiées. En revanche, la responsabilité de l'exposition et de la vulnérabilité est davantage sujette à débat. Déterminer les responsabilités relatives pour ces composantes du risque demanderait une analyse et une discussion approfondies. Il faudrait en outre évaluer les rôles et capacités respectifs des acteurs concernés à différents moments. L'Encadré 1.2 examine quelques autres considérations sur la responsabilité en matière de pertes et dommages, à partir des discussions menées sur les Pertes et Préjudices au sein des Nations Unies.

Au bout du compte, l'OCDE ne peut pas apporter de réponses à ces questions, ni même en proposer. La question de la responsabilité des pertes et des dommages revêt une dimension hautement politique dans le processus multilatéral sur le changement climatique, la réduction des risques de catastrophe et le contexte plus général du développement durable et doit être résolue dans le cadre de ces processus. Le plus important peut-être est que les parties concernées soient soucieuses que les travaux menés aboutissent à des niveaux plus élevés de coopération, de solidarité et d'aide internationales, et non l'inverse.

Encadré 1.2. Négociations sur les Pertes et Préjudices au sein des Nations Unies

L'Alliance des petits États insulaires a lancé des discussions sur les Pertes et Préjudices induits par le changement climatique au sein du processus climatique des Nations Unies au début des années 90. Cette question a été mise sur la table dans la perspective d'une indemnisation pour les pertes subies dans ces pays du fait de l'élévation du niveau de la mer et d'autres effets du changement climatique. Le Mécanisme international de Varsovie a été créé en 2013 avec pour mission de remédier aux pertes et aux préjudices liés aux incidences des changements climatiques, notamment aux phénomènes météorologiques extrêmes ou à évolution lente dans les pays en développement particulièrement vulnérables aux effets néfastes de ces changements (CCNUCC, sans date[82]). Dans son article 8, l'Accord de Paris énonce en outre que « les Parties reconnaissent la nécessité d'éviter les pertes et préjudices liés aux effets néfastes des changements climatiques, [...] de les réduire au minimum et d'y remédier » (CCNUCC, 2015[3]).

Les discussions sur les Pertes et Préjudices au sein des Nations Unies portent sur les pays en développement. Elles sont politiquement épineuses dans la mesure où elles touchent à des questions d'équité. Le cœur du débat tourne autour de l'établissement de la responsabilité historique des pays développés dans les aléas climatiques et les pertes et dommages associés qui surviennent dans les pays en développement. Certains des pays les plus vulnérables, dont des petits États insulaires en développement et des pays moins avancés, ont demandé à être indemnisés par les pays développés pour ces pertes et dommages. Or, dans sa décision adoptée à Paris, la COP « convient que l'article 8 de l'Accord ne peut donner lieu ni servir de fondement à aucune responsabilité ni indemnisation » (CCNUCC, 2016[83]).

Ces discussions vont se poursuivre dans le cadre des négociations internationales sur le climat et feront intervenir de difficiles jugements scientifiques, politiques et juridiques quant à savoir dans quelle mesure le changement climatique a provoqué un aléa climatique particulier ou en a amplifié les effets négatifs. Les impacts dus au changement climatique dépendent de l'exposition et de la vulnérabilité, lesquels sont principalement liés à des mécanismes historiques et à des processus décisionnels nationaux. Compte tenu des difficultés politiques qui entourent la question de la responsabilité des Pertes et Préjudices, ce rapport ne cherche pas à définir ou fournir des directives directes sur cette question. Il apporte néanmoins des éléments d'analyse et des recommandations pouvant éclairer les discussions menées au sein du Mécanisme international de Varsovie et dans le cadre plus large du processus de négociation.

1.5. Structure et destinataires du rapport

Ce chapitre a présenté le risque climatique tel que conceptualisé par le GIEC et a dressé un tableau du changement climatique et de ses effets observés et anticipés sur les systèmes naturels et socioéconomiques. Le changement climatique est en marche et les émissions anthropiques de GES en sont incontestablement le principal moteur. Cela suffit pour justifier que l'on réduise d'urgence les émissions afin d'atteindre les objectifs fixés dans l'Accord de Paris, mais pas pour savoir comment réduire et gérer les risques climatiques. C'est ce qu'explique le ***chapitre 2***, qui examine les différents degrés de confiance et les incertitudes associées qui influent sur la perception de ces risques, que les décideurs doivent comprendre et intégrer. Le ***chapitre 3*** décrit les types d'aléas induits par le changement climatique. Il apporte de nouvelles analyses sur les conséquences des phénomènes à évolution lente (plus particulièrement l'élévation du niveau de la mer), des phénomènes extrêmes (vagues de chaleur) et des points de bascule (AMOC), les risques de pertes et dommages associés, et les effets domino possibles sur différents secteurs et régions. Le reste du rapport étudie le rôle potentiel des politiques publiques (***chapitre 4***), des financements (***chapitre 5***) et des technologies (***chapitre 6***) dans la réduction et la gestion des pertes et dommages induits par le changement climatique. La dernière section du présent chapitre énonce les recommandations qui ressortent de cette analyse.

Ce rapport est principalement destiné aux responsables publics chargés d'explorer et d'évaluer les solutions possibles pour réduire et gérer les risques de pertes et dommages induits par le changement climatique. De nombreux éléments intéressent toutefois plus largement l'ensemble de la société. Les premiers destinataires sont notamment les responsables des ministères de l'environnement et des organisations de gestion des risques de catastrophe au niveau national et local travaillant à définir les engagements ou les plans des pays en matière d'action climatique ou à y apporter des contributions utiles. Mais il pourra aussi bien intéresser leurs homologues d'autres ministères, chargés par exemple des finances, des infrastructures, de l'eau et de l'agriculture, qui ont de plus en plus besoin de prendre en compte les effets négatifs du changement climatique. Le rapport fournit des informations et permet de mieux comprendre certaines questions importantes concernant ces risques. En cela, il espère éclairer le débat politique et public (au niveau international et national) et stimuler l'action indirectement par le biais des parties prenantes du secteur privé et de la société civile.

1.6. Pour faire avancer le programme d'action

Les appels à agir d'urgence pour faire face au changement climatique occupent une place importante sinon prioritaire dans la plupart des programmes politiques, bien que la pandémie se poursuive et continue d'entraîner son lot de perturbations économiques. Cela est vrai dans le contexte des négociations internationales sur le climat, mais aussi aux échelons local, régional et national. Les autorités publiques, le secteur privé, les chercheurs, les organisations de la société civile et les citoyens individuels – souvent en groupe – agissent tous, par des moyens différents et avec des ressources et des niveaux d'ambition différents. Ces différentes parties prenantes ont des rôles complémentaires qui offrent de nouvelles possibilités d'action et de collaboration. Les pages qui suivent dressent la liste des actions recommandées pour réduire et gérer les pertes et les dommages économiques et non économiques, en mettant l'accent sur le rôle des autorités publiques :

1. **Appliquer le principe de précaution en se donnant pour objectif de limiter le réchauffement à 1.5 °C :**
   - *Accélérer la transition vers la neutralité en GES*, en reconnaissant que tous les pays n'emprunteront pas la même trajectoire et que les pays développés devraient s'employer à atteindre la neutralité avant 2050.
   - *Faire monter rapidement en régime les financements, la technologie, le développement des capacités* et autres mesures de soutien à l'atténuation et à l'adaptation dans les pays en développement, conformément aux engagements pris par les pays développés.
   - Établir *des objectifs et des plans à court terme* crédibles, ambitieux et dotés de ressources adéquates qui génèrent des retombées socioéconomiques plus larges et contribuent à la concrétisation des engagements à plus long terme ou envers la neutralité en GES.

2. **Façonner un paysage du financement international du développement plus favorable, qui appuie les efforts pour réduire et gérer les impacts actuels et les risques de pertes et de dommages prévus :**
   - *Revoir les financements du développement liés au climat à la hausse* pour aider les populations et les pays qui subissent déjà des pertes et des dommages et pour réduire et gérer les risques futurs, en particulier dans les PMA et les PEID.
   - *Améliorer l'accès aux financements et réduire les coûts de transaction* en simplifiant les multiples exigences en matière d'accréditation et de communication d'informations et en *renforçant les complémentarités* entre les mécanismes de financement.
   - *Développer les capacités locales et nationales*, encourager l'appropriation par les pays et faire mieux cadrer le financement international du développement avec les priorités, la situation et les besoins des pays.
   - *Renforcer le caractère prévisible* du soutien international aux initiatives de réduction et de gestion des risques de pertes et de dommages.
3. **Renforcer l'architecture mondiale du financement des risques liés au climat et aux catastrophes :**
   - *Améliorer la disponibilité et l'accessibilité de la protection financière*, qui doit être complète (c'est-à-dire protéger contre différents aléas) et systématique (protéger contre différentes strates de risque), en particulier pour les personnes les plus vulnérables.
   - *Renforcer la cohérence du soutien international* au financement des risques liés au climat et aux catastrophes en encourageant les pourvoyeurs d'aide à intensifier leurs échanges et leur coopération et à se mettre d'accord sur des principes communs.
4. **Renforcer la résilience budgétaire pour pouvoir faire face à des impacts de plus en plus défavorables :**
   - *Mettre en œuvre une approche globale de la gestion des risques,* en utilisant une panoplie de mécanismes financiers complémentaires pour *réduire, retenir et transférer* les risques de pertes et de dommages.
   - *Limiter les passifs éventuels*, inciter les acteurs privés à réduire et gérer leurs propres risques et leur donner les moyens d'agir dans ce sens, en promouvant par exemple la publication d'informations, la compréhension des risques et la sensibilisation aux risques.
   - *Examiner les conséquences des risques climatiques pour la viabilité de la dette* et déterminer les moyens possibles pour y remédier, en considérant notamment l'admissibilité des pays très vulnérables aux risques climatiques à l'aide financière internationale.
5. **Protéger les moyens de subsistance et réduire la précarité par le biais de l'assurance, de la protection sociale et de l'aide humanitaire :**
   - *Développer les marchés de l'assurance* pour assurer la couverture des risques climatiques et inciter les personnes qui disposent de moyens financiers suffisants à gérer ces risques.
   - *Renforcer la protection sociale pour les segments les plus marginalisés de la société* qui n'ont pas les moyens financiers d'accéder aux marchés de l'assurance formels, de manière à réduire leur vulnérabilité aux aléas climatiques et, par voie de conséquence, leurs pertes et leurs dommages.
   - Réduire les pertes et les dommages grâce à une *action humanitaire anticipative* et rendre l'aide humanitaire plus prévisible.
6. **Opter pour des approches de la prise de décision qui tiennent compte de l'incertitude des risques climatiques :**

- *Gérer les risques sur différentes échelles temporelles et spatiales* et comprendre comment les risques peuvent s'intensifier et se répercuter en cascade entre les systèmes et par-delà les frontières.
- *Renforcer les capacités* au sein du processus de prise de décision pour y incorporer des évaluations quantitatives et qualitatives des *conséquences de l'incertitude* pour les options et les résultats.
- *Adopter des processus de prise de décision itératifs et adaptatifs*, guidés par l'apprentissage et l'évolution de la compréhension des risques, et appliquer strictement le principe de précaution si certains choix sont susceptibles de verrouiller un changement à long terme des risques.
- *Déterminer et gérer* les risques potentiellement hors de portée des capacités locales en anticipant les seuils et les points de décision pouvant nécessiter la formulation de réponses différentes.

7. **Traiter les objectifs liés au climat et au développement durable de façon intégrée et améliorer la cohérence des politiques :**
   - *Considérer les décisions relatives aux risques climatiques comme faisant partie intégrante du développement durable* et évaluer les options envisageables à l'aune d'un spectre plus large de risques et d'incertitudes socioéconomiques, pertinents pour la prise de décision.
   - *Renforcer la cohérence entre les communautés d'action nationales et internationales*, y compris les spécialistes de l'adaptation au changement climatique et de la gestion des risques, les acteurs humanitaires et la communauté plus large du développement, en s'appuyant sur leurs atouts et domaines de compétence respectifs.

8. **Améliorer les données, les capacités et les processus à l'appui de la gouvernance des risques climatiques :**
   - *Renforcer le soutien international* pour améliorer l'accès aux capacités d'observation et de prévision et à la technologie ainsi que le développement des capacités dans les pays en développement, en donnant la priorité à *la collecte et à la gestion de données d'observation de qualité et de résolution élevées.*
   - Accorder une importance prioritaire aux actions internationales qui améliorent *la collecte et l'interprétation des données sur les phénomènes extrêmes et leurs impacts* dans les pays en développement, notamment pour étayer les études d'attribution et la politique climatique.
   - *Continuer à renforcer les services d'information météorologique et climatologique,* en particulier dans les PMA et les PEID, en veillant à ce qu'ils soient exploitables, utiles et axés sur la demande.
   - *Établir un mécanisme international pour surveiller les points de bascule climatique*, afin de pouvoir mieux comprendre leurs impacts potentiels, mettre au point des techniques de détection et, si possible, émettre des alertes précoces qui guideront les stratégies et mesures à adopter.

9. Faciliter l'engagement inclusif des parties prenantes, qui devrait s'appuyer sur les connaissances, les compétences et les valeurs des différents acteurs et prendre dûment en considération les pertes et les dommages immatériels :

- *Mettre en place des partenariats pour améliorer la coordination et collaboration* entre les décideurs, les milieux scientifiques et autres secteurs d'expertise, y compris les populations autochtones et locales, aux niveaux national et international.
- *Faire prendre mieux conscience et expliquer que* le changement climatique menace ce à quoi les individus attachent de la valeur, et élaborer des approches contextuelles pour réduire et gérer les pertes et les dommages aussi bien immatériels qu'économiques.
- *Mobiliser les compétences du secteur privé* pour soutenir les efforts plus larges déployés par la société pour réduire et gérer les risques de pertes et de dommages.

Références

Adger, W. et al. (2012), « Cultural dimensions of climate change impacts and adaptation », *Nature Climate Change*, vol. 3/2, pp. 112-117, http://dx.doi.org/10.1038/nclimate1666. [70]

Alhassan, S., J. Kuwornu et Y. Osei-Asare (2019), « Gender dimension of vulnerability to climate change and variability: Empirical evidence of smallholder farming households in Ghana », *International Journal of Climate Change Strategies and Management*, vol. 11/2, pp. 195-214, http://dx.doi.org/10.1108/IJCCSM-10-2016-0156. [30]

Añel, J. (dir. pub.) (2020), « The environmental consequences of climate-driven agricultural frontiers », *PLOS ONE*, vol. 15/2, p. e0228305, http://dx.doi.org/10.1371/journal.pone.0228305. [28]

Barnett, J. et al. (2016), « A science of loss », *Nature Climate Change*, vol. 6/11, pp. 976-978, http://dx.doi.org/10.1038/nclimate3140. [69]

Barreca, A., O. Deschênes et M. Guldi (2018), « Maybe next month? Temperature shocks and dynamic adjustments in birth rates », *Demography*, vol. 55/4, pp. 1269-1293, http://dx.doi.org/10.1007/s13524-018-0690-7. [50]

Botzen, W., O. Deschênes et M. Sanders (2019), « The economic impacts of natural disasters: A review of models and empirical studies », *Review of Environmental Economics and Policy*, vol. 13/2, pp. 167-188, http://dx.doi.org/10.1093/reep/rez004. [58]

Buckle, S. et al. (2020), « Addressing the COVID-19 and climate crises: Potential economic recovery pathways and their implications for climate change mitigation, NDCs and broader socio-economic goals », *OECD/IEA Climate Change Expert Group Papers*, n° 2020/04, Éditions OCDE, Paris, https://dx.doi.org/10.1787/50abd39c-en. [1]

Bureau of Labor Statistics (2021), *Employment in New Orleans-Metairie, LA Metropolitan Statistical Area (Series Id: LAUMT223538000000003)*, (base de données), https://www.bls.gov/oes/current/oes_35380.htm (consulté le 12 avril 2021). [61]

Burke, M., S. Hsiang et E. Miguel (2015), « Global non-linear effect of temperature on economic production », *Nature*, vol. 527/7577, pp. 235-239, http://dx.doi.org/10.1038/nature15725. [57]

Caesar, L. et al. (2021), « Current Atlantic Meridional Overturning Circulation weakest in last millennium », *Nature Geoscience*, vol. 14, pp. 118-120, http://dx.doi.org/10.1038/s41561-021-00699-z. [23]

Cai, X., Y. Lu et J. Wang (2018), « The impact of temperature on manufacturing worker productivity: Evidence from personnel data », *Journal of Comparative Economics*, vol. 46/4, pp. 889-905, http://dx.doi.org/10.1016/j.jce.2018.06.003. [54]

Carleton, T. et al. (2019), « Valuing the global mortality consequences of climate change accounting for adaptation costs and benefits », *Working Paper*, n° 2018-51, University of Chicago, Becker Friedman Institute for Economics, https://ssrn.com/abstract=3224365. [44]

CAT (2021), *Warming Projections Global Update*, May, Climate Action Tracker, https://climateactiontracker.org/documents/853/CAT_2021-05-04_Briefing_Global-Update_Climate-Summit-Momentum.pdf. [4]

CCNUCC (2021), *National Adaptation Plans 2020: Progress in the Formulation and Implementation of NAPs*, Convention-cadre des Nations Unies sur les changements climatiques, Bonn, https://unfccc.int/documents/273920. [5]

CCNUCC (2016), *Decision 1/CP.21: Adoption of the Paris Agreement*, Convention-cadre des Nations Unies sur les changements climatiques, Bonn. [83]

CCNUCC (2015), *Accord de Paris*, Convention-cadre des Nations Unies sur les changements climatiques, Bonn, https://treaties.un.org/pages/ViewDetails.aspx?src=TREATY&mtdsg_no=XXVII-7-d&chapter=27&clang=_fr.. [3]

CCNUCC (sans date), « Warsaw International Mechanism for Loss and Damage associated with Climate Change Impacts (WIM) », page web, https://unfccc.int/topics/adaptation-and-resilience/workstreams/loss-and-damage-ld/warsaw-international-mechanism-for-loss-and-damage-associated-with-climate-change-impacts-wim (consulté le 13 avril 2021). [82]

Clark, P. et al. (2016), « Consequences of twenty-first-century policy for multi-millennial climate and sea-level change », *Nature Climate Change*, vol. 6/4, http://dx.doi.org/10.1038/nclimate2923. [18]

Crowley, T. (2000), « Causes of climate change over the past 1000 years », *Science*, vol. 289/5477, http://dx.doi.org/10.1126/science.289.5477.270. [12]

Dell, M., B. Jones et B. Olken (2012), « Temperature shocks and economic growth: Evidence from the last half century », *American Economic Journal: Macroeconomics*, vol. 4/3, pp. 66-95, http://dx.doi.org/10.1257/mac.4.3.66. [56]

Deschênes, O. et M. Greenstone (2011), « Climate change, mortality, and adaptation: Evidence from annual fluctuations in weather in the US », *American Economic Journal: Applied Economics*, vol. 3/4, pp. 152-185, http://dx.doi.org/10.1257/app.3.4.152. [43]

Eriksen, S. et al. (2021), « Adaptation interventions and their effect on vulnerability in developing countries: Help, hindrance or irrelevance? », *World Development*, vol. 141, p. 105383, http://dx.doi.org/10.1016/j.worlddev.2020.105383. [29]

FICR (2021), *Strategy 2030: Platform for Change; Global Reach, Local Action*, Le Mouvement International de la Croix-Rouge et du Croissant-Rouge, Genève, https://www.ifrc.org/media/13322. [8]

Filkov, A. et al. (2020), « Impact of Australia's catastrophic 2019/20 bushfire season on communities and environment. Retrospective analysis and current trends », *Journal of Safety Science and Resilience*, vol. 1/1, pp. 44-56, http://dx.doi.org/10.1016/j.jnlssr.2020.06.009. [36]

Fisch, H. et al. (2003), « The relationship of long term global temperature change and human fertility », *Medical Hypotheses*, vol. 61, pp. 21-28, http://dx.doi.org/10.1016/S0306-9877(03)00061-6. [49]

Frederikse, T. et al. (2020), « The causes of sea-level rise since 1900 », *Nature*, vol. 584/7821, pp. 393-397, http://dx.doi.org/10.1038/s41586-020-2591-3. [10]

GIEC (2019), *Climate Change and Land: An IPCC Special Report on Climate Change, Desertification, Land Degradation, Sustainable Land Management, Food Security, and Greenhouse Gas Fluxes in Terrestrial Ecosystems*, Groupe d'experts intergouvernemental sur l'évolution du climat, Genève, https://www.ipcc.ch/srccl/. [11]

GIEC (2019), « Résumé à l'intention des décideurs », dans H.-O. Pörtner et al. (dir. pub.), *Rapport spécial du GIEC sur les océans et la cryosphère dans le contexte du changement climatique*, Groupe d'experts intergouvernemental sur l'évolution du climat, Genève. [17]

GIEC (2018), « Annex 1: Glossary », dans *Global Warming of 1.5 °C*, Masson-Delmotte, V. et al. (dir. pub.), Groupe d'experts intergouvernemental sur l'évolution du climat, Genève. [26]

GIEC (2014), *Climate Change 2014: Impacts,Adaptation, and Vulnerability. Part A: Global and Sectoral Aspects. Contribution of Working Group II to the Fifth Assessment Report of the Intergovernmental Panel on Climate Change*, University of Cambridge, Cambridge, Royaume-Uni et New York. [25]

GIEC (2021d), *Climate Change 2021: The Physical Science Basis. Contribution of Working Group I to the Sixth Assessment Report of the Intergovernmental Panel on Climate Change*, Masson-Delmotte, V. et al. (dir. pub.), Cambridge University Press, Cambridge, Royaume-Uni et New York, in press. [9]

Goss, M. et al. (2020), « Climate change is increasing the likelihood of extreme autumn wildfire conditions across California », *Environmental Research Letters*, vol. 15/9, p. 094016, http://dx.doi.org/10.1088/1748-9326/ab83a7. [80]

Grace, K. et al. (2012), « Child malnutrition and climate in Sub-Saharan Africa: An analysis of recent trends in Kenya », *Applied Geography*, vol. 35/1-2, pp. 405-413, http://dx.doi.org/10.1016/j.apgeog.2012.06.017. [52]

Graff Zivin, J. et al. (2020), « Temperature and high-stakes cognitive performance: Evidence from the national college entrance examination in China », *Journal of Environmental Economics and Management*, vol. 104, p. 102365, http://dx.doi.org/10.1016/j.jeem.2020.102365. [55]

Graham, S. et al. (2013), « The social values at risk from sea-level rise », *Environmental Impact Assessment Review*, vol. 41, pp. 45-52, http://dx.doi.org/10.1016/j.eiar.2013.02.002. [68]

Granderson, A. (2014), « Making sense of climate change risks and responses at the community level: A cultural-political lens », *Climate Risk Management*, vol. 3, pp. 55-64, http://dx.doi.org/10.1016/j.crm.2014.05.003. [76]

Guha-Sapir, D., R. Below et P. Hoyois (2021), *EM-DAT: The CRED/OFDA International Disaster Database*, (base de données), http://www.emdat.be (consulté le 7 avril 2021). [34]

Hallegatte, S., M. Fay et E. Barbier (2018), « Poverty and climate change: Introduction », *Environment and Development Economics*, vol. 23/3, pp. 217-233, http://dx.doi.org/10.1017/s1355770x18000141. [81]

Hausfather, Z. et al. (2020), « Evaluating the performance of past climate model projections », *Geophysical Research Letters*, vol. 47/1, http://dx.doi.org/10.1029/2019GL085378. [20]

Hayes, K. et al. (2018), « Climate change and mental health: Risks, impacts and priority actions », *International Journal of Mental Health Systems*, vol. 12, http://dx.doi.org/10.1186/S13033-018-0210-6. [73]

Hsiang, S. (2010), « Temperatures and cyclones strongly associated with economic production in the Caribbean and Central America », *Proceedings of the National Academy of Sciences of the United States of America*, vol. 107/35, pp. 15367-15372, http://dx.doi.org/10.1073/pnas.1009510107. [59]

Hunt, K. et A. Menon (2020), « The 2018 Kerala floods: A climate change perspective », *Climate Dynamics*, vol. 54/3-4, pp. 2433-2446, http://dx.doi.org/10.1007/s00382-020-05123-7. [38]

IPBES (2019), *Summary for Policymakers of the Global Assessment Report on Biodiversity and Ecosystem Services*, Secrétariat de la Plate-forme intergouvernementale sur la biodiversité et les services écosystémiques, Bonn, http://dx.doi.org/10.5281/zenodo.3553579. [77]

Jafino, B. et al. (2020), *Revised Estimates of the Impact of Climate Change on Extreme Poverty by 2030*, Banque mondiale, Washington, D.C., http://dx.doi.org/10.1596/1813-9450-9417. [32]

Jankowska, M. et al. (2012), « Climate change and human health: Spatial modeling of water availability, malnutrition, and livelihoods in Mali, Africa », *Applied Geography*, vol. 33/1, pp. 4-15, http://dx.doi.org/10.1016/j.apgeog.2011.08.009. [51]

Kelly, L. et al. (2020), « Fire and biodiversity in the Anthropocene », *Science*, vol. 370/6519, http://dx.doi.org/10.1126/science.abb0355. [78]

Kilian, L. (2008), « The economic effects of energy price shocks », *Journal of Economic Literature*, vol. 46/4, pp. 871-909, http://dx.doi.org/10.1257/jel.46.4.871. [64]

Kirchmeier-Young, M. et al. (2019), « Attribution of the influence of human-Induced climate change on an extreme fire season », *Earth's Future*, vol. 7/1, pp. 2-10, http://dx.doi.org/10.1029/2018ef001050. [16]

Kummu, M. et al. (2021), « Climate change risks pushing one-third of global food production outside the safe climatic space », *One Earth*, vol. 4/5, pp. 720-729, http://dx.doi.org/10.1016/j.oneear.2021.04.017. [67]

Lam, D. et J. Miron (1996), « The effects of temperature on human fertility », *Demography*, vol. 33/3, pp. 291-305, http://dx.doi.org/10.2307/2061762. [48]

Lenton, T. et al. (2019), « Climate tipping points – too risky to bet against », *Nature*, vol. 575, pp. 592-595, http://dx.doi.org/10.1038/d41586-019-03595-0. [22]

Liang, L. et P. Gong (2017), « Climate change and human infectious diseases: A synthesis of research findings from global and spatio-temporal perspectives », *Environment International*, vol. 103, pp. 99-108, http://dx.doi.org/10.1016/j.envint.2017.03.011. [62]

Linthicum, K. et al. (1999), « Climate and satellite indicators to forecast Rift Valley fever epidemics in Kenya », *Science*, vol. 285/5426, pp. 397-400, http://dx.doi.org/10.1126/SCIENCE.285.5426.397. [45]

Loayza, N. et al. (2012), « Natural disasters and growth: Going beyond the averages », *World Development*, vol. 40/7, pp. 1317-1336, http://dx.doi.org/10.1016/j.worlddev.2012.03.002. [60]

Luque Fernández, M. et al. (2009), « Influence of temperature and rainfall on the evolution of cholera epidemics in Lusaka, Zambia, 2003–2006: Analysis of a time series », *Transactions of the Royal Society of Tropical Medicine and Hygiene*, vol. 103/2, pp. 137-143, http://dx.doi.org/10.1016/j.trstmh.2008.07.017. [46]

Makin, J. (2011), « Implications of climate change for skin cancer prevention in Australia », *Health Promotion Journal of Australia : Official Journal of Australian Association of Health Promotion Professionals*, vol. 22 Spec No, http://dx.doi.org/10.1071/HE11439. [47]

McLeman, R. (2019), « International migration and climate adaptation in an era of hardening borders », *Nature Climate Change*, vol. 9/12, pp. 911-918, http://dx.doi.org/10.1038/s41558-019-0634-2. [63]

OCDE (2021), *Principaux constats issus de la mise à jour de la base de données de l'OCDE sur la relance verte*, Éditions OCDE, Paris, https://doi.org/10.1787/b3677ec9-fr. [2]

OCDE (2020), *Common Ground Between the Paris Agreement and the Sendai Framework: Climate Change Adaptation and Disaster Risk Reduction*, Éditions OCDE, Paris, https://dx.doi.org/10.1787/3edc8d09-en. [7]

OMM (2021), *Atlas of Mortality and Economic Losses from Weather, Climate and Water Extremes*, Organisation météorologique mondiale, Genève. [42]

OMM (2021), « North America heatwave almost impossibe without climate change », 8 juillet, Organisation météorologique mondiale, Genève, https://public.wmo.int/en/media/news/north-america-heatwave-almost-impossible-without-climate-change. [40]

OMM (2020), *WMO Global Annual to Decadal Climate Update*, Organisation météorologique mondiale, Genève. [13]

Pecl, G. et al. (2017), « Biodiversity redistribution under climate change: Impacts on ecosystems and human well-being », *Science*, vol. 355/6332, p. eaai9214, http://dx.doi.org/10.1126/science.aai9214. [19]

Rahman, M. (2013), « Climate change, disaster and gender vulnerability: A study on two divisions of Bangladesh », *American Journal of Human Ecology*, vol. 2/2, pp. 72-82, http://dx.doi.org/10.11634/216796221302315. [31]

Rataj, E., K. Kunzweiler et S. Garthus-Niegel (2016), « Extreme weather events in developing countries and related injuries and mental health disorders - a systematic review », *BMC Public Health*, vol. 16/1, p. 1020, http://dx.doi.org/10.1186/s12889-016-3692-7. [72]

Rocha, J. et al. (2018), « Cascading regime shifts within and across scales », *Science*, vol. 362/6421, pp. 1379-1383, http://dx.doi.org/10.1126/science.aat7850. [24]

Rühlemann, A. et J. Jordan (2020), « Risk perception and culture: Implications for vulnerability and adaptation to climate change », *Disasters*, vol. 45/2, pp. 424-452, http://dx.doi.org/10.1111/disa.12429. [75]

Seddon, N. et al. (2021), « Getting the message right on nature-based solutions to climate change », *Global Change Biology*, vol. 27/8, pp. 1518-1546, http://dx.doi.org/10.1111/gcb.15513. [79]

Seneviratne, S. et al. (2012), « Changes in climate extremes and their impacts on the natural physical environment. », dans Field, C. et al. (dir. pub.), *Managing the Risks of Extreme Events and Disasters to Advance Climate Change Adaptation. A Special Report of Working Groups I and II of the Intergovernmental Panel on Climate Change*, Cambridge University Press, Cambridge, Royaume-Uni et New York. [21]

Sherwood, S. et al. (2020), « An Assessment of Earth's Climate Sensitivity Using Multiple Lines of Evidence », *Reviews of Geophysics*, vol. 58/4, http://dx.doi.org/10.1029/2019rg000678. [14]

Shultz, J. et al. (2020), « Double environmental injustice – Climate change, Hurricane Dorian and the Bahamas », *New England Journal of Medicine*, vol. 382/1, pp. 1-3, http://dx.doi.org/10.1056/nejmp1912965. [37]

Silveira, S. et al. (2021), « Chronic mental health sequelae of climate change extremes: A case study of the deadliest Californian wildfire », *International Journal of Environmental Research and Public Health*, vol. 18/4, p. 1487, http://dx.doi.org/10.3390/ijerph18041487. [74]

Sofuoğlu, E. et A. Ay (2020), « The relationship between climate change and political instability: The case of MENA countries (1985:01–2016) », *Environmental Science and Pollution Research*, vol. 27/12, pp. 14033-14043, http://dx.doi.org/10.1007/s11356-020-07937-8. [33]

Tchebakova, N. et al. (2011), « Agroclimatic potential across central Siberia in an altered twenty-first century », *Environmental Research Letters*, vol. 6/4, p. 045207, http://dx.doi.org/10.1088/1748-9326/6/4/045207. [27]

Tschakert, P. et al. (2019), « One thousand ways to experience loss: A systematic analysis of climate-related intangible harm from around the world », *Global Environmental Change*, vol. 55, pp. 58-72, http://dx.doi.org/10.1016/j.gloenvcha.2018.11.006. [71]

UNDRR (2021), *Promoting Synergy and Alignment: Between Climate Change Adaptation and Disaster Risk Reduction in the Context of National Adaptation Plans*, Bureau des Nations Unies pour la prévention des catastrophes, Genève. [6]

UNDRR (2019), *Global Assessment Report on Disaster Risk Reduction*, Bureau des Nations Unies pour la prévention des catastrophes, Genève, https://gar.undrr.org/report-2019. [65]

van Oldenborgh, G. et al. (2021), « Attribution of the Australian bushfire risk to anthropogenic climate change », *Natural Hazards and Earth System Sciences*, vol. 21/3, pp. 941-960, http://dx.doi.org/10.5194/nhess-21-941-2021. [39]

Vautard, R. et al. (2020), « Human contribution to the record-breaking June and July 2019 heatwaves in Western Europe », *Environmental Research Letters*, vol. 15/9, p. 094077, http://dx.doi.org/10.1088/1748-9326/aba3d4. [15]

Welton, G. (2011), « The impact of Russia's 2010 grain export ban », *Research Reports*, June, Oxfam, Oxford, Royaume-Uni, https://www-cdn.oxfam.org/s3fs-public/file_attachments/rr-impact-russias-grain-export-ban-280611-en_3.pdf. [53]

World Weather Attribution (2021), « Heavy rainfall which led to severe flooding in Western Europe made more likely by climate change », 23 August, World Weather Attribution, https://www.worldweatherattribution.org/heavy-rainfall-which-led-to-severe-flooding-in-western-europe-made-more-likely-by-climate-change/. [41]

Zegarra, M. et al. (2020), « Impact of Hurricane Dorian in the Bahamas: A view from the sky », *Technical Note*, n° DB-TN-1857, Banque interaméricaine de développement, Washington, D.C., https://publications.iadb.org/publications/english/document/Impact_of_Hurricane_Dorian_in_The_Bahamas_A_View_from_the_Sky.pdf. [35]

Zscheischler, J. et al. (2020), « A typology of compound weather and climate events », *Nature Reviews Earth & Environment*, vol. 1/7, pp. 333-347, http://dx.doi.org/10.1038/s43017-020-0060-z. [66]

2 Types d'incertitudes et compréhension des risques de pertes et de dommages

Le présent chapitre examine les différents degrés de confiance – et par conséquent d'incertitude – qui influent sur la compréhension des risques de pertes et dommages induits par le changement climatique. Il s'intéresse plus spécifiquement aux différents degrés de fiabilité que présentent les projections du climat physique et les prévisions concernant l'exposition et la vulnérabilité futures. Cela inclut et/ou concerne les incertitudes liées aux trajectoires des émissions, à la façon dont le système climatique réagit à ces émissions, à la variabilité du climat et aux modes de développement socioéconomique. Ce chapitre présente en outre des exemples analytiques qui illustrent les différents types d'incertitudes. Il s'achève en examinant comment ces incertitudes doivent être abordées pour communiquer efficacement sur les risques climatiques.

En bref

Les différents degrés de confiance relatifs aux différents types de risques de pertes et dommages induits par le changement climatique

Le rôle de l'être humain dans le réchauffement du système climatique est sans équivoque. Il y a très peu de doutes quant à la dimension thermodynamique de ce changement et à la gravité des impacts qui y sont associés. En revanche, il existe de grandes incertitudes concernant certains aspects importants de la réaction du climat au forçage radiatif, ainsi que sur la vulnérabilité et l'exposition des systèmes socioéconomiques. Ces incertitudes ne sont cependant pas une raison pour retarder l'action.

Le changement climatique est le résultat de processus physiques complexes. Seul un petit groupe d'experts et de savants très spécialisés a une parfaite compréhension scientifique de ces processus. Bien que les décideurs publics s'occupant de la question du changement climatique n'aient pas besoin d'avoir une telle compréhension, ils doivent souvent établir un lien entre la science et l'action publique. Cela signifie qu'ils doivent gérer un certain nombre de types et de formes d'incertitudes différents. Un décideur bien informé des différentes interprétations possibles du risque climatique est capable de déterminer quelles sont les mesures efficaces et robustes permettant de réduire et de gérer ce risque. Les différents types d'incertitudes sont les suivants :

- ***Incertitudes liées à la qualité et la quantité des données issues de l'observation :*** la Terre est aujourd'hui observée plus attentivement et plus systématiquement que jamais auparavant. Malgré cela, il reste encore du chemin avant de pouvoir compter sur un dispositif de surveillance systématique et exhaustive du climat au niveau mondial. Toute amélioration de la surveillance est un pas en avant qui peut procurer des avantages à court terme.
- ***Incertitudes de la sensibilité climatique à l'équilibre (ECS) et de la réponse climatique transitoire (TCR) :*** l'aspect le plus important d'un plan ou d'une stratégie en faveur du climat est sa capacité à atténuer le changement climatique. Les fourchettes des estimations de l'ECS et de la TCR représentent les incertitudes de l'ampleur de la réaction du climat aux émissions de gaz à effet de serre. Au vu de ces incertitudes, la nécessité de réduire radicalement les émissions revêt un caractère d'urgence évident.
- ***Incertitudes des projections du changement climatique aux niveaux régional et mondial :*** malgré le grand degré de confiance dans la dimension thermodynamique de ce changement et dans la gravité des impacts qui y sont associés, il est très difficile de déterminer précisément quand, où et comment se produiront ces aléas. Les projections des changements pouvant survenir à court terme à l'échelle régionale restent néanmoins utiles. Elles donnent une idée des bouleversements que pourront subir les systèmes humains et naturels, même si la date à laquelle ils surviendront et leur ampleur ne sont pas établies avec précision. Les modèles climatiques fournissent donc, du point de vue de l'action publique, des informations générales sur les grandes tendances et la façon dont le changement climatique pourrait avoir lieu localement. Ces informations peuvent être utilisées directement pour l'élaboration des politiques ayant trait à la gestion des risques climatiques, notamment en ce qui concerne l'adaptation physique, comportementale et culturelle aux changements attendus.
- ***Incertitudes liées aux données socioéconomiques :*** ces données doivent servir de base à toute décision des pouvoirs publics, afin de pouvoir évaluer les conséquences possibles des mesures qui sont prises. Or, ces données cruciales ne sont souvent pas disponibles. Lorsque

c'est le cas, les décideurs publics peuvent utiliser – entre autres – des variables de substitution et des analyses de régression, qui introduisent des incertitudes supplémentaires. La réalisation d'analyses quantitatives et qualitatives peut favoriser une compréhension plus large et plus complète des enjeux.

- ***Incertitudes des projections socioéconomiques :*** une autre source importante d'incertitude concerne la situation socioéconomique résultant des changements. Les modèles d'évaluation intégrée constituent la méthode la plus efficace, au regard des politiques climatiques, pour analyser les différents scénarios possibles pour l'avenir. Ils utilisent dans une seule formule les éléments pertinents du système climatique et ceux de l'économie. Bien qu'ils soient utiles pour comparer les effets probables des différentes mesures, ces modèles présentent des limites car ils intègrent rarement l'incertitude physique et socioéconomique, en particulier la façon dont ces deux incertitudes interagissent. Il est donc nécessaire qu'ils soient complétés par d'autres types de modélisation, comme par exemple la modélisation multi-agents, ou encore les modèles avec rééchantillonnage ou repondération. Les projections sont également sensibles à la place de la nature dans les systèmes socioéconomiques, comme par exemple sa valeur intrinsèque et son rôle dans la production économique et le bien-être des individus. Ces éléments doivent par conséquent être soigneusement pris en compte.
- ***Autres incertitudes socioéconomiques :*** il s'agit notamment des points de bascule socioéconomique et du taux d'actualisation social. Les points de bascule socioéconomique sont des changements brusques survenant dans la société, sans commune mesure avec le point de départ (autrement dit, non linéaires). Ils ont la possibilité d'accroître ou de menacer l'efficacité de la politique climatique et sont, par nature, extrêmement difficiles à prédire. Les actions engagées par les pouvoirs publics doivent avoir pour but d'encourager le franchissement des points de bascule, qui permettent de renforcer la résilience des sociétés. Le taux d'actualisation social doit refléter les valeurs et les cultures locales. Son rôle est essentiellement de pondérer l'avenir par rapport au présent : ce taux est faible lorsque le contexte est incertain ou que les dommages sont importants.

Ces dernières décennies, les incertitudes relatives aux pertes et dommages pouvant survenir ont diminué. Elles occupent toutefois une place importante dans la perception des risques et dans la façon dont l'action d'atténuation du changement climatique réagit à cette perception. Compte tenu de l'incroyable accumulation de données scientifiques sur le changement climatique et ses possibles conséquences, l'absence de certitudes – par exemple au sujet de la façon, du moment et du lieu où surviendra un aléa – ne saurait être une raison pour ne pas agir. Ce chapitre montre en fait que plus les incertitudes sont grandes, plus l'éventail de risques climatiques est large. Par conséquent, les doutes et les ambiguïtés qui entourent certains aspects des projections du changement climatique doivent être invoquées non pas pour ne rien faire, mais au contraire pour engager des actions énergiques en faveur du climat.

2.1. Introduction

Le chapitre 1 présente de façon synthétique le changement climatique en montrant brièvement comment le climat réagit aux émissions anthropiques de gaz à effet de serre (GES) et comment la vulnérabilité et l'exposition peuvent exacerber les risques climatiques et les impacts socioéconomiques. Dans son sixième Rapport d'évaluation, le Groupe de travail I du Groupe d'experts intergouvernemental sur l'évolution du climat (GIEC) conclut : « Il n'y a aucun doute sur le fait que l'activité humaine a entraîné un réchauffement de l'atmosphère, des océans et des sols. » Il estime également que « l'ampleur des récents bouleversements qu'a connus le système climatique dans son ensemble et l'état actuel de ce système à de nombreux égards sont sans précédent depuis plusieurs siècles, voire plusieurs millénaires » (IPCC, 2021[1]).

Au vu de ces évaluations, il existe très peu de doute quant à la dimension thermodynamique du changement climatique si l'on considère l'équilibre des flux d'énergie à l'entrée et à la sortie du système terrestre. Pour citer un exemple, l'augmentation des émissions de GES entraîne une concentration accrue de ces gaz dans l'atmosphère, et donc un forçage radiatif plus important. Il s'en suit une hausse de la température moyenne à la surface du globe (IPCC, 2013[2] ; Hausfather et al., 2020[3]). Ces changements thermodynamiques ont en outre pour effet de modifier profondément les courants océaniques et atmosphériques, d'où la perturbation du cycle de l'eau et du régime des précipitations. La conséquence de ces bouleversements est une augmentation de la fréquence et de l'ampleur d'un grand nombre de phénomènes météorologiques extrêmes tels que les fortes précipitations et les inondations, les sécheresses et les vagues de chaleur.

Le forçage radiatif accru s'exerçant sur le système terrestre du fait de la plus forte concentration de GES entraîne également à longue échéance des modifications irréversibles du niveau de la mer (principalement à cause de la dilatation thermique ainsi que de la fonte des glaciers et de la banquise) (IPCC, 2021[1]). Si rien n'est fait, le changement climatique aura au final des conséquences sur les points de bascule, ce qui entraînerait un bouleversement total du système climatique. Ce bouleversement potentiel est traité dans le chapitre 3, qui s'intéresse à la circulation méridienne océanique de retournement de l'Atlantique (AMOC) : ce courant océanique majeur, qui transfère de la chaleur depuis les Tropiques vers le nord, pourrait très bien s'affaiblir au cours du XXIe siècle (IPCC, 2021[1]).

Il y a de nombreuses raisons de penser que ces modifications physiques du climat auront différents types d'impacts socioéconomiques – avec les pertes et dommages qui vont avec –, notamment des incidences directes sur les moyens de subsistance des populations. Celles-ci pourraient se manifester par exemple par des modifications des régimes de précipitations, des températures ainsi que de la distribution de la biodiversité et des services écosystémiques. Un autre effet indirect sur les moyens de subsistance est notamment la modification de la demande de biens et services (Granderson, 2014[4]).

Certaines données montrent par ailleurs que l'altération des conditions socioéconomiques contribue, par différents biais, à l'augmentation de la vulnérabilité et de l'exposition des pays. Une telle situation pourrait entraîner une aggravation des pertes et des dommages (Hallegatte, Bangalore et Vogt-Schilb, 2016[5]). Le changement climatique peut également provoquer la perte de sécurité des individus, la disparition de pratiques territorialisées, d'identités et d'un patrimoine culturel, ainsi que des déplacements de populations (Barnett et al., 2016[6]) (Adger et al., 2012[7]). Bien que moins facilement quantifiables, ces pertes et dommages non économiques peuvent être tout aussi importants – voire plus – car ils surviennent à des degrés variables et sont perçus très différemment selon les sociétés.

Il existe peu de doutes quant à la dimension thermodynamique du changement climatique et à la gravité des impacts qui y sont associés. En revanche, il est très difficile de déterminer avec certitude quand, où et comment ces effets se produiront. La raison est qu'il est extrêmement compliqué de modéliser un système climatique très complexe et non linéaire. À cette difficulté s'ajoute (voire la supplante, dans certains cas) l'incertitude concernant le contexte socioéconomique dans lequel se manifesteront à l'avenir ces aléas ; or, il est essentiel de connaître ce contexte pour appréhender le degré de vulnérabilité et d'exposition au changement climatique futur, et donc les risques de pertes et de dommages à différentes échéances (Riahi et al., 2017[8]).

Selon le GIEC, « l'incertitude dénote une situation d'imperfection de la connaissance résultant d'un manque d'information et/ou d'un désaccord au sujet de ce que l'on sait ou que l'on peut savoir » (Kunreuther et al., 2014[9]). Certains aspects de l'incertitude qui règne concernant l'évolution future d'une certaine variable climatique ou socioéconomique peuvent être quantifiés et revêtent une probabilité bien définie. D'autres, en revanche, ne peuvent être quantifiés. Ces deux types d'incertitudes sont décrits dans le présent chapitre. Au vu des données probantes dont on dispose sur l'ampleur du défi climatique, ces incertitudes ne sont pas une raison pour retarder l'action. Étant donné l'ampleur du changement climatique, les dommages liés au climat risquent au contraire de s'accroître de façon non linéaire par rapport à la situation actuelle. Par conséquent, l'incertitude relative à l'évolution future du climat à l'échelle locale et régionale est un motif non pas de tranquillité mais d'inquiétude.

Cette incertitude se reflète dans les projections modélisées des précipitations futures. Dans certaines régions, les modèles climatiques présentent un haut degré de concordance concernant la direction du changement (Zappa, Bevacqua et Shepherd, 2021[10]). Dans d'autres, en revanche, les modèles indiquent soit une direction opposée, soit un changement minime. La nature des incertitudes a des implications différentes en termes de mesures d'adaptation. Il peut arriver que dans une région donnée, les tendances climatiques soient incertaines (par exemple, lorsque les projections se situent de part et d'autre d'une moyenne établie à zéro). Cette région sera donc confrontée à des choix différents par rapport à une autre où les prévisions du changement climatique sont très fiables et où ce changement est relativement faible et proche de zéro. En d'autres termes, l'absence de confiance dans la façon dont le changement se manifestera n'est pas la même chose que la confiance dans l'absence de changement.

Face à l'incertitude du risque climatique, il convient en fait de trouver un équilibre entre deux types d'erreurs possibles. La première est le faux positif (c'est-à-dire la surestimation de la probabilité qu'un impact se produise). La seconde est le faux négatif [c'est-à-dire la sous-estimation de cette même probabilité (Shepherd, 2019[11])]. Trouver l'équilibre entre les deux n'est pas simple. Cela suppose d'avoir une bonne compréhension des différents degrés et types d'incertitudes ainsi que de la meilleure façon de mettre à profit l'incertitude dans le cadre de la prise de décisions.

Les sections qui suivent examinent les incertitudes relatives à la réponse du climat face au forçage radiatif ainsi qu'à la vulnérabilité et l'exposition des systèmes socioéconomiques (Graphique 2.1.). Le but est de présenter les informations qui sont à la disposition des décideurs publics en montrant leur part d'incertitude, et d'indiquer comment les dirigeants peuvent améliorer la communication sur les risques de manière à stimuler l'action. La section 2.2 porte sur les projections du climat et leur degré de confiance, tandis que la section 2.3 étudie le degré de fiabilité des prévisions relatives à l'exposition et la vulnérabilité futures. Enfin, la section 2.4 s'intéresse à la nécessité que ces incertitudes soient abordées conjointement si l'on veut communiquer plus efficacement sur les risques climatiques.

Graphique 2.1. Types d'incertitudes influant sur la compréhension des risques de pertes et de dommages

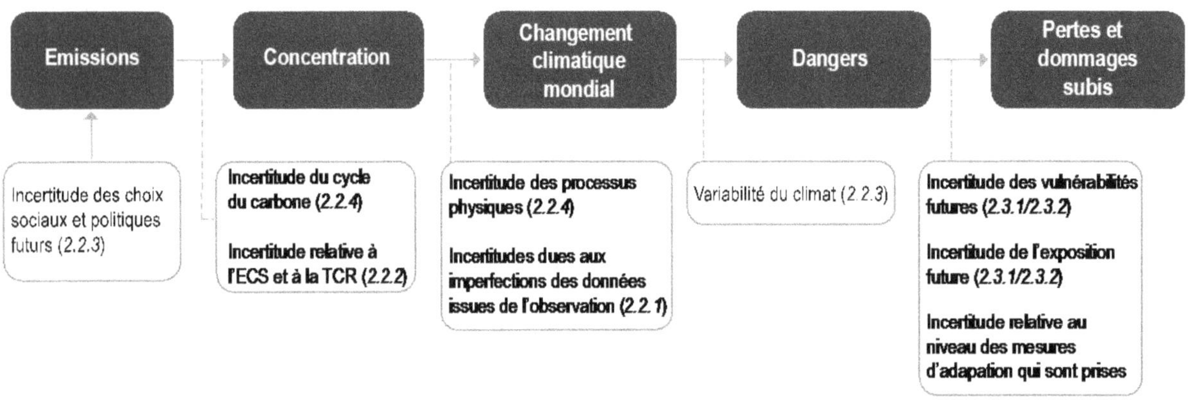

2.2. Fiabilité et incertitudes des projections climatiques

Le changement climatique est le résultat de processus physiques complexes. Un petit groupe seulement – ou presque – d'experts et de savants très spécialisés a une parfaite compréhension scientifique de ces processus. Bien que les décideurs publics s'occupant de la question du changement climatique n'aient pas besoin d'avoir une telle compréhension, ils doivent souvent établir un lien entre la science et l'action publique. Cela signifie qu'ils doivent gérer un certain nombre de types et de formes d'incertitudes différents. Un décideur bien informé des différentes interprétations possibles du risque climatique est capable de déterminer quelles sont les mesures efficaces et robustes pour réduire et gérer ce risque.

Cette section vise à mieux faire comprendre les risques de pertes et de dommages encourus, afin d'encourager les décideurs publics à engager une action climatique ambitieuse. Elle examine différents types d'incertitudes, notamment celles liées au système climatique lui-même ou celles provenant des choix politiques et sociétaux – encore inconnus – qui seront faits à l'avenir et qui détermineront le forçage radiatif. D'autres incertitudes proviennent de la disponibilité des données d'observation concernant la sensibilité climatique, ainsi que des projections des émissions futures et du flou des prévisions du changement climatique aux niveaux régional et mondial. Si certaines incertitudes peuvent être atténuées par l'amélioration des outils scientifiques (comme l'observation et la modélisation), pour d'autres les seuls remèdes sont la volonté politique et le temps qui passe.

2.2.1. Qualité et quantité des données issues de l'observation

Observations météorologiques et climatiques actuelles et passées

Les données et observations de la situation météorologique et climatique actuelle et passée sont essentielles pour comprendre la variabilité et l'évolution du système climatique, et fournissent des valeurs de référence utilisables pour suivre les évolutions. Lorsqu'elles sont de grande qualité, ces données et ces observations alimentent en outre la recherche, qui sert de base à la compréhension du changement climatique actuel et futur.

Les observations du comportement passé d'un certain nombre de variables liées au climat sont utilisées pour concevoir et perfectionner les modèles climatiques qui fournissent des projections concernant le système climatique futur (Flato, 2013[12]). Partant du principe que si les modèles ne permettent pas de prédire le passé avec précision, ils ne peuvent donc vraisemblablement prédire l'avenir, une approche directe pour évaluer l'efficacité d'un modèle climatique consiste à comparer son résultat avec les observations passées. Les données se rapportant à un passé très lointain (depuis des millions jusqu'à des centaines d'années en arrière) – appelées données paléoclimatiques – sont également importantes pour évaluer les modèles climatiques en utilisant d'autres références que les observations récentes ayant été utilisées pour les concevoir (Braconnot et al., 2012[13]).

Cette approche montre que les modèles climatiques reproduisent correctement les caractéristiques et aspects généraux des températures de surface moyennes enregistrées par le passé au niveau mondial. Ils sont en revanche moins efficaces pour simuler les régimes de précipitations à grande échelle, et pas du tout pour évaluer la pluviométrie au niveau régional (Flato, 2013[12]). Pour analyser les différences entre les résultats de la modélisation et les données issues de l'observation, il convient d'avoir une bonne connaissance et compréhension des incertitudes et erreurs potentielles.

La surveillance du climat mondial est une opération qui coûte cher. Il est donc important de réfléchir à sa nécessité en tenant compte des objectifs sociétaux (Goody et al., 2002[14]). Cette surveillance est globalement nécessaire à trois périodes différentes qui présentent chacune un enjeu sur le plan sociétal (Goody et al., 2002[14]) :

- Premièrement, la surveillance du climat actuel répond à un certain nombre d'objectifs sociétaux. Elle peut par exemple aider les acteurs des secteurs agricole et industriel en leur permettant d'obtenir des succès et des gains à court terme. Elle peut aussi servir de base aux mesures de protection visant à éviter les pertes (de vies humaines, de moyens de subsistance et d'actifs).
- Deuxièmement, la surveillance du climat peut être utile pour les prévisions à court terme du climat (sur un à deux ans, par exemple), notamment concernant le phénomène El Niño. Ce type de phénomène est lié à un certain nombre de catastrophes naturelles pouvant survenir au niveau mondial, ce qui signifie que sa surveillance répond à une réelle motivation et qu'elle a un lien avec des objectifs sociétaux.
- Troisièmement, les données et la surveillance climatiques sont utilisées pour effectuer les projections du climat à longue échéance (dans 50-100 ans, voire au-delà) car elles permettent l'étalonnage et l'évaluation des modèles. Les résultats de la modélisation servent à déterminer quelles seront les implications à long terme de l'interférence entre les activités humaines et le système climatique. Ils ont été très utiles pour établir le processus climatique international et ont joué un rôle central dans les évaluations du GIEC (par exemple en ce qui concerne l'adoption des objectifs de température à long terme visés à l'échelle mondiale, qui sont inscrits dans l'Accord de Paris).

La Terre fait aujourd'hui l'objet d'observations plus attentives et plus systématiques que jamais auparavant. La capacité d'observation du climat s'est en outre considérablement améliorée ces dernières années grâce aux progrès technologiques, notamment le perfectionnement des systèmes de mesure (par exemple du niveau de la mer et des températures) et d'imagerie terrestre (avec la télédétection par satellite) (Guo, Zhang et Zhu, 2015[15]).

L'amélioration des méthodes d'analyse des données climatiques recueillies par les stations météorologiques permet également de disposer d'observations du climat plus précises et plus fiables qu'il y a un siècle (Mitchell et Jones, 2005[16]). De nombreux ensembles de données sur la température moyenne enregistrée au niveau mondial ont été compilés à l'aide de méthodes différentes et de toutes sortes de variables, pour un résultat concordant. La hausse des températures à la surface du globe a ainsi été confirmée (Rahmstorf, Foster et Cahill, 2017[17]). Enfin, la technologie émergente de l'analytique des mégadonnées, qui connaît de nombreux succès, est de plus en plus appliquée à la science météorologique et climatique (Hassani, Huang et Silva, 2019[18]).

La surveillance du climat permet d'obtenir de précieuses informations sur les grandes variables climatiques (comme la température). Elle nécessite cependant le suivi précis et sans distorsion d'un plus grand nombre de variables (National Research Council, 2012[19]). De nombreux pays à travers le monde reconnaissent la nécessité de poursuivre et d'améliorer les observations climatiques, d'une part pour mieux comprendre le changement climatique qui s'opère aujourd'hui, et d'autre part pour affiner les prévisions le concernant. Preuve en est l'approbation du plan de mise en œuvre du système mondial d'observation du climat (SMOC) de l'Organisation météorologique mondiale (OMD) (GCOS, 2016[20]), qui a été présenté à la COP22 à Marrakech.

Ce plan « préconise des innovations scientifiques et technologiques pour les programmes d'observation de la Terre déployés par les agences spatiales, ainsi que la mise en œuvre dans chaque pays de systèmes et de réseaux d'observation du climat ». Il recense en outre les actions nécessaires pour procéder à la surveillance du climat et passe en revue les exigences croissantes de la recherche scientifique, de la Convention-cadre des Nations Unies sur les changements climatiques (CCNUCC) et d'autres accords multilatéraux. Enfin, il présente succinctement un certain nombre de variables climatiques essentielles (VCE), résumées dans le Tableau 2.1, et indique ce qu'il faut faire pour les mesurer.

Tableau 2.1. Variables climatiques essentielles selon le SMOC

Domaine de mesure	Variables climatiques essentielles (VCE)
Atmosphère	**Surface -** Température de l'air, vitesse et direction du vent, vapeur d'eau, pression, précipitations, bilan du rayonnement en surface. Atmosphère supérieure : température, vitesse et direction du vent, vapeur d'eau, propriétés des nuages, bilan radiatif de la Terre, foudre. Composition : dioxyde de carbone (CO_2), méthane (CH_4), autres GES à longue durée de vie, ozone, aérosols, précurseurs d'ozone et d'aérosols.
Océans	***Physique* -** Température de l'eau de mer en surface et des eaux souterraines. Salinité : eau de mer en surface et eaux souterraines ; courants, courants superficiels, niveau de la mer, état de la mer, glace de mer, force à la surface de l'océan, flux thermiques à la surface de l'océan. Biogéochimie : carbone inorganique, oxygène nutriments, traceurs transitoires, oxyde d'azote (N_2O), couleur de la mer. Biologie/écosystèmes : plancton, propriétés de l'habitat marin.
Terre	***Hydrologie* -** Cours d'eau, eaux souterraines, lacs, humidité des sols. Cryosphère : neige, glaciers, banquise et glace flottante, permafrost. Biosphère : albédo, couverture terrestre, fraction absorbée du rayonnement photosynthétiquement actif, indice de surface foliaire, biomasse aérienne, carbone du sol, feux, température de la surface terrestre. Utilisation des ressources naturelles par l'être humain : consommation d'eau, flux de GES.

Source : (GCOS, 2016[20]).

Outre ces travaux, l'OMD fournit depuis 1993 des informations actualisées sur le climat dans son bulletin intitulé « State of the Global Climate » [pour le plus récent, voir (Kennedy et al., 2021[21])]. Ces données proviennent de la *Commission for Climatology* qui définit les orientations du Programme climatologique mondial, en partenariat avec les membres de l'Organisation. Le bulletin précité fournit des informations clés sur ce que l'on appelle les indicateurs climatiques mondiaux (Trewin et al., 2021[22]), qui sont un sous-ensemble des VCE. Il est donc une source fiable de données scientifiques sur le climat et sa variabilité.

La surveillance du climat montre que le degré d'incertitude, la qualité et la portée des données varient considérablement pour les différents indicateurs. Les variations de la température moyenne à la surface du globe peuvent ainsi être évaluées avec une grande fiabilité et jusqu'à des périodes reculées. À l'opposé, l'acidification des océans présente un volume limité de données d'observation car seul un petit nombre de stations mesurent cet indicateur à l'échelle mondiale, et seulement depuis quelques années. Quant aux observations de la banquise, elles dépendent des données satellite, qui sont disponibles depuis 40 ans.

La réanalyse des données climatiques, qui combine modèles et observations, a également été très utilisée au cours des dernières décennies. Grâce à elle, des estimations exhaustives de nombreuses variables climatiques de premier plan ont pu être réalisées à l'échelle mondiale, avec une grande régularité temporelle et une résolution élevée. Plusieurs centres d'observation du climat procèdent à des réanalyses en utilisant différents modèles (Kalnay et al., 1996[23] ; Dee et al., 2011[24] ; Kobayashi et al., 2015[25] ; Randles et al., 2017[26]). Des paramètres atmosphériques y sont notamment mesurés (comme la température/la pression de l'air et le vent), mais aussi des paramètres de surface (tels que les précipitations, l'humidité du sol et la température de surface de la mer). Ces ensembles sont très utiles car ils produisent des séries homogènes de données maillées qu'il serait quasiment impossible de mesurer et d'analyser directement.

Les réanalyses consistent à utiliser des données passées – nettoyées, normalisées et interpolées – pour produire des études du changement climatique au fil du temps. Les imperfections et les biais que présentent les données d'observation et les modèles utilisés pour créer ces séries se retrouvent inévitablement dans les ensembles de données résultant de la réanalyse. Autrement dit, la fiabilité de ces ensembles est à la hauteur des données qui les composent, raison pour laquelle ils ne sauraient être pris pour une vérité historique.

Les systèmes et les réseaux de collecte d'informations sur le climat sont de plus en plus nombreux et gagnent en efficacité. Malgré cela, il reste encore du chemin avant de pouvoir compter sur un dispositif de surveillance systématique et exhaustive du climat au niveau mondial. Or, toute amélioration de la surveillance est un pas en avant qui peut procurer des avantages à court terme.

Compte tenu des nombreuses lacunes du dispositif, des priorités doivent être établies. Il convient de citer en particulier la qualité et la disponibilité des données, qui présentent une grande hétérogénéité sur le plan géographique et temporel, ainsi que pour les différents types de variables climatiques. Cela entraîne une qualité variable des prévisions météorologiques dans les différentes régions – souvent dans les plus vulnérables – et limite les travaux de recherche sur le climat. La couverture inégale des données, due à toutes sortes de facteurs politiques et économiques, génère inévitablement de grandes incertitudes. Pour citer un exemple, l'évaluation du changement climatique qui se produira à l'avenir dans des régions moins représentées dans les ensembles de données a des conséquences en termes de justice climatique (Brönnimann et Wintzer, 2018[27]).

Les améliorations de la surveillance du climat peuvent avoir un impact direct sur les décisions qui sont prises concernant, entre autres, la gestion des risques climatiques et les mesures de résilience. La raison est que ces décisions doivent répondre à des questionnements – par exemple sur l'emplacement des infrastructures ou les zones à privilégier pour prendre des mesures de préservation des sols ou de l'eau – , et que les observations climatiques peuvent y apporter une réponse directe. Le fait de disposer de données de meilleure qualité, et sur de plus longues périodes, peut aussi aider à développer et mettre à l'essai des modèles pouvant fournir des prévisions plus fiables à moyen et long terme.

Données issues de l'observation d'événements climatiques aux impacts particulièrement forts

Des données d'observation de grande qualité sont nécessaires pour établir des statistiques sur différents types de phénomènes climatiques extrêmes, ainsi que pour détecter un changement climatique et en déterminer les causes (Otto, 2016[28]). Cela permet ensuite aux chercheurs de tirer des conclusions (aux degrés de confiance variés) sur le fait qu'un phénomène donné a eu lieu ou non, ou s'il a été exacerbé par le changement climatique anthropique qui s'ajoute à la variabilité climatique actuelle. Les études d'impacts de ce type sont généralement engagées après la survenue d'un événement climatique ayant eu des conséquences graves pour les populations locales (Philip et al., 2020[29]). Le problème est que la surveillance et la notification des effets de différents types de phénomènes météorologiques extrêmes sont souvent insuffisantes et déséquilibrées entre les pays pauvres et les pays riches (Visser, Petersen et Ligtvoet, 2014[30] ; Noy, 2015[31] ; Noy et duPont IV, 2018[32] ; Tschumi et Zscheischler, 2019[33]). La qualité inégale des données qui existent dans les pays à revenu élevé sur l'impact de différents types de phénomènes extrêmes suscite de réelles inquiétudes (Tschumi et Zscheischler, 2019[33]). Cela dit, dans de nombreuses autres régions du monde, aucune donnée n'est enregistrée pour *quelque impact que ce soit* de tous les types de phénomènes météorologiques extrêmes (Noy, 2015[31]), comme par exemple les canicules (Harrington et Otto, 2020[34]).

Les données d'observation relatives aux événements produisant des impacts importants sont également utiles pour l'étalonnage et l'évaluation des modèles, afin de pouvoir prédire la reproduction future des mêmes événements. Les modèles climatiques mondiaux permettent de prédire avec précision les hausses de la température moyenne à la surface du globe dues aux émissions de GES. En revanche, ils ne sont pas supposés prédire – ni capables de le faire – des phénomènes extrêmes isolés, comme par exemple une vague de chaleur (voir la section 2.2.4) ou une inondation survenant à un endroit précis (tout au moins jusqu'à maintenant).

Les modèles secondaires établissent un lien entre les projections émanant des modèles climatiques mondiaux et les événements spécifiques se produisant localement. Le fait de ramener les modèles à une échelle inférieure a surtout pour but d'améliorer la résolution numérique. Les modèles d'impacts peuvent également évaluer les effets produits sur d'autres variables humaines ou physiques. Ils utilisent par ailleurs les résultats des modèles climatiques mondiaux (comme l'évolution prévue de la température, des précipitations ou du niveau de la mer) et déduisent les conséquences possibles de ces changements sur divers secteurs de l'économie (comme l'agriculture, les ressources en eau et l'exploitation forestière).

Comme pour les modèles climatiques mondiaux, les modèles d'impacts et la descente d'échelle des modèles doivent être testés et étalonnés par rapport aux observations passées afin d'améliorer les prévisions (Xu, Han et Yang, 2018[35]). Les données de qualité résultant de l'observation des événements climatiques locaux et de faible ampleur – et de leurs conséquences – leur sont donc très utiles.

Tableau 2.2. Évaluation des impacts de différents types de phénomènes climatiques extrêmes

Type de phénomène	Impacts faciles à mesurer	Impacts difficiles à mesurer	Impacts rarement mesurés
Vague de chaleur	s.o.	Surmortalité due à la chaleur, hospitalisations liées à la chaleur, dommages causés à l'infrastructure.*	Baisse de la productivité et autres pertes économiques indirectes.
Inondation	Dégradation d'actifs assurés, mortalité directe.	Dégradation d'actifs non assurés. Pertes de récoltes.	Problèmes psychologiques, épidémies.
Sécheresse	Pertes de récoltes.	Insécurité alimentaire et malnutrition.	Impacts liés à la chaleur. Autres pertes économiques indirectes.
Incendie	Dégradation d'actifs assurés, mortalité directe.	Dégradation d'actifs non assurés. Problèmes de santé dus à la pollution de l'air.	Baisse de la productivité et autres pertes économiques indirectes.
Ampleur de la couverture	Ensemble des pays	Pays à revenu élevé seulement	Études spécifiques uniquement

Note : Représentation schématique de la variation du niveau d'incertitude des impacts en fonction du type de phénomène climatique examiné (les lignes) ainsi que de la fréquence de notification des différentes catégories d'impacts par les différents pays (les couleurs). Les quatre types d'événements climatiques ont été classés d'après la fréquence avec laquelle ils font l'objet d'une analyse d'attribution.
*Parce que les inondations ont lieu plus souvent et frappent une plus grande proportion de la population mondiale que les incendies[1], il existe plus d'informations sur les impacts qui sont souvent ou peu mesurés dans différents contextes. Cela explique pourquoi l'« ampleur de la couverture » des impacts est différente entre ces deux types de phénomènes dans le tableau.
Le fond bleu désigne les impacts couramment rapportés par l'ensemble des pays.
Le fond orange représente les impacts généralement rapportés par les pays à revenu élevé uniquement.
Le fond rouge correspond aux impacts qui ne sont pas signalés régulièrement et qui nécessitent des études spécifiques (souvent publiées dans la littérature spécialisée) pour en établir une estimation.

Les sous-sections qui suivent présentent succinctement les différents types d'incertitudes qui existent lorsque l'on mesure les impacts des différentes catégories de phénomènes climatiques extrêmes (Tableau 2.2), représentant des exemples des aléas possibles. L'absence d'évaluation d'autres types d'aléas – comme dans le cas des phénomènes à évolution lente et des points de bascule (voir le chapitre 3) – est également une réalité, mais elle n'est pas abordée ici. Le but n'est pas, en effet, de fournir un compte rendu exhaustif des nombreuses publications traitant des impacts des catastrophes naturelles, mais plutôt de comprendre l'ampleur *relative* du déficit de données qui existe concernant les impacts des phénomènes extrêmes.

Inondations

Parmi les types de phénomènes météorologiques extrêmes les plus souvent analysés du point de vue de l'attribution des incidences (voir le Tableau 2.2), les épisodes de précipitations extrêmes et les inondations qui en résultent sont les mieux définis dans les bases de données dont on dispose (Tschumi et Zscheischler, 2019[33]). Une raison pour laquelle les inondations – dues à des tempêtes ou à des cyclones – sont très bien représentées dans des bases de données comme EM-DAT, Sigma Explorer ou DesInventar tient aux caractéristiques de leurs impacts. Les principales dégradations qui ont lieu lors de ces événements concernent des actifs matériels comme les habitations, les routes ou d'autres infrastructures (Hallegatte et al., 2013[36]). Ces dégradations présentent les caractéristiques suivantes :

- une valeur économique bien définie (et, dans les pays riches, une couverture contre les dommages) ;

- une délimitation spatiale (à savoir, des lieux inondés) ;
- l'absence – ou presque – de décalage temporel entre le pic de l'événement et ses effets.

Associées à des données satellite – entre autres –, ces caractéristiques permettent d'effectuer relativement rapidement des évaluations de la plupart des impacts des épisodes de précipitations extrêmes (Ward et al., 2017[37]). De nombreux autres effets importants des inondations ne sont que rarement répertoriés dans les bases de données d'impacts. Il s'agit notamment des problèmes psychologiques dus à des événements répétés (English National Study of Flooding and Health Study Group, 2019[38]), des déplacements de populations (Tong, 2017[39]) ou encore des maladies (bien documentées) (Brown et Murray, 2013[40] ; Marcheggiani et al., 2010[41] ; English National Study of Flooding and Health Study Group, 2019[38]). Les études ayant mis en évidence ces impacts doivent, pour acquérir un plus grand poids statistique, inclure des données sanitaires de qualité couvrant plusieurs inondations différentes. Les estimations des impacts plus diffus ou difficiles à mesurer sont rarement disponibles avant plusieurs années, et souvent uniquement après que des études spécifiques aient été réalisées.

Incendies

Les incendies ont au moins trois impacts en commun avec les inondations. Tout d'abord, ils touchent des actifs économiques bien précis, qui sont souvent assurés contre les dommages dans les pays riches. Ensuite, la plupart des impacts ont souvent lieu dans une zone clairement délimitée (on peut distinguer les bâtiments incendiés de ceux qui ne le sont pas). Enfin, il existe peu de décalage temporel entre l'événement et ses effets.

Dans le cas des incendies, des incertitudes existent également au sujet des conséquences sanitaires. À titre d'exemple, l'analyse préliminaire de la pollution de l'air qui a été réalisée lors des incendies du *bush* australien en 2019/20 a conclu à une surmortalité d'environ 400 personnes et à plus de 1 000 hospitalisations dues à l'exposition aux fumées (Borchers Arriagada et al., 2020[42]).

Comparées aux incendies, les inondations ont lieu plus souvent et frappent une plus grande proportion de la population mondiale.[1] Il existe par conséquent plus d'informations sur les impacts faciles ou difficiles à mesurer dans différents contextes. Cela explique pourquoi l'« ampleur de la couverture » des impacts indiquée dans le Tableau 2.2 est différente entre ces deux types de phénomènes.

Vagues de chaleur

Contrairement aux inondations, il y a peu d'impacts directement observables dans le cas des vagues de chaleur. L'examen approfondi de certaines canicules permet toutefois d'en savoir plus sur les effets constatés lors de ces événements. Il convient à cet égard de citer les vagues de chaleur exceptionnelles qui ont eu lieu dans le sud-est de l'Australie en janvier 2009 (Steffen et al., 2019[43]). La réévaluation qui a été effectuée à l'aide des autres canicules survenues en Australie les années suivantes a mis en évidence quatre grandes catégories d'impacts (Zander et al., 2015[44]) :

- une surmortalité due à l'extrême chaleur (estimée à plus de 500 décès) ;
- une surmorbidité estimée à 3 000 hospitalisations supplémentaires pour des pathologies liées à la chaleur ;
- des pertes économiques consécutives aux dommages des réseaux d'électricité et de transport (estimés au total à 800 millions AUD) : coupures de courant dues à la chaleur et frappant 500 000 personnes, perturbation générale des transports causée par le dysfonctionnement de l'infrastructure ferroviaire, et fermeture d'axes routiers en raison de la fonte du bitume ;
- des baisses de la productivité de la main-d'œuvre au sens large, estimées à des centaines de millions de dollars australiens.

Malheureusement, même les rapports d'impacts des vagues de chaleur les plus complets qui figurent dans des bases de données comme EM-DAT recensent généralement un seul de ces quatre impacts, à savoir la surmortalité. De surcroît, seuls les pays d'Europe occidentale fournissent en général ces chiffres (Guha-Sapir, Hargitt et Hoyois, 2004[45] ; Guha-Sapir, Hoyois et Below, 2016[46]). S'agissant de la majorité des pays à revenu faible et intermédiaire de la tranche supérieure, aucun système de surveillance en temps réel n'est en place pour *aucune* de ces quatre (ou plus) catégories d'impacts des vagues de chaleur. Par voie de conséquence, les effets des canicules ne sont souvent pas du tout répertoriés, malgré des preuves météorologiques évidentes et des analyses rétrospectives qui, s'étendant sur de longues périodes, montrent que ces effets existent bel et bien (Russo et al., 2016[47] ; Ozturk, Saygili-Araci et Kurnaz, 2021[48] ; Zittis et al., 2021[49]).

En bref, des données fiables montrent que la persistance pendant une certaine durée de températures relatives très élevées – autrement dit, une vague de chaleur (Perkins et Alexander, 2013[50]) – peut avoir de profondes répercussions sur le plan social, sanitaire et économique, quel que soit l'endroit où elle a lieu (Gasparrini et al., 2015[51] ; Ebi et al., 2021[52]). Une canicule sans précédent (du type de celle de 2003 en Europe) qui surviendrait dans une mégapole non préparée (Fouillet et al., 2008[53] ; Hess et al., 2018[54]) des pays du Sud, par exemple, aurait des coûts économiques – directs et indirects – avoisinant sans doute des centaines de millions de dollars (Steffen et al., 2019[43]). Dans de telles circonstances, des milliers de personnes pourraient mourir de stress thermique (Whitman et al., 1997[55] ; Robine et al., 2008[56] ; Mora et al., 2017[57]) et des dizaines de milliers d'autres pourraient tomber malades à cause de la chaleur (Vaidyanathan et al., 2019[58]).

En l'état actuel des choses, rares sont les pays du globe qui peuvent fournir un compte rendu en temps réel (ou quasiment) des effets des vagues de chaleur sur le plan économique ou en termes de morbidité (Tschumi et Zscheischler, 2019[33]). En vérité, un grand nombre des pays les plus vulnérables du monde ne disposent d'aucun système pour détecter les impacts des épisodes de canicules. La conséquence est qu'aucun « événement caniculaire » n'est rapporté dans les bases de données sur les catastrophes naturelles (Harrington et Otto, 2020[34]). Ces déficits de notification contribuent à des erreurs de perception. Ils laissent entendre que les phénomènes de chaleur extrême soit n'arrivent jamais, soit ne provoquent pas d'effets économiques ou sanitaires majeurs dans les régions à faible revenu ou au climat chaud (Tschumi et Zscheischler, 2019[33] ; Otto et al., 2020[59]). Tant que ces lacunes ne seront pas comblées, des milliers de décès causés par la chaleur extrême continueront sans doute chaque année à ne pas être déclarés. Malgré les prévisions annoncées une semaine à l'avance, des avertissements clairs et des actions collectives dans cette région d'un pays développé, la Colombie-britannique a fait savoir que dans sa seule province, le nombre de décès avait triplé (jusqu'à 719) pendant la canicule de juin/juillet 2021 (Government of British Columbia, 2021[60]).

Sécheresses

De nombreux pays à faible revenu ont mis en place des dispositifs permettant de mesurer les pertes de récoltes causées directement par les épisodes de sécheresse. Cela s'explique par l'importance pour les organisations non gouvernementales de repérer l'insécurité alimentaire et ses conséquences sur le plan humanitaire (Benson et Clay, 1998[61] ; Clay et Stokke, 2000[62] ; Harrington et Otto, 2020[63]).

Au-delà des pertes de récoltes directes et de l'éventuelle raréfaction de l'eau dans les régions vulnérables, la sécheresse a des impacts très diffus sur le plan économique. Les pertes économiques indirectes peuvent parfois mettre plusieurs années avant d'apparaître. Ce décalage est source de problèmes lorsque l'on essaie de récapituler les différents impacts aussitôt après que l'épisode a eu lieu. De plus, des outils de modélisation macroéconomique complexes sont souvent nécessaires pour réussir à mesurer ces pertes (Kamber, McDonald et Price, 2013[64] ; Edwards, Gray et Hunter, 2019[65]). Cela génère des différences de la qualité de notification encore plus grandes entre les pays qui ont les moyens d'évaluer régulièrement ces impacts et les autres.

2.2.2. Variation de la sensibilité climatique

La sensibilité climatique à l'équilibre (ECS) fait référence à la modification de la température moyenne globale suite au doublement de la concentration d'équivalent CO_2 (éq. CO_2[2]) dans l'atmosphère (Kattenberg et al., 1996[66]). En d'autres termes, lorsque la concentration d'éq. CO_2 dans l'atmosphère est multipliée par deux et que l'on attend la réponse du climat, la hausse de température qui se produit lorsque le climat retrouve une situation d'équilibre correspond à l'ECS.

Le système terrestre présente une autre forme de sensibilité, appelée réponse climatique transitoire (TCR). À la différence de l'ECS, la TCR mesure le réchauffement qui se produit *au moment où* la concentration d'éq. CO2 est multipliée par deux suite à l'augmentation linéaire et régulière des émissions (de 1 % par an), et non lorsque le système a atteint un équilibre. La TCR a plus à voir avec la hausse cumulée des émissions de GES qui a eu lieu lors du passé récent.[3]

L'ECS et la TCR ne sont pas des techniques de mesure basiques. Elles résultent au contraire d'un mécanisme complexe de réponse du système terrestre, et ont fait l'objet de travaux de recherche pendant plusieurs décennies. Depuis les 40 dernières années, il est clair que l'ECS se situe entre 1.5 et 4.5 °C (Ad Hoc Study Group on Carbon Dioxide and Climate et al., 1979[67] ; IPCC, 2013[2]). Dans son rapport le plus récent, le GIEC l'évalue à une fourchette de 2.5-4 °C (forte probabilité), la valeur la plus probable étant de 3 °C. Cette actualisation s'appuie sur une connaissance accrue des processus climatiques, sur des données paléoclimatiques et sur la réponse du système climatique à l'intensification du forçage radiatif. En d'autres termes, le doublement de la concentration des émissions d'équivalent CO_2 dans l'atmosphère entraînerait une augmentation de 2.5-4 °C de la température moyenne à la surface du globe (IPCC, 2021[1]).

La TCR est plus faible que l'ECS et se situe dans une fourchette de 1.0-2.3 °C (des émissions cumulées de 1 000 PgC de CO_2 devraient causer une augmentation de la température à la surface du globe comprise dans cette fourchette), l'estimation la plus probable étant de 1.65 °C (IPCC, 2021[1]). Cela est dû aux retards et décalages qui ont lieu dans le système climatique, comme par exemple le temps requis pour que la chaleur gagne les profondeurs des océans et pour qu'un nouvel équilibre soit atteint. La hausse de température due à ces émissions détermine l'ampleur et la gravité du changement climatique lié aux émissions anthropiques. L'ECS et la TCR sont donc des mesures essentielles pour comprendre le changement climatique actuel et futur provoqué par les activités humaines.

Une question qu'il convient de se poser en tout premier lieu concernant un plan ou une stratégie climatique est celle de son efficacité. Les incertitudes qui entourent l'ECS et la TCR ont des conséquences directes sur l'ampleur de la réponse du climat aux émissions de GES (Graphique 2.1.). Le positionnement de l'ECS dans la fourchette 1.5-4.5 °C aura une incidence directe sur la gravité, la chronologie et l'étendue des impacts climatiques ayant d'importantes ramifications sociétales.

Les engagements de réduction des émissions pris par les pays ne sont pas suffisants pour atteindre les objectifs de températures à long terme inscrits dans l'Accord de Paris (UNFCCC, 2015[68]). Si l'ECS atteint dans la réalité les valeurs supérieures des estimations actuelles, les émissions pourraient entraîner un réchauffement (et des impacts) encore plus important que ne le laissent supposer les projections actuelles après 2050. Il conviendrait alors d'accélérer la réduction des émissions ou d'avancer et d'élargir le déploiement des technologies de réduction du CO_2 par rapport à ce qui aurait sans doute été le cas sinon. Certains ouvrages récents avancent que même en tenant compte de ces incertitudes, l'objectif de limitation du réchauffement climatique à 1.5 °C – fixé dans l'Accord de Paris – est matériellement réalisable (Holden et al., 2018[69] ; CONSTRAIN, 2020[70]), même s'il faudra pour cela beaucoup d'efforts et de chance. Une bonne compréhension du caractère incertain de l'ECS est donc essentielle pour évaluer les risques climatiques et élaborer des politiques d'atténuation et d'adaptation. Malgré de nombreuses tentatives pour réduire l'incertitude de l'ECS, celle-ci s'est maintenue à un niveau élevé au cours des quarante dernières années.

Un certain nombre de méthodes et de sources de données sont utilisées pour déterminer l'ECS et la TCR, chaque fois en combinant plusieurs études, modèles et ensembles de données. Cela inclut des données d'un passé très lointain (paléoclimatiques), des observations récentes et les résultats de modèles climatiques.[4] Une étude récente, élaborée à partir de ces diverses sources de données, a permis de réduire sensiblement la fourchette de l'ECS (Sherwood et al., 2020[71]). Sa conclusion est que le positionnement de l'ECS dans des valeurs inférieures à la fourchette estimée (c'est-à-dire en dessous de 1.5 degrés) – là où la réponse climatique aux émissions anthropiques est la plus faible – est très peu probable. L'étude précise qu'il y a moins de 5 % de chance pour que l'ECS soit inférieure à 2 degrés, mais en revanche plus de 5 % de chance qu'elle atteigne des valeurs dépassant la fourchette fixée dans le cinquième Rapport d'évaluation du GIEC (à savoir plus de 4.5 degrés). Comme l'indiquaient les précédentes évaluations, le réchauffement pourrait, d'ici à 2100, être plus élevé que la fourchette supérieure des niveaux prévus aujourd'hui pour n'importe quel scénario de concentrations de GES survenant au cours du siècle.[5]

D'autres études indiquent également que la réponse climatique aux augmentations des concentrations de GES sera de grande ampleur. En d'autres termes, il existe une probabilité faible, mais suffisante, d'assister à un réchauffement très important (Ackerman, Stanton et Bueno, 2010[72] ; Wagner et Weitzman, 2018[73] ; Weitzman, 2009[74]). Les incertitudes de l'ECS ont été partiellement quantifiées grâce à plusieurs exercices de modélisation. La robustesse des valeurs est ainsi évaluée à l'aide de différents modèles et de séries de paramètres plausibles. La forme de la distribution des estimations de l'ECS obtenue de cette manière renseigne sur le niveau d'incertitude. Elle indique aussi la probabilité pour que l'ECS se situe dans la fourchette supérieure. Le constat est cependant que les traînes de la distribution sont sensibles aux hypothèses. L'Encadré 2.1 examine les implications des différentes distributions de l'ECS. L'ECS n'est pas une donnée d'entrée, mais le résultat d'un exercice de modélisation. Elle dépend donc des modèles et varie selon la façon dont la dynamique complexe du système climatique est modélisée.

Encadré 2.1. Implications des différentes distributions de l'ECS

L'une des façons d'estimer l'ECS est d'utiliser des modèles climatiques. Les projections déterministes (c'est-à-dire les prévisions des causes et des effets) du changement climatique sont sujettes à de nombreuses incertitudes dues à la compréhension incomplète du système climatique, à l'utilisation de modèles imprécis, ainsi qu'à la sensibilité des modèles et des exercices de modélisation aux paramètres initiaux configurés par l'opérateur (Collins et al., 2013[75]). Il existe en outre relativement peu de modèles, et leurs résultats sont très différents. Cela a des conséquences sur la façon dont l'ECS est évaluée.

Pour illustrer l'interprétation des incertitudes de l'évaluation de l'ECS provenant des modèles, le Graphique 2.2.a compare la distribution de la probabilité de l'ECS telle qu'établie par Sherwood et al. (2020[71]). Les évaluations les plus récentes de l'ECS ont été réalisées dans le cadre du CMIP6 (Meehl et al., 2020[76]). Le Graphique 2.2.a montre que la fourchette des valeurs de l'ECS est plus élevée selon le CMIP6 que selon le cinquième rapport du GIEC (1.5-4.5 °C), avec seulement très peu de valeurs en dessous de 1.5 °C et un grand nombre au-dessus de 4.5 °C. Ce dépassement est très souvent évoqué dans la littérature. Il est dû principalement à la plus forte rétroaction positive des nuages provenant de la prise en compte, dans les modèles, de la diminution de la couverture nuageuse extratropicale basse et de l'albédo (Zelinka et al., 2020[77]).

Au-delà des valeurs absolues de l'ECS, l'observation visuelle des histogrammes a et b du Graphique 2.2. permet de constater qu'il y a moins de valeurs faibles que de valeurs élevées. Cela suggère une distribution à traîne épaisse en direction des valeurs plus élevées. Le Graphique 2.2.b représente, aux fins d'illustration seulement, deux types de distributions simplifiées des données de l'ECS évaluées par le CMIP6. On y voit qu'une distribution log-normale à traîne épaisse coïncide avec une plus forte probabilité de valeurs élevées. Inversement, une distribution normale (courbe gaussienne) correspond à une probabilité plus faible d'avoir de telles valeurs. Le constat est donc que la forme de la distribution a une influence sur la probabilité d'un degré élevé de réchauffement, ce qui est important à savoir pour élaborer des mesures de gestion des risques climatiques.

Ce format de distribution n'est en aucun cas proposé en tant qu'alternative à celui présenté dans Sherwood et al. (2020[71]). Les travaux en question utilisent de nombreuses sources de données et représentent le summum en matière d'évaluation de l'ECS. La différence entre les deux histogrammes montre l'effet que produit la disponibilité de données supplémentaires sur une méthode d'évaluation plus élaborée (celle de Sherwood), en particulier sur les traînes. Ce type de distribution, qui vise à représenter la situation actuelle en matière d'incertitude et de (manque de) connaissances, s'appuie davantage sur la synthèse d'un grand nombre d'avis d'experts que sur la quantification d'une vérité physique ((Jebeile et Crucifix, 2020[78])).

Graphique 2.2. Distribution des estimations de la sensibilité climatique à l'équilibre du CMIP6

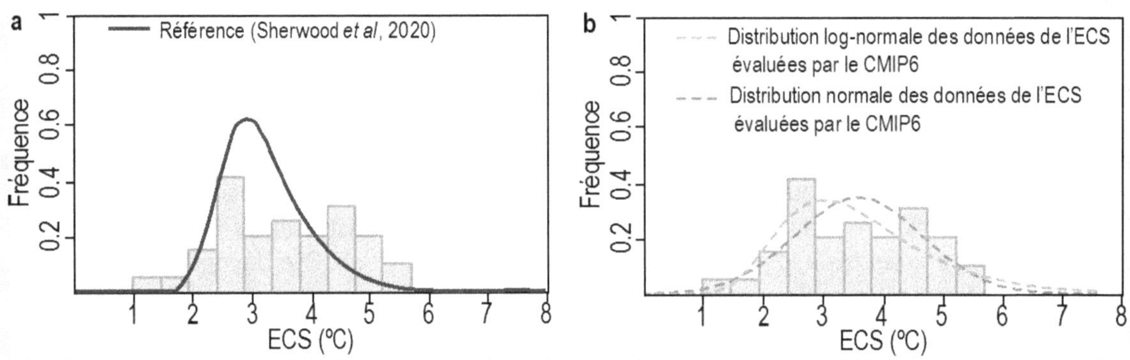

Note : Les estimations du CMIP6 proviennent de (Meehl et al., 2020[76]) et sont comprises entre 1.1 et 5.6 °C. La distribution représentée dans l'histogramme b a été réalisée à l'aide du package « fitdist » de R en calculant l'estimateur du maximum de vraisemblance pour inférer des paramètres variables (moyenne, écart-type) dans la classe de modèles.

Les évaluations de l'ECS et de la TCR ont des répercussions directes sur l'estimation des budgets carbone restants, en fonction des objectifs de température à long terme. Les incertitudes de ces deux mesures, qui sont des propriétés du système climatique, introduisent un haut degré de doute dans les trajectoires d'atténuation décidées au niveau mondial et dans les répercussions régionales/locales.

Compte tenu de ces incertitudes, la nécessité de réduire radicalement et de toute urgence les émissions à tous les niveaux apparaît comme une évidence. Cela est d'autant plus vrai que les études les plus récentes rejettent totalement les valeurs les plus basses (correspondant aux dommages les plus faibles) mais n'excluent pas les valeurs les plus élevées (correspondant à des dommages importants). Grâce aux nombreuses recherches consacrées à la sensibilité climatique, la compréhension des budgets carbone et des processus physiques pouvant conduire à des valeurs élevées a évolué et s'est considérablement améliorée.

Au vu de ce qui précède, les scénarios de travail sur les émissions ainsi que leurs implications pour les dispositifs d'atténuation à l'échelle mondiale et d'adaptation au niveau local ont un certain lien avec la compréhension de l'ECS et de la TCR. Une surveillance étroite de l'évolution des émissions et des températures ainsi que de leurs impacts est donc extrêmement importante. Elle peut permettre d'améliorer progressivement les scénarios relatifs aux émissions afin qu'ils coïncident davantage avec la réalité du changement climatique, et d'adapter rapidement l'action en fonction de la progression des connaissances.

Dans le domaine de la politique climatique, la lenteur de l'action présente de hauts risques ; elle consiste à s'appuyer sur le niveau le plus bas des budgets carbone envisageables en espérant qu'il pourra devenir, avec des informations complémentaires, le niveau le plus élevé. Le problème est que cela pourrait être le contraire. Les budgets présentant 66 % de chance – voire 50 % – d'atteindre les objectifs de température fixés à l'échelle mondiale sont plus vulnérables face aux changements que ceux qui s'accompagnent d'une action plus énergique pour y parvenir.

2.2.3. Incertitudes des projections des émissions futures et du forçage radiatif

Outre les incertitudes concernant la façon dont le climat réagit au forçage radiatif, les prévisions détaillées du changement climatique sont limitées par les incertitudes relatives aux aspects suivants : i) la projection du niveau des émissions futures de GES ; et ii) la transformation de ces émissions en concentrations de GES dans l'atmosphère, qui déterminent l'ampleur du forçage radiatif (Graphique 2.1.).

D'une part, les incertitudes de la projection des émissions proviennent de la difficulté à prédire avec précision les activités qui auront lieu à l'avenir dans le monde, et donc les émissions qui en résultent. Cela est dû à l'interaction complexe entre les choix sociétaux, technologiques, économiques et politiques qui sont opérés pour les administrations, les pays et les citoyens à court, moyen et long termes, et qui changent rapidement.

D'autre part, les incertitudes relatives à la façon dont les émissions influenceront ultérieurement le forçage radiatif sont directement liées à la compréhension actuelle du cycle du carbone. Ce cycle fait référence à la série de processus par lesquels les composés du carbone, dont le CO_2, s'interconvertissent et s'intègrent à l'environnement pour ensuite retourner dans l'atmosphère (voir Encadré 2.2).

L'évaluation des émissions futures de GES, des aérosols et de leurs précurseurs est essentielle pour analyser le changement climatique à venir. Or la prévision des émissions anthropiques futures est tributaire des choix politiques, économiques et sociétaux. Il en résulte que l'exercice de prédiction des émissions à court, moyen et long termes repose essentiellement sur des spéculations, elles-mêmes basées sur la compréhension des systèmes socioéconomiques et sur des hypothèses concernant les choix possibles. Parce que les objectifs et les aspirations des politiques publiques ne se traduisent pas nécessairement par une organisation parfaite des activités humaines, il ne suffit pas de prédire ce qu'entraînera telle ou telle action, de sélectionner le meilleur avenir et de déterminer les émissions qui en découleront. La difficulté est au contraire qu'il existe une interface floue entre les prévisions scientifiques, les aspirations politiques et les actions concrètes des individus et des organisations. Cela dit, il est important que le changement social soit considéré comme un revers non pas de l'action mais de la prédiction : il faut un cap pour orienter le monde économique et social vers une réduction des émissions, et l'hypothèse selon laquelle il n'y aurait pas de cap risque malheureusement de devenir une prophétie autoréalisatrice.

La modélisation des émissions futures de GES s'appuie par conséquent sur des « scénarios », chacun associé à un postulat crédible sur l'évolution possible des sociétés. Ces scénarios sont ensuite utilisés pour évaluer les changements climatiques futurs pouvant servir de base à l'action et aux choix qui seront opérés par les sociétés et les administrations publiques.

Encadré 2.2. Incertitudes relatives au cycle du carbone et scénarios RCP

Les scénarios RCP sont des trajectoires des concentrations d'émissions. Bien qu'étroitement corrélées, les émissions et les concentrations de GES dans l'atmosphère ne sont pas la même chose. Par voie de conséquence, un scénario RCP ne correspond pas à une seule trajectoire d'émissions.

Graphique 2.3. Série chronologique des émissions annuelles compatibles avec les scénarios RCP

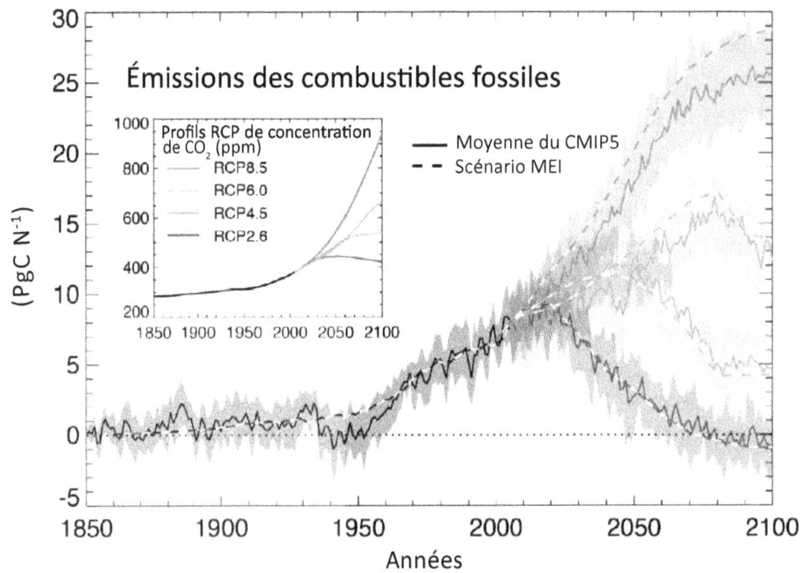

Note : Ces émissions compatibles de combustibles fossiles ont été modélisées par le CMIP5 pour les quatre scénarios RCP. Série chronologique des émissions annuelles (PgC n–1). Les pointillés représentent les estimations passées et les émissions calculées à l'aide des MEI utilisés pour définir les scénarios RCP ; les traits continus et les zones de couleur sont les résultats de la modélisation du système terrestre du CMIP5 (à savoir la moyenne et un écart-type en grisé).
Source : (Stocker et al., 2013[79]).

En fait, les projections des concentrations de GES au cours du XXIe siècle sont réalisées en simplifiant les hypothèses relatives aux cycles biogéochimiques, dont le cycle du carbone. Les incertitudes qui planent au sujet de ce cycle concernent le rapport entre l'augmentation des émissions de CO_2 et le captage/stockage du carbone terrestre, ainsi que le rôle des processus de rétroaction dans l'apparition des « points de « bascule » (par exemple la fonte du permafrost, le dépérissement des forêts, ainsi que l'affaiblissement des puits de carbone terrestres et océaniques) (Steffen et al., 2018[80]). Compte tenu de ces incertitudes, plusieurs trajectoires d'émissions différentes pourraient conduire à un certain niveau de concentration (Graphique 2.3.). Ces incertitudes (et non les concentrations elles-mêmes) ont une incidence sur l'élaboration des politiques puisque les activités humaines produisent des émissions. Par conséquent, la politique et l'action climatiques ne peuvent avoir une influence directe que sur les émissions.

Les incertitudes relatives au cycle du carbone pourraient être beaucoup plus grandes qu'on ne le pense (Higgins et Harte, 2012[81]). La conséquence est que les réactions induites par ce cycle pourraient entraîner des niveaux de réchauffement plus élevés qu'attendu. À cet égard, utiliser les concentrations plutôt que les émissions pourrait conduire à sous-estimer le réchauffement ainsi qu'à négliger l'étude et la compréhension des éventuels processus de rétroaction. Il est important que les fourchettes des émissions soient évaluées systématiquement afin de pouvoir être revues à la baisse au fil du temps.

Après quoi, l'évolution de ces émissions en concentrations déterminera l'ampleur du changement climatique. Du point de vue de la physique, et pour les besoins de la modélisation climatique, mettre l'accent sur les trajectoires des concentrations a du sens car cela permet de réduire l'une des incertitudes. Ces dernières peuvent toutefois avoir d'importantes implications au regard de l'élaboration des politiques et ne sauraient à ce titre être ignorées.

Les engagements et les promesses des pouvoirs publics à l'égard du climat fournissent une indication de la façon dont les émissions évolueront au fil du temps. Les contributions déterminées au niveau national (CDN) introduites par l'Accord de Paris incluent souvent des engagements de réduction des émissions, qui consistent à limiter les émissions (ou l'intensité des émissions liées, par exemple, à la production économique) à une certaine fourchette sur une année ou une période cible. En plus des CDN, un grand nombre de pays se sont engagés à atteindre en 2050 la neutralité carbone ou en gaz à effet de serre. Cela aussi aide à fixer un cap pour l'évolution des émissions.

Les niveaux d'émissions correspondant aux engagements qui ont été pris ne doivent pas forcément être utilisés pour développer les scénarios. Ils fournissent néanmoins des informations importantes sur la vraisemblance des différents scénarios existants. En mai 2021, l'analyse a montré que les CDN et les objectifs climatiques à long terme annoncés par les pays se traduiraient par un réchauffement d'environ 2.4 °C (1.9-3 °C) d'ici la fin du siècle (CAT, 2021[82]).

Dans son cinquième Rapport d'évaluation, le GIEC a mis au point quatre profils représentatifs d'évolution de concentration (ou RCP). Le scénario d'atténuation prévoyant une faible teneur en carbone suppose des actions radicales sur les systèmes climatique et énergétique, alors que le scénario à forte intensité de carbone table sur la hausse ininterrompue des émissions. Un scénario complémentaire a ensuite été ajouté, conforme à la volonté de poursuivre « l'action menée pour limiter l'élévation de la température à 1,5 °C par rapport aux niveaux préindustriels », énoncée dans l'Accord de Paris (UNFCCC, 2015[68]) (voir le chapitre 1, section 1.2.2 et graphique 1.1).

Les modèles d'évaluation intégrée (MEI) s'appuient sur des scénarios d'émissions au niveau mondial. Ils prennent en compte l'évolution potentielle du système énergétique, la croissance démographique, le développement économique et d'autres secteurs générateurs d'émissions comme l'agriculture et l'utilisation des terres. Les MEI servent généralement à étudier la rentabilité des mesures d'atténuation. Ils sont globalement utiles – et très utilisés – pour répondre aux questions d'orientation qui se posent à différents niveaux, même s'ils présentent des imperfections et des lacunes qui méritent que l'on s'y intéresse (Gambhir, 2019[83]).

Sur la base des résultats des MEI, un second ensemble de scénarios a été créé : les trajectoires socioéconomiques partagées (SSP). Les SSP représentent plus en détail les facteurs socioéconomiques et technologiques donnant lieu à différentes trajectoires d'émissions, et donc de concentrations (voir aussi la section 2.3.2). Une caractéristique importante des différents scénarios SSP est qu'ils fournissent des informations très importantes sur les choix socioéconomiques et technologiques possibles au niveau mondial. Ces choix peuvent être replacés dans le contexte des CDN et des objectifs de neutralité carbone à long terme. Le Graphique 2.4. représente les trajectoires mondiales des émissions de CO_2 dans neuf combinaisons de scénarios RCP/SSP, qui servent de base à l'étude sur le plan physique des différentes perspectives d'avenir pour la planète, avec différents degrés de réchauffement et impacts en termes de changement climatique.

Graphique 2.4. Émissions mondiales de CO_2 selon différentes combinaisons de scénarios RCP/SSP

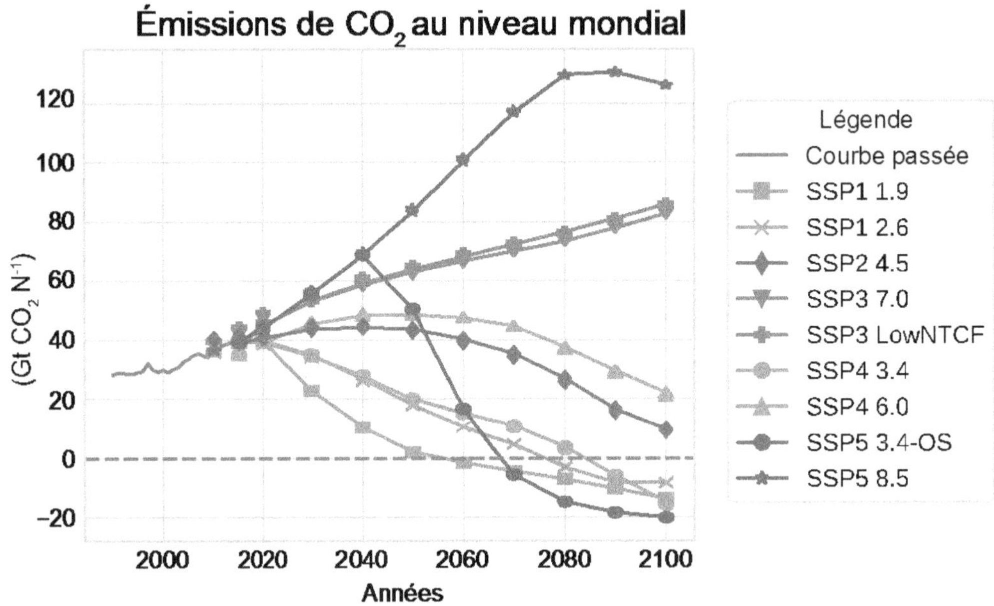

Note : Trajectoires harmonisées des émissions mondiales de CO_2. Les appellations des scénarios correspondent à des combinaisons des scénarios SSP/RCP, à savoir : SSP1 1.9 désigne la combinaison SSP1/RCP1.9, et ainsi de suite. OS désigne un dépassement de l'objectif et « LowNTCF » les émissions responsables d'un faible forçage radiatif à court terme.
Source : (Gidden et al., 2019[84]).

Aucune probabilité n'est associée aux scénarios car ces derniers s'appuient sur un certain nombre de choix et d'hypothèses (comme la diffusion d'une technologie) qui ne peuvent être présentés comme des probabilités. En ce sens, il n'existe pas de bons ou de mauvais scénarios. Les scénarios peuvent toutefois être plus ou moins plausibles (selon, par exemple, les choix politiques, socioéconomiques et technologiques qui sont opérés dans le monde réel) et décrire les répercussions éventuelles de ces facteurs. Des travaux récents ont mis en doute la vraisemblance du scénario des émissions les plus élevées (Hausfather et Peters, 2020[85]). Le scénario RCP8.5, qui correspond à la trajectoire des concentrations les plus fortes, serait ainsi peu probable si l'on tenait compte uniquement des émissions. Il supposerait que les principaux acteurs ne respectent pas leurs engagements et consomment plus de combustibles fossiles qu'il n'en existe dans l'économie.

En règle générale, plus le temps passe et plus l'espace de réalisation des scénarios se restreint. Aussi, à l'avenir, les nouveaux ensembles de scénarios refléteront les nouveaux grands axes d'incertitude sur le plan social et politique. Ces scénarios devraient être conçus de manière à être utiles aux décideurs publics. Ils pourraient par exemple distinguer les choix ou les résultats politiques et sociaux qui sont faisables en mettant en évidence les obstacles, les opportunités, les synergies et les arbitrages associés aux différentes trajectoires, ou en intégrant les effets systémiques des pertes et des dommages. Un éventail plus large de techniques d'analyse des tendances futures sera peut-être nécessaire pour compléter les informations émanant des modèles d'évaluation intégrée et de la modélisation énergétique (Gambhir, 2019[83])

Il est impossible de savoir quels choix seront effectués par les administrations publiques et les sociétés en général sur le court, le moyen et le long terme. Néanmoins, les scénarios RCP et SSP fournissent aux décideurs des renseignements importants sur la façon dont ces choix influeront sur le type de transition qu'opérera le monde dans les prochaines décennies. Ils peuvent, de ce fait, faciliter les choix. Pour citer un exemple, il existe différentes manières de s'y prendre pour limiter le réchauffement climatique à 1.5 °C d'ici à 2100 (IPCC, 2018[86]). Cela dépend du choix des trajectoires socioéconomiques possibles, des mesures d'efficacité énergétique, ainsi que des progrès sociaux et technologiques. Un autre aspect à prendre en compte concerne les arbitrages qui doivent être opérés entre des réductions fortes et précoces des émissions et l'utilisation de technologies prévues à cet effet. Les trajectoires reposant sur une faible demande d'énergie et une faible consommation de matières utilisent très peu ces technologies. À l'autre extrémité, les scénarios tablant sur une forte demande énergétique future affichent de faibles niveaux de réduction des émissions de CO_2 à l'horizon 2030 ; leur utilisation des technologies de réduction des émissions est plus importante lorsque l'on avance dans le temps [(IPCC, 2018[86]) et graphique 6.4)].

En d'autres termes, l'hypothèse d'une utilisation poussée et à grande échelle des technologies de réduction des émissions est la seule solution pour que les scénarios reposant sur une forte consommation d'énergie atteignent l'objectif fixé par l'Accord de Paris, à savoir limiter le réchauffement à 1.5 °C. Il n'est cependant pas certain que ces technologies puissent être déployées à un coût raisonnable et sans trop de risques. Cela signifie que les trajectoires prévoyant une forte hausse des émissions sont plus risquées au regard de la réalisation de l'objectif fixé dans l'Accord de Paris.

Les scénarios comme les SSP/RCP et leur prédécesseur SRES (IPCC, 2000[87]) peuvent fournir un cadre utile. Ils peuvent aider les décideurs publics à mieux comprendre les transformations qui devront être opérées sur de longues durées pour éviter les effets les plus dramatiques du changement climatique. À l'échelle internationale, le scénario RCP a été utilisé comme base de travail par les dirigeants du monde entier. Il a ainsi, dans le cadre des négociations internationales sur le climat, contribué à l'adoption d'objectifs de température communs à l'échelle planétaire, inscrits dans l'Accord de Paris.

La capacité d'utiliser ces scénarios à l'échelle nationale est en revanche moins directe et moins évidente pour les décideurs publics. Prenons l'exemple d'un organisme national dont le rôle – crucial – est de transformer les objectifs en réductions effectives des émissions, et qui peut intervenir dans différentes circonscriptions et localités (comme des villes ou des États). Les informations fournies par les scénarios d'envergure mondiale ne sont pas directement utilisables pour la mission qui l'occupe. D'une part, les échelles temporelles et spatiales y sont trop vastes pour agir à un échelon plus réduit. D'autre part, l'action climatique engagée par les pouvoirs publics dépend d'un ensemble de facteurs qui vont au-delà de ce que ces scénarios examinent et saisissent, même si des efforts sont en cours pour y inclure des domaines présentant de l'importance pour prendre des décisions au niveau national.

L'utilisation des scénarios a pour but d'élargir le débat et de déterminer les axes d'incertitude probables les plus importants. Cela peut aider à simplifier le large éventail des résultats possibles en le réduisant à un ensemble plus vraisemblable et facile à traiter. Les scénarios climatiques alimentent et structurent les débats relatifs aux développements socioéconomiques et technologiques qui auront lieu pendant le siècle prochain, en mettant en évidence les arbitrages nécessaires ainsi que les aspects les plus importants de la transition bas carbone.

Le problème est qu'en réduisant tout un éventail de situations plausibles à une poignée seulement de résultats possibles, d'autres facteurs incertains pouvant s'avérer importants sont nécessairement ignorés. Pour citer un exemple, les émissions estimées par le scénario RCP8.5 sont aujourd'hui considérées comme improbables (Hausfather et Peters, 2020[85]). Or, les rétroactions du cycle du carbone pourraient un jour provoquer des concentrations semblables à celles de ce scénario si les émissions anthropiques diminuent (voir aussi la section 2.2.2 et l'Encadré 2.2). Sur le plan socioéconomique, certains chercheurs considèrent que les effets systématiques des changements radicaux survenant dans le domaine social, politique ou technologique devraient être plus directement intégrés dans les modélisations de l'énergie (McCollum et al., 2020[88]). De fait, pour élaborer des politiques plus efficaces, les décideurs publics doivent garder à l'esprit que des impacts plus forts, mais d'une probabilité plus faible, peuvent accompagner le changement climatique.

Les MEI présentent quant à eux un certain nombre de lacunes bien connues, en omettant de modéliser certains aspects essentiels du monde réel. Dans ces modèles, par exemple, la politique n'est considérée que comme un facteur implicite de la réduction des émissions ou du retard dans l'action (Peng et al., 2021[89]). Or, toutes sortes de facteurs politiques et socioéconomiques influent sur le type d'action engagée par les pays, les entreprises et les citoyens ainsi que sur leur portée, mais les scénarios internationaux sont pour le moment impuissants à les saisir. À titre d'exemple, un défi central que doit relever le monde aujourd'hui est la réduction des inégalités économiques. La façon dont s'y prennent les pays pour atteindre cet objectif peut avoir d'importantes implications sur le plan de la décarbonation. Peng et al. (2021[89]) étudient des procédés concrets pour améliorer les modèles précités, par exemple en tenant compte de l'opinion publique ou en intégrant les politiques en matière de commerce et d'investissement.

Les projections s'appuyant sur des éléments du monde réel peuvent en fait aider à concevoir les actions aux niveaux local, infranational et national. Elles s'inscrivent dans le contexte des réductions d'émissions qui doivent être opérées à l'échelle mondiale pour éviter les impacts les plus graves du changement climatique. Outre les scénarios internationaux, des informations fiables sur l'évolution des émissions peuvent aussi apporter un certain nombre de réponses utiles aux décideurs publics.

Tout d'abord, des informations sûres peuvent aider à déterminer si une politique ou une stratégie sera efficace pour réduire les émissions conformément aux engagements pris par le pays. Cette étape peut être cruciale pour faciliter l'adoption du plan d'action par les décideurs et par les citoyens. Ensuite, l'élaboration d'une feuille de route pour tenir les engagements – en particulier sur le long terme – fournit des propositions d'action qui permettent de définir plus clairement comment le pays prévoit d'atteindre son objectif. Cela confère à ces actions une plus grande crédibilité (Rogelj et al., 2021[90]). Cette feuille de route peut aider à établir des plans d'action concrets en s'appuyant sur la projection des émissions et en étudiant les mesures pouvant conduire aux niveaux de réduction requis. Enfin, elle permet d'évaluer si les engagements pris par le pays sont justes et appropriés. Cela peut faire progresser le débat sur la question de l'équité (Rogelj et al., 2021[90]).

2.2.4. Incertitudes des projections du changement climatique à l'échelle régionale et mondiale

Comme indiqué dans le chapitre 1, le risque climatique dépend des aléas, de la vulnérabilité et de l'exposition. Pour mieux caractériser ce risque – ainsi que les pertes et dommages éventuels –, il est important de définir plus précisément comment, où et à quelle échéance les différents types d'aléas(par exemple, des phénomènes météorologiques extrêmes comme des vagues de chaleur, des inondations ou des sécheresses) pourront survenir. Comme nous l'avons vu dans les précédentes sections, cette tâche est menée à bien à l'aide de différents modèles tels que les modèles de circulation générale (GCM) et leur descente d'échelle, les modèles régionaux et ceux ciblant certains secteurs économiques et certains types d'impacts.

L'exercice de modélisation au niveau mondial fait intervenir un grand nombre d'acteurs universitaires et opérationnels du monde entier, qui participent à des projets de comparaison de modèles. L'un d'eux est le Projet de comparaison de modèles couplés (CMIP), coordonné par le Programme mondial de recherche sur le climat (pour en savoir plus, voir l'Encadré 2.3).

Ces projets ont permis de constituer une base de connaissances homogène et présentant de l'intérêt pour l'action des pouvoirs publics, et de servir de base aux évaluations du GIEC. Ils comparent les résultats de différents modèles et montrent quelle peut être la configuration du changement climatique dans différentes régions et à différentes périodes selon plusieurs scénarios de réchauffement (voir la section 2.2.3). Le degré de fiabilité de ces projections dépend d'une série de facteurs. Pour être efficaces et responsables, les décisions prises sur la base des modèles doivent tenir compte du degré variable de fiabilité et d'utilité des informations en fonction du type de décision concerné (Nissan et al., 2019[91]).

Les sous-sections qui suivent examinent les niveaux de fiabilité des données émanant des modèles de circulation générale sous deux angles différents : d'une part, en fonction des résolutions spatiales et temporelles utilisées ; d'autre part, en examinant différents types de processus et d'aléas pour déterminer dans quelle mesure un niveau élevé d'incertitude peut conduire à un plus large éventail de risques climatiques.

Les différents niveaux de fiabilité des projections selon les échelles temporelles et spatiales utilisées. Le cas de la projection des températures extrêmes.

À l'heure où les impacts de plus en plus nombreux du changement climatique menacent les systèmes humains et naturels, il existe un besoin croissant d'informations sur le changement climatique futur pour planifier l'action publique et élaborer les stratégies de gestion des risques climatiques (Wang et al., 2016[92] ; Donatti et al., 2016[93] ; Giuliani et al., 2017[94] ; Finn, 2020[95]). Cette planification étant nécessaire à différents échelons temporels et spatiaux, il convient de disposer de différents types d'informations, afin de pouvoir tirer différents types de réponses. À titre d'exemple, les stratégies mondiales d'atténuation à long terme nécessitent des informations ayant une couverture temporelle et spatiale beaucoup plus vaste que les mesures visant à réagir à des menaces localisées immédiates. Utilisant un exemple représentatif des projections de températures issues des modèles climatiques les plus avancés (CMIP6), cette sous-section examine comment les informations émanant de la modélisation peuvent servir à élaborer les mesures et les stratégies climatiques.

Le chapitre 1 montrait le haut degré de confiance du lien entre les émissions anthropiques et l'augmentation des températures moyennes à l'échelle planétaire. Les modèles climatiques ont, de fait, apporté la preuve de leur fiabilité pour prédire depuis cinquante ans la température moyenne à la surface du globe d'après les scénarios d'émissions anthropiques (Hausfather et al., 2020[96]). Cela laisse entendre que ces modèles saisissent avec précision les processus physiques sous-jacents qui contribuent à la hausse des températures (Hausfather et al., 2020[96]). On peut donc être confiants dans la capacité des modèles climatiques à prédire, quoique avec une certaine incertitude, les augmentations de températures qui résulteront des niveaux d'émissions futurs.

Le changement climatique n'aura pas lieu de façon uniforme sur l'ensemble du globe. Le réchauffement sera par exemple plus marqué sur terre que dans les océans et les zones arctiques (Collins et al., 2013[75]). Cependant, les risques liés au climat en général vont s'accroître à mesure que le réchauffement moyen de la planète augmentera.

De fait, les systèmes humains et naturels courent plus de risques avec un réchauffement de 1.5 °C que de 0.87 °C comme actuellement[6], et plus encore avec 2 °C (IPCC, 2018[97]). La hausse de la température moyenne de la planète est donc une donnée essentielle pour évaluer l'ampleur approximative des impacts du changement climatique dans différents contextes. Le moment où pourra se produire le franchissement du seuil que représente la menace accrue d'aléas physiques – comme des phénomènes extrêmes/à évolution lente ou des points de bascule – est une simple mesure devant être discutée avec les décideurs publics et les parties prenantes. Ce seuil peut être par exemple le franchissement d'un point de bascule ou l'augmentation de la fréquence et de la gravité des phénomènes météorologiques extrêmes.

En revanche, pour les raisons exposées plus haut, la température moyenne du globe n'est pas une donnée qui peut informer les décideurs publics sur les phénomènes localisés agissant sur les températures. Ces phénomènes sont dus à la dynamique moins bien comprise du climat qui provient de l'augmentation des flux d'énergie dans le système climatique, laquelle s'ajoute aux tendances météorologiques locales.

En fait, s'il est vrai que la fréquence et la gravité d'un grand nombre de ces phénomènes (comme la chaleur extrême, les vagues de chaleur océaniques et les fortes précipitations) s'accroissent avec le réchauffement moyen de la planète, des canicules aux conséquences graves (pertes de vies humaines et de moyens de subsistance) surviennent déjà aujourd'hui, alors que le niveau du réchauffement moyen est relativement faible (Stott, Stone et Allen, 2004[98] ; Vautard et al., 2020[99] ; Le Tertre et al., 2006[100]). Des températures record ont ainsi été enregistrées fin juin 2021 sur les côtes Pacifique des États-Unis et du Canada. Une étude récente montre que ces vagues de chaleur auraient été quasiment impossibles sans changement climatique d'origine humaine : leur occurrence a été estimée statistiquement à environ 1 sur 1 000 ans dans le contexte climatique actuel (Sjoukje Philip et al., 2021[101]).

Pourtant, dans les travaux de modélisation, la température moyenne à l'échelle mondiale est calculée sur la base de la moyenne des projections discontinues de la température, réalisées avec une résolution temporelle et spatiale beaucoup plus élevée[7]. Par conséquent, le fait de ne prêter attention qu'à la variation de la température moyenne du globe équivaudrait à passer outre les innombrables informations plus granulaires qui émanent des projections à haute résolution.

Aussi, pour examiner les tendances de fond, la présente section utilise les projections les plus récentes des températures extrêmes obtenues grâce aux modèles de circulation générale, qui figurent dans la base de données du CMIP6 (Encadré 2.3). Son objectif est plus spécifiquement d'observer le degré de variation et de concordance entre les modèles. Elle analyse en dernier lieu le niveau de confiance des projections à différentes échelles temporelles et spatiales pour un sous-ensemble de modèles enregistrés dans la base de données du CMIP6. Cela permet de mettre en évidence l'utilité des projections climatiques pour prendre des décisions à court terme en vue de réduire les risques (par exemple, en adoptant des mesures d'adaptation).

Encadré 2.3. Vue d'ensemble des projets de comparaison des modèles climatiques

L'objectif global du Projet de comparaison de modèles couplés (CMIP) est de mieux comprendre le passé, le présent et le futur du système climatique résultant de facteurs naturels ou de modifications du forçage radiatif causées par les activités humaines et autres. Pour ce faire, il utilise un certain nombre de modèles de circulation générale (GCM) étudiant le couplage océan-atmosphère. Ces modèles représentent les processus physiques ayant lieu dans l'atmosphère, l'océan, la cryosphère, la biosphère et les sols – ainsi que les interactions entre eux – et s'en servent pour prédire le climat à court terme (les prochaines décennies) ou à long terme (les siècles à venir). Créé en 1995, le CMIP se trouve actuellement dans sa sixième phase (CMIP6 – https://pcmdi.llnl.gov/CMIP6/) et compte sur la participation d'un grand nombre d'organismes de recherche. Ces derniers exécutent leurs modèles climatiques dans un cadre expérimental standard ou utilisent un ensemble courant de données d'entrée (Eyring et al., 2016[102]) pour étudier et comparer leurs résultats. Cela signifie que les résultats des différents modèles sont directement comparables.

Le CMIP permet d'évaluer la performance des modèles, notamment leurs avantages et leurs inconvénients, afin d'encourager le développement et la révision des modèles de circulation générale. Il met également à disposition les ensembles de données résultant des différents modèles en vue de leur analyse et leur utilisation dans diverses études d'impacts. Les projections climatiques élaborées dans le cadre des phases du CMIP servent de base aux évaluations du GIEC sur le changement climatique.

Le CMIP6 a, quant à lui, été utilisé par le GIEC pour son sixième Rapport d'évaluation (RE6). Lors de cette phase du projet, plus d'une centaine de modèles créés par 50 organismes évaluent quelle sera la réponse climatique à différents scénarios de concentration établis à partir de diverses hypothèses socioéconomiques. Les modèles de circulation générale réalisent des projections de toute une série de variables climatiques du monde entier – avec différentes résolutions temporelles et spatiales – qui peuvent être analysées collectivement dans le cadre du CMIP. Des méthodes ont été mises au point pour distiller les informations les plus crédibles concernant les impacts et les risques à l'intention des décideurs publics et des parties prenantes (Eyring et al., 2019[103]).

Le CMIP est le plus vaste et le plus complet des projets de comparaison de modèles mais il en existe une douzaine d'autres, du plus officiel et très coordonné au plus officieux et de taille réduite. Ces autres projets ont des objectifs similaires et adoptent une approche systématique pour comparer les différentes caractéristiques des modèles (données d'entrée/de sortie et performances).

Les projections représentées sur le Graphique 2.5. affichent des températures extrêmes pour les villes d'Hyderabad (Inde) et de Paris (France) dans trois scénarios de réchauffement différents : i) scénario bas carbone conforme à l'objectif de réchauffement de 1.5 °C inscrit dans l'Accord de Paris (RCP 1.9) ; ii) scénario intermédiaire (RCP 4.5) ; et iii) scénario à très forte intensité de carbone tablant sur la hausse continue des émissions (RCP 8.5). Les villes étudiées dans cette section ont été choisies pour leur large représentativité des différents types de climats et degrés de vulnérabilité socioéconomique. La capitale d'un État indien est ainsi plus vulnérable que la capitale de la France (Kadiyala et al., 2020[104]). De plus, dans ces deux villes, les impacts du changement climatique y sont supérieurs à la moyenne mondiale. À titre d'exemple, la hausse moyenne de la température annuelle sur le territoire français était de 0.95 °C entre 1901 et 2000, ce qui représente quelque 20 % de plus que la moyenne mondiale de 0.74 °C (MEEDDM, 2009[105]).

Graphique 2.5. Projections des températures maximales sur un an et des moyennes sur dix ans à Paris et à Hyderabad

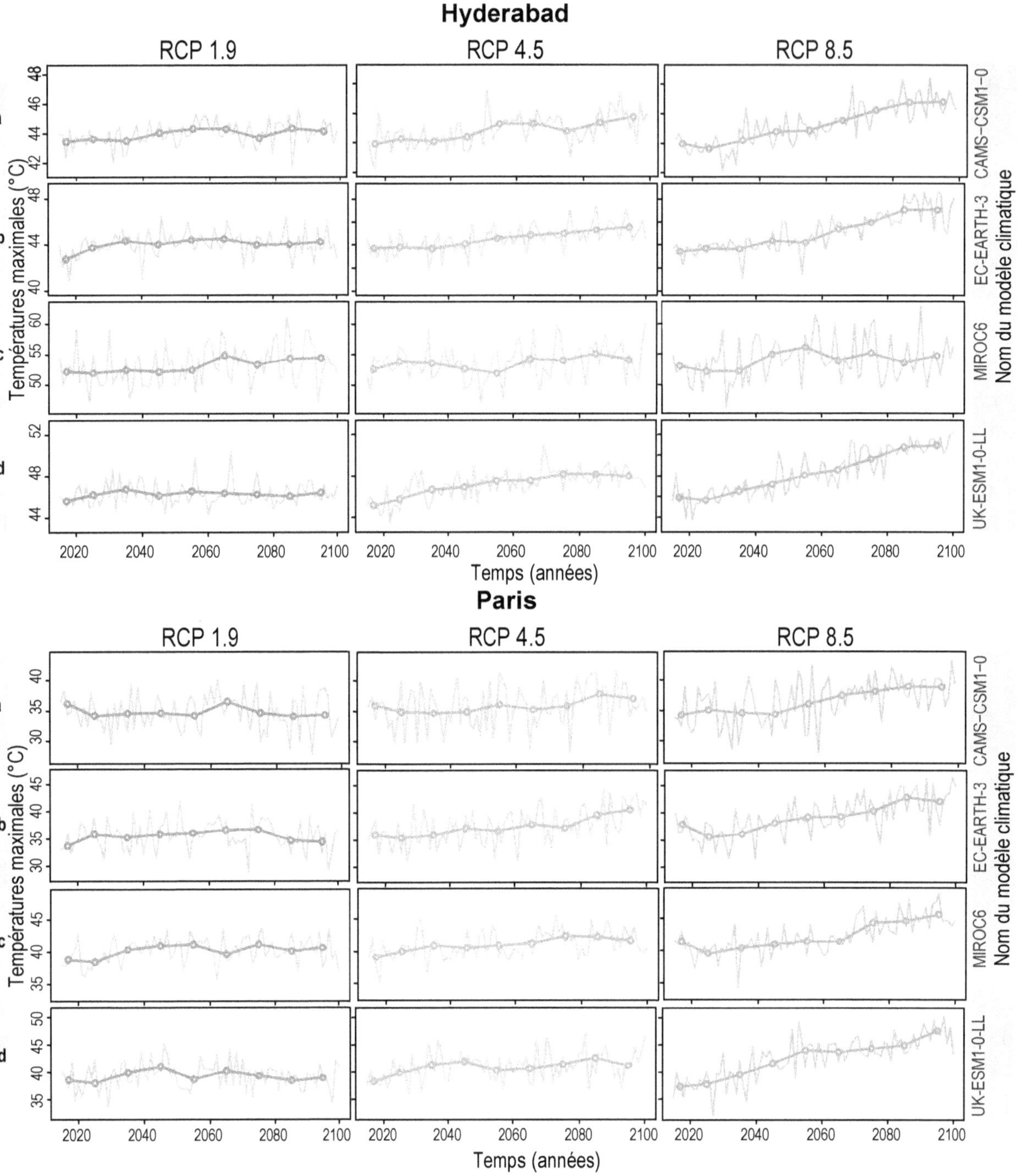

Note : Températures maximales en surface sur un an et moyennes sur dix ans à Paris (moyenne des températures maximales annuelles : 48-49°N 2-3°E) et à Hyderabad (moyenne des températures maximales annuelles : 17-18°N 78-79°E). Les données proviennent de la base de données du CMIP6 (https://esgf-node.llnl.gov/projects/esgf-llnl/) pour les températures quotidiennes maximales (variable « tasmax »), pour les combinaisons des scénarios RCP 1.9 (SSP1), RCP 4.5 (SSP2) et RCP 8.5 (SSP5), ainsi que pour les modèles CAMS-CSMi-0 (variante « r2i1p1f1 »), EC-Earth-3 (variante « r4i1p1f1 »), MIROC6 (variante « r1i1p1f1 ») et UK-ESM1-0-LL (variante « r1i1p1f2 »). À noter que le premier point de la moyenne décennale est calculé en utilisant seulement 5 points de données (2015-2019).

Le Graphique 2.5. montre que pour les trois scénarios, les températures maximales annuelles varient considérablement dans les deux villes jusqu'à la fin du siècle. Cela coïncide avec ce que ressentent au quotidien la majorité des individus, à savoir que certains étés sont plus chauds que d'autres. En revanche, la moyenne des températures maximales annuelles s'accroît avec le temps, à mesure que la température moyenne du globe augmente. Cette tendance est très claire dans les scénarios de très forte concentration, à savoir RCP 4.5 et RCP 8.5. Pour chaque scénario, les différents modèles affichent des variations plus ou moins importantes, et ce pour de nombreuses raisons. Ces raisons sont liées à la façon dont chaque modèle représente le climat mondial dans le passé et dans l'avenir. Si cette section ne s'intéresse pas à ces aspects, les décideurs publics doivent néanmoins être conscients du degré élevé de variabilité des données annuelles.

Les modèles montrent en fait que des températures extrêmes peuvent déjà se produire à des niveaux de réchauffement peu élevés et à brève échéance. En raison de cette variabilité annuelle (Encadré 2.4) et des paramètres utilisés pour la configuration initiale des modèles, le moment précis d'occurrence des phénomènes de canicules peut ne pas être le même selon les différentes sessions du même modèle et selon les modèles. Malgré ces différences, les tendances devraient être assez homogènes. De fait, le Graphique 2.6. (cadres 1a et 2a) met en évidence une large dispersion des prévisions et l'absence de corrélation entre les modèles pour ce qui concerne la chronologie des anomalies de températures maximales sur un an. Cela veut dire que les modèles climatiques ne peuvent prédire, avec quelque compétence que ce soit, le moment exact où surviendra une vague de chaleur.

Lorsque des résolutions temporelles plus grossières sont utilisées (comme les moyennes décennales qui lissent les résultats), on note une plus grande homogénéité entre les modèles (voir le Graphique 2.5. et les anomalies de la moyenne décennale sur les cadres 1d et 2d du Graphique 2.6.). Une fois que l'on élimine l'importante variabilité annuelle, la tendance à long terme apparaît plus clairement et est homogène d'un modèle à l'autre. Le constat est que la moyenne des températures extrêmes sur dix ans s'accroît au fil du temps, en accord avec le réchauffement moyen au niveau mondial. Dans le scénario où le réchauffement d'ici la fin du siècle est le plus élevé (RCP 8.5), la hausse des températures pourrait, même dans les années les plus clémentes, dépasser les pics enregistrés aujourd'hui. Dans le scénario où les mesures d'atténuation sont les plus poussées (RCP 1.9), les températures maximales devraient rester au même niveau qu'actuellement, ou n'augmenter que légèrement. Cela fournit une occasion de diminuer les risques d'aléas physiques par la réduction radicale des émissions.

Le Graphique 2.6. (cadres 1a et 2a) représente les anomalies de températures selon les différents scénarios.[8] On y voit que dans les scénarios où le réchauffement est le plus important (RCP 4.5 et RCP 8.5), les pics de températures peuvent dépasser la moyenne des maximales obtenues pendant la période de référence (d'une durée de 20 ans) de 10 °C au plus dans les deux villes examinées. Cela dit, une même anomalie peut avoir des significations différentes pour l'une et l'autre ville. Cela est dû à leurs différences de localisation géographique et de climat.

La ville de Paris possède un climat océanique de type tropical humide. Elle a connu ces dernières années plusieurs vagues de chaleur d'une grande intensité [dont la plus mortelle en 2003 (Le Tertre et al., 2006[100])]. L'augmentation de la gravité et de la fréquence de ces événements aura probablement de graves impacts, surtout s'il n'y a pas d'amélioration continue de la résilience.

Hyderabad se caractérise par un climat sec avec des températures d'ores et déjà beaucoup plus élevées qu'à Paris en raison de son emplacement géographique. La même anomalie pourrait alors provoquer des hausses de températures que les systèmes humains et naturels ne pourraient physiologiquement supporter. Cela pourrait donner lieu à un dépassement des limites de l'adaptation physique ou à de profondes transformations des sociétés humaines et des écosystèmes (Hanna et Tait, 2015[106] ; Andrews et al., 2018[107] ; Stillman, 2019[108]). Le lien entre la localisation géographique et le climat général revêt une grande importance dans la compréhension du risque climatique encouru par ces régions et dans les risques de pertes et de dommages.

Graphique 2.6. Anomalies des températures extrêmes à différentes échelles temporelles et spatiales

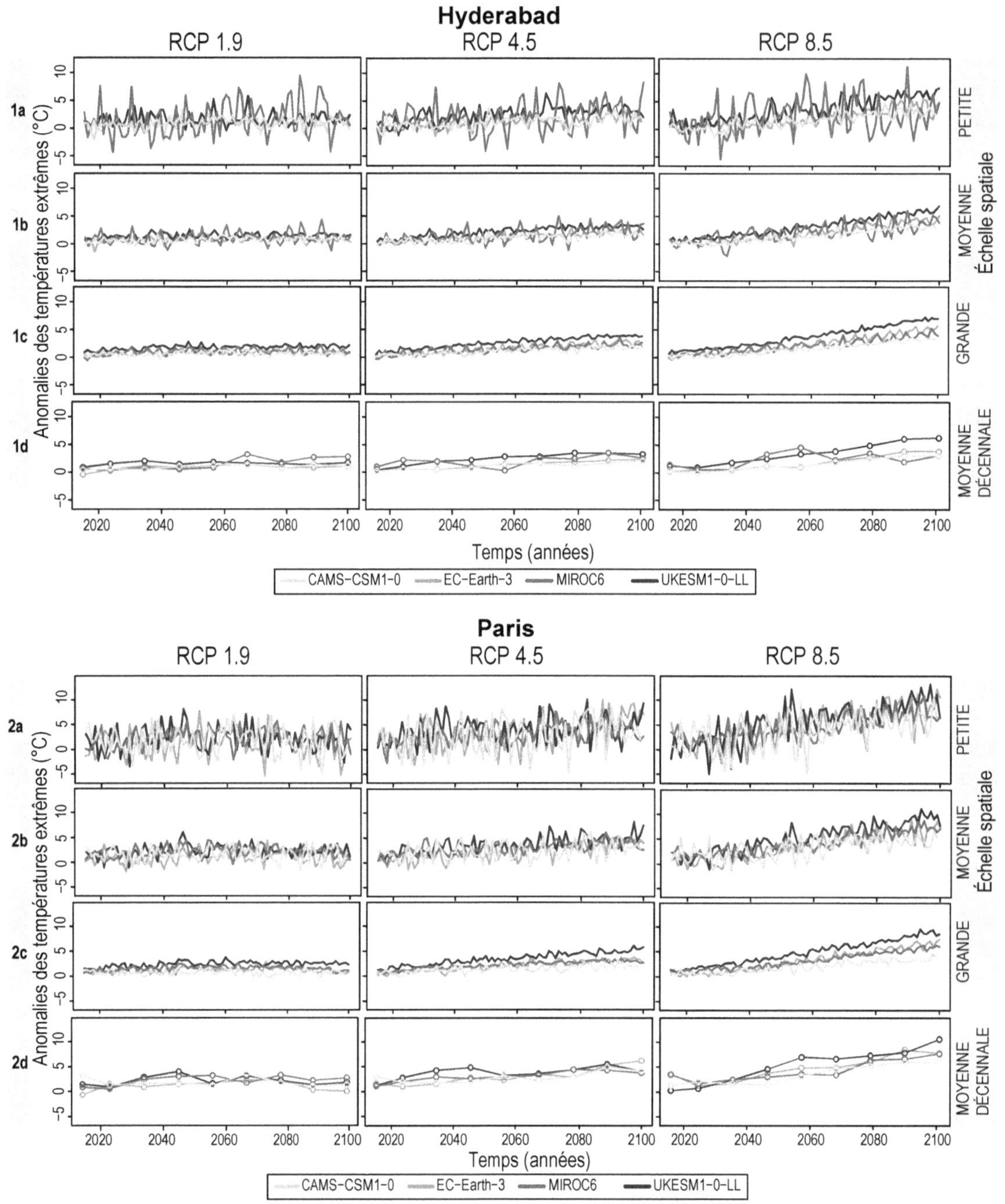

Note : Anomalies des températures extrêmes en surface (c'est-à-dire leur augmentation au-dessus des valeurs de référence) sur un an à différentes résolutions spatiales autour de Paris (France) et d'Hyderabad (Inde). Pour les résolutions faible, intermédiaire et grande, la moyenne des températures extrêmes est calculée sur des cellules de 1x1, 15x15 et 50x50 degrés (respectivement 48-49°N 2-3°E, 41-56°N 5°W-10°E et 24-73°N 22°W-27°E pour Paris ; respectivement 17-18°N 78-79°E, 10-25°N 71-86°E et 7°S-42°N 54-103°E pour Hyderabad). Les données proviennent de la base de données du CMIP6 (https://esgf-node.llnl.gov/projects/esgf-llnl/) pour les températures extrêmes quotidiennes (variable « tasmax »), pour les combinaisons des scénarios RCP 1.9 (SSP1), RCP 4.5 (SSP2) et RCP 8.5 (SSP5), ainsi que pour les modèles CAMS-CSMi-0 (variante « r2i1p1f1 »), EC-Earth-3 (variante « r4i1p1f1 »), MIROC6 (variante « r1i1p1f1 ») et UK-ESM1-0-LL (variante « r1i1p1f2 »). Les anomalies des températures extrêmes équivalent à la différence entre les températures maximales enregistrées pendant une année donnée et la moyenne des maximales annuelles sur la période 1986-2005. La période de référence choisie est conforme à celle utilisée pour présenter les anomalies de températures dans le cinquième Rapport d'évaluation du GIEC. À noter que le premier point de la moyenne décennale est calculé en utilisant seulement 5 points de données (2015-2019).

Comme cela se produit avec les échelles temporelles, la fiabilité des projections des températures extrêmes est plus faible lorsque la résolution spatiale augmente. Le Graphique 2.6. montre que pour les deux villes examinées, la variabilité des projections diminue à mesure que l'échelle spatiale s'accroît. À l'échelle spatiale, la variabilité climatique détermine précisément *où* surviennent les températures extrêmes à petite échelle (Encadré 2.4). Ainsi, chaque session d'un modèle ne représente qu'une occurrence potentielle de cette variabilité (en fonction du modèle). La modélisation des épisodes de chaleur extrême peut différer de la façon dont ils se concrétiseront dans la réalité.

Le Graphique 2.6. montre aussi que pour les échelles temporelles (les cadres 1d/2d) et spatiales plus élevées (les cadres 1b/1c et 2b/2c), l'évolution des températures est plus homogène (les courbes sont plus plates et ont moins de pics). Il est très probable que ces courbes plus plates reflètent les caractéristiques moyennes du système climatique. Or, parce que les courbes sont le résultat d'une moyenne, elles ne sauraient être considérées comme des indications directes de la situation du climat local à un moment donné.

Par conséquent, vus sous l'angle de l'élaboration des politiques, les modèles haute résolution montrent que de nombreuses régions risquent de connaître des épisodes de chaleur extrême au cours du siècle à venir. Il n'est cependant pas possible de prédire dans le détail quand ni où ils se produiront au-delà d'un délai de quelques semaines (Nissan et al., 2019[91]).

Pour agir, les pouvoirs publics ont toujours besoin d'informations présentant un haut degré de précision sur le plan temporel. Ces informations renseignent sur les évolutions générales ainsi que sur la forme que pourrait prendre le changement climatique au niveau local. De ce fait, elles peuvent être utilisées directement pour l'élaboration des politiques ayant trait à la gestion des risques climatiques, notamment en ce qui concerne l'adaptation physique, comportementale et culturelle aux changements attendus. Les projections des températures extrêmes ne suffisent pas à déterminer quels en seront les impacts. Ceux-ci dépendent aussi – entre autres – de l'humidité, de la durée de la vague de chaleur, de la baisse des températures pendant la nuit, de la vitesse du vent, ainsi que des éventuelles mesures d'adaptation (Nissan et al., 2019[91]).

Les perspectives d'amélioration de ces informations sont mitigées. Il est peu probable que l'on obtienne autre chose que des estimations du risque statistique pour les projections à très long terme (plusieurs décennies ou siècles à l'avance). Or, le perfectionnement des modèles peut améliorer les estimations de ce risque. Cela est particulièrement vrai pour certaines zones géographiques et en ce qui concerne la mesure précise de la possibilité que surviennent des phénomènes extrêmes rarement observés. Ces informations peuvent être utilisées pour concevoir les plans d'adaptation, les évaluations des risques climatiques, les polices d'assurance et les projets d'infrastructure.

Des investissements de grande ampleur dans le perfectionnement des modèles peuvent être bénéfiques aux projections climatiques présentant initialement une portée intermédiaire (de plusieurs mois à plusieurs années à l'avance) car ils permettent d'améliorer la capacité à produire des projections de ce type, qui fournissent plus d'informations utilisables au niveau local. Les résultats préliminaires de cette catégorie de modèles climatiques laissent entendre qu'ils présentent une certaine fiabilité en ce qui concerne les prédictions avancées à l'échelle saisonnière ou interannuelle, voire décennale (Smith et al., 2019[109] ; Dunstone et al., 2020[110]).

Cela dit, la fiabilité statistique ne se traduit pas automatiquement en utilité prédictive. Pour citer un exemple, les prévisions saisonnières indiquant « 40 % de risque que l'été soit plus chaud que la moyenne » ne sont utiles qu'à une petite minorité de parties prenantes. S'agissant des prévisions à court terme (quelques semaines à quelques mois à l'avance), le fait d'accroître l'échelle temporelle en améliorant le modèle peut procurer d'énormes avantages (Nissan et al., 2019[91]). Cela permet de prendre des mesures rapides en amont des événements prévus, comme par exemple l'installation de centres climatisés ou la distribution d'eau et d'informations.

Encadré 2.4. Variabilité du climat

Le climat se définit comme un ensemble de caractéristiques météorologiques moyennes dans une zone donnée et sur plusieurs décennies (généralement 30 ans). La variabilité climatique fait référence aux variations naturelles des données statistiques du climat à différentes échelles de temps. Comme l'indique le GIEC : « La variabilité peut être due à des processus internes naturels au sein du système climatique (variabilité interne) ou à des variations des forçages externes anthropiques ou naturels (variabilité externe). » (IPCC, 2018[111]). Dans la réalité, un hiver peut être froid et humide, et un autre doux et sec. Toutefois, on ne peut conclure à un véritable changement climatique que lorsqu'une tendance moyenne perdure pendant de nombreuses années. Cela signifie aussi, peut-être de façon paradoxale, que des années froides peuvent survenir « au hasard » dans un climat chaud. De la même manière, des précipitations extrêmes peuvent parfois avoir lieu même si le climat a tendance à devenir sec.

L'exemple le plus connu de la variabilité naturelle du climat due à des processus internes du système climatique est le réchauffement périodique rapide de l'est de l'océan Pacifique, appelé El Niño. El Niño et son « contraire », La Niña, provoquent des changements de la température, de la pluviométrie et des vents dans de nombreuses régions, et ce pendant plusieurs mois ou plusieurs années. Un exemple de la variabilité naturelle externe du climat est celle provoquée par une forte éruption volcanique, par exemple celle du mont Pinatubo en 1991. Cette éruption, au cours de laquelle de grandes quantités de dioxyde de soufre (SO_2) ont été projetées dans la stratosphère, a entraîné une baisse temporaire des températures moyennes à l'échelle mondiale (Council, 2001[112]). En règle générale, les facteurs de variation sont évalués séparément puis introduits dans les modèles sous forme de données d'entrée. À l'inverse, les facteurs internes sont générés de façon dynamique par les modèles eux-mêmes. Certains facteurs peuvent être traités comme externes dans un modèle donné, mais internes dans un autre. Ils représentent quoi qu'il en soit une source supplémentaire de différences entre les modèles.

La variabilité du climat renvoie parfois à l'« incertitude aléatoire ». C'est la configuration effective du climat – naturelle ou modélisée – qui est sujette à une variabilité interne ainsi qu'à la nature chaotique des courants atmosphériques et océaniques. Chaque modèle génère un type différent de variabilité interne.

La variabilité interne d'un modèle est relativement homogène et peut être comparée avec celle observée dans le monde réel. Elle implique toutefois qu'à chaque exécution du modèle, les prévisions du climat peuvent être différentes. Cela signifie que même si l'on a une connaissance parfaite de la dimension physique et statistique d'un événement, il reste très difficile de prédire exactement quand il se produira.

La variabilité du climat a donc une forte incidence sur les pertes et dommages. Du fait de cette variabilité, une région exposée aux ouragans pourrait par exemple n'en connaître aucun pendant dix ans, ou au contraire en subir trois en une année. Cela aurait des conséquences pour les mesures d'adaptation prises par les pouvoirs publics ou pour les assurances.

Les cadres a et b du Graphique 2.5. et du Graphique 2.6. permettent de comparer la variabilité interne de quatre modèles climatiques de pointe. Lorsque la moyenne est calculée sur une plus grande échelle spatiale (cadre c) ou temporelle (cadre d) ou pour plusieurs modèles (les différents traits de couleurs), la variabilité naturelle « s'annule ». À la place, c'est la tendance générale qui apparaît. Que l'on observe la tendance ou l'influence de la variabilité, toutes deux sont très importantes pour appréhender le climat et la météo se produisant effectivement dans un lieu donné.

Les différents niveaux de fiabilité des projections de différents types de processus : les températures et les précipitations.

Comme nous l'avons vu dans la précédente section, les différents modèles climatiques présentent un haut degré de concordance et une grande robustesse de leurs caractéristiques lorsque des échelles spatiales et temporelles suffisamment grandes sont utilisées pour les projections des températures. Ainsi, tous les scénarios RCP prévoient la poursuite du réchauffement de la planète au XXIe siècle. Les niveaux de hausse des températures y sont similaires jusqu'en 2025. Dans les scénarios de très forte concentration, le degré de réchauffement s'accroît nettement plus après cette date (IPCC, 2021[1]). De plus, les changements de températures ne sont pas les mêmes dans toutes les régions. Il existe en outre de grandes tendances du réchauffement qui se confirment d'un modèle à l'autre, telles que : un réchauffement plus marqué sur terre que sur les océans ; un réchauffement en surface amplifié dans l'Arctique ; un réchauffement en surface très faible dans l'Atlantique Nord et l'océan Austral [(Collins et al., 2013[75] ; IPCC, 2021[1]) et Graphique 2.7.]. Cela signifie que les températures moyennes à la surface du globe et celles du Grand Nord, en général, sont susceptibles de s'accroître nettement plus que la moyenne mondiale. Dans la mesure où la population humaine vit sur Terre et non sur les océans, la hausse des températures moyennes terrestres est particulièrement forte. De surcroît, la moitié ou presque de cette population habite dans des zones côtières ou à proximité des côtes, et dépend donc – directement ou indirectement – des océans. Le réchauffement océanique peut donc lui aussi avoir des conséquences dramatiques, non seulement à cause de la montée des eaux mais aussi, par exemple, en raison de l'intensification des cyclones et de la modification des écosystèmes marins.

Graphique 2.7. Évolution de la température moyenne annuelle (en degrés Celsius) par rapport à 1850-1900 pour différents scénarios de réchauffement

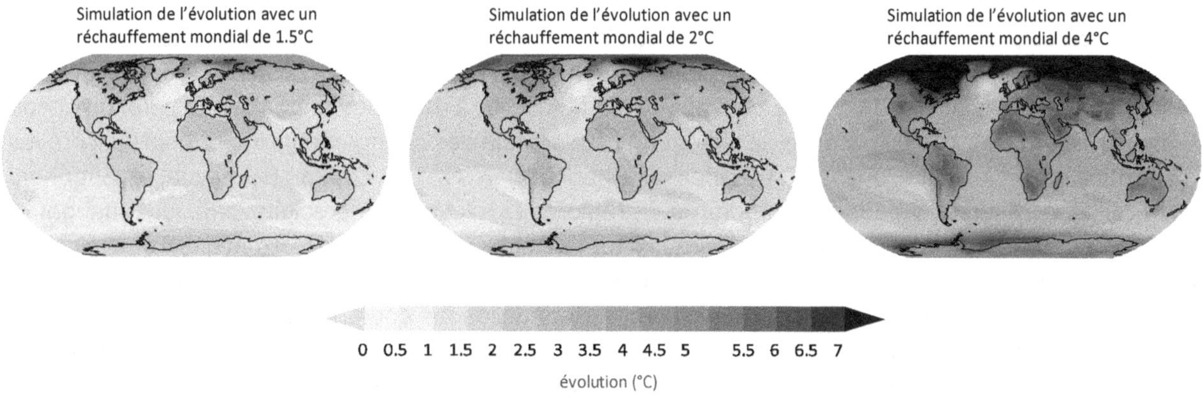

Note : Simulation de l'évolution de la température moyenne annuelle (°C) avec des niveaux de réchauffement de 1.5 °C, 2 °C et 4 °C (évolution sur 20 ans par rapport à la période 1850-1900), à l'aide de plusieurs modèles dans le cadre du CMIP6.
Source : (IPCC, 2021[1])

Les modèles climatiques prédisent que les précipitations vont augmenter au niveau mondial en même temps que la température moyenne à la surface du globe. Ils s'appuient sur les concepts élémentaires de la physique, selon lesquels un air devenu plus chaud contient plus d'humidité. Selon les estimations, les précipitations pourraient s'accroître de 1 à 3 % pour chaque degré de réchauffement (Siler et al., 2018[113]). S'agissant des températures, les modèles affichent des projections globalement concordantes au sujet de leur variation au niveau régional. Pour les précipitations, en revanche, il existe moins de certitudes quant à la façon dont elles évolueront dans les différentes régions du monde. Les seules tendances claires qui se dégagent d'une série de modèles concernent uniquement certaines régions ; pour de vastes territoires et aux basses latitudes, le manque de concordance des modèles est au contraire flagrant, y compris en ce qui concerne la direction que prendra l'évolution des précipitations (Graphique 2.8.).

La réponse du climat en termes de précipitations fait intervenir des processus physiques plus complexes que la réponse des températures de surface au forçage radiatif. L'un de ces processus est notamment l'augmentation de la concentration de vapeur d'eau dans l'atmosphère sous l'effet du réchauffement du globe, et la formation de nuages. Les différences sensibles qui existent entre les modèles en ce qui concerne la physique des nuages sont en partie responsables de la variation de la sensibilité du climat (Zelinka et al., 2020[77]). D'autres facteurs comme la modification des courants atmosphériques et de la disponibilité de l'eau doivent également être pris en compte (Collins et al., 2013[75]).

L'interaction entre ces multiples facteurs explique que la variation des précipitations ne soit pas uniforme dans toutes les régions. En revanche, il est plus difficile de comprendre pourquoi il existe un niveau de discordance extrêmement élevé entre les modèles, et quelles sont les principales raisons des différences qui existent entre les projections des précipitations dans les différentes régions du monde (Collins et al., 2013[75] ; Shepherd, 2014[114] ; Bony et al., 2015[115] ; Zappa, Bevacqua et Shepherd, 2021[10]). Le Graphique 2.8. montre où auront lieu de grandes variations des précipitations dans les différentes régions du monde sous l'effet du changement climatique. La représentation à l'aide de points permet de distinguer les régions pour lesquelles les modèles donnent une projection concordante de la direction de ces évolutions (ronds pleins) et celles où des changements importants sont prévus mais où il y a des divergences quant à leur direction (ronds creux).

Pour utiliser les informations disponibles, il convient de prendre en compte simultanément plusieurs évolutions possibles. Des modèles différents peuvent prévoir une évolution des précipitations dans des directions opposées. En d'autres termes, selon le modèle utilisé, une même région peut être projetée, dans un contexte de réchauffement climatique, comme devenant plus humide ou au contraire plus sèche (Collins et al., 2013[75]). Ces divergences peuvent être dues à toutes sortes de raisons, comme par exemple les différences entre les modèles ou, dans certains cas, la petite taille de l'échantillon dans chaque modèle (Rowell, 2011[116]).

Le fait de calculer les moyennes des modèles réduit les variations mais masque d'importantes incertitudes. Lorsque les projections indiquent des variations de sens opposés, établir leur moyenne peut donner une fausse image des changements. Cela peut aboutir en particulier à des valeurs proches de zéro, ou encore laisser faussement croire à l'absence de changement (alors que des changements importants sont prévus, mais dans des directions opposées) (Zappa et Shepherd, 2017[117] ; Zappa, Bevacqua et Shepherd, 2021[10]). Par ailleurs, dans un certain nombre de régions, l'évolution des précipitations peut changer de direction au cours d'une même année. Pour citer un exemple, les projections climatiques du Royaume-Uni (Lowe et al., 2018[118]) prédisent « des étés plus chauds et plus secs et des hivers plus doux et plus humides ». La prise en compte des seules moyennes annuelles fait courir le risque de passer à côté de certaines de ces variations saisonnières (Collins et al., 2013[75]) qui revêtent pourtant une importance particulière pour évaluer les pertes et dommages et planifier les mesures d'adaptation.

Graphique 2.8. Projections de la variation des précipitations à l'aide du CMIP6

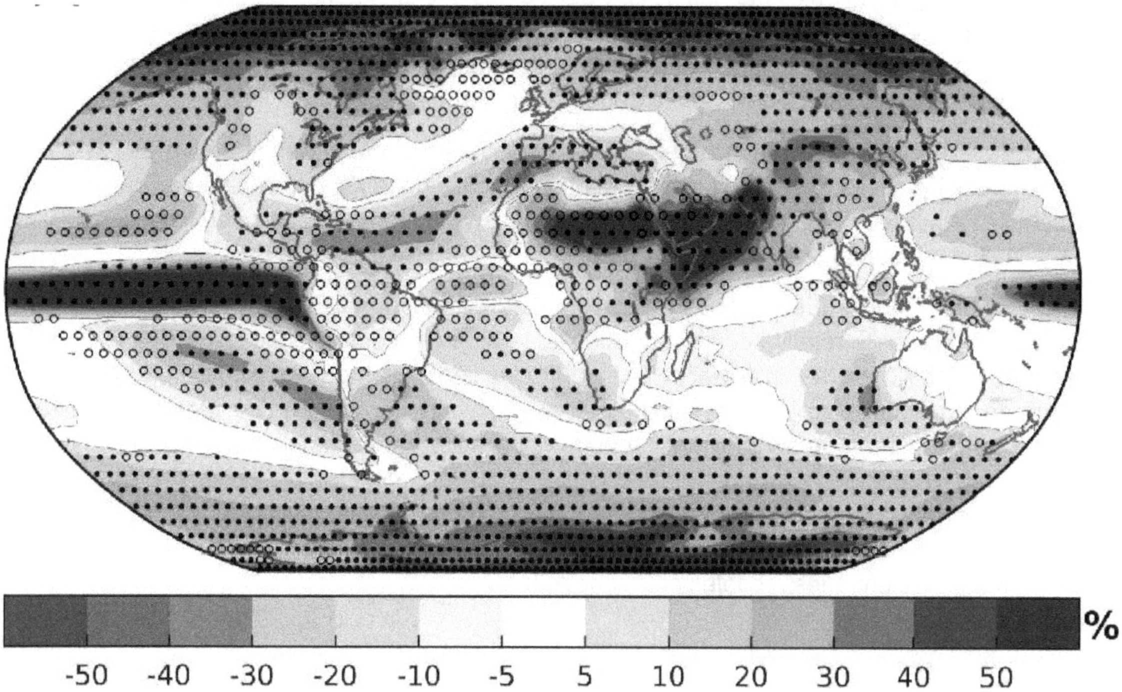

Note : Variation prévue (en pourcentage) des précipitations moyennes annuelles d'ici à 2081-2100 selon le scénario SSP5-8.5. Les variations sont mesurées en effectuant la moyenne des « signaux » et des « bruits » des résultats de chaque modèle (le signal correspondant à la réponse moyenne au changement climatique, et le bruit à la variabilité interne naturelle), et non la moyenne des résultats allant des signaux aux bruits. Le but est d'éviter que la discordance entre les résultats de chaque modèle ne soit compensée par le calcul de la moyenne des différents modèles. Les variations de précipitations sont représentées par des ronds pleins lorsque le résultat est massif (plus ou moins 90 % des modèles prédisent une évolution dans la même direction). En revanche, les ronds sont creux lorsque la variation sera vraisemblablement franche mais pas catégorique (c'est-à-dire dans une direction ou dans l'autre).
Source : (Zappa, Bevacqua et Shepherd, 2021[10]).

La comparaison entre les projections des températures et des précipitations qui sont réalisées avec des modèles de circulation générale est utile pour les décideurs publics et les parties prenantes. Elle permet de montrer quelles sont les conséquences de l'utilisation de données scientifiques pour prendre des décisions en ce qui concerne les prévisions chiffrées du climat aux niveaux local et régional. Bien que des projections soient disponibles, les incertitudes qui leur sont associées sont nombreuses et de toutes sortes. Des efforts ont été déployés pour essayer de mettre en évidence et de mieux comprendre les incertitudes suivantes associées à l'évolution des températures et des précipitations (Hawkins et Sutton, 2009[119] ; Hawkins et Sutton, 2010[120]) :

- L'incertitude liée aux émissions à venir et donc au forçage radiatif futur, due à l'incertitude des décisions concernant l'avenir, par exemple les choix qui sont faits dans le domaine politique et socioéconomique (cf. la section 2.2.3).
- Le caractère aléatoire de la variabilité interne du système climatique (autrement dit sa variabilité naturelle) ou l'incertitude quant à sa réalisation. Cela peut être le cas même lorsque le forçage radiatif ne change pas. Cette variabilité aurait peu de lien avec les émissions anthropiques futures mais elle s'ajoute à la tendance anthropique de fond (Encadré 2.4). Le fait que les modèles prennent pour point de départ les conditions actuelles risque de rendre les premiers mois ou les premières années de la variabilité interne difficiles à prévoir.
- La discordance entre les modèles : comme le montrent le Graphique 2.5. et le Graphique 2.6. , chaque modèle simule différemment l'évolution du forçage radiatif en fonction du traitement qu'il réserve aux caractéristiques physiques du système climatique.

- La divergence entre les modèles et le monde réel : les modèles climatiques existants partagent les mêmes hypothèses et les mêmes biais. Cela signifie que la situation dans le monde réel risque de n'être représentée fidèlement par aucun des modèles. Il ne faut pas en déduire que les modèles n'ont pas d'utilité, mais uniquement que les informations qui en proviennent doivent être traitées avec précaution et corroborées par d'autres données.

S'agissant des projections des températures et des précipitations, l'importance relative des trois premiers types d'incertitudes précités varie considérablement en fonction de la région, de l'échéance des prévisions et de l'échelle temporelle sur laquelle la moyenne des projections est calculée (Hawkins et Sutton, 2009[119] ; Hawkins et Sutton, 2010[120]).

Il est intéressant de noter que pour les deux variables climatiques que sont les températures et les précipitations, l'importance relative des incertitudes varie différemment au fil du temps. Le Graphique 2.9. montre que la variabilité interne du climat et les incertitudes liées aux modèles sont les principales sources de manque de fiabilité des projections sur un intervalle d'évaluation de plus ou moins deux décennies. L'incertitude du scénario joue un rôle très important dans les projections des températures. Pour les précipitations, en revanche, c'est l'incertitude du modèle qui influe sur les projections. Bien que les deux diagrammes mettent en évidence une variation de la fraction des types d'incertitudes, le constat est que l'ampleur des incertitudes en valeur absolue s'accroît à chaque intervalle de temps. L'objet n'est pas ici de mesurer la divergence entre les modèles et le monde réel.

Graphique 2.9. Différents types d'incertitudes dans les projections des températures et des précipitations moyennes à l'échelle mondiale

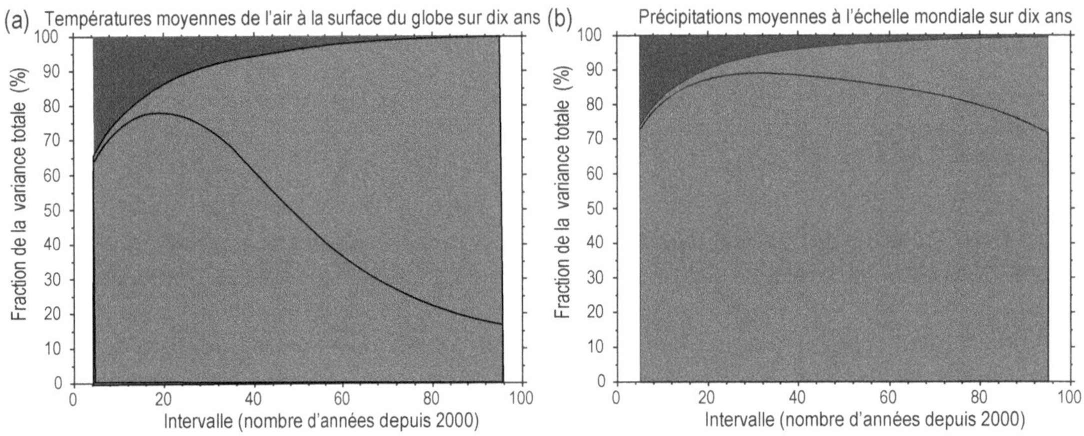

Note : Fraction de la variance totale des projections moyennes décennales s'expliquant par la variabilité interne (orange), l'incertitude du modèle (bleu) ou l'incertitude du scénario (vert), à la fois pour les températures moyennes de l'air en surface (a) et pour les précipitations (b).
Source : (Hawkins et Sutton, 2009[119] ; Hawkins et Sutton, 2010[120]).

L'importance relative des diverses sources d'incertitudes est – plus que leur quantification exacte – pertinente pour utiliser au mieux les projections du changement climatique dans la prise de décisions. Bien que surtout influencées par la variabilité interne du système climatique, les projections du climat pour les vingt prochaines années sont à aborder avec prudence. Les impacts seront exacerbés par le forçage résultant des émissions qui se trouvent déjà dans le système. Or la façon dont ils se manifesteront dépend encore dans une large mesure de la dynamique changeante et très complexe du système climatique, qui est difficile – voire impossible – à prédire (Encadré 2.4).

Le caractère inattendu des événements climatiques récents (comme les précipitations extrêmes en République populaire de Chine et en Allemagne, ou la chaleur extrême au Canada) fait ressortir cette imprévisibilité ainsi que l'importance majeure de la variabilité qui s'ajoute à la tendance générale. Les projections des variations à court terme au niveau régional sont donc utiles car elles indiquent quels changements pourraient perturber les communautés et les écosystèmes. Elles ne peuvent cependant fournir la date exacte ou l'ampleur des changements ou des phénomènes extrêmes.

Lors de leur initialisation, les modèles climatiques de pointe ne présentent qu'une faible fiabilité (même s'ils revêtent une grande importance sur le plan statistique). Ils sont surtout intéressants pour les parties prenantes gérant de grandes quantités de données, à l'instar des grandes compagnies d'assurance. En revanche, ils sont sans doute peu utiles pour prendre des décisions isolées en matière d'adaptation. Pour réagir aux impacts dans le cadre des mesures visant à faire face aux pertes et dommages, il serait préférable de mettre l'accent sur la résilience et l'adaptabilité des systèmes humains et naturels aux changements et événements éventuels, plutôt que de chercher à établir des prévisions précises.

Sur des horizons plus lointains (environ quarante ans), la principale source d'incertitude des projections mondiales et régionales des températures réside dans les scénarios d'émissions ou de concentration. Lorsqu'ils étudient les changements susceptibles de se produire, les décideurs publics auraient intérêt à prendre en considération tout l'éventail possible des changements, en s'appuyant sur toutes les données probantes et pas seulement celles émanant des modèles numériques. Cela permettrait, en retour, de comprendre les niveaux de changement – minimum et maximum – auxquels le système peut avoir à s'adapter.

Les scénarios limitants, qui reflètent la tolérance au risque des décideurs, peuvent donner une indication de l'échéance à partir de – et durant – laquelle les décisions et les mesures prises par les pouvoirs publics doivent être opérationnelles (Kotamarthi et al., 2016[121]). Un urbaniste peut considérer que les scénarios d'émissions ne le concernent pas. Inversement, un homme politique participant aux négociations internationales sur le climat peut y voir un choix qui reste à faire.

S'agissant des précipitations, la discordance entre les modèles demeure la principale source d'incertitude des projections aux niveaux régional et mondial, ce qui a des conséquences dans le domaine de l'élaboration des politiques. Il n'en reste pas moins que les modifications futures de la fréquence et de l'intensité des épisodes de sécheresse et des inondations jouent un rôle essentiel dans la résilience d'un grand nombre de communautés et d'écosystèmes. Le fait d'envisager une sécheresse ou au contraire une inondation entraîne l'adoption de mesures différentes. Les projections sont donc difficiles à aborder dans les régions où les différents modèles prévoient des changements totalement différents. Il est important de noter que pour certaines régions comme le Royaume-Uni (Lowe et al., 2018[118]), une sécheresse comme des inondations peuvent être projetées à différentes saisons/périodes de l'année. Dans un tel cas, les mesures prises par les pouvoirs publics doivent répondre aux deux types d'aléas.

Les modèles de circulation générale sont, par conséquent, des outils indispensables pour comprendre le phénomène du changement climatique. Toutefois, bien que les résultats qualitatifs soient souvent très robustes et très fiables, de nombreuses projections régionales sont intrinsèquement incertaines, et ce à différents égards. Il en résulte que l'examen et la compréhension de l'incertitude restante sont foncièrement un résultat de la science climatique moderne, qui est très utile pour l'action publique. Les modélisateurs ont certes une compréhension approfondie du système climatique – complexe –, mais incomplète. Les modèles dépendent d'ailleurs de l'étendue de leurs connaissances. L'incertitude quant aux choix futurs des citoyens et des pouvoirs publics, qui sont en fait les principaux déterminants du risque climatique, revêt une importance nettement plus grande pour les décideurs.

S'agissant de ce dernier type d'incertitude, les modèles de circulation générale peuvent être des outils très efficaces. Ils peuvent améliorer la compréhension collective non seulement des différents futurs possibles, mais aussi de l'influence que les décisions d'aujourd'hui peuvent avoir sur le changement climatique de demain. Un investissement accru et mieux coordonné dans les capacités de modélisation du climat pourrait être un remède direct à ces incertitudes. La pertinence des programmes scientifiques pourrait du même coup en être améliorée (Palmer et Stevens, 2019[122]). La théorie selon laquelle le simple renforcement des calculs se traduira forcément par une plus grande fiabilité des résultats des modélisations ne fait cependant pas l'unanimité (Stainforth et Calel, 2020[123]). D'autres approches telles que l'utilisation de textes (Dessai et al., 2018[124]) et de canevas narratifs (Shepherd et al., 2018[125]) – qui constituent des cadres moins rigides pour gérer l'incertitude – sont également des domaines de recherche ayant une application directe dans la planification des mesures d'adaptation (Bhave et al., 2018[126]), où les méthodes reposant sur les modèles suscitent de hauts niveaux d'incertitude.

2.3. Incertitudes liées à l'exposition et à la vulnérabilité socio-économiques

La composante aléa du risque est liée à l'incertitude entourant la sensibilité du climat aux émissions de GES (voir section 2.2). Néanmoins, les autres composantes du risque – l'exposition et la vulnérabilité[9] – sont influencées par les caractéristiques socio-économiques, institutionnelles, politiques et culturelles. Par conséquent, elles sont liées à l'incertitude qui sous-tend ces caractéristiques. Contrairement aux aléas physiques, les processus socio-économiques n'obéissent pas aux lois de la physique car ils sont le résultat de choix humains. C'est pourquoi il est plus facile d'agir sur ces processus, en utilisant les leviers de l'action publique et de l'économie. En contrepartie, cette même caractéristique fait que ces processus sont considérablement plus difficiles à prévoir que les aléas.

Si les incertitudes liées aux climat et celles entourant les processus socio-économiques sont en général traitées séparément, le fait est qu'elles interagissent entre elles de façon complexe et que la résultante de ces interactions détermine les risques de pertes et de dommages. Il est essentiel de mieux comprendre les différents niveaux et types d'incertitude qui sous-tendent les composantes vulnérabilité et exposition du risque climatique. Cela peut aider les autorités publiques à prendre de bonnes décisions quant à la façon de gérer ces risques et aux interventions à privilégier. Cette section se penche sur cinq grands types d'incertitudes liées à la vulnérabilité et à l'exposition socio-économiques. Elle présente également des méthodes permettant de caractériser et, si possible, d'atténuer ces incertitudes, tout en analysant leurs conséquences pour l'action publique.

Différentes sources d'incertitude limitent notre compréhension de la trajectoire que suivra le changement climatique, ce qui ajoute un élément de complexité dans la détermination des mesures d'atténuation et d'adaptation appropriées pour faire face à ce changement (Congressional Budget Office, 2005[127] ; Gillingham et al., 2015[128]). Les pouvoirs publics doivent inévitablement composer avec l'incertitude lorsqu'ils prennent leurs décisions. Il est impératif d'évaluer les politiques à la lumière de cette incertitude. Les incertitudes peuvent être atténuées, mais en aucun cas éliminées ; l'avenir, et en particulier les résultats socio-économiques futurs, seront toujours en partie incertains. L'avenir lointain l'est encore plus. L'examen des incertitudes peut toutefois être riche d'enseignements. Le fait de mieux caractériser les incertitudes – voire, le cas échéant, de les réduire– peut donner des informations sur les résultats à attendre d'une intervention déterminée. Disposer d'informations plus nombreuses ou de meilleure qualité sur les incertitudes offre un moyen de concevoir des politiques moins risquées et plus efficaces[10]. En outre, la compréhension des incertitudes constitue un outil de communication dans le processus politique. Une fois les incertitudes caractérisées, on dispose d'une base commune pour engager un débat contradictoire sur les mesures à adopter compte tenu de ces incertitudes. Sans cette caractérisation, le débat sur les politiques risque d'être moins transparent et donc moins productif.

Différentes méthodologies peuvent être utilisées pour traiter les différents types d'incertitudes socio-économiques. Le Tableau 2.3 récapitule les types d'incertitude abordés dans cette section, les moyens d'y faire face et leurs conséquences pour les politiques publiques. La caractérisation des différents types d'incertitude fait intervenir différentes méthodes et produit différents types d'information, de nature quantitative ou qualitative. L'Encadré 2.5 donne un aperçu sélectif des estimations des pertes et des dommages dus au changement climatique obtenues avec différentes méthodes, illustrant par là-même l'impact de l'incertitude sur les pertes et les dommages prévus. Il y a lieu d'appréhender et de combiner judicieusement ces différents types d'information et méthodes sans les hiérarchiser. Par exemple, les informatives qualitatives ne doivent pas être considérées comme secondaires par rapport aux informations quantitatives.

Tableau 2.3. Les incertitudes et ce qu'elles impliquent pour la méthodologie et l'élaboration des politiques

Source d'incertitude	Méthodes de traitement de l'incertitude considérée	Conséquences pour l'élaboration des politiques
Données quantitatives	Approches statistiques, économétriques	Actualiser les enquêtes, en y intégrant des questions sur la vulnérabilité et l'exposition. Utiliser des sources de données novatrices en complément des mesures traditionnelles. Lorsque les connaissances sont lacunaires, utiliser des variables de remplacement ou procéder par interpolation ou estimation statistique. Utiliser l'incertitude estimée dans le processus d'élaboration des politiques.
Données qualitatives	Approches territorialisées	Compléter les analyses quantitatives par des analyses qualitatives pour améliorer la conception, le ciblage et la mise en œuvre des politiques.
Projections des dommages économiques	Modèles de calcul informatique, tels que les modèles d'évaluation intégrée (MEI), les modèles fondés sur les agents et les techniques de repondération et de rééchantillonnage	Les MEI sont extrêmement précieux pour comparer les coûts de différentes politiques sur le long terme, mais ils n'analysent pas l'incertitude de façon détaillée. Le fait de compléter les analyses MEI par des modèles qui évaluent explicitement l'incertitude des politiques permettrait d'ouvrir le processus d'élaboration des politiques.
Rôle socio-économique de la nature	Combinaison de méthodes : économétrie, approches territorialisées, modèles de calcul informatique	Les coûts estimés du changement climatique sont sensibles à la valeur non marchande de la nature et au rôle de la nature dans la production. Il convient d'évaluer scrupuleusement l'importance de chacun de ces facteurs pour le bien-être et l'économie lors de la conception des politiques. Un degré d'incertitude élevé justifie l'application du principe de précaution.
Autres	Réflexion théorique, approches territorialisées	Les politiques devraient encourager l'activation de points de bascule socio-économiques, qui sont nécessaires pour amorcer une transformation à long terme propice à une résilience accrue. Le taux d'actualisation social doit refléter les valeurs et les cultures locales. Il est faible lorsque le contexte est incertain et que les dommages sont suffisamment importants.

Note : le tableau est une synthèse des sous-sections 2.3.1, 2.3.2 et 2.3.3.

Encadré 2.5. Illustration des effets des choix méthodologiques au moyen de quelques estimations

Pour illustrer les incertitudes associées au changement climatique, le Tableau 2.4 donne un aperçu très sélectif des estimations des effets du changement climatique, telles qu'elles ressortent des études théoriques. Ces travaux examinent tous des aspects différents du changement climatique, et des aléas, des secteurs, des régions et des résultats également différents ; par conséquent, ils n'utilisent pas les mêmes méthodes et hypothèses. Il est dès lors impossible d'agréger ou moyenner les données chiffrées, même lorsqu'elles visent à estimer le même impact. Par exemple, les études OCDE (2016[129]) et Burke, Hsiang et Miguel (2015[130]) examinent toutes les deux les effets économiques du changement climatique. Cependant, Burke et al. (2015[130]) adoptent une approche descendante fondée sur la modélisation économétrique pour examiner l'association entre changement des températures et PIB et, à partir de là, déterminer en quoi le changement des températures pourrait affecter le PIB. De son côté, l'OCDE utilise un modèle d'équilibre général calculable qui lui permet d'intégrer des types d'aléa multiples et d'examiner de façon détaillée les mécanismes par lesquels les effets se matérialisent (par ex., une diminution de la productivité de la main-d'œuvre). Les deux approches ont leurs défauts, du reste : par exemple, elles négligent les effets des sécheresses possibles, ainsi que les impacts indirects dus à l'effet du changement climatique sur les services écosystémiques. De même, ni l'une ni l'autre n'a estimé l'impact du franchissement des points de bascule climatiques.

Les méthodes examinées par les études théoriques étant différentes, voire très différentes (ne s'intéressant pas aux même aléas et ne prenant pas en compte l'adaptation dans la même mesure par exemple), elles ne peuvent pas être considérées comme équivalentes, ne peuvent pas être additionnées, et se chevauchent partiellement. Précision importante, toutes les estimations sont incertaines et incomplètes et doivent être interprétées seulement comme des estimations indicatives de la limite basse des effets produits. Elles révèlent des variations considérables entre les effets estimés, qui reflètent l'étendue des incertitudes physiques et socio-économiques. Prises dans leur globalité, elles montrent que les effets du changement climatique sont considérables, justifiant l'adoption d'une politique climatique ambitieuse.

Tableau 2.4. Quelques estimations des pertes et dommages prévus

Source	Méthode	Aléa	Catégorie d'effet	Région	Estimation
Jafino et al. **(2020[131])**	Modèle de rééchantillonnage et de repondération	Hausse des températures et phénomènes extrêmes	Niveaux de pauvreté	Monde	Entre 30 et 130 millions de personnes en situation d'extrême pauvreté supplémentaires à l'horizon 2030
				Afrique subsaharienne	Entre 10 et 50 millions de personnes en situation d'extrême pauvreté supplémentaires à l'horizon 2030
				Asie du Sud	Entre 10 et 60 millions de personnes en situation d'extrême pauvreté à l'horizon 2030

OCDE **(2016[129])**	Modèle CGE	Hausse des températures, élévation du niveau de la mer, cyclones et températures extrêmes	Effets économiques	Monde	Environ 1.5 % du PIB à l'horizon 2050 (1-3 %)
				Afrique subsaharienne	Environ 3 % du PIB à l'horizon 2050
				Asie du Sud et du Sud-Est	Environ 2.5 % du PIB à l'horizon 2050
Halegatte, Rentschler et Rozenberg **(2019[132])**	Méthode économétrique et modélisation	Phénomènes météorologiques extrêmes	Dommages causés aux infrastructures	Un ensemble de pays en développement d'Afrique, d'Asie et d'Amérique du Sud	De l'ordre de 1 000 milliards USD entre 2020 et 2030
Burke, Hsiang et Miguel **(2015[130])**	Méthode économétrique	Hausse des températures	Effets économiques	Monde	23 % du PIB par habitant à l'horizon 2100, 10 % à l'horizon 2050
				Afrique subsaharienne	De l'ordre de 30 % du PIB par habitant à l'horizon 2050, de l'ordre de 90 % à l'horizon 2100
				Asie du Sud-Est	De l'ordre de 30 % du PIB par habitant à l'horizon 2050, de l'ordre de 90 % à l'horizon 2100
Bastien-Olvera et Moore **(2020[133])**	MEI	Hausse des températures	Dommages non économiques aux écosystèmes	Monde	Dommages non économiques aux écosystèmes équivalents à environ 190 000 milliards USD à l'horizon 2050
Gasparrini et al. **(2017[134])**	Projections fondées sur les statistiques et le calcul informatique	Températures extrêmes, au travers de la mortalité due à la chaleur	Mortalité	Certaines régions d'Europe, d'Asie, d'Océanie et d'Amérique	Augmentation de la mortalité annuelle due à la chaleur pouvant atteindre 10-15 %
OMS **(2014[135])**	Modèles climat-santé	Hausse des températures, régimes pluviométriques variables et températures extrêmes, et leurs répercussions sur la malnutrition, le stress thermique et l'incidence de la diarrhée et du paludisme	Coûts des soins de santé	Monde	Coûts annuels en soins de santé compris entre 2 et 4 milliards USD entre 2030 et 2050
			Mortalité due à la malnutrition, au stress thermique, à la diarrhée et au paludisme	Monde	250 000 décès supplémentaires par an entre 2030 et 2050
Hayes et al. **(2018[136])**	Examen des études publiées	Phénomènes extrêmes	Santé mentale	Monde	Effets marqués sur la santé mentale, qui toucheront les groupes les plus marginalisés de façon disproportionnée
Tschakert et al. **(2019[137])**	Analyse systématique de cas	Changement climatique	Pertes et dommages non économiques	Monde	Développement partout dans le monde de pertes immatérielles et du sentiment d'insécurité

Note : Les pourcentages renvoient au niveau pour l'année indiquée ; par exemple, une baisse de 90 % en 2050 signifie que, sans changement climatique, la valeur de l'indicateur dans la région considérée serait de 100 en 2050, mais qu'elle est ramenée à 10 sous l'effet du changement climatique.

Source : (Bastien-Olvera et Moore, 2020[133]), (Burke, Hsiang et Miguel, 2015[130]), (Gasparrini et al., 2017[134]), (Hallegatte et al., 2015[138]), (Hallegatte, Rentschler et Rozenberg, 2019[132]), (Hayes et al., 2018[136]), (Jafino et al., 2020[131]), (OCDE, 2016[129]) (Tschakert et al., 2019[137]), (WHO, 2014[135]) et calculs des auteurs.

2.3.1. Incertitudes liées à la disponibilité des données socio-économiques

Les données sont une composante clé du processus d'élaboration des politiques. Par exemple, elles peuvent être utilisées pour mettre en évidence les régularités passées et lier le passé à l'avenir, offrant un point d'observation utile pour le calcul des projections (Haug et al., 2009[139] ; Riahi et al., 2017[8]). Les données pertinentes pour l'exposition et la vulnérabilité peuvent être de nature quantitative (taux de chômage ou croissance du PIB) ou qualitative (données tirées d'entretiens ou d'enquêtes et de textes). De nouvelles sources de données, telles que les données satellitaires ou textuelles, peuvent aussi faire progresser les connaissances sur l'exposition et la vulnérabilité. S'il est impossible d'obtenir des mesures directes, les variables de remplacement, l'interpolation ou l'estimation statistique sont des options envisageables.

Cette sous-section passe en revue ces différents types de données. Elle examine la façon dont le données peuvent aider à mieux comprendre l'exposition et la vulnérabilité. Elle cherche également à savoir comment les lacunes restantes et le manque d'informations peuvent contribuer à l'incertitude.

Données quantitatives

L'une des sources d'incertitude qui pèse sur la compréhension de la vulnérabilité et de l'exposition présentes et futures est liée à la disponibilité des informations quantitatives. Plus spécifiquement, l'étendue et la qualité des données relatives à l'exposition et à la vulnérabilité sont inférieures à la moyenne dans des régions qui, d'après les projections, seront les plus durement touchées par certains types d'aléa (IPCC, 2018[97]).[11] Par exemple, certains des pays les moins avancés ne possèdent pas de données démographiques officielles infranationales, qui pourraient donner une indication de l'exposition des vies et des moyens de subsistance (World Bank, 2021[140]). De même, seuls les pays développés disposent de données détaillées et à jour sur la vulnérabilité – par exemple sur les revenus ou les capacités des hôpitaux (WHO, 2021[141]). Aucune donnée sur la vulnérabilité ou l'exposition ne peut être tout à fait complète. Comme l'a expliqué le chapitre 1, la vulnérabilité et l'exposition sont des notions à facettes multiples et peuvent être directes ou indirectes ; par conséquent, on ne peut jamais être certain d'en avoir saisi tous les aspects, qui de surcroît évoluent rapidement.

Même en se référant à plusieurs sources de données, il est impossible de recenser la totalité des vulnérabilités physiques, mentales et culturelles en raison de leur variété, de leurs mutations constantes, voire de leur nature subjective. Pour autant, les responsables politiques à qui il incombe de gérer les risques climatiques ont besoin de toutes les informations possibles pour prendre des décisions robustes. C'est là un bon moyen d'ancrer les politiques climatiques dans un substrat plus solide, en faisant en sorte qu'elles soient mieux ciblées, plus efficaces et plus efficientes, pour produire des résultats socio-économiques améliorés. Les sources de données traditionnelles telles que les enquêtes et les registres administratifs peuvent livrer des informations utiles sur les niveaux d'exposition et de vulnérabilité (Brouwer et al., 2007[142] ; Hallegatte et Rozenberg, 2017[143]). Un certain nombre de données régulièrement collectées par les autorités publiques peuvent donner des indications sur la vulnérabilité et l'exposition (Deschênes, Greenstone et Guryan, 2009[144]) et sur les politiques visant à les réduire. Par exemple, les registres fiscaux contiennent des informations sur la taille et les revenus des ménages, qui permettent d'estimer l'exposition des vies et des moyens de subsistance dans une zone déterminée. Les enquêtes auprès des ménages recueillent généralement des informations sur la propriété des logements, entre autres aspects, qui donnent une idée du niveau de vulnérabilité (Taupo, Cuffe et Noy, 2018[145]).

Néanmoins, les informations tirées des enquêtes ne sont pas complètes et pourraient être améliorées. Il serait possible par exemple de compléter les enquêtes par des questions directes sur la prise de conscience de l'exposition et de la vulnérabilité des entreprises et des ménages aux facteurs climatiques. Une enquête pourrait comprendre un ensemble de questions spécifiques traitant de la vulnérabilité et de l'exposition. Il faut cependant trouver le juste équilibre entre la spécificité et la complexité des questions posées et l'opportunité de toucher la plus vaste population possible. Ainsi les questions devraient-elles être les plus simples possible, pour éviter que les personnes interrogées ne renoncent à répondre (Blair, Czaja et Blair, 2014[146]). Les enquêtes auprès des ménages sont considérées comme l'une des grandes innovations du dernier siècle en matière de recherche en sciences sociales, et bon nombre de politiques s'en sont inspirées et s'en inspirent encore. Toutefois, leur qualité a décliné récemment. Par exemple, les taux de non-réponse ont augmenté (Meyer, Mok et Sullivan, 2015[147] ; Brown et al., 2014[148]).

Les indices composites offrent un moyen d'utiliser les données traditionnelles d'une façon plus complète (Nardo et al., 2005[149]). Ces indices sont construits à partir d'un ensemble de composantes, généralement fondées sur des données traditionnelles. Ils peuvent donc englober tous les aspects pertinents et permettre de classer les régions ou les pays en fonction de leur niveau de résilience plus ou moins élevé. Par exemple, le Climate Risk Index, mis au point par Germanwatch, utilise les données de réassurance sur les phénomène extrêmes passés. Cet indice est utile pour mesurer l'exposition et la vulnérabilité (en particulier aux phénomènes extrêmes) (Eckstein, Künzel et Schäfer, 2021[150]). Divers indices tels que l'indice ND-GAIN ou l'indice de vulnérabilité climatique du Centre d'études stratégiques de La Haye incorporent des projections climatiques ou une mesure de l'état potentiel de préparation à différents futurs climatiques possibles (Usanov et Gehem, 2014[151] ; Chen et al., 2015[152]).

Les valeurs des indices reposent généralement sur des hypothèses ad hoc, qui concernent par exemple les éléments à inclure et les coefficients de pondération à leur affecter. Cela ne facilite pas leur interprétation. Par exemple, il n'est pas toujours aisé de savoir ce qu'un écart de 10 % entre deux pays signifie réellement. Pour pouvoir comparer valablement les indices, il faudrait appliquer le même barème de pondération à tous les pays ou régions. Or, dans les faits, les différents types d'exposition et de vulnérabilité n'ont pas nécessairement la même importance pour toutes les régions. Pour donner un exemple, l'élévation du niveau de la mer est importante pour les petits États insulaires en développement, mais moins pour les pays développés enclavés. Par conséquent, si elles sont utiles pour obtenir une vue instantanée globale et établir des classements, les valeurs des indices doivent être interprétées avec circonspection.

Les nouvelles sources de données, telles que les images satellites, peuvent compléter les données traditionnelles. Elles offrent des possibilités intéressantes dans les cas où les données traditionnelles sont manquantes ou insuffisantes, et permettent d'estimer d'autres mesures de l'exposition et de la vulnérabilité socio-économiques. Il est par exemple possible, à partir des données satellitaires, de calculer des estimations de la population et des biens exposés à l'échelon infranational. Ces données renseignent également sur le niveau de vulnérabilité. Par exemple, les tons et nuances des images satellites permettent de déduire l'étendue des cultures touchées et la vulnérabilité physique des biens (Brown, de Beurs et Marshall, 2012[153] ; Ceola, Laio et Montanari, 2014[154]). La Banque mondiale également utilise les images satellites dans les cas où les offices nationaux de statistiques ne peuvent pas lui communiquer de données adéquates sur la population au niveau infranational (World Bank, 2021[140]). En outre, elle sont souvent disponibles gratuitement sur Internet (Turner, 2013[155] ; LaJeunesse Connette et al., 2016[156]). Ces types de données offrent une couverture très étendue de certains risques climatiques. Mais encore une fois, elles ne peuvent pas être complètes, dans la mesure où l'exposition et la vulnérabilité comportent de nombreuses facettes.

En l'absence de données directes sur la vulnérabilité, on peut procéder à des estimations indirectes. L'impact du changement climatique, en tant que risque, a trois composantes : aléa, exposition et vulnérabilité (voir chapitre 1). Si l'aléa est donné, le risque restant correspond à la combinaison exposition et vulnérabilité. En 2017, par exemple, l'ouragan Maria a causé en Dominique des dommages économiques estimés à plus de 200 % du PIB annuel du pays (Government of the Commonwealth of Dominica, 2017[157]). L'exposition et la vulnérabilité du PIB à cet aléa étaient donc élevées.

L'exposition peut aussi être donnée, et l'on sait que l'île entière était exposée à l'ouragan. Si toute la Dominique est exposée à un aléa tel que l'ouragan Maria, par exemple, les coûts économiques dépassent 200 % du PIB (IFRC, 2017[158]). Ce chiffre peut être considéré comme une estimation indirecte de la vulnérabilité pour un aléa et une exposition donnés. On peut également raisonner dans l'ordre inverse : si des informations sont disponibles sur la vulnérabilité, il est possible d'obtenir une estimation indirecte de l'exposition.

Les cadres de régression offrent un moyen de calculer des estimations indirectes de façon systématique. Dans le cas de la Dominique, un tel cadre nécessiterait de réunir des données sur les impacts et l'exposition associés à des phénomènes similaires passés (par ex. les ouragans David, Lenny et Erika). Les abstractions statistiques obtenues à partir de la multitude de données disponibles sur les aléas, les expositions et d'autres variables pertinentes (telles que la situation macroéconomique) permettent d'estimer la vulnérabilité. Par exemple, en utilisant un cadre de régression, on estime que le passage d'un ouragan moyen réduit le taux de croissance économique d'au moins 0.83 point de pourcentage en Amérique centrale et dans les Caraïbes (Strobl, 2012[159]). Autre exemple, le coût annuel des canicules qui ont frappé l'Australie à la fin de 2013 et au début de 2014 a été estimé à 650 USD par personne (Zander et al., 2015[44]) ; ce chiffre correspond à la vulnérabilité estimée des revenus du travail aux canicules. L'aléa est donné (les canicules de la saison 2013/14), et l'exposition de la population est déduite en examinant le revenu *par personne*.

L'un des avantages de cette approche statistique est le petit nombre de variables requis : une variable d'impact (telle que le PIB ou la mortalité), l'aléa, et l'exposition ou la vulnérabilité. De plus, l'estimation statistique de l'exposition ou de la vulnérabilité est sans doute plus complète qu'une mesure directe, car elle prend en considération tous les éléments qui sont liés à la variable d'impact mais qui ne sont pas liés à l'aléa et à l'exposition ou la vulnérabilité.

Cependant, cette approche a également des inconvénients. Premièrement, la variable d'impact limite l'estimation indirecte. Par exemple, l'impact sur le PIB ne reflète pas les facteurs de vulnérabilité non économiques. L'impact estimé des climats passés sur les résultats socio-économiques est sujet à l'imprécision statistique et les résultats sont sensibles aux hypothèses (Newell, Prest et Sexton, 2021[160]). Ces incertitudes statistiques peuvent être directement évaluées au moyen d'approches statistiques et économétriques. Les connaissances relatives aux incertitudes statistiques sont peu utilisées. Les décideurs et les universitaires ont tendance à se focaliser sur les résultats centraux, alors que les incertitudes statistiques recèlent des informations importantes pour l'élaboration des politiques (Romer, 2020[161]). Enfin, par nature, les estimations indirectes fournissent des informations globales, dont la résolution spatiale et temporelle est sans doute inférieure à celle qui serait obtenue avec une source individuelle de données. Dès lors, il est difficile d'évaluer les vulnérabilités locales et donc d'adapter les politiques aux besoins locaux.

D'autres approches peuvent être envisagées lorsqu'il n'est pas possible de mesurer directement la vulnérabilité ou l'exposition à l'échelle spatiale ou temporelle requise. Les techniques d'interpolation, par exemple, peuvent appuyer la prise de décision. Ces techniques utilisent des données sur l'exposition ou la vulnérabilité dont l'échelle spatiale ou temporelle est plus globale, pour estimer l'exposition et la vulnérabilité à des échelles plus fines. Il peut être important de disposer d'informations à une échelle plus fine pour adapter les politiques aux besoins locaux. Par exemple, Uddin et al. (2019[162]) ont créé une carte des risques à une échelle fine pour la région côtière du Bangladesh, en utilisant l'interpolation. Cette carte pourrait guider l'élaboration des politiques en matière de risques d'inondation. En Europe, on utilise une méthode similaire pour surveiller l'exposition à l'air pollué (EEA, 2008[163]). Ces techniques permettent aux décideurs d'ajuster au mieux les politiques à la situation locale. Néanmoins, l'interpolation requiert davantage de données issues de sources existantes. Cela nécessite de formuler des hypothèses, qui doivent être évaluées avec soin.

Dans d'autres cas, il est préférable d'utiliser une variable de remplacement. Il s'agit de mesurer non pas la variable d'intérêt, mais un phénomène qui évolue parallèlement à la variable d'intérêt (c'est-à-dire qui est corrélé avec elle). Dans le cas du PIB, des images satellites des éclairages nocturnes ont été utilisées pour calculer une approximation des niveaux de PIB infranationaux en Afrique de l'Est (Henderson,

Storeygard et Weil, 2012[164]). Le même type d'images a servi à estimer l'exposition mondiale aux inondations (Ceola, Laio et Montanari, 2014[154]) et à examiner l'impact économique à court terme des phénomènes météorologiques extrêmes (Ishizawa, Miranda et Strobl, 2017[165]).

Autre variable de remplacement qui permet d'approximer la vulnérabilité ou l'exposition : la fréquence de certains mots ou de certaines expressions. On trouve ces mots dans les documents officiels, les revues scientifiques, les articles de journaux, les médias sociaux et autres supports de communication écrite. Le chercheur qui compile les données peut essayer de repérer dans les journaux ou les articles publiés sur Internet les expressions qui reflètent la vulnérabilité ou l'exposition, en se posant les questions suivantes : Quelle est la fréquence d'utilisation de ces mots à certaines périodes et dans certains lieux ? Dans quels contextes sont-ils employés ? Quelle est leur connotation émotionnelle ? Dans les régions qui présentent une vulnérabilité climatique plus élevée, ces questions sont sans doute plus fréquemment abordées par les journaux et Internet (Archibald et Butt, 2018[166] ; Bromley-Trujillo et Poe, 2020[167]).

Les défis liés à la disponibilité des données sont plus aigus dans les pays en développement, où le secteur informel représente une plus grande part de l'économie. En général, les administrations centrales et locales ont des ressources et des capacités plus limitées pour conduire des évaluations. D'après les projections, l'Inde, qui est l'un des pays les plus durement touchés par les phénomènes extrêmes, devrait également être parmi ceux qui paieront le plus lourd tribut au changement climatique (Kreft, Eckstein et Melchior, 2016[168]), et est confrontée à des défis spécifiques. L'Encadré 2.6 passe en revue ces défis, qui ont trait aux travailleurs migrants, à l'économie informelle, aux pertes et dommages non économiques et aux pertes et dommages indirects.

Encadré 2.6. La difficulté d'estimer les pertes et les dommages en Inde

Un abondant corpus de données montre que l'Inde est fréquemment sujette à des phénomènes extrêmes ainsi qu'à des processus à évolution lente, dus au changement climatique. Ces phénomènes ont des effets sur les vies et les moyens de subsistance, les infrastructures, la biodiversité et le patrimoine culturel, entre autres (Government of India, 2011[169]). L'Inde se classe ainsi parmi les dix pays les plus touchés par les catastrophes naturelles. Les trois quarts des États et territoires de l'Union sont sujets à des catastrophes telles que cyclones, inondations et sécheresses (Government of India, 2011[169]). Récemment, le gouvernement national et les gouvernements des États ont élaboré divers plans d'atténuation du changement climatique et des catastrophes, tels que le Plan d'action national sur le changement climatique et les Plans d'action des États sur le changement climatique. Des plans de gestion des catastrophes ont également été préparés au niveau des districts. L'établissement d'une cartographie des risques et des aléas fait partie des objectifs fixés par le programme de réduction des risques de catastrophe en dix points du Premier Ministre.

Travailleurs migrants

En Inde, des facteurs climatiques et non climatiques sont responsables de migrations entre zones rurales et zones urbaines (Viswanathan et Kavi Kumar, 2015[170]). Les travailleurs migrants, qui comprennent des travailleurs permanents et saisonniers, vivent dans des régions très sensibles et exposées au changement climatique. Le secteur informel emploie une vaste proportion de migrants. Ces travailleurs informels n'ont pas le droit de voter dans leur ville d'accueil, dans la mesure où c'est leur village d'origine qui figure sur leurs documents d'identité (carte d'électeur, carte d'identité Aadhaar, permis de conduire, livret de banque, etc.). Par conséquent, lorsque survient un phénomène extrême tel que les inondations de Chennai en 2015, ils n'ont droit à aucun dédommagement ou aide [voir (Patankar, 2019[171])]. Aussi les évaluations des pertes et des dommages ne prennent-elles pas en compte les pertes et dommages subis par ces travailleurs. Naturellement, après un phénomène extrême, la plupart des travailleurs migrants reprennent le chemin de leur région d'origine. Ces flux inverses entraînent des pénuries de main-d'œuvre dans les régions urbaines et retardent la reprise pour les entreprises implantées en ville. Par exemple, 83 % environ des propriétaires d'entreprises textiles de Surate ont indiqué que la pénurie de main-d'œuvre constituait un problème majeur pendant la phase de reprise (Bahinipati et al., 2017[172]).

Économie informelle

Il est également difficile d'estimer les pertes et les dommages subis par le secteur informel. En Inde, la plupart des micro-, petites et moyennes entreprises opèrent de façon informelle et absorbent un grand nombre de travailleurs migrants. Du fait de la nature même des activités informelles, on ne dispose pas, pour une zone particulière frappée par un phénomène extrême, d'informations sur les stocks et les mouvements de biens d'équipement, l'emploi ou la chaîne d'approvisionnement de ce secteur avant la survenue d'une catastrophe. De plus, comme les travailleurs sont peu susceptibles d'être assurés, on ne peut pas s'appuyer sur les demandes d'indemnisation pour estimer les pertes et les dommages. Par exemple, d'après Patankar (2019[171]), environ 93 % des entreprises de Mumbai ne sont pas assurées contre les inondations. De leur côté, Bahinipati et al. (2017[172]) ont observé qu'un quart seulement des pertes et des dommages subis par les usines textiles de Surate était couvert par des assurances ou des mécanismes d'indemnisation publique. Les inondations qui ont frappé Chennai en 2015 ont infligé aux petites entreprises des pertes et des dommages économiques de l'ordre de 8.4 milliards INR par semaine (KPMG, 2016[173]). Il ressort d'une autre étude qu'en 2013, environ 14 000 micro-industries et entreprises de l'Uttarakhand ont gravement souffert des inondations, qui ont occasionné des pertes et des dommages estimés à 631 millions USD (Singh, 2018[174]).

Pertes et dommages non économiques

Dans le cas des pertes et des dommages non économiques, les principales difficultés consistent à les conceptualiser, les comptabiliser et, si possible, les monétiser (IPCC, 2012[175] ; Serdeczny, Waters et Chan, 2016[176]). Comme le stock de biens non économiques n'est enregistré nulle part, il est difficile d'attribuer *ex post* les pertes et dommages non économiques dus à une catastrophe naturelle. D'un point de vue méthodologique, il est malaisé d'estimer des pertes et dommages non économiques en termes monétaires – c'est-à-dire d'établir le prix de biens non économiques. S'agissant de biens qui ne font pas l'objet d'échanges marchands, on peut, le cas échéant, utiliser des méthodes de préférence déclarée (détermination de la valeur contingente et modélisation des choix par exemple) pour estimer les pertes et les dommages correspondants. Banihipati (2020[177]) a choisi la méthode de la valeur contingente pour estimer les pertes et les dommages non économiques déplorés par les familles touchées par la sécheresse en Inde occidentale. Résultat surprenant, l'auteur constate que les pertes et les dommages économiques immédiats sont jugés plus importants par ces familles. Une autre difficulté consiste à attribuer les pertes et les dommages non économiques aux « bonnes » causes climatiques et non climatiques. Certaines de ces pertes, telles que les taux de déscolarisation, les migrations, la perte d'identité ou le stress psychosocial, ont un caractère générique. Bien souvent, les personnes concernées ne les perçoivent pas comme la résultante de phénomènes climatiques. À titre d'exemple, les pénuries d'eau dans les villes sont mises au compte de mauvaises pratiques d'utilisation des terres, de l'augmentation de la population et de la dégradation de l'environnement plutôt que des chocs climatiques (Singh et al., 2021[178]). De même, les populations qui vivent dans les régions d'Inde occidentale en proie à la sécheresse ne rattachent pas les migrations saisonnières et la déscolarisation à l'occurrence des sécheresses, considérant plutôt qu'il s'agit du résultat normal du processus économique (Banihipati, 2020[177]). Dans bien des cas, il est préférable de décrire les pertes et les dommages non économiques à l'aide de méthodes qualitatives (voir la prochaine sous-section).

Pertes et dommages indirects

Il est également malaisé d'estimer les pertes et les dommages associés à un impact indirect ou des effets d'entraînement (par ex., une sécheresse provoque de mauvaises récoltes, qui entraînent à leur tour une hausse des prix des produits alimentaires, avec des conséquences pour les dépenses de consommation et la nutrition). Relativement peu d'études à ce jour ont estimé les pertes et les dommages indirects (Ranger et al., 2010[179]). Par conséquent, ces estimations sont souvent absentes des rapports d'évaluation de l'impact des catastrophes. Or, ces pertes peuvent être considérables. Par exemple, lors des inondations de 2006 à Surate, les pertes et les dommages moyens pour les usines textiles ont atteint environ 1.98 million INR en prix de 2013 – les effets directs se chiffrant à 0.98 million INR et les effets indirects à 1 millon INR (Bahinipati et al., 2017[172])

Données qualitatives

Certains aspects fondamentaux des pertes et des dommages, tels que le sentiment d'appartenance, l'identité ou la sécurité, ne peuvent pas être quantifiés (Barnett et al., 2016[6]). Pour évaluer ces aspects, il est nécessaire de connaître le contexte socio-économique ou culturel local et de mettre en œuvre une approche qualitative, raison pour laquelle les chercheurs effectuent souvent des travaux sur le terrain dans les zones touchées. En général, les données requises sont recueillies au moyen d'entretiens approfondis, d'enquêtes ou de groupes de discussion. Les données issues de ces évaluations se présentent fréquemment sous la forme de récits ou d'histoires. Elles révèlent quels aspects de l'existence les personnes considèrent comme étant les plus importantes. Elles revêtent autant d'importance que les données quantitatives pour l'élaboration des politiques climatiques (Tschakert et al., 2019[137]).

Par leur grande diversité, les méthodes qualitatives parviennent à mettre en lumière toutes les subtilités d'un contexte d'action déterminé, ce que les analyses quantitatives peuvent difficilement accomplir avec certitude. En livrant des données objectives, les analyses quantitatives peuvent inspirer un sentiment de confiance et d'objectivité fallacieux, dans la mesure où les statistiques sur la mortalité et autres indicateurs connexes sont empreints d'une incertitude élevée (voir la première sous-section de la section 2.3.1). Les données qualitatives sont foncièrement différentes, mais répondent à des questions tout aussi importantes concernant les pertes et les dommages. Par conséquent, les deux types de données, quantitatives et qualitatives, sont utiles. Il faut intégrer les deux approches pour éviter d'instaurer une hiérarchie entre elles.

En général, les données qualitatives apportent de la profondeur et des éléments d'explication à ce que l'on peut observer quantitativement, ce qui permet d'atténuer l'incertitude dans l'interprétation. Prenons l'exemple de deux études qui observent une association quantitative positive entre les précipitations et les conflits (Witsenburg et Adano, 2009[180] ; De Juan, 2015[181]). Cependant, les deux études offrent une interprétation différente de l'association positive constatée. L'une, qui s'appuie sur des entretiens menés auprès de la population locale, conclut qu'il est plus facile de conduire un raid par temps pluvieux (Witsenburg et Adano, 2009[180]). La seconde argue que la pluie procure une ressource précieuse (l'eau) en période de sécheresse, exacerbant la concurrence et les conflits (De Juan, 2015[181]). Si les résultats quantitatifs des deux études sont similaires, l'analyse qualitative a des conséquences complètement différentes pour l'élaboration des politiques.

Les récits et autres informations qualitatives peuvent également influencer les décideurs – parfois même davantage que ne le font les données chiffrées. Par exemple, les images sur lesquelles on voit un biologiste marin retirer une paille en plastique de la narine d'une tortue de mer ont joué un rôle dans la multiplication des interdictions des pailles en plastique dans le monde (Houck, 2018[182]). Dans le domaine climatique, la photo d'un ours polaire mourant de faim a suscité davantage d'attention et d'intérêt que les études scientifiques publiées sur le même sujet la même année (Rode et al., 2015[183] ; Whiteman et al., 2015[184]).

Néanmoins, l'appréciation des actions à entreprendre repose intrinsèquement sur une comparaison d'ensembles de valeurs implicites, dans la mesure où le fait de mettre en œuvre une politique déterminée implique de ne pas mettre en œuvre une autre politique aux effets différents. Par conséquent, les décideurs et d'autres parties prenantes peuvent préférer disposer d'un point d'observation pour comparer ces arbitrages entre les politiques possibles. C'est ainsi que, bien souvent, ils se réfèrent à des chiffres ou des indices pour justifier le choix d'une politique de préférence à une autre et motiver leur action.

Il est impossible de quantifier pleinement les effets du changement climatique en termes monétaires. Cela tient à la fois au niveau insuffisant des connaissances et à la nature propre au contexte ou spécifique de certaines valeurs (Tschakert et al., 2017[185]). Certains effets sociaux peuvent être quantifiés, mais selon une autre méthode que celle utilisée pour les dommages économiques. Par exemple, les vies perdues et les échelles psychologiques du bien-être [telles que l'échelle d'intensité du deuil, Grief Intensity Scale, PG-13 (Prigerson et Maciejewski, 2006[186])] présentent des informations qualitatives de façon comparable. En tenant compte de ces aspects qualitatifs, les décideurs obtiendraient un tableau plus complet des effets du changement climatique et pourraient concevoir des politiques plus efficaces.

2.3.2. Incertitude liée aux projections

Modélisation des dommages économiques futurs dus au changement climatique et des incertitudes

Les mécanismes par lesquels les émissions de carbone se traduisent en dommages sont une question majeure pour l'économie climatique depuis des décennies. Le problème est complexe notamment parce qu'il existe différents types d'aléas liés au changement climatique, qui sont d'intensités différentes – des canicules à l'élévation du niveau de la mer, jusqu'au franchissement d'un point de bascule climatique (voir chapitre 3). En outre, les dommages potentiels dus au changement climatique s'étendent sur plusieurs secteur de l'économie. Ils entraînent des effets en cascade dans le temps et dans l'espace, du niveau local au niveau régional puis mondial. Des effets en cascade peuvent aussi se produire de l'échelon planétaire jusqu'à l'échelon local : les prix mondiaux des denrées alimentaires ont un impact local sur la disponibilité (voir la section 3.3).

Même si elles sont inévitablement entourées d'incertitude, les estimations des dommages n'en demeurent pas moins utiles. Elles permettent en effet de comparer directement les coûts associés à l'absence de politique climatique – c'est-à-dire les coûts induits par les dommages – et le coût de la mise en œuvre de politiques propres à réduire les coûts des dommages. Cette catégorie de recherches a façonné un abondant corpus d'études sur les analyses coûts-avantages des scénarios d'atténuation. Des décennies durant, ces analyses ont été utilisées pour défendre (ou apporter des arguments contre) l'adoption de mesures strictes en matière de changement climatique. Différents types d'outils et méthodes de modélisation sont employées pour examiner cette question. Cette sous-section en passe quelques-uns en revue, soulignant leurs atouts et leurs limites.

Les MEI sont les modèles les plus fréquemment utilisés pour estimer les dommages dus au changement climatique[12] (Wei, Mi et Huang, 2015[187]). Ils fournissent une représentation des systèmes économique, énergétique, foncier et climatique, qui facilite l'illustration et l'analyse des relations d'interdépendance et des arbitrages qui s'opèrent entre les choix effectués dans le cadre de ces systèmes. Les modèles DICE et PAGE figurent parmi les MEI les plus convaincants pour ce qui est d'estimer les coûts des dommages dus au changement climatique (Nordhaus, 1992[188]) (Stern, 2006[189]) . Ils permettent d'estimer les coûts associés à l'évitement du changement climatique pour différents niveaux de hausse des températures, et ainsi d'analyser les coûts et avantages des scénarios d'atténuation. À partir d'un ensemble d'hypothèses concernant la croissance du PIB, les politiques en matière de croissance démographique et la technologie, entre autres facteurs, les MEI renseignent les chercheurs et les décideurs sur les résultats économiques et environnementaux, ainsi que sur les trajectoires énergétiques et l'utilisation des terres. Cette analyse repose sur des versions simplifiées des décisions des entreprises et des ménages.

Le module climatique d'un MEI décrit les effets du changement climatique, qui sont ensuite convertis en dommages économiques au moyen d'une fonction de dommage. La fonction de dommage lie les émissions de carbone et les dommages économiques. Elle vise à saisir la totalité des effets des émissions de carbone au moyen d'une fonction unique.

La formulation des fonctions de dommage s'est améliorée au fil des années, donnant une description plus précise et, le cas échéant, une estimation plus juste des dommages. Les fonctions de dommage des premiers MEI reposaient fréquemment sur des hypothèses ad hoc qui n'étaient guère étayées par des éléments empiriques. Par exemple, Nordhaus (1992[188]) spécifiait une fonction de dommage au carré, qui multipliait la production économique. Il s'appuyait pour cela sur des travaux empiriques antérieurs. À l'inverse, Kalkuhl et Wenz (2020[190]) ont appliqué les dernières avancées de l'économétrie du climat à des données infranationales détaillées pour produire des estimations actualisées de la paramétrisation de Nordhaus. Ils estiment la valeur des dommages dus à l'émission d'une tonne de CO_2 à environ 70-140 USD, soit plus du double de l'estimation de Nordhaus (1992[188]).

D'autres travaux empiriques concluent que des températures élevées entraînent de graves dommages (Burke, Hsiang et Miguel, 2015[130]) (Hsiang, 2016[191]). Ces estimations empiriques offrent un guide utile pour réduire les incertitudes liées aux dommages climatiques. Comparer les fonctions de dommage utilisées dans différents MEI permet également de déterminer des valeurs minimale et maximale.

Néanmoins, on ne sait pas encore avec certitude quelle est la forme de fonction de dommage la plus appropriée. À partir de Nordhaus (1992[188]), la plupart des MEI utilisent une fonction multiplicative. Dans ces modèles, les dommages sont multipliés par le niveau de consommation, ce qui signifie que la consommation est amoindrie par les dommages mais ne peut pas être ramenée à une valeur nulle. À l'inverse, une fonction additive des dommages a la faculté de neutraliser complètement le bien-être procuré par la consommation (Weitzman, 2009[74]). Les fonctions additives sont mieux adaptées aux contextes dans lesquels il est difficile trouver un substitut aux biens et services environnementaux (voir la deuxième sous-section de la section 2.3.2 pour un exposé plus détaillé sur le rôle socio-économique de la nature).

Les estimations des dommages générées par les MEI sont très hétérogènes et comportent un degré d'incertitude élevé. Une fonction unique ne peut pas à elle seule saisir toute la gamme des impacts économiques du changement climatique. Pour certains analystes, le concept même de fonction de dommage est trompeur (Pindyck, 2017[192]).

Fondamentalement, il est impossible de connaître la fonction de dommage exacte. Ce qu'il adviendra dans le futur de chacune des trois composantes du risque (aléa, exposition, vulnérabilité) est incertain. Et cette incertitude sera d'autant plus grande que l'on cherchera à sonder le futur plus lointain (Neumann et al., 2020[193]).

Autre limite potentielle, les résultats des MEI présentent une résolution temporelle rudimentaire (avec des pas de temps d'une décennie ou plus en général). Les MEI sont en outre incapables de modéliser la trajectoire de transition entre deux pas de temps successifs, renforçant encore le caractère incertain des estimations des dommages (Monasterolo, Roventini et Foxon, 2019[194]). Enfin, la structure des MEI est telle qu'il est difficile de vérifier leur validité à l'aide d'outils économétriques ou statistiques (Nordhaus, 2018[195]).

Les incertitudes relatives aux estimations des dommages et à l'hypothèse retenue quant à la forme fonctionnelle méritent donc un examen attentif. Qui plus est, les décideurs doivent déterminer les types de questions auxquels ces modèles peuvent apporter des réponses utiles. Ils doivent aussi savoir que la production de ces modèles n'est pas toujours apte à guider l'élaboration des politiques.

Utiliser les MEI pour estimer les coûts économiques du changement climatique à court terme – par exemple à l'échelle d'un cycle ou d'un mandat politique – est peu susceptible de produire des résultats pertinents. Les comparaisons des analyses coûts-avantages de différentes trajectoires d'atténuation obtenues avec différents MEI peuvent, s'il est fait abstraction des degrés d'incertitude élevés, apporter des éléments à la politique climatique internationale, et les objectifs mondiaux en matière de température peuvent étayer l'action des pays. Si on les utilise à bon escient, ces modèles peuvent livrer des informations utiles. Les incertitudes qui entourent les résultats ne devraient en aucun cas être un obstacle à l'action. Les dommages exacts ne peuvent pas être déterminés mais il est certain qu'ils ne sont pas nuls, et un corpus croissant de données laisse même penser qu'ils sont substantiels.

Il est probable que les MEI sous-estiment la vulnérabilité et l'exposition. Cela tient à ce que certains éléments tels que les réponses des écosystèmes, les phénomènes extrêmes ou les points de bascule sont difficiles à insérer dans les modèles économiques. Par conséquent, ces aspects ne sont généralement pas traités par les modèles, ce qui entraîne une sous-estimation des risques (Stern, 2013[196]). Il existe cependant des exceptions, tels que les MEI à dommages stochastiques (Cai, Lenton et Lontzek, 2016[197]).

Les modèles économiques accusent n'ont pas encore comblé leur retard sur les modèles climatiques les plus récents. Par exemple, ils présupposent un laps de temps trop long entre les émissions de carbone et le réchauffement (Dietz et al., 2021[198]). Un modèle étant une version simplifiée de la réalité, certains aspects sont laissés de côté ou schématisés. Or, dans un MEI, les hypothèses de simplification conduisent immanquablement à une sous-estimation des risques. Par conséquent, s'agissant des estimations calculées avec les MEI, l'incertitude correspond à la mesure dans laquelle l'effet réel dépasse l'effet modélisé.

D'autres méthodes de modélisation permettent d'approximer l'incertitude entourant le changement climatique et les interactions socio-économiques d'une manière plus souple que ne le font les MEI (Farmer et al., 2015[199] ; Hallegatte et Rozenberg, 2017[143]). C'est le cas par exemple des modèles ascendants, qui partent des sous-composantes pour édifier leur structure. Deux méthodes de ce type sont examinées ici : les modèles fondés sur les agents et les modèles de rééchantillonnage et de repondération.

Les modèles fondés sur les agents supposent l'existence d'agents multiples (entreprises, ménages ou consommateurs individuels par ex.), qui interagissent entre eux et avec leur environnement. Chaque agent est confronté à ses propres problèmes de décision et suit des règles comportementales qui lui sont également propres pour résoudre ces problèmes. Les résultats du modèle sont déterminés par les interactions qui se nouent entre les différents agents. Ces interactions peuvent être complexes. Bien souvent, plusieurs itérations du même modèle donnent des résultats différents, et l'on peut considérer que ces différences caractérisent l'incertitude.

La souplesse des modèles fondés sur les agents permet aux modélisateurs d'examiner les résultats à différents niveaux d'agrégation. Il est possible par exemple d'analyser comment les interactions entre agents simulées à l'échelle microéconomique produisent des résultats à l'échelle macroéconomique. Démêler les différents niveaux est utile pour localiser la source des incertitudes entourant l'exposition et la vulnérabilité et déterminer par quels facteurs elles sont influencées. Par conséquent, les modèles fondés sur les agents offrent aux décideurs une méthode globale pour déterminer les effets des chocs liés aux politiques ou au climat et évaluer leur niveau d'incertitude (Kniveton, Smith et Wood, 2011[200] ; Rai et Henry, 2016[201] ; Hailegiorgis, Crooks et Cioffi-Revilla, 2018[202]).

En outre, ces modèles peuvent fournir des descriptions détaillées de différents types d'incertitude et d'impact et de leurs interactions. C'est pourquoi, comparés aux MEI par exemple, ils sont plus indiqués pour examiner les effets des phénomènes composites, les mécanismes complets et les circuits de transmission. L'examen des circuits de transmission est souvent nécessaire pour pouvoir ajuster au mieux les politiques.

L'une des limites des modèles fondés sur les agents réside dans leurs hypothèses comportementales, qui sont difficiles à vérifier. Les mêmes règles comportementales peuvent conduire à des résultats similaires au niveau macroéconomique, où la vérification est plus aisée. Pour cette raison, une connaissance approfondie de la situation modélisée est souvent nécessaire pour renseigner le modèle.

Dans la plupart des cas, ces modèles sont appliqués à des problèmes locaux bien définis (Kniveton, Smith et Wood, 2011[200] ; Hailegiorgis, Crooks et Cioffi-Revilla, 2018[202]). Ils sont également capables de produire des descriptions simplifiées de problématiques plus vastes et complexes, ce qui est difficile avec d'autres types d'approche. Par exemple, un modèle fondé sur les agents a mis en évidence que les coûts des perturbations des chaînes d'approvisionnement mondiales provoquées par des catastrophes naturelles étaient comparables aux coûts directs des catastrophes (Otto et al., 2017[203]). Ce type d'analyse permet aux décideurs de cerner les goulets d'étranglement et de rendre les chaînes d'approvisionnement plus résilientes.

La seconde méthode de modélisation évalue les effets socio-économiques et l'incertitude qui les entoure à l'aide d'un modèle de rééchantillonnage et de repondération. La première étape de cette approche consiste à estimer les effets du changement climatique sur divers résultats socio-économiques tels que le revenu des ménages, la productivité de la main-d'œuvre et les prix des produits alimentaires, au moyen de données quantitatives. La deuxième étape simule la vulnérabilité et l'exposition futures des ménages sur la base des trajectoires socio-économiques partagées du GIEC (Hallegatte et Rozenberg, 2017[143]) (voir sous-section ci-dessous). Dans un troisième temps, des simulations sont effectuées pour des mondes à changement climatique sévère et à changement climatique modéré, sur la base des scénarios RCP (*Representative Concertation Pathways* ou Profils représentatifs d'évolution de concentration) du GIEC (voir section 2.2.3).

La différence entre les scénarios de changement climatique sévère et de changement climatique modéré donne une estimation de l'effet du changement climatique sur chaque variable de résultat (par ex. le revenu des ménages, la productivité de la main-d'œuvre ou les prix des produits alimentaires). Pour évaluer le degré d'incertitude, les modélisateurs effectuent plusieurs milliers d'itérations de la deuxième et de la troisième étapes, en modifiant à chaque fois la composition future des ménages et le modèle climatique. Cette étape permet d'évaluer l'incertitude associée à chacun des résultats socio-économiques modélisés. Il apparaît par exemple que l'effet attendu du changement climatique sur la pauvreté imputable aux phénomènes extrêmes devrait être trois fois plus élevé que l'effet attendu imputable à la productivité de la main-d'œuvre.

L'effet productivité est beaucoup marqué que l'effet des phénomènes extrêmes dans certains scénarios (Jafino et al., 2020[131]). On peut donc supposer qu'un phénomène extrême produira davantage d'effets que la productivité. Mais on ne peut pas exclure la possibilité que l'effet de la productivité soit très largement dominant.

Les modèles de rééchantillonnage et de repondération sont donc performants en termes d'évaluation de l'incertitude. Ils appréhendent les incertitudes scientifiques et socio-économiques dans un seul cadre. Ce point a son importance dans la mesure où, pour certaines régions, différents modèles climatiques peuvent prévoir des aléas complètement différents [par ex. des sécheresses ou des inondations en Afrique de l'Ouest (World Bank, 2021[204])].

L'inconvénient, avec ces modèles, est qu'ils ne mettent pas en œuvre un cadre macroéconomique cohérent. Dès lors, il est difficile de déterminer comment les politiques pourraient infléchir les résultats sur le long terme. Autre limite, ils ne peuvent estimer que les effets des circuits individuels, et non les impacts combinés. Or, l'effet total du changement climatique est sans doute supérieur à la somme de ses effets individuels.

Incertitudes liées au rôle socio-économique de la nature

La façon dont les modèles de calcul informatique appréhendent les écosystèmes et l'environnement plus généralement a une incidence profonde sur les effets estimés du changement climatique. Le changement climatique met en danger plusieurs écosystèmes et, par ce biais, altère le bien-être socio-économique (van der Geest et al., 2019[205]). En particulier, si la température moyenne mondiale augmentait de 1.5 °C ou moins au lieu de 2 °C, de lourds dommages aux écosystèmes seraient évités (IPCC, 2018[86]).

Pour autant, les mécanismes par lesquels les changements écosystémiques répondent au changement climatique, et la façon dont ces changements se répercutent ensuite sur le bien-être socio-économique, ne sont pas toujours bien clairs. Deux aspects essentiels contribuent au caractère incertain de l'exposition et de la vulnérabilité : le rôle des prix relatifs à l'égard des services environnementaux ; et la valeur non économique de la nature.

Premièrement, le rôle des prix relatifs est important car il détermine la difficulté future d'accès aux biens environnementaux. Les modèles de calcul doivent formuler des hypothèses concernant le processus de production ; les possibilités de substituer certains biens à d'autres dans la production ; et la consommation. Des recherches montrent que les impacts estimés sont sensibles aux hypothèses retenues quant aux possibilités de remplacer la nature par d'autres facteurs, même si les effets du changement climatique sont temporaires (Hoel et Sterner, 2007[206] ; Sterner et Persson, 2008[207]). Si la substituabilité entre les biens environnementaux et d'autres biens n'est pas parfaite, les services environnementaux, tels que l'accès à une eau propre, deviendront plus chers en comparaison d'autres biens comme les téléphones mobiles.

Les coûts estimés augmentent rapidement avec la difficulté de substitution, mais sont élevés même en présumant des hypothèses modérées. Par exemple, dans un modèle DICE simple, Sterner et Persson (2008[207]) présupposent que la substituabilité entre les biens environnementaux et d'autres biens existe, mais qu'elle est imparfaite[13]. Ils concluent que, dans l'idéal, il faudrait que la planète atteigne la neutralité carbone avant 2100. Ce résultat contraste avec celui du modèle DICE original, qui prescrivait que les émissions de carbone atteignent leur pic à peu près à la même période. Il est donc probable que la plupart des MEI sous-estiment les dommages économiques, dans la mesure où ils supposent une substituabilité parfaite entre les biens environnementaux et d'autres biens.

Compte tenu de ces résultats, les décideurs devraient se pencher attentivement sur l'utilisation des biens environnementaux dans l'économie et la mesure dans laquelle ces biens sont substituables. Le cas échéant, des investissements pourraient atténuer la vulnérabilité en facilitant la substitution de certains biens environnementaux. Par exemple, l'accès à une eau potable saine risque de revenir problématique pour les ménages pauvres si le prix de l'eau augmente. Dans ces conditions, des investissements dans les infrastructures liées à l'eau pourraient alléger les incertitudes pesant sur les prix relatifs et rendre les populations plus résilientes. Ces investissements pourraient être consacrés, par exemple, à la création de stations d'épuration ou d'usines ou procédés de dessalement. D'autres biens et services environnementaux, tels que le piégeage du carbone par la forêt tropicale amazonienne, sont sans doute plus difficiles à remplacer.

La seconde source d'incertitude importante concerne la valeur non économique des écosystèmes et des biens environnementaux. Comme cela a été indiqué dans la section 2.3.1, les impacts les plus importants seront vraisemblablement de nature non économique. De nombreux auteurs sont défavorables à l'idée d'attacher une valeur monétaire aux écosystèmes par principe (Costanza et al., 2017[208] ; Des Jardins, 2013[209]). Cependant, pour répondre aux besoins des décideurs d'analyser les coûts et avantages des politiques environnementales, les économistes ont mis au point des méthodes pour calculer cette valeur (Perman et al., 2011[210]). Par conséquent, des méthodes quantitatives sont utilisées pour approximer des impacts qui sont fondamentalement qualitatifs.

Divers travaux de recherche ont montré qu'un écosystème, ou même une seule espèce, pouvaient avoir de la valeur pour des personnes qui ne les utilisent pas ou même ne les voient pas (Bateman et al., 2002[211] ; Fankhauser, Dietz et Gradwell, 2014[212]). Par exemple, il ressort d'une étude récente que le consentement à payer moyen pour la préservation des espèces menacées est d'environ 400 USD par ménage (Subroy et al., 2019[213]). Toutefois, ces évaluations sont passablement incertaines et les résultats sensibles à la méthode choisie (Bastien-Olvera et Moore, 2020[133]).

Des travaux récents sont parvenus à la conclusion que les impacts non économiques estimés étaient environ quatre fois plus élevés que les impacts économiques. Aussi, pour les décideurs, les répercussions de ces coûts non économiques sur la population sont très incertaines. Dans la mesure où l'objectif ultime des politiques est en général de procurer une certaine forme de bien-être, les décideurs doivent tenir compte des dommages non économiques dans leurs évaluations.

Évaluer les dommages non économiques au moyen de méthodes établies (par ex. détermination de la valeur contingente et expériences sur les choix) permettrait de réduire l'incertitude. Cette démarche peut aider à adapter les politiques aux besoins des populations. Une région déterminée peut être résiliente à certains types d'aléa sur le plan économique, mais être vulnérable à des impacts non économiques tels que le dépérissement des forêts ou l'extinction des espèces. Par conséquent, il faut investir pour protéger non seulement les écosystèmes qui contribuent directement à la production économique (par ex. l'agriculture, le tourisme et la pêche), mais aussi les écosystèmes sans valeur économique directe. Ce point est en lien avec les impacts qualitatifs examinés dans la section 2.3.1.

Les trajectoires socio-économiques partagées en tant que mesure de l'incertitude

Comme on l'a indiqué dans la section 2.2.3, le GIEC a élaboré un ensemble de scénarios pour les systèmes socio-économiques (dans la lignée des RCP). Le Sixième rapport d'évaluation s'appuiera pour partie sur ces scénarios. Les trajectoires socio-économiques partagées (SSP) décrivent sous la forme de textes cinq futurs possibles pour notre planète (Riahi et al., 2017[8]). Les SSP ne sont pas des prévisions et n'ont pas vocation à décrire l'avenir. Elles présentent des scénarios cohérents, fondés sur des hypothèses quant aux tendances.

De la même manière, comme il ne s'agit pas de prévisions fondées sur la situation actuelle, ces trajectoires ne sont pas accompagnées de probabilités. L'avenir pourrait ne pas ressembler au passé ou au présent. Les SSP examinent différents futurs possibles pour déterminer ce que ces mondes plausibles pourraient signifier pour les systèmes naturels et humains.

Les SSP ont été élaborées par un groupe d'experts, qui, pour ce faire, ont commencé par créer cinq canevas narratifs généraux décrivant les évolutions possibles de la planète (Riahi et al., 2017[8]). Dans un deuxième temps, pour guider l'interprétation et le choix des hypothèses, ces canevas narratifs ont été transposés en tableaux de données d'entrée quantitatives. À partir de ces tableaux, les experts ont converti chacun des textes en projections quantitatives de trois variables socio-économiques : PIB, population et urbanisation. L'évolution de ces trois paramètres est difficile à prévoir, en particulier sur le long terme.

Graphique 2.10. Principaux résultats des trajectoires socio-économiques partagées

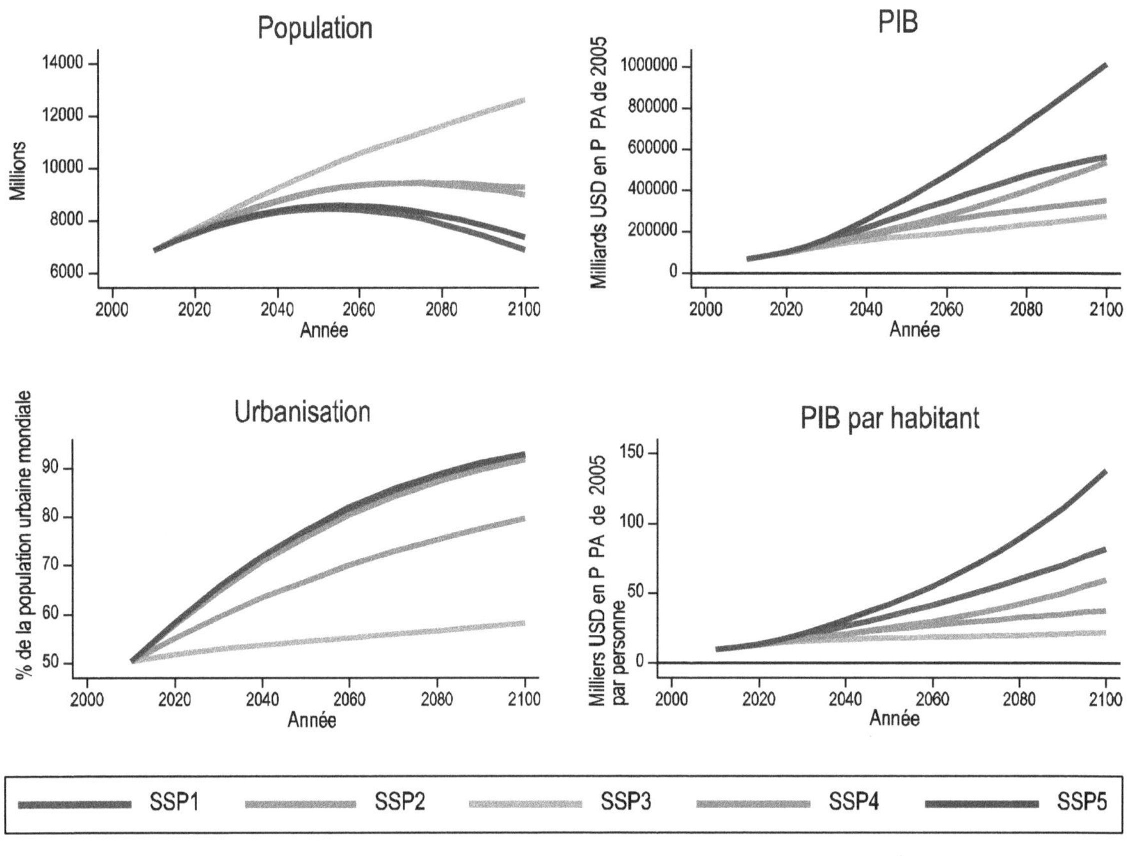

Note : Le graphique présente les projections (« marqueurs de référence ») de la population, du PIB, de l'urbanisation et du PIB par habitant.
Source : (Riahi et al., 2017[8]) ; population : (Samir et Lutz, 2017[214]) ; PIB : (Dellink et al., 2017[215]) ; urbanisation : (Jiang et O'Neill, 2017[216]).

Les cinq trajectoires décrivent des mondes sensiblement différents. Pour une même trajectoire, différents modèles peuvent aboutir à différents résultats, ce qui dénote une incertitude considérable. Si les projections exactes des cinq scénarios comportent une marge d'incertitude, les tendances générales sont claires – voir Graphique 2.10. pour les projections principales utilisées par le GIEC dans ses rapports (correspondant aux scénarios « marqueurs de référence ») :

- La ***SSP1*** (en vert) décrit un monde qui prend la voie d'un développement durable. Il s'agit d'un scénario relativement optimiste, dans lequel les systèmes socio-économiques (tels que les infrastructures et les modes de vie) évoluent rapidement vers des modes de fonctionnement qui émettent moins de carbone, grâce aux technologies (voir chapitre 6). Il en résulte une diminution considérable des aléas et de l'exposition. La SSP1 est l'une des SSP qui affichent le PIB par habitant et le niveau d'urbanisation les plus élevés et la croissance démographique la plus faible (van Vuuren et al., 2017[217]).
- La ***SSP2*** (en marron) illustre un monde dans lequel les tendances historiques se poursuivent. Les aléas et l'exposition augmentent graduellement, mais sont compensés dans une certaine mesure par l'accroissement des possibilités d'adaptation, qui réduisent la vulnérabilité lentement. Cette trajectoire produit des résultats socio-économiques moyens en comparaison des autres SSP (Fricko et al., 2017[218]).
- La ***SSP3*** (en gris) table sur une augmentation considérable de l'exposition et de la vulnérabilité. Cette trajectoire est la pire en termes de résultats socio-économiques mondiaux : le PIB atteint son niveau le plus bas, et la population le niveau le plus élevé (Fujimori et al., 2017[219]).
- La ***SSP4*** (en rouge) décrit un monde dans lequel les aléas et l'exposition vont croissant. La vulnérabilité ne diminue que dans les pays développés. Il en résulte une aggravation des inégalités entre et dans les pays, une hausse de la pauvreté et l'apparition de tensions politiques et sociales. Dans ce monde, les problèmes environnementaux ont essentiellement une dimension locale. Par conséquent, le PIB et le PIB par habitant figurent dans la moitié basse des projections des SSP (Calvin et al., 2017[220]).
- La ***SSP5*** (en violet), dite scénario du « développement alimenté par les combustibles fossiles », affiche le PIB et le PIB par habitant les plus élevés, et des projections optimistes pour la croissance démographique et l'urbanisation. Cette trajectoire décrit un développement rapide, qui repose sur la poursuite de l'exploitation des ressources naturelles. Ce développement rapide pourrait s'accompagner d'une diminution de la vulnérabilité en certains endroits. Néanmoins, il repose sur un statu quo à émissions de carbone élevées et entraînera de plus lourdes répercussions en comparaison des trajectoires qui prévoient une transition vers des économies bas carbone (Kriegler et al., 2017[221]).

Il faut aussi garder à l'esprit que chaque scénario SSP est empreint d'une grande incertitude. Rappelons que le Graphique 2.10. ne décrit que les scénarios marqueurs de référence et que différents groupes de modélisation développent les scénarios dans différentes directions. Cela concerne également les différents scénarios d'atténuation utilisés dans les modèles du climat (voir section 2.2).

En conséquence, toutes les trajectoires à l'exception de la SSP3 sont compatibles avec un réchauffement de moins de 1.5 °C (par rapport aux niveaux préindustriels) (IPCC, 2018[86]). Le Graphique 2.11 représente les émissions nettes de carbone (émissions diminuées du carbone extrait) associées aux SSP, calculées à l'aide de différents modèles (Riahi et al., 2017[8]). Les courbes vertes correspondent aux trajectoires dans lesquelles l'objectif de 1.5 °C est atteint ; les courbes bleu clair décrivent les autres trajectoires ; et les courbes bleu foncé indiquent les scénarios marqueurs de référence.

La nature des incertitudes et des risques est différente dans chaque cas. Par exemple, la réalisation de l'objectif de 1.5 °C comporte moins de risques dans la trajectoire SSP1 que dans la SSP5. Dans la SSP1, les émissions déclinent rapidement, freinant le processus de réchauffement, tandis que dans la SSP5, elles se poursuivent au même rythme ou augmentent durant la phase initiale. Dans la SSP5, l'objectif est atteint si l'on parvient à extraire une quantité suffisante de carbone de l'atmosphère (les émissions nettes de carbone sont fortement négatives).

L'avenir lointain étant plus incertain que l'avenir proche, les trajectoires qui tablent sur la mise en œuvre d'une technologie dans l'avenir lointain sont plus incertaines et plus risquées. Pour les décideurs, cela signifie que l'on peut réduire les risques en agissant rapidement plutôt que tardivement. Cela signifie aussi qu'ils doivent privilégier des politiques qui feront évoluer le monde vers l'un des futurs les moins risqués envisagés. Les SSP offrent aux décideurs une base commune pour examiner les aspects socio-économiques et d'autres questions connexes, et devraient ainsi jeter davantage de clarté sur ces débats.

Graphique 2.11. Les émissions de carbone dans les trajectoires socio-économiques partagées

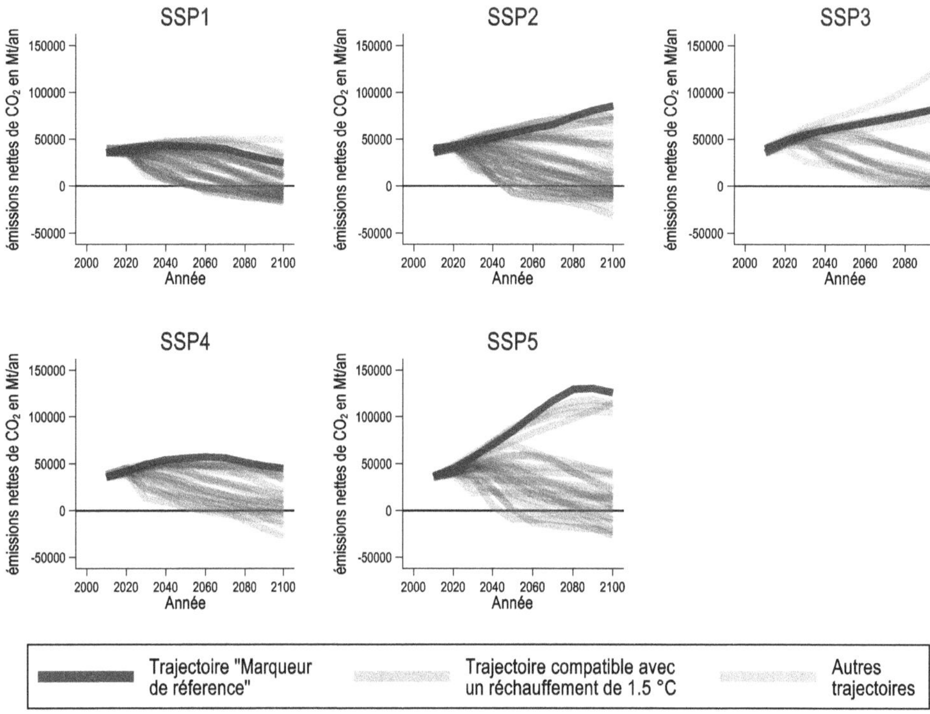

Note : Le graphique représente les émissions nettes de carbone (en Mt) générées chaque année, telles qu'elles ressortent de simulations multiples effectuées pour chaque scénario SSP (Riahi et al., 2017[8]). Les courbes bleu foncé correspondent aux scénarios de référence ; les courbes vertes aux trajectoires compatibles avec un réchauffement de 1.5 °C ; et les courbes bleu clair aux autres trajectoires.
Source : Base de données publique de l'IIASA sur les SSP (Riahi et al., 2017[8]).

2.3.3. Autres incertitudes

L'incertitude découle de la nature complexe des systèmes socio-économiques. Par conséquent, les projections décrivent donc une évolution future possible. Cependant, ces projections ne peuvent pas se réaliser et ne se réaliseront pas, tout simplement à cause des chocs aléatoires imprévus. Les projections ne peuvent pas tenir compte de tous les chocs aléatoires possibles ni ne peuvent leur attribuer une probabilité d'occurrence. Cela vaut pour les chocs liés aux échanges (qui trouvent leur origine dans les systèmes économiques mondiaux) et pour ceux dus à des circonstances exceptionnelles (telles que la pandémie de COVID-19). Pour cette raison, les projections doivent être examinées à la loupe, mais ne pas être considérées comme des prédictions. La résilience aux chocs aléatoires doit être renforcée, par exemple au moyen d'une diversification des chaînes d'approvisionnement.

Un cas extrême de choc incertain se produit lorsque le choc entraîne des impacts sans commune mesure avec l'élément déclencheur (impact non linéaire), ce qui est le cas notamment avec les points de bascule socio-économiques. Les points de bascule socio-économiques sont des valeurs seuils dans les systèmes socio-économiques, qui provoquent des changements abrupts et bouleversent les systèmes entiers, conduisant à la formation de nouveaux équilibres[14].

Les points de bascule socio-économiques sont traités séparément des projections pour la raison qu'ils sont très difficiles, sinon impossibles à prévoir, alors qu'ils ont d'énormes répercussions. Une projection peut prévoir parfaitement les tendances générales, mais si un choc aléatoire ayant son origine dans l'économie mondiale active un point de bascule socio-économique, ces tendances dévieront des projections.

On ignore quand et comment les points de bascule seront franchis. Les décideurs peuvent néanmoins encourager leur activation en adoptant des politiques globales. Par exemple, ils peuvent investir dans les technologies liées aux énergies renouvelables mais aussi supprimer les subventions aux combustibles fossiles (Otto et al., 2020[222]). D'après des données d'expérience, une minorité convaincue d'environ 25 % dans un groupe est capable de faire basculer la majorité du groupe vers un autre comportement (Centola et al., 2018[223]).

Chose importante, les points de bascule socio-économiques peuvent être franchis dans un sens ou dans l'autre. D'un côté, des recherches pionnières ont mis en évidence en 1973 l'amincissement de la couche d'ozone dans l'atmosphère. Cette découverte a abouti, seulement 14 ans plus tard, à la signature du Protocole de Montréal malgré les objections soulevées par les industries concernées. D'un autre côté; l'instauration d'une nouvelle taxe sur les carburants en France en 2019 a provoqué une levée de boucliers, suivie d'une volte-face des autorités.

Les points de bascule échappent encore à nos connaissances, mais il est possible d'en décrire les grandes lignes. David Tábara et al. (2018[224]), par exemple, recensent six types de points de bascule liés à différentes composantes du système socio-économique : systèmes énergétiques, gouvernance, sphère socio-culturelle, systèmes technologiques, systèmes de ressources et économie. Le nombre de points de bascule augmente avec le degré de complexité des sociétés. En conséquence, il sera sans doute nécessaire d'activer plusieurs points de bascule pour obtenir une véritable transformation (Otto et al., 2020[222]).

Le taux d'actualisation social constitue un autre facteur d'incertitude pour la conception des politiques. Ce paramètre détermine l'importance de l'avenir par rapport au présent dans les évaluations coûts-avantages. Si les générations futures sont aussi importantes que les générations actuelles, le taux d'actualisation social est de zéro. Si l'année prochaine compte pour moitié moins que l'année actuelle, sa valeur est d'environ 30 %. À mesure que le taux augmente, l'importance attribuée au bien-être des générations futures dans les évaluations diminue. Les spécialistes des politiques du climat attachent une importance particulière aux taux d'actualisation sociaux, car les mesures adoptées aujourd'hui auront une influence sur le bien-être pendant plusieurs décennies, voire plusieurs siècles. Même si cette question a reçu toute l'attention des théoriciens, aucun consensus clair ne se dégage pour l'instant (Kelleher, 2017[225] ; Varian, 2006[226]). Le taux d'actualisation social est donc incertain, et il est probable qu'il diffère d'une société à une autre. La recherche offre néanmoins un cadre pour analyser les taux d'actualisation sociaux de façon cohérente. Il est admis par le plus grand nombre que le taux d'actualisation social a deux composantes : la préférence pour le présent et l'aversion pour l'inégalité intergénérationnelle (Kolstad et al., 2015[227]).

Premièrement, la préférence pour le présent signifie qu'une somme monétaire déterminée vaut plus aujourd'hui qu'elle ne vaudra l'année prochaine. En dernière analyse, cette préférence peut être déterminée à partir des gains auxquels on renonce : une somme d'argent peut être investie aujourd'hui pour générer des gains l'an prochain. Cela signifie que cette somme d'argent aujourd'hui vaut plus que la même somme l'an prochain. Cette assertion ne vaut que pour les biens marchands. Elle ne s'applique pas aux biens non marchands tels que les vies et les moyens de subsistance. Il est difficile de dire si dix vies perdues l'an prochain sont préférables à dix vies perdues aujourd'hui.

Deuxièmement, l'aversion pour l'inégalité intergénérationnelle renvoie au présupposé qui tient que la croissance économique va se poursuivre et que les générations futures seront probablement plus riches. Selon ce raisonnement, ces générations pourront supporter les coûts plus facilement. Mais ce postulat est discutable. Il n'est pas sûr que l'économie continue à croître indéfiniment, et le niveau de sa croissance future est incertain (Dellink et al., 2017[215]).

Cette incertitude augmente à mesure que l'on se projette plus loin dans l'avenir. Il en résulte que le taux d'actualisation social diminuera au fil du temps pour deux raisons. Premièrement, les autorités publiques ont une aversion pour le risque (voir chapitre 1) et préfèrent ne pas formuler d'hypothèses trop hardies concernant la richesse future. De même, les autorités ont une aversion générale pour la création d'inégalités économiques entre les générations ; or, un taux d'actualisation social élevé signifie que les générations futures auront à assumer la majeure partie des coûts (Gollier, 2015[228]). Enfin, il faut tenir compte des préoccupations liées à la viabilité, et plus précisément de la possibilité que les générations futures soient moins bien loties que les générations actuelles (Asheim et Mitra, 2010[229]). Il s'agit là en définitive de considérations politiques. Deuxièmement, le concept mathématique de la valeur attendue montre qu'il faut choisir des taux d'actualisation prudents dans un contexte d'incertitude (Gollier, 2002[230]).[15] Ainsi, sans émettre un quelconque jugement de valeur, il faut s'attendre à ce que le taux d'actualisation décline à mesure que l'incertitude croît. Et l'on peut s'attendre à ce que l'incertitude augmente à mesure que l'horizon des projections s'éloigne. Bien entendu, cette leçon peut être transposée aux contextes d'incertitude des pays : les décideurs des pays confrontés à une plus incertitude plus élevée devraient utiliser des taux d'actualisation inférieurs à ceux utilisés dans les pays au contexte moins incertain.

2.4. La communication sur les risques liés au climat et ses conséquences pour les processus politiques

Les sections 2.2 et 2.3 examinent les niveaux de confiance élevés associés aux connaissances sur le changement climatique. Elles mettent également en évidence les différents niveaux et types d'incertitude qui entourent la compréhension de certains aspects du système climatique. Enfin, elles analysent les conséquences de ces facteurs pour la compréhension des risques de pertes et de dommages liés au changement climatique.

La communication sur le changement climatique est de longue date un processus semé d'embûches. Face au climato-scepticisme, à la remise en question de l'intégrité des climatologues et aux débats enflammés que suscitent les réponses à apporter, le GIEC a toujours mis en exergue le degré de confiance associé à ses déclarations. Son fameux Quatrième Rapport d'évaluation (AR4), en 2007, a conclu que le réchauffement du système climatique était sans équivoque (IPCC, 2007[231]). Les évaluations suivantes n'ont fait que renforcer le degré de confiance autour de la réalité du changement climatique et de la responsabilité de l'activité humaine dans ce phénomène.

Les incertitudes concernant les risques liés au changement climatique ont diminué au cours des dernières décennies. Cela transparaît, par exemple, dans l'augmentation des degrés de confiance dont font état les Résumés à l'intention des décideurs des rapports spéciaux du GIEC (Molina et Abadal, 2021[232]). Cependant, l'incertitude demeure un facteur important dans la perception du risque et dans les actions climatiques qui sont ou non entreprises en réponse à ces perceptions. Ainsi, l'acceptation par le public (par ex. des prévisions de l'élévation du niveau de la mer établies par les climatologues) est influencée par le mode et le degré de communication sur l'incertitude. Lorsque les scientifiques reconnaissent toute l'étendue des incertitudes inévitables, le degré de confiance du public à l'égard de ces prévisions décroît (Howe et al., 2019[233]).

La connaissance intime que nous avons aujourd'hui du changement climatique est le fruit de nombreuses années de recherche sur le climat et de progrès dans la compréhension du système climatique terrestre. En conséquence, la communication des connaissances relatives au changement climatique est subordonnée aux pratiques de communication scientifique. Il lui faut donc, bien souvent, faire preuve d'exhaustivité, d'équilibre et de prudence. Cette démarche peut avoir pour conséquence involontaire d'éroder la confiance des non-spécialistes dans les messages délivrés (Ho et Budescu, 2019[234]).

La prévisibilité du système climatique, en particulier à des échelles spatiales et temporelles relativement fines, demeure limitée en raison, entre autres, de dynamiques chaotiques intrinsèquement variables et complexes (Encadré 2.4). Les projections climatiques peuvent être améliorées à la faveur des progrès de la science, mais elles seront toujours sujettes à différents types et niveaux d'incertitude. De surcroît, la communication précise des projections climatiques doit tenir compte de ces incertitudes.

En résumant les recherches de pointe récentes, les rapports du GIEC mettent l'accent sur les résultats les plus récents (et donc les plus incertains) et sur les travaux qu'il faudra conduire à l'avenir pour élucider les dernières inconnues. Les rapports du GIEC ne se répandent pas en milliers de pages pour résumer les certitudes très solides des scientifiques concernant l'effet de serre. Leur objectif est, par définition, de traiter les aspects plus incertains du changement. Si l'incertitude est considérée en elle-même comme une raison de douter, c'est le message dans son intégralité qui pourrait être jugé non digne de confiance.

À cause de ces difficultés liées à la confiance, le problème du changement climatique semble se heurter à un dilemme insoluble : qui dit incertitude dit méfiance, et qui dit méfiance dit défaut d'action. D'autre milieux scientifiques ont été confrontés à des problèmes analogues par le passé (Oreskes et Conway, 2010[235]). Le défi du changement climatique a des fondements scientifiques mais n'est pas en lui-même un problème purement scientifique. Il est en effet influencé par divers autres facteurs tels que la vulnérabilité et l'exposition. Ces facteurs ne relèvent pas de la climatologie au sens strict. Par conséquent, ils exigent des mesures et des réponses qui sortent du champ d'influence des sciences. Le fait est que les incertitudes associées à ces facteurs pourraient être beaucoup plus grandes que celles qui entourent les projections du climat.

Cela remet en question l'idée selon laquelle il est nécessaire d'obtenir des prévisions scientifiques plus précises des impacts du changement climatique pour pouvoir agir. La climatologie renseigne les décideurs sur les trajectoires que pourraient emprunter le changement climatique dans différentes régions du monde. Elle remplit cette fonction même si les modèles individuels ne parviennent pas toujours aux mêmes conclusions concernant la direction que prendront les changements importants dans une région donnée. Quoi qu'il en soit, les solutions au changement climatique transcendent les progrès scientifiques, aussi précieux soient-ils.

D'ailleurs, savoir exactement quand et où un aléa va se produire n'est pas une nécessité absolue dans d'autres domaines de la gestion des risques. Les autorités n'attendent pas de savoir comment une personne ou un groupe de personnes vont être infectés par un agent pathogène pour prendre des mesures contre la pandémie. De même, il n'est pas nécessaire que la probabilité de matérialisation du risque soit élevée : on peut assurer son logement contre les incendies même si la probabilité d'incendie est faible.

Le même raisonnement s'applique au défi climatique. Le changement climatique est une certitude, et l'on dispose de bonnes connaissances sur les aléas qui peuvent se produire dans différentes régions et à différentes échelles temporelles, et la façon dont ils peuvent se produire. En d'autres termes, malgré l'incertitude, les connaissances actuelles sur le changement climatique sont suffisantes pour justifier la mise en œuvre d'un grand nombre de mesures de gestion des risques. Bien entendu, comme dans les autres cas, il serait extrêmement utile de disposer d'informations plus détaillées.

Étant donné que les dommages probables augmentent de façon disproportionnée à mesure que l'on s'éloigne de la moyenne des réponses potentielles, l'accroissement de l'incertitude peut entraîner une augmentation de la gamme des risques climatiques potentiels devant être pris en considération dans les approches de gestion. Du point de vue de la gestion des risques, face à l'incertitude, il est nécessaire de soupeser les possibilités de surestimation et de sous-estimation des risques et leurs conséquences. En d'autres termes, il faut réduire au minimum à la fois les fausses alertes et les avertissements manqués (Shepherd, 2019[11]).

Trouver le bon équilibre entre ces deux extrêmes n'est pas une tâche anodine. Par exemple, il n'existe pas de seuil probabiliste unique qui puisse garantir qu'un risque n'est pas surestimé ou sous-estimé. Divers facteurs, parmi lesquels les jugements de valeur et la tolérance au risque, peuvent influer sur ce seuil.

Les qualificatifs de probabilité employés par le GIEC (Tableau 2.5) décrivent ce qu'un degré de probabilité signifie en termes de degré de certitude d'un résultat. Ces degrés ont des conséquences directes pour l'élaboration des politiques. Ils impliquent différents degrés « d'appel à l'action » (Molina et Abadal, 2021[232]) et peuvent se voir attribuer une importance plus ou moins grande dans les stratégies de gestion des risques.

Cependant, il ne faut pas confondre probabilité et risque. Le changement climatique étant fondamentalement un problème de gestion des risques, les décideurs doivent examiner ces probabilités attentivement et de façon éclairée. De fait, pour Sutton (2019[236]), la climatologie doit « prendre les besoins de l'évaluation des risques beaucoup plus au sérieux ».

Tableau 2.5. Qualificatifs de probabilité utilisés par le GIEC

Qualificatif de probabilité	Probabilité de l'occurrence/du résultat
Quasiment certain	Probabilité de 99-100 %
Extrêmement probable	Probabilité de 95-100 %
Très probable	Probabilité de 90-100 %
Probable	Probabilité de 66-100 %
Plus probable qu'improbable	Probabilité > 50-100 %
À peu près aussi probable qu'improbable	Probabilité de 33-66 %
Improbable	Probabilité de 0-33 %
Très improbable	Probabilité de 0-10 %
Extrêmement improbable	Probabilité de 0-5 %
Exceptionnellement improbable	Probabilité de 0-1 %

Source : Encadré TS.1 dans (Stocker et al., 2013[79]).

Dans le cadre de l'élaboration d'une stratégie de gestion des risques et de l'utilisation des probabilités du GIEC, on peut raisonnablement donner crédit aux projections d'impact qui sont assorties de probabilités élevées. En d'autres termes, les probabilités étayées par des séries de données de qualité élevée à la fois cohérentes, diverses et indépendantes peuvent être pris en considération. En ce cas, des qualificatifs tels que « quasiment certain », « extrêmement improbable » ou « très probable », qui renvoient à des probabilités significatives, pourront être directement exploités dans les évaluations des risques.

Lorsque les projections font état de probabilités plus faibles, l'intégration du phénomène considéré dans l'évaluation des risques dépendra de l'ampleur de ses retombées potentielles. Par exemple, il existe une probabilité de 10 % que la circulation méridienne de retournement en Atlantique (AMOC) s'effondre au XXIe siècle (IPCC, 2019[237]), et ce phénomène pourrait avoir de lourdes conséquences. Par conséquent, cette probabilité pourrait être suffisamment élevée pour justifier sa prise en compte dans les évaluations des risques. À l'inverse, une probabilité de 50 % que les précipitations diminuent dans une zone déserte et inhabitée pourra être considérée comme négligeable, en raison du potentiel plus faible de pertes et de dommages associé à cet événement.

Par conséquent, les termes utilisés pour décrire les probabilités moyennes ou inférieures doivent être appréhendés avec prudence et ne pas toujours être présentés de façon systématique. Pour une quelconque distribution de probabilité donnée, il est possible d'encadrer un résultat avec un quelconque degré de probabilité. Une probabilité de 1 % que la température dépasse 40 degrés, une probabilité de 10 % que la température dépasse 35 degrés, une probabilité de 50 % que la température dépasse 30 degrés et une probabilité de 99 % que la température atteigne environ 20 degrés peuvent toutes se référer à la même prévision, pour le même endroit et la même date. La présentation des probabilités et le choix des variables à présenter comportent des éléments de subjectivité.

Dans de nombreux autres domaines de la vie et de la prise de décision, l'approche adoptée vis-à-vis d'événements qui ont la même probabilité de se produire que les risques liés au changement climatique est beaucoup plus prudente. Par exemple, si un avion avait une probabilité allant jusqu'à 33 % de ne pas arriver à destination, cela ne serait pas considéré comme un résultat improbable. Les trajectoires climatiques intégrant des budgets carbone qui supposent une chance de seulement 66 % d'atteindre « l'objectif » de Paris trahissent une interprétation approximative du terme « objectif ». Les décideurs devraient donc se poser plus sérieusement la question de savoir quel sens ils donnent à ce terme.

Par ailleurs, même si la probabilité qu'un incendie se déclare dans une habitation privée est inférieure à 1 %, les dommages potentiels d'un tel événement sont élevés. C'est pourquoi la plupart des personnes souscrivent un contrat d'assurance pour protéger leur habitation. Le même raisonnement vaut pour les décisions prises par les autorités publiques et la société et leurs actions en matière de changement climatique. L'incertitude sera toujours présente, et il n'en demeurera pas moins nécessaire de prendre des décisions.

Paradoxalement, ces incertitudes et ces ambigüités sont les aspects mêmes du changement climatique qu'il est essentiel de mieux comprendre. Des connaissances plus approfondies permettraient de formuler des réponses efficaces aux risques climatiques et réduiraient les réactions de scepticisme face à l'accumulation indéniable des preuves scientifiques (Pidgeon, 2012[238] ; Poortvliet et al., 2020[239]). Il est donc nécessaire de mieux reconnaître les forces et les limites des modèles climatiques actuels.

Collectivement, la planète et les sociétés humaines se dirigent vers des conditions qui n'ont encore jamais été observées dans l'histoire de l'humanité. En outre, les approches adoptées en matière d'élaboration de politiques et de processus décisionnels sur l'adaptation doivent être capables de composer avec les incertitudes inévitables. Ces incertitudes découlent des dynamiques du système climatique, qui interagit étroitement avec les systèmes économiques et sociaux, complexes et dynamiques eux aussi. Les incertitudes et les ambiguïtés qui entourent certains aspects des projections du changement climatique devraient renforcer – et non affaiblir – les arguments en faveur de mesures d'atténuation du changement climatique robustes, qui sont à n'en pas douter le moyen le plus sûr et le plus efficace de réduire les risques de pertes et de dommages.

Références

Ackerman, F., E. Stanton et R. Bueno (2010), « Fat tails, exponents, extreme uncertainty: Simulating catastrophe in DICE », *Ecological Economics*, vol. 69/8, pp. 1657-1665, http://dx.doi.org/10.1016/j.ecolecon.2010.03.013. [72]

Ad Hoc Study Group on Carbon Dioxide and Climate et al. (1979), *Carbon Dioxide and Climate*, National Academies Press, Washington, DC, http://dx.doi.org/10.17226/12181. [67]

Adger, W. et al. (2012), « Cultural dimensions of climate change impacts and adaptation », *Nature Climate Change*, vol. 3/2, pp. 112-117, http://dx.doi.org/10.1038/nclimate1666. [7]

Álvarez, I. (dir. pub.) (2016), « Locally downscaled and spatially customizable climate data for historical and future periods for North America », *PLOS ONE*, vol. 11/6, p. e0156720, http://dx.doi.org/10.1371/journal.pone.0156720. [92]

Andrews, O. et al. (2018), « Implications for workability and survivability in populations exposed to extreme heat under climate change: A modelling study », *The Lancet Planetary Health*, vol. 2/12, pp. e540-e547, http://dx.doi.org/10.1016/s2542-5196(18)30240-7. [107]

Archibald, C. et N. Butt (2018), « Using Google search data to inform global climate change adaptation policy », *Climatic Change*, vol. 150/3-4, pp. 447-456, http://dx.doi.org/10.1007/s10584-018-2289-9. [166]

Asheim, G. et T. Mitra (2010), « Sustainability and discounted utilitarianism in models of economic growth », *Mathematical Social Sciences*, vol. 59/2, pp. 148-169, http://dx.doi.org/10.1016/j.mathsocsci.2009.08.003. [229]

Bahinipati, C. et al. (2017), « Flood-induced loss and damage to textile industry in Surat City, India », *Environment and Urbanization ASIA*, vol. 8/2, pp. 170-187, http://dx.doi.org/10.1177/0975425317714903. [172]

Banihipati, C. (2020), « Assessing the costs of droughts in rural India: A comparison of economic and non-economic loss and damage », *Current Science*, vol. 118/11, pp. 1832-1841. [177]

Barnett, J. et al. (2016), « A science of loss », *Nature Climate Change*, vol. 6/11, pp. 976-978, http://dx.doi.org/10.1038/nclimate3140. [6]

Bastien-Olvera, B. et F. Moore (2020), « Use and non-use value of nature and the social cost of carbon », *Nature Sustainability*, vol. 4/2, pp. 101-108, http://dx.doi.org/10.1038/s41893-020-00615-0. [133]

Bateman, I. et al. (2002), *Economic Valuation with Stated Preference Techniques*, Edward Elgar Publishing, Cheltenham, UK, https://ideas.repec.org/b/elg/eebook/2639.html (consulté le 6 janvier 2021). [211]

Benson, C. et E. Clay (1998), « The impact of drought on sub-saharan African economies », *World Bank Technical Papers*, World Bank, Washington, DC, https://elibrary.worldbank.org/doi/abs/10.1596/0-8213-4180-4. [61]

Bhave, A. et al. (2018), « Water Resource Planning Under Future Climate and Socioeconomic Uncertainty in the Cauvery River Basin in Karnataka, India », *Water Resources Research*, vol. 54/2, pp. 708-728, http://dx.doi.org/10.1002/2017wr020970. [126]

Blair, J., R. Czaja et E. Blair (2014), *Designing Surveys: A Guide to Decisions and Procedures*, SAGE Publications, Thousand Oaks, CA. [146]

Bony, S. et al. (2015), « Clouds, circulation and climate sensitivity », *Nature Geoscience*, vol. 8/4, pp. 261-268, http://dx.doi.org/10.1038/ngeo2398. [115]

Borchers Arriagada, N. et al. (2020), « Unprecedented smoke-related health burden associated with the 2019-20 bushfires in eastern Australia », *Medical Journal of Australia*, vol. 213/6, pp. 282-283, http://dx.doi.org/10.5694/mja2.50545. [42]

Braconnot, P. et al. (2012), « Evaluation of climate models using palaeoclimatic data », *Nature Climate Change*, vol. 2/6, pp. 417-424, http://dx.doi.org/10.1038/nclimate1456. [13]

Bromley-Trujillo, R. et J. Poe (2020), « The importance of salience: Public opinion and state policy action on climate change », *Journal of Public Policy*, vol. 40/2, pp. 280-304, http://dx.doi.org/10.1017/S0143814X18000375. [167]

Brönnimann, S. et J. Wintzer (2018), « Climate data empathy », *Wiley Interdisciplinary Reviews: Climate Change*, vol. 10/2, http://dx.doi.org/10.1002/wcc.559. [27]

Brouwer, R. et al. (2007), « Socioeconomic vulnerability and adaptation to environmental risk: A case study of climate change and flooding in Bangladesh », *Risk Analysis*, vol. 27/2, pp. 313-326, http://dx.doi.org/10.1111/j.1539-6924.2007.00884.x. [142]

Brown, L. et al. (2014), « The past, present, and future of federal surveys: Observations from the Committee on National Statistics », *Conference Proceedings from JSM (Joint Statistical Meeting) 2014 - Social Statistics Section)*, Committee on National Statistics, Washington, DC. [148]

Brown, L. et V. Murray (2013), « Examining the relationship between infectious diseases and flooding in Europe », *Disaster Health*, vol. 1/2, pp. 117-127, http://dx.doi.org/10.4161/dish.25216. [40]

Brown, M., K. de Beurs et M. Marshall (2012), « Global phenological response to climate change in crop areas using satellite remote sensing of vegetation, humidity and temperature over 26 years », *Remote Sensing of Environment*, vol. 126, pp. 174-183, http://dx.doi.org/10.1016/j.rse.2012.08.009. [153]

Burke, M., S. Hsiang et E. Miguel (2015), « Global non-linear effect of temperature on economic production », *Nature*, vol. 527/7577, pp. 235-239, http://dx.doi.org/10.1038/nature15725. [130]

Cai, Y., T. Lenton et T. Lontzek (2016), « Risk of multiple interacting tipping points should encourage rapid CO2 emission reduction », *Nature Climate Change*, vol. 6/5, pp. 520-525, http://dx.doi.org/10.1038/nclimate2964. [197]

Calvin, K. et al. (2017), « The SSP4: A world of deepening inequality », *Global Environmental Change*, vol. 42, pp. 284-296, http://dx.doi.org/10.1016/j.gloenvcha.2016.06.010. [220]

CAT (2021), *Warming Projections Global Update*, Climate Action Tracker. [82]

Centola, D. et al. (2018), « Experimental evidence for tipping points in social convention », *Science*, vol. 360/6393, pp. 1116-1119, http://dx.doi.org/10.1126/science.aas8827. [223]

Ceola, S., F. Laio et A. Montanari (2014), « Satellite nighttime lights reveal increasing human exposure to floods worldwide », *Geophysical Research Letters*, vol. 41/20, pp. 7184-7190, http://dx.doi.org/10.1002/2014GL061859. [154]

Chen, C. et al. (2015), « University of Notre Dame Global Adaptation Index », *Technical Report*, https://gain.nd.edu/assets/254377/nd_gain_technical_document_2015.pdf. [152]

Clay, E. et O. Stokke (2000), *Food Aid and Human Security*, Frank Cass, Portland, OR. [62]

Collins, M. et al. (2013), « Long-term climate change: Projections, commitments and irreversibility », dans Stocker, T. et al. (dir. pub.), *Climate Change 2013 : The Physical Science Basis. Contribution of Working Group I to the Fifth Assessment Report*, Intergovernmental Panel on Climate Change, Geneva. [75]

Congressional Budget Office (2005), « Uncertainty in analyzing climate change: Policy implications », *A CBO Paper*, Congressional Budget Office, Washington, DC. [127]

CONSTRAIN (2020), *A New Generation of Climate Models, COVID-19 and the Paris Agreement*, ZERO IN ON Reports, The CONSTRAIN Project. [70]

Costanza, R. et al. (2017), « Twenty years of ecosystem services: How far have we come and how far do we still need to go? », *Ecosystem Services*, vol. 28, pp. 1-16, http://dx.doi.org/10.1016/J.ECOSER.2017.09.008. [208]

Council, N. (2001), *Climate Change Science: An Analysis of Some Key Questions*, National Academies Press, Washington, DC, http://dx.doi.org/10.17226/10139. [112]

David Tàbara, J. et al. (2018), *Positive Tipping Points in a Rapidly Warming World*, Elsevier B.V., http://dx.doi.org/10.1016/j.cosust.2018.01.012. [224]

De Juan, A. (2015), « Long-term environmental change and geographical patterns of violence in Darfur, 2003-2005 », *Political Geography*, vol. 45, pp. 22-33, http://dx.doi.org/10.1016/J.POLGEO.2014.09.001. [181]

Dee, D. et al. (2011), « The ERA-Interim reanalysis: Configuration and performance of the data assimilation system », *Quarterly Journal of the Royal Meteorological Society*, vol. 137/656, pp. 553-597, http://dx.doi.org/10.1002/qj.828. [24]

Dellink, R. et al. (2017), « Long-term economic growth projections in the Shared Socioeconomic Pathways », *Global Environmental Change*, vol. 42, pp. 200-214, http://dx.doi.org/10.1016/j.gloenvcha.2015.06.004. [215]

Des Jardins, J. (2013), *Environmental Ethics: An Introduction to Environmental Philosophy (Fifth Edition)*, Cengage Learning, Belmont, CA, https://digitalcommons.csbsju.edu/academic_books/5 (consulté le 6 janvier 2021). [209]

Deschênes, O., M. Greenstone et J. Guryan (2009), « Climate change and birth weight », *American Economic Review*, vol. 99/2, pp. 211-217, http://dx.doi.org/10.1257/aer.99.2.211. [144]

Dessai, S. et al. (2018), « Building narratives to characterise uncertainty in regional climate change through expert elicitation », *Environmental Research Letters*, vol. 13/7, p. 074005, http://dx.doi.org/10.1088/1748-9326/aabcdd. [124]

Dietz, S. et al. (2021), « Are economists getting climate dynamics right and does it matter? », *Journal of the Association of Environmental and Resource Economists*, vol. 8/5, pp. 895-921, http://dx.doi.org/10.1086/713977. [198]

Donatti, C. et al. (2016), « What information do policy makers need to develop climate adaptation plans for smallholder farmers? The case of Central America and Mexico », *Climatic Change*, vol. 141/1, pp. 107-121, http://dx.doi.org/10.1007/s10584-016-1787-x. [93]

Dunstone, N. et al. (2020), « Skilful interannual climate prediction from two large initialised model ensembles », *Environmental Research Letters*, vol. 15/9, p. 094083, http://dx.doi.org/10.1088/1748-9326/ab9f7d. [110]

Ebi, K. et al. (2021), « Burning embers: Synthesis of the health risks of climate change », *Environmental Research Letters*, vol. 16/4, p. 044042, http://dx.doi.org/10.1088/1748-9326/abeadd. [52]

Eckstein, D., V. Künzel et L. Schäfer (2021), *Global Climate Risk Index 2021*, Germanwatch, Bonn, https://germanwatch.org/sites/default/files/Global%20Climate%20Risk%20Index%202021_2.pdf. [150]

Edwards, B., M. Gray et B. Hunter (2019), « The social and economic impacts of drought », *Australian Journal of Social Issues*, vol. 54/1, pp. 22-31, https://doi.org/10.1002/ajs4.52. [65]

EEA (2008), « European scale exceedance mapping for PM10 and ozone based on daily interpolation fields », *ETC/ACC Technical Paper*, n° 2007/08, European Environmental Agency, Copenhagen. [163]

English National Study of Flooding and Health Study Group (2019), « Impact of repeat flooding on mental health and health-related quality of life: A cross-sectional analysis of the English National Study of Flooding and Health », *BMJ Open*, vol. 9/11, p. e031562, http://dx.doi.org/10.1136/bmjopen-2019-031562. [38]

Eyring, V. et al. (2016), « Overview of the Coupled Model Intercomparison Project Phase 6 (CMIP6) experimental design and organization », *Geoscientific Model Development*, vol. 9/5, pp. 1937-1958, http://dx.doi.org/10.5194/gmd-9-1937-2016. [102]

Eyring, V. et al. (2019), « Taking climate model evaluation to the next level », *Nature Climate Change*, vol. 9/2, pp. 102-110, http://dx.doi.org/10.1038/s41558-018-0355-y. [103]

Fankhauser, S., S. Dietz et P. Gradwell (2014), « Non-economic losses in the context of the UNFCCC work programme on loss and damage », *Technical Paper*, n° FCCC/TP/2013/2, United Nations Framework Convention on Climate Change, Geneva. [212]

Farmer, J. et al. (2015), « A third wave in the economics of climate change », *Environmental and Resource Economics*, vol. 62/2, pp. 329-357, http://dx.doi.org/10.1007/s10640-015-9965-2. [199]

Finn, D. (2020), *How do we build collaborative science for better urban planning and climate change adaptation?*, American Geophysical Union, Washington, DC. [95]

Flato, G. (2013), « Evaluation of climate models », dans Stocker, T. (dir. pub.), *Climate Change 2013 : The Physical Science Basis. Contribution of Working Group I to the Fifth Assessment Report of the Intergovernmental Panel on Climate Change*, Cambridge University Press, Cambridge, United Kingdom and New York, NY. [12]

Fouillet, A. et al. (2008), « Has the impact of heat waves on mortality changed in France since the European heat wave of summer 2003? A study of the 2006 heat wave », *International Journal of Epidemiology*, vol. 37/2, pp. 309-317, http://dx.doi.org/10.1093/ije/dym253. [53]

Fricko, O. et al. (2017), « The marker quantification of the Shared Socioeconomic Pathway 2: A middle-of-the-road scenario for the 21st century », *Global Environmental Change*, vol. 42, pp. 251-267, http://dx.doi.org/10.1016/j.gloenvcha.2016.06.004. [218]

Fujimori, S. et al. (2017), « SSP3: AIM implementation of Shared Socioeconomic Pathways », *Global Environmental Change*, vol. 42, pp. 268-283, http://dx.doi.org/10.1016/j.gloenvcha.2016.06.009. [219]

Gambhir, A. (2019), « Planning a Low-Carbon Energy Transition: What Can and Can't the Models Tell Us? », *Joule*, vol. 3/8, pp. 1795-1798, http://dx.doi.org/10.1016/j.joule.2019.07.016. [83]

Gasparrini, A. et al. (2015), « Mortality risk attributable to high and low ambient temperature: A multicountry observational study », *The Lancet*, vol. 386/9991, pp. 369-375, http://dx.doi.org/10.1016/s0140-6736(14)62114-0. [51]

Gasparrini, A. et al. (2017), « Projections of temperature-related excess mortality under climate change scenarios », *The Lancet Planetary Health*, vol. 1/9, pp. e360-e367, http://dx.doi.org/10.1016/s2542-5196(17)30156-0. [134]

GCOS (2016), *The Global Observing System for Climate: Implementation Needs*, GCOS, https://library.wmo.int/doc_num.php?explnum_id=3417 (consulté le 27 mai 2021). [20]

Gidden, M. et al. (2019), « Global emissions pathways under different socioeconomic scenarios for use in CMIP6: A dataset of harmonized emissions trajectories through the end of the century », *Geoscientific Model Development*, vol. 12/4, pp. 1443-1475, http://dx.doi.org/10.5194/gmd-12-1443-2019. [84]

Gillingham, K. et al. (2015), *Modeling Uncertainty in Climate Change: A Multi-Model Comparison*, National Bureau of Economic Research, Cambridge, MA, http://dx.doi.org/10.3386/w21637. [128]

Giuliani, G. et al. (2017), « Spatially enabling the Global Framework for Climate Services: Reviewing geospatial solutions to efficiently share and integrate climate data & information », *Climate Services*, vol. 8, pp. 44-58, http://dx.doi.org/10.1016/j.cliser.2017.08.003. [94]

Gollier, C. (2015), « Discounting, inequality and economic convergence », *Journal of Environmental Economics and Management*, vol. 69, pp. 53-61, http://dx.doi.org/10.1016/j.jeem.2014.10.005. [228]

Gollier, C. (2002), « Discounting an uncertain future », *Journal of Public Economics*, vol. 85/2, pp. 149-166, http://dx.doi.org/10.1016/S0047-2727(01)00079-2. [230]

Goody, R. et al. (2002), « Why monitor the climate? », *Bulletin of the American Meteorological Society*, pp. 873-878, https://doi.org/10.1175/1520-0477(2002)083<0873:WWSMTC>2.3.CO;2 (consulté le 27 mai 2021). [14]

Government of British Columbia (2021), « Chief coroner's updated statement on public safety during heat wave », 2 July, Statement, Public Safety and Solictor General, Government of British Columbia, Victoria, https://news.gov.bc.ca/releases/2021PSSG0062-001295. [60]

Government of India (2011), *Disaster Management in India*, Ministry of Home Affairs, New Delhi. [169]

Government of the Commonwealth of Dominica (2017), *PDNA: Post-Disaster Needs Assessment Hurricane Maria September 18, 2017*, Government of the Commonwealth of Dominica. [157]

Granderson, A. (2014), « Making sense of climate change risks and responses at the community level: A cultural-political lens », *Climate Risk Management*, vol. 3, pp. 55-64, http://dx.doi.org/10.1016/j.crm.2014.05.003. [4]

Guha-Sapir, D., D. Hargitt et P. Hoyois (2004), *Thirty Years of Natural Disasters 1974-2003: The Numbers*, Centre for Research on the Epidemiology of Disasters, Brussels. [45]

Guha-Sapir, D., P. Hoyois et R. Below (2016), *Annual Disaster Statistical Review 2015: The Numbers and Trends*, Centre for Research on the Epidemiology of Disasters, Brussels. [46]

Guo, H., L. Zhang et L. Zhu (2015), « Earth observation big data for climate change research », *Advances in Climate Change Research*, vol. 6/2, pp. 108-117, http://dx.doi.org/10.1016/j.accre.2015.09.007. [15]

Hailegiorgis, A., A. Crooks et C. Cioffi-Revilla (2018), « An agent-based model of rural households' adaptation to climate change », *Journal of Artificial Societies and Social Simulation*, vol. 21/4, p. 4, http://dx.doi.org/10.18564/jasss.3812. [202]

Hallegatte, S. et al. (2015), *Shock Waves: Managing the Impacts of Climate Change on Poverty*, Washington, DC: World Bank, http://dx.doi.org/10.1596/978-1-4648-0673-5. [138]

Hallegatte, S., M. Bangalore et A. Vogt-Schilb (2016), *Socioeconomic Resilience: Multi-Hazard Estimates in 117 Countries*, World Bank, Washington, DC, http://dx.doi.org/10.1596/1813-9450-7886. [5]

Hallegatte, S. et al. (2013), « Future flood losses in major coastal cities », *Nature Climate Change*, vol. 3/9, pp. 802-806, http://dx.doi.org/10.1038/nclimate1979. [36]

Hallegatte, S., J. Rentschler et J. Rozenberg (2019), *Lifelines: The Resilient Infrastructure Opportunity*, Washington, DC: World Bank, http://dx.doi.org/10.1596/978-1-4648-1430-3. [132]

Hallegatte, S. et J. Rozenberg (2017), « Climate change through a poverty lens », *Nature Climate Change*, vol. 7/4, pp. 250-256, http://dx.doi.org/10.1038/nclimate3253. [143]

Hanna, E. et P. Tait (2015), « Limitations to thermoregulation and acclimatization challenge human adaptation to global warming », *International Journal of Environmental Research and Public Health*, vol. 12/7, pp. 8034-8074, http://dx.doi.org/10.3390/ijerph120708034. [106]

Harrington, L. et F. Otto (2020), « Reconciling theory with the reality of African heatwaves », *Nature Climate Change*, vol. 10/9, pp. 796-798, http://dx.doi.org/10.1038/s41558-020-0851-8. [34]

Harrington, L. et F. Otto (2020), « Reconciling theory with the reality of African heatwaves », *Nature Climate Change*, vol. 10/9, pp. 796-798, http://dx.doi.org/10.1038/s41558-020-0851-8. [63]

Hassani, H., X. Huang et E. Silva (2019), « Big data and climate change », *Big Data and Cognitive Computing*, vol. 3/1, p. 12, http://dx.doi.org/10.3390/bdcc3010012. [18]

Haug, C. et al. (2009), « Navigating the dilemmas of climate policy in Europe: Evidence from policy evaluation studies », *Climatic Change*, vol. 101/3-4, pp. 427-445, http://dx.doi.org/10.1007/s10584-009-9682-3. [139]

Hausfather, Z. et al. (2020), « Evaluating the performance of past climate model projections », *Geophysical Research Letters*, vol. 47/1, http://dx.doi.org/10.1029/2019GL085378. [3]

Hausfather, Z. et al. (2020), « Evaluating the performance of past climate model projections », *Geophysical Research Letters*, vol. 47/1, http://dx.doi.org/10.1029/2019GL085378. [96]

Hausfather, Z. et G. Peters (2020), « Emissions – the 'business as usual' story is misleading », *Nature*, vol. 577/7792, pp. 618-620, http://dx.doi.org/10.1038/d41586-020-00177-3. [85]

Hawkins, E. et R. Sutton (2010), « The potential to narrow uncertainty in projections of regional precipitation change », *Climate Dynamics*, vol. 37/1-2, pp. 407-418, http://dx.doi.org/10.1007/s00382-010-0810-6. [120]

Hawkins, E. et R. Sutton (2009), « The potential to narrow uncertainty in regional climate predictions », *Bulletin of the American Meteorological Societ*, vol. 90/8, pp. 1095-1107. [119]

Hayes, K. et al. (2018), « Climate change and mental health: risks, impacts and priority actions », *International Journal of Mental Health Systems*, vol. 12/1, http://dx.doi.org/10.1186/s13033-018-0210-6. [136]

Henderson, J., A. Storeygard et D. Weil (2012), « Measuring economic growth from outer space », *American Economic Review*, vol. 102/2, pp. 994-1028, http://dx.doi.org/10.1257/aer.102.2.994. [164]

Hess, J. et al. (2018), « Building resilience to climate change: Pilot evaluation of the impact of India's first heat action plan on all-cause mortality », *Journal of Environmental and Public Health*, vol. 2018, pp. 1-8, http://dx.doi.org/10.1155/2018/7973519. [54]

Higgins, P. et J. Harte (2012), « Carbon cycle uncertainty increases climate change risks and mitigation challenges », *Journal of Climate*, vol. 25/21, pp. 7660-7668, http://dx.doi.org/10.1175/jcli-d-12-00089.1. [81]

Ho, E. et D. Budescu (2019), « Climate uncertainty communication », *Nature Climate Change*, vol. 9/11, pp. 802-803, http://dx.doi.org/10.1038/s41558-019-0606-6. [234]

Hoel, M. et T. Sterner (2007), « Discounting and relative prices », *Climatic Change*, vol. 84/3-4, pp. 265-280, http://dx.doi.org/10.1007/s10584-007-9255-2. [206]

Holden, P. et al. (2018), « Climate–carbon cycle uncertainties and the Paris Agreement », *Nature Climate Change*, vol. 8/7, pp. 609-613, http://dx.doi.org/10.1038/s41558-018-0197-7. [69]

Houck, B. (2018), « Why the world Is hating on plastic straws right now », 12 July, Eater. [182]

Howe, L. et al. (2019), « Acknowledging uncertainty impacts public acceptance of climate scientists' predictions », *Nature Climate Change*, vol. 9/11, pp. 863-867, http://dx.doi.org/10.1038/s41558-019-0587-5. [233]

Hsiang, S. (2016), « Climate Econometrics », *Annual Review of Resource Economics*, vol. 8/1, pp. 43-75, http://dx.doi.org/10.1146/annurev-resource-100815-095343. [191]

IFRC (2017), « Dominica: Hurricane Maria », *Information Bulletin*, International Federation of Red Cross and Red Crescent Societies, Geneva. [158]

IPCC (2019), « Summary for Policymakers », dans H.-O. Pörtner et al. (dir. pub.), *IPCC Special Report on the Ocean and Cryosphere in a Changing Climate*, Intergovernmental Panel on Climate Change, Geneva. [237]

IPCC (2018), « Annex I: Glossary [Matthews, J.B.R. (ed.)] », dans Masson-Delmotte, V. et al. (dir. pub.), *Global Warming of 1.5°C. An IPCC Special Report on the impacts of global warming of 1.5°C above pre-industrial levels and related global greenhouse gas emission pathways, in the context of strengthening the global response to the threat of climate change*, Intergovernmental Panel on Climate Change, Geneva. [111]

IPCC (2018), « Summary for Policymakers », dans Masson-Delmotte, V. et al. (dir. pub.), *Global Warming of 1.5°C. An IPCC Special Report on the impacts of global warming of 1.5°C above pre-industrial levels and related global greenhouse gas emission pathways, in the context of strengthening the global response to the threat of climate c [...]*, World Meteorological Organization, Geneva, Switzerland. [97]

IPCC (2013), « Summary for Policymakers », dans Stocker, T. et al. (dir. pub.), *Climate Change 2013 : The Physical Science Basis. Contribution of Working Group I to the Fifth Assessment Report of the Intergovernmental Panel on Climate Change*, Cambridge University Press, Cambridge, United Kingdom and New York, NY. [2]

IPCC (2012), *Managing the Risks of Extreme Events and Disasters to Advance Climate Change Adaptation. A Special Report of Working Groups I and II of the Intergovernmental Panel on Climate Change*, Cambridge University Press, Cambridge, United Kingdom, https://www.ipcc.ch/pdf/special-reports/srex/SREX_Full_Report.pdf. [175]

IPCC (2007), « Summary for Policymakers », dans Solomon, S. (dir. pub.), *Climate Change 2007 : The Physical Science Basis. Contribution of Working Group I to the Fourth Assessment Report of the Intergovernmental Panel on Climate Change*, Cambridge University Press, Cambridge, United Kingdom and New York, NY. [231]

IPCC (2000), *IPCC Special Report Emissions Scenarios – Summary for Policymakers*, Intergovernmental Panel on Climate Change, Geneva. [87]

Ishizawa, O., J. Miranda et E. Strobl (2017), *The Impact of Hurricane Strikes on Short-Term Local Economic Activity: Evidence from Nightlight Images in the Dominican Republic*, World Bank, Washington, DC, http://dx.doi.org/10.1596/1813-9450-8275. [165]

Jafino, B. et al. (2020), « Revised estimates of the impact of climate change on extreme poverty by 2030 », *Policy Research Working Paper*, n° 9417, World Bank, Washington, DC, https://openknowledge.worldbank.org/handle/10986/34555. [131]

Jebeile, J. et M. Crucifix (2020), « Multi-model ensembles in climate science: Mathematical structures and expert judgements », *Studies in History and Philosophy of Science Part A*, vol. 83, pp. 44-52, http://dx.doi.org/10.1016/j.shpsa.2020.03.001. [78]

Jiang, L. et B. O'Neill (2017), « Global urbanization projections for the Shared Socioeconomic Pathways », *Global Environmental Change*, vol. 42, pp. 193-199, http://dx.doi.org/10.1016/j.gloenvcha.2015.03.008. [216]

Kadiyala, M. et al. (2020), « Assessment of climate change and vulnerability in Indian state of Telangana for better agricultural planning », *Theoretical and Applied Climatology*, vol. 143/1-2, pp. 309-325, http://dx.doi.org/10.1007/s00704-020-03425-8. [104]

Kalkuhl, M. et L. Wenz (2020), « The impact of climate conditions on economic production. Evidence from a global panel of regions », *Journal of Environmental Economics and Management*, vol. 103, p. 102360, http://dx.doi.org/10.1016/j.jeem.2020.102360. [190]

Kalnay, E. et al. (1996), « The NCEP/NCAR 40-year reanalysis project », *Bulletin of the American Meteorological Society*, vol. 77/3, http://dx.doi.org/10.1175/1520-0477(1996)077<0437:TNYRP>2.0.CO;2. [23]

Kamber, G., C. McDonald et G. Price (2013), *Drying out: Investigating the economic effects of drought in New Zealand*, Reserve Bank of New Zealand, Wellington, https://www.nzae.org.nz/wp-content/uploads/2014/05/price.pdf. [64]

Kattenberg, A. et al. (1996), « Climate models - Projections of future climate », dans *Climate Change 1995 : The Science of Climate Change, Contribution of Working Group I to the Second Assessment Report of the Intergovernmental Panel on Climate Change*, Cambridge University Press, Cambridge, United Kingdom. [66]

Kelleher, J. (2017), « Descriptive versus prescriptive discounting in climate change policy analysis », *Georgetown Journal of Law & Public Policy*, vol. 15, https://heinonline.org/HOL/Page?handle=hein.journals/geojlap15&id=972&div=&collection= (consulté le 28 avril 2021). [225]

Kennedy, J. et al. (2021), *State of the Global Climate 2020*, World Meteorological Organization, Geneva. [21]

Kniveton, D., C. Smith et S. Wood (2011), « Agent-based model simulations of future changes in migration flows for Burkina Faso », *Global Environmental Change*, vol. 21/SUPPL. 1, pp. S34-S40, http://dx.doi.org/10.1016/j.gloenvcha.2011.09.006. [200]

Kobayashi, S. et al. (2015), « The JRA-55 Reanalysis: General Specifications and Basic Characteristics », *Journal of the Meteorological Society of Japan. Ser. II*, vol. 93/1, pp. 5-48, http://dx.doi.org/10.2151/jmsj.2015-001. [25]

Kolstad, C. et al. (2015), « Social, economic, and ethical concepts and methods », dans *Intergovernmental Panel of Climate Change Working Group 3*, Cambridge University Press, Cambridge, United Kingdom, http://dx.doi.org/10.1017/cbo9781107415416.009. [227]

Kotamarthi, R. et al. (2016), *Use of Climate Information for Decision-Making and Impacts Research: State of Our Understanding*, prepared for the Department of Defense, Strategic Environmental Research and Development Program. [121]

KPMG (2016), « Preparing MSMEs for effective disaster management », April, KPMG, Amstelveen, The Netherlands, https://assets.kpmg/content/dam/kpmg/pdf/2016/05/Disaster-Management-Preparedness-SME.pdf. [173]

Kreft, S., D. Eckstein et I. Melchior (2016), *Global Climate Risk Index 2017: Who Suffers Most From Extreme Weather Events? Weather-related Loss Events in 2015 and 1996 to 2015*, Germanwatch, Bonn. [168]

Kriegler, E. et al. (2017), « Fossil-fueled development (SSP5): An energy and resource intensive scenario for the 21st century », *Global Environmental Change*, vol. 42, pp. 297-315, http://dx.doi.org/10.1016/j.gloenvcha.2016.05.015. [221]

Kunreuther, H. et al. (2014), « Integrated risk and uncertainty assessment of climate change response policies », dans Edenhofer, O. et al. (dir. pub.), *Climate Change 2014 : Mitigation of Climate Change. Contribution of Working Group III to the Fifth Assessment Report of the Intergovernmental Panel on Climate Chang*, Cambridge University Press, Cambridge, United Kingdom and New York, NY. [9]

LaJeunesse Connette, K. et al. (2016), « Assessment of mining extent and expansion in Myanmar based on freely-available satellite imagery », *Remote Sensing*, vol. 8/11, p. 912, http://dx.doi.org/10.3390/rs8110912. [156]

Le Tertre, A. et al. (2006), « Impact of the 2003 heatwave on all-cause mortality in 9 French cities », *Epidemiology*, vol. 17/1, pp. 75-79, http://www.jstor.org/stable/20486164. [100]

Lowe, J. et al. (2018), *UKCP18 Science Overview Report*, MET Office. [118]

Marcheggiani, S. et al. (2010), « Risks of water-borne disease outbreaks after extreme events », *Toxicological & Environmental Chemistry*, vol. 92/3, pp. 593-599, http://dx.doi.org/10.1080/02772240903252140. [41]

Masson-Delmotte, V. et al. (dir. pub.) (2021), *Climate Change 2021: The Physical Science Basis. Contribution of Working Group I to the Sixth Assessment Report of the Intergovernmental Panel on Climate Change*, Cambridge University Press, In press. [1]

Masson-Delmotte, V. et al. (dir. pub.) (2018), *Global Warming of 1.5°C. An IPCC Special Report on the impacts of global warming of 1.5°C above pre-industrial levels and related global greenhouse gas emission pathways, in the context of strengthening the global response to the threat of climate change, sustainable development, and efforts to eradicate poverty.* [86]

McCollum, D. et al. (2020), « Energy modellers should explore extremes more systematically in scenarios », *Nature Energy*, vol. 5/2, pp. 104-107, http://dx.doi.org/10.1038/s41560-020-0555-3. [88]

MEEDDM, G. (2009), *Evaluation du coût des impacts du changement climatique et de l'adaptation en France*, http://www.onerc.gouv.fr (consulté le 4 juillet 2021). [105]

Meehl, G. et al. (2020), « Context for interpreting equilibrium climate sensitivity and transient climate response from the CMIP6 Earth system models », *Science Advances*, vol. 6/26, p. eaba1981, http://dx.doi.org/10.1126/sciadv.aba1981. [76]

Meyer, B., W. Mok et J. Sullivan (2015), « Household Surveys in Crisis », *Journal of Economic Perspectives*, vol. 29/4, pp. 199-226, http://dx.doi.org/10.1257/jep.29.4.199. [147]

Mitchell, T. et P. Jones (2005), « An improved method of constructing a database of monthly climate observations and associated high-resolution grids », *International Journal of Climatology*, vol. 25/6, pp. 693-712, http://dx.doi.org/10.1002/joc.1181. [16]

Molina, T. et E. Abadal (2021), « The evolution of communicating the uncertainty of climate change to policymakers: A study of IPCC synthesis reports », *Sustainability*, vol. 13/5, p. 2466, http://dx.doi.org/10.3390/su13052466. [232]

Monasterolo, I., A. Roventini et T. Foxon (2019), « Uncertainty of climate policies and implications for economics and finance: An evolutionary economics approach », *Ecological Economics*, vol. 163, pp. 177-182, http://dx.doi.org/10.1016/j.ecolecon.2019.05.012. [194]

Mora, C. et al. (2017), « Global risk of deadly heat », *Nature Climate Change*, vol. 7/7, pp. 501-506, http://dx.doi.org/10.1038/nclimate3322. [57]

Nardo, M. et al. (2005), *Handbook on Constructing Composite Indicators*, OECD, Paris, https://www.oecd.org/sdd/42495745.pdf. [149]

National Research Council (2012), « Integrated climate observing system and Earth system analysis », dans *A National Strategy for Advancing Climate Modeling*, National Academies Press, Washington, DC, http://dx.doi.org/10.17226/13430. [19]

Neumann, J. et al. (2020), « Climate damage functions for estimating the economic impacts of climate change in the United States », *Review of Environmental Economics and Policy*, vol. 14/1, pp. 25-43, http://dx.doi.org/10.1093/reep/rez021. [193]

Newell, R., B. Prest et S. Sexton (2021), « The GDP-Temperature relationship: Implications for climate change damages », *Journal of Environmental Economics and Management*, p. 102445, http://dx.doi.org/10.1016/j.jeem.2021.102445. [160]

Nissan, H. et al. (2019), « On the use and misuse of climate change projections in international development », *Wiley Interdisciplinary Reviews: Climate Change*, vol. 10/3, p. e579, http://dx.doi.org/10.1002/wcc.579. [91]

Nordhaus, W. (2018), « Evolution of modeling of the economics of global warming: Changes in the DICE model, 1992-2017 », *Climatic Change*, vol. 148/4, pp. 623-640, http://dx.doi.org/10.1007/s10584-018-2218-y. [195]

Nordhaus, W. (1992), « An optimal transition path for controlling greenhouse gases », *Science*, vol. 258/5086, pp. 1315-1319, http://dx.doi.org/10.1126/SCIENCE.258.5086.1315. [188]

Noy, I. (2015), « Natural disasters in the Pacific Island Countries: new measurements of impacts », *Natural Hazards*, vol. 84/S1, pp. 7-18, http://dx.doi.org/10.1007/s11069-015-1957-6. [31]

Noy, I. et W. duPont IV (2018), « The long-term consequences of disasters: What do we know, and what we still don't », *International Review of Environmental and Resource Economics*, vol. 12/4, pp. 325-354, http://dx.doi.org/10.1561/101.00000104. [32]

OCDE (2016), *Les conséquences économiques du changement climatique*, Éditions OCDE, Paris, https://dx.doi.org/10.1787/9789264261082-fr. [129]

Oreskes, N. et E. Conway (2010), *Merchants of Doubt: How a Handful of Scientists Obscure The Truth on Issues from Tobacco Smoke to Global Warming*, Bloomsbury Press, New York. [235]

Otto, C. et al. (2017), « Modeling loss-propagation in the global supply network: The dynamic agent-based model acclimate », *Journal of Economic Dynamics and Control*, vol. 83, pp. 232-269, http://dx.doi.org/10.1016/J.JEDC.2017.08.001. [203]

Otto, F. (2016), « The art of attribution », *Nature Climate Change*, vol. 6/4, pp. 342-343, http://dx.doi.org/10.1038/nclimate2971. [28]

Otto, F. et al. (2020), « Challenges to understanding extreme weather changes in lower income countries », *Bulletin of the American Meteorological Society*, vol. 101/10, pp. E1851-E1860, http://dx.doi.org/10.1175/bams-d-19-0317.1. [59]

Otto, I. et al. (2020), « Social tipping dynamics for stabilizing Earth's climate by 2050 », *Proceedings of the National Academy of Sciences of the United States of America*, vol. 117/5, pp. 2354-2365, http://dx.doi.org/10.1073/pnas.1900577117. [222]

Ozturk, T., F. Saygili-Araci et M. Kurnaz (2021), « Projected changes in extreme temperature and precipitation indices over CORDEX-MENA domain », *Atmosphere*, vol. 12/5, p. 622, http://dx.doi.org/10.3390/atmos12050622. [48]

Palmer, T. et B. Stevens (2019), « The scientific challenge of understanding and estimating climate change », *Proceedings of the National Academy of Sciences*, vol. 116/49, pp. 24390-24395, http://dx.doi.org/10.1073/pnas.1906691116. [122]

Patankar, A. (2019), « Impacts of natural disasters on households and small businesses in India », *SSRN Electronic Journal*, http://dx.doi.org/10.2139/ssrn.3590902. [171]

Peng, W. et al. (2021), « Climate policy models need to get real about people — here's how », *Nature*, vol. 594/7862, pp. 174-176, http://dx.doi.org/10.1038/d41586-021-01500-2. [89]

Perkins, S. et L. Alexander (2013), « On the Measurement of Heat Waves », *Journal of Climate*, vol. 26/13, pp. 4500-4517, http://dx.doi.org/10.1175/jcli-d-12-00383.1. [50]

Perman, R. et al. (2011), *Natural Resource and Environmental Economics* -, Addison Wesley, https://www.amazon.fr/Natural-Resource-Environmental-Economics-Perman/dp/0321417534 (consulté le 6 janvier 2021). [210]

Philip, S. et al. (2020), « A protocol for probabilistic extreme event attribution analyses », *Advances in Statistical Climatology, Meteorology and Oceanography*, vol. 6/2, pp. 177-203, http://dx.doi.org/10.5194/ascmo-6-177-2020. [29]

Pidgeon, N. (2012), « Climate change risk perception and communication: Addressing a critical moment? », *Risk Analysis*, vol. 32/6, pp. 951-956, http://dx.doi.org/10.1111/j.1539-6924.2012.01856.x. [238]

Pindyck, R. (2017), « The use and misuse of models for climate policy », *Review of Environmental Economics and Policy*, vol. 11/1, pp. 100-114, http://dx.doi.org/10.1093/reep/rew012. [192]

Poortvliet, P. et al. (2020), « Communicating Climate Change Risk: A Content Analysis of IPCC's Summary for Policymakers », *Sustainability*, vol. 12/12, p. 4861, http://dx.doi.org/10.3390/su12124861. [239]

Prigerson, H. et P. Maciejewski (2006), *Prolonged Grief Disorder (PG-13)*, Weill Cornell Medicine Center for Research on End-of-Life Care, New York. [186]

Rahmstorf, S., G. Foster et N. Cahill (2017), « Global temperature evolution: Recent trends and some pitfalls », *Environmental Research Letters*, vol. 12/5, p. 054001, http://dx.doi.org/10.1088/1748-9326/aa6825. [17]

Rai, V. et A. Henry (2016), *Agent-based Modelling of Consumer Energy Choices*, Nature Publishing Group, http://dx.doi.org/10.1038/nclimate2967. [201]

Randles, C. et al. (2017), « The MERRA-2 Aerosol Reanalysis, 1980 onward. Part I: System description and data assimilation evaluation », *Journal of Climate*, vol. 30/17, pp. 6823-6850, http://dx.doi.org/10.1175/jcli-d-16-0609.1. [26]

Ranger, N. et al. (2010), « An assessment of the potential impact of climate change on flood risk in Mumbai », *Climatic Change*, vol. 104/1, pp. 139-167, http://dx.doi.org/10.1007/s10584-010-9979-2. [179]

Riahi, K. et al. (2017), « The Shared Socioeconomic Pathways and their energy, land use, and greenhouse gas emissions implications: An overview », *Global Environmental Change*, vol. 42, pp. 153-168, http://dx.doi.org/10.1016/j.gloenvcha.2016.05.009. [8]

Robine, J. et al. (2008), « Death toll exceeded 70,000 in Europe during the summer of 2003 », *Comptes Rendus Biologies*, vol. 331/2, pp. 171-178, http://dx.doi.org/10.1016/j.crvi.2007.12.001. [56]

Rode, K. et al. (2015), « Can polar bears use terrestrial foods to offset lost ice-based hunting opportunities? », *Frontiers in Ecology and the Environment*, vol. 13/3, pp. 138-145, http://dx.doi.org/10.1890/140202. [183]

Rogelj, J. et al. (2021), « Net-zero emissions targets are vague: Three ways to fix », *Nature*, vol. 591/7850, pp. 365-368, http://dx.doi.org/10.1038/d41586-021-00662-3. [90]

Romer, D. (2020), « In praise of confidence intervals », *AEA Papers and Proceedings*, vol. 110, pp. 55-60, http://dx.doi.org/10.1257/pandp.20201059. [161]

Rowell, D. (2011), « Sources of uncertainty in future changes in local precipitation », *Climate Dynamics*, vol. 39/7-8, pp. 1929-1950, http://dx.doi.org/10.1007/s00382-011-1210-2. [116]

Russo, S. et al. (2016), « When will unusual heat waves become normal in a warming Africa? », *Environmental Research Letters*, vol. 11/5, p. 054016, http://dx.doi.org/10.1088/1748-9326/11/5/054016. [47]

Samir, K. et W. Lutz (2017), « The human core of the Shared Socioeconomic Pathways: Population scenarios by age, sex and level of education for all countries to 2100 », *Global Environmental Change*, vol. 42, pp. 181-192, http://dx.doi.org/10.1016/j.gloenvcha.2014.06.004. [214]

Serdeczny, O., E. Waters et S. Chan (2016), « Non-economic loss and damage in the context of climate change », *Discussion Paper*, n° 3, German Development Institute, Bonn. [176]

Sharpe, S. et T. Lenton (2021), « Upward-scaling tipping cascades to meet climate goals: Plausible grounds for hope », *Climate Policy*, vol. 21/4, pp. 421-433, http://dx.doi.org/10.1080/14693062.2020.1870097. [240]

Shepherd, T. (2019), « Storyline approach to the construction of regional climate change information », *Proceedings of the Royal Society A: Mathematical, Physical and Engineering Sciences*, vol. 475/2225, p. 20190013, http://dx.doi.org/10.1098/rspa.2019.0013. [11]

Shepherd, T. (2014), « Atmospheric circulation as a source of uncertainty in climate change projections », *Nature Geoscience*, vol. 7/10, pp. 703-708, http://dx.doi.org/10.1038/ngeo2253. [114]

Shepherd, T. et al. (2018), « Storylines: an alternative approach to representing uncertainty in physical aspects of climate change », *Climatic Change*, vol. 151/3-4, pp. 555-571, http://dx.doi.org/10.1007/s10584-018-2317-9. [125]

Sherwood, S. et al. (2020), « An Assessment of Earth's Climate Sensitivity Using Multiple Lines of Evidence », *Reviews of Geophysics*, vol. 58/4, http://dx.doi.org/10.1029/2019rg000678. [71]

Siler, N. et al. (2018), « Revisiting the surface-energy-flux perspective on the sensitivity of global precipitation to climate change », *Climate Dynamics*, vol. 52/7-8, pp. 3983-3995, http://dx.doi.org/10.1007/s00382-018-4359-0. [113]

Singh, C. (2018), *Assessing India's Mounting Climate Losses to Financial Institutions*, Action on Climate Today, http://www.indiaenvironmentportal.org.in/files/file/climate-losses-revised.pdf. [174]

Singh, C. et al. (2021), « Losses and damages associated with slow-onset events: Urban drought and water insecurity in Asia », *Current Opinion in Environmental Sustainability*, vol. 50, pp. 72-86, http://dx.doi.org/10.1016/j.cosust.2021.02.006. [178]

Sjoukje Philip, C. et al. (2021), « Rapid attribution analysis of the extraordinary heatwave on the Pacific Coast of the US and Canada June 2021 », World Weather Attribution, https://www.worldweatherattribution.org/wp-content/uploads/NW-US-extreme-heat-2021-scientific-report-WWA.pdf. [101]

Smith, D. et al. (2019), « Robust skill of decadal climate predictions », *npj Climate and Atmospheric Science*, vol. 2/1, http://dx.doi.org/10.1038/s41612-019-0071-y. [109]

Stainforth, D. et R. Calel (2020), « New priorities for climate science and climate economics in the 2020s », *Nature Communications*, vol. 11/1, http://dx.doi.org/10.1038/s41467-020-16624-8. [123]

Steffen, W. et al. (2019), *Compound Costs: How Climate Change is Damaging Australia's Economy*, Climate Council of Australia, Potts Point. [43]

Steffen, W. et al. (2018), « Trajectories of the Earth System in the Anthropocene », *Proceedings of the National Academy of Sciences*, vol. 115/33, pp. 8252-8259, http://dx.doi.org/10.1073/pnas.1810141115. [80]

Sterner, T. et U. Persson (2008), « An even Sterner Review: Introducing relative prices into the discounting debate », *Review of Environmental Economics and Policy*, vol. 2/1, pp. 61-76, http://dx.doi.org/10.1093/reep/rem024. [207]

Stern, N. (2013), « The structure of economic modeling of the potential impacts of climate change: Grafting gross underestimation of risk onto already narrow science models », *Journal of Economic Literature*, vol. 51/3, pp. 838-859, http://dx.doi.org/10.1257/jel.51.3.838. [196]

Stern, N. (2006), *The Economics of Climate Change : The Stern Review*, Cambridge University Press, Cambridge, United Kingdom. [189]

Stillman, J. (2019), « Heat waves, the new normal: Summertime temperature extremes will impact animals, ecosystems, and human communities », *Physiology*, vol. 34/2, pp. 86-100, http://dx.doi.org/10.1152/physiol.00040.2018. [108]

Stocker, T. et al. (2001), « Physical climate processes and feedbacks », dans Houghton, J. et al. (dir. pub.), *Climate Change 2001 : The Scientific Basis – Contribution of Working Group I to the Third Assessment Report of the Intergovernmental Panel on Climate Change*, Cambridge University Press, Cambridge, United Kingdom and New York, NY. [241]

Stocker, T. et al. (2013), « Technical summary », dans Stocker, T. et al. (dir. pub.), *Climate Change 2013 : The Physical Science Basis. Contribution of Working Group I to the Fifth Assessment Report of the Intergovernmental Panel on Climate Change*, Intergovernmental Panel on Climate Change, Geneva. [79]

Stott, P., D. Stone et M. Allen (2004), « Human contribution to the European heatwave of 2003 », *Nature*, vol. 432/7017, pp. 610-614, http://dx.doi.org/10.1038/nature03089. [98]

Strobl, E. (2012), « The economic growth impact of natural disasters in developing countries: Evidence from hurricane strikes in the Central American and Caribbean regions », *Journal of Development Economics*, vol. 97/1, pp. 130-141, http://dx.doi.org/10.1016/j.jdeveco.2010.12.002. [159]

Subroy, V. et al. (2019), « The worth of wildlife: A meta-analysis of global non-market values of threatened species », *Ecological Economics*, vol. 164, p. 106374, http://dx.doi.org/10.1016/j.ecolecon.2019.106374. [213]

Sutton, R. (2019), « Climate science needs to take risk assessment much more seriously », *Bulletin of the American Meteorological Society*, vol. 100/9, pp. 1637-1642, http://dx.doi.org/10.1175/bams-d-18-0280.1. [236]

Taupo, T., H. Cuffe et I. Noy (2018), « Household vulnerability on the frontline of climate change: the Pacific atoll nation of Tuvalu », *Environmental Economics and Policy Studies*, vol. 20/4, pp. 705-739, http://dx.doi.org/10.1007/s10018-018-0212-2. [145]

Tong, S. (2017), « Flooding-related displacement and mental health », *The Lancet Planetary Health*, vol. 1/4, pp. e124-e125, http://dx.doi.org/10.1016/s2542-5196(17)30062-1. [39]

Trewin, B. et al. (2021), « Headline indicators for global climate monitoring », *Bulletin of the American Meteorological Society*, vol. 102/1, pp. E20-E37, http://dx.doi.org/10.1175/bams-d-19-0196.1. [22]

Tschakert, P. et al. (2017), « Climate change and loss, as if people mattered: Values, places and experiences », *WIREs Climate Change*, vol. 8/5, http://dx.doi.org/10.1002/wcc.476. [185]

Tschakert, P. et al. (2019), « One thousand ways to experience loss: A systematic analysis of climate-related intangible harm from around the world », *Global Environmental Change*, vol. 55, pp. 58-72, http://dx.doi.org/10.1016/j.gloenvcha.2018.11.006. [137]

Tschumi, E. et J. Zscheischler (2019), « Countrywide climate features during recorded climate-related disasters », *Climatic Change*, vol. 158/3-4, pp. 593-609, http://dx.doi.org/10.1007/s10584-019-02556-w. [33]

Turner, W. (2013), « Satellites: Make data freely accessible », *Nature*, vol. 498/7452, pp. 37-37, http://dx.doi.org/10.1038/498037c. [155]

Uddin, M. et al. (2019), « Mapping of climate vulnerability of the coastal region of Bangladesh using principal component analysis », *Applied Geography*, vol. 102, pp. 47-57, http://dx.doi.org/10.1016/j.apgeog.2018.12.011. [162]

UNFCCC (2015), *Paris Agreement*, United Nations Framework Convention on Climate Change, Paris, https://treaties.un.org/pages/ViewDetails.aspx?src=TREATY&mtdsg_no=XXVII-7-d&chapter=27. [68]

Usanov, A. et M. Gehem (2014), *Innovation in a Waming World*, The Hague Centre for Strategic Studies and TNO, https://hcss.nl/report/innovation-in-a-warming-world-research-tackling-the-grand-challenge-of-climate-change-in-europe/. [151]

Vaidyanathan, A. et al. (2019), « Assessment of extreme heat and hospitalizations to inform early warning systems », *Proceedings of the National Academy of Sciences*, vol. 116/12, pp. 5420-5427, http://dx.doi.org/10.1073/pnas.1806393116. [58]

van der Geest, K. et al. (2019), « The impacts of climate change on ecosystem services and resulting losses and damages to people and society », dans Mechler, R. et al. (dir. pub.), *Loss and Damage from Climate Change. Climate Risk Management, Policy and Governance*, Springer, Cham, http://dx.doi.org/10.1007/978-3-319-72026-5_9. [205]

van Vuuren, D. et al. (2017), « Energy, land-use and greenhouse gas emissions trajectories under a green growth paradigm », *Global Environmental Change*, vol. 42, pp. 237-250, http://dx.doi.org/10.1016/j.gloenvcha.2016.05.008. [217]

Varian, H. (2006), « Economist seeks to recalculate the costs of global climate change »*, New York Times*, 14 December, https://www.nytimes.com/2006/12/14/business/worldbusiness/14iht-climate.3896788.html (consulté le 31 mars 2021). [226]

Vautard, R. et al. (2020), « Human contribution to the record-breaking June and July 2019 heatwaves in Western Europe », *Environmental Research Letters*, vol. 15/9, p. 094077, http://dx.doi.org/10.1088/1748-9326/aba3d4. [99]

Visser, H., A. Petersen et W. Ligtvoet (2014), « On the relation between weather-related disaster impacts, vulnerability and climate change », *Climatic Change*, vol. 125/3-4, pp. 461-477, http://dx.doi.org/10.1007/s10584-014-1179-z. [30]

Viswanathan, B. et K. Kavi Kumar (2015), « Weather, agriculture and rural migration: Evidence from state and district level migration in India », *Environment and Development Economics*, vol. 20/4, pp. 469-492, http://dx.doi.org/10.1017/s1355770x1500008x. [170]

Wagner, G. et M. Weitzman (2018), « Potentially large equilibrium climate sensitivity tail uncertainty », *Economics Letters*, vol. 168, pp. 144-146, http://dx.doi.org/10.1016/j.econlet.2018.04.036. [73]

Ward, P. et al. (2017), « A global framework for future costs and benefits of river-flood protection in urban areas », *Nature Climate Change*, vol. 7/9, pp. 642-646, http://dx.doi.org/10.1038/nclimate3350. [37]

Weitzman, M. (2009), « Additive damages, fat-tailed climate dynamics, and uncertain discounting », *Economics: The Open-Access, Open-Assessment E-Journal*, vol. 3/2009-39, p. 1, http://dx.doi.org/10.5018/economics-ejournal.ja.2009-39. [74]

Wei, Y., Z. Mi et Z. Huang (2015), « Climate policy modeling: An online SCI-E and SSCI based literature review », *Omega*, vol. 57, pp. 70-84, http://dx.doi.org/10.1016/j.omega.2014.10.011. [187]

Whiteman, J. et al. (2015), « Summer declines in activity and body temperature offer polar bears limited energy savings », *Science*, vol. 349/6245, pp. 295-298, http://dx.doi.org/10.1126/science.aaa8623. [184]

Whitman, S. et al. (1997), « Mortality in Chicago attributed to the July 1995 heat wave », *American Journal of Public Health*, vol. 87/9, pp. 1515-1518, http://dx.doi.org/10.2105/ajph.87.9.1515. [55]

WHO (2021), « Hospital beds (per 10 000 population) », *Global Health Observatory*, (database), https://www.who.int/data/gho/data/indicators/indicator-details/GHO/hospital-beds-(per-10-000-population) (consulté le 10 septembre 2021). [141]

WHO (2014), *Quantitative risk assessment of the effects of climate change on selected causes of death, 2030s and 2050s*, https://apps.who.int/iris/bitstream/handle/10665/134014/9789241507691_eng.pdf?sequence=1&isAllowed=y. [135]

Witsenburg, K. et W. Adano (2009), « Of rain and raids: Violent livestock raiding in northern Kenya », *Civil Wars*, vol. 11/4, pp. 514-538, http://dx.doi.org/10.1080/13698240903403915. [180]

World Bank (2021), *Climate Change Knowledge Portal*, website, https://climateknowledgeportal.worldbank.org/ (consulté le 10 septembre 2021). [204]

World Bank (2021), « Subnational population », *DataBank*, (database), https://databank.worldbank.org/source/subnational-population (consulté le 10 septembre 2021). [140]

Xu, Z., Y. Han et Z. Yang (2018), « Dynamical downscaling of regional climate: A review of methods and limitations », *Science China Earth Sciences*, vol. 62/2, pp. 365-375, http://dx.doi.org/10.1007/s11430-018-9261-5. [35]

Zander, K. et al. (2015), « Heat stress causes substantial labour productivity loss in Australia », *Nature Climate Change*, vol. 5/7, pp. 647-651, http://dx.doi.org/10.1038/nclimate2623. [44]

Zappa, G., E. Bevacqua et T. Shepherd (2021), « Communicating potentially large but non-robust changes in multi-model projections of future climate », *International Journal of Climatology*, vol. 41/6, pp. 3657-3669, http://dx.doi.org/10.1002/joc.7041. [10]

Zappa, G. et T. Shepherd (2017), « Storylines of atmospheric circulation change for European regional climate impact assessment », *Journal of Climate*, vol. 30/16, pp. 6561-6577, http://dx.doi.org/10.1175/jcli-d-16-0807.1. [117]

Zelinka, M. et al. (2020), « Causes of higher climate sensitivity in CMIP6 models », *Geophysical Research Letters*, vol. 47/1, http://dx.doi.org/10.1029/2019gl085782. [77]

Zittis, G. et al. (2021), « Business-as-usual will lead to super and ultra-extreme heatwaves in the Middle East and North Africa », *npj Climate and Atmospheric Science*, vol. 4/1, http://dx.doi.org/10.1038/s41612-021-00178-7. [49]

Notes

[1] The Flood Observatory, https://floodobservatory.colorado.edu/.

[2] L'équivalent dioxyde de carbone ou équivalent CO_2 (éq. CO_2) est une mesure permettant de comparer les émissions de divers GES à celles de CO_2. Il suffit, pour la calculer, de convertir les quantités de gaz divers en volume équivalent de dioxyde de carbone en se fondant sur leur potentiel de réchauffement global (PRG).

[3] Si l'on veut évaluer les pertes et dommages alors que les concentrations de GES dans l'atmosphère continuent de s'accroître et que le climat continue de changer, la TCR est la technique la plus utile pour comprendre l'ampleur du changement climatique mondial – comme les réponses climatiques – en 2050. En revanche, si l'on veut évaluer la « nouvelle normalité » qui résultera à longue échéance d'un certain degré de changement climatique, une fois que le système terrestre se sera stabilisé, l'ECS est plus utile pour comprendre les changements tels que la hausse du niveau de la mer à long terme.

[4] L'incertitude des valeurs de l'ECS tient aux nombreux processus et rétroactions qui interviennent dans le système climatique. Ces facteurs ont pour effet d'accroître ou de réduire le degré de réchauffement résultant d'une augmentation directe des émissions, et donc du forçage radiatif. Les rétroactions qui se produisent dans l'atmosphère – et influencent en grande partie l'ECS – concernent la vapeur d'eau et les nuages, ainsi que leurs interactions avec les rayonnements. Le caractère erratique des processus océaniques déterminant le transport des flux air-mer et la réflectivité des surfaces (comme l'albédo des nuages, de la neige ou des sols) est un autre facteur d'incertitude de la fourchette de valeurs de l'ECS (Stocker et al., 2001[241]). Il y a fort à parier que ces phénomènes, une fois combinés, provoqueront une

amplification (et non une diminution) du réchauffement par rapport à ce que la simple physique pourrait laisser espérer, en particulier sur de longues périodes de temps (Flato, 2013[12]).

[5] Cela n'est pas incompatible avec la fourchette dite « probable » (66-100 % de probabilité) définie dans le cinquième Rapport d'évaluation – à savoir 1.5-4.5 °C –, présentée comme ayant 34 % de risque d'être dépassée.

[6] Hausse de la température moyenne à la surface du globe observée sur la période 2006-15 par rapport à la moyenne enregistrée sur la période 1850-1900 (IPCC, 2018[97]). La hausse est probablement comprise entre 0.75 °C et 0.99 °C.

[7] Dans un modèle de circulation générale, la Terre est découpée en couches – ce que l'on appelle le maillage – sur lesquelles sont réalisées une modélisation et une projection de toutes sortes de processus complexes formant la dynamique du système terrestre. La résolution spatiale de ce type de modèle – de pointe – est d'environ 100 km.

[8] Une anomalie de température est un écart par rapport à une valeur de référence. Une anomalie positive signifie que la température en question dépasse la valeur de référence, et une anomalie négative qu'elle lui est inférieure. « Anomalie » ne désigne pas un événement inattendu ou inexplicable ; il s'agit d'un terme scientifique. La mesure des anomalies de températures est un moyen de réduire les biais causés par les modèles et la variabilité climatique. Cela permet d'obtenir des comparaisons plus utiles des lieux et des modèles, ainsi que des calculs plus précis des tendances en matière de températures.

[9] L'exposition décrit les biens et les moyens de subsistance qui sont exposés aux dangers climatiques, par exemple ceux des personnes qui vivent dans des régions côtières de faible altitude. La vulnérabilité décrit la propension des biens et des moyens de subsistance exposés d'être affectés négativement par les dangers, par exemple la durabilité physique des bâtiments dans les régions côtières de faible altitude (voir section 1.4 au chapitre 1).

[10] Il existe évidemment des exceptions, comme par exemple le marché de l'assurance, qu'une augmentation de la quantité d'informations disponible peut conduire à l'effondrement : à titre d'illustration, si un prestataire d'assurance sait exactement quels ménages seront touchés par des inondations au cours des prochaines années, il refusera de leur proposer une assurance. De leur côté, les ménages à l'abri des inondations choisiront de ne pas s'assurer, puisqu'ils savent que la raison pour laquelle on leur propose une assurance est qu'ils ne seront pas inondés. Fondamentalement, l'assurance crée un marché pour l'incertitude (voir chapitre 5). Lorsque l'incertitude est suffisamment atténuée, ce marché ne fonctionne plus. Cela étant, même ces marchés ont besoin d'un minimum d'informations, qui permettent d'opérer un transfert des risques par l'intermédiaire du marché. C'est l'une des raisons pour lesquelles les autorités doivent s'efforcer de trouver un équilibre entre la protection de la vie privée des assurés et les informations auxquelles les compagnies d'assurance peuvent accéder.

[12] On recense différents types de MEI et différents modèles pour chaque type de MEI, mis au point par diverses institutions et divers organismes de recherche au fil des années. Les MEI à grande échelle décrivent l'évolution possible du système énergétique, de la croissance démographique, du développement économique et d'autres déterminants des émissions, tels que l'agriculture et l'utilisation des terres. Ils sont généralement utilisés pour déterminer le rapport coût-efficacité de la réalisation des objectifs d'atténuation du changement climatique. Cette section s'intéresse à un autre type de MEI, dit MEI à complexité réduite. Cette catégorie repose sur des hypothèses simplifiées concernant les déterminants

socio-économiques des émissions et le coût des mesures d'atténuation, tout en tenant compte des coûts associés à l'évitement des effets du changement climatique.

[13] Sterner et Persson (2008[207]) fixent l'élasticité de substitution à 0.5 ; autrement, dit, une hausse de 10 % du prix du bien environnemental devrait entraîner une hausse de la demande pour l'autre bien de 5 % – contre 10 % dans un scénario de substituabilité parfaite.

[14] Le terme « abrupt » est difficile à définir, en particulier en sciences sociales. Certains travaux ne prennent même pas en considération les aspects temporels des points de bascule socio-économiques (David Tàbara et al., 2018[224]). Pour Sharpe et Lenton (2021[240]), un point de bascule peut être franchi en 20 ans. Pour Otto et al. (2020[222]), le délai est de 30 ans.

[15] Par exemple, s'il y a 50 % de chance que le taux d'actualisation de 10 % soit adéquat et 50 % de chance que le taux d'actualisation de 0 % soit adéquat, la valeur attendue dans 100 ans est : $0.5 \times (1-0.1)^{100} + 0.5 \times (1-0)^{100} \approx 0.5$. Le taux d'actualisation en équivalent certain implicite est r : $0.5 = (1-r)^{100}$. Ainsi, $r = 0.01$ ou 1 %, ce qui est inférieur à 5 % (la moyenne de 10 % et 0 %).

3 Les impacts du changement climatique et leurs effets en cascade : conséquences en termes de pertes et de dommages

Ce chapitre expose les pertes et les dommages physiques et socio-économiques observés et anticipés, en soulignant l'interpénétration des risques dans les sociétés. Son objectif est de faire la lumière sur les effets en cascade potentiels des impacts du changement climatique et de montrer en quoi ces effets rendent l'évaluation des risques plus complexe. La nature et l'ampleur potentielle des risques liés au climat sont illustrées par une analyse des impacts de l'élévation du niveau de la mer dans les petits États insulaires en développement ; de l'impact potentiel des phénomènes extrêmes et de leur attribution au changement climatique anthropique ; et des conséquences du franchissement d'un point de basculement pour la circulation méridienne océanique de retournement de l'Atlantique (AMOC).

En bref

Les aléas liés au climat sont nombreux et s'intensifient rapidement, entraînant des effets en cascade sur tous les secteurs et par-delà les frontières des pays.

Ce chapitre examine trois grandes catégories d'aléas liés au climat : i) les ***phénomènes météorologiques extrêmes,*** et notamment la fréquence et la gravité croissantes des canicules, des sécheresses, des précipitations extrêmes et des inondations ; ii) les ***phénomènes à manifestation lente***, y compris l'élévation du niveau de la mer, l'acidification des océans, le recul des glaciers, l'appauvrissement de la biodiversité et la désertification ; et iii) les ***points de basculement***, tels que l'effondrement de la circulation méridienne océanique de retournement de l'Atlantique (AMOC) et le dépérissement de la forêt tropicale amazonienne.

Les systèmes naturels, sociaux et économiques de la planète étant interconnectés et interdépendants, les impacts du changement climatique peuvent se propager dans le monde par différents canaux, par exemple les échanges commerciaux, les flux financiers et les réseaux d'approvisionnement. Ces effets en cascade du changement climatique, qui se propagent à travers les secteurs et les frontières, posent des difficultés particulières pour l'évaluation des risques.

Ce chapitre présente et analyse sous un angle novateur trois cas spécifiques d'aléas liés au climat, qui relèvent de chacune des trois grandes catégories indiquées ci-avant. Ces aléas font planer de graves menaces sur les systèmes humains et naturels et engendrent déjà des pertes et des dommages s'agissant des phénomènes extrêmes et des phénomènes à manifestation lente. La gravité de ces aléas, décrite succinctement dans les paragraphes qui suivent, devrait s'intensifier à l'avenir.

Élévation du niveau de la mer dans les petits États insulaires en développement

- Les petits États insulaires en développement (PEID) désignent un groupe hétérogène de territoires insulaires, situés pour la plupart dans les Caraïbes, l'océan Pacifique et l'océan Indien. Aussi diversifiés soient-ils, tous les PEID sont vulnérables au changement climatique, et en particulier à l'élévation du niveau de la mer, pour quatre raisons : i) les zones les plus habitables des PEID sont les zones côtières de faible altitude ; ii) les PEID sont particulièrement touchés par les catastrophes d'origine météorologique ; iii) les PEID se caractérisent par des économies fragiles et une gamme limitée de ressources naturelles ; et iv) beaucoup d'entre eux sont éloignés des marchés.
- Les impacts, pertes et dommages occasionnés aux PEID par la montée du niveau de la mer sont multiples : inondations des côtes ; érosion des côtes et disparition de terres ; disparition d'écosystèmes, qui accentue les inondations et l'érosion des côtes; et disparition de ressources en eau douce.

Quantification des impacts dommageables du changement climatique et attribution des phénomènes extrêmes

- Évaluer et quantifier les impacts réels du changement climatique au moment où ils se manifestent représente un défi tenace pour les scientifiques. La « science de l'attribution » désigne une méthodologie « ascendante » qui vise à démêler les différents facteurs physiques à l'origine de ces catastrophes aux coûts élevés. Elle permet également de quantifier l'effet amplificateur du changement climatique sur les phénomènes météorologiques extrêmes individuels.

- De nouvelles analyses montrent que les épisodes de chaleur extrême deviennent plus fréquents et plus graves, et ce plus rapidement de plusieurs ordres de grandeur que tout autre type de phénomène météorologique extrême. Elles montrent également que les océans tropicaux sont, de loin, les zones qui enregistrent les changements relatifs les plus rapides des températures élevées extrêmes. Viennent ensuite, en termes de rapidité des changements, les régions arides de l'Afrique du Nord et du Moyen-Orient, puis les autres régions terrestres tropicales. En outre, le changement relatif moyen de la chaleur extrême auquel est exposée une personne dans un pays moins avancé (PMA) est supérieur de 50 % à la hausse moyenne mondiale. En revanche, le changement relatif de la chaleur extrême dans les pays membres de l'OCDE est plus lent que le changement moyen à l'échelle mondiale.
- La gravité d'un aléa climatique est une approximation imparfaite de la gravité des impacts, la vulnérabilité et l'exposition étant également des déterminants importants de l'ampleur des pertes et des dommages. Ainsi, des aléas météorologiques relativement courants ou fréquents peuvent-ils causer des dégâts considérables lorsqu'ils frappent des populations vulnérables et exposées. C'est dans les pays pauvres qu'il existe le plus de possibilités de réduire la vulnérabilité.
- Entre autres nombreux avantages, la science de l'attribution offre une méthode pour établir les liens de causalité entre les phénomènes météorologiques extrêmes récents et le changement climatique. Cependant, elle donne rarement des résultats concluants en ce qui concerne les phénomènes météorologiques extrêmes qui frappent les pays à faible revenu. Les obstacles à l'amélioration qualitative et quantitative des études d'attribution des phénomènes extrêmes dans ces pays sont désormais connus. Ils comprennent notamment des relevés d'observation de piètre qualité, le caractère inadapté des modèles climatiques de faible résolution et les différences des mécanismes de notification des impacts des phénomènes extrêmes.
- Il est urgent de dresser un inventaire quantitatif des impacts des phénomènes météorologiques extrêmes dus au changement climatique anthropique. Ce chapitre propose un cadre préliminaire qui pourrait guider l'inventaire des impacts des conditions météorologiques extrêmes liées au changement climatique.

Points de basculement

- L'affaiblissement brutal ou l'effondrement de l'AMOC entraînerait un virage climatique qui serait lourd de conséquences sur le plan régional, voire mondial. Le continent européen deviendrait plus froid et plus sec, ce qui réduirait la productivité agricole et rendrait la plupart des terres impropres à la culture. Il est probable que les forêts boréales du nord de l'Europe et de l'Asie dépériraient, principalement à cause de l'assèchement de ces régions. À l'inverse, les forêts boréales d'Amérique du Nord pourraient tirer profit de l'augmentation des précipitations et d'étés plus frais.
- La réorganisation du système climatique induite par l'effondrement de l'AMOC aurait une incidence sur les écosystèmes ainsi que sur la santé humaine, les moyens de subsistance, la sécurité alimentaire, l'approvisionnement en eau et la croissance économique à l'échelle de la planète. Les modifications de la température à la surface de la mer et des régimes pluviométriques dans l'Atlantique tropical affecteraient la stabilité de l'Amazonie. Le climat futur de la région amazonienne après un effondrement de l'AMOC ressemblerait au climat des régions africaines où la savane et les prairies constituent le biome dominant, impliquant la disparition de la forêt tropicale. Même sans effondrement de l'AMOC, l'Afrique du Nord devrait enregistrer la plus forte baisse de précipitations de la planète sous l'effet du changement

climatique. L'effondrement de l'AMOC perturberait la mousson en Afrique de l'Ouest, réduisant un peu plus les précipitations.

- L'effondrement de l'AMOC, analysé de façon approfondie dans ce rapport, n'est que l'un des nombreux éléments du système terrestre susceptibles de présenter un point de basculement. Le Groupe d'experts intergouvernemental sur l'évolution du climat (GIEC) estime que l'effondrement de l'AMOC au cours de ce siècle est « très improbable », ce qui représente une probabilité de 0 à 10 %. Toutefois, une telle éventualité ne peut être totalement exclue. D'après des études récentes, l'AMOC a atteint sa plus faible intensité depuis un millénaire, et son affaiblissement va sans doute se poursuivre. Compte tenu de l'ampleur potentielle de leurs effets en cascade, ces événements à impact élevé et à probabilité faible doivent être pris en considération dans les évaluations des risques, comme le recommande le GIEC.
- Le changement climatique continue de remodeler la structure socio-économique mondiale. Cela risque de retentir sur les progrès vers la réalisation des Objectifs de développement durable, de perturber le commerce mondial, d'amplifier les conflits sociaux et les inégalités et de compromettre la sécurité humaine. Conjuguées à une réduction rapide et marquée des émissions de gaz à effet de serre, la mesure et la surveillance des principaux éléments basculants, tels que l'AMOC, donneront aux pays plus de temps pour élaborer des stratégies de gestion des conséquences de ces changements abrupts des systèmes climatiques, fondées notamment sur des mesures d'adaptation et de prévention.

3.1. Introduction

Les pertes et dommages sont la résultante de processus physiques et socio-économiques complexes et interdépendants, qui sont à l'œuvre depuis de nombreuses décennies, voire depuis des siècles. Comme on l'a vu dans le chapitre 1, il est utile d'appréhender les risques climatiques en termes d'aléas liés au climat d'une intensité donnée, d'***exposition*** et de ***vulnérabilité*** à ces aléas (GIEC, 2014[1]). Cela signifie que le risque dépend de l'ampleur du changement climatique anthropique à l'échelle mondiale. Ce changement climatique anthropique détermine la nature et l'intensité des aléas liés au climat auxquels un pays est confronté, conjointement à la situation géographique du pays. Le risque dépend aussi de l'exposition des systèmes humains et naturels à l'aléa considéré. Enfin, il dépend de la vulnérabilité du pays aux différents aléas.

Les interactions entre ces trois éléments, qui agissent sur des systèmes interconnectés, peuvent déclencher une cascade de risques majeurs dans les différents secteurs et régions. Les ondes de tempête, les inondations côtières ou la montée du niveau de la mer, par exemple, peuvent perturber les moyens de subsistance. Les risques systémiques dus aux phénomènes météorologiques extrêmes peuvent également conduire à l'effondrement des réseaux d'infrastructures et des services essentiels ; à des risques d'insécurité alimentaire et hydrique ; et à la disparition de moyens de subsistance et de revenus ruraux, en particulier pour les populations les plus pauvres (GIEC, 2014[2]).

Le chapitre 1 a montré, entre autres, que le changement climatique entraîne des modifications importantes dans les systèmes naturels et humains sur tous les continents et à travers les océans. Le chapitre 2 a examiné en détail les différents types et niveaux d'incertitude associés aux trois composantes du risque, à savoir l'aléa, l'exposition et la vulnérabilité. Il faut tenir compte de ces incertitudes pour formuler des approches permettant de réduire et gérer les risques de pertes et de dommages dus au changement climatique. Le chapitre 3 propose une analyse approfondie de trois types d'aléa liés au climat et de leurs impacts associés. La section 3.2 donne une description succincte des aléas liés au climat, notamment les phénomènes météorologiques extrêmes, les phénomènes qui se manifestent lentement et les points de basculement. La section 3.3 examine la possibilité que des impacts se diffusent en cascade entre les secteurs et entre les régions. Le chapitre se penche ensuite sur trois types particuliers d'aléas liés au climat susceptibles d'engendrer des pertes et des dommages. Il s'intéresse tout d'abord à l'élévation du niveau de la mer, en se concentrant plus particulièrement sur la situation des petits États insulaires en développement (PEID) (section 3.4). Il traite ensuite les phénomènes extrêmes et leur attribution au changement climatique anthropique, en mettant l'accent sur les canicules (section 3.5). Enfin, il analyse les conséquences des points de basculement climatiques en termes de pertes et de dommages (section 3.6). Il examine à la loupe un point de basculement spécifique, l'affaiblissement de la circulation méridienne océanique de retournement de l'Atlantique (AMOC), qui opère un transfert de chaleur de l'équateur vers les hautes latitudes de l'Atlantique. Ces trois types d'aléa font planer de graves menaces sur les systèmes humains et naturels. Ils provoquent déjà des pertes et des dommages, et leur gravité devrait augmenter à l'avenir.

3.2. Impacts du changement climatique : des aléas liés au climat aux pertes économiques

3.2.1. Aléas liés au climat

L'accumulation de gaz à effet de serre (GES) dans l'atmosphère accentuera le réchauffement et entraînera des changements durables dans de nombreuses composantes du système terrestre, amplifiant les risques actuels et créant de nouveaux risques. Le Groupe d'experts intergouvernemental sur l'évolution du climat (GIEC) est la source la plus autorisée en ce qui concerne les projections des aléas liés au climat induits par le changement climatique. Il prévoit avec certitude que les impacts du changement climatique augmenteront en gravité, en fréquence et en magnitude à mesure que le réchauffement de la planète se poursuivra, et que ces impacts pourraient devenir irréversibles. Ces aléas liés au climat sont divers, se produisent à différentes échelles temporelles et se manifestent à des vitesses différentes (GIEC, 2014[2]). L'article 8 de l'Accord de Paris reconnaît ces échelles temporelles distinctes et leurs conséquences potentiellement différentes en termes de pertes et de dommages. Il stipule que « les Parties reconnaissent la nécessité d'éviter les pertes et préjudices liés aux effets néfastes des changements climatiques, notamment les phénomènes météorologiques extrêmes et les phénomènes qui se manifestent lentement, de les réduire au minimum et d'y remédier » (Accord de Paris, 2015[3]).

Outre les phénomènes météorologiques extrêmes et les phénomènes qui se manifestent lentement, le changement climatique est également susceptible de faire basculer certaines composantes du système terrestre au-delà de seuils critiques – les « points de basculement climatiques ». Il en résulterait des états climatiques qualitativement nouveaux, qui pourraient occasionner de lourdes retombées sur les systèmes humains et écologiques (Lenton et al., 2008[4]). S'appuyant sur un ensemble de définitions acceptées par les Parties à la Convention-cadre des Nations Unies sur les changements climatiques (CCNUCC) ou fournies par le GIEC et le corpus de travaux scientifiques sur le climat, ce chapitre examine trois grandes catégories d'aléas liés au climat pour caractériser les impacts du changement climatique :

- ***Phénomènes météorologiques extrêmes*** : au sens du GIEC, un phénomène météorologique extrême est « un phénomène rare en un endroit et à un moment de l'année particuliers. [...] Par définition, les caractéristiques de conditions météorologiques extrêmes peuvent, dans l'absolu, varier d'un lieu à un autre » (GIEC, 2018[5]). Un phénomène météorologique extrême se manifeste normalement sur une durée comprise entre moins d'un jour et quelques semaines[1] (Seneviratne et al., 2012[6]). Les phénomènes météorologiques extrêmes comprennent la fréquence et la gravité accrues des canicules, des sécheresses, des cyclones, des précipitations extrêmes, des niveaux marins extrêmes (ondes de tempête, vagues ; Encadré 3.2), les inondations (provoquées par les précipitations extrêmes, les niveaux marins extrêmes et la fonte des glaciers) et les feux de végétation (qui résultent d'une conjonction de facteurs tels que la chaleur, l'absence de pluie et le vent), entre autres exemples.

- ***Phénomènes qui se manifestent lentement*** : au moment de la rédaction du présent document, le GIEC n'a pas donné de définition officielle des phénomènes qui se manifestent lentement. Schäfer et al. (2021[7]) les définissent comme « des phénomènes provoqués ou intensifiés par le changement climatique anthropique, qui se produisent sur de longues périodes – généralement plusieurs décennies, voire plusieurs siècles – sans point de départ ou de fin clairement identifié ». L'Accord de Cancún adopté par la CCNUCC reconnaît comme phénomènes qui se manifestent lentement l'élévation du niveau de la mer, la hausse des températures, l'acidification des océans, le recul des glaciers et ses effets connexes, la salinisation, la dégradation des terres et des forêts, le déclin de la biodiversité et la désertification (CCNUCC, 2010[8]).
- ***Points de basculement*** : au sens du GIEC, un point de basculement est un « degré de changement des propriétés d'un système au-delà duquel le système en question se réorganise, souvent de façon abrupte, et ne retrouve pas son état initial même si les facteurs à l'origine du changement sont éliminés. En ce qui concerne le système climatique, la notion de point de basculement fait référence à un seuil critique au-delà duquel le climat mondial ou un climat régional passe d'un état stable à un autre état stable. » Le GIEC a introduit la notion de points de basculement climatique il y a une vingtaine d'années, alors qu'ils n'étaient considérés comme probables que dans l'hypothèse de taux et d'amplitudes de réchauffement élevés, atteignant entre 5 et 6 °C d'ici 2100 (GIEC, 2001[9]). Des rapports plus récents du GIEC reconnaissent qu'il existe un risque de franchissement des points de basculement à des niveaux de réchauffement beaucoup plus faibles (GIEC, 2018[10] ; GIEC, 2019[11]). Les éléments basculants du système climatique comprennent, entre autres, la disparition de l'inlandsis de l'Antarctique occidental, l'effondrement de l'AMOC, l'extinction des récifs coralliens et le dépérissement de la forêt tropicale amazonienne.

Les sous-sections qui suivent analysent brièvement les études les plus récentes consacrées à ces trois phénomènes distincts. Lorsque c'est possible, elles évaluent la probabilité d'une influence humaine sur les changements observés dans le passé (par exemple, l'apparition de différents types de phénomènes météorologiques extrêmes) ou la probabilité de franchissement d'un point de basculement dans différents scénarios de réchauffement futur. L'évaluation de ces probabilités repose sur l'échelle et les termes de probabilité bien établis du GIEC, décrits au chapitre 2. Ce chapitre montre également que les stratégies de gestion des risques doivent faire en sorte que le risque associé à un phénomène déterminé ne soit ni surestimé ni sous-estimé (Shepherd, 2019[12]). Le changement climatique se résume à un problème de gestion des risques pour les autorités publiques dans le contexte national (voir également chapitre 2). Pour Sutton (2019[13]), par exemple, il n'est pas judicieux que la climatologie se concentre sur les probabilités, car probabilité et risque sont deux choses différentes. Par conséquent, les probabilités associées aux changements prévus qui sont présentées dans ce chapitre doivent être examinées sous l'angle de l'élaboration des politiques et dans un contexte de formulation de stratégies de gestion des risques.

En outre, le risque associé à un phénomène déterminé ne dépend pas que de sa probabilité. D'autres facteurs importants entrent en jeu : le lieu et le moment où le risque se manifestera, les niveaux de vulnérabilité et d'exposition des systèmes touchés, ainsi que la gravité de l'aléa lui-même. Les grandes catastrophes ponctuelles peuvent ne se produire qu'une fois en plusieurs années. D'un autre côté, des phénomènes dangereux de moindre intensité peuvent se produire à une fréquence beaucoup plus élevée. Or, l'impact cumulé de ces phénomènes à fréquence élevée et à faible impact peut être tout aussi, voire plus dévastateur que l'impact d'une catastrophe de grande ampleur (voir chapitre 5 pour un exposé sur les conséquences des impacts récurrents pour la viabilité budgétaire des pays).

Phénomènes météorologiques extrêmes

Le changement climatique entraîne des modifications de la fréquence, de l'intensité, de l'étendue spatiale, de la durée et de l'occurrence dans le temps des phénomènes météorologiques extrêmes, pouvant aboutir à des extrêmes sans précédent (GIEC, 2021[14]). Des changements ont été constatés dans bon nombre de phénomènes météorologiques extrêmes depuis le milieu du XXe siècle environ. Chaque nouvelle hausse du réchauffement climatique entraîne une hausse clairement perceptible de l'intensité et de la fréquence des extrêmes de chaleur, y compris les canicules, des fortes précipitations et des canicules marines. Elle entraîne également une augmentation de la proportion de cyclones tropicaux intenses (GIEC, 2021[14]). Le Graphique 3.1 présente une synthèse du nombre de régions où les facteurs d'impact climatique devraient changer entre 1.5 et 2 °C de réchauffement. Les « changements » se réfèrent à des conditions physiques du système climatique (par exemple, des moyennes, des phénomènes et des extrêmes) qui affectent un élément de la société ou des écosystèmes. Le graphique montre que les changements touchant plusieurs facteurs d'impact climatique seraient plus étendus avec un réchauffement de 2 °C qu'avec un réchauffement de 1.5 °C. Cette tendance serait encore plus marquée à l'échelle mondiale avec un niveau de réchauffement plus élevé.

Graphique 3.1. Synthèse du nombre de régions où les facteurs d'impact climatique devraient changer

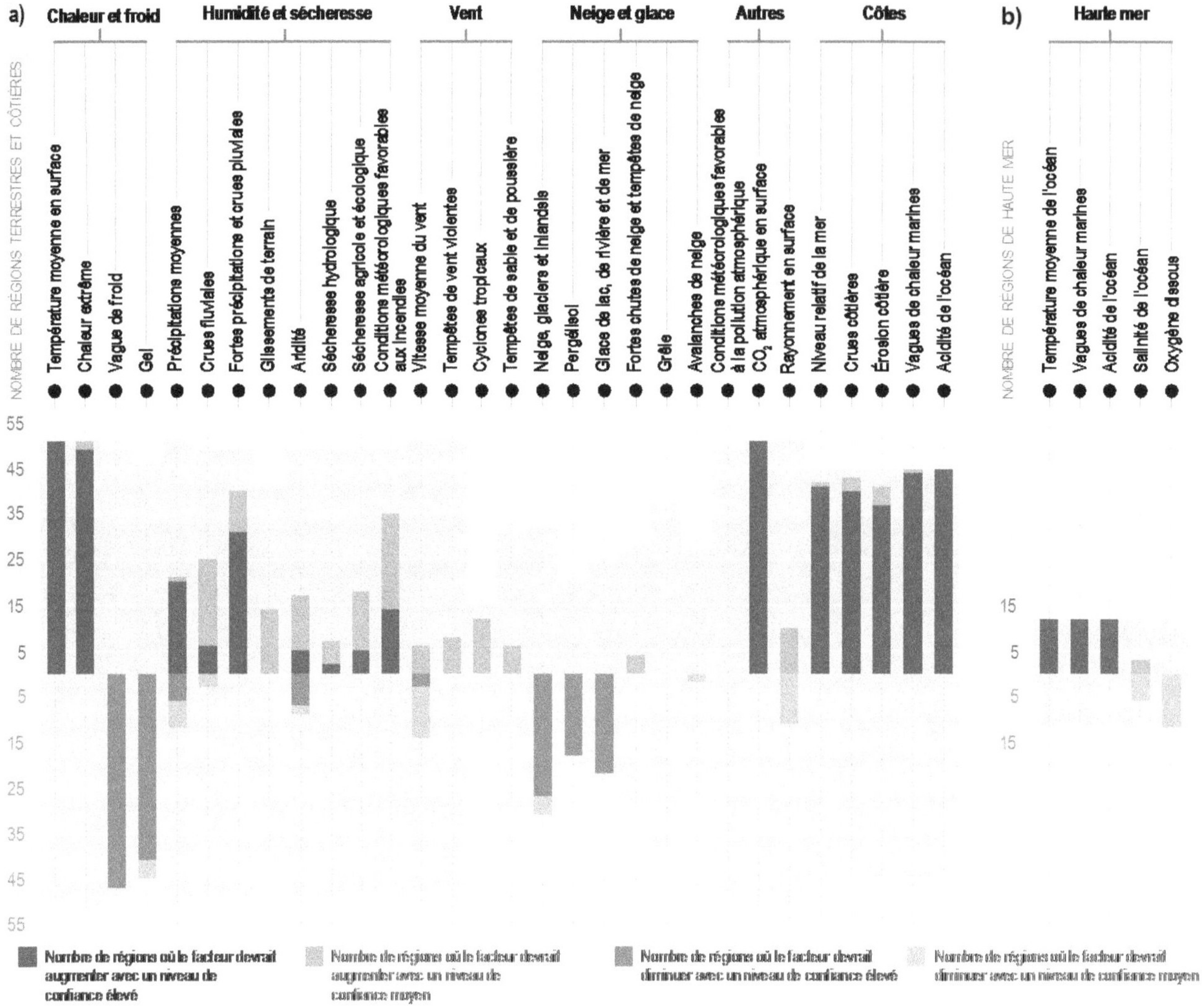

Note : Nombre de régions terrestres et côtières (a) et de régions de haute mer (b) dans lesquelles chaque facteur d'impact climatique devrait augmenter ou diminuer avec un niveau de confiance élevé (barres foncées) ou moyen (barres claires). Les « enveloppes » de fond plus claires représentent le nombre maximum de régions pour lesquelles chaque facteur d'impact climatique est pertinent. Les enveloppes sont symétriques par rapport à l'axe des abscisses, de manière à représenter le nombre maximum de régions pour lesquelles une hausse (partie supérieure) ou une baisse (partie inférieure) du facteur d'impact climatique est pertinente.
Source : Figure SPM.9 de (GIEC, 2021[14]).

La hausse des températures et la fréquence accrue des canicules et des sécheresses devraient prolonger les saisons des incendies, c'est-à-dire les périodes pendant lesquelles les conditions météorologiques sont propices aux feux de végétation. Par conséquent, l'allongement de ces saisons augmente le risque de feux (Jolly et al., 2015[15] ; Ross, 6 août 2020[16] ; Gomes Da Costa et al., 2020[17]).

Plusieurs grands feux de végétation se sont déclarés dans diverses régions du monde au cours des dernières années. En 2017, 580 000 hectares au Chili ont été ravagés par de gigantesques incendies, ce qui a représenté un coût de 362.2 millions USD, correspondant notamment aux opérations de lutte contre le feu, à la reconstruction des logements et aux aides aux secteurs productifs (González et al., 2020[18]). En Australie, des feux de brousse extrêmes ont dévasté plus de 18.6 millions d'hectares pendant la saison 2019-20, entraînant de l'ordre de 1.3 milliard USD de pertes (CDP, 2020[19]). La chaleur extrême qui s'est abattue sur la Méditerranée orientale au début du mois d'août 2021 a provoqué de graves feux de végétation en Grèce et en Turquie. Un peu plus tard dans le mois, la vague de chaleur s'est étendue vers l'ouest, déclenchant des incendies dans d'autres pays d'Europe et d'Afrique, notamment en Italie, en France et en Algérie (Frost, 2021[20] ; Mezahi, 2021[21] ; Frost, 2021[22]). En 2020, les incendies ont brûlé une superficie record de 1.7 million d'hectares en Californie. Au moment de la rédaction du présent document, les incendies de la saison de 2021 avaient déjà détruit 0.9 million d'hectares. Ils ont menacé directement la Giant Forest, qui abrite plus de 2 000 séquoias (Reuters, 2021[23] ; Keeley et Syphard, 2021[24]). L'Encadré 3.1 décrit les impacts récents des températures record enregistrées dans les régions de la côte Pacifique des États-Unis et du Canada et leur relation avec le changement climatique.

Les vitesses de pointe des vents des cyclones tropicaux les plus intenses, ainsi que la proportion de cyclones tropicaux intenses (catégories 4-5), devraient augmenter dans le monde sous l'effet du réchauffement climatique (GIEC, 2021[14]). Des tempêtes cycloniques ou convectives plus fréquentes ou plus intenses augmenteront également la fréquence des épisodes de précipitations extrêmes (Witze, 2018[25]). Le risque d'inondation côtière augmentera probablement en raison de l'élévation du niveau de la mer, ce qui pourrait causer une hausse des crues liées aux marées. Par effet d'entraînement, cela pourrait augmenter les taux d'érosion, et conduire à des inondations (et des intrusions d'eau salée) de plus grande ampleur à la suite d'une onde de tempête.

La section 3.5 présente une analyse approfondie de la quantification des impacts du changement climatique, fondée sur l'attribution des phénomènes extrêmes. Le chapitre se concentre sur les méthodes et les incertitudes associées à la science de l'attribution. Il s'interroge sur les moyens d'améliorer les estimations actuelles et futures des impacts du changement climatique dus aux phénomènes météorologiques extrêmes. L'attribution des phénomènes extrêmes a évolué, principalement aux fins d'estimer les changements dans la probabilité d'être témoin d'un phénomène météorologique extrême précis. Elle vise à faire mieux comprendre comment les conditions météorologiques extrêmes actuelles pourraient s'aggraver sous l'effet du changement climatique anthropique. La section 3.5.3 examine de quelle façon la vulnérabilité de communautés qui ont été exposées à des phénomènes extrêmes comprenant un puissant signal de changement climatique influe sur le risque de pertes et de dommages associé à ces phénomènes (Philip et al., 2021[26]).

Encadré 3.1. Canicules récentes dans les régions de la côte Pacifique des États-Unis et du Canada

La canicule de 2021 du Pacifique Nord-Ouest a touché les États-Unis et l'ouest du Canada pendant quatre jours, du 26 au 29 juin. Une grande masse d'air à haute pression, appelée « dôme de chaleur », s'est installée au-dessus de régions qui ne sont pas connues pour être sujettes à des chaleurs extrêmes, notamment Portland, en Oregon, et Seattle, dans l'État de Washington, aux États-Unis, et Vancouver, en Colombie-Britannique, au Canada. Les températures ont largement franchi les 40 °C dans de nombreuses régions. Qui plus est, ces valeurs extrêmes ont été enregistrées un mois entier avant la période climatologiquement la plus chaude de l'année, qui a normalement lieu à la fin du mois de juillet ou au début du mois d'août (Philip et al., 2021[26]). La température maximale de la région a été enregistrée à Lytton, en Colombie-Britannique, avec 49.6 °C, ce qui constitue un nouveau record pour l'ensemble du pays (Di Liberto, 2021[27]). Peu après l'établissement de ce record, Lytton a été ravagé par un incendie.

Selon l'Indice des extrêmes climatiques (Climate Extreme Index) du Centre national d'information sur l'environnement, le Pacifique Nord-Ouest a connu des températures plus extrêmes au cours des 20 dernières années (Di Liberto, 2021[27]). D'après une étude faisant partie d'un corpus croissant de recherches dites « analyses d'attribution rapide », cette canicule aurait été extrêmement improbable en l'absence de changement climatique anthropique : on a estimé statistiquement que la probabilité d'occurrence d'un tel événement avec le climat actuel était d'une fois sur 1000 ans (Philip et al., 2021[26]).

Ces températures élevées ont été particulièrement dommageables pour la région, qui n'est pas adaptée à ce type de chaleur extrême. Plus de 500 décès et 180 feux de végétation ont été enregistrés en Colombie-Britannique (Schiermeier, 2021[28]) et environ 200 décès liés à de tels feux en Oregon et dans l'État de Washington (Popovich et Choi-Schagrin, 2021[29]). Une étude a révélé une forte augmentation des visites dans les services d'urgence. Près de 3 000 personnes dans le Pacifique Nord-Ouest se sont rendues dans un service d'urgence entre le 25 et le 30 juin en raison de troubles liés à la chaleur, soit sept fois plus qu'en juin 2019 (Schramm et al., 2021[30]).

La canicule de 2021 a fait grimper les températures sur le littoral à plus de 50 °C, entraînant une mortalité massive dans la vie marine et la restructuration d'écosystèmes marins entiers. Des estimations préliminaires indiquent que cette chaleur extrême a causé la mort de plusieurs milliards d'animaux marins. Les moules qui vivent sur le littoral et les espèces marines qui vivent dans les bancs de moules, en particulier, ont payé un lourd tribut. Ces pertes peuvent avoir des effets en cascade sur d'autres animaux. Les étoiles de mer, par exemple, se nourrissent de moules ; les canards marins se repaissent également de moules avant de migrer vers leurs lieux de reproduction estivale dans l'Arctique (Einhorn, 2021[31]).

Exemples de pertes économiques dues à des phénomènes météorologiques extrêmes

Cette sous-section présente des données sur les pertes et dommages économiques causés par les phénomènes météorologiques extrêmes dans le passé. Les pertes et dommages non économiques sont tout aussi importants, mais moins facilement quantifiables. Ils sont abordés dans le chapitre 1 puis examinés sous l'angle de l'incertitude dans le chapitre 2.

Les phénomènes météorologiques extrêmes, notamment les tempêtes, les inondations, les sécheresses, les feux de végétation, les canicules, le froid et le gel[2], peuvent entraîner des pertes économiques, des dommages importants et des pertes de revenus et de moyens de subsistance. Ces pertes concernent aussi bien la sphère privée que la sphère publique. Elles peuvent endommager les bâtiments et infrastructures privés, tels que les habitations et les entreprises. Les bâtiments et infrastructures publics exposés comprennent les écoles, les hôpitaux, les routes et les infrastructures de production et de distribution d'électricité. Les pertes économiques déclarées à la suite de phénomènes liés au climat sont très fluctuantes d'une année à l'autre. Cependant, au niveau mondial, elles augmentent à un rythme beaucoup plus rapide que le produit intérieur brut (PIB) depuis 2000 (voirGraphique 3.2)[3].

Graphique 3.2. Pertes économiques dues à des catastrophes liées au climat par type (milliards USD)

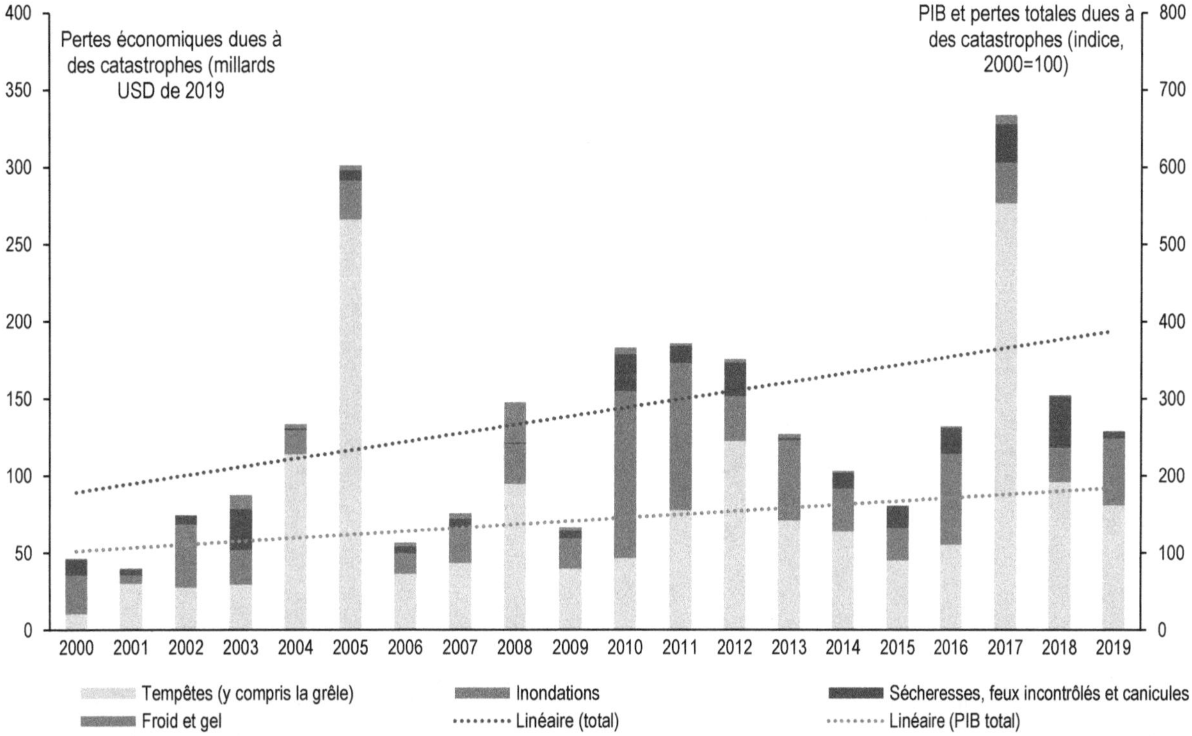

Source : Calculs effectués par l'OCDE à partir des données relatives aux pertes économiques fournies par Swiss Re sigma et des données relatives au produit intérieur brut figurant dans les *Perspectives de l'économie mondiale* (base de données) (avril 2021).

La trajectoire des changements climatiques futurs et l'impact de ces changements sur les pertes économiques dans des pays ou des lieux spécifiques sont très incertains. Néanmoins, plusieurs études ont examiné les impacts potentiels. Par exemple, avec le concours de Swiss Re, S&P Global Ratings (2015[32]) a estimé que le niveau des dommages causés par une inondation ou un cyclone survenant 1 année sur 250 (c'est-à-dire un événement ayant 0.4 % de probabilité de se produire au cours d'une année donnée) augmenterait sensiblement dans de nombreux pays d'ici 2050 (voir Graphique 3.3). L'accroissement de la gravité des phénomènes météorologiques extrêmes, ainsi que la poursuite du développement dans les zones à risque, entraîneront très certainement une augmentation des pertes liées aux catastrophes climatiques à l'avenir.

Graphique 3.3. Augmentation des dommages attendus dus à un cyclone ou à une inondation survenant 1 année sur 250 à l'horizon 2050 (en pourcentage)

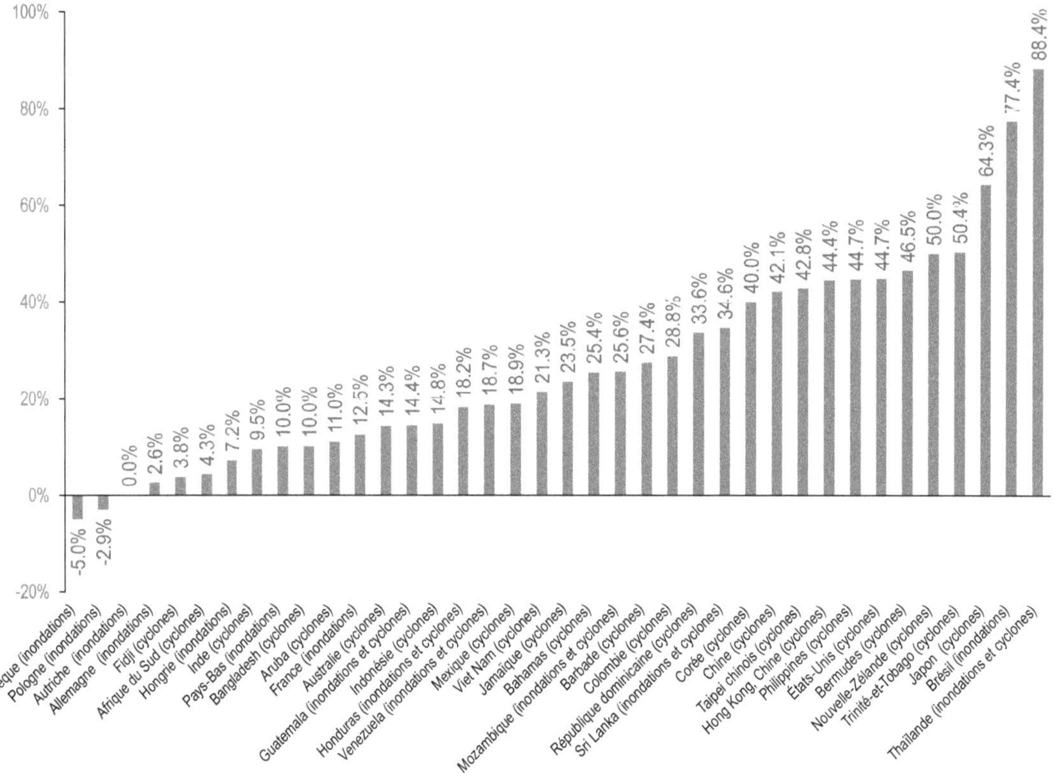

Note : Les estimations des dommages futurs dus aux cyclones tropicaux calculées par S&P Global Ratings reposent sur les hypothèses suivantes : i) une augmentation de la vitesse maximale du vent de 1 % à 5 % ; ii) aucun changement dans la fréquence de formation de cyclones ; iii) une élévation du niveau de la mer de +25 cm à +40 cm dans les différents bassins ; et iv) une augmentation des précipitations liées aux cyclones. Les estimations concernant les inondations reposent sur les estimations des changements des périodes de retour pour des crues centennales, élaborées par Hirabayashi et al. (2013[33]).
Source : Calculs effectués par l'OCDE à partir des estimations des dommages directement causés par une inondation (14 émetteurs souverains) ou un cyclone (30 émetteurs souverains) survenant 1 année sur 250, calculées par S&P Global Ratings (2015[32]).

Phénomènes qui se manifestent lentement

Les Accords de Cancún (conclus lors de la COP 16 de la CCNUCC) définissent les aléas liés au climat suivants comme des « phénomènes qui se manifestent lentement » : élévation du niveau de la mer, hausse des températures, acidification des océans, recul des glaciers et effets connexes, salinisation, dégradation des terres et des forêts, déclin de la biodiversité et désertification (CCNUCC, 2010[8]). Contrairement aux phénomènes météorologiques extrêmes, les phénomènes qui se manifestent lentement se déroulent sur des décennies ou des siècles. Cette sous-section dresse un bref aperçu de l'état des connaissances sur ces phénomènes, en s'appuyant sur le Rapport spécial du GIEC sur le changement climatique et les terres émergées (GIEC, 2019[34]), le Rapport spécial du GIEC sur les océans et la cryosphère dans le contexte du changement climatique (GIEC, 2019[35]), le commentaire et le résumé de ces rapports figurant dans van der Geest et van den Berg (2021[36]) et la contribution du Groupe de travail I au sixième Rapport d'évaluation du GIEC (GIEC, 2021[14]).

- ***Hausse des températures*** : la température à la surface du globe a augmenté de 1.09 °C en 2011-20 par rapport à 1850-1900[4], mais toutes les régions ne connaissent pas le même réchauffement. On a mesuré des hausses de température nettement plus importantes sur les terres émergées (1.59 °C en moyenne) que sur les océans (0.88 ºC en moyenne). Les régions polaires connaissent également un réchauffement plus important que les zones tropicales, la hausse des températures dans l'Arctique étant plus de deux fois supérieure au réchauffement moyen mondial. Les changements dus à la hausse des températures comprennent les canicules et les modifications du fonctionnement des écosystèmes (en particulier dans les hautes latitudes).

- ***Élévation du niveau de la mer*** : les niveaux actuels de l'élévation du niveau de la mer d'origine anthropique résultent principalement de la dilatation thermique de l'eau de mer causée par la hausse des températures, la fonte des glaciers et des inlandsis apportant une contribution croissante au phénomène. Au cours du XXᵉ siècle, la montée du niveau de la mer a atteint 1 à 2 millimètres (mm) par an dans la plupart des régions, mais le rythme s'est accéléré pour atteindre 3.7 mm par an entre 2006 et 2018. Les projections de l'élévation annuelle du niveau de la mer d'ici la fin du XXIᵉ siècle s'établissent à 4-9 mm par an dans un scénario d'émissions de GES faibles (RCP 2.6) et à 10-20 mm par an dans un scénario d'émissions de GES élevées (RCP 8.5). Entre autres effets négatifs, la montée du niveau de la mer accentue les phénomènes extrêmes liés aux niveaux marins, tels que les ondes de tempête et les vagues, et les inondations côtières qui en résultent. Pour les PEID et les deltas côtiers de faible altitude, tels que le sud du Bangladesh, l'élévation du niveau de la mer représente à l'évidence un risque existentiel particulièrement important. Les risques et incertitudes liés à l'élévation moyenne et aux épisodes de hausse extrême du niveau de la mer sont examinés dans l'Encadré 3.2. La section 3.4 se penche sur les impacts potentiels de l'élévation du niveau de la mer et des épisodes de hausse extrême ainsi que sur les pertes et les dommages qui en découlent, en se concentrant sur les PEID.
- ***Salinisation*** : dans le cas de la salinisation, un sol non salin devient suffisamment salin pour contrarier la croissance des végétaux, ce processus étant dû principalement à l'élévation du niveau de la mer et à l'irrigation. Les principales conséquences de la salinisation sont la dégradation des sols et la désertification, le déclin de la biodiversité et les effets néfastes sur la production agricole, les ressources en eau douce et la santé. On estime que le sel affecte 7.4 % des terres dans le monde.
- ***Acidification des océans*** : le dioxyde de carbone (CO_2) présent dans l'atmosphère forme un acide faible lorsqu'il se dissout dans l'eau de mer. De ce fait, le pH de l'océan diminue à mesure que les concentrations de CO_2 atmosphérique augmentent, ce qui est préjudiciable à la vie marine. L'une des conséquences notables de l'acidification des océans est le blanchissement des coraux. Au cours des trois dernières décennies, le pH de l'eau de mer a diminué de 0.017 à 0.027 par décennie du fait de l'augmentation des concentrations de CO_2 dans l'atmosphère, un changement considéré par le GIEC comme « inhabituel au cours des deux derniers millions d'années » ; ce déclin pourrait s'accélérer de 90 % dans un scénario d'émissions extrêmement élevées (RCP 8.5). L'acidification de l'océan a notamment pour effet d'appauvrir la biodiversité, par exemple en réduisant la calcification des organismes et en altérant les espèces de poissons, les invertébrés et les coraux.
- ***Recul des glaciers*** : les glaciers reculent lorsque la masse de neige et de glace des glaciers fond à un rythme plus rapide que celui de leur accumulation. Il en résulte une modification du débit des rivières de fonte, qui a des effets négatifs sur la disponibilité de l'eau pour l'irrigation et contribue à l'élévation du niveau de la mer. Les pertes de glace sur les terres émergées, en particulier les vastes inlandsis du Groenland et de l'Antarctique et les zones de haute montagne des Andes, de l'Himalaya et des Alpes, contribuent à hauteur d'environ 1.81 mm à l'élévation du niveau de la mer chaque année. Le recul des glaciers peut avoir des répercussions locales et régionales sur le débit des cours d'eau, les écosystèmes et les moyens de subsistance agricoles. Le scénario d'émissions extrêmement élevées (RCP 8.5) projette une diminution de la masse des glaciers de 36 % d'ici 2100, et le scénario d'émissions faibles (RCP 2.6) une diminution de 18 %.

- ***Dégradation des terres et des forêts*** : la dégradation des terres désigne une tendance négative des propriétés foncières et de l'état des terres, qui se manifeste souvent par un amoindrissement ou une disparition de la productivité biologique, de l'intégrité écologique et/ou de la valeur pour les humains. La dégradation des terres affecte quelque 3.2 milliards de personnes dans le monde. La dégradation des terres et des forêts peut avoir un large éventail de répercussions sur l'environnement naturel et la société (par ex., la perte de services écosystémiques).
- ***Désertification*** : il s'agit d'une dégradation des terres en zones arides, semi-arides et subhumides-sèches, qui résulte de l'interaction de différents processus humains et environnementaux, notamment la sécheresse. Ses principaux impacts sont liés à la perte de services écosystémiques et à ses conséquences pour les moyens de subsistance des populations tributaires des ressources naturelles.
- ***Déclin de la biodiversité*** : la biodiversité est la variabilité des organismes vivants des écosystèmes terrestres, marins et autres écosystèmes aquatiques. Elle comprend la variabilité au niveau génétique, au niveau des espèces et au niveau des écosystèmes (CDB, 1992[37]). La biodiversité décline lorsque la variabilité à l'un de ces niveaux s'amenuise. Le déclin de la biodiversité peut entraîner une perte de fonctions écosystémiques. Cela entraîne, par ricochet, un déclin des services écosystémiques, tels que le piégeage du carbone et la capacité d'adaptation à de nouveaux changements climatiques. Les principaux facteurs d'appauvrissement de la biodiversité sont le changement d'affectation des sols, la surexploitation des animaux et des végétaux (y compris leur commerce illégal), la pollution, les espèces non indigènes envahissantes et, de plus en plus, le changement climatique (Pecl et al., 2017[38]). D'ailleurs, les approches visant à lutter contre le déclin de la biodiversité présentent de nombreuses synergies avec les approches envisagées par le programme mondial d'action pour le climat (voir chapitre 1).

Encadré 3.2. Incertitude concernant l'élévation du niveau de la mer et les phénomènes extrêmes liés au niveau de la mer

Le sixième Rapport d'évaluation du GIEC (AR6) prévoit une élévation du ***niveau moyen de la mer*** de *probablement* 0.6 à 1.0 m d'ici à 2100 si les émissions de gaz à effet de serre continuent à augmenter (scénario à émissions très élevées, RCP 8.5) (Oppenheimer et al., 2019[39] ; Fox-Kemper et al., 2021[40]). Si les émissions diminuent suffisamment pour que l'on puisse atteindre l'objectif de l'Accord de Paris consistant à limiter le réchauffement de la planète « nettement en dessous de 2°C » (scénario à émissions faibles, RCP 2.6), le niveau moyen mondial de la mer augmenterait probablement de 0.3 à 0.6 m d'ici à 2100 (Oppenheimer et al., 2019[39] ; Fox-Kemper et al., 2021[40]).

Quatre aspects sont importants pour la gestion des risques de pertes et de dommages liés à l'élévation du niveau de la mer (chapitre 4). Premièrement, les fourchettes d'élévation indiquées ci-avant sont des *fourchettes probables*, ce qui signifie qu'il y a 17 % de chances que la montée du niveau de la mer dépasse cette fourchette pour un scénario d'émissions donné. L'incertitude scientifique entourant ce ***scénario « haut » de l'élévation moyenne du niveau de la mer*** est plus importante que celle entourant la fourchette probable en raison de l'***incertitude profonde*** qui prévaut (chapitre 4, section 4.2) concernant la fonte rapide – possible, mais peu probable – des inlandsis du Groenland et de l'Antarctique. Dans le scénario RCP 8.5, un relèvement de 2 m du niveau de la mer d'ici à 2100 ne peut être exclu (Fox-Kemper et al., 2021[40]).

Deuxièmement, le phénomène d'élévation du niveau de la mer va se poursuivre pendant des siècles, voire des millénaires, même lorsque les concentrations de GES seront stabilisées, en raison du réchauffement continu des océans et de la fonte des inlandsis. Le sixième Rapport d'évaluation du GIEC prévoit que le niveau moyen mondial des mers augmentera de 2 à 6 mètres si le réchauffement ne dépasse pas 2 °C, et de 19 à 22 mètres s'il atteint 5 °C au cours des 2000 prochaines années.

Troisièmement, le niveau des mers ne s'élève pas uniformément sur le globe mais varie selon les régions, principalement en raison de trois facteurs : i) changements dans la circulation océanique et différences régionales des taux de dilatation thermique ; ii) redistribution de la masse au sein de la cryosphère (due à la fonte des inlandsis) et de l'hydrosphère (en raison de changements dans le stockage de l'eau terrestre) ; et iii) mouvements verticaux du sol (Lowe et al., 2009[41] ; Nicholls et al., 2013[42] ; Bamber et al., 2019[43] ; Hinkel et al., 2019[44] ; Stammer et al., 2019[45]).

Quatrièmement, l'élévation du niveau moyen de la mer est un aléa qui se manifeste lentement, mais la plupart de ses impacts ne seront pas directement ressentis. En fait, l'élévation progressive du niveau moyen de la mer augmentera la hauteur des ***phénomènes extrêmes liés aux niveaux marins***, tels que les marées, les ondes de tempête et les vagues (Oppenheimer et al., 2019[39] ; Wahl et al., 2017[46] ; Woodroffe, 2008[47]). À travers cet effet, les phénomènes extrêmes liés aux niveaux marins qui sont actuellement rares (par ex. qui se produisent une fois par siècle) deviendront courants (par ex. annuels) d'ici à 2100 dans tous les scénarios d'émissions (Menéndez et Woodworth, 2010[48] ; Oppenheimer et al., 2021[49]).

Par conséquent, les niveaux marins extrêmes actuels sont généralement entourés d'une plus grande incertitude que le changement climatique et l'élévation du niveau de la mer au XXIe siècle (Wahl et al., 2017[46]). Cela s'explique principalement par l'absence d'observations locales suffisamment longues des niveaux marins extrêmes (par ex. pour les PEID) (Nurse et al., 2014[50]). Les modèles marée-onde de tempête et les modèles de vague peuvent fournir les informations manquantes. Par exemple, on dispose d'un nombre croissant de jeux mondiaux de données sur les niveaux marins extrêmes, générés à l'aide de modèles numériques (Muis et al., 2020[51] ; Muis et al., 2016[52] ; Vousdoukas et al., 2017[53]). Ces données peuvent être utilisées pour effectuer des analyses locales dans les PEID où les données locales font défaut. Si, en général, ces modèles reproduisent plutôt correctement les niveaux marins extrêmes observés, leurs résultats sont souvent décevants pour les zones menacées par les cyclones tropicaux. Cela est dû au fait que les données d'entrée des modèles climatiques n'ont pas la résolution spatiale ou temporelle requise pour intégrer complètement les vents violents des cyclones tropicaux. Ces modèles ne disposent pas non plus d'un nombre suffisant de cyclones tropicaux pour établir des statistiques fiables sur les valeurs extrêmes (Appendini et al., 2017[54] ; Hodges, Cobb et Vidale, 2017[55] ; Mentaschi et al., 2020[56] ; Mentaschi, 2018[57] ; Muis et al., 2020[51]).

Pour la modélisation des vagues, une autre incertitude majeure découle du manque de données bathymétriques haute résolution, qui sont nécessaires pour déterminer par quels mécanismes les vagues du large se propagent sur le rivage et causent des dommages (Athanasiou et al., 2019[58]).

Note : Dans la terminologie du GIEC, *probable* signifie 66 % de chances. Ici, et dans le contexte de la science du niveau de la mer, la fourchette probable fait référence aux valeurs comprises entre les percentiles 17 et 83 de la distribution de probabilité de la future élévation du niveau de la mer. Cela signifie que les experts estiment qu'il y a 66 % de chances que le niveau des mers se situe dans la fourchette probable et 17 % de chances qu'il soit supérieur à cette fourchette probable.

Points de basculement

Dans son acception commune, un « point de basculement » désigne le moment où un petit changement déclenche un grand bouleversement dans l'état futur d'un système (Gladwell, 2000[59]). Dans le contexte du changement climatique, un « point de basculement climatique » est un point où un petit changement du climat (par ex. un changement de la température planétaire) déclenche un grand bouleversement dans une vaste partie du système climatique, de nature à modifier son état futur (Lenton et al., 2008[4]). Le franchissement d'un point de basculement provoque généralement une accélération du changement et, par nature, est difficile à inverser. La transition vers un état différent qui en résulte peut sembler rapide ou lente d'un point de vue humain. Cette perception tient au fait que le rythme de la transition dépend du système considéré (par exemple, l'atmosphère se modifie rapidement, la biosphère à un rythme intermédiaire, et les inlandsis à un rythme généralement lent).

L'existence d'un point de basculement est conditionnée par la présence dans un système d'une rétroaction positive fortement amplificatrice (Levermann et al., 2011[60]). Cette rétroaction peut amplifier un petit changement initial et le transformer en conséquence de grande ampleur. Le processus peut aussi être « auto-entretenu », sans qu'il soit nécessaire de le forcer une fois le point de basculement franchi (Scheffer et al., 2012[61]). Fondamentalement, la force relative des boucles de rétroaction positives (amplificatrices) et négatives (modératrices) dans une partie quelconque du système climatique peut changer à mesure que le climat global évolue et que cela influe sur le sous-système considéré. Des points de basculement climatique apparaissent lorsque l'équilibre des boucles de rétroaction dans une partie du système climatique se modifie. Lors de cette modification, les boucles positives (amplificatrices) prennent le pas sur les boucles négatives (modératrices). Ce processus favorise un changement auto-entretenu dans la partie du système climatique en question (Lenton et Williams, 2013[62]). Les boucles positives peuvent également amplifier le changement de la température mondiale. Cependant, cela n'est pas une condition nécessaire pour qu'un point de basculement apparaisse.

Les « éléments basculants » du système climatique (Graphique 3.4) s'entendent comme des parties (ou des sous-systèmes) du système climatique d'échelle au moins sous-continentale qui sont susceptibles de franchir un point de basculement climatique (Lenton et al., 2008[4]). Lorsqu'ils sont proches d'un point de basculement, ces éléments peuvent basculer vers un état qualitativement différent sous l'effet de petites perturbations externes ou de la variabilité interne du climat (Lenton, 2011[63]). Cependant, un forçage important du climat est généralement nécessaire pour les amener près d'un point de basculement. Les éléments basculants pertinents pour l'action publique sont définis ici comme ceux qui pourraient franchir un point de basculement au cours de ce siècle en raison du forçage climatique anthropique.

Graphique 3.4. Éléments basculants potentiels du système climatique

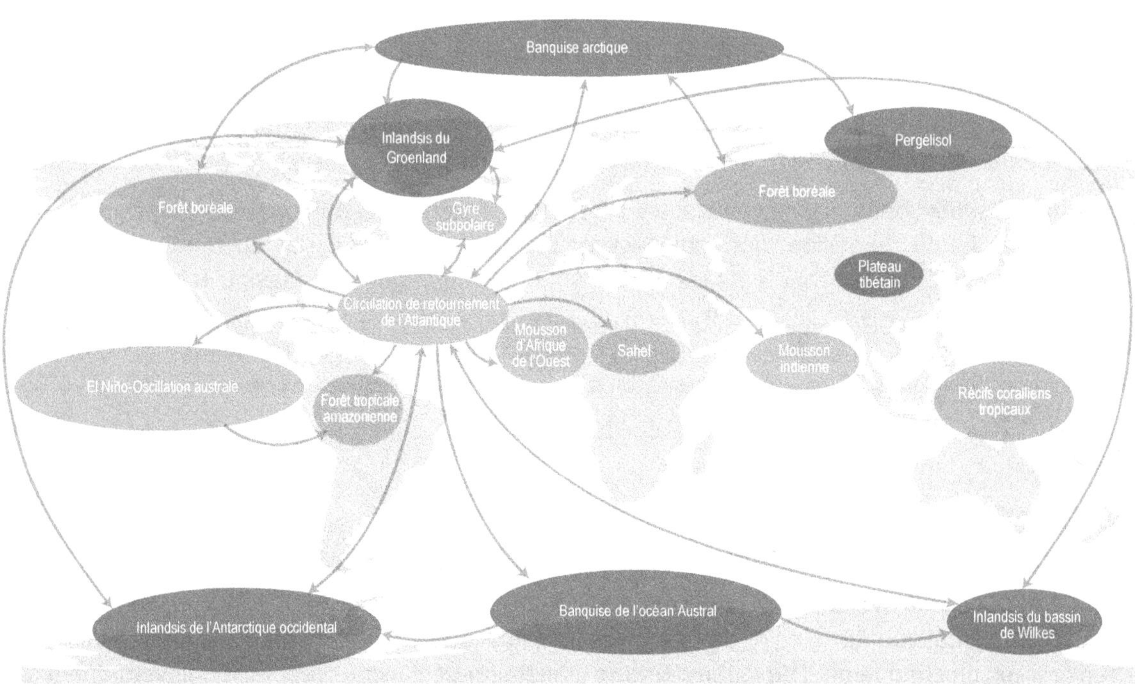

Note : Carte mondiale des éléments basculants potentiels du système climatique et des cascades de basculement potentielles. Les flèches indiquent les interactions possibles entre éléments basculants qui pourraient entraîner des cascades de basculement, d'après l'avis des experts.
Source : Carte mondiale tirée de Peel, M. C., Finlyson, B. L. et McMahon, T. A. (Université de Melbourne).

Récemment, des éléments attestant que certains points de basculement climatique pourraient devenir proches – et qu'au moins l'un d'eux pourrait avoir été franchi dans l'Antarctique occidental – ont amené certaines voix à déclarer l'état d'urgence climatique et écologique (Lenton et al., 2019[64]). Le Tableau 3.1 récapitule les différents points de basculement climatique pertinents pour l'action publique et évalue la probabilité qu'ils soient franchis pour différents niveaux de réchauffement climatique (à partir des niveaux de l'ère préindustrielle). L'évaluation se fonde sur des données paléoclimatiques et des données d'observation, des projections futures établies à partir de différents modèles [par ex. (Drijfhout, 2015[65])], et des probabilités établies par des experts pour différents niveaux de réchauffement (Kriegler et al., 2009[66]). Une fois un seuil franchi, la vitesse à laquelle les conséquences s'enchaînent varie selon les éléments basculants (Ritchie et al., 2021[67]). Le processus peut prendre quelques décennies dans certains cas, et plusieurs siècles dans d'autres.

Tableau 3.1. Probabilité de franchissement de points de basculement climatique pour différents niveaux de réchauffement du climat

	Réchauffement climatique (à partir des niveaux de l'ère préindustrielle)				
Point de basculement	≤1.5 °C	>1.5 °C à <2 °C	2 °C à <3 °C	3 °C à 5 °C	>5 °C
Effondrement de l'inlandsis du Groenland	Improbable	À peu près aussi probable qu'improbable	Probable	Très probable	Quasiment certain
Effondrement de l'inlandsis de l'Antarctique occidental	Improbable	À peu près aussi probable qu'improbable	Probable	Très probable	Quasiment certain
Effondrement de l'inlandsis du bassin de Wilkes	Exceptionnellement improbable	Exceptionnellement improbable	À peu près aussi probable qu'improbable	Probable	Quasiment certain
Fonte de la banquise arctique d'été	Très improbable	À peu près aussi probable qu'improbable	Quasiment certain		
Fonte de la banquise arctique permanente	Exceptionnellement improbable	Exceptionnellement improbable	Exceptionnellement improbable	Très improbable	Probable
Fonte brutale de la banquise de l'océan Austral	Très improbable		Improbable		
Effondrement de la convection dans le gyre subpolaire	Improbable	À peu près aussi probable qu'improbable	À peu près aussi probable qu'improbable	Probable	Probable
Effondrement de la circulation méridienne océanique de retournement de l'Atlantique (AMOC)	Très improbable	Très improbable	Improbable	À peu près aussi probable qu'improbable	Probable
Changement de l'ENSO (El Niño-Oscillation australe)	Exceptionnellement improbable	Très improbable	Improbable	À peu près aussi probable qu'improbable	À peu près aussi probable qu'improbable
Fonte brutale des glaciers du plateau tibétain	Très improbable	Improbable	À peu près aussi probable qu'improbable	À peu près aussi probable qu'improbable	À peu près aussi probable qu'improbable
Fonte brutale du pergélisol	Exceptionnellement improbable	Exceptionnellement improbable	Exceptionnellement improbable	Très improbable	Improbable
Dépérissement de la forêt boréale	Exceptionnellement improbable	Très improbable	Très improbable	Improbable	Improbable
Dépérissement de la forêt tropicale amazonienne	Exceptionnellement improbable	Très improbable	Improbable	Improbable	À peu près aussi probable qu'improbable
Verdissement abrupt du Sahel	Exceptionnellement improbable	Exceptionnellement improbable	Très improbable	Très improbable	Très improbable
Dégradation des récifs coralliens tropicaux	Très probable	Très probable	Quasiment certain	Quasiment certain	Quasiment certain

Note : L'évaluation de ces probabilités repose sur l'échelle et les termes de probabilité bien établis du GIEC (voir aussi chapitre 2, section 2.4) : « quasiment certain » = probabilité de 99-100 % ; « très probable » = probabilité de 90-100 % ; « probable » = probabilité de 66-100 % ; « à peu près aussi probable qu'improbable » = probabilité de 33-66 % ; « improbable » = probabilité de 0-33 % ; « très improbable » = probabilité de 0-10 % ; « exceptionnellement improbable » = probabilité de 0-1 %. Les probabilités sont traitées de façon cumulative en ce qui concerne la hausse de la température ; ainsi, pour une plage de températures donnée (par exemple, >1.5 °C à <2 °C), la probabilité donnée pour un point de basculement spécifique est la probabilité cumulative de le franchir à tous les niveaux de réchauffement climatique jusqu'à l'extrémité supérieure de cette plage (ici <2 °C). Les probabilités sont données pour chaque point de basculement en tant qu'événement indépendant, c'est-à-dire abstraction faite des interactions causales qui peuvent exister entre les événements. Globalement, on peut s'attendre à ce que ces interactions contingentes rendent d'autres basculements plus probables (bien qu'il existe quelques contre-exemples spécifiques) (Kriegler et al., 2009[66] ; Cai, Lenton et Lontzek, 2016[68] ; Wunderling et al., 2021[69]).

L'évaluation des probabilités de franchissement des points de basculement présentée dans le tableau 3.1 peut être résumée comme suit : avec un réchauffement inférieur ou égal à 1.5 °C par rapport aux niveaux préindustriels, il est improbable (probabilité de 0-33 %) ou très improbable (probabilité de 0-10 %) que les points de basculement de la cryosphère ou du couple océan-atmosphère soient franchis. Le fait qu'une partie de l'inlandsis de l'Antarctique occidental ait peut-être franchi un point de basculement constitue une exception. Cependant, avec un réchauffement compris entre 1.5 °C et 2 °C par rapport aux niveaux préindustriels (c'est-à-dire la fourchette de l'Accord de Paris), il existe une probabilité de 33 à 66 % que les points de basculement des inlandsis soient franchis. Les probabilités sont les mêmes concernant la fonte totale de la banquise arctique d'été et l'effondrement de la convection profonde dans la mer du Labrador. Avec un réchauffement compris entre 2 °C et 3 °C par rapport aux niveaux préindustriels, il est probable (66-100 %) que les points de basculement des inlandsis seront franchis. Il est aussi quasiment certain (99-100 %) que la banquise arctique d'été et les récifs coralliens tropicaux disparaîtront. Avec un réchauffement compris entre 3 °C et 5 °C par rapport aux niveaux préindustriels, il est très probable que les points de basculement des inlandsis seront franchis. Il est à peu près aussi probable qu'improbable (33-66 %) que des réorganisations profondes s'opèrent dans la circulation océanique et atmosphérique.

Compte tenu de ces probabilités, il convient d'évaluer les impacts biophysiques du franchissement de points de basculement particuliers, ainsi que la façon dont ils se traduisent en impacts sociaux et en coûts économiques. Le Tableau 3.2 résume les impacts climatiques biophysiques d'un sous-ensemble de points de basculement, mis à jour à partir de Lenton et Ciscar (2012[70]). Ces impacts englobent les effets sur la température, le niveau de la mer, les précipitations, la circulation atmosphérique, la circulation océanique, les cycles biogéochimiques, les régimes de variabilité climatique et les phénomènes météorologiques extrêmes. Le tableau offre ainsi un aperçu non exhaustif des interconnexions du système climatique. Les effets sur la température peuvent se manifester directement, au travers de modifications de l'albédo de surface (réflectivité), ou indirectement, au travers de changements des émissions de GES, notamment les émissions de CO_2 et de méthane (CH_4) dues au dégel du pergélisol. La plupart des effets sur la température recensés sont des boucles de rétroaction positives qui augmenteront encore les températures mondiales.

Tableau 3.2. Effets potentiels sur le climat du franchissement de différents points de basculement

Événement de basculement	Température	Niveau de la mer	Précipitations	Cycles biogéochimiques	Phénomènes extrêmes
Fonte de l'inlandsis du Groenland	Local ↑	≤7 m mondial ≤0.5 m/siècle irrégulier	Évolution au niveau local > pluie, perturbation de la MAO	Inondation du pergélisol, ↑CO_2, CH_4	Ondes de tempête, icebergs
Effondrement de l'inlandsis de l'Antarctique occidental	Local ↑	≤3.3 m abrupt ≤1 m/siècle irrégulier	Évolution au niveau local	(comme ci-dessus)	Ondes de tempête, icebergs
Effondrement de l'inlandsis du bassin de Wilkes	Local ↑	≤4 m abrupt irrégulier	Évolution au niveau local	(comme ci-dessus)	Ondes de tempête, icebergs
Fonte de la banquise arctique d'été	↑Arctique & hém. N.	(effet minime)	Évolution au niveau local neige > pluie	↑Dégel du pergélisol, ↑CO_2, CH_4	Chutes de neige extrêmes en Europe
Effondrement de la convection dans le gyre subpolaire	↓Atlantique N.	Évolutions régionales ↑0.3 m dans certaines parties de l'Atlantique N.			Phénomènes de blocage hivernal par le froid amplifiés en Europe
Effondrement de l'AMOC	↓Hém. N. ↑Hém. S.	Évolutions régionales ↑0.8 m dans certaines parties de l'Atlantique N.	Assèchement du Sahel, ↓MAO, ↓MEI, ↓MAE, Amazonie	↑CO_2 venant des océans et des terres émergées, changements de biome	Hivers froids en Europe, déplacement des ouragans vers le sud
Changement de l'ENSO	↑Asie du S., Australie du S.... ↓Nouvelle-Zélande	Effets régionaux	↓ Asie du S.E., Australie de l'E., Amazonie...	↑CO_2, baisse du stockage terrestre de carbone	Sécheresses, inondations
Dépérissement de la forêt boréale	↓hiver local, ↑mondial	–	↓régional ?	↑CO_2, déclin de la biodiversité	Incendies, infestations d'insectes
Dépérissement de la forêt amazonienne	↑régional, ↑mondial	–	↓régional	↑CO_2, déclin de la biodiversité	Sécheresses, incendies, téléconnexions

Note : MAO=Mousson en Afrique de l'Ouest ; MEI=mousson d'été indienne ; MAE=mousson en Asie de l'Est ; ONA=oscillation nord-atlantique ; OAM=oscillation atlantique multidécennale ; OIP=oscillation interdécennale du Pacifique ; Oa=oscillation australe.
Source : mis à jour à partir de (Lenton et Ciscar, 2012[70]).

3.3. Impacts en cascade du changement climatique

Les « effets en cascade » du changement climatique sont la résultante de l'interconnexion et de l'interdépendance des systèmes naturels, sociaux et économiques. Les impacts se propagent par le biais des processus internationaux, tels que le commerce mondial, les flux financiers et les réseaux d'approvisionnement. (Acemoglu et al., 2012[71]). Ces risques climatiques systémiques engendrent des difficultés particulières pour l'évaluation des risques. C'est notamment le cas lorsque les risques se transmettent de façon complexe entre les secteurs et par-delà les frontières des pays, ces mécanismes restant à ce jour mal compris (Koks, 2018[72] ; Challinor et al., 2018[73]).

Le Graphique 3.5 montre un exemple de ces chaînes complexes de transmission des risques, qui s'est produit en 2010 et a entraîné une hausse des prix alimentaires à l'échelle mondiale. En raison de sécheresses, les rendements céréaliers dans la Fédération de Russie (ci-après désignée « la Russie ») ont diminué, entraînant une pénurie de céréales sur les marchés internationaux (voir également l'encadré 4.1). Dans le même temps, les excès de précipitations au Pakistan ont provoqué une hausse des prix alimentaires mondiaux. Ces hausses de prix ont conduit à une augmentation de 50 % du recours aux banques alimentaires au Royaume-Uni. En Égypte, la hausse des prix des denrées alimentaires a été l'étincelle d'émeutes qui ont conduit à un changement de gouvernement (Hildén et al., 2020[74]). Autre exemple, les effets en cascade des risques d'inondation pourraient engendrer des risques économiques mondiaux du même ordre de grandeur que les dommages causés aux biens à l'intérieur et à l'extérieur de la région touchée, en raison des interdépendances des systèmes d'infrastructure (Koks, 2018[72]).

Graphique 3.5. Exemple d'impacts transfrontaliers : sécheresses et prix des produits alimentaires

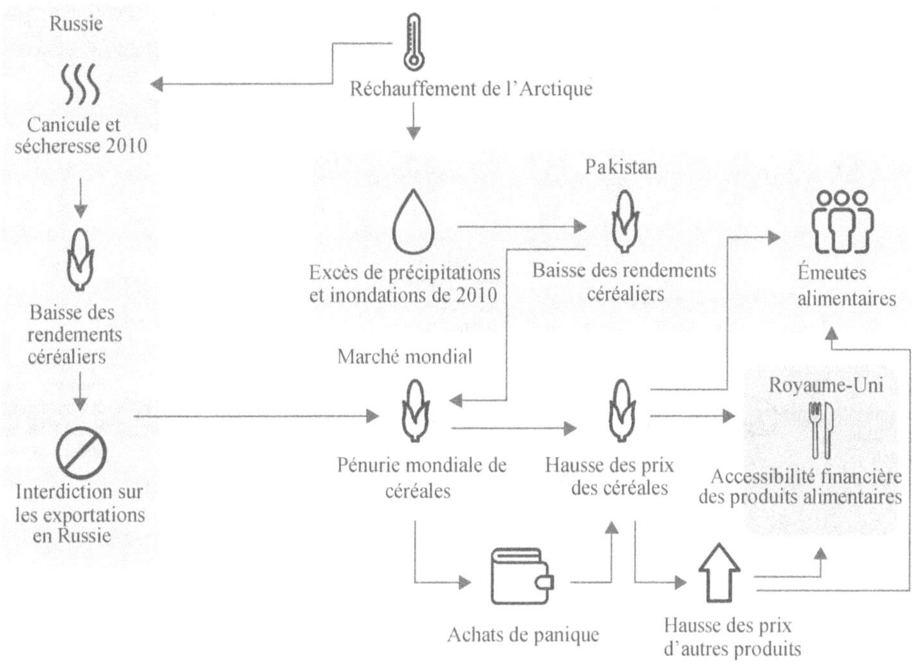

Source : (Hildén et al., 2020[74])

Une cascade se produit à la suite d'une modification importante d'une ou de plusieurs variables clés d'un système. Ce phénomène induit un dépassement de « seuils multiples qui s'inscrivent dans l'espace, le temps et l'organisation sociale et dans les domaines écologiques, sociaux et économiques » (Kinzig et al., 2006[75]). Il n'est pas facile de comprendre et d'analyser ces seuils, et encore moins d'agir sur eux. Le Rapport sur les risques mondiaux de 2018 reconnaissait qu'il demeurait difficile pour l'humanité de gérer « les risques complexes dans des systèmes caractérisés par des boucles de rétroaction, des points de basculement et des relations de cause à effet opaques qui peuvent rendre les interventions problématiques » (Forum économique mondial, 2018[76]).

La compréhension des impacts en cascade du changement climatique a progressé suivant trois axes principaux : la résilience socio-écologique, la réduction des risques de catastrophe (UNDRR, 2015[77]) et la dynamique des systèmes (Lawrence, Blackett et Cradock-Henry, 2020[78]). En ce sens, les travaux sur les cascades couvrent un large éventail de sujets et de domaines thématiques, tels que la dynamique homme-écosystème, l'écologie, la recherche sur les aléas naturels et climatiques et la théorie des systèmes.

L'Encadré 3.3 analyse les impacts et conséquences potentiels des cascades en Nouvelle-Zélande. Il cherche à expliciter comment différents types d'aléas liés au changement climatique (par exemple, les phénomènes extrêmes, l'élévation du niveau de la mer ou les éléments « surprises » du système climatique) interviennent simultanément dans divers systèmes et domaines liés entre eux (Lawrence, Blackett et Cradock-Henry, 2020[78]). Il met ainsi en évidence l'importance de comprendre les différents types d'aléas liés au climat ainsi que leurs conséquences potentielles dans le temps et l'espace, pour pouvoir ensuite examiner les impacts en cascade plus complexes du changement climatique.

Encadré 3.3. Les impacts en cascade du changement climatique et leurs conséquences – Étude de cas

Lawrence, Blackett et Cradock-Henry, (2020[78]) ont étudié les impacts en cascade et leurs conséquences en Nouvelle-Zélande. Selon leur analyse, le cadre « systématise les interactions entre les cascades, comment les cascades affectent le système considéré et qui elles affectent, à quel endroit les interdépendances et les codépendances se produisent, et dans quelle mesure les impacts et leurs conséquences pourraient s'étendre à de multiples lieux géographiques, échelles et secteurs ». Le Graphique 3.6 résume le processus de collecte et d'analyse des données.

Graphique 3.6. Le processus de collecte et d'analyse des données

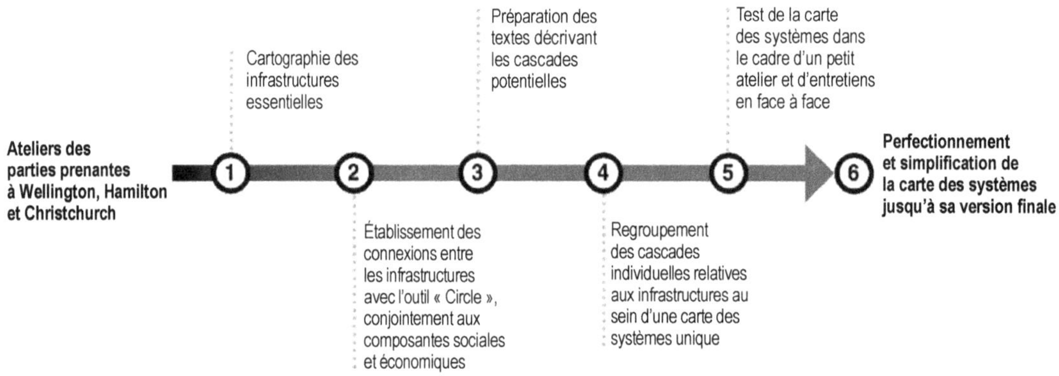

Source : (Lawrence, Blackett et Cradock-Henry, 2020[78]).

Les aléas liés au changement climatique ont été caractérisés en typologies. Cela a permis de représenter les différents types d'aléa de façon systématique pour différentes régions. Les différents impacts étaient les suivants : i) émergence lente et continue (par ex. élévation du niveau de la mer et des nappes phréatiques) ; ii) augmentation de la variabilité climatique (par ex. augmentation de la fréquence et de la durée des sécheresses et des inondations) ; iii) extrêmes (par ex. ondes de tempête côtières et précipitations intenses) ; iv) impacts combinés (par ex. inondations côtières et fluviales) ; et v) éléments « surprises » (par ex. effets inconnus des changements atmosphériques). Les auteurs ont utilisé un cadre dynamique des systèmes pour examiner les conséquences de la combinaison de ces impacts, cette approche offrant une évaluation plus riche des risques que l'évaluation linéaire traditionnelle. Ils ont analysé les impacts produits sur les systèmes d'infrastructures hydrauliques et urbaines et sur les services financiers, et les conséquences des impacts en cascade du changement climatique sur la gouvernance.

L'étude montre qu'un examen attentif des effets combinés de divers types d'impacts liés entre eux peut aider à mieux comprendre la portée et l'ampleur des impacts du changement climatique. Elle examine les dépendances et les boucles de rétroaction entre les différents systèmes étudiés, à savoir les infrastructures hydrauliques et urbaines et les services financiers. Ce faisant, elle permet de « tester la robustesse » des hypothèses de risque. Les auteurs concluent que cette approche « peut faciliter l'élaboration de mesures d'adaptation qui soient flexibles mais aussi robustes dans différentes conditions futures, et ainsi éviter des franchissements de seuil face auxquels les communautés et les systèmes physiques seraient démunis » (voir également le chapitre 4). Par exemple, la compréhension des liens et des dépendances entre le secteur financier et les résultats en termes de bien-être humain peut faciliter l'élaboration de mesures d'adaptation plus transparentes. De manière plus générale, elle peut servir de base à des modes de planification et de gouvernance adaptatifs qui rendent l'adaptation plus performante, en parallèle avec les politiques et les pratiques d'atténuation.

Note : « Les sites étaient les suivants : Hamilton, ville enclavée accolée à des zones rurales, qui présente des risques d'inondation et des besoins en matière de conservation et de tourisme ; Wellington, une capitale dont l'accès et la sortie sont limités par les contraintes géographiques et qui est entourée de côtes ; et Christchurch, ville construite autour d'estuaires et d'une côte de faible altitude, qui s'enfonce depuis peu à cause des tremblements de terre et est confrontée à d'importants défis en termes d'inondations et d'eaux de ruissellement. »

Les sections qui suivent présentent trois nouvelles études distinctes. Elles se concentrent sur les impacts et, dans la mesure du possible, sur les effets en cascade potentiels de trois types d'aléas liés au climat : élévation du niveau de la mer, canicules et point de basculement résultant de l'effondrement de l'AMOC. En s'appuyant sur les travaux scientifiques les plus en pointe dans ces domaines, les études visent à faire la lumière sur le niveau des risques liés au climat ; à réfléchir à la manière dont ces connaissances scientifiques peuvent éclairer l'élaboration des politiques ; et à pointer les lacunes et les limites restantes.

3.4. Élévation du niveau de la mer : impacts et risques associés de pertes et de dommages dans les PEID

Les PEID forment un groupe hétérogène de territoires insulaires situés dans les Caraïbes, le Pacifique, l'Atlantique, l'océan Indien et la mer de Chine méridionale. Le Bureau de la Haute Représentante des Nations Unies pour les pays les moins avancés, les pays en développement sans littoral et les petits États insulaires en développement a répertorié 58 PEID (OHRLLS, 2021[79]), qui sont les territoires pris en considération dans cette section. [5]

3.4.1. Bien que de natures variées, tous les PEID sont vulnérables

Les PEID présentent une palette diversifiée de tailles, de caractéristiques côtières, de cultures et de situations géographiques (Nurse et al., 2014[50] ; Ratter, 2018[80] ; OHRLLS, 2015[81]). En termes de géographie physique, certains PEID sont des îles volcaniques faites de montagnes et de reliefs escarpés. D'autres sont des îles calcaires soulevées par des mouvements tectoniques, qui présentent généralement une surface tabulaire plate. D'autres encore sont des îles coralliennes composées de sédiments non consolidés provenant de récifs coralliens adjacents et dont l'altitude ne dépasse généralement pas 3 mètres (Nunn et al., 2016[82] ; Ratter, 2018[80]). Certains PEID sont des archipels composés de nombreuses petites îles dispersées dans l'océan, souvent très éloignées les unes des autres. Cependant, les PEID ne sont pas tous des petites îles. Ils comprennent également la Papouasie-Nouvelle-Guinée, Cuba, Haïti et la République dominicaine. Enfin, tous les PEID ne sont pas des territoires insulaires complets, puisqu'ils comprennent également des pays continentaux comme le Belize, le Guyana, le Suriname et la Guinée-Bissau. Les PEID sont également diversifiés sur le plan socio-économique. La population des îles varie entre environ 1 600 (Niué) et 11 millions de personnes (Cuba) (OCDE, 2018[83]). Parallèlement, le revenu par habitant varie entre 2 300 USD dans les Îles Salomon et 60 000 USD à Singapour (Banque mondiale, 2021[84]).

Une altitude faible, l'exposition aux aléas et la fragilité économique sont des facteurs qui accentuent la vulnérabilité des PEID

Indépendamment de cette diversité, tous les PEID sont vulnérables au changement climatique et en particulier à l'élévation du niveau de la mer et à ses conséquences (par ex. des ondes de tempête et des vagues plus hautes). Cette vulnérabilité est reconnue de longue date par les institutions internationales telles que le programme des Nations Unies Action 21, la Convention-cadre des Nations Unies sur les changements climatiques (CCNUCC, 1992[85]), l'Assemblée générale des Nations Unies et de nombreux documents de stratégie ultérieurs, dont l'Accord de Paris.

Cette reconnaissance procède de trois raisons principales (Leatherman et Beller-Simms, 1997[86] ; Nurse et al., 2014[50] ; Robinson, 2020[87] ; OHRLLS, 2015[81]):

- Premièrement, la seule zone habitable d'un PEID est la zone côtière de faible altitude. C'est le cas des atolls, où l'île entière est une zone côtière. Leur altitude est rarement supérieure à 2-3 mètres au-dessus du niveau moyen de la mer (Woodroffe, 2008[47]). Mais cela est également vrai des îles volcaniques à relief accentué, où la seule zone habitable est l'étroite frange côtière entourant l'île. Ces îles sont donc fortement menacées par la montée du niveau de la mer, les possibilités de relocalisation sur l'île étant de surcroît limitées (Nurse et al., 2014[50] ; OHRLLS, 2015[81]).
- Deuxièmement, les PEID sont frappés de manière disproportionnée par les catastrophes d'origine météorologique en raison de leur localisation. Étant situés dans l'océan, les PEID sont exposés à divers aléas liés au climat qui comprennent les interactions entre l'océan et l'atmosphère, telles que les cyclones tropicaux, les ondes de tempête, les vagues de vent et la grande variabilité climatique (due, par exemple, au phénomène El Niño-Oscillation australe, ENSO). Par exemple, le niveau moyen de la mer dans certains PEID du Pacifique peut s'élever de 20 à 30 cm pendant les épisodes La Niña (GIEC, 2014[88]). En outre, de nombreux PEID sont situés à proximité de zones tectoniquement actives, et donc exposés aux tremblements de terre, aux éruptions volcaniques et aux tsunamis associés. En plus de cette difficulté, de nombreux PEID présentent une grande longueur de côte par unité de surface, qui majore le coût de la protection contre les aléas océaniques.
- Troisièmement, les PEID ont des économies fragiles et une gamme de ressources naturelles limitée. Les économies de nombre d'entre eux sont peu diversifiées et dépendent de quelques secteurs tels que le tourisme et la pêche, vulnérables aux chocs extérieurs. Par exemple, les exportations de poissons représentent près de 60 % du PIB national de Kiribati et des Îles Marshall. Parallèlement, le tourisme représente entre 50 et 80 % de l'économie nationale des Bahamas, des Maldives, des Palaos, de Vanuatu, des Seychelles, des Îles Cook et d'Antigua-et-Barbuda (OHRLLS, 2015[81]). La faible résilience des économies de subsistance, l'isolement relatif et l'éloignement vis-à-vis des marchés ajoutent à cette fragilité socio-économique.

Face à ces facteurs de vulnérabilité, l'élévation du niveau de la mer expose les PEID à toute une série d'impacts (voir Graphique 3.7). Elle entraîne notamment une aggravation des inondations côtières, qui causent des dommages aux personnes, à leurs moyens de subsistance, à leurs biens matériels et à leurs ressources, notamment par le biais de la salinisation des eaux de surface et des eaux souterraines. L'élévation du niveau de la mer accentue également l'érosion côtière, entraînant la perte de sols. Si l'érosion entame les défenses côtières naturelles ou artificielles, elle risque aussi d'exacerber les inondations côtières. En outre, la montée des eaux peut entraîner un appauvrissement des écosystèmes côtiers et de la biodiversité associée, avec des effets négatifs sur les moyens de subsistance qui sont tributaires de ces écosystèmes. La disparition des écosystèmes aggrave encore les inondations et l'érosion côtières, car les écosystèmes tels que les coraux et les mangroves protègent les îles contre ces aléas.

Graphique 3.7. Principaux impacts de l'élévation du niveau de la mer et des facteurs climatiques associés sur les PEID

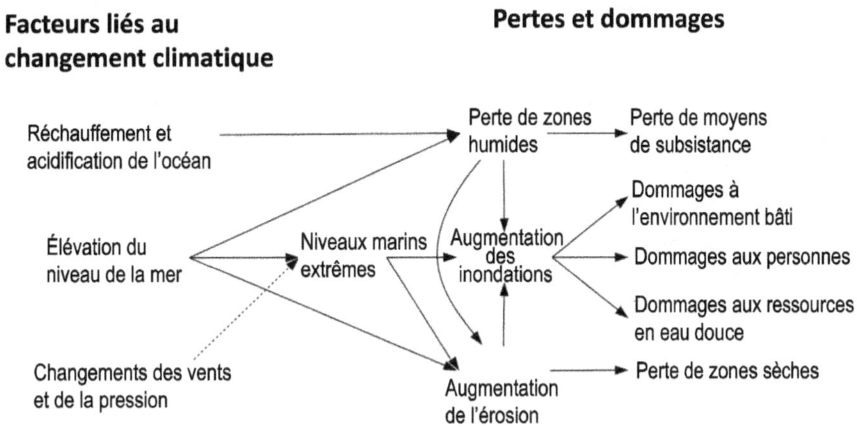

L'élévation du niveau de la mer n'est pas le seul facteur qui accentue les risques de pertes et de dommages induits par le changement climatique. Le réchauffement et l'acidification des océans sont d'autres facteurs climatiques de grande importance pour les PEID. Ces phénomènes menacent la survie des récifs coralliens qui protègent les PEID contre la montée du niveau de la mer et les phénomènes extrêmes liés au niveau de la mer (Encadré 3.2).

Les risques sont aggravés par diverses autres pressions anthropiques qui s'exercent actuellement sur de nombreux PEID et sont liées au développement humain rapide, à l'urbanisation et au tourisme de masse. Elles comprennent la pollution de l'eau, la destruction des récifs par la pêche et la plongée et la conversion des mangroves pour d'autres modes d'utilisation des terres. Enfin, les risques climatiques et les impacts potentiels associés ne peuvent être compris qu'à la lumière des nombreuses réponses apportées ou susceptibles d'être apportées par l'homme pour gérer les risques d'élévation du niveau de la mer (voir chapitre 4, section 4.5).

3.4.2. Pertes et dommages

Inondations côtières

Les phénomènes extrêmes liés au niveau de la mer, tels que les vagues et les ondes de tempête, peuvent provoquer l'inondation des côtes. L'ampleur de ces phénomènes est déterminée par la façon dont les niveaux marins extrêmes interagissent avec le profil de la côte. Celui-ci est déterminé par les barrières naturelles contre les inondations (par ex. les récifs coralliens et les mangroves) et les barrières artificielles (par ex. les digues et les murs côtiers). En l'absence de barrières, les niveaux marins extrêmes se déversent à l'intérieur des terres, situées plus bas. Lorsque des barrières existent, une inondation peut se produire si les vagues ou les ondes de tempête passent au-dessus de la barrière (c'est-à-dire si elles sont plus hautes que celle-ci), ou si elles la détruisent.

Les inondations côtières comptent parmi les catastrophes naturelles les plus dévastatrices. Elles provoquent des pertes humaines ; causent des dommages à la santé humaine, aux bâtiments, aux infrastructures, aux systèmes d'approvisionnement en eau douce et aux terres agricoles ; et interrompent les moyens de subsistance, les activités économiques et les chaînes d'approvisionnement (Kron, 2012[89]). Pour les raisons précédemment évoquées, les PEID sont vulnérables à ces inondations. Les dommages cumulés causés par les cyclones tropicaux (dus aux niveaux marins extrêmes et aux vents extrêmes) entre 1990 et 2013 se sont élevés à plus de 10 % du PIB cumulé de neuf PEID. Ils ont même atteint de l'ordre de 40 % pour les Maldives, 50 % pour les Samoa, 80 % pour Saint-Kitts-et-Nevis et 90 % pour la

Grenade (PNUE, 2014[90]). Dans l'ensemble, les PEID du Pacifique présentent le risque de catastrophe par habitant le plus élevé au monde (Edmonds et Noy, 2018[91]).

Il n'existe pas d'évaluations comparatives spécifiques des risques futurs d'inondation côtière liés à l'élévation du niveau de la mer pour ces pays. Cependant, un certain nombre d'études globales ont produit des résultats au niveau national, y compris pour les PEID (Bisaro et al., 2019[92]). Plusieurs messages généraux s'en dégagent. Premièrement, s'ils ne s'adaptent pas à la montée du niveau de la mer, les PEID subiront des impacts dévastateurs (Lincke et Hinkel, 2018[93] ; Oppenheimer et al., 2019[39] ; Wong et al., 2014[94]). Deuxièmement, il est improbable, voire invraisemblable, que les PEID ne s'adaptent pas à ce phénomène (Hinkel et al., 2014[95]) car l'adaptation côtière est une pratique largement répandue de nos jours. Qui plus est, elle a une longue histoire (Charlier, Chaineux et Morcos, 2005[96]), y compris dans les PEID (Klöck et Nunn, 2019[97]). Troisièmement, dans les zones densément peuplées, y compris celles des PEID, l'adaptation est généralement rentable. Autrement dit, le coût de l'adaptation est nettement inférieur au coût des pertes et des dommages subis en l'absence d'adaptation (Aerts et al., 2014[98] ; Hallegatte et al., 2013[99] ; Hinkel et al., 2018[100] ; Lincke et Hinkel, 2018[93] ; Oppenheimer et al., 2019[39] ; Bisaro et al., 2019[92]). Ce coût n'en demeure pas moins élevé et pourrait représenter vers la fin du siècle plusieurs points de pourcentage de PIB national pour de nombreux PEID. S'adapter pourrait donc être une option financièrement inabordable, ce qui souligne le risque existentiel que représente l'élévation du niveau de la mer pour les PEID (Wong et al., 2014[94] ; Oppenheimer et al., 2019[39]).

Érosion côtière et perte de sols

Indépendamment de l'élévation du niveau de la mer, l'érosion des sols côtiers est très étendue. Le phénomène d'érosion est influencé par divers facteurs naturels et anthropiques. Les facteurs naturels d'érosion côtière comprennent les courants, les marées, les vagues, les ondes de tempête et la variation naturelle du niveau relatif de la mer (due aux mouvements verticaux des terres). Il en résulte une perte permanente de sols, généralement associée à un gain de sols là où les sédiments d'érosion se déposent.

Les nombreuses modifications humaines apportées aux littoraux ont altéré ces processus naturels d'érosion, de transport de sédiments et d'accrétion sédimentaire. Il n'est pas possible d'attribuer l'érosion à des facteurs naturels ou humains précis. On estime cependant qu'environ 24 % du littoral sablonneux de la planète s'érodent, que 28 % subissent une accrétion (gain de sols) et que le reste est stable (Luijendijk et al., 2018[101]).

L'élévation du niveau moyen de la mer devrait accentuer l'érosion. L'augmentation de la hauteur des ondes de tempête et des vagues produira le même effet en apportant davantage d'énergie sur le rivage (Ranasinghe, 2016[102] ; Wong et al., 2014[94]). Les travaux de modélisation au niveau mondial montrent qu'en termes absolus, les PEID des Caraïbes sont les plus touchés par le recul des côtes dû à l'érosion (en l'absence de mesures de protection). Le scénario RCP 8.5 prévoit que leur littoral reculera en moyenne de 300 mètres d'ici à 2100, 70 % étant dus à la montée du niveau de la mer (Vousdoukas et al., 2020[103]).

Les processus d'érosion et d'accrétion des sols sont particulièrement prononcés dans les îles coralliennes. Les matériaux biogènes non consolidés provenant des récifs coralliens sont déposés par les courants et les vagues sur les îles coralliennes et leurs lagons (Duvat, 2018[104] ; Holdaway, Ford et Owen, 2021[105] ; Kench, 2012[106] ; Kumar et al., 2018[107]). Pour cette raison, on craint que la montée du niveau de la mer ne fasse rapidement disparaître les îles coralliennes.

Des études récentes ont quelque peu apaisé ces inquiétudes. Des travaux se sont intéressés à un grand nombre d'îles coralliennes des océans Pacifique et Indien, sous la forme de méta-analyses d'études de cas ou d'analyses d'images satellites. Ils ont montré qu'environ 90 % de ces îles étaient stables ou avaient vu leur superficie s'étendre au cours des dernières décennies de montée des eaux (Duvat, 2018[104] ; Holdaway, Ford et Owen, 2021[105]). Figurent parmi elles des îles situées dans des régions où le niveau de la mer a augmenté de plus de trois à quatre fois plus que la moyenne mondiale (McLean et Kench, 2015[108]).

Ces études montrent également que divers facteurs contribuent aux changements observés sur les îles : courants naturels, variabilité et phénomènes extrêmes liés au niveau de la mer notamment. En outre, l'homme modifie les processus de transport des sédiments en détruisant les récifs coralliens et en construisant des infrastructures côtières telles que digues, ports et brise-lames. L'élévation du niveau de la mer d'origine anthropique joue un rôle mineur (McLean et Kench, 2015[108]).

En dépit de ces résultats encourageants, la montée du niveau de la mer pourrait bien menacer ces îles à l'avenir. Ceci souligne l'importance d'un aspect pour l'adaptation : les îles coralliennes sont capables de résister et de croître dans un contexte de montée des eaux si plusieurs conditions sont réunies. Premièrement, le récif doit produire suffisamment de sédiments. Deuxièmement, la dynamique naturelle de transport des sédiments doit être entretenue. Troisièmement, les îles doivent pouvoir être inondées de temps à autre, de manière à se développer verticalement grâce aux sédiments déposés par les inondations. Cette capacité d'adaptation est toutefois menacée par d'autres facteurs climatiques, examinés ci-après.

Disparition d'écosystèmes

Combinée à d'autres facteurs, l'élévation du niveau de la menace également les écosystèmes côtiers tels que les coraux et les mangroves. Ces écosystèmes protègent naturellement les côtes des niveaux marins extrêmes qui érodent les rivages et provoquent des inondations. Par conséquent, leur disparition exacerbe les impacts de l'érosion et des inondations.

Les récifs coralliens sont particulièrement importants pour protéger les côtes contre les vagues extrêmes – principal aléa côtier pour un grand nombre de PEID des océans Pacifique et Indien. La crête et le plat du récif dissipent l'énergie des vagues. Par conséquent, les vagues qui arrivent sur le littoral sont plus petites qu'à l'extérieur du récif. On estime qu'à l'échelle mondiale, en moyenne, les récifs coralliens réduisent l'énergie des vagues de 97 % (Ferrario et al., 2014[109]). Cela signifie que la disparition des coraux a un effet désastreux sur ces littoraux en termes d'aggravation des inondations côtières. En outre, les coraux soutiennent les moyens de subsistance locaux de nombreuses manières. Par exemple, ce sont des attractions touristiques importantes (le tourisme étant le principal secteur économique de nombreux PEID). Ce sont également des habitats majeurs pour les pêcheries locales. La valeur des coraux pour le tourisme a été estimée à 36 milliards USD au niveau mondial (Spalding et al., 2017[110]).

Le principal facteur climatique à l'origine de la disparition des coraux n'est pas la montée du niveau de la mer mais le réchauffement des océans. Dans une certaine mesure, les coraux peuvent même se développer verticalement si la mer monte. En revanche, des températures plus élevées que la normale peuvent entraîner un blanchissement massif des coraux puis leur dépérissement (Hughes et al., 2017[111]). Les coraux du monde entier sont déjà gravement menacés par le niveau actuel du réchauffement climatique (Hughes et al., 2018[112]). D'ici 2070, plus de 75 % des coraux devraient subir un blanchissement annuel sévère, même avec des niveaux de réchauffement climatique intermédiaires (c'est-à-dire le scénario RCP 4.5) (van Hooidonk et al., 2016[113]). L'acidification des océans aggrave encore les menaces qui pèsent sur les coraux. Elle peut en effet réduire l'efficacité avec laquelle les coraux construisent leurs squelettes de calcaire. Cependant, les effets à long terme de ce processus commencent seulement à être compris (Kroeker et al., 2013[114]).

La disparition des coraux augmente considérablement les risques d'érosion et d'inondation. Les récifs en mauvaise santé ou éteints ne peuvent pas produire les sédiments nécessaires à la croissance des îles coralliennes et à leur adaptation à la montée des eaux. Comme les coraux, les mangroves protègent le littoral des PEID contre les phénomènes extrêmes liés au niveau de la mer. Elles fournissent un certain nombre de services écosystémiques importants, tels que le soutien à la pêche et le piégeage du carbone. De manière générale, les mangroves peuvent s'adapter à une élévation importante du niveau de la mer en migrant vers l'intérieur des terres et en remontant le long de la pente côtière si l'espace pour les accueillir (espace d'accommodation) et l'apport de sédiments sont suffisants (Lovelock et al., 2015[115] ; Schuerch et al., 2018[116]).

L'espace d'accommodation fait référence au processus de migration vers l'intérieur des terres qui n'est pas empêché par des pentes côtières abruptes ou des infrastructures humaines (par ex. digues, routes, établissements humains, etc.). Cependant, la zone côtière est étroite et/ou utilisée de manière intensive par l'homme (Sasmito et al., 2015[117]), ce qui limite souvent l'étendue des espaces d'accommodation dans les PEID. De même, le volume des sédiments dont les mangroves ont besoin pour s'étendre vers le haut lors de la montée des eaux est fortement limité. Les pressions anthropiques telles que l'endiguement des cours d'eau, par exemple, apportent des sédiments sur la côte. Ce processus devrait s'aggraver au cours du XXIe siècle (Dunn et al., 2019[118]). En 2015, une analyse comparative a été menée sur des sites de mangrove, dont certains situés dans les PEID du bassin Indo-Pacifique. Dans environ 70 % des sites étudiés, l'absence de sédiments limite déjà la capacité des mangroves à s'adapter à l'élévation actuelle du niveau de la mer (Lovelock et al., 2015[115]).

Disparition de ressources en eau douce

De nombreux PEID sont d'ores et déjà confrontés à des ressources en eau douce limitées et à la montée des eaux. Les phénomènes extrêmes liés au niveau de la mer et l'aggravation des inondations et de l'érosion côtière qui en résulte exercent des pressions supplémentaires sur ces limites (Nurse et al., 2014[50]). De nombreuses études observent que l'élévation du niveau de la mer à elle seule ne menace pas systématiquement les lentilles d'eau douce. Deux conditions permettent de se prémunir contre cette menace. Premièrement, il doit y avoir un espace d'accommodation vertical suffisant pour permettre aux lentilles d'eau douce de se déplacer vers le haut avec la montée des eaux. Deuxièmement, l'érosion côtière ne doit pas réduire la taille des îles (Falkland et White, 2020[119]).

L'élévation du niveau de la mer a toutefois des effets négatifs sur la disponibilité de l'eau douce dans les PEID lorsqu'elle est responsable d'une augmentation de la fréquence des inondations des îles par les ondes de tempête ou les vagues. C'est notamment le cas pour les îles coralliennes, où la lentille d'eau douce n'a que quelques mètres d'épaisseur. Avec une lentille aussi fine, l'intrusion par le haut de petites quantités d'eau salée peut rendre l'eau douce impropre à la consommation pendant des mois, voire des années (Gingerich, Voss et Johnson, 2017[120] ; Holding et Allen, 2015[121]).

Avec la montée du niveau de la mer, les inondations par les vagues deviendront plus intenses et plus fréquentes. Cela augmentera le délai de reconstitution des lentilles d'eau douce et pourrait, in fine, entraîner une situation dans laquelle l'eau douce ne sera plus potable. Selon certaines études, le risque que l'eau potable disparaisse est inévitable dans certains cas. Storlazzi et al. (2018[122]) indiquent que les îles coralliennes de Roi-Namur en République des Îles Marshall perdront leur eau potable en 2030-40 dans le scénario RCP8.5, et en 2055-65 dans le scénario RCP4.5. Ils en concluent que « la plupart des atolls seront inhabitables d'ici le milieu du XXIe siècle ».

Les conclusions de Storlazzi et al. (2018[122]) font fi de l'adaptation humaine. De nombreux atolls sont déjà fortement menacés par le stress hydrique, raison pour laquelle ils ont recours à la désalinisation de l'eau de mer pour leurs besoins en eau potable, ou à l'importation et l'utilisation des eaux souterraines saumâtres pour leurs besoins en eau non potable (Falkland et White, 2020[119]). Si la désalinisation est techniquement possible dans la plupart des cas, c'est une opération coûteuse et technologiquement complexe. Elle nécessite des conditions d'exploitation et d'entretien adéquates (Falkland et White, 2020[119]).

3.5. Quantification des impacts du changement climatique et attribution des phénomènes extrêmes

Les coûts des phénomènes météorologiques extrêmes vont croissant (Barthel et Neumayer, 2012[123] ; Smith et Katz, 2013[124] ; Smith et Matthews, 2015[125] ; NOAA National Centers for Environmental Information (NCEI), 2021[126]). Dans le discours public, des exemples de ces coûts croissants, tels que la multiplication des « catastrophes se chiffrant en milliards de dollars » aux États-Unis, sont fréquemment cités en tant que preuve d'un changement climatique anthropique. Pour beaucoup, ces anecdotes témoignent des « impacts réels du changement climatique ». Toutefois, de telles affirmations sont peut-être prématurées. D'autres facteurs non liés au changement climatique contribuent également à l'augmentation des dommages causés par les phénomènes naturels – citons notamment l'exposition croissante des actifs physiques et l'amélioration de la notification des coûts liés aux phénomènes naturels (Smith et Katz, 2013[124]). Une évaluation plus complète des coûts du changement climatique d'origine anthropique nécessiterait en fait de dissocier le rôle de ces différents facteurs. Il convient en particulier de déterminer le rôle de l'exposition et de la vulnérabilité dans le contexte du phénomène extrême considéré. Il faut également isoler le rôle du changement climatique dans le phénomène extrême lui-même.

Alors que, des décennies durant, les scientifiques eux-mêmes ont jugé cette tâche impossible, l'avènement de la science de l'attribution des phénomènes extrêmes offre une méthode quantitative pour déterminer si et, le cas échéant, dans quelle mesure le changement climatique est responsable de l'aggravation des impacts des différents phénomènes météorologiques extrêmes actuels. L'attribution des phénomènes extrêmes représente donc une passerelle conceptuelle essentielle. Elle établit un lien entre les phénomènes météorologiques extrêmes actuels et la hausse à long terme des températures moyennes mondiales due au changement climatique anthropique (voir Encadré 3.4).

Encadré 3.4. Qu'est-ce que l'attribution des phénomènes extrêmes ?

Il existe de plus en plus d'études consacrées à l'attribution des phénomènes. Ce corpus grandissant aide à mieux comprendre l'impact du changement climatique sur les systèmes naturels et humains au niveau local. Il indique également comment des niveaux plus élevés d'émissions de gaz à effet de serre, combinés à d'autres polluants et à une surface terrestre en mutation, modifient la probabilité et l'intensité des phénomènes extrêmes (Stott et al., 2015[127] ; Otto, 2017[128]). Le changement climatique influe non seulement sur la température globale de la planète, mais aussi sur la circulation atmosphérique (Vautard et al., 2016[129]). Il peut donc affecter les phénomènes météorologiques extrêmes de trois manières différentes : i) en augmentant la probabilité qu'un phénomène se produise ; ii) en diminuant la probabilité qu'un phénomène se produise ; ou iii) en n'ayant pas d'effet sur la probabilité qu'un phénomène se produise.

L'approche la plus couramment utilisée, illustrée par le Graphique 3.8, s'appuie sur l'exemple de la canicule russe de 2010 (Otto et al., 2012[130]). La première étape consiste à évaluer la probabilité que l'intensité observée du phénomène extrême en question (ligne horizontale pointillée) se produise dans le climat actuel (points rouges), tous les facteurs (non climatiques) anthropiques étant pris en compte. On la compare ensuite à la probabilité d'occurrence d'un tel phénomène dans un monde sans changement climatique anthropique (points bleus). Cela permet d'isoler et quantifier l'effet du changement climatique (flèche horizontale) sur la probabilité d'occurrence d'un phénomène d'une ampleur déterminée, ainsi que le changement d'intensité d'un phénomène d'une probabilité observée (petite flèche verticale).

Graphique 3.8. Analyse d'attribution de la canicule russe de 2010

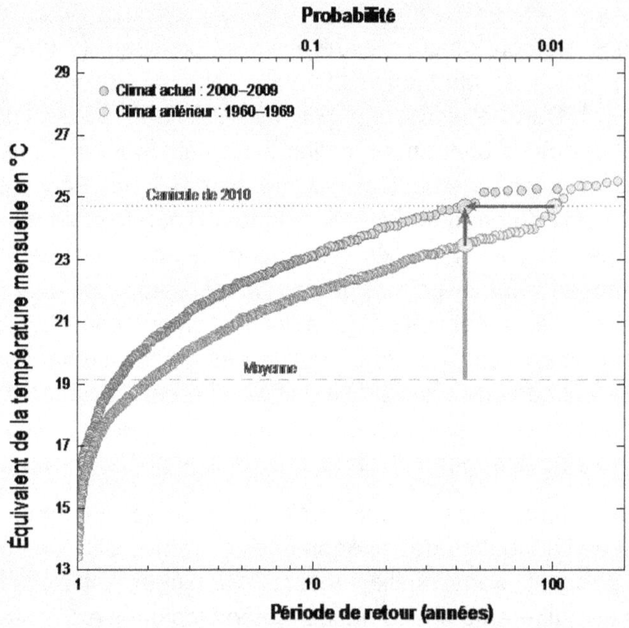

Note : Période de retour de températures moyennes mensuelles extrêmement élevées en Russie occidentale dans le climat actuel (en rouge) et dans un climat antérieur (en bleu). La ligne tiretée indique les températures moyennes mensuelles, et la ligne pointillée l'ampleur de la canicule en 2010. La flèche grise montre l'écart de l'ampleur par rapport à la moyenne, et la flèche verticale rouge décrit le rôle du changement climatique dans cet écart. La flèche horizontale rouge représente la hausse de la fréquence de canicules du type de celle de 2010 provoquée par le changement climatique anthropique.
Source : (Otto, 2017[128]).

Pour le climat actuel, les observations du temps et du climat peuvent aider à estimer la probabilité d'un phénomène. Il n'existe en revanche pas d'observations d'un monde hypothétique et contrefactuel sans changement climatique anthropique. En outre, seul le temps qu'*il a fait* peut être observé ; il n'est pas possible d'observer toutes les conditions météorologiques possibles dans un climat donné. L'attribution des phénomènes repose donc sur des modèles climatiques capables de simuler les conditions météorologiques possibles, y compris le phénomène extrême considéré, dans une région et une saison déterminées avec suffisamment de précision pour tirer des conclusions sur le rôle du changement climatique. Les premières études à avoir appliqué l'approche d'attribution probabiliste des phénomènes utilisaient un seul modèle climatique (Stott, Stone et Allen, 2004[131]) ; par conséquent, leurs résultats dépendaient fortement de la fiabilité de ce modèle (Bellprat et Doblas-Reyes, 2016[132] ; Otto et al., 2020[133]). Une approche plus robuste a été mise au point depuis, combinant analyses statistiques fondées sur l'observation et modèles multiples de complexité variable. Un tout nouveau domaine a ainsi vu le jour en climatologie, et les méthodes s'améliorent constamment (Philip et al., 2020[134] ; van Oldenborgh et al., 2021[135]).

Deux aspects de la méthodologie sont importants. Premièrement, la définition des phénomènes extrêmes est un élément crucial de l'analyse, qui en détermine le résultat. Dans l'approche la plus couramment utilisée, le phénomène est toujours défini comme un type de temps qui conduit à un impact. Il peut s'agir, par exemple, de précipitations extrêmes qui dépassent un certain seuil dans une zone ou lors d'une saison particulière, et provoquent des inondations. D'autres méthodologies privilégient les approches fortement conditionnées (ou narratives), qui ne sont pas probabilistes et adoptent une définition beaucoup plus étroite des phénomènes [(Shepherd et al., 2018[136] ; Hegdahl et al., 2020[137]) et encadré 4.2]. Deuxièmement, l'attribution des phénomènes extrêmes nécessite de disposer de modèles climatiques qui simulent de manière réaliste le type de phénomène considéré. Par exemple, on ne pourra pas évaluer les impacts des tornades ou des tempêtes de grêle extrêmes tant que les modèles de génération actuelle ne parviendront pas à simuler valablement les processus physiques correspondants.

En outre, les meilleures données disponibles sur l'impact d'une catégorie de conditions météorologiques extrêmes déterminée dans une région déterminée se résument souvent à un unique point de donnée – les impacts du phénomène en question tel qu'il a été récemment observé. Par conséquent, les énoncés d'attribution s'inscrivent dans les limites d'une seule observation d'impact. Dans le contexte de l'élaboration d'énoncés d'attribution, les scientifiques ont une compréhension limitée de la forme spécifique de la relation aléa-impact. En d'autres termes, ils sont souvent incapables de déterminer quantitativement si un phénomène un peu moins intense aurait eu un peu moins d'impacts, voire aucun impact du tout. Les modèles climatiques sont capables d'examiner la probabilité d'observer des caractéristiques météorologiques identiques ou pires que le phénomène récemment observé dont on connaît l'impact. Ils peuvent quantifier la fraction de cette probabilité qui ne se serait pas produite dans un climat préindustriel. De cette façon, la méthodologie d'attribution contourne la nécessité de résoudre d'autres aspects précis de la relation aléa-impact. Au lieu de cela, elle articule le changement attribuable estimé des impacts autour de l'unique point de donnée observé. Il faut avoir la certitude que ce point de donnée concerne directement les communautés qui ont été touchées par le phénomène (Frame et al., 2020[138] ; Clarke, E. L. Otto et Jones, 2021[139]).

La science de l'attribution des phénomènes extrêmes a fait l'objet d'examens approfondis par les pairs. De l'avis de certains, les scientifiques se montrent trop confiants dans leurs énoncés d'attribution (Bellprat et Doblas-Reyes, 2016[132]). Pour d'autres, ils sont trop prudents (Lloyd et Oreskes, 2018[140] ; Lloyd et al., 2021[141]). Dans le milieu de l'attribution probabiliste, ces examens ont conduit assez rapidement à l'élaboration de méthodes d'estimation de l'évolution des aléas transparentes et plus robustes. Ces méthodes sont présentées en détail dans van Oldenborgh et al. (2021[135]). Elles impliquent une réflexion attentive sur la définition des phénomènes ; une évaluation normalisée de l'opportunité d'inclure des modèles climatiques dans une étude ; et une évaluation des incertitudes structurelles des modèles climatiques et de celles dues aux contraintes des données d'observation.

3.5.1. Caractéristiques robustes de l'aggravation des conditions météorologiques extrêmes due au changement climatique

La science de l'attribution a permis d'identifier de nombreuses caractéristiques robustes de l'aggravation des conditions météorologiques extrêmes due au changement climatique (malgré les difficultés méthodologiques et les incertitudes évoquées respectivement dans l'Encadré 3.4 et l'Encadré 3.5). Tout d'abord, on peut affirmer avec une grande certitude que la fréquence et la gravité des phénomènes extrêmes liés à la chaleur augmentent, et ce plus rapidement de plusieurs ordres de grandeur que tout autre type de phénomène météorologique extrême (Fischer et Knutti, 2015[142]), et que les canicules marines connaissent des changements encore plus rapides que les canicules terrestres (Oliver et al., 2017[143] ; Frölicher, Fischer et Gruber, 2018[144])[6]. Il est important de le souligner, car la gestion des risques futurs sera sensiblement différente selon qu'une catégorie de phénomènes météorologiques extrêmes deviendra *seulement* deux fois plus probable en raison des niveaux de réchauffement actuels (par exemple, les inondations au Royaume-Uni (Otto et al., 2018[145])), ou des centaines de fois plus fréquente (comme les canicules sous les tropiques (Perkins-Kirkpatrick et Gibson, 2017[146])). Cela est d'autant plus vrai que les évaluations des risques au niveau national sont réalisées principalement par le secteur des assurances, qui n'assure généralement pas les pertes liées à la chaleur, ignorant ainsi la catégorie d'extrêmes pour laquelle le changement climatique a le plus d'impacts.

Deuxièmement, les taux d'intensification prévus sont assortis d'un niveau de confiance élevé, tant pour les canicules extrêmes que pour les précipitations extrêmes. Ces taux de changement sont correctement simulés dans les modèles climatiques, et les processus physiques qui les sous-tendent sont également bien compris. Comme le montre le Graphique 3.9, les projections futures des températures moyennes et des températures élevées extrêmes peuvent être exprimées sous la forme d'une simple réponse linéaire à l'augmentation anthropique du réchauffement moyen de la planète. Sur les terres émergées, on constate que les températures moyennes augmentent plus rapidement que la moyenne mondiale, processus qui est lié à la différence de la vitesse du réchauffement prévu entre les terres et les océans (Joshi et al., 2007[147]) et que l'on attribue en grande partie à la dynamique atmosphérique (Joshi et al., 2007[147] ; Byrne et O'Gorman, 2013[148] ; Byrne et O'Gorman, 2018[149]). Dans le cas des températures élevées extrêmes (rangée inférieure du Graphique 3.9.), il existe un facteur d'amplification supplémentaire pour les régions à humidité limitée comme la Méditerranée (Seneviratne et al., 2016[150] ; Vogel et al., 2017[151] ; Vogel, Zscheischler et Seneviratne, 2018[152]). Par exemple, (Vautard et al., 2020[153]) observent « [qu'] en l'absence de changement climatique anthropique », des canicules aussi exceptionnelles que celles qui ont frappé l'Europe en juin et juillet 2019 auraient « été moins chaudes d'environ 1.5 à 3 degrés ». La synthèse des données probantes fait ressortir l'intensification des températures élevées extrêmes à des valeurs comprises entre 1 et 3 degrés par degré de réchauffement climatique – il est cependant précisé que cette fourchette est supposée représenter l'ensemble des régions terrestres peuplées, et que la fourchette d'incertitude pour les régions individuelles est sans doute plus étroite.

Graphique 3.9. Changement des températures locales par degré de réchauffement climatique

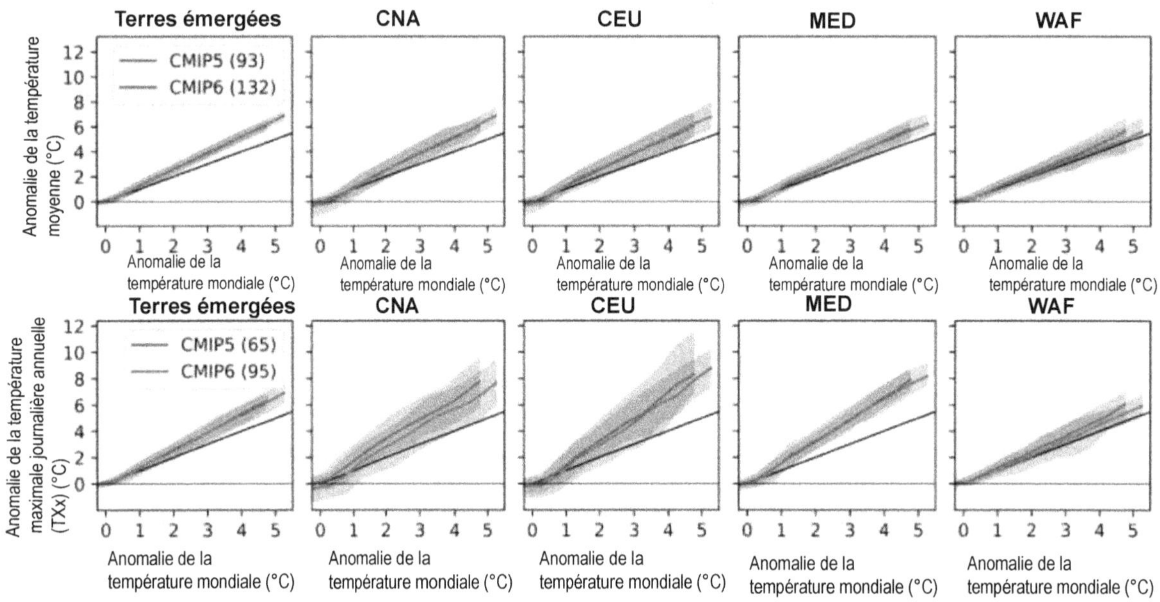

Note : Changements prévus des températures moyennes (rangée supérieure) et des températures maximales journalières annuelles (rangée inférieure) en fonction de différents scénarios de réchauffement futur, pour plusieurs régions (CNA = centre de l'Amérique du Nord ; CEU = Europe centrale ; MED = Méditerranée ; WAF = Afrique de l'Ouest). Les résultats sont présentés sous forme de changements par rapport aux hausses correspondantes de la température moyenne mondiale ; la ligne noire indique une relation de 1:1.
Source : (Seneviratne et Hauser, 2020[154])

En ce qui concerne les processus physiques à l'origine de l'intensification des précipitations extrêmes, il y a plus d'humidité dans une atmosphère plus chaude ; il en résulte une augmentation de l'intensité de tous les épisodes de précipitations, à considérer que la circulation atmosphérique demeure inchangée par ailleurs (Allen et Ingram, 2002[155] ; Allan et Soden, 2008[156]). Cependant, d'autres facteurs physiques non examinés en détail ici peuvent réduire (Pendergrass, 2018[157]) ou intensifier les phénomènes (Meredith et al., 2015[158] ; Meredith et al., 2015[159] ; Prein et al., 2015[160] ; Prein et al., 2016[161] ; Fowler et al., 2021[162]). Les taux d'intensification des précipitations extrêmes s'établissent dans une fourchette de 5 % à 15 % par degré de réchauffement climatique ; il existe bien sûr des différences selon les régions et la durée des phénomènes considérés (Westra et al., 2014[163] ; Prein et al., 2016[161] ; Hodnebrog et al., 2019[164]) ou le degré plus ou moins extrême des phénomènes en question (Fischer et Knutti, 2015[142] ; Kharin et al., 2018[165] ; Pendergrass, 2018[157]).

Troisièmement, plusieurs études d'attribution (Freychet et al., 2019[166]) ont montré que dans de vastes pans de l'Asie (en particulier l'Inde) et certaines parties des États-Unis, le signal GES d'intensification des canicules est contenu en raison de l'effet refroidissant des émissions d'aérosols associées à la pollution atmosphérique locale et/ou à l'irrigation à grande échelle. Par conséquent, il existe une forte probabilité que les efforts déployés pour réduire la pollution atmosphérique ou modifier les pratiques d'irrigation dans le futur affectent ces effets d'amortissement temporaires, au risque d'entraîner une aggravation potentiellement soudaine de la gravité relative des canicules dans ces régions. Ainsi, et cela peut paraître paradoxal, l'un des effets de la réduction de la combustion des combustibles fossiles pourrait être une hausse des températures dans certaines parties du monde, dans la mesure où l'effet refroidissant des aérosols atmosphériques se dissiperait rapidement.

Quatrièmement, de nombreux phénomènes extrêmes multifactoriels (comme le stress thermique, la sécheresse agricole ou les feux de végétation) donnent lieu à des énoncés d'attribution plus incertains que les phénomènes extrêmes unifactoriels. Cela tient en partie au manque d'observations à haute résolution et de qualité élevée pour les variables autres que les précipitations et la température. Les modèles climatiques et les outils d'attribution des phénomènes peuvent néanmoins identifier et décomposer de manière sélective l'importance *relative* des variables individuelles pour les signaux de changement, qui sont intrinsèquement complexes (Uhe et al., 2017[167] ; Philip et al., 2018[168] ; Kew et al., 2021[169]). Par exemple, il est rare que les déficits de précipitations cumulés sur plusieurs mois ou plusieurs années montrent des signes de changement en réponse aux niveaux de réchauffement climatique actuels (Otto et al., 2015[170]), sauf dans certaines régions spécifiques (Otto et al., 2018[171]). Et bien que cette absence de changement dans la fréquence des années de faible pluviosité ait également été constatée pour la Californie, (Diffenbaugh, Swain et Touma, 2015[172]) ont démontré que la hausse simultanée des températures était le signe que les risques globaux de sécheresse continuaient bel et bien à augmenter. En outre, depuis 2010, le Chili est touché par une « méga-sécheresse », nom donné à un phénomène de sécheresse exceptionnel qui frappe les zones les plus peuplées du pays, et qui est sans précédent dans les relevés historiques et/ou instrumentaux ou les registres paléoclimatiques couvrant les 1000 dernières années. Des études d'attribution montrent qu'environ 25 % du déficit de précipitations observé de 2010 à 2015 peut être attribué au changement climatique anthropique et que ce facteur persistera à l'avenir, favorisant le retour de ces phénomènes et accentuant l'aridification des zones centrales et méridionales du pays (CR2, 2015[173]).

Encadré 3.5. Sources connues d'incertitudes dans les études d'attribution des phénomènes

Incertitudes entourant la quantification des impacts de différentes catégories de conditions météorologiques extrêmes

Pour mieux comprendre les pertes et les dommages causés par le changement climatique, il est nécessaire de mieux quantifier les impacts des phénomènes météorologiques extrêmes. Toutefois, la surveillance et la notification systématique des impacts climatiques associés à différentes catégories de conditions météorologiques extrêmes – et a fortiori des expositions et des vulnérabilités sous-jacentes – sont peu fréquentes et disparates entre pays pauvres et pays riches (Guha-Sapir, Hargitt et Hoyois, 2004[174] ; Visser, Petersen et Ligtvoet, 2014[175] ; Noy, 2016[176] ; Noy et duPont IV, 2018[177] ; Tschumi et Zscheischler, 2019[178]). Le chapitre 2 (section 2.2.1) présente succinctement les différents types d'incertitude auxquels on se heurte lorsque l'on mesure les impacts de différentes catégories de conditions climatiques extrêmes, à savoir les inondations, les feux de végétation, les canicules et les sécheresses.

Différents aspects de l'incertitude de l'attribution pour différentes catégories de conditions météorologiques extrêmes

La contrainte limitative la plus importante qui se pose lorsque l'on cherche à quantifier le rôle du changement climatique anthropique dans un phénomène météorologique extrême est de savoir s'il existe des modèles climatiques pouvant simuler utilement les facteurs physiques du phénomène considéré (Encadré 3.4). Les spécialistes de la science de l'attribution prennent en considération d'autres facteurs pour les catégories de phénomènes pour lesquels les modèles climatiques donnent des résultats très fiables (par exemple les épisodes pluvieux extrêmes à grande échelle ou les canicules terrestres) (van Oldenborgh et al., 2021[135]).

L'une des sources d'incertitude concerne le choix de l'échelle spatiale et temporelle à utiliser pour définir le phénomène extrême en question (Angélil et al., 2014[179]). En général, les spécialistes de l'attribution choisissent cette échelle en isolant les impacts les plus significatifs du phénomène, par exemple le lieu et le moment où les anomalies de température ont été les plus extrêmes. Ils sont obligés de faire un choix, tout en sachant qu'un choix différent modifierait peut-être la gravité du phénomène observé lui-même, ainsi que l'influence estimée du changement climatique sur le phénomène (Cattiaux et Ribes, 2018[180]). Cette variation potentielle ne correspond pas à une différence réelle de la contribution du changement climatique au renforcement de l'intensité de la canicule considérée. Elle s'explique plutôt par le fait que pour traduire l'intensification en « changement de fréquence de récurrence », on examine la mesure dans laquelle un signal déterminé a émergé de la variabilité de référence, et que le bruit associé aux extrêmes de chaleur augmente à des échelles spatio-temporelles plus petites. De fait, pour les extrêmes liés à la chaleur, la réanalyse systématique d'un même épisode de canicule à des échelles spatiales ou temporelles de plus en plus fines réduit généralement la grandeur de toute mesure d'attribution fondée sur la *fréquence* (Angélil et al., 2014[179]). Une étude montre par exemple que le changement climatique a rendu les chaleurs extrêmes enregistrées en Europe en 2018 entre 2 et 100 fois plus probables, en fonction des choix d'échelles spatiales et temporelles utilisées pour analyser le phénomène (Leach et al., 2020[181]).

Pour les extrêmes de précipitations, les caractéristiques topographiques et d'autres effets locaux sont tels que des signaux d'évolution future des précipitations opposés peuvent également être rencontrés dans des endroits proches (Caloiero, 2014[182]). De même, l'examen des changements des précipitations hivernales et estivales pour un même site peut aboutir à des signaux de changement climatique opposés (Guillod et al., 2017[183]). Par conséquent, il existe un potentiel important d'annulation des signaux de changement climatique, par ailleurs robustes, lorsqu'on examine les extrêmes de précipitations sur des échelles spatiales ou temporelles de plus en plus grandes. C'est pourquoi toute tentative de quantifier les signaux d'assèchement ou d'humidification dans le contexte du changement climatique exige un traitement minutieux des caractéristiques climatologiques des précipitations dans la région considérée.

Ces éléments conduisent à formuler trois règles générales pour l'analyse. Choisir les échelles spatio-temporelles qui cadrent le plus étroitement possible avec les impacts implique d'analyser les précipitations extrêmes sur des périodes courtes (jours) et des échelles spatiales réduites (villes à régions). Les analyses des canicules utilisent des échelles spatiales diverses (villes à continents), mais souvent de petites échelles temporelles (jours à semaines). Enfin, les analyses des sécheresses se réfèrent à de grandes échelles spatiales (régions à continents) et temporelles (mois à années).

Note : Le chapitre 2 examine les incertitudes de façon plus détaillée.

3.5.2. Émergence attendue de changements sans précédent dans les extrêmes de chaleur

On se demande fréquemment à quel moment certaines régions du monde pourraient devenir « inhabitables » en raison de l'évolution future des chaleurs extrêmes ou du stress thermique. Cette section cherche à mettre en évidence la configuration et la vitesse relative des changements associés à l'évolution de la distribution de la journée la plus chaude de l'année pour différentes régions du monde. Elle tente également d'expliquer pourquoi l'on ne pourra jamais effectuer de désagrégation simple et binaire des régions futures sur la base des lieux où les humains peuvent ou ne peuvent pas continuer à vivre.

Le changement relatif de la journée la plus chaude de l'année en tant qu'indicateur indirect des températures élevées extrêmes

Dans la partie (a) du Graphique 3.10, le signal du changement relatif de la journée la plus chaude de l'année (TXx) est utilisé comme indicateur indirect des températures élevées extrêmes. Ces changements sont normalisés pour montrer le signal de changement par degré de réchauffement climatique moyen (dans le scénario RCP 8.5 à émissions élevées). La TXx a fait l'objet d'analyses étendues par le passé (Sillmann et al., 2013[184] ; King et al., 2015[185] ; King et al., 2016[186] ; Harrington et al., 2018[187]). Son profil est également en adéquation avec les changements des canicules extrêmes sur des échelles temporelles de plusieurs jours (Perkins et Alexander, 2013[188] ; Cowan et al., 2014[189] ; Russo, Sillmann et Fischer, 2015[190] ; Russo et al., 2016[191] ; Angélil et al., 2017[192]).

Les résultats montrent un signal clair de réchauffement de la TXx sur les terres émergées. Cette évolution dépasse le changement correspondant de la température moyenne mondiale d'un facteur pouvant atteindre 1.8 dans certains endroits. Comme on l'a expliqué précédemment, ces processus de changement sont très bien compris. Ils s'expliquent principalement par deux types de différence. Premièrement, ils sont liés aux facteurs qui déterminent les taux de réchauffement moyen comparés sur les terres émergées et sur les océans (Joshi et al., 2007[147]). Deuxièmement, ils sont liés à l'accélération supplémentaire observée dans les zones continentales à humidité limitée, où les journées les plus chaudes de l'année s'intensifient encore sous l'effet des mécanismes de rétroaction de l'humidité du sol (Vogel et al., 2017[151]).

Graphique 3.10. La « nouvelle norme » : chaleur extrême future et changements vis-à-vis des valeurs antérieures

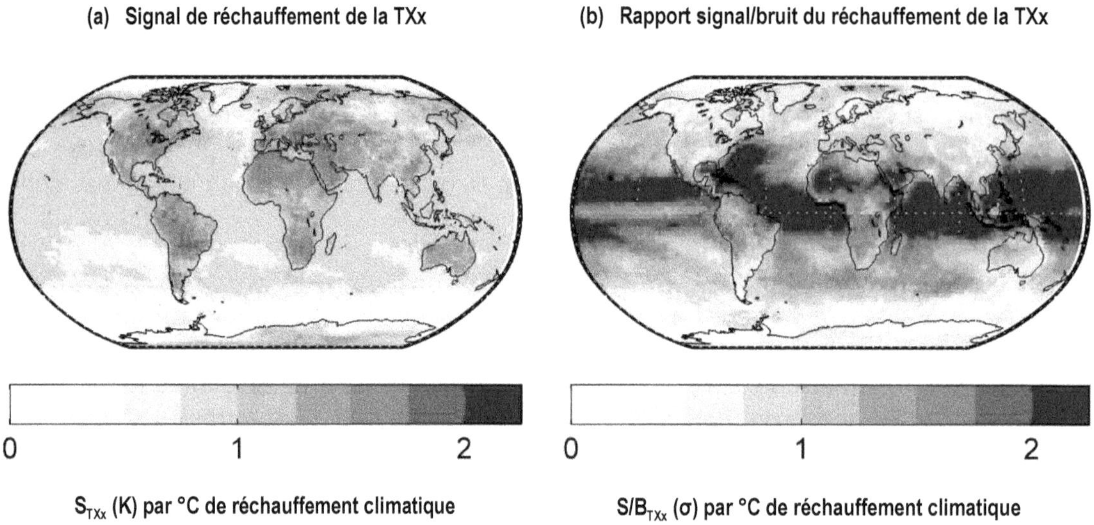

Note : (a) Configurations spatiales médianes multi-modèles de la variation de la TXx par °C de réchauffement dans les scénarios de réchauffement futur. (b) Identique à la partie (a), mais pour les configurations spatiales des rapports signal/bruit (rapports S/B) de la TXx. Les changements futurs de la TXx sont normalisés sur la base des variations d'une année sur l'autre figurant dans les relevés historiques (rapports S/B). Un rapport S/B de 1 signifie que la hausse prévue des températures de la journée la plus chaude de l'année sera égale à l'écart type des variations d'une année sur l'autre de la TXx dans le climat actuel.

Une nouvelle journée la plus chaude de l'année « moyenne », fondée sur les variations d'une année sur l'autre historiques

Dans la partie (b) du Graphique 3.10. , les changements futurs de la TXx sont normalisés sur la base des variations d'une année sur l'autre figurant dans les relevés historiques. Plus précisément, le signal de réchauffement de la TXx est divisé par l'écart type local de la TXx. Ce calcul est effectué à partir des données historiques de toutes les années du XXe siècle, après élimination linéaire de la tendance (ce ratio est désigné ci-après « rapport signal/bruit » ou S/B). Un rapport S/B de 1 signifie que le changement futur (hausse) de la température moyenne de la journée la plus chaude de l'année est identique à l'écart type de la température de la journée la plus chaude de l'année dans le climat actuel. En d'autres termes, la nouvelle journée la plus chaude « moyenne » aurait été, par le passé, un événement survenant environ une année sur six. Sur cette base, on peut procéder à une évaluation comparable à l'échelle mondiale, qui permette de déterminer si les changements futurs dans les extrêmes de chaleur sont *inhabituels* par rapport à la plage des expériences communes à des lieux individuels (et aux écosystèmes ou sociétés qui s'y trouvent) (Hawkins et Sutton, 2012[193] ; Frame et al., 2017[194] ; Hawkins et al., 2020[195]).

De ce point de vue, la partie (b) du Graphique 3.10. révèle que les océans tropicaux sont les zones qui subissent les changements *relatifs* des températures élevées extrêmes de loin les plus rapides. Viennent ensuite les régions arides de l'Afrique du Nord et du Moyen-Orient, puis les autres régions terrestres tropicales. Ces tendances cadrent avec d'autres résultats qui montrent que les canicules marines deviennent déjà plus intenses et plus fréquentes. La rapidité de ces changements est sans égale si l'on se réfère aux extrêmes climatiques d'autres parties du système climatique (Oliver et al., 2017[143] ; Frölicher, Fischer et Gruber, 2018[144]). Ces extrêmes sont toutefois suivis de près par l'aggravation des canicules terrestres dans les régions tropicales (Perkins-Kirkpatrick et Gibson, 2017[146]) et des vagues de stress thermique (Mora et al., 2017[196]).

Pour mieux mettre en évidence la diversité des changements relatifs de la chaleur extrême dans les différentes régions du monde, le Tableau 3.3 présente le rapport S/B médian des changements de la TXx pour différents degrés de réchauffement. Ce rapport est indiqué pour le monde entier, pour les PMA et pour la zone OCDE, à partir des valeurs relevées en juin 2021. À l'échelle mondiale, on constate que le changement relatif moyen de la chaleur extrême suit le changement de la température moyenne mondiale avec un rapport proche de 1:1. Les pays membres de l'OCDE connaissent un changement relatif de la chaleur extrême plus lent que la moyenne. Par contraste, les changements moyens dans les PMA sont environ 50 % plus rapides que la moyenne mondiale. Cette tendance selon laquelle les pays à faible revenu subissent des changements relatifs de la chaleur extrême plus rapides a été largement corroborée par des recherches antérieures (Mahlstein et al., 2011[197] ; Harrington et al., 2016[198] ; Frame et al., 2017[194] ; Harrington et al., 2018[187] ; King et Harrington, 2018[199]).

Tableau 3.3. Exposition de la population à une chaleur extrême s'écartant des normes antérieures à l'avenir

	Rapport signal/bruit (σ) de la TXx auquel pour une personne moyenne		
Réchauffement mondial depuis 1861-80	**Monde**	**PMA**	**Pays de l'OCDE**
+ 1.0 °C	1.0 (0.3/1.7)	1.5 (0.3/2.2)	0.8 (0.3/1.5)
+ 1.5 °C	1.5 (0.6/2.3)	2.2 (0.6/3.3)	1.3 (0.6/2.1)
+ 2.0 °C	2.0 (1.0/3.1)	3.0 (1.1/4.4)	1.8 (1.0/2.8)
+ 2.5 °C	2.6 (1.3/3.8)	3.8 (1.4/5.4)	2.3 (1.3/3.5)
+ 3.0 °C	3.2 (1.5/4.6)	4.5 (1.6/6.5)	2.9 (1.6/4.1)
+ 3.5 °C	3.7 (1.8/5.2)	5.2 (1.9/7.4)	3.3 (1.8/4.7)

Note : Projections modélisées du rapport signal/bruit (S/B) de la TXx pour une personne moyenne à différents seuils de réchauffement futur (sur la base de RCP 8.5) et pour trois groupes de population : la population mondiale, la population de 46 pays moins avancés et la population de 38 pays membres de l'OCDE. Les données démographiques maillées sont fixées aux niveaux de 2015 et proviennent de (Consortium du réseau international d'information sur les sciences de la Terre - CIESIN, 2005[200]). Les chiffres principaux indiquent le rapport S/B médian multi-modèles de la TXx pour une personne moyenne pour chaque groupe de population. Les valeurs entre crochets représentent l'incertitude des modèles climatiques (percentiles 10 et 90 de l'ensemble multi-modèles) associée aux rapports S/B pour une personne moyenne en réponse au niveau de réchauffement spécifié.

Chaque tonne de carbone rejetée rendra l'avenir de plus en plus méconnaissable

Le Graphique 3.11 montre les niveaux de réchauffement climatique moyen requis pour que les seuils futurs de chaleurs extrêmes soient franchis localement. Ces seuils sont représentés par des niveaux de changement de +3σ et +6σ. Le niveau +3σ correspond approximativement au moment où la journée la plus chaude d'une année moyenne dans le nouveau climat serait considérée comme rare dans le climat passé. Le niveau +6σ quant à lui correspond à une situation où la journée la plus chaude, fût-ce pendant l'année la plus fraîche, dans le futur dépasserait encore les températures les plus chaudes jamais enregistrées dans le passé.

L'aggravation des modes de changement qui accompagne le réchauffement sur toute la planète, telle que la dépeint le Graphique 3.10 renforce la conclusion selon laquelle chaque tonne supplémentaire d'émissions de carbone rejetée dans l'atmosphère rendra l'avenir de plus en plus méconnaissable. Cela transparaît d'autant plus clairement lorsque l'on compare les expériences de chaleur extrême future avec celles des dernières décennies. Une comparaison avec un climat préindustriel donnerait des résultats encore plus spectaculaires.

Graphique 3.11. Réchauffement requis pour que des seuils définis de chaleur extrême supérieure aux valeurs antérieures soient franchis

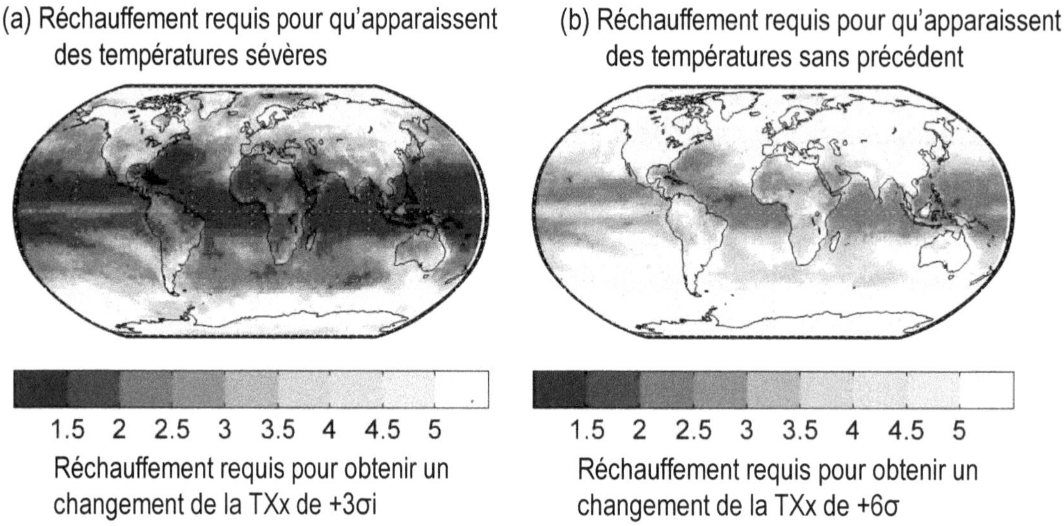

Note : Les parties (a) et (b) utilisent les résultats présentés dans la partie 4.1b pour estimer la hausse de la température moyenne mondiale qui sera nécessaire pour assister à des rapports signal/bruit supérieurs à 3 et 6 respectivement, à chaque maille. La partie (a), +3σ, correspond approximativement au moment où la journée la plus chaude d'une année moyenne dans le nouveau climat serait considérée comme rare dans le climat passé. La partie (b), +6σ, correspond à une situation où la journée la plus chaude, fût-ce pendant l'année la plus fraîche, dans le futur dépasserait encore les températures les plus chaudes jamais enregistrées dans le passé.

Aucune définition individuelle ou seuil n'est suffisamment précis pour que l'on puisse déterminer à quel moment un lieu ne sera plus adapté à « l'habitabilité humaine ». Les différents pays et les communautés qui y vivent ont développé des niveaux de tolérance aux chaleurs inhabituelles très différents au fil du temps (que ce soit au travers de changements culturels, technologiques ou physiologiques). Aucun indice de chaleur extrême (ou de stress thermique) ne peut rendre compte de cette myriade de différences régionales et infrarégionales de la sensibilité aux changements futurs (Matthews, 2018[201] ; Vanos et al., 2020[202]). Par conséquent, l'indicateur climatique ou le seuil choisi pour définir les « changements catastrophiques », quel qu'il soit, mettra l'accent sur certaines régions plutôt que d'autres. Et trop souvent, il ne reflètera pas correctement les différents niveaux de résilience des communautés et des pays, ni leur potentiel d'adaptation.

3.5.3. L'importance de l'exposition et de la vulnérabilité dans l'évaluation des impacts futurs des conditions météorologiques extrêmes

L'attribution des phénomènes extrêmes a évolué dans l'optique principale d'estimer les changements de la probabilité d'être témoin d'aléas météorologiques extrêmes. Elle offre ainsi un cadre quantitatif qui aide à comprendre comment les impacts des phénomènes météorologiques extrêmes actuels pourraient s'aggraver sous l'effet du changement climatique anthropique.

Cependant, il est tout aussi important de déterminer comment les facteurs autres que l'aléa (à savoir l'exposition et la vulnérabilité) modulent la gravité des impacts des phénomènes météorologiques extrêmes, ainsi que leur potentiel d'évolution dans le temps. Il s'agit d'un point crucial pour les décideurs, qui doivent comprendre comment les risques et les impacts de ces phénomènes peuvent s'améliorer ou s'aggraver. Cette section examine plusieurs déterminants des impacts des phénomènes météorologiques extrêmes autres que le facteur aléa, ainsi que la gamme de changements possibles attendus au cours du XXIe siècle.

La part des populations vulnérables devrait augmenter

Le Graphique 3.12 présente les changements prévus dans deux catégories de personnes vulnérables – les personnes âgées de plus de 65 ans et celles âgées de plus de 85 ans. Pour ce faire, il crée cinq scénarios différents de résultats socio-économiques pour le XXIe siècle (les « trajectoires socio-économiques partagées » ou SSP). Chaque cercle représente une nouvelle décennie, la population âgée mondiale allant en augmentant à partir des niveaux de 2020 (fixés à 1).

Graphique 3.12. Scénarios de vieillissement démographique

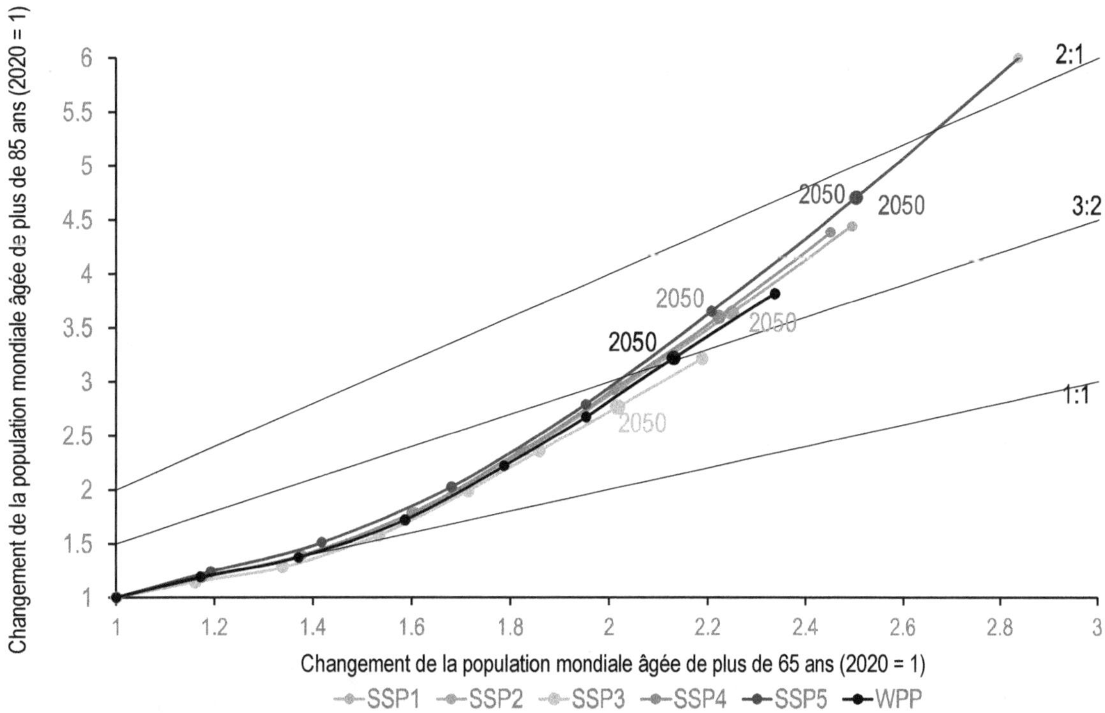

Note : Changements prévus (par rapport à 2020) de la population mondiale âgée de plus de 65 ans (axe horizontal) et de plus de 85 ans (axe vertical) pour chaque décennie entre 2020 et 2070, selon les cinq trajectoires socio-économiques partagées et les scénarios démographiques élaborés pour les Perspectives de la population dans le monde 2019 des Nations Unies. Chaque cercle représente une nouvelle décennie ; les cercles pleins plus gros représentent les valeurs pour 2050. Il est à noter que les trajectoires SSP 1 et 5 se superposent.

Deux tendances claires se dessinent concernant la croissance démographique mondiale et les populations les plus vulnérables. Premièrement, les taux de croissance démographique mondiale dans le groupe d'âge généralement considéré comme « vulnérable » – les plus de 65 ans – sont élevés. Selon le scénario considéré, ils seront multipliés par un facteur compris entre 2 et 2.5 d'ici 2050.

Deuxièmement, et ce point est plus inquiétant, les taux de croissance sont encore plus rapides lorsque l'on isole uniquement les personnes les plus vulnérables de ce groupe (celles âgées de plus de 85 ans) (Whitty et Watt, 2020[203]). On s'attend à ce que la taille de ce sous-groupe soit multipliée par 3 ou 4 d'ici le milieu du siècle, puis par 5 ou 20 d'ici la fin du siècle (non représenté sur le Graphique 3.12). Dans tous les scénarios, le taux de croissance s'accélère au-delà des changements observés pour le groupe des plus de 65 ans à chaque nouvelle décennie.

Ces taux de changement prévus sont dus au vieillissement de la population mondiale et à l'amélioration des résultats des soins de santé. Ils indiquent clairement que les risques collectifs posés par les phénomènes météorologiques extrêmes, et particulièrement par les canicules extrêmes (Whitty et Watt, 2020[203]), pourraient augmenter de manière significative. Ce sera le cas même si les aléas liés au climat restent eux-mêmes inchangés. Les chapitres 1, 2 et 5 analysent d'autres facteurs socio-économiques susceptibles d'avoir un rôle dans l'exposition et la vulnérabilité des systèmes humains et naturels.

La gravité d'un aléa est un indicateur imparfait de la gravité des impacts

Les impacts d'un phénomène météorologique extrême peuvent varier selon la vulnérabilité des communautés exposées (Quigley et al., 2020[204]). En effet, la rareté de l'aléa météorologique en question n'est pas toujours un bon indicateur de l'intensité potentielle des impacts du phénomène. Prenons deux exemples de phénomènes météorologiques extrêmes récents qui ont fait l'objet d'analyses d'attribution. Le premier exemple décrit comment, suite à de fortes pluies persistantes, le sud du Royaume-Uni s'est trouvé en proie à des inondations au cours de l'hiver 2013-2014 (Schaller et al., 2016[205]) ; le second exemple porte sur les inondations provoquées par les précipitations extrêmes qui ont sévi en Chine méridionale lors la saison des pluies de mars-juillet 2019 (Li et al., 2021[206]) ; les deux exemples sont résumés sur le Graphique 3.13.

Graphique 3.13. Gravité et impacts des phénomènes météorologiques extrêmes

	Gravité de l'aléa météorologique	Gravité des impacts du phénomène météorologique
Inondations du printemps 2019 en Chine	1 fois tous les 10 ans	-3 milliards USD de dommages -19 000 maisons détruites -83 000 maisons endommagées -420 000 ha de cultures endommagés -91 victimes
Inondations de 2013-14 dans le sud du Royaume-Uni	1 fois tous les 250 ans	-1.5-2.2 milliards USD de dommages -11 000 maisons endommagées -45 000 ha de terres agricoles inondées

Note : Représentation schématique des deux phénomènes extrêmes pris en exemple : les inondations du printemps 2019 en Chine méridionale et les inondations de l'hiver 2013-14 dans le sud du Royaume-Uni. La taille des cercles et des rectangles colorés représente, respectivement, la gravité relative du phénomène météorologique lui-même et l'ampleur des impacts sociaux, économiques et sanitaires du phénomène. La gravité du phénomène est décrite en termes de période de retour, qui dénote la probabilité d'assister à un phénomène de gravité égale ou supérieure au cours de toute année donnée.

Les inondations de 2013-14 dans le sud du Royaume-Uni

Les précipitations qui se sont abattues sur le sud du Royaume-Uni au cours de l'hiver 2013-2014 ont été exceptionnelles par leur intensité (Schaller et al., 2016[205]). Selon l'Office météorologique du Royaume-Uni (2014[207]), 12 tempêtes sont passées au-dessus du pays entre la mi-décembre 2013 et la mi-février 2014, marquant la période la plus tempétueuse depuis plus de 20 ans. L'Agence du Royaume-Uni britannique pour l'environnement a estimé les coûts et impacts totaux des inondations de l'hiver 2013-14 à une fourchette de 1.5-2.2 milliards USD (1.0-1.5 milliard GBP) en 2014 (Chatterton et al., 2016[208]). La plupart de ces coûts correspondaient aux dégâts infligés à 11 000 foyers. On estime par ailleurs que 45 000 hectares de terres agricoles ont été inondés au cours de cet épisode. Cette séquence de systèmes dépressionnaires consécutifs était inhabituelle : la fréquence des anomalies pluviométriques enregistrées dans les régions du sud les plus touchées a été estimée à une fois tous les 250 ans (UK Met Office, 2014[207]).

Si les impacts de ces inondations ont été importants, ils ont été de moindre ampleur que ceux d'autres inondations survenues au Royaume-Uni au cours de la décennie précédente. En effet, bien que les inondations de l'automne 2000 aient été moins graves d'un point de vue météorologique (UK Met Office, 2014[207]), leur coût total a dépassé celui de l'épisode de 2013-2014 (Pall et al., 2011[209]). Par ailleurs, les inondations de l'été 2007 ont eu des répercussions économiques près de trois fois supérieures à celles des inondations de 2013-2014. La réduction des coûts a été attribuée en grande partie au fait que les systèmes de protection contre les inondations et les systèmes d'alerte précoce avaient été améliorés dans l'intervalle (Chatterton et al., 2016[208]).

Les inondations de 2019 en Chine

De mars à juillet 2019, la Chine méridionale a également subi les impacts de phénomènes météorologiques violents. Cette année-là, la saison des pluies, longue et intense, a provoqué de vastes inondations dans cette région très peuplée du pays (Li et al., 2021[206]). Alors que la « première saison des pluies » s'étend généralement d'avril à juin dans cette région de Chine, en 2019, elle a commencé 28 jours plus tôt et s'est terminée 22 jours plus tard que d'habitude (Li et al., 2021[206]). Ces précipitations persistantes et supérieures à la normale ont provoqué de graves inondations au cours de la deuxième semaine de juin. Selon le ministère chinois de la Gestion des situations d'urgence, les inondations et les glissements de terrain ont touché directement 6 millions de personnes. Ils ont également provoqué 91 victimes, endommagé ou détruit plus de 100 000 habitations et causé des dégâts sur quelque 419 000 hectares de cultures. Au total, les coûts directs ont été estimés à 3 milliards USD (Li et al., 2021[206]).

Néanmoins, une évaluation multi-méthodes des facteurs météorologiques de cet épisode a permis de constater qu'il était en fait relativement anodin d'un point de vue statistique. Ainsi, Li et al. (2021[206]) estiment la fréquence de récurrence de cet événement dans le climat actuel à entre 1 fois tous les 6 et 1 fois tous les 28 ans, avec une estimation centrale de 1 fois tous les 10 ans. D'un point de vue qualitatif, cette estimation est corroborée par l'occurrence dans la même région, en 2008, d'une inondation qui a provoqué des impacts similaires. Ces exemples mettent en évidence la vulnérabilité inhérente des personnes exposées aux effets des phénomènes météorologiques extrêmes. Cet épisode montre en particulier que des aléas météorologiques relativement courants ou fréquents peuvent causer des dégâts considérables lorsqu'ils frappent des populations vulnérables et exposées.

Heureusement, l'amélioration des résultats constatée au Royaume-Uni à la suite d'inondations récurrentes montre également qu'il existe d'amples possibilités de renforcer la résilience des pays vulnérables sur le plan climatique. Autrement dit, pour de nombreux types de phénomènes météorologiques extrêmes et de régions, les possibilités de mise en œuvre de mesures ciblées de réduction des risques de catastrophe à moyen terme peuvent souvent contrebalancer l'aggravation des aléas météorologiques induite par le changement climatique au cours de la même période [(Jongman et al., 2015[210] ; Kreibich et al., 2017[211]) et analyse détaillée au chapitre 5].

C'est dans les pays pauvres que les possibilités de réduire la vulnérabilité sont les plus importantes

Comme nous l'avons souligné plus haut, il est souvent possible de réduire les impacts des conditions météorologiques extrêmes futures, même si le changement climatique aggrave les aléas eux-mêmes. Des mesures ciblées peuvent améliorer la résilience climatique, souvent par le biais d'améliorations plus larges des niveaux de vie et de la prospérité économique (Schleussner et al., 2021[212]). Ces interventions peuvent notamment porter sur la lutte contre la pauvreté, les soins de santé, la sécurité sociale et les mesures d'adaptation, entre autres.

Pour étayer ce propos, le nombre de décès liés à des phénomènes climatiques extrêmes a largement diminué à mesure que la prospérité économique a progressé au XXe siècle (Ritchie et Roser, 2014[213]). Les mesures de renforcement de la résilience sont donc susceptibles d'atténuer les impacts des phénomènes météorologiques extrêmes, qui autrement s'aggraveraient. Cela est particulièrement vrai pour les pays qui sont aujourd'hui les plus vulnérables aux impacts des conditions météorologiques extrêmes (Schleussner et al., 2021[212]). Il existe toutefois des obstacles à la mise en œuvre de ces mesures, principalement liés à la gouvernance et au financement (Andrijevic et al., 2019[214]).

3.5.4. Élaboration d'un inventaire des impacts des phénomènes météorologiques extrêmes attribuables au changement climatique anthropique

Il est urgent de dresser un inventaire des impacts des phénomènes météorologiques extrêmes imputables au changement climatique anthropique. Cet inventaire viendrait compléter les bases de données sur les catastrophes, qui compilent les impacts des phénomènes météorologiques extrêmes sans chercher à savoir s'ils ont ou non été influencés par le réchauffement climatique. Cette désagrégation permettra de définir les priorités futures en matière d'adaptation à l'échelle des décisions locales (Otto et al., 2015[215]). Un tel inventaire renforcerait également la base factuelle sur laquelle s'appuient les débats politiques plus généraux concernant les pertes et les dommages liés au changement climatique et, plus généralement, le financement pour le climat.

Le Graphique 3.14 propose un cadre préliminaire pour l'élaboration de l'inventaire des impacts des phénomènes météorologiques extrêmes attribuables au changement climatique. Ce cadre est composé de trois parties. Premièrement, il recense tous les impacts possibles associés au phénomène météorologique extrême considéré. Deuxièmement, il détermine la fraction du risque attribuable associée au phénomène réputé avoir causé ces impacts. Troisièmement, il multiplie les deux pour obtenir une estimation des impacts liés au phénomène qui ne se seraient pas produits si un phénomène tout aussi rare était survenu dans « un monde sans changement climatique » (Allen, 2003[216] ; Frame et al., 2020[138] ; Clarke, E. L. Otto et Jones, 2021[139]).

Ce cadre fait naturellement abstraction de l'exposition et de la vulnérabilité à l'aléa considéré. De même, il ne cherche pas à déterminer si des politiques et des décisions antérieures influençant ces facteurs auraient pu réduire les impacts. À cet égard, on pourra continuer à étoffer cet inventaire pour suivre l'évolution de l'exposition et de la vulnérabilité à des types spécifiques d'aléa et ainsi soutenir les efforts de réduction du risque global de pertes et de dommages.

Graphique 3.14. Cadre pour l'inventaire des impacts des phénomènes météorologiques extrêmes dus au changement climatique

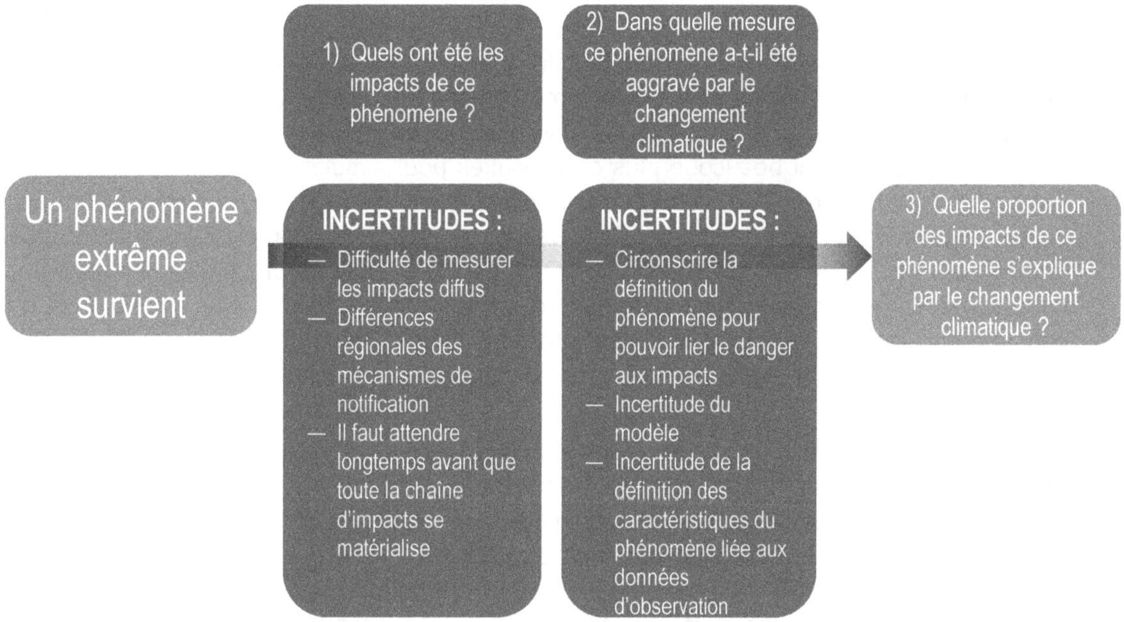

Note : Représentation schématique de l'application de la science de l'attribution à l'estimation des impacts des phénomènes météorologiques extrêmes attribuables au changement climatique anthropique. Les incertitudes associées à chacune des étapes (1) et (2) sont examinées plus en détail dans les sections 2.2 et 2.3 respectivement.

Comme pour d'autres branches de la science du climat, toute méthode visant à quantifier comment les signaux de changement climatique à grande échelle et moyennés dans le temps se traduisent à des échelles plus fines, plus pertinentes pour la prise de décision, génère de l'incertitude (Maraun et al., 2017[217] ; Shepherd et Sobel, 2020[218]). Ce truisme s'applique à l'étape « attribution » du cadre d'inventaire conceptualisé au Graphique 3.14.. Qui plus est, les incertitudes sont encore aggravées par d'autres facteurs liés à la quantification des impacts associés à un phénomène extrême. Toutefois, l'incertitude en soi n'est pas un obstacle irrémédiable à l'obtention d'informations utiles et exploitables (Shepherd, 2019[12]), en particulier si cette incertitude est bien comprise et si ses déterminants sont dissociés (Marotzke et al., 2017[219]).

3.5.5. Obstacles à la compréhension des impacts et des facteurs des phénomènes météorologiques extrêmes dans les pays à faible revenu

L'attribution probabiliste présente de multiples avantages, permettant notamment d'établir un lien de causalité entre les impacts des phénomènes météorologiques extrêmes récents et le changement climatique. Cependant, les mêmes méthodes aboutissent souvent à des résultats peu concluants en ce qui concerne les phénomènes météorologiques extrêmes qui frappent les pays à faible revenu. Le fait que la couverture géographique des études d'attribution soit fortement baisée en faveur des pays à revenu élevé s'explique par plusieurs facteurs, examinés dans d'autres études (Otto et al., 2020[133] ; Otto et al., 2020[220]). Les obstacles spécifiques à l'amélioration qualitative et quantitative des études d'attribution des phénomènes extrêmes dans les pays à faible revenu sont détaillés ci-après.

1. ***Manque de relevés d'observation*** : les études d'attribution sont plus fructueuses dans les régions où les scientifiques peuvent quantifier la gravité du phénomène météorologique extrême en se référant aux relevés historiques. Par conséquent, la capacité d'effectuer des analyses d'attribution sera toujours limitée dans les régions où les relevés d'observation sont inexistants, ne sont pas

accessibles au public ou couvrent une courte période. Dans de nombreux pays à faible revenu, la couverture limitée, tant dans l'espace que dans le temps, des données d'observation des conditions météorologiques antérieures limite fondamentalement la capacité de contextualiser la gravité des phénomènes ou de valider directement la qualité des modèles climatiques utilisés.

2. ***Insuffisances des modèles climatiques*** : de nombreux pays à faible revenu sont situés dans des régions tropicales, où les phénomènes météorologiques extrêmes sont fortement influencés par les processus physiques (comme la convection ou les interactions océan-atmosphère). Les modèles climatiques ont beaucoup plus de difficultés pour simuler correctement ces processus. Autre interprétation possible, les modèles climatiques nécessitent une résolution spatiale beaucoup plus élevée pour produire des simulations de qualité comparable dans les tropiques (par rapport aux régions de plus haute latitude). Cela tient à ce que les processus qui influent sur la formation des phénomènes météorologiques extrêmes sont d'une part plus incertains et d'autre part mal simulés par les modèles à résolution grossière. Ces limites engendrent un obstacle supplémentaire pour la réalisation d'études d'attribution de qualité égale dans les différentes parties du monde.
3. ***Modes de variabilité climatique interne affectant les inondations et les sécheresses extrêmes*** : le signal de changement climatique pour les phénomènes hydrologiques extrêmes (comme les sécheresses et les inondations) qui touchent les pays des basses latitudes est modulé par d'importants modes de variabilité climatique naturelle (tels que l'oscillation Madden-Julian, l'ENSO et le dipôle de l'océan Indien). Même si un hypothétique signal de changement climatique concernant les précipitations extrêmes était uniforme pour l'ensemble des pays, il faudrait plus de temps pour que ce signal soit détecté dans les pays tropicaux – qui comptent une part disproportionnée de pays à faible revenu – en raison de ces importants facteurs de variabilité naturelle dans le système climatique. De surcroît, ces modes de variabilité climatique sont notoirement difficiles à simuler dans les modèles climatiques. Cela crée une contrainte supplémentaire quant à savoir quels modèles peuvent être considérés comme « adaptés à l'usage » pour une analyse d'attribution.
4. ***Biais de sélection*** : il n'existe pas de méthode systématique pour décider quels phénomènes météorologiques extrêmes justifient de mener une analyse d'attribution. La plupart des études d'attribution sont lancées sur la base de l'identification des phénomènes à impact dont les scientifiques ont connaissance. Cela conduit à se concentrer sur les régions dans lesquelles les structures de notification d'impacts sont les plus robustes, où l'information est diffusée immédiatement et où les impacts liés aux conditions météorologiques captent l'attention des médias internationaux. En outre, les spécialistes de la science de l'attribution dans les pays riches sont souvent financés par un gouvernement ou un service météorologique national, ce qui les amène à mettre l'accent sur les phénomènes extrêmes qui surviennent dans le pays du bailleur de fonds. Ces facteurs entraînent un suréchantillonnage systématique des phénomènes touchant les pays riches dans les études d'attribution, que les données et les outils de modélisation soient ou non particulièrement adaptés à cette région.
5. ***Détectabilité des impacts des phénomènes météorologiques extrêmes*** : les impacts des conditions météorologiques extrêmes les plus faciles à notifier sont les dommages causés aux biens physiques assurés après une catastrophe – en particulier les dommages causés par les inondations, les feux de végétation et les ouragans/cyclones tropicaux. Dans les pays à revenu plus faible, les actifs physiques sensibles aux conditions météorologiques extrêmes sont également moins bien couverts par les assurances. Cela se traduit par un décalage entre les impacts réels et l'ampleur des impacts enregistrés dans les bases de données sur les catastrophes. De même, les conséquences les plus graves des phénomènes météorologiques extrêmes qui touchent les pays à faible revenu, tels que les sécheresses, se manifestent souvent sous la forme d'impacts diffus. Ces impacts apparaissent au fil du temps et nécessitent des outils

de surveillance plus élaborés pour être quantifiés. Ensemble, ces problèmes exacerbent les biais de sélection et les inégalités dans la couverture régionale des études d'attribution.

6. ***Différences dans les mécanismes de notification des impacts des phénomènes extrêmes*** : enfin, les institutions qui communiquent les données relatives aux impacts des phénomènes météorologiques extrêmes aux bases de données sur les catastrophes naturelles diffèrent en fonction du niveau de revenu du pays. Dans les pays à revenu élevé, cette fonction est en général directement exercée par les autorités publiques, qui disposent de ressources importantes. Dans les pays à faible revenu, en revanche, ce sont souvent les organisations non gouvernementales (ONG) ou d'autres organismes d'aide qui communiquent ces données. Ce travail est alors un « sous-produit » des systèmes de surveillance utilisés pour détecter les endroits où l'aide humanitaire est la plus nécessaire. Cela entraîne des disparités dans les classes de phénomènes climatiques et les types d'informations qui font l'objet d'une surveillance et sont ensuite notifiés. Les pays européens, par exemple, ont mis au point des mécanismes robustes pour quantifier les impacts des canicules extrêmes peu après leur survenue. Cependant, les phénomènes de même gravité qui touchent l'Afrique subsaharienne passent souvent inaperçus (Harrington et Otto, 2020[221]), dans la mesure où les ONG ne peuvent identifier que les impacts humanitaires des inondations et des sécheresses. Par conséquent, la plupart des bases de données consacrées aux impacts des canicules aux XXe et XXIe siècles mettent artificiellement l'accent sur les phénomènes européens. Dès lors, on en conclut à tort qu'il n'y a pas d'impacts liés à la chaleur dans de nombreux pays à faible revenu.

Il faudra combler de nombreuses lacunes sur les plans de la recherche, des données et du financement pour bien comprendre, quantifier et surveiller l'aggravation des impacts des phénomènes météorologiques extrêmes dus au changement climatique. Tout d'abord, la quantification des impacts réellement causés par les phénomènes météorologiques extrêmes se heurte au caractère extrêmement lacunaire des informations. Un soutien ciblé est nécessaire pour réduire les disparités géographiques dans la couverture des programmes de surveillance sur le terrain. Cela vaut également pour les caractéristiques météorologiques des phénomènes météorologiques extrêmes, ainsi que pour les impacts sociaux, sanitaires et économiques de ces phénomènes.

La mise en place d'un système de notification systématique et ascendant qui permette d'enregistrer les caractéristiques météorologiques de l'ensemble des phénomènes météorologiques extrêmes constitue une autre urgence. Ces données doivent être suffisamment détaillées pour que l'on puisse ensuite mener une analyse d'attribution. Il est nécessaire de changer radicalement les modes de dotation en ressources de la science, en particulier dans les pays à faible revenu. Les obstacles à la réalisation d'une étude d'attribution se situeront toujours dans ces pays. Par conséquent, les pays à revenu élevé doivent offrir à la fois leur expertise scientifique et leur soutien financier pour assurer l'accès de tous les pays à des applications robustes de la science de l'attribution des phénomènes (au sens large).

3.6. Effets en cascade du franchissement d'un point de basculement climatique : effondrement de la circulation méridienne océanique de retournement de l'Atlantique (AMOC)

Le franchissement de points de basculement dans le système climatique, entraînant des dommages généralisés, brutaux et/ou irréversibles, fait partie des risques les plus importants liés au changement climatique (Lenton et al., 2008[4] ; Lenton et al., 2019[64]). Au sens du GIEC, un point de basculement est un « degré de changement [irréversible] des propriétés d'un système au-delà duquel le système en question se réorganise, souvent de façon abrupte, et ne retrouve pas son état initial même si les facteurs à l'origine du changement sont éliminés. En ce qui concerne le système climatique, la notion de point de basculement fait référence à un seuil critique au-delà duquel le climat mondial ou un climat régional passe d'un état stable à un autre état stable. » (GIEC, 2018[5]). Le franchissement des points de basculement pourrait avoir de graves répercussions sociales et économiques (Lenton et Ciscar, 2012[70] ; Lontzek et al., 2015[222] ; Cai, Lenton et Lontzek, 2016[68]).

Un grand nombre de sous-systèmes du système climatique terrestre – les « éléments basculants » (Lenton et al., 2019[64]) – pourraient franchir un point de basculement au cours de ce siècle sous l'effet du changement climatique. Citons par exemple l'effondrement de l'AMOC, le rétrécissement irréversible des inlandsis du Groenland ou de l'Antarctique occidental, la perturbation des principaux régimes de mousson ou le dépérissement de la forêt tropicale amazonienne (Lenton et al., 2008[4] ; Lenton et al., 2019[64]).

Depuis plus d'une décennie, les évaluations scientifiques s'accordent sur le fait que plusieurs points de basculement ont des probabilités significatives d'être franchis (quelques dixièmes de point de pourcentage), même à de faibles niveaux de réchauffement. Ce pourcentage passe à « plus probable qu'improbable » (>50 %) dans l'hypothèse d'un réchauffement climatique non atténué (Kriegler et al., 2009[66]). L'efficacité des actions collectives menées pour éviter le franchissement des points de basculement climatique pourrait encore dépendre de la réduction de l'incertitude entourant la localisation de ces points (Barrett et Dannenberg, 2014[223]). Néanmoins, les données scientifiques les plus récentes montrent clairement que certains points de basculement pourraient être franchis dans la fourchette de 1.5 à 2 °C visée par l'Accord de Paris, et que beaucoup d'autres pourraient l'être si le réchauffement atteint 3 à 4 °C [(Lenton et al., 2019[64]) et Tableau 3.1.]. Il existe encore très peu d'études sur les divers impacts du franchissement de différents points de basculement climatique (Tableau 3.2.).

Des travaux récents ont également mis en évidence le risque que le franchissement d'un point de basculement augmente la probabilité d'en franchir un autre et entraîne ainsi des impacts « en cascade » (Cai, Lenton et Lontzek, 2016[68] ; Lenton et al., 2019[64]). Dans le pire des cas, cette cascade pourrait conduire à un nouvel état climatique de type « serre », moins habitable (Steffen et al., 2018[224]). De telles interactions pourraient s'opérer par le biais de la circulation océanique et atmosphérique ou par des boucles de rétroaction augmentant les niveaux de GES et la température mondiale (Tableau 3.2.).

Dans ce contexte, ce chapitre se concentre sur les impacts en cascade d'un effondrement potentiel de l'AMOC et ses effets en cascade sur d'autres éléments basculants. L'effondrement de l'AMOC a été choisi parce qu'il s'agit de l'élément basculant le plus étudié, qu'il relie entre elles les composantes du système climatique et qu'il pourrait avoir d'énormes répercussions.

3.6.1. Pourquoi un effondrement de l'AMOC serait-il inquiétant ?

L'effondrement de l'AMOC implique une réorganisation fondamentale de la circulation océanique. Il entraînerait une redistribution de la chaleur autour de la planète, qui déclencherait une réponse couplée de la glace de mer et de l'atmosphère (le mécanisme de l'AMOC et de son arrêt potentiel est expliqué dans l'Encadré 3.6). Par le passé, l'effondrement de l'AMOC a entraîné un refroidissement radical du climat européen. Il a modifié les régimes pluviométriques, rendant certaines parties de l'Europe, de l'Afrique du Nord et de l'Inde plus sèches et certaines régions de l'hémisphère Sud plus humides. Il a également eu de profondes répercussions sur les écosystèmes marins et terrestres (ses impacts physiques sont analysés dans le Tableau 3.2.).

Dans les scénarios d'affaiblissement de l'AMOC (sans arrêt total), caractérisés par l'arrêt de la convection profonde dans la mer du Labrador, les impacts restent importants (Tableau 3.2.). Ils peuvent se propager plus rapidement que ceux d'un arrêt complet de l'AMOC (Drijfhout et al., 2015[225] ; Sgubin et al., 2017[226]). Ils comprennent notamment des effets dynamiques sur le niveau de la mer, qui se traduiraient par une montée des eaux tout le long de la côte est des États-Unis, atteignant environ 20 cm dans les régions de Boston, New York et Washington, DC (Yin, Schlesinger et Stouffer, 2009[227]). Une hausse des niveaux marins le long de la côte nord-est de l'Amérique du Nord a d'ailleurs déjà été observée en 2009-10 –

période durant laquelle l'AMOC a fortement diminué – et le niveau de la mer a alors augmenté de 128 mm à New York (Yin, Schlesinger et Stouffer, 2009[227]).

Ces effets climatiques peuvent être comparés au petit âge glaciaire (PAG), période caractérisée par un net refroidissement des conditions météorologiques dans l'hémisphère Nord qui a eu lieu entre le XVe et le XIXe siècle (Moreno-Chamarro et al., 2016[228]). Le PAG est l'une des oscillations climatiques d'échelle centennale survenues au cours de la période interglaciaire actuelle. Selon l'explication la plus communément admise, il aurait été provoqué par des changements de l'AMOC déclenchés par l'activité volcanique, qui auraient amplifié la variabilité interne du climat (Schleussner et Feulner, 2013[229]). Plus précisément, il est possible que les changements du forçage en eau douce aient réduit la formation de la masse d'eau de la mer du Labrador et contribué à amorcer le processus de refroidissement du PAG (Moffa-Sánchez et al., 2014[230]). L'effondrement de l'AMOC, ou son affaiblissement abrupt associé à l'arrêt de la convection dans le gyre subpolaire, pourrait donc avoir des effets en cascade bien au-delà des régions du globe où il a lieu (Wunderling et al., 2021[69]).

Le réchauffement climatique peut ralentir la circulation de retournement et pourrait conduire à un effondrement de l'AMOC si celle-ci franchit un point de basculement (Lenton et al., 2008[4]). Deux effets sont pertinents : l'effet thermique et l'effet halin (salinité). Le réchauffement, qui est plus important dans les hautes latitudes que dans les tropiques, réduit la densité des eaux de surface aux hautes latitudes. Cet effet affaiblit la circulation, mais il est peu probable qu'il l'arrête. Le risque le plus important provient de l'augmentation de l'apport d'eau douce, qui rend l'Atlantique Nord moins salé (Hawkins et al., 2011[231]). Le réchauffement tend à augmenter la teneur de l'atmosphère en humidité et les précipitations aux hautes latitudes qui tombent directement sur l'Atlantique Nord. Il entraîne également un ruissellement depuis les terres vers le bassin Arctique et l'Atlantique Nord. Par ailleurs, le réchauffement accélère la fonte de l'inlandsis du Groenland, augmentant la quantité d'eau douce à proximité des régions de convection profonde.

Encadré 3.6. Qu'est-ce que l'AMOC et pourquoi a-t-elle un point de basculement ?

La circulation méridienne océanique de retournement de l'Atlantique (AMOC) est la branche atlantique de la circulation thermohaline (THC), qui transporte la chaleur et le sel dans l'océan mondial. La THC, parfois appelée le « grand tapis roulant » océanique, transporte environ 30 fois plus d'eau que tous les cours d'eau douce du monde réunis. L'AMOC est un système de courants dans l'océan Atlantique qui transporte la chaleur de l'hémisphère Sud et des tropiques vers les moyennes et hautes latitudes du Nord, amenant les eaux de surface chaudes vers l'Europe (flèches rouges sur le Graphique 3.15). Dans l'Atlantique Nord, un des bras du Gulf Stream se dirige vers l'Islande, formant une partie de l'AMOC qui transporte la chaleur loin vers le nord. Lorsque cette eau chaude se dirige vers le nord, elle libère de la chaleur dans l'atmosphère, ce qui la refroidit. Elle libère également de l'eau douce dans l'atmosphère par évaporation, devenant ainsi plus salée. Ces deux effets rendent les eaux de surface plus denses.

Graphique 3.15. La circulation méridienne océanique de retournement de l'Atlantique

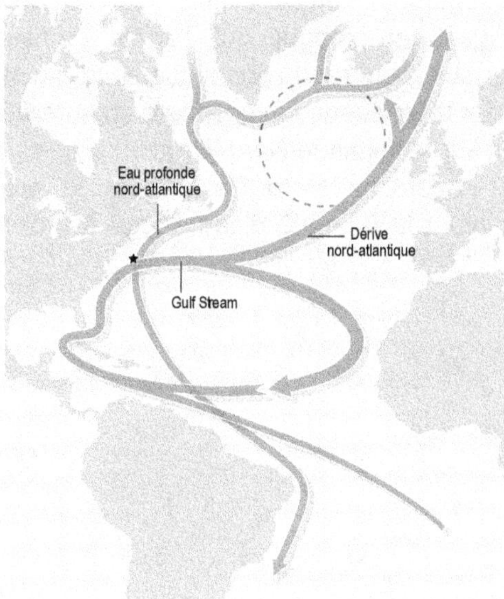

Source : (Praetorius, 2018[232])

De part et d'autre du Groenland, les eaux de surface deviennent suffisamment froides, salées et donc denses pour s'enfoncer très profondément dans l'océan, à travers un processus connu sous le nom de convection profonde. Cette « eau profonde nord-atlantique (EPNA) » entraîne, dans l'océan profond, un retour d'eau froide vers le sud (flèche bleue sur le Graphique 3.15). Ces eaux froides profondes finissent par revenir à la surface dans l'océan Austral, bouclant ainsi la boucle de la circulation de retournement.

L'AMOC s'auto-entretient sous l'effet d'un processus appelé feedback (positif) d'advection de sel (Cheng et al., 2018[233]). En substance, la circulation elle-même maintient les eaux de surface denses et salées de l'Atlantique Nord, qui peuvent s'enfoncer dans les profondeurs et soutenir la circulation. La circulation peut être interrompue, de sorte que l'AMOC passe à un autre état stable (Stommel, 1961[234]). Si l'AMOC entraîne le sel à sa limite sud (à environ 34°S de latitude), elle se trouve dans un régime de « bistabilité » – autrement dit, les deux modes « marche » et « arrêt » de l'AMOC sont stables. Les données d'observation actuelles laissent penser que l'AMOC est bistable en ce moment. À l'inverse, de nombreux modèles climatiques sont biaisés dans le sens d'une surestimation de la stabilité, dans la mesure où ils ne font pas apparaître d'apport net de sel et se trouvent donc dans un régime « monostable ».

Le point de basculement entre les modes « marche » et « arrêt » peut être franchi si une quantité suffisante d'eau douce pénètre dans la formation d'eau profonde nord-atlantique à cet endroit. Une fois que l'AMOC est en « arrêt », il existe un autre point de basculement à partir duquel elle peut être remise en « marche ». Ces deux points de basculement délimitent la région de « bistabilité », dans laquelle les deux modes sont stables dans les mêmes conditions limites du climat mondial.

L'inquiétude actuelle concernant un éventuel point de basculement de l'AMOC provient en partie des connaissances livrées par plusieurs dizaines de milliers d'années de données climatiques préhistoriques (Barker et Knorr, 2016[235]). Par le passé, l'AMOC a basculé à de multiples reprises entre les modes « marche » et « arrêt », déclenchant des changements rapides des températures et des régimes pluviométriques dans l'Atlantique Nord et au-delà (Barker et Knorr, 2016[235]). Durant la dernière période glaciaire, il y a eu plus de 20 « événements Dansgaard-Oeschger » (du nom de leurs découvreurs), au cours desquels l'AMOC s'est brusquement renforcée. Au bout d'un millier d'années ou plus, elle s'est brusquement effondrée, entraînant des changements soudains de la couverture de glace de mer et des régimes de circulation atmosphérique (Buizert et Schmittner, 2015[236]). Des données indirectes laissent penser que le gyre subpolaire et l'AMOC ne sont pas complètement stables au cours de la période interglaciaire actuelle, même en l'absence de changement climatique anthropique. La section 3.6.2 vise à déterminer si le réchauffement climatique est capable d'affecter leur stabilité, et si oui de quelle manière.

L'inlandsis du Groenland fond à un rythme proche de la limite supérieure des projections, soit environ six fois plus vite que dans les années 1990. Selon une étude, l'Atlantique Nord subpolaire est depuis peu moins salé qu'il ne l'a jamais été au cours des 120 dernières années (Holliday et al., 2020[237]). Des études récentes sont parvenues à la conclusion que l'AMOC s'était affaiblie de 15 % depuis les années 1950 (Rahmstorf et al., 2015[238]). Cela se traduit par la présence d'un « point froid » dans l'océan au sud du Groenland – le seul endroit de la planète qui ne se réchauffe pas de manière constante (Caesar et al., 2018[239]). Ce ralentissement de l'AMOC est sans précédent au cours des 1000 dernières années écoulées (Rahmstorf et al., 2015[238] ; Caesar et al., 2021[240]). Les bilans d'eau douce indiquent que la contribution la plus importante à ce phénomène provient de l'augmentation des précipitations dans les hautes latitudes nord. Cependant, les eaux de fonte du Groenland jouent également un rôle important et croissant (Bamber et al., 2018[241]).

L'hypothèse d'un ralentissement de l'AMOC est étayée par d'autres éléments, notamment l'augmentation de la salinité de l'Atlantique Sud observée au cours des dernières décennies. Cela signifierait qu'une plus grande partie du sel qui était autrefois transporté vers le nord par l'AMOC reste maintenant dans les tropiques (Zhu et Liu, 2020[242]). D'autres travaux font valoir que le Gulf Stream le long de la côte de la Floride s'est affaibli. Ils notent également que cet affaiblissement a été particulièrement marqué au cours des deux dernières décennies (Piecuch, 2020[243]). Des signaux d'alerte précoce significatifs ont été relevés dans plusieurs indices AMOC indépendants fondés sur des données d'observation (Boers, 2021[244]).

Bien que les recherches récentes montrent que l'AMOC a atteint sa plus faible intensité depuis un millénaire, le dernier rapport d'évaluation du GIEC (AR6) table, avec un niveau de confiance moyen, sur le fait qu'il n'y aura pas d'effondrement brutal de l'AMOC avant 2100 (GIEC, 2021[14]). Il est « très probable » que l'AMOC continue de s'affaiblir au cours de ce siècle. Néanmoins, son effondrement au XXIe siècle est considéré comme très improbable, quoique physiquement plausible (Douville et al., 2021[245]). Cette faible probabilité s'explique en partie par l'hypothèse testée, qui est celle d'un arrêt complet de l'AMOC avant la fin du siècle. Les résultats des modèles utilisés par le GIEC peuvent s'interpréter différemment. Dans un modèle, l'effondrement de l'AMOC se produit à un réchauffement de 1.4 °C par rapport aux températures mondiales préindustrielles ; dans deux autres itérations du même modèle, il se produit à 1.6-1.9 °C ; et dans deux itérations d'un modèle différent, il intervient à 2.2-2.5 °C (Drijfhout et al., 2015[225] ; Sgubin et al., 2017[226]). Il est en outre apparu que les modèles du GIEC étaient biaisés dans le sens d'une surestimation de la stabilité par rapport aux contraintes d'observation. Après correction de ce biais, un modèle conclut que l'effondrement de l'AMOC se produit lorsque la concentration de CO_2 est multipliée par deux (Liu et al., 2017[246]).

Le présent rapport considère que la possibilité d'un effondrement de l'AMOC à un niveau de réchauffement climatique de 2-3 °C par rapport aux températures préindustrielles constitue un risque important qui mérite d'être évalué. Cette hypothèse est conforme aux avis formulés par les experts dans le passé (Kriegler et al., 2009[66]). Qui plus est, les impacts de l'affaiblissement attendu de l'AMOC constituent une version réduite des impacts d'un arrêt total. L'analyse d'impact est donc utile dans les deux cas. Même si l'AMOC ne s'effondre pas complètement, l'effondrement de la convection profonde dans le gyre subpolaire de l'Atlantique Nord et l'affaiblissement brutal de l'AMOC qui en résulterait auraient des répercussions importantes (Sgubin et al., 2017[226] ; Swingedouw et al., 2021[247]). Dans ce scénario, la convection profonde cesserait dans la région de la mer du Labrador, ne subsistant que dans les mers du Groenland, d'Islande et de Norvège.

Cette analyse considère que le scénario ci-dessus est « aussi probable qu'improbable » (probabilité de 33 à 66 %) pour un réchauffement climatique de 1.5-2 °C par rapport aux températures préindustrielles. Cette estimation s'appuie sur l'observation que cette éventualité se produit à 1.1-1.4 °C dans trois modèles climatiques, à 1.6-1.9 °C dans cinq itérations supplémentaires de quatre modèles, et à 2.0 °C dans un autre cas (Drijfhout et al., 2015[225] ; Sgubin et al., 2017[226]). Cette section s'appuie sur des expériences réalisées avec des modèles climatiques de pointe (voir Annexe 3.A pour une description méthodologique détaillée) pour examiner les impacts d'un effondrement de l'AMOC et la façon dont un tel événement est susceptible d'interagir globalement avec d'autres éléments basculants du système climatique pour en augmenter ou diminuer la probabilité.

3.6.2. Impacts climatiques d'un effondrement de l'AMOC et effets en cascade sur d'autres éléments basculants

Température de l'air en surface et précipitations

Un effondrement de l'AMOC seul (sans réchauffement sous-jacent) entraînerait des impacts climatiques de grande ampleur au niveau mondial (Jackson et al., 2015[248] ; Mecking et al., 2016[249]). La colonne de gauche du Graphique 3.16. indique les réponses des températures et des précipitations. Le cadre supérieur gauche montre qu'un effondrement de l'AMOC (sans réchauffement sous-jacent) provoquerait un refroidissement généralisé dans l'hémisphère Nord, avec des conséquences plus extrêmes dans les régions les plus au nord. Plus précisément, l'Europe connaîtrait une baisse de 3 °C à 8 °C de la température moyenne annuelle de l'air en surface. Pour sa part, l'Amérique du Nord enregistrerait une baisse moins sévère de 1 °C à 3 °C. Il y aurait en revanche peu de changements de température dans l'hémisphère Sud – seulement une petite hausse de la température dans l'océan Atlantique au large de la côte sud-ouest de l'Afrique[7].

Les anomalies équatoriales marquées des précipitations correspondent à un déplacement vers le sud de la Zone de convergence intertropicale (ZCIT) sous l'effet de l'effondrement de l'AMOC (Graphique 3.16., cadre inférieur gauche). La majeure partie de l'hémisphère Nord deviendrait plus sèche, à l'exception de l'Amérique du Nord, qui deviendrait légèrement plus humide en moyenne. L'Inde perdrait plus de la moitié de ses précipitations actuelles en cas d'effondrement de l'AMOC. S'ensuivraient d'importantes perturbations de la mousson d'été indienne, qui affecteraient les moyens de subsistance de millions de personnes ainsi que l'économie régionale (Gadgil et Gadgil, 2006[250]). Le cadre inférieur gauche du Graphique 3.16 fait également apparaître un assèchement important dans le bassin amazonien.

Graphique 3.16. Réponse de la température de l'air en surface et des précipitations à un effondrement de l'AMOC seul et à un effondrement de l'AMOC après un réchauffement de 2.5 C par rapport à l'ère préindustrielle

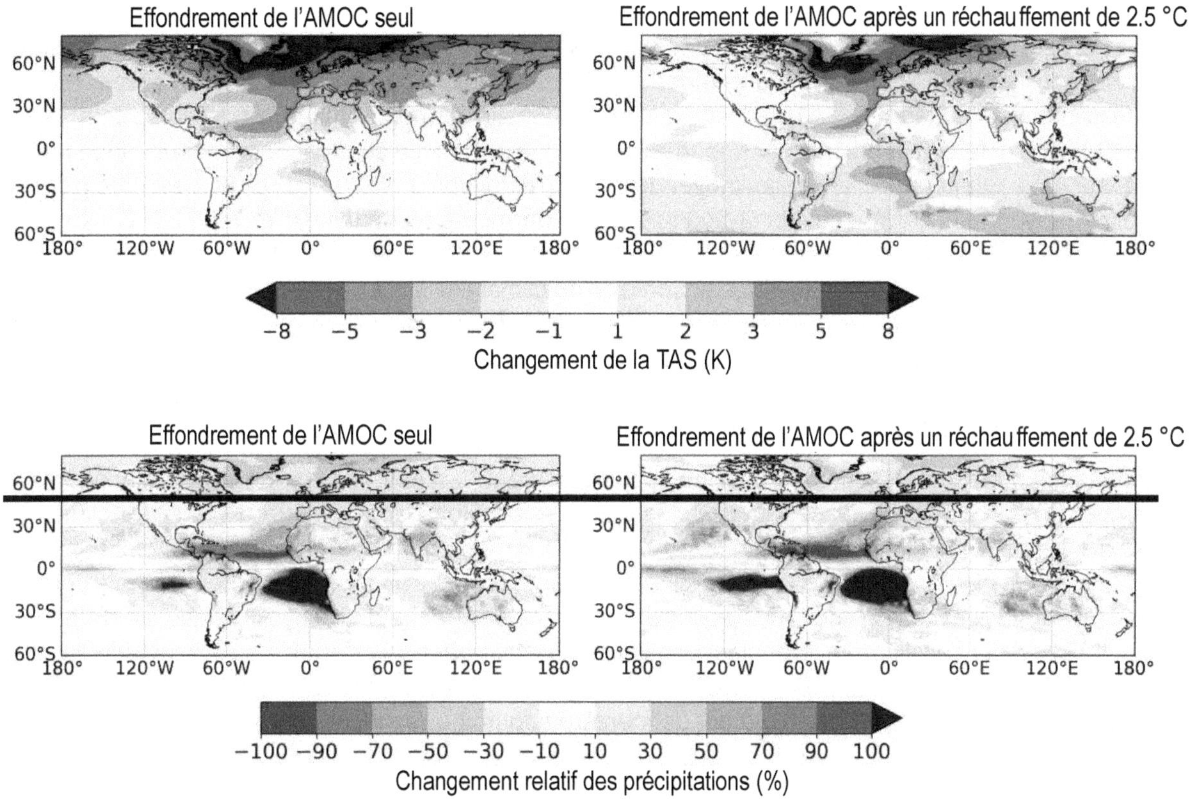

Note : Réponse de la température de l'air en surface (TAS, ligne du haut) et des précipitations (ligne du bas) aux scénarios d'effondrement de l'AMOC. Dans la colonne de gauche, les impacts climatiques d'un effondrement de l'AMOC seul, sans le réchauffement climatique supplémentaire le plus susceptible d'accompagner un effondrement de l'AMOC dans tout scénario futur réaliste, sont isolés. Pour analyser les impacts isolés d'un effondrement de l'AMOC, on prend la différence des moyennes sur 30 ans du passage de contrôle et du passage AMOC en mode « arrêt » une fois la simulation à peu près stationnaire, produites par le modèle HadGEM3-GC2. Dans la colonne de droite, l'analyse est étendue de manière à intégrer les impacts d'un effondrement de l'AMOC en présence d'un état climatique futur plus réaliste. Elle tient compte des effets supplémentaires du réchauffement climatique en appliquant le scénario futur SSP1-2.6 du modèle HadGEM3-GC31-MM. Le scénario de forçage SSP1-2.6 fait référence à la trajectoire socio-économique partagée SSP1 et à la trajectoire de concentration régionale RCP2.6 – trajectoire à émissions faibles et à durabilité élevée. Pour le scénario SSP1-2.6, HadGEM3-GC31-MM parvient à un réchauffement climatique moyen de 2.5 °C par rapport aux niveaux préindustriels d'ici la fin de ce siècle (2071-2100). On superpose ce réchauffement aux impacts d'un effondrement de l'AMOC pour déterminer l'impact global dans l'éventualité où l'AMOC s'effondrerait à la suite d'un réchauffement de 2.5 °C par rapport au climat actuel (2006-35).

La colonne de gauche du Graphique 3.16. met en évidence les impacts directs d'un effondrement de l'AMOC seul. Inversement, la colonne de droite représente les impacts obtenus dans le scénario plus réaliste d'un effondrement de l'AMOC après un réchauffement de 2.5 °C par rapport au climat actuel (voir Annex 3.A). En superposant ce réchauffement (cadre supérieur droit), on observe des réponses de température contrastées entre les hémisphères Nord et Sud. L'hémisphère Nord présente encore un refroidissement généralisé (en particulier sur l'Atlantique Nord), mais celui-ci est en partie atténué par le réchauffement sous-jacent.

À l'inverse, l'hémisphère Sud continue de subir un réchauffement généralisé dû au réchauffement tendanciel sous-jacent, très peu affecté par l'effondrement de l'AMOC. Fait intéressant, les régimes pluviométriques et l'ampleur des anomalies sont pratiquement inchangés par rapport au scénario de l'effondrement de l'AMOC seul. Les principales différences sont un assèchement moindre en Asie mais un assèchement plus important dans les tropiques atlantiques lorsque l'AMOC s'effondre après un réchauffement de 2.5 °C.

Niche climatique

Xu et al. (2020[251]) donnent une illustration des impacts d'un effondrement de l'AMOC sur « l'adéquation » du climat pour les humains. Cette étude montre que les humains, comme toutes les espèces, ont une « niche climatique apparente ». Dans cette niche, la densité démographique atteint un pic (à la fois aujourd'hui et à différents moments dans le passé). La niche climatique se caractérise par un mode majeur centré sur une température annuelle moyenne (TAM) d'environ 11 °C à 15 °C et des précipitations annuelles moyennes (PAM) d'environ 1 000 mm, avec un mode secondaire à environ 25 °C (Xu et al., 2020[251]). De nombreux autres facteurs sociaux influent sur la densité de la population humaine. En outre, la répartition de la densité démographique en fonction du climat est remarquablement homogène au fil des millénaires (Xu et al., 2020[251]). Cela pourrait traduire en partie un effet de la contingence historique – les gens vivent simplement là où d'autres ont vécu auparavant. Cependant, la production alimentaire dépend indubitablement du climat. De plus, la densité de la production végétale et de l'élevage par rapport au climat est étonnamment similaire à la densité démographique (Xu et al., 2020[251]).

Comme indiqué plus haut, l'effondrement ou l'affaiblissement de l'AMOC entraînerait des changements de température et de précipitations, qui déplaceraient la position géographique de la niche climatique apparente pour les humains. Précédemment, Xu et al. (2020[251]) ont examiné l'effet du réchauffement climatique sur le déplacement de la niche climatique apparente. L'analyse présentée ici considère les effets d'un effondrement de l'AMOC pris isolément et combiné au réchauffement climatique. La distribution préindustrielle de la densité démographique est utilisée comme base de référence pour construire la niche climatique humaine. La somme des distributions de la densité démographique par rapport à la TAM et aux précipitations est supposée être égale à un, de manière à fournir une mesure normalisée.

Graphique 3.17. Modélisation du changement de la niche climatique humaine suite à un effondrement simulé de l'AMOC

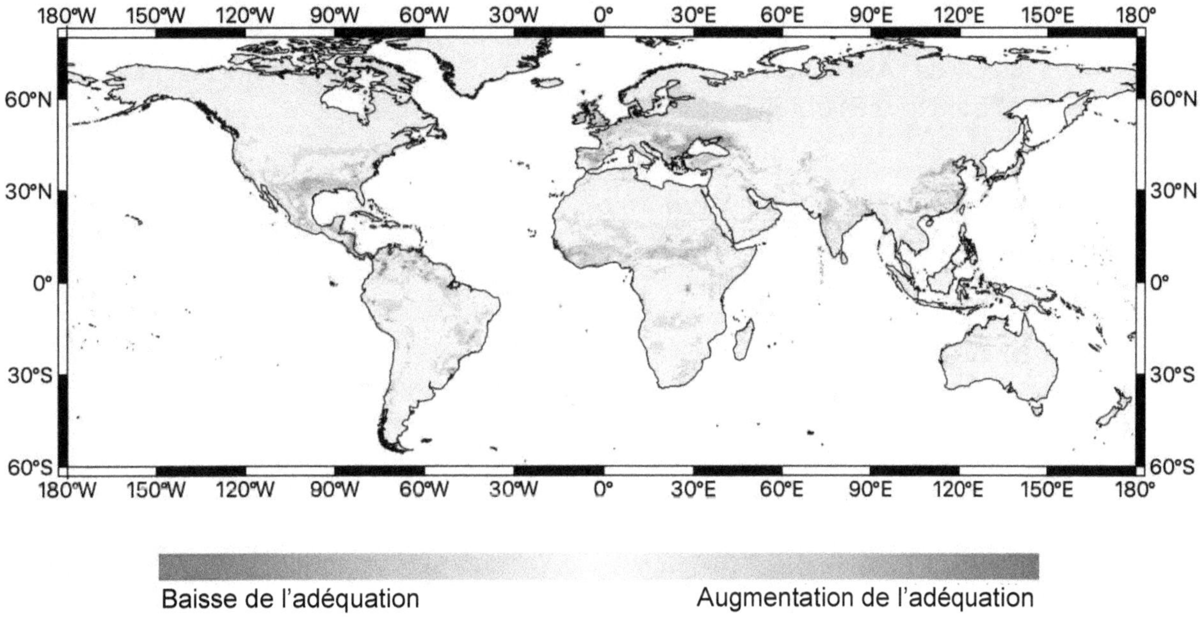

Note : Impacts isolés de l'effondrement de l'AMOC sans réchauffement supplémentaire. Il s'agit d'une simulation théorique, dans la mesure où un réchauffement supplémentaire serait nécessaire pour déclencher l'effondrement de l'AMOC. Le changement de la niche climatique humaine est présenté sous la forme de la différence entre la niche climatique calculée pour le passage de contrôle AMOC en mode « marche » et la niche climatique après l'effondrement simulé de l'AMOC. Le scénario de contrôle est représentatif d'un monde préindustriel. Pour calculer les niches climatiques, on prend la différence des moyennes sur 30 ans du passage de contrôle et du passage AMOC en mode « arrêt » une fois la simulation à peu près stationnaire, produites par le modèle HadGEM3-GC2.

On calcule ensuite les changements dans « d'adéquation » du climat sous la forme de proportions des gains ou pertes de niche additionnés. Puis on cartographie « l'adéquation » globale pour les populations humaines, en mode « marche » et en mode « arrêt » de l'AMOC (Graphique 3.17). Le déplacement géographique projeté des conditions « adéquates » est très important. Les conditions se détériorent dans certaines régions mais s'améliorent dans d'autres (Graphique 3.17). Les régions situées au sud de l'équateur deviendraient en majorité plus « adéquates ». L'Afrique subsaharienne, ainsi que l'Amérique centrale et du Sud, enregistreraient les « gains d'adéquation » les plus élevés. Inversement, l'effondrement de l'AMOC entraînerait un recul de « l'adéquation » dans l'hémisphère Nord – en Europe, aux États-Unis et en Afrique du Nord.

La trajectoire à faibles émissions de carbone SSP1-2.6 implique un réchauffement climatique moyen de 2.5 °C par rapport aux niveaux préindustriels d'ici la fin du siècle. Lorsque ces impacts sont ajoutés à ceux de l'effondrement de l'AMOC, quelques différences marquées apparaissent par rapport à l'effet de l'effondrement de l'AMOC seul. L'Europe, région la plus influencée par l'effet de réchauffement et les précipitations amenées par le Gulf Stream, enregistrerait le plus fort recul de son « adéquation » climatique. Tandis que l'Amérique du Nord deviendrait pour l'essentiel plus « adéquate », de vastes pans de l'Amérique du Sud, en particulier le Brésil, deviendraient moins adéquats. Le déclin de l'adéquation climatique du Brésil résulte principalement de deux facteurs : la modification des régimes pluviométriques et l'effet du réchauffement climatique, encore amplifié par l'effondrement de l'AMOC dans l'hémisphère Sud. Une grande partie de l'Afrique ne connaîtrait qu'une légère augmentation ou diminution de son adéquation. Cependant, lorsque l'on tient compte du réchauffement, le tableau change radicalement pour l'Afrique centrale. Dans cette région, la trajectoire de réchauffement SSP1-2.6 entraînerait une diminution de l'adéquation. Cet effet est amplifié par le réchauffement de l'hémisphère Sud dû à l'effondrement de l'AMOC (Graphique 3.18).

Graphique 3.18. Modélisation du changement de la niche climatique humaine suite à un effondrement simulé de l'AMOC après un réchauffement de 2.5 °C par rapport aux températures préindustrielles, selon le scénario SSP1-2.6

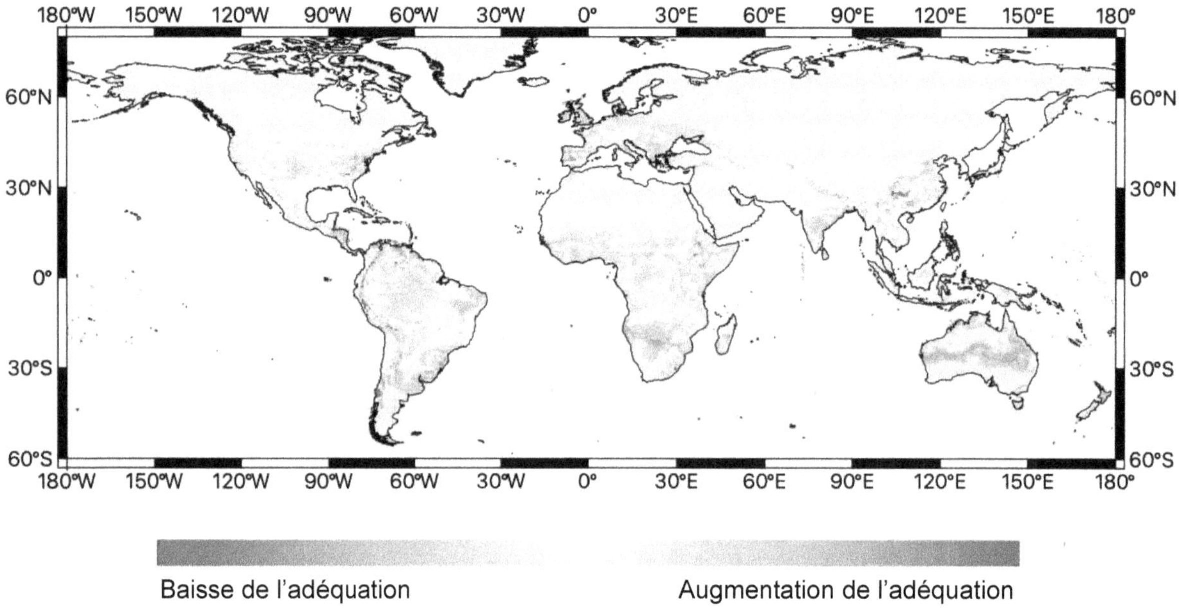

Note : Impacts sur l'adéquation du climat pour les populations humaines dans un scénario plus réaliste supposant que l'effondrement de l'AMOC est déclenché par un réchauffement de 2.5 °C par rapport à l'ère préindustrielle (scénario SSP1-2.6). Le changement de la niche climatique humaine est présenté sous la forme de la différence entre la niche climatique calculée pour le passage de contrôle AMOC en mode « marche » et la niche climatique après l'effondrement simulé de l'AMOC. Le scénario de contrôle est représentatif d'un monde préindustriel. Pour calculer les niches climatiques, on prend la différence des moyennes sur 30 ans du passage de contrôle et du passage AMOC en mode « arrêt », une fois la simulation à peu près stationnaire, produites par le modèle HadGEM3-GC2. Les effets de l'effondrement de l'AMOC sont superposés aux effets supplémentaires du réchauffement climatique correspondant au passage du scénario SSP1-2.6 dans le modèle HadGEM3-GC31-MM. Le scénario de forçage SSP1-2.6 fait référence à la trajectoire socio-économique partagée SSP1 et à la trajectoire de concentration régionale RCP2.6 – trajectoire à émissions faibles et à durabilité élevée. Dans le scénario SSP1-2.6, le modèle HadGEM3-GC31-MM parvient à un réchauffement climatique moyen de 2.5 °C par rapport aux niveaux préindustriels d'ici la fin du siècle (2071-2100). On superpose ce réchauffement aux impacts d'un effondrement de l'AMOC pour déterminer l'impact global dans l'éventualité où l'AMOC s'effondrerait à la suite d'un réchauffement de 2.5 °C par rapport au climat actuel (2006-35).

Cette approche séduit par sa simplicité mais comporte naturellement des limites. Si la réussite des sociétés humaines est liée de manière complexe au climat (Carleton et Hsiang, 2016[252]), le climat ne peut à lui seul prédire quelles sociétés vont prospérer et où. En outre, les populations installées dans un lieu donné sont historiquement adaptées au climat. En fait, les changements, par eux-mêmes, suscitent des défis, même si le climat devient théoriquement plus adéquat dans un endroit particulier. Le déplacement géographique de la niche climatique humaine décrit ici ne doit donc pas être interprété comme une prévision des migrations humaines ou d'une baisse de la capacité des humains à prospérer dans une région particulière. Il illustre les répercussions de grande ampleur qui pourraient découler d'un effondrement de l'AMOC, à la fois isolément et dans le contexte d'un scénario de réchauffement climatique.

Effet sur l'agriculture

Cette sous-section utilise une approche fondée sur les « niches » plus détaillée pour évaluer les effets de l'effondrement de l'AMOC sur l'adéquation du climat pour les principales cultures de base que sont le blé, le maïs et le riz. Le blé, le maïs et le riz fournissent plus de 50 % des calories consommées au niveau mondial (FAOSTAT, 2021[253]). L'aptitude à la croissance de ces cultures est évaluée à l'aide des données EcoCrop sur la température et les précipitations optimales et la durée de la saison de croissance. Un lieu est considéré comme propice à la croissance d'une culture pour une année donnée s'il présente une température et des précipitations comprises dans les limites EcoCrop pour la durée de la saison de croissance de la culture en question. On examine la proportion de 150 années qui présente un climat adapté à la croissance des cultures pour la durée de la saison de croissance. On procède ensuite de la même manière pour le passage AMOC en mode « arrêt », puis le passage AMOC en mode « arrêt » avec réchauffement supplémentaire. L'analyse montre qu'un effondrement de l'AMOC réduit l'adéquation à la culture du blé, même s'il existe des zones qui deviennent plus adaptées à cette culture (voir Graphique 3.19 et Graphique 3.20). L'adéquation à la culture du maïs décline en Europe et en Russie ainsi qu'aux hautes latitudes de l'Amérique du Nord, mais augmente dans certaines régions de l'Amérique du Sud, en Afrique australe et en Australie. L'évolution de l'adéquation à la culture du riz suit un schéma similaire, mais sur une zone plus restreinte.

Graphique 3.19. Différences dans l'adéquation à la culture du blé, du maïs et du riz entre les scénarios AMOC en mode « marche », AMOC en mode « arrêt » et AMOC en mode « arrêt » avec réchauffement supplémentaire

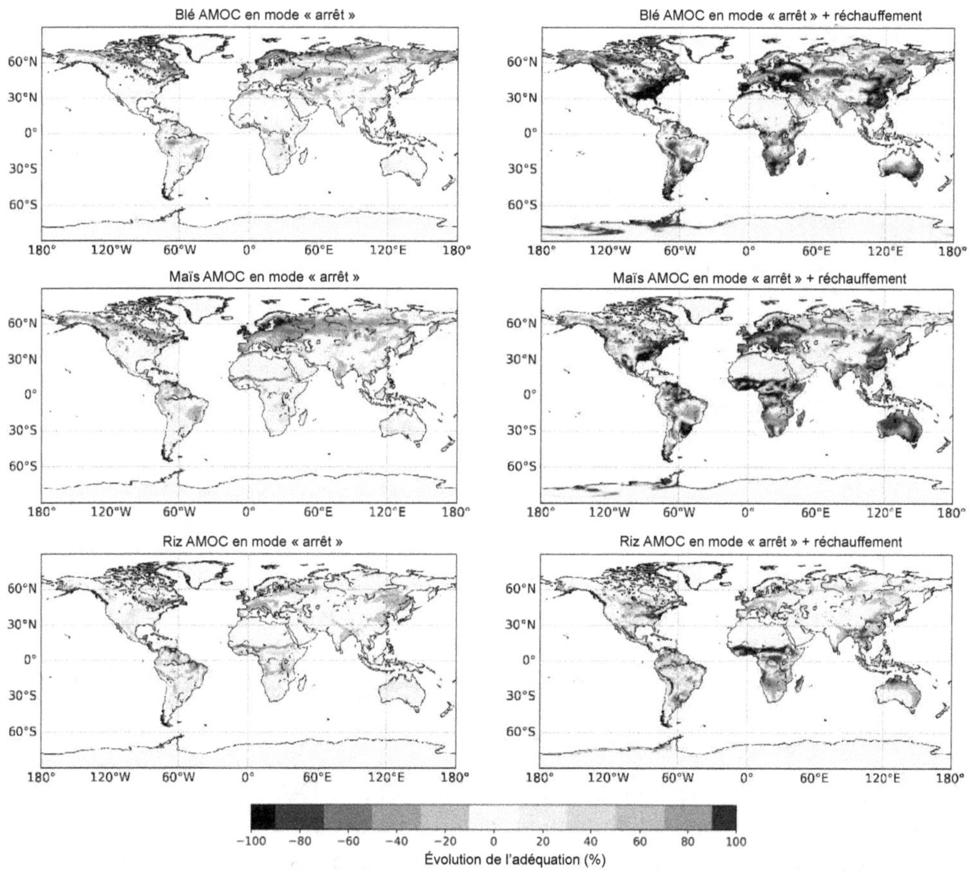

Note : Les différences indiquées ici correspondent à l'adéquation dans le scénario AMOC en mode « marche » (pourcentage) diminuée de l'adéquation dans le scénario AMOC en mode « arrêt » ou dans le scénario AMOC en mode « arrêt » avec réchauffement.

Pour représenter ces changements de façon synthétique, on calcule le pourcentage de terres qui présenteraient une adéquation supérieure à 90 % dans chacun des trois cas (voir Graphique 3.19 et Graphique 3.20). Dans le scénario AMOC en mode « arrêt » sans réchauffement, environ 5 % des terres deviennent impropres à la culture du blé. Cela correspond à une perte de près d'un quart de la superficie adéquate actuelle. De l'ordre de 2 % des terres deviennent impropres à la culture du maïs (soit une perte de 16 % de la superficie actuellement adéquate). Les changements sont moins importants pour le riz. Si l'on tient compte du changement climatique, la moitié environ des terres adéquates restantes deviennent impropres à la culture du blé et du maïs. Pour le riz, on constate une augmentation modeste de la superficie adéquate, qui devient plus vaste que dans la situation de référence. Cependant, les gains de surfaces adaptées à la culture du riz sont éclipsés par les pertes de surfaces adaptées à la culture du blé et du maïs. Dans cette analyse, on ne superpose pas le sous-ensemble de zones où chacune des trois cultures est effectivement pratiquée. Il est cependant incontestable qu'un effondrement de l'AMOC compromettrait gravement la sécurité alimentaire. Combiné au changement climatique, il aurait des conséquences catastrophiques.

Graphique 3.20. Diagramme indiquant le pourcentage de l'ensemble des mailles de la trame des terres qui est adapté à la culture du blé, du maïs et du riz dans chaque simulation

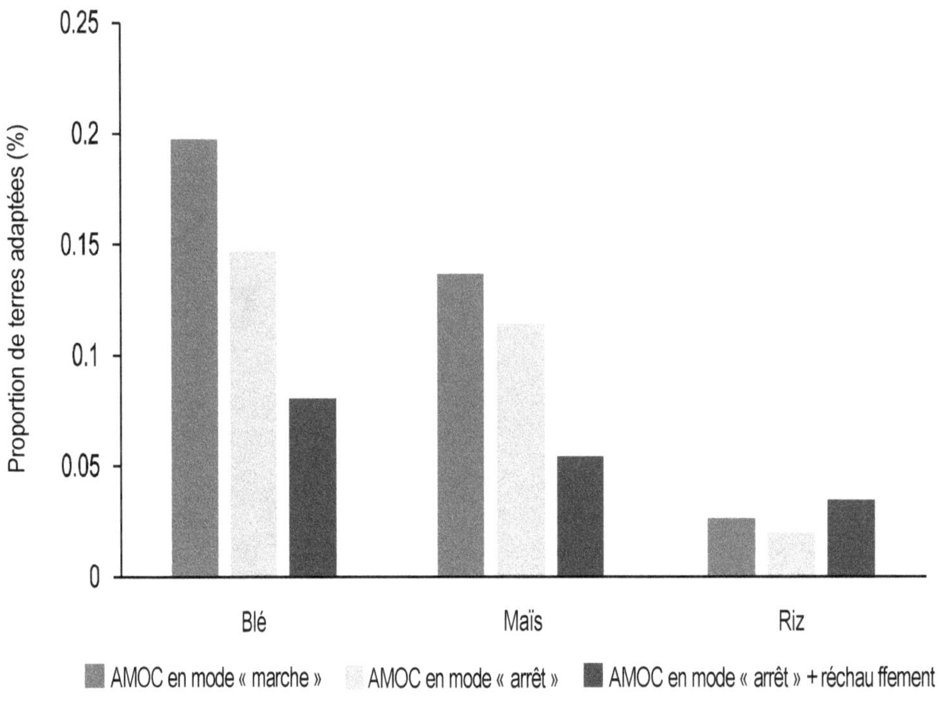

Note : Sur ce diagramme, un lieu est considéré comme adapté à la croissance d'une culture si plus de 90 % des 150 années analysées le sont, comme le texte principal l'explique en détail. AMOC en mode « arrêt » désigne le mode « arrêt » de l'AMOC sans réchauffement.

Analogues climatiques

Les changements induits par un effondrement ou un ralentissement de l'AMOC peuvent également être quantifiés. On peut en déterminer un certain nombre en comparant le climat prévu de certaines grandes villes au climat actuel, de manière à établir des analogues climatiques (Tableau 3.4). La technique statistique des « analogues climatiques » consiste à quantifier la similitude du climat d'un lieu déterminé par rapport au climat d'un autre lieu et/ou d'une autre époque. Cette similitude est calculée en utilisant les valeurs mensuelles moyennes des températures et des cumuls de précipitations. Les 14 villes sélectionnées pour l'analyse par analogues climatiques s'orientent globalement vers des climats plus froids. L'impact est beaucoup plus marqué pour les villes de l'hémisphère Nord que pour celles de l'hémisphère Sud. Les villes européennes sont plus touchées que les villes nord-américaines et connaissent un degré élevé de refroidissement.

Lorsque le réchauffement du scénario SSP1-2.6 est pris en compte, certaines villes évoluent vers des analogues plus chauds. À l'inverse, dans le scénario ne considérant que l'effondrement de l'AMOC, toutes les villes examinées s'orientent vers des climats plus froids. Néanmoins, de nombreuses villes présentent un changement climatique analogue dans les scénarios avec et sans réchauffement. Cela est dû en grande partie à l'influence des changements des précipitations, pour lesquels l'influence de l'AMOC est dominante.

Tableau 3.4. Analogues climatiques correspondant aux effets isolés d'un effondrement simulé de l'AMOC pour 14 grandes villes

Passage de contrôle, AMOC en mode « marche »			Analogue – effondrement de l'AMOC		
Ville	$\underline{T}$(°C)	$\underline{P}$(mm an^{-1})	Ville la plus proche	$\underline{T}$(°C)	$\underline{P}$(mm an^{-1})
Amsterdam	10.3	798.0	Îles Aléoutiennes, Alaska, États-Unis	6.0	725.9
Bangkok	29.0	889.4	Addis-Abeba, Éthiopie	28.2	890.7
Berlin	9.3	651.2	Stockholm, Suède	5.6	534.9
Le Cap	18.0	551.7	Le Cap, Afrique du Sud	18.9	813.8
Istanbul	14.7	963.0	Gand, Bruxelles	11.5	773.1
Londres	10.4	717.1	Îles Aléoutiennes, Alaska, États-Unis	6.1	607.4
Miami	24.5	1 135.7	Jacksonville, Floride, États-Unis	23.5	1 191.8
Nairobi	20.1	1 228.6	Nairobi, Kenya	20.0	1 339.6
New York	12.1	1 562.3	Providence, Rhode Island, États-Unis	10.3	1 617.4
Paris	10.8	748.5	Copenhague, Danemark	7.2	626.1
Rio de Janeiro	23.3	1 258.2	Rio de Janeiro, Brésil	22.8	1 341.3
San Francisco	16.2	1 291.1	San Francisco, Californie, États-Unis	14.9	1 401.5

Note : Les analogues climatiques sont calculés à l'aide d'un modèle statistique qui quantifie la similitude des climats sur la base des températures et des taux de précipitations mensuels moyens. Pour calculer les analogues, on compare le climat de la ville cible dans le passage AMOC en mode « arrêt » avec le climat des villes dans le passage de contrôle (AMOC en mode « marche »), de manière à déterminer un analogue AMOC en mode « marche » pour chaque ville cible dans le scénario d'effondrement de l'AMOC. On obtient ainsi un ensemble de coordonnées pour l'analogue climatique le plus proche. La ville analogue retenue est la grande ville la plus proche parmi l'ensemble des coordonnées analogues. Les températures indiquées sont les températures annuelles moyennes pour chaque ville cible pour le passage de contrôle et pour les analogues dans le passage AMOC en mode « arrêt ». Les précipitations indiquées sont les cumuls de précipitations annuels moyens pour chaque ville cible pour le passage de contrôle et pour les analogues dans le passage AMOC en mode « arrêt ».

Effets en cascade potentiels – franchissement d'autres points de basculement

L'AMOC étant le « grand ordonnateur » du système climatique, son effondrement pourrait déclencher des franchissements de points de basculement en cascade (Wunderling et al., 2021[69]). Cette sous-section examine l'impact d'un effondrement de l'AMOC sur d'autres éléments basculants reconnus, à savoir la forêt tropicale amazonienne, les forêts boréales et les régimes de mousson de l'Inde et de l'Afrique de l'Ouest [pour l'effet sur l'ENSO, voir Williamson et al. (2017[254])].

Forêt tropicale amazonienne

L'effondrement de l'AMOC aurait des effets en cascade sur la forêt tropicale amazonienne, dont on pense qu'elle pourrait constituer un autre point de basculement climatique (Lenton et al., 2008[4]). Le dépérissement de cette forêt aurait des répercussions mondiales en raison de la perte de stockage du carbone, ainsi que d'autres considérations telles que le déclin de la biodiversité et la modification des régimes pluviométriques (Cox et al., 2004[255]). Comme on l'a vu précédemment, des changements climatiques peuvent être observés dans le bassin amazonien. Plus particulièrement, le déplacement de la ZCIT a entraîné un déplacement des précipitations vers le sud. La sous-section qui suit examine plus en détail les effets potentiels de ce changement sur la forêt tropicale.

Graphique 3.21. Impacts d'un effondrement de l'AMOC sur la forêt tropicale amazonienne

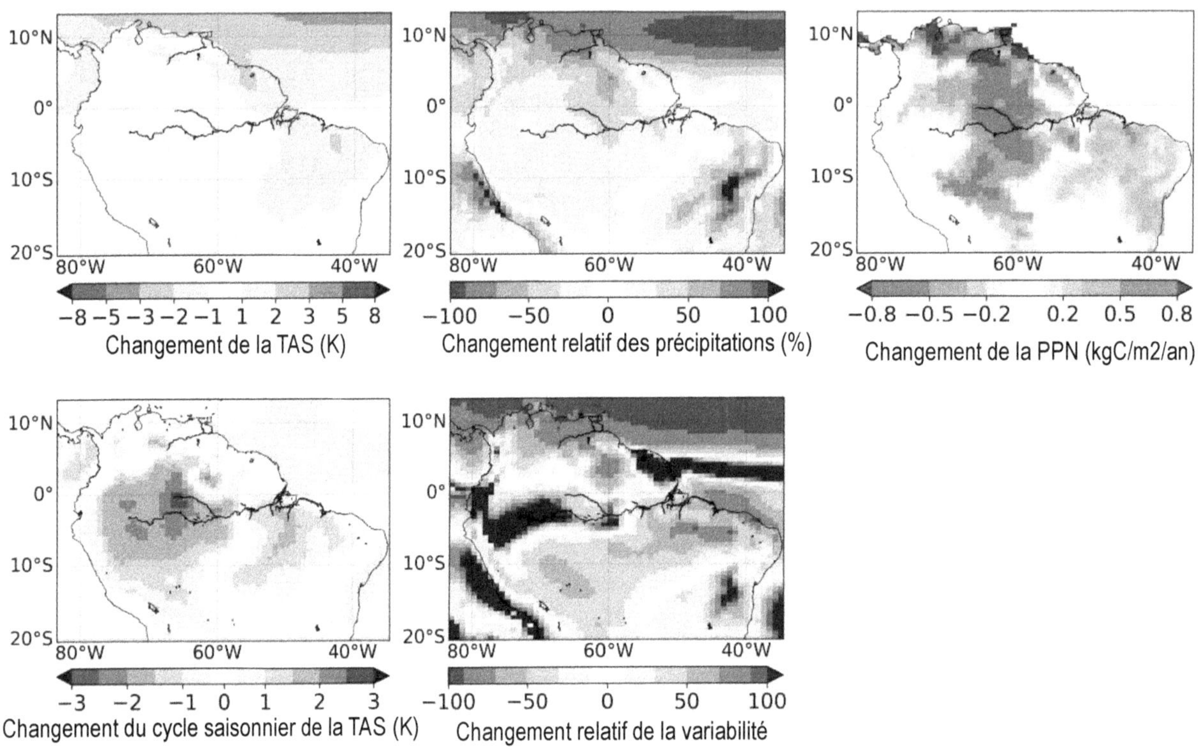

Note : Les impacts climatiques sur la forêt tropicale amazonienne d'un effondrement de l'AMOC, sans le réchauffement climatique supplémentaire le plus susceptible d'accompagner un effondrement de l'AMOC dans tout scénario futur réaliste, sont isolés. Pour analyser les impacts isolés d'un effondrement de l'AMOC, on prend la différence des moyennes sur 30 ans du passage de contrôle et du passage AMOC en mode « arrêt » une fois la simulation à peu près stationnaire, produites par le modèle HadGEM3-GC2. Les impacts climatiques comprennent l'anomalie de la température de l'air en surface (TAS, colonne de gauche) (en haut) et l'anomalie de l'amplitude du cycle saisonnier (en bas) ; l'anomalie des précipitations (colonne du milieu) (en haut) et le changement de la variabilité saisonnière (en bas) ; et l'anomalie de 8 °C (productivité primaire nette, à droite).

Le Graphique 3.21 indique l'impact d'un effondrement de l'AMOC seul sur la forêt tropicale amazonienne, en l'absence de tout réchauffement tendanciel sous-jacent. Bien que la température moyenne annuelle de l'air en surface dans le bassin amazonien change peu, le cycle saisonnier des températures augmente dans une proportion allant jusqu'à 2 °C après un effondrement de l'AMOC. En outre, les précipitations diminuent dans des proportions allant jusqu'à 50 %, de même que leur variabilité saisonnière. Ces changements ont pour corollaire une extension de la saison sèche combinée à des températures plus extrêmes, qui provoqueraient à terme un dépérissement à grande échelle. Bien qu'il n'y ait pas de végétation dynamique dans la simulation effectuée avec le modèle[8], la productivité primaire nette (PPN) laisse penser qu'un basculement conduisant au dépérissement de la forêt amazonienne est probable. Plus spécifiquement, la PPN diminue de plus de 0.5 kgC/m²/an dans une grande partie de l'Amazonie. La baisse avoisine même 1kgC/m²/an dans les régions du nord de l'Amazonie. En revanche, la PPN augmente à l'est de l'Amazonie, principalement en raison de précipitations plus importantes et d'une légère baisse de la température moyenne annuelle dans la région.

On analyse l'analogue climatique de l'AMOC pour tenter de déterminer quel type de végétation l'on trouverait en Amazonie après un effondrement de l'AMOC. À cette fin, on examine les mailles de la grille des terres du passage AMOC en mode « marche » qui correspondent le mieux aux cycles annuels moyens des précipitations et des températures dans le bassin amazonien. En raison de l'inversion de la saisonnalité de part et d'autre de l'équateur, l'analyse est effectuée séparément pour les hémisphères Nord et Sud.

Graphique 3.22. Analyse des analogues climatiques pour la température et les précipitations, pour les parties du bassin amazonien situées dans l'hémisphère Nord et l'hémisphère Sud respectivement

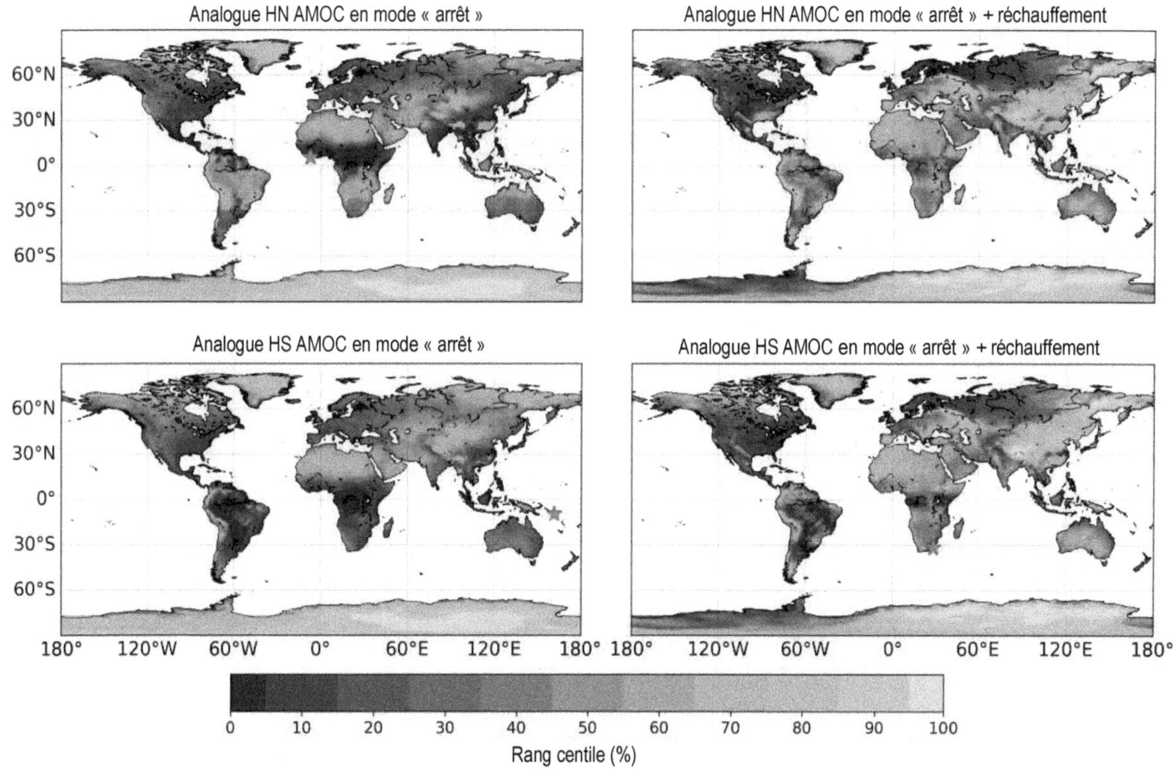

Note : Analyse des analogues climatiques pour la température et les précipitations, pour les parties du bassin amazonien situées dans l'hémisphère Nord (HN, ligne du haut) et l'hémisphère Sud (HS, ligne du bas) ; HN : hémisphère Nord ; HS : hémisphère Sud. Les étoiles rouges représentent le climat le plus proche du climat du bassin amazonien HN/HS pour l'AMOC en mode « marche ».

Le Graphique 3.22 illustre l'analyse des analogues climatiques pour l'hémisphère Nord (en haut) et l'hémisphère Sud (en bas) dans le cas d'un effondrement de l'AMOC seul (à gauche) et d'un effondrement de l'AMOC combiné au changement climatique (à droite). Les couleurs plus foncées correspondent aux mailles de la grille dans lesquelles le climat AMOC en mode « marche » est plus proche du climat AMOC en mode « arrêt » dans le bassin amazonien, l'étoile rouge indiquant le climat le plus proche dans chaque cas. Dans le cas de l'effondrement de l'AMOC seul, la température en Amazonie ne change pas beaucoup, mais les régimes de précipitations sont très différents.

En combinant les effets décrits ci-dessus, cette analyse montre que le Sahel est l'analogue climatique le plus proche pour l'hémisphère Nord, et les Îles Salomon pour l'hémisphère Sud. Lorsque l'effondrement de l'AMOC est combiné au changement climatique futur, la configuration générale du classement des analogues climatiques reste globalement similaire. Cependant, l'analogue le plus proche se déplace en Afrique de l'Est pour l'Amazonie de l'hémisphère Nord et en Afrique du Sud pour l'Amazonie de l'hémisphère Sud. Cette analyse confirme les déductions faites plus haut, à savoir que le biome serait transformé et cesserait d'être celui d'une forêt tropicale humide.

Forêts boréales

Les forêts boréales d'Amérique du Nord et du nord de l'Europe et de l'Asie éliminent le carbone de l'atmosphère et contribuent à limiter le réchauffement climatique. Dans le scénario d'effondrement de l'AMOC sans réchauffement sous-jacent (Graphique 3.23), les forêts boréales d'Europe et d'Asie réagissent différemment de celles d'Amérique du Nord. Comme indiqué précédemment, l'hémisphère Nord connaît un refroidissement généralisé, mais le refroidissement est plus marqué en Europe et en Asie qu'en Amérique du Nord. L'amplitude du cycle saisonnier augmente en Europe et en Asie, ce qui se traduit par un refroidissement plus important des températures hivernales que des températures estivales. Inversement, l'amplitude du cycle saisonnier diminue en Amérique du Nord, ce qui entraîne des impacts plus importants sur les températures estivales.

Pour les précipitations également, on observe des réponses opposées entre les deux régions. L'Europe et l'Asie subiraient un assèchement généralisé, tandis que les précipitations augmenteraient en Amérique du Nord. Il en résulterait un impact négatif sur la PPN des forêts boréales d'Europe et d'Asie et donc un risque de basculement. Dans l'est du Canada, la PPN diminue également, mais la productivité augmente plus au sud aux États-Unis. Cela laisse supposer l'existence d'un effet stabilisateur sur les forêts boréales et la possibilité d'une progression vers le sud.

Graphique 3.23. Impacts potentiels d'un effondrement de l'AMOC sur les forêts boréales

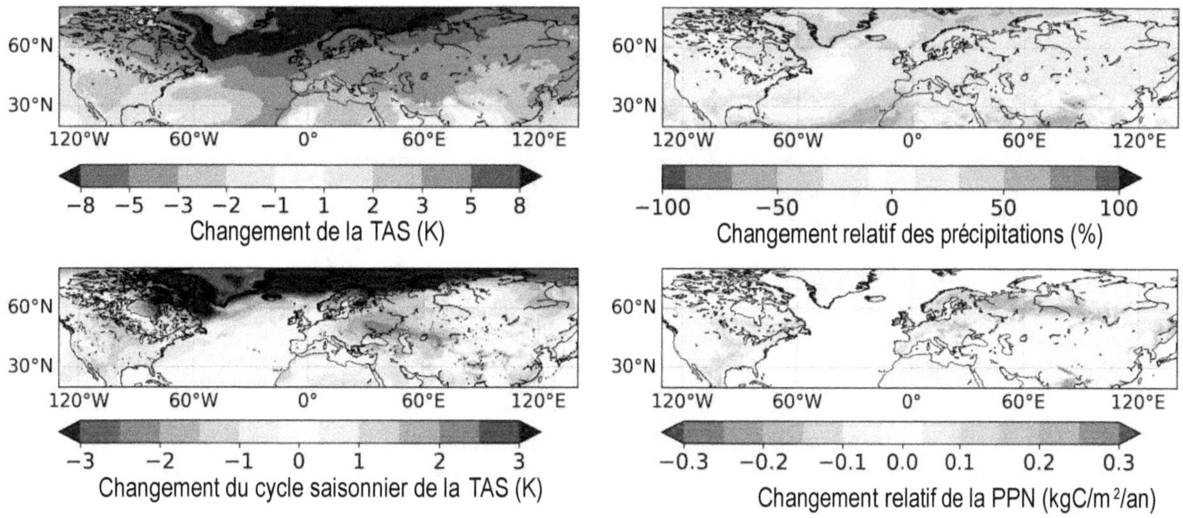

Note : Les impacts climatiques sur les forêts boréales d'un effondrement de l'AMOC, sans le réchauffement climatique supplémentaire le plus susceptible d'accompagner un effondrement de l'AMOC dans tout scénario futur réaliste, sont isolés. Pour analyser les impacts isolés d'un effondrement de l'AMOC, on prend la différence des moyennes sur 30 ans du passage de contrôle et du passage AMOC en mode « arrêt » une fois la simulation à peu près stationnaire, produites par le modèle HadGEM3-GC2. Les impacts climatiques comprennent l'anomalie de la température de l'air en surface (colonne de gauche) (en haut) et l'anomalie de l'amplitude du cycle saisonnier (en bas) ; le changement relatif des précipitations (en haut à droite) ; et l'anomalie de la productivité primaire nette (PPN, en bas à droite).

Régimes de mousson

La mousson d'été indienne s'explique principalement par le phénomène suivant : pendant l'été, la terre se réchauffe plus vite que l'océan, créant un gradient de température qui engendre des vents. Lorsque ces vents, qui prennent naissance dans l'océan Indien, arrivent sur les terres, l'humidité qu'ils renferment tombe sous forme de précipitations. Les précipitations libèrent la chaleur latente, qui augmente la température sur les terres et amplifie ainsi les vents de mousson (Levermann et al., 2009[256]). La mousson africaine est renforcée lorsque l'insolation estivale dans l'hémisphère Nord est élevée (Rossignol-Strick, 1985[257]). L'effondrement de l'AMOC entraînerait une baisse des températures dans l'hémisphère Nord et donc un affaiblissement de la mousson africaine.

Le Graphique 3.24 indique qu'un effondrement de l'AMOC seul perturberait et la mousson d'été indienne et la mousson africaine. La vitesse des vents d'été (juin-juillet-août, JJA) sur l'océan Indien et l'Atlantique Ouest sera considérablement réduite. Par conséquent, les vents plus faibles venant des océans transporteront moins d'humidité, d'où une diminution importante des précipitations estivales sur les terres – dans le nord de l'Inde, les précipitations estivales diminueront de plus de 70 %. Des vents plus faibles et des précipitations moins abondantes auront également un effet négatif sur la productivité, ce qui retentira sur la capacité des agriculteurs à produire des cultures. De ce fait, une perturbation de la saison des moussons aurait des répercussions négatives sur les moyens de subsistance de millions de personnes.

Graphique 3.24. Impacts d'un effondrement de l'AMOC sur les moussons d'Afrique de l'Ouest et d'Inde en été (juin-juillet-août, JJA)

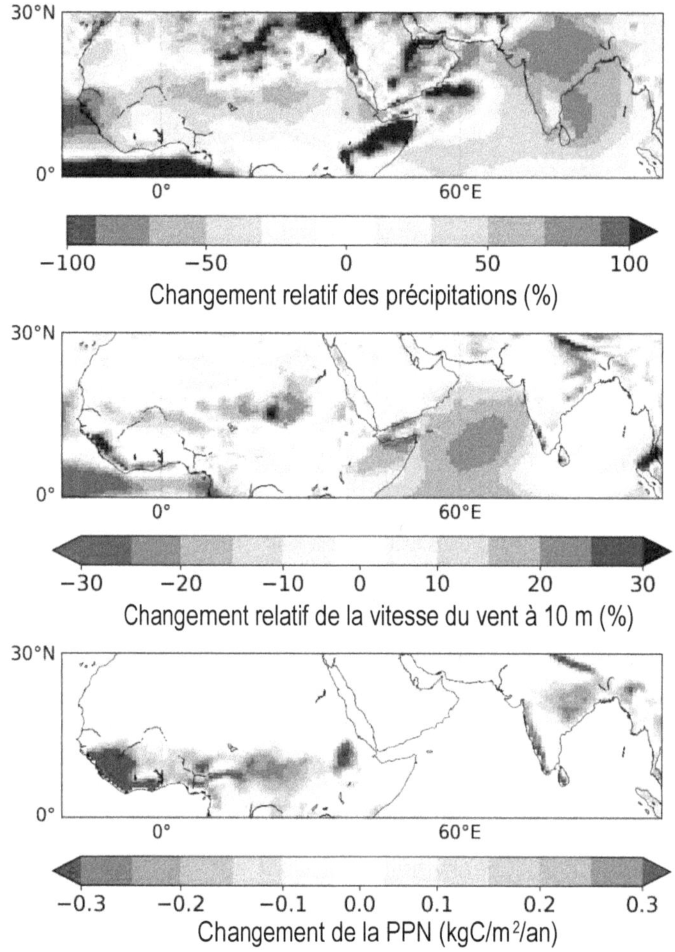

Note : Les impacts climatiques estivaux (juin-juillet-août, JJA) d'un effondrement de l'AMOC, sans le réchauffement climatique supplémentaire le plus susceptible d'accompagner un effondrement de l'AMOC dans tout scénario futur réaliste, sur les moussons d'Afrique de l'Ouest et d'Inde sont isolés. Pour analyser les impacts isolés d'un effondrement de l'AMOC, on prend la différence des moyennes sur 30 ans du passage de contrôle et du passage AMOC en mode « arrêt » une fois la simulation à peu près stationnaire, produites par le modèle HadGEM3-GC2. Les impacts climatiques comprennent le changement relatif des précipitations (en haut) ; le changement relatif de la vitesse du vent à 10 m (au milieu) ; et l'anomalie de la productivité primaire nette (NPP, en bas).

3.6.3. Synthèse des résultats

Conséquences et impacts socio-économiques

Un affaiblissement marqué ou l'arrêt de l'AMOC et le changement climatique qui en résulterait auraient d'amples conséquences. Ce serait particulièrement le cas pour les masses terrestres autour de l'Atlantique Nord et les populations qui y vivent. Les changements climatiques induits par l'effondrement de l'AMOC (et le réchauffement climatique) auraient de multiples effets sur les écosystèmes ainsi que sur la santé humaine, les moyens de subsistance, la sécurité alimentaire, l'approvisionnement en eau et la croissance économique. Ces changements sont résumés ci-après.

Chocs économiques

L'effondrement de l'AMOC pourrait entraîner une réduction substantielle de la production économique et exacerber les inégalités économiques dans le monde. Comme cela a été expliqué plus haut, un éventuel arrêt de l'AMOC aurait des répercussions mondiales sur « l'adéquation » du climat. Burke, Hsiang et Miguel (2015[258]) ont montré que la productivité économique mondiale dépendait de façon non linéaire de la température. Ils ont observé un pic de productivité à une température moyenne annuelle de 13.6 °C. Ce résultat est comparable au pic de densité démographique identifié par Xu et al. (2020[251]).

Cependant, utiliser une relation dérivée entre la température actuelle et la productivité actuelle ne permet pas de bien caractériser l'impact d'un effondrement de l'AMOC. En effet, cette relation ne tient compte que des activités économiques directement exposées aux conditions météorologiques (Keen et al., 2021[259]). Plusieurs études ont adopté cette approche [par ex. (Tol, 2009[260] ; Link et Tol, 2010[261] ; Anthoff, Estrada et Tol, 2016[262])]. Elles se focalisent uniquement sur le changement global des températures dû au réchauffement climatique et à l'effondrement de l'AMOC combinés. Or, l'un de ces phénomènes suivrait l'autre, et chacun produirait ses propres impacts. De nombreux impacts sont associés à des changements d'aspects du climat autres que la température, notamment le cycle de l'eau.

Certaines études soutiennent même que l'effondrement de l'AMOC produirait un avantage économique net. Pour les raisons exposées plus haut, cela ne semble pas plausible. D'autres travaux ont émis l'hypothèse que l'AMOC avait par le passé exercé une influence sur la concentration du pouvoir géopolitique et de la richesse dans la région de l'Atlantique Nord (Railsback, 2017[263]). Toutefois, ce « déterminisme climatique » est largement contesté.

L'étude approfondie des impacts économiques potentiels de l'effondrement de l'AMOC (ou du franchissement de tout autre point de basculement climatique) ne met pas l'accent sur les effets théoriques du climat sur la productivité humaine, mais sur les facteurs physiques. En cas de franchissement de points de basculement, la configuration spatiale et les modes de variabilité temporelle du climat pourraient changer radicalement (Lenton et Ciscar, 2012[70] ; Rodgers et al., 2021[264]). Si des changements aussi radicaux devaient se produire, il ne servirait à rien de tirer des conclusions du schéma spatio-temporel actuel (auquel les sociétés ont eu des siècles pour s'adapter) (Keen et al., 2021[259]).

Effet sur l'agriculture

L'effondrement de l'AMOC aurait un impact énorme sur l'agriculture dans le monde. Une grande partie de l'hémisphère Nord deviendrait moins adaptée à la croissance de nombreuses cultures de base. Toutefois, l'Europe serait particulièrement touchée. L'AMOC rend le climat européen plus chaud et plus humide qu'il ne le serait autrement. Si l'AMOC s'affaiblissait ou s'effondrait au cours de la prochaine décennie en raison de la poursuite du réchauffement, la saisonnalité en Europe augmenterait fortement. S'ensuivraient des hivers plus rigoureux et des étés plus chauds et plus secs.

Ce changement du climat européen réduirait la productivité agricole et rendrait la plupart des terres impropres à la culture. Par conséquent, le climat serait moins propice à la croissance du maïs et du blé (à l'exception du blé au Royaume-Uni), ce qui conduirait à une hausse des prix des denrées alimentaires. À l'inverse, l'hémisphère Sud deviendrait plus adapté à la croissance du riz. Ce serait notamment le cas en Asie du Sud-Est, où le riz fait partie des principales cultures de base produites dans la région. Toutefois, cette croissance n'est pas analysée dans le contexte d'une possible défaillance de la mousson asiatique, qui pourrait avoir des effets néfastes sur l'agriculture dans toute l'Asie.

Forêt tropicale amazonienne

Les modifications de la température à la surface de la mer et des régimes pluviométriques dans l'Atlantique tropical affecteront la stabilité de l'Amazonie. Des recherches antérieures sont parvenues à la conclusion que les processus de réchauffement climatique et d'effondrement de l'AMOC devraient avoir des effets antagonistes sur les précipitations en Amazonie (Ciemer et al., 2021[265]). L'étude concluait en outre que le basculement de l'AMOC du mode fort au mode faible pourrait exercer un effet stabilisateur sur la forêt amazonienne. Les données sur les changements des précipitations utilisées dans la présente analyse révèlent une diminution générale dans tout le bassin.

En ce qui concerne l'effet d'un effondrement de l'AMOC seul, Ciemer et al. (2021[265]) observent une forte diminution des précipitations. Cette baisse n'est pas contrebalancée par les changements climatiques. Cependant, la végétation dynamique n'étant pas utilisée dans le modèle, des effets hydrologiques locaux ne sont pas à exclure. Si l'on se réfère aux analogues climatiques, qui tiennent compte de la température et des précipitations, la climatologie future de la région amazonienne correspond aux milieux de type savane ou prairie qui existent actuellement en Afrique. Par conséquent, la forêt tropicale se rétrécirait. La conversion de 40 % de la forêt tropicale amazonienne en savane entraînerait une perte de stockage du CO_2 dans la végétation d'environ 90 gigatonnes (Gt). Une conversion totale pourrait entraîner des pertes de stockage du CO_2 allant jusqu'à 255 Gt (Steffen et al., 2018[224]).

Forêts boréales

À l'instar de la forêt tropicale amazonienne, les forêts boréales jouent un rôle essentiel dans la régulation du climat terrestre en piégeant le carbone. Le dépérissement des forêts boréales enclenchera une transition vers des prairies steppiques, qui stockent moins de carbone que les forêts boréales (Koven, 2013[266]). Par conséquent, le dépérissement des forêts boréales pourrait libérer plus de 100 Gt de CO_2 dans l'atmosphère (Steffen et al., 2018[224]) et, ce faisant, amplifier encore le réchauffement climatique.

Cette analyse révèle qu'un effondrement de l'AMOC à lui seul entraînerait probablement un dépérissement des forêts boréales du nord de l'Europe et de l'Asie. En revanche, le renforcement de la forêt boréale en Amérique du Nord (qui abrite environ un tiers des forêts boréales de la planète) augmenterait le stockage du carbone (Steffen et al., 2018[224]). Cependant, il n'y a pas de végétation dynamique dans le modèle. Si, en remplacement, on utilise la productivité primaire nette comme indicateur, il est difficile de déterminer l'impact global d'un effondrement de l'AMOC sur les forêts boréales.

Régimes de mousson

La mousson d'été indienne, qui se produit de mai à septembre, est déterminante pour l'économie et l'agriculture de l'Inde (Bhat, 2006[267]). La mousson a été identifiée comme un élément basculant potentiel lié au changement climatique (Lenton et al., 2008[4]). À l'aide d'un simple modèle en boîte appliqué à la mousson indienne, Zickfeld et al. (2005[268]) concluent qu'une augmentation de l'albédo terrestre, via les émissions de soufre et/ou les changements d'utilisation des terres par exemple, pourrait perturber la mousson. Selon certains signes apparus durant la seconde moitié du XXe siècle, la mousson pourrait être sur le déclin, les précipitations estivales s'amenuisant. Cette évolution s'est traduite par des sécheresses plus fréquentes (Ramanathan et al., 2005[269]) et une diminution des récoltes de riz (Auffhammer, Ramanathan et Vincent, 2006[270]). On estime que la grande sécheresse de 2002 (Bhat, 2006[267]) a coûté au gouvernement indien 340 millions de dollars en programmes d'aide aux victimes de la sécheresse. Elle a également provoqué une augmentation du nombre de suicides parmi les agriculteurs (Liepert et Giannini, 2015[271]). Un affaiblissement de la mousson d'été indienne consécutif à l'effondrement de l'AMOC serait très certainement préjudiciable aux récoltes de riz des agriculteurs indiens.

Cette analyse montre que, d'après les projections du réchauffement climatique, l'Afrique de l'Ouest est la région du monde qui enregistrera les plus fortes baisses de précipitations. L'effondrement de l'AMOC exacerbera cet effet, perturbant la mousson africaine et réduisant encore les précipitations. Cela pourrait entraîner une sécheresse généralisée dans une grande partie de la région. Les faibles capacités d'adaptation au changement climatique de la région aggraveront le problème. Les taux de pauvreté étant élevés, les individus n'ont pas les moyens de se préparer ou de s'adapter au changement climatique en cours. De plus, la gouvernance ne propose pas de solutions pour atténuer les effets négatifs du changement climatique.

Autres effets socio-économiques

En plus des impacts socio-économiques énumérés ci-dessus, l'effondrement de l'AMOC produirait d'autres effets d'entraînement :

- La baisse de la PPN océanique constatée dans le scénario d'effondrement de l'AMOC semble être liée à une réduction du transport des nutriments vers le nord-est au niveau du bassin des îles Féroé-Shetland, associée à une dérive nord-atlantique ralentie.
- L'élévation du niveau de la mer pourrait atteindre 20-25 mm/an (Levermann et al., 2005[272]).
- Aux abords des côtes européennes et nord-américaines, elle sera plus importante, allant jusqu'à 50 cm (Vellinga et Wood, 2007[273] ; Levermann et al., 2009[256]).
- D'après les calculs de Vousdoukas et al. (2020[274]), la protection des terres et la relocalisation des populations en Europe nécessiteraient 1.4 milliard EUR supplémentaires par an.
- L'évolution des profils de température entraînera des changements de la demande et de la consommation d'énergie. Dans un scénario qui combine réchauffement climatique et effondrement de l'AMOC, certaines parties de l'Europe pourraient rester plus chaudes qu'à l'ère préindustrielle. Cependant, l'effet refroidissant exercé par l'AMOC en hiver l'emporterait sur le réchauffement climatique, refroidissant certaines régions jusqu'à des températures inférieures à celles de l'ère préindustrielle.

Le point de basculement potentiel étudié ici n'est que l'un des nombreux éléments du système terrestre qui pourraient produire cet effet. Des recherches récentes montrent que l'AMOC est à son niveau le plus faible depuis un siècle. Cependant, le dernier rapport d'évaluation du GIEC (AR6) table, avec un niveau de confiance moyen, sur le fait qu'il n'y aura pas d'effondrement brutal de l'AMOC avant 2100 (GIEC, 2021[14]). Pourtant, cette éventualité ne peut être exclue.

Le ralentissement de l'AMOC est déjà palpable et va probablement se poursuivre. Les résultats présentés ici sont spécifiques au modèle et au scénario choisis ; pour effectuer une évaluation plus complète, il faudrait utiliser un ensemble de modèles. Malgré ces limites, les résultats concordent avec les recherches antérieures. Ils montrent que le franchissement du seuil de basculement de l'un des systèmes les plus importants de la planète pourrait être lourd de conséquences.

Le changement climatique est en train de remodeler la structure socio-économique mondiale, et ce processus ne va pas s'arrêter. Cela risque de retentir sur les progrès accomplis vers la réalisation des Objectifs de développement durable, de perturber le commerce mondial, d'amplifier les conflits sociaux et les inégalités et de compromettre la sécurité humaine. Des réductions rapides et importantes des émissions de GES sont nécessaires pour éviter que les seuils critiques du système climatique ne soient franchis.

Il est essentiel d'agir au niveau international pour mesurer et surveiller les principaux éléments basculants, notamment l'AMOC. Les pays auront ainsi le temps d'élaborer des stratégies (notamment des mesures d'adaptation et de prévention) pour faire face aux conséquences de ces changements brusques des systèmes climatiques.

Références

Accord de Paris (2015), *15 décembre 2015*, Collection des traités des Nations Unies, exemplaires des Traités multilatéraux déposés auprès du Secrétaire général certifiés conformes - Chapitre XXVII.7.d, https://treaties.un.org/pages/ViewDetails.aspx?src=TREATY&mtdsg_no=XXVII-7-d&chapter=27&clang=_fr (consulté le 28 avril 2020). [3]

Acemoglu, D. et al. (2012), « The network origins of aggregate fluctuations », *Econometrica*, vol. 80/5, pp. 1977-2016, http://dx.doi.org/10.3982/ecta9623. [71]

Aerts, J. et al. (2014), « Evaluating Flood Resilience Strategies for Coastal Megacities », *Science*, vol. 344/6183, pp. 473-475, http://dx.doi.org/10.1126/science.1248222. [98]

Allan, R. et B. Soden (2008), « Atmospheric Warming and the Amplification of Precipitation Extremes », *Science*, vol. 321/5895, pp. 1481-1484, http://dx.doi.org/10.1126/science.1160787. [156]

Allen, M. (2003), « Liability for climate change », *Nature*, vol. 421/6926, pp. 891-892, http://dx.doi.org/10.1038/421891a. [216]

Allen, M. et W. Ingram (2002), « Constraints on future changes in climate and the hydrologic cycle », *Nature*, vol. 419/6903, pp. 224-232, http://dx.doi.org/10.1038/nature01092. [155]

Andrijevic, M. et al. (2019), « Governance in socioeconomic pathways and its role for future adaptive capacity », *Nature Sustainability*, vol. 3/1, pp. 35-41, http://dx.doi.org/10.1038/s41893-019-0405-0. [214]

Angélil, O. et al. (2017), « On the nonlinearity of spatial scales in extreme weather attribution statements », *Climate Dynamics*, vol. 50/7-8, pp. 2739-2752, http://dx.doi.org/10.1007/s00382-017-3768-9. [192]

Angélil, O. et al. (2014), « Attribution of extreme weather to anthropogenic greenhouse gas emissions: Sensitivity to spatial and temporal scales », *Geophysical Research Letters*, vol. 41/6, pp. 2150-2155, http://dx.doi.org/10.1002/2014gl059234. [179]

Anthoff, D., F. Estrada et R. Tol (2016), « Shutting down the thermohaline circulation », *American Economic Review*, vol. 106/5, pp. 602-606, http://dx.doi.org/10.1257/aer.p20161102. [262]

Appendini, C. et al. (2017), « On the role of climate change on wind waves generated by tropical cyclones in the Gulf of Mexico », *Coastal Engineering Journal*, vol. 59/2, pp. 1740001-1-1740001-32, http://dx.doi.org/10.1142/s0578563417400010. [54]

Athanasiou, P. et al. (2019), « Global distribution of nearshore slopes with implications for coastal retreat », *Earth System Science Data*, vol. 11/4, pp. 1515-1529, http://dx.doi.org/10.5194/essd-11-1515-2019. [58]

Auffhammer, M., V. Ramanathan et J. Vincent (2006), « Integrated model shows that atmospheric brown clouds and greenhouse gases have reduced rice harvests in India », *Proceedings of the National Academy of Sciences*, vol. 103/52, pp. 19668-19672, http://dx.doi.org/10.1073/pnas.0609584104. [270]

Bamber, J. et al. (2019), « Ice sheet contributions to future sea-level rise from structured expert judgment », *Proceedings of the National Academy of Sciences*, vol. 116/23, pp. 11195-11200, http://dx.doi.org/10.1073/pnas.1817205116. [43]

Bamber, J. et al. (2018), « Land ice freshwater budget of the Arctic and North Atlantic Oceans: 1. Data, methods, and results », *Journal of Geophysical Research: Oceans*, vol. 123/3, pp. 1827-1837, http://dx.doi.org/10.1002/2017jc013605. [241]

Banque mondiale (2021), *PIB par habitant ($ US courants) - Données*, https://data.worldbank.org/indicator/NY.GDP.PCAP.CD (consulté 7.2.21) (consulté le 2 juillet 2021). [84]

Barker, S. et G. Knorr (2016), « A paleo-perspective on the AMOC as a tipping element », *Past Global Change Magazine*, vol. 24/1, pp. 14-15, http://dx.doi.org/10.22498/pages.24.1.14. [235]

Barrett, S. et A. Dannenberg (2014), « On the sensitivity of collective action to uncertainty about climate tipping points », *Nature Climate Change*, vol. 4, pp. 36-39. [223]

Barros, V. et al. (dir. pub.) (2014), *Climate Change 2014: Impacts, Adaptation, and Vulnerability. Part B: Regional Aspects. Contribution of Working Group II to the Fifth Assessment Report of the Intergovernmental Panel on Climate Change*, Cambridge University Press, Cambridge, Royaume-Uni et New York, NY, USA, pp. 688. [88]

Barthel, F. et E. Neumayer (2012), « A trend analysis of normalized insured damage from natural disasters », *Climatic Change*, vol. 113/2, pp. 215-237, http://dx.doi.org/10.1007/s10584-011-0331-2. [123]

Bellprat, O. et F. Doblas-Reyes (2016), « Attribution of extreme weather and climate events overestimated by unreliable climate simulations », *Geophysical Research Letters*, vol. 43/5, pp. 2158-2164, http://dx.doi.org/10.1002/2015gl067189. [132]

Bhat, G. (2006), « The Indian drought of 2002 – a sub-seasonal phenomenon? », *Quarterly Journal of the Royal Meteorological Society*, vol. 132/621, pp. 2583-2602, http://dx.doi.org/10.1256/qj.05.13. [267]

Bisaro, A. et al. (2019), « Leveraging public adaptation finance through urban land reclamation: Cases from Germany, the Netherlands and the Maldives », *Climatic Change*, vol. 160/4, pp. 671-689, http://dx.doi.org/10.1007/s10584-019-02507-5. [92]

Boers, N. (2021), « Observation-based early-warning signals for a collapse of the Atlantic Meridional Overturning Circulation », *Nature Climate Change*, vol. 11/8, pp. 680-688, http://dx.doi.org/10.1038/s41558-021-01097-4. [244]

Buizert, C. et A. Schmittner (2015), « Southern Ocean control of glacial AMOC stability and Dansgaard-Oeschger interstadial duration », *Paleoceanography*, vol. 30/12, pp. 1595-1612, http://dx.doi.org/10.1002/2015pa002795. [236]

Burke, M., S. Hsiang et E. Miguel (2015), « Global non-linear effect of temperature on economic production », *Nature*, vol. 527/7577, pp. 235-239, http://dx.doi.org/10.1038/nature15725. [258]

Byrne, M. et P. O'Gorman (2018), « Trends in continental temperature and humidity directly linked to ocean warming », *Proceedings of the National Academy of Sciences*, vol. 115/19, pp. 4863-4868, http://dx.doi.org/10.1073/pnas.1722312115. [149]

Byrne, M. et P. O'Gorman (2013), « Link between land-ocean warming contrast and surface relative humidities in simulations with coupled climate models », *Geophysical Research Letters*, vol. 40/19, pp. 5223-5227, http://dx.doi.org/10.1002/grl.50971. [148]

Caesar, L. et al. (2021), « Current Atlantic Meridional Overturning Circulation weakest in last millennium », *Nature Geoscience*, vol. 14/3, pp. 118-120, http://dx.doi.org/10.1038/s41561-021-00699-z. [240]

Caesar, L. et al. (2018), « Observed fingerprint of a weakening Atlantic Ocean overturning circulation », *Nature*, vol. 556/7700, pp. 191-196, http://dx.doi.org/10.1038/s41586-018-0006-5. [239]

Cai, Y., T. Lenton et T. Lontzek (2016), « Risk of multiple interacting tipping points should encourage rapid CO2 emission reduction », *Nature Climate Change*, vol. 6/5, pp. 520-525, http://dx.doi.org/10.1038/nclimate2964. [68]

Caloiero, T. (2014), « Analysis of rainfall trend in New Zealand », *Environmental Earth Sciences*, vol. 73/10, pp. 6297-6310, http://dx.doi.org/10.1007/s12665-014-3852-y. [182]

Carleton, T. et S. Hsiang (2016), « Social and economic impacts of climate », *Science*, vol. 353/6304, pp. aad9837-aad9837, http://dx.doi.org/10.1126/science.aad9837. [252]

Cattiaux, J. et A. Ribes (2018), « Defining Single Extreme Weather Events in a Climate Perspective », *Bulletin of the American Meteorological Society*, vol. 99/8, pp. 1557-1568, http://dx.doi.org/10.1175/bams-d-17-0281.1. [180]

CCNUCC (2010), *Décision 1/CP.16 : Les accords de Cancún : Résultats des travaux du Groupe de travail spécial de l'action concertée à long terme au titre de la Convention*, Convention-cadre des Nations Unies sur les changements climatiques, Genève. [8]

CCNUCC (1992), *Convention-cadre des Nations Unies sur les changements climatiques*, Convention-cadre des Nations Unies sur les changements climatiques, Bonn. [85]

CDB (1992), *Convention sur la diversité biologique*, (1760 U.N.T.S. p. 79). [37]

CDP (2020), « 2019-2020 Australian Bushfires », 9 septembre, Center for Disaster Philanthropy, Washington, D.C., https://disasterphilanthropy.org/disaster/2019-australian-wildfires/ (consulté le 21 septembre 2021). [19]

Challinor, A. et al. (2018), « Transmission of climate risks across sectors and borders », *Philosophical Transactions of the Royal Society A: Mathematical, Physical and Engineering Sciences*, vol. 376/2121, p. 20170301, http://dx.doi.org/10.1098/rsta.2017.0301. [73]

Charlier, R., M. Chaineux et S. Morcos (2005), « Panorama of the history of coastal protection », *Journal of Coastal Research*, vol. 211, pp. 79-111, http://dx.doi.org/10.2112/03561.1. [96]

Chatterton, J. et al. (2016), *The Costs and Impacts of the Winter 2013 to 2014 Floods*, Environment Agency, Bristol, Royaume-Uni, https://assets.publishing.service.gov.uk/media/603549118fa8f5480a5386be/The_costs_and_impacts_of_the_winter_2013_to_2014_floods_-_report.pdf. [208]

Cheng, W. et al. (2018), « Can the salt-advection feedback be detected in internal variability of the Atlantic Meridional Overturning Circulation? », *Journal of Climate*, vol. 31/16, pp. 6649-6667, http://dx.doi.org/10.1175/jcli-d-17-0825.1. [233]

Ciavarella, A. et al. (2021), « Prolonged Siberian heat of 2020 almost impossible without human influence », *Climatic Change*, vol. 166/1-2, http://dx.doi.org/10.1007/s10584-021-03052-w. [283]

Ciemer, C. et al. (2021), « Impact of an AMOC weakening on the stability of the southern Amazon rainforest », *The European Physical Journal Special Topics*, http://dx.doi.org/10.1140/epjs/s11734-021-00186-x. [265]

Clarke, B., F. E. L. Otto et R. Jones (2021), « Inventories of extreme weather events and impacts: Implications for loss and damage from and adaptation to climate extremes », *Climate Risk Management*, vol. 32, p. 100285, http://dx.doi.org/10.1016/j.crm.2021.100285. [139]

Consortium du réseau international d'information sur les sciences de la Terre - CIESIN (2005), *Gridded Population of the World, Version 3 (GPWv3): Population Count Grid, Future Estimates.Palisades,NY:NASA Socioeconomic Data and Applications Center (SEDAC).*, Columbia University, Organisation des Nations Unies pour l'alimentation et l'agriculture - FAO et Centre international d'agriculture tropicale - CIAT, https://doi.org/10.7927/H42B8VZZ (consulté le 8 octobre 2021). [200]

Cowan, T. et al. (2014), « More frequent, longer, and hotter heat waves for Australia in the twenty-first century », *Journal of Climate*, vol. 27/15, pp. 5851-5871, http://dx.doi.org/10.1175/jcli-d-14-00092.1. [189]

Cox, P. et al. (2004), « Amazonian forest dieback under climate-carbon cycle projections for the 21st century », *Theoretical and Applied Climatology*, vol. 78/1-3, http://dx.doi.org/10.1007/s00704-004-0049-4. [255]

CR2 (2015), *Report to the Nation. The 2010-2015 mega-drought: A lesson for the future.*, Center for Climate and Resilience Research ,, https://www.cr2.cl/megasequia/#1513260570409-9738626d-983a. [173]

Di Liberto, T. (2021), « Astounding heat obliterates all-time records across the Pacific Northwest and Western Canada in June 2021 », 30 juin, Climate.gov, https://www.climate.gov/news-features/event-tracker/astounding-heat-obliterates-all-time-records-across-pacific-northwest (consulté le 10 Sep 2021). [27]

Diffenbaugh, N., D. Swain et D. Touma (2015), « Anthropogenic warming has increased drought risk in California », *Proceedings of the National Academy of Sciences*, vol. 112/13, pp. 3931-3936, http://dx.doi.org/10.1073/pnas.1422385112. [172]

Douville, H. et al. (2021), « Water cycle changes », dans Masson-Delmotte, V. et al. (dir. pub.), *Climate Change 2021 : The Physical Science Basis. Contribution of Working Group I to 45 the Sixth Assessment Report of the Intergovernmental Panel on Climate Change*, Cambridge University Press, Cambridge, Royaume-Uni. [245]

Drijfhout, S. (2015), « Competition between global warming and an abrupt collapse of the AMOC in Earth's energy imbalance », *Scientific Reports*, vol. 5/1, http://dx.doi.org/10.1038/srep14877. [65]

Drijfhout, S. et al. (2015), « Catalogue of abrupt shifts in Intergovernmental Panel on Climate Change climate models », *Proceedings of the National Academy of Sciences*, vol. 112/43, pp. E5777-E5786, http://dx.doi.org/10.1073/pnas.1511451112. [225]

Dunn, F. et al. (2019), « Projections of declining fluvial sediment delivery to major deltas worldwide in response to climate change and anthropogenic stress », *Environmental Research Letters*, vol. 14/8, p. 084034, http://dx.doi.org/10.1088/1748-9326/ab304e. [118]

Duvat, V. (2018), « A global assessment of atoll island planform changes over the past decades », *Wiley Interdisciplinary Reviews: Climate Change*, vol. 10/1, p. e557, http://dx.doi.org/10.1002/wcc.557. [104]

Edmonds, C. et I. Noy (2018), « The economics of disaster risks and impacts in the Pacific », *Disaster Prevention and Management: An International Journal*, vol. 27/5, pp. 478-494, http://dx.doi.org/10.1108/dpm-02-2018-0057. [91]

Einhorn, C. (2021), « Like in 'postapocalyptic movies': Heat wave killed marine wildlife en masse », 9 juillet, The New York Times, https://www.nytimes.com/2021/07/09/climate/marine-heat-wave.html. [31]

Falkland, T. et I. White (2020), « Freshwater availability under climate change », dans *Springer Climate, Climate Change and Impacts in the Pacific*, Springer International Publishing, Cham, http://dx.doi.org/10.1007/978-3-030-32878-8_11. [119]

FAOSTAT (2021), « Bilans Alimentaires », https://www.fao.org/faostat/fr/#data/FBS (consulté le 13 octobre 2021). [253]

Ferrario, F. et al. (2014), « The effectiveness of coral reefs for coastal hazard risk reduction and adaptation », *Nature Communications*, vol. 5/1, http://dx.doi.org/10.1038/ncomms4794. [109]

Fischer, E. et R. Knutti (2015), « Anthropogenic contribution to global occurrence of heavy-precipitation and high-temperature extremes », *Nature Climate Change*, vol. 5/6, pp. 560-564, http://dx.doi.org/10.1038/nclimate2617. [142]

Forum économique mondial (2018), *The Global Risks Report 2018*, Forum économique mondial, Genève. [76]

Fowler, H. et al. (2021), « Anthropogenic intensification of short-duration rainfall extremes », *Nature Reviews Earth & Environment*, vol. 2/2, pp. 107-122, http://dx.doi.org/10.1038/s43017-020-00128-6. [162]

Fox-Kemper, B. et al. (2021), « Ocean, cryosphere and sea level change », dans *Climate Change 2021 : The Physical Science Basis. Contribution of Working Group I to the Sixth Assessment Report of the Intergovernmental Panel on Climate Change*, Cambridge University Press, Cambridge, Royaume-Uni. [40]

Frame, D. et al. (2017), « Population-based emergence of unfamiliar climates », *Nature Climate Change*, vol. 7/6, pp. 407-411, http://dx.doi.org/10.1038/nclimate3297. [194]

Frame, D. et al. (2020), « Climate change attribution and the economic costs of extreme weather events: A study on damages from extreme rainfall and drought », *Climatic Change*, vol. 162/2, pp. 781-797, http://dx.doi.org/10.1007/s10584-020-02729-y. [138]

Freychet, N. et al. (2019), « The Local Aerosol Emission Effect on Surface Shortwave Radiation and Temperatures », *Journal of Advances in Modeling Earth Systems*, vol. 11/3, pp. 806-817, http://dx.doi.org/10.1029/2018ms001530. [166]

Frölicher, T., E. Fischer et N. Gruber (2018), « Marine heatwaves under global warming », *Nature*, vol. 560/7718, pp. 360-364, http://dx.doi.org/10.1038/s41586-018-0383-9. [144]

Frost, R. (2021), « Turkey, Greece and Italy: Which countries are being affected by wildfires and why? », 13 août, euronews.travel, https://www.euronews.com/travel/2021/08/12/european-heatwave-which-countries-face-the-biggest-risk-from-wildfires. [20]

Frost, R. (2021), « Wildfire near French resort of Saint-Tropez kills two people », 12 août, euronews.travel, https://www.euronews.com/travel/2021/08/12/european-heatwave-which-countries-face-the-biggest-risk-from-wildfires. [22]

Gadgil, S. et S. Gadgil (2006), « The Indian monsoon, GDP and agriculture », *Economic and Political Weekly*, vol. 41/47, pp. 4887-4895, http://www.jstor.org/stable/4418949. [250]

GIEC (2021), *Climate Change 2021: The Physical Science Basis. Contribution of Working Group I to the Sixth Assessment Report of the Intergovernmental Panel on Climate Change*, Masson-Delmotte, V. et al. (dir. pub.), Cambridge University Press, Royaume-Uni, sous presse. [14]

GIEC (2019), *IPCC Special Report on the Ocean and Cryosphere in a Changing Climate*, Groupe d'experts intergouvernemental sur l'évolution du climat, Genève. [35]

GIEC (2019), *Rapport spécial sur le changement climatique et terres émergées*, Groupe d'experts intergouvernemental sur l'évolution du climat, Genève. [34]

GIEC (2019), « Summary for Policymakers », dans H.-O. Pörtner et al. (dir. pub.), *Rapport spécial du GIEC sur les océans et la cryosphère dans le contexte du changement climatique*, Groupe d'experts intergouvernemental sur l'évolution du climat, Genève. [11]

GIEC (2018), « Annexe I : Glossaire [Matthews, J.B.R. (dir. pub.)] », dans Masson-Delmotte, V. et al. (dir. pub.), *Réchauffement planétaire de 1,5°C - Rapport spécial du GIEC sur les conséquences d'un réchauffement planétaire de 1,5 °C par rapport aux niveaux préindustriels et les trajectoires associées d'émissions mondiales de gaz à effet de serre, dans le contexte du renforcement de la parade mondiale au changement climatique…*, Groupe d'experts intergouvernemental sur l'évolution du climat, Genève. [5]

GIEC (2018), « Résumé à l'intention des décideurs », dans Masson-Delmotte, V. et al. (dir. pub.), *Réchauffement planétaire de 1,5 °C : Rapport spécial du GIEC sur les conséquences d'un réchauffement planétaire de 1,5 °C par rapport aux niveaux préindustriels et les trajectoires associées d'émissions mondiales de gaz à effet de serre, dans le contexte du renforcement de la parade mondiale au changement climatique ....*, Groupe d'experts intergouvernemental sur l'évolution du climat, Genève. [10]

GIEC (2014), *Changements climatiques 2014 : Rapport de synthèse Contribution des Groupes de travailI, II et III au cinquième Rapport d'évaluation du Groupe d'experts intergouvernemental sur l'évolution du climat*, R.K. Pachauri; L.A. Meyer (dir. pub.), Groupe d'experts intergouvernemental sur l'évolution du climat, Genève. [2]

GIEC (2014), « Résumé à l'intention des décideurs », dans Field, C. et al. (dir. pub.), *Climate Change 2014 : Impacts, Adaptation, and Vulnerability. Part A : Global and Sectoral Aspects. Contribution of Working Group II to the Fifth Assessment Report of the Intergovernmental Panel on Climate Change*, Cambridge, Royaume-Uni et New York. [1]

GIEC (2001), *Bilan 2001 des changements climatiques : Rapport de synthèse Contribution des groupes de travail I, II et III au Troisième rapport d'évaluation du Groupe d'experts intergouvernemental sur les changements climatiques*, Watson, R.T. et al. (dir. pub.), Cambridge University Press, Cambridge, Royaume-Uni et New York. [9]

Gingerich, S., C. Voss et A. Johnson (2017), « Seawater-flooding events and impact on freshwater lenses of low-lying islands: Controlling factors, basic management and mitigation », *Journal of Hydrology*, vol. 551, pp. 676-688, http://dx.doi.org/10.1016/j.jhydrol.2017.03.001. [120]

Gladwell, M. (2000), *The Tipping Point: How Little Things Can Make a Big Difference*, Little Brown, Boston. [59]

Gomes Da Costa, H. et al. (2020), « European wildfire danger and vulnerability under a changing climate: Towards integrating risk dimensions », n° EUR 30116 EN, Office des publications de l'Union européenne, Luxembourg, http://dx.doi.org/doi:10.2760/46951. [17]

González, M. et al. (2020), *Incendios forestales en Chile: causas, impactos y resiliencia*, Centro de Ciencia del Clima y la Resiliencia (CR)2, Universidad de Chile,Universidad de Concepción y Universidad Austral de Chile. [18]

Guha-Sapir, D., D. Hargitt et P. Hoyois (2004), *Thirty Years of Natural Disasters 1974-2003: The Numbers*, Centre de recherche sur l'épidémiologie des catastrophes, Bruxelles. [174]

Guillod, B. et al. (2017), « A large set of potential past, present and future hydro-meteorological time series for the UK », Hydrology and Earth Systems Sciences, http://dx.doi.org/10.5194/hess-2017-246. [183]

Hallegatte, S. et al. (2013), « Future flood losses in major coastal cities », *Nature Climate Change*, vol. 3/9, pp. 802-806, http://dx.doi.org/10.1038/nclimate1979. [99]

Harrington, L. et al. (2016), « Poorest countries experience earlier anthropogenic emergence of daily temperature extremes », *Environmental Research Letters*, vol. 11/5, p. 055007, http://dx.doi.org/10.1088/1748-9326/11/5/055007. [198]

Harrington, L. et al. (2018), « How uneven are changes to impact-relevant climate hazards in a 1.5 °C world and beyond? », *Geophysical Research Letters*, vol. 45/13, pp. 6672-6680, http://dx.doi.org/10.1029/2018gl078888. [187]

Harrington, L. et F. Otto (2020), « Reconciling theory with the reality of African heatwaves », *Nature Climate Change*, vol. 10/9, pp. 796-798, http://dx.doi.org/10.1038/s41558-020-0851-8. [221]

Hawkins, E. et al. (2020), « Observed emergence of the climate change signal: From the familiar to the unknown », *Geophysical Research Letters*, vol. 47/6, http://dx.doi.org/10.1029/2019gl086259. [195]

Hawkins, E. et al. (2011), « Bistability of the Atlantic overturning circulation in a global climate model and links to ocean freshwater transport », *Geophysical Research Letters*, vol. 38/10, http://dx.doi.org/10.1029/2011gl047208. [231]

Hawkins, E. et R. Sutton (2012), « Time of emergence of climate signals », *Geophysical Research Letters*, vol. 39/1, http://dx.doi.org/10.1029/2011gl050087. [193]

Hegdahl, T. et al. (2020), « An Event-Based Approach to Explore Selected Present and Future Atmospheric River–Induced Floods in Western Norway », *Journal of Hydrometeorology*, vol. 21/9, pp. 2003-2021, http://dx.doi.org/10.1175/jhm-d-19-0071.1. [137]

Hewitt, H. et al. (2011), « Design and implementation of the infrastructure of HadGEM3: the next-generation Met Office climate modelling system », *Geoscientific Model Development*, vol. 4/2, pp. 223-253, http://dx.doi.org/10.5194/gmd-4-223-2011. [276]

Hildén, M. et al. (2020), « Cascading climate impacts: A new factor in European policy-making », *Policy Brief*, CASCADES, https://www.sei.org/wp-content/uploads/2020/03/cascades-policy-brief-1-1.pdf. [74]

Hinkel, J. et al. (2018), « The ability of societies to adapt to twenty-first-century sea-level rise », *Nature Climate Change*, vol. 8/7, pp. 570-578, http://dx.doi.org/10.1038/s41558-018-0176-z. [100]

Hinkel, J. et al. (2019), « Meeting user needs for sea level rise information: A decision analysis perspective », *Earth's Future*, vol. 7/3, pp. 320-337, http://dx.doi.org/10.1029/2018ef001071. [44]

Hinkel, J. et al. (2014), « Coastal flood damage and adaptation costs under 21st century sea-level rise », *Proceedings of the National Academy of Sciences*, vol. 111/9, pp. 3292-3297, http://dx.doi.org/10.1073/pnas.1222469111. [95]

Hirabayashi, Y. et al. (2013), *Global flood risk under climate change*, Nature Publishing Group, https://www.nature.com/articles/nclimate1911. [33]

Hodges, K., A. Cobb et P. Vidale (2017), « How well are tropical cyclones represented in reanalysis datasets? », *Journal of Climate*, vol. 30/14, pp. 5243-5264, http://dx.doi.org/10.1175/jcli-d-16-0557.1. [55]

Hodnebrog, Ø. et al. (2019), « Intensification of summer precipitation with shorter time-scales in Europe », *Environmental Research Letters*, vol. 14/12, p. 124050, http://dx.doi.org/10.1088/1748-9326/ab549c. [164]

Holdaway, A., M. Ford et S. Owen (2021), « Global-scale changes in the area of atoll islands during the 21st century », *Anthropocene*, vol. 33, p. 100282, http://dx.doi.org/10.1016/j.ancene.2021.100282. [105]

Holding, S. et D. Allen (2015), « From days to decades: Numerical modelling of freshwater lens response to climate change stressors on small low-lying islands », *Hydrology and Earth System Sciences*, vol. 19/2, pp. 933-949, http://dx.doi.org/10.5194/hess-19-933-2015. [121]

Holliday, N. et al. (2020), « Ocean circulation causes the largest freshening event for 120 years in eastern subpolar North Atlantic », *Nature Communications*, vol. 11/1, http://dx.doi.org/10.1038/s41467-020-14474-y. [237]

Hughes, T. et al. (2018), « Spatial and temporal patterns of mass bleaching of corals in the Anthropocene », *Science*, vol. 359/6371, pp. 80-83, http://dx.doi.org/10.1126/science.aan8048. [112]

Hughes, T. et al. (2017), « Global warming and recurrent mass bleaching of corals », *Nature*, vol. 543/7645, pp. 373-377, http://dx.doi.org/10.1038/nature21707. [111]

Jackson, L. et al. (2015), « Global and European climate impacts of a slowdown of the AMOC in a high resolution GCM », *Climate Dynamics*, vol. 45/11-12, pp. 3299-3316, http://dx.doi.org/10.1007/s00382-015-2540-2. [248]

Jacob, D. et al. (2005), « Slowdown of the thermohaline circulation causes enhanced maritime climate influence and snow cover over Europe », *Geophysical Research Letters*, vol. 32/21, http://dx.doi.org/10.1029/2005gl023286. [282]

Jolly, W. et al. (2015), « Climate-induced variations in global wildfire danger from 1979 to 2013 », *Nature Communications*, vol. 6/1, pp. 1-11, http://dx.doi.org/10.1038/ncomms8537. [15]

Jongman, B. et al. (2015), « Declining vulnerability to river floods and the global benefits of adaptation », *Proceedings of the National Academy of Sciences*, vol. 112/18, pp. E2271-E2280, https://www.pnas.org/content/112/18/E2271.short. [210]

Joshi, M. et al. (2007), « Mechanisms for the land/sea warming contrast exhibited by simulations of climate change », *Climate Dynamics*, vol. 30/5, pp. 455-465, http://dx.doi.org/10.1007/s00382-007-0306-1. [147]

Keeley, J. et A. Syphard (2021), « Large California wildfires: 2020 fires in historical context », *Fire Ecology*, vol. 17/1, http://dx.doi.org/10.1186/s42408-021-00110-7. [24]

Keen, S. et al. (2021), « Economists' erroneous estimates of damages from climate change », *arXiv*, vol. 2108.07847v1, https://arxiv.org/abs/2108.07847v1. [259]

Kench, P. (2012), « Compromising reef island shoreline dynamics: Legacies of the engineering paradigm in the Maldives », dans *Pitfalls of Shoreline Stabilization, Coastal Research Library*, Springer Netherlands, Dordrecht, http://dx.doi.org/10.1007/978-94-007-4123-2_11. [106]

Kew, S. et al. (2021), « Impact of precipitation and increasing temperatures on drought trends in eastern Africa », *Earth System Dynamics*, vol. 12/1, pp. 17-35, http://dx.doi.org/10.5194/esd-12-17-2021. [169]

Kharin, V. et al. (2018), « Risks from Climate Extremes Change Differently from 1.5°C to 2.0°C Depending on Rarity », *Earth's Future*, vol. 6/5, pp. 704-715, http://dx.doi.org/10.1002/2018ef000813. [165]

King, A. et al. (2016), « Emergence of heat extremes attributable to anthropogenic influences », *Geophysical Research Letters*, vol. 43/7, pp. 3438-3443, http://dx.doi.org/10.1002/2015gl067448. [186]

King, A. et al. (2015), « The timing of anthropogenic emergence in simulated climate extremes », *Environmental Research Letters*, vol. 10/9, p. 094015, http://dx.doi.org/10.1088/1748-9326/10/9/094015. [185]

King, A. et L. Harrington (2018), « The inequality of climate change from 1.5 to 2°C of global warming », *Geophysical Research Letters*, vol. 45/10, pp. 5030-5033, http://dx.doi.org/10.1029/2018gl078430. [199]

Kinzig, A. et al. (2006), « Resilience and regime shifts: Assessing cascading effects », *Ecology and Society*, vol. 11/1. [75]

Klöck, C. et P. Nunn (2019), « Adaptation to climate change in Small Island Developing States: A systematic literature review of academic research », *The Journal of Environment & Development*, vol. 28/2, pp. 196-218, http://dx.doi.org/10.1177/1070496519835895. [97]

Koks, E. (2018), « Moving flood risk modelling forwards », *Nature Climate Change*, vol. 8/7, pp. 561-562, http://dx.doi.org/10.1038/s41558-018-0185-y. [72]

Koven, C. (2013), « Boreal carbon loss due to poleward shift in low-carbon ecosystems », *Nature Geoscience*, vol. 6/6, pp. 452-456, http://dx.doi.org/10.1038/ngeo1801. [266]

Kreibich, H. et al. (2017), « Adaptation to flood risk: Results of international paired flood event studies », *Earth's Future*, vol. 5/10, pp. 953-965, http://dx.doi.org/10.1002/2017ef000606. [211]

Kriegler, E. et al. (2009), « Imprecise probability assessment of tipping points in the climate system », *Proceedings of the National Academy of Sciences*, vol. 106/13, pp. 5041-5046, http://dx.doi.org/10.1073/pnas.0809117106. [66]

Kroeker, K. et al. (2013), « Impacts of ocean acidification on marine organisms: Quantifying sensitivities and interaction with warming », *Global Change Biology*, vol. 19/6, pp. 1884-1896, http://dx.doi.org/10.1111/gcb.12179. [114]

Kron, W. (2012), « Coasts: The high-risk areas of the world », *Natural Hazards*, vol. 66/3, pp. 1363-1382, http://dx.doi.org/10.1007/s11069-012-0215-4. [89]

Kumar, L. et al. (2018), « An indicative index of physical susceptibility of small islands to coastal erosion induced by climate change: An application to the Pacific islands », *Geomatics, Natural Hazards and Risk*, vol. 9/1, pp. 691-702, http://dx.doi.org/10.1080/19475705.2018.1455749. [107]

Lawrence, J., P. Blackett et N. Cradock-Henry (2020), « Cascading climate change impacts and implications », *Climate Risk Management*, vol. 29, p. 100234, http://dx.doi.org/10.1016/j.crm.2020.100234. [78]

Leach, N. et al. (2020), « Anthropogenic Influence on the 2018 Summer Warm Spell in Europe: The Impact of Different Spatio-Temporal Scales », *Bulletin of the American Meteorological Society*, vol. 101/1, pp. S41-S46, http://dx.doi.org/10.1175/bams-d-19-0201.1. [181]

Leatherman, S. et N. Beller-Simms (1997), « Sea-level rise and Small Island States: An overview », *Journal of Coastal Research*, http://www.jstor.org/stable/25736084 (consulté le 8 juillet 2021). [86]

Lenton, T. (2011), « Early warning of climate tipping points », *Nature Climate Change*, vol. 1/4, pp. 201-209, http://dx.doi.org/10.1038/nclimate1143. [63]

Lenton, T. et J. Ciscar (2012), « Integrating tipping points into climate impact assessments », *Climatic Change*, vol. 117/3, pp. 585-597, http://dx.doi.org/10.1007/s10584-012-0572-8. [70]

Lenton, T. et al. (2008), « Tipping elements in the Earth's climate system », *Proceedings of the National Academy of Sciences*, vol. 105/6, pp. 1786-1793, http://dx.doi.org/10.1073/pnas.0705414105. [4]

Lenton, T. et al. (2019), « Climate tipping points — too risky to bet against », *Nature*, vol. 575/7784, pp. 592-595, http://dx.doi.org/10.1038/d41586-019-03595-0. [64]

Lenton, T. et H. Williams (2013), « On the origin of planetary-scale tipping points », *Trends in Ecology & Evolution*, vol. 28/7, pp. 380-382, http://dx.doi.org/10.1016/j.tree.2013.06.001. [62]

Levermann, A. et al. (2011), « Potential climatic transitions with profound impact on Europe », *Climatic Change*, vol. 110/3-4, pp. 845-878, http://dx.doi.org/10.1007/s10584-011-0126-5. [60]

Levermann, A. et al. (2005), « Dynamic sea level changes following changes in the thermohaline circulation », *Climate Dynamics*, vol. 24/4, pp. 347-354, http://dx.doi.org/10.1007/s00382-004-0505-y. [272]

Levermann, A. et al. (2009), « Basic mechanism for abrupt monsoon transitions », *Proceedings of the National Academy of Sciences*, vol. 106/49, pp. 20572-20577, http://dx.doi.org/10.1073/pnas.0901414106. [256]

Liepert, B. et A. Giannini (2015), « Global warming, the atmospheric brown cloud, and the changing Indian summer monsoon », *Bulletin of the Atomic Scientists*, vol. 71/4, pp. 23-30, http://dx.doi.org/10.1177/0096340215590802. [271]

Lincke, D. et J. Hinkel (2018), « Economically robust protection against 21st century sea-level rise », *Global Environmental Change*, vol. 51, pp. 67-73, http://dx.doi.org/10.1016/j.gloenvcha.2018.05.003. [93]

Link, P. et R. Tol (2010), « Estimation of the economic impact of temperature changes induced by a shutdown of the thermohaline circulation: An application of FUND », *Climatic Change*, vol. 104/2, pp. 287-304, http://dx.doi.org/10.1007/s10584-009-9796-7. [261]

Li, R. et al. (2021), « Anthropogenic Influences on heavy precipitation during the 2019 extremely wet rainy season in Southern China », *Bulletin of the American Meteorological Society*, vol. 102/1, pp. S103-S109, http://dx.doi.org/10.1175/bams-d-20-0135.1. [206]

Liu, W. et al. (2017), « Overlooked possibility of a collapsed Atlantic Meridional Overturning Circulation in warming climate », *Science Advances*, vol. 3/1, p. e1601666, http://dx.doi.org/10.1126/sciadv.1601666. [246]

Lloyd, E. et N. Oreskes (2018), « Climate change attribution: When is it appropriate to accept new methods? », *Earth's Future*, vol. 6/3, pp. 311-325, http://dx.doi.org/10.1002/2017ef000665. [140]

Lloyd, E. et al. (2021), « Climate scientists set the bar of proof too high », *Climatic Change*, vol. 165/3-4, http://dx.doi.org/10.1007/s10584-021-03061-9. [141]

Lontzek, T. et al. (2015), « Stochastic integrated assessment of climate tipping points indicates the need for strict climate policy », *Nature Climate Change*, vol. 5/5, pp. 441-444, http://dx.doi.org/10.1038/nclimate2570. [222]

Lovelock, C. et al. (2015), « The vulnerability of Indo-Pacific mangrove forests to sea-level rise », *Nature*, vol. 526/7574, pp. 559-563, http://dx.doi.org/10.1038/nature15538. [115]

Lowe, J. et al. (2009), « Marine and coastal projections », dans *UK Climate Projections Science Report*, Met Office Hadley Centre, Exeter, Royaume-Uni. [41]

Luijendijk, A. et al. (2018), « The state of the world's beaches », *Scientific Reports*, vol. 8/1, http://dx.doi.org/10.1038/s41598-018-24630-6. [101]

Mahlstein, I. et al. (2011), « Early onset of significant local warming in low latitude countries », *Environmental Research Letters*, vol. 6/3, p. 034009, http://dx.doi.org/10.1088/1748-9326/6/3/034009. [197]

Maraun, D. et al. (2017), « Towards process-informed bias correction of climate change simulations », *Nature Climate Change*, vol. 7/11, pp. 764-773, http://dx.doi.org/10.1038/nclimate3418. [217]

Marotzke, J. et al. (2017), « Climate research must sharpen its view », *Nature Climate Change*, vol. 7/2, pp. 89-91, http://dx.doi.org/10.1038/nclimate3206. [219]

Matthews, T. (2018), « Humid heat and climate change », *Progress in Physical Geography: Earth and Environment*, vol. 42/3, pp. 391-405, http://dx.doi.org/10.1177/0309133318776490. [201]

McLean, R. et P. Kench (2015), « Destruction or persistence of coral atoll islands in the face of 20th and 21st century sea-level rise? », *WIREs Climate Change*, vol. 6/5, pp. 445-463, http://dx.doi.org/10.1002/wcc.350. [108]

Mecking, J. et al. (2016), « Stable AMOC off state in an eddy-permitting coupled climate model », *Climate Dynamics*, vol. 47/7-8, pp. 2455-2470, http://dx.doi.org/10.1007/s00382-016-2975-0. [249]

Menéndez, M. et P. Woodworth (2010), « Changes in extreme high water levels based on a quasi-global tide-gauge data set », *Journal of Geophysical Research: Oceans*, vol. 115/C10, http://dx.doi.org/10.1029/2009jc005997. [48]

Mentaschi, L. (2018), *The Effect of Changing Spatial Resolution in Global Dynamic Wave Models*, Wiley, Hoboken, États-Unis, http://dx.doi.org/10.1002/essoar.10500014.1. [57]

Mentaschi, L. et al. (2020), « Assessment of global wave models on regular and unstructured grids using the Unresolved Obstacles Source Term », *Ocean Dynamics*, vol. 70/11, pp. 1475-1483, http://dx.doi.org/10.1007/s10236-020-01410-3. [56]

Meredith, E. et al. (2015), « Evidence for added value of convection-permitting models for studying changes in extreme precipitation », *Journal of Geophysical Research: Atmospheres*, vol. 120/24, pp. 12500-12513, http://dx.doi.org/10.1002/2015jd024238. [158]

Meredith, E. et al. (2015), « Crucial role of Black Sea warming in amplifying the 2012 Krymsk precipitation extreme », *Nature Geoscience*, vol. 8/8, pp. 615-619, http://dx.doi.org/10.1038/ngeo2483. [159]

Mezahi, M. (2021), « Algeria's desperate wildfire fight: Buckets and branches », 22 août, BBC, https://www.bbc.com/news/world-africa-58269789. [21]

Moffa-Sánchez, P. et al. (2014), « Surface changes in the eastern Labrador Sea around the onset of the Little Ice Age », *Paleoceanography*, vol. 29/3, pp. 160-175, http://dx.doi.org/10.1002/2013pa002523. [230]

Mora, C. et al. (2017), « Global risk of deadly heat », *Nature Climate Change*, vol. 7/7, pp. 501-506, http://dx.doi.org/10.1038/nclimate3322. [196]

Moreno-Chamarro, E. et al. (2016), « An abrupt weakening of the subpolar gyre as trigger of Little Ice Age-type episodes », *Climate Dynamics*, vol. 48/3-4, pp. 727-744, http://dx.doi.org/10.1007/s00382-016-3106-7. [228]

Muis, S. et al. (2020), « A high-resolution global dataset of extreme sea levels, tides, and storm surges, including future projections », *Frontiers in Marine Science*, vol. 7, http://dx.doi.org/10.3389/fmars.2020.00263. [51]

Muis, S. et al. (2016), « A global reanalysis of storm surges and extreme sea levels », *Nature Communications*, vol. 7/1, http://dx.doi.org/10.1038/ncomms11969. [52]

Nicholls, R. et al. (2013), « Sea-level scenarios for evaluating coastal impacts », *WIREs Climate Change*, vol. 5/1, pp. 129-150, http://dx.doi.org/10.1002/wcc.253. [42]

NOAA National Centers for Environmental Information (NCEI) (2021), « .S. Billion-Dollar Weather and Climate Disasters ». [126]

Noy, I. (2016), « The socio-economics of cyclones », *Nature Climate Change*, vol. 6/4, pp. 343-345, http://dx.doi.org/10.1038/nclimate2975. [176]

Noy, I. et W. duPont IV (2018), « The long-term consequences of disasters: What do we know, and what we still don't », *International Review of Environmental and Resource Economics*, vol. 12/4, pp. 325-354, http://dx.doi.org/10.1561/101.00000104. [177]

Nunn, P. et al. (2016), « Classifying Pacific islands », *Geoscience Letters*, vol. 3/1, http://dx.doi.org/10.1186/s40562-016-0041-8. [82]

Nurse, L. et al. (2014), *Small isla*, Cambridge University Press, Cambridge, United Kingdom, and New York. [50]

OCDE (2018), *Making Development Co-operation Work for Small Island Developing States*, Éditions OCDE, Paris, https://dx.doi.org/10.1787/9789264287648-en. [83]

OHRLLS (2021), *Country Profiles*, Nations Unies, le Bureau de la Haute Représentante pour les pays les moins avancés, les pays en développement sans littoral et les petits États insulaires en développement, New York, http://unohrlls.org/about-sids/country-profiles/ (consulté le 8 juillet 2021). [79]

OHRLLS (2015), *Small Island Developing States in Numbers: Climate Change*, Les Nations Unies, Bureau de la Haute Représentante pour les pays les moins avancés, les pays en développement sans littoral et les petits États insulaires en développement, New York. [81]

Oliver, E. et al. (2017), « The unprecedented 2015/16 Tasman Sea marine heatwave », *Nature Communications*, vol. 8/1, http://dx.doi.org/10.1038/ncomms16101. [143]

Oppenheimer, M. et al. (2021), « Sea level rise and implications for low-lying islands, coasts and communities », dans H.-O. Pörtner et al. (dir. pub.), *Special Report on the Ocean and Cryosphere in a Changing Climate*, Cambridge University Press, Cambridge, Royaume-Uni. [49]

Oppenheimer, M. et al. (2019), *Sea Level Rise and Implications for Low Lying Islands, Coasts and Communities*, Oxford University Press. [39]

Otto, F. (2017), « Attribution of weather and climate events », *Annual Review of Environment and Resources*, vol. 42/1, pp. 627-646, http://dx.doi.org/10.1146/annurev-environ-102016-060847. [128]

Otto, F. et al. (2015), « Attribution of extreme weather events in Africa: A preliminary exploration of the science and policy implications », *Climatic Change*, vol. 132/4, pp. 531-543, http://dx.doi.org/10.1007/s10584-015-1432-0. [215]

Otto, F. et al. (2020), « Toward an inventory of the impacts of human-induced climate change », *Bulletin of the American Meteorological Society*, vol. 101/11, pp. E1972-E1979, http://dx.doi.org/10.1175/bams-d-20-0027.1. [133]

Otto, F. et al. (2020), « Challenges to understanding extreme weather changes in lower income countries », *Bulletin of the American Meteorological Society*, vol. 101/10, pp. E1851-E1860, http://dx.doi.org/10.1175/bams-d-19-0317.1. [220]

Otto, F. et al. (2015), « Factors Other Than Climate Change, Main Drivers of 2014/15 Water Shortage in Southeast Brazil », *Bulletin of the American Meteorological Society*, vol. 96/12, pp. S35-S40, http://dx.doi.org/10.1175/bams-d-15-00120.1. [170]

Otto, F. et al. (2012), « Reconciling two approaches to attribution of the 2010 Russian heat wave », *Geophysical Research Letters*, vol. 39/4, pp. n/a-n/a, http://dx.doi.org/10.1029/2011gl050422. [130]

Otto, F. et al. (2018), « Climate change increases the probability of heavy rains in Northern England/Southern Scotland like those of storm Desmond—a real-time event attribution revisited », *Environmental Research Letters*, vol. 13/2, p. 024006, http://dx.doi.org/10.1088/1748-9326/aa9663. [145]

Otto, F. et al. (2018), « Anthropogenic influence on the drivers of the Western Cape drought 2015–2017 », *Environmental Research Letters*, vol. 13/12, p. 124010, http://dx.doi.org/10.1088/1748-9326/aae9f9. [171]

Pall, P. et al. (2011), « Anthropogenic greenhouse gas contribution to flood risk in England and Wales in autumn 2000 », *Nature*, vol. 470/7334, pp. 382-385, http://dx.doi.org/10.1038/nature09762. [209]

Pecl, G. et al. (2017), « Biodiversity redistribution under climate change: Impacts on ecosystems and human well-being », *Science*, vol. 355/6332, p. eaai9214, http://dx.doi.org/10.1126/science.aai9214. [38]

Pendergrass, A. (2018), « What precipitation is extreme? », *Science*, vol. 360/6393, pp. 1072-1073, http://dx.doi.org/10.1126/science.aat1871. [157]

Perkins-Kirkpatrick, S. et P. Gibson (2017), « Changes in regional heatwave characteristics as a function of increasing global temperature », *Scientific Reports*, vol. 7/1, http://dx.doi.org/10.1038/s41598-017-12520-2. [146]

Perkins, S. et L. Alexander (2013), « On the measurement of heat waves », *Journal of Climate*, vol. 26/13, pp. 4500-4517, http://dx.doi.org/10.1175/jcli-d-12-00383.1. [188]

Philip, S. et al. (2018), « Attribution Analysis of the Ethiopian Drought of 2015 », *Journal of Climate*, vol. 31/6, pp. 2465-2486, http://dx.doi.org/10.1175/jcli-d-17-0274.1. [168]

Philip, S. et al. (2021), « Rapid attribution analysis of the extraordinary heatwave on the Pacific Coast of the US and Canada June 2021 », World Weather Attribution, https://www.worldweatherattribution.org/wp-content/uploads/NW-US-extreme-heat-2021-scientific-report-WWA.pdf. [26]

Philip, S. et al. (2020), « A protocol for probabilistic extreme event attribution analyses », *Advances in Statistical Climatology, Meteorology and Oceanography*, vol. 6/2, pp. 177-203, http://dx.doi.org/10.5194/ascmo-6-177-2020. [134]

Piecuch, C. (2020), « Weakening of the Gulf Stream at Florida Straits over the past century inferred from coastal sea-level data », *Earth and Space Science Open7Archive*, http://dx.doi.org/10.1002/essoar.10502506.1. [243]

PNUE (2014), *GEO l'avenir de l'environnement dans les petits États insulaires en développement*, Programme des Nations Unies pour l'environnement, Nairobi. [90]

Popovich, N. et W. Choi-Schagrin (2021), « Hidden toll of the northwest heat wave: Hundreds of extra deaths », 11 août, The New York Times, https://www.nytimes.com/interactive/2021/08/11/climate/deaths-pacific-northwest-heat-wave.html. [29]

Praetorius, S. (2018), « North Atlantic circulation slows down », *Nature*, vol. 556/7700, pp. 180-181, http://dx.doi.org/10.1038/d41586-018-04086-4. [232]

Prein, A. et al. (2015), « A review on regional convection-permitting climate modeling: Demonstrations, prospects, and challenges », *Reviews of Geophysics*, vol. 53/2, pp. 323-361, http://dx.doi.org/10.1002/2014rg000475. [160]

Prein, A. et al. (2016), « The future intensification of hourly precipitation extremes », *Nature Climate Change*, vol. 7/1, pp. 48-52, http://dx.doi.org/10.1038/nclimate3168. [161]

Quigley, M. et al. (2020), « A multi-hazards earth science perspective on the COVID-19 pandemic: The potential for concurrent and cascading crises », *Environment Systems and Decisions*, vol. 40/2, pp. 199-215, http://dx.doi.org/10.1007/s10669-020-09772-1. [204]

Rahmstorf, S. et al. (2015), « Exceptional twentieth-century slowdown in Atlantic Ocean overturning circulation », *Nature Climate Change*, vol. 5/5, pp. 475-480, http://dx.doi.org/10.1038/nclimate2554. [238]

Railsback, L. (2017), « Rain, riches, and empire: The relationship between nations ruling distant lands, nations of great wealth, and regions of regular moderate atmospheric precipitation », *Weather, Climate, and Society*, vol. 9/3, pp. 455-469, http://dx.doi.org/10.1175/wcas-d-16-0143.1. [263]

Ramanathan, V. et al. (2005), « Atmospheric brown clouds: Impacts on South Asian climate and hydrological cycle », *Proceedings of the National Academy of Sciences*, vol. 102/15, pp. 5326-5333, http://dx.doi.org/10.1073/pnas.0500656102. [269]

Ranasinghe, R. (2016), « Assessing climate change impacts on open sandy coasts: A review », *Earth-Science Reviews*, vol. 160, pp. 320-332, http://dx.doi.org/10.1016/j.earscirev.2016.07.011. [102]

Ratter, B. (2018), *Geography of Small Islands*, Springer International Publishing, Cham, http://dx.doi.org/10.1007/978-3-319-63869-0. [80]

Reuters (2021), « California's giant sequoias remain safe from growing wildfire », 20 septembre, Reuters, https://www.reuters.com/business/environment/californias-giant-sequoias-remain-safe-growing-wildfire-2021-09-20/. [23]

Riahi, K. et al. (2017), « The Shared Socio-economic Pathways and their energy, land use, and greenhouse gas emissions implications: An overview », *Global Environmental Change*, vol. 42, pp. 153-168, http://dx.doi.org/10.1016/j.gloenvcha.2016.05.009. [278]

Ritchie, H. et M. Roser (2014), « Natural disasters », *Our World in Data*, https://ourworldindata.org/natural-disasters. [213]

Ritchie, P. et al. (2021), « Overshooting tipping point thresholds in a changing climate », *Nature*, vol. 592/7855, pp. 517-523, http://dx.doi.org/10.1038/s41586-021-03263-2. [67]

Robinson, S. (2020), « Climate change adaptation in SIDS : A systematic review of the literature pre and post the IPCC Fifth Assessment Report », *WIREs Climate Change*, vol. 11/4, http://dx.doi.org/10.1002/wcc.653. [87]

Rodgers, K. et al. (2021), « Ubiquity of human-induced changes in climate variability », *Earth System Dynamics Discussion [en prépublication]*, http://dx.doi.org/10.5194/esd-2021-50. [264]

Rossignol-Strick, M. (1985), « Mediterranean Quaternary sapropels, an immediate response of the African monsoon to variation of insolation », *Palaeogeography, Palaeoclimatology, Palaeoecology*, vol. 49/3-4, pp. 237-263, http://dx.doi.org/10.1016/0031-0182(85)90056-2. [257]

Ross, L. (6 août 2020), « Climate change and wildfires: Projecting future wildfire potential », Four Twenty Seven blog, http://427mt.com/2020/08/06/projecting-future-wildfire-potential/. [16]

Russo, S. et al. (2016), « When will unusual heat waves become normal in a warming Africa? », *Environmental Research Letters*, vol. 11/5, p. 054016, http://dx.doi.org/10.1088/1748-9326/11/5/054016. [191]

Russo, S., J. Sillmann et E. Fischer (2015), « Top ten European heatwaves since 1950 and their occurrence in the coming decades », *Environmental Research Letters*, vol. 10/12, p. 124003, http://dx.doi.org/10.1088/1748-9326/10/12/124003. [190]

Sasmito, S. et al. (2015), « Can mangroves keep pace with contemporary sea level rise? A global data review », *Wetlands Ecology and Management*, vol. 24/2, pp. 263-278, http://dx.doi.org/10.1007/s11273-015-9466-7. [117]

Schäfer, L. et al. (2021), *Slow-onset Processes and Resulting Loss and Damage – An introduction*, Germanwatch e.V, Bonn, Allemagne. [7]

Schaller, N. et al. (2016), « Human influence on climate in the 2014 southern England winter floods and their impacts », *Nature Climate Change*, vol. 6/6, pp. 627-634, http://dx.doi.org/10.1038/nclimate2927. [205]

Scheffer, M. et al. (2012), « Anticipating critical transitions », *Science*, vol. 338/6105, pp. 344-348, http://dx.doi.org/10.1126/science.1225244. [61]

Schiermeier, Q. (2021), « Climate change made North America's deadly heatwave 150 times more likely », *Nature*, http://dx.doi.org/10.1038/d41586-021-01869-0. [28]

Schleussner, C. et G. Feulner (2013), « Was the Little Ice Age the result of a volcanically-triggered regime shift in the North Atlantic ocean circulation? », p. 6980. [229]

Schleussner, C. et al. (2021), « Pathways of climate resilience over the 21st century », [212]
Environmental Research Letters, vol. 16/5, p. 054058, http://dx.doi.org/10.1088/1748-9326/abed79.

Schramm, P. et al. (2021), « Heat-related emergency department visits during the northwestern [30]
heat wave – United States, June 2021 », *Morbidity and Mortality Weekly Report*, n° 70, 23 July, US Centers for Disease Control and Prevention, Washington D.C., https://www.cdc.gov/mmwr/volumes/70/wr/pdfs/mm7029e1-H.pdf.

Schuerch, M. et al. (2018), « Future response of global coastal wetlands to sea-level rise », [116]
Nature, vol. 561/7722, pp. 231-234, http://dx.doi.org/10.1038/s41586-018-0476-5.

Seneviratne, S. et al. (2016), « Allowable CO_2 emissions based on regional and impact-related [150]
climate targets », *Nature*, vol. 529/7587, pp. 477-483, http://dx.doi.org/10.1038/nature16542.

Seneviratne, S. et M. Hauser (2020), « Regional Climate Sensitivity of Climate Extremes in [154]
CMIP6 Versus CMIP5 Multimodel Ensembles », *Earth's Future*, <p>e2019EF001474 2019EF001474</p>, p. e2019EF001474, https://doi.org/10.1029/2019EF001474.

Seneviratne, S. et al. (2012), « Changes in climate extremes and their impacts on the natural [6]
physical environment. », dans Field, C. et al. (dir. pub.), *Managing the Risks of Extreme Events and Disasters to Advance Climate Change Adaptation. A Special Report of Working Groups I and II of the Intergovernmental Panel on Climate Change*, Cambridge University Press, Cambridge, Royaume-Uni et New York.

Sgubin, G. et al. (2017), « Abrupt cooling over the North Atlantic in modern climate models », [226]
Nature Communications, vol. 8/1, http://dx.doi.org/10.1038/ncomms14375.

Shepherd, T. (2019), « Storyline approach to the construction of regional climate change [12]
information », *Proceedings of the Royal Society A: Mathematical, Physical and Engineering Sciences*, vol. 475/2225, p. 20190013, http://dx.doi.org/10.1098/rspa.2019.0013.

Shepherd, T. et al. (2018), « Storylines: an alternative approach to representing uncertainty in [136]
physical aspects of climate change », *Climatic Change*, vol. 151/3-4, pp. 555-571, http://dx.doi.org/10.1007/s10584-018-2317-9.

Shepherd, T. et A. Sobel (2020), « Localness in climate change », *Comparative Studies of South* [218]
Asia, Africa and the Middle East, vol. 40/1, pp. 7-16, http://dx.doi.org/10.1215/1089201x-8185983.

Sillmann, J. et al. (2013), « Climate extremes indices in the CMIP5 multimodel ensemble: Part 2. [184]
Future climate projections », *Journal of Geophysical Research: Atmospheres*, vol. 118/6, pp. 2473-2493, http://dx.doi.org/10.1002/jgrd.50188.

Smith, A. et R. Katz (2013), « US billion-dollar weather and climate disasters: Data sources, [124]
trends, accuracy and biases », *Natural Hazards*, vol. 67/2, pp. 387-410, http://dx.doi.org/10.1007/s11069-013-0566-5.

Smith, A. et J. Matthews (2015), « Quantifying uncertainty and variable sensitivity within the US [125]
billion-dollar weather and climate disaster cost estimates », *Natural Hazards*, vol. 77/3, pp. 1829-1851, http://dx.doi.org/10.1007/s11069-015-1678-x.

Spalding, M. et al. (2017), « Mapping the global value and distribution of coral reef tourism », [110]
Marine Policy, vol. 82, pp. 104-113, http://dx.doi.org/10.1016/j.marpol.2017.05.014.

Spinoni, J. et al. (2013), « World drought frequency, duration, and severity for 1951-2010 », *International Journal of Climatology*, vol. 34/8, pp. 2792-2804, http://dx.doi.org/10.1002/joc.3875. [281]

Stammer, D. et al. (2019), « Framework for High-End Estimates of Sea Level Rise for Stakeholder Applications », *Earth's Future*, vol. 7/8, pp. 923-938, http://dx.doi.org/10.1029/2019ef001163. [45]

Standard & Poor's Ratings Service (2015), *The Heat Is On: How Climate Change Can Impact Sovereign Ratings*, https://www.agefi.com/uploads/media/S_P_The_Heat_Is_On_How_Climate_Change_Can_Impact_Sovereign_Ratings_25-11-2015.pdf. [32]

Steffen, W. et al. (2018), « Trajectories of the Earth system in the Anthropocene », *Proceedings of the National Academy of Sciences*, vol. 115/33, pp. 8252-8259, http://dx.doi.org/10.1073/pnas.1810141115. [224]

Stommel, H. (1961), « Thermohaline convection with two stable regimes of flow », *Tellus*, vol. 13/2, pp. 224-230, http://dx.doi.org/10.1111/j.2153-3490.1961.tb00079.x. [234]

Storlazzi, C. et al. (2018), « Most atolls will be uninhabitable by the mid-21st century because of sea-level rise exacerbating wave-driven flooding », *Science Advances*, vol. 4/4, p. eaap9741, http://dx.doi.org/10.1126/sciadv.aap9741. [122]

Stott, P. et al. (2015), « Attribution of extreme weather and climate-related events », *WIREs Climate Change*, vol. 7/1, pp. 23-41, http://dx.doi.org/10.1002/wcc.380. [127]

Stott, P., D. Stone et M. Allen (2004), « Human contribution to the European heatwave of 2003 », *Nature*, vol. 432/7017, pp. 610-614, http://dx.doi.org/10.1038/nature03089. [131]

Sutton, R. (2019), « Climate science needs to take risk assessment much more seriously », *Bulletin of the American Meteorological Society*, vol. 100/9, pp. 1637-1642, http://dx.doi.org/10.1175/bams-d-18-0280.1. [13]

Swingedouw, D. et al. (2021), « On the risk of abrupt changes in the North Atlantic subpolar gyre in CMIP6 models », *Annals of the New York Academy of Sciences*, http://dx.doi.org/10.1111/nyas.14659. [247]

Swingedouw, D. et al. (2009), « Impact of freshwater release in the North Atlantic under different climate conditions in an OAGCM », *Journal of Climate*, vol. 22/23, pp. 6377-6403, http://dx.doi.org/10.1175/2009jcli3028.1. [280]

Swiss Re Institute (2021), *Natural catastrophes in 2020: secondary perils in the spotlight, but don't forget primary-peril risks*, https://www.swissre.com/institute/research/sigma-research/sigma-2021-01.html. [279]

Tol, R. (2009), « The economic effects of climate change », *Journal of Economic Perspectives*, vol. 23/2, pp. 29-51, http://dx.doi.org/10.1257/jep.23.2.29. [260]

Tschumi, E. et J. Zscheischler (2019), « Countrywide climate features during recorded climate-related disasters », *Climatic Change*, vol. 158/3-4, pp. 593-609, http://dx.doi.org/10.1007/s10584-019-02556-w. [178]

Uhe, P. et al. (2017), « Attributing drivers of the 2016 Kenyan drought », *International Journal of Climatology*, vol. 38, pp. e554-e568, http://dx.doi.org/10.1002/joc.5389. [167]

UK Met Office (2014), « Winter storms, January to February 2014 », (fact sheet), UK Met Office, https://www.metoffice.gov.uk/binaries/content/assets/metofficegovuk/pdf/weather/learn-about/uk-past-events/interesting/2014/winter-storms-january-to-february-2014---met-office.pdf. [207]

UNDRR (2015), *Cadre de Sendai pour la réduction des risques de catastrophe (2015-2030)*, Bureau des Nations Unies pour la prévention des catastrophes, Genève. [77]

van der Geest, K. et R. van den Berg (2021), « Slow-onset events: A review of the evidence from the IPCC Special Reports on Land, Oceans and Cryosphere », *Current Opinion in Environmental Sustainability*, vol. 50, pp. 109-120, http://dx.doi.org/10.1016/j.cosust.2021.03.008. [36]

van Hooidonk, R. et al. (2016), « Local-scale projections of coral reef futures and implications of the Paris Agreement », *Scientific Reports*, vol. 6/1, http://dx.doi.org/10.1038/srep39666. [113]

van Oldenborgh, G. et al. (2021), « Pathways and pitfalls in extreme event attribution », *Climatic Change*, vol. 166/1-2, http://dx.doi.org/10.1007/s10584-021-03071-7. [135]

Vanos, J. et al. (2020), « Simplicity lacks robustness when projecting heat-health outcomes in a changing climate », *Nature Communications*, vol. 11/1, http://dx.doi.org/10.1038/s41467-020-19994-1. [202]

Vautard, R. et al. (2020), « Human contribution to the record-breaking June and July 2019 heatwaves in Western Europe », *Environmental Research Letters*, vol. 15/9, p. 094077, http://dx.doi.org/10.1088/1748-9326/aba3d4. [153]

Vautard, R. et al. (2016), « Attribution of human-induced dynamical and thermodynamical contributions in extreme weather events », *Environmental Research Letters*, vol. 11/11, p. 114009, http://dx.doi.org/10.1088/1748-9326/11/11/114009. [129]

Vellinga, M. et R. Wood (2007), « Impacts of thermohaline circulation shutdown in the twenty-first century », *Climatic Change*, vol. 91/1-2, pp. 43-63, http://dx.doi.org/10.1007/s10584-006-9146-y. [273]

Vellinga, M. et R. Wood (2002), « Global climatic impacts of a collapse of the Atlantic Thermohaline Circulation », *Climatic Change*, vol. 54/3, pp. 251-267, http://dx.doi.org/10.1023/a:1016168827653. [277]

Visser, H., A. Petersen et W. Ligtvoet (2014), « On the relation between weather-related disaster impacts, vulnerability and climate change », *Climatic Change*, vol. 125/3-4, pp. 461-477, http://dx.doi.org/10.1007/s10584-014-1179-z. [175]

Vogel, M. et al. (2017), « Regional amplification of projected changes in extreme temperatures strongly controlled by soil moisture-temperature feedbacks », *Geophysical Research Letters*, vol. 44/3, pp. 1511-1519, http://dx.doi.org/10.1002/2016gl071235. [151]

Vogel, M., J. Zscheischler et S. Seneviratne (2018), « Varying soil moisture–atmosphere feedbacks explain divergent temperature extremes and precipitation projections in central Europe », *Earth System Dynamics*, vol. 9/3, pp. 1107-1125, http://dx.doi.org/10.5194/esd-9-1107-2018. [152]

Vousdoukas, M. et al. (2020), « Economic motivation for raising coastal flood defenses in Europe », *Nature Communications*, vol. 11/1, http://dx.doi.org/10.1038/s41467-020-15665-3. [274]

Vousdoukas, M. et al. (2017), « Extreme sea levels on the rise along Europe's coasts », *Earth's Future*, vol. 5/3, pp. 304-323, http://dx.doi.org/10.1002/2016ef000505. [53]

Vousdoukas, M. et al. (2020), « Sandy coastlines under threat of erosion », *Nature Climate Change*, vol. 10/3, pp. 260-263, http://dx.doi.org/10.1038/s41558-020-0697-0. [103]

Wahl, T. et al. (2017), « Understanding extreme sea levels for broad-scale coastal impact and adaptation analysis », *Nature Communications*, vol. 8/1, http://dx.doi.org/10.1038/ncomms16075. [46]

Westra, S. et al. (2014), « Future changes to the intensity and frequency of short-duration extreme rainfall », *Reviews of Geophysics*, vol. 52/3, pp. 522-555, http://dx.doi.org/10.1002/2014rg000464. [163]

Whitty, C. et F. Watt (2020), « Map clusters of diseases to tackle multimorbidity », *Nature*, vol. 579/7800, pp. 494-496, http://dx.doi.org/10.1038/d41586-020-00837-4. [203]

Williams, K. et al. (2015), « The Met Office Global Coupled model 2.0 (GC2) configuration », *Geoscientific Model Development*, vol. 8/5, pp. 1509-1524, http://dx.doi.org/10.5194/gmd-8-1509-2015. [275]

Williamson, M. et al. (2017), « Effect of AMOC collapse on ENSO in a high resolution general circulation model », *Climate Dynamics*, vol. 50/7-8, pp. 2537-2552, http://dx.doi.org/10.1007/s00382-017-3756-0. [254]

Witze, A. (2018), « Why extreme rains are gaining strength as the climate warms », *Nature*, vol. 563/7732, pp. 458-460, http://dx.doi.org/10.1038/d41586-018-07447-1. [25]

Wong, P. et al. (2014), « Coastal systems and low-lying areas », dans Field, C. et al. (dir. pub.), *Climate Change 2014 : Impacts, Adaptation, and Vulnerability. Part A : Global and Sectoral Aspects. Contribution of Working Group II to the Fifth Assessment Report of the Intergovernmental Panel of Climate Change*, Cambridge University Press, Cambridge, Royaume Uni et New York. [94]

Woodroffe, C. (2008), « Reef-island topography and the vulnerability of atolls to sea-level rise », *Global and Planetary Change*, vol. 62/1-2, pp. 77-96, http://dx.doi.org/10.1016/j.gloplacha.2007.11.001. [47]

Wunderling, N. et al. (2021), « Interacting tipping elements increase risk of climate domino effects under global warming », *Earth System Dynamics*, vol. 12/2, pp. 601-619, http://dx.doi.org/10.5194/esd-12-601-2021. [69]

Xu, C. et al. (2020), « Future of the human climate niche », *Proceedings of the National Academy of Sciences*, vol. 117/21, pp. 11350-11355, http://dx.doi.org/10.1073/pnas.1910114117. [251]

Yin, J., M. Schlesinger et R. Stouffer (2009), « Model projections of rapid sea-level rise on the northeast coast of the United States », *Nature Geoscience*, vol. 2/4, pp. 262-266, http://dx.doi.org/10.1038/ngeo462. [227]

Zhu, C. et Z. Liu (2020), « Weakening Atlantic overturning circulation causes South Atlantic salinity pile-up », *Nature Climate Change*, vol. 10/11, pp. 998-1003, http://dx.doi.org/10.1038/s41558-020-0897-7. [242]

Zickfeld, K. (2005), « Is the Indian summer monsoon stable against global change? », *Geophysical Research Letters*, vol. 32/15, http://dx.doi.org/10.1029/2005gl022771. [268]

Annex 3.A. Effets en cascade du franchissement d'un point de basculement climatique : arrêt de la circulation méridienne océanique de retournement de l'Atlantique (AMOC) – méthodologie

Le modèle utilisé pour l'étude de la circulation méridienne océanique de retournement de l'Atlantique (AMOC) est HadGEM3, version la plus récente du modèle climatique de pointe du Service météorologique du Royaume-Uni (Met Office). Le modèle et ses résultats ont déjà été décrits en détail ailleurs (Williams et al., 2015[275]), mais succinctement, il s'agit de la configuration Global Coupled 2.0 (GC2) du modèle HadGEM3 (Hewitt et al., 2011[276]) composée de modèles couplés de l'atmosphère, de l'océan, de la glace de mer et de la surface terrestre.

Des précisions sur la conception expérimentale et les passages du modèle analysés ici ont également été fournies par le passé (Jackson et al., 2015[248] ; Mecking et al., 2016[249] ; Williamson et al., 2017[254]). Deux passages du modèle sont comparés afin d'isoler les effets d'un effondrement de l'AMOC : un passage de contrôle en conditions stables (dans lequel l'AMOC est dans son mode habituel « marche ») et un passage en conditions stables où l'AMOC est en mode « arrêt ». L'effondrement de l'AMOC est simulé selon la méthodologie de Vellinga et Wood (2002[277]). Il s'agit en l'occurrence de perturber la salinité dans les couches supérieures de l'Atlantique Nord, de manière à inhiber la convection profonde, ce qui a pour effet d'interrompre rapidement l'AMOC (absence de la branche descendante de l'AMOC, c'est-à-dire l'AMOC en mode « arrêt »).

Cette « méthode » d'arrêt de l'AMOC n'est pas réaliste. En fait, dans les projections du réchauffement climatique, la cause la plus probable d'un effondrement de l'AMOC est l'augmentation progressive des apports d'eau douce provenant du ruissellement dans l'Arctique et de la fonte de l'inlandsis du Groenland. Cette méthode est néanmoins utile pour étudier les impacts d'un effondrement de l'AMOC.

Les perturbations de la salinité sont appliquées aux 536 mètres supérieurs de l'océan Atlantique et de l'océan Arctique au nord du 20e parallèle nord, chaque année en décembre, pendant les dix premières années seulement. Chaque perturbation de la salinité équivaut à ajouter de l'eau douce en continu au rythme de 1 Sv (1 Sv=10^6 m^3/s) pendant dix ans (soit un total de 10 Sv-ans). Pour donner une idée de l'ampleur de cette perturbation annuelle, un flux d'eau douce de 1 Sv provenant de l'inlandsis du Groenland ferait fondre celui-ci entièrement en neuf ans. Le passage AMOC en mode « arrêt » est intégré pour un total de 450 ans à partir du début des perturbations de la salinité. Aucun forçage externe n'est appliqué au modèle, hormis les cycles diurnes et annuels des flux radiatifs, et les concentrations atmosphériques de CO_2 sont fixées aux niveaux de 1978.

À mesure que les perturbations sont appliquées, l'AMOC s'effondre à partir de sa valeur stable d'environ 15 Sv (fonction de courant maximum à 26.5° N) dans le passage de contrôle et reste très faible pendant toute la période de simulation du modèle (450 ans). En conséquence, le transport de chaleur méridien dans l'océan Atlantique à 30° N est réduit de moitié, passant d'environ 1 à environ 0.5 PW, et la température de l'air en surface (TAS) diminue d'environ 4 °C dans l'Atlantique Nord (Jackson et al., 2015[248]). La simulation AMOC en mode « arrêt » est à peu près stationnaire 60 ans après la fin des perturbations de la salinité. Cependant, le maximum de la fonction de courant de l'AMOC à 26.5° N présente une tendance ascendante très lente, atteignant environ 5 Sv à la fin des 450 ans. Plus au nord, cependant, il n'existe aucun signe de rétablissement de l'AMOC (Mecking et al., 2016[249]).

Dans un premier temps, les impacts climatiques d'un effondrement de l'AMOC seul, sans le réchauffement climatique supplémentaire le plus susceptible d'accompagner un effondrement de l'AMOC dans tout scénario futur réaliste, sont isolés. Pour analyser les impacts isolés d'un effondrement de l'AMOC, on prend la différence des moyennes sur 30 ans du passage de contrôle et du passage AMOC en mode « arrêt » une fois la simulation à peu près stationnaire. Suivant une approche analogue à celle utilisée par Vellinga et Wood (2007[273]), l'analyse est étendue pour inclure les impacts d'un effondrement de l'AMOC en présence d'un état climatique futur plus réaliste. Ce faisant, elle tient compte des effets supplémentaires du réchauffement climatique en appliquant le scénario futur SSP1-2.6 du modèle HadGEM3-GC31-MM (Williams et al., 2015[275]). Le modèle utilise la configuration Global Coupled 3.1 (GC31) du modèle HadGEM3 et présente les mêmes résolutions atmosphériques et océaniques que celles utilisées dans les expériences examinant l'impact de l'apport d'eau douce sur l'AMOC. Le scénario de forçage SSP1-2.6 fait référence à la trajectoire socio-économique partagée SSP1 et à la trajectoire de concentration régionale RCP2.6 – trajectoire à émissions faibles et à durabilité élevée (Riahi et al., 2017[278]).

Pour le scénario SSP1-2.6, le modèle HadGEM3-GC31-MM parvient à un réchauffement climatique moyen de 2.5 °C par rapport aux niveaux préindustriels d'ici la fin du siècle (2071-2100). On superpose ce réchauffement aux impacts d'un effondrement de l'AMOC, de manière à déterminer l'impact global dans l'éventualité où l'AMOC s'effondrerait à la suite d'un réchauffement planétaire de 2.5 °C par rapport au climat actuel. Comme indiqué dans la section précédente, ce scénario est considéré comme plausible, sa probabilité étant significative même s'il apparaît « improbable » (0-33 %) au sens où l'entend le GIEC.

Notes

[1] Les sécheresses, qui peuvent durer entre plusieurs mois et plusieurs années, constituent à cet égard une exception (Spinoni et al., 2013[281]). Bien qu'elles puissent être de longue durée, les sécheresses sont classées parmi les phénomènes météorologiques extrêmes (par opposition aux phénomènes qui se manifestent lentement) dans ce chapitre.

[2] Les données relatives aux pertes économiques comprennent « toutes les pertes financières directement imputables à un phénomène majeur », y compris les dommages sur des bâtiments, des infrastructures, des véhicules à moteur et d'autres actifs physiques, ainsi que « les interruptions d'exploitation directement imputables aux dommages matériels ») (Swiss Re Institute, 2021[279]). Les données englobent tout phénomène ayant entraîné des pertes assurées de plus de 52.7 millions USD, des pertes économiques de plus de 105.4 millions USD, 20 décès ou plus, 50 blessés ou plus ou 2 000 personnes sans abri ou plus. Les phénomènes météorologiques extrêmes désignent les phénomènes que Swiss Re classe dans les catégories principales suivantes : (i) froid, gel ; (ii) sécheresses, feux de brousse, canicules ; (iii) inondations ; (iv) grêle ; ou (v) tempêtes.

[3] Les autorités publiques et le secteur de l'assurance ayant amélioré la saisie des données post-catastrophe au fil du temps, la déclaration des pertes économiques a sans doute aussi gagné en exhaustivité. Par conséquent, il est permis de penser qu'une partie de l'augmentation dans le temps des pertes économiques dues aux catastrophes résulte d'une amélioration de la saisie des données.

[4] Le réchauffement entre 1850-1900 et 2011-20 a été estimé à 1.09 °C, avec une fourchette probable de 0.95 à 1.20 °C (GIEC, 2021[14]).

[5] La liste des territoires appartenant à cette catégorie diffère selon les publications.

[6] Si l'on considère les chiffres agrégés au niveau mondial, pour une période de retour de 10 ans, la probabilité de canicules est multipliée par 9.4, tandis que les probabilités de fortes précipitations et de sécheresses sont multipliées par 2.7 et 4.1 (GIEC, 2021[14]). Il a toutefois été démontré que pour certains phénomènes individuels, tels que la chaleur qui a sévi sur une période prolongée en Sibérie en 2020, l'augmentation de la probabilité est supérieure de plusieurs ordres de grandeur à celle d'un climat affranchi de l'influence humaine (Ciavarella et al., 2021[283]).

[7] L'ampleur des changements de température dépend des modèles, mais tous s'accordent à dire que l'hémisphère Nord connaîtrait un refroidissement généralisé (Vellinga et Wood, 2002[277] ; Jacob et al., 2005[282] ; Vellinga et Wood, 2007[273] ; Swingedouw et al., 2009[280] ; Drijfhout, 2015[65]).

[8] Une réserve s'impose : il n'y a pas de végétation dynamique dans le modèle – autrement dit, il n'y a pas d'interaction entre la végétation et l'atmosphère. Pour cette raison, on ne peut pas voir si la végétation est modifiée par le changement des précipitations. On peut toutefois supposer que la forêt est stable dans les conditions observées lors du passage AMOC en mode « marche », puis effectuer une comparaison avec les conditions du mode « arrêt de l'AMOC ».

4 Le rôle des politiques publiques, de la gouvernance et des institutions dans la réduction et la gestion des pertes et des dommages

Ce chapitre examine le rôle des politiques publiques, de la gouvernance et des institutions dans la réduction et la gestion des risques actuels et futurs de pertes et de dommages induits par le changement climatique. Il s'intéresse dans un premier temps aux approches de la prise de décision dans un contexte d'incertitude. Il traite ensuite des composantes du risque climatique (aléas, exposition et vulnérabilité), puis du rôle des institutions, de la gouvernance et des normes. Pour finir, le chapitre examine les implications de l'élévation du niveau de la mer sur les priorités d'action et les processus décisionnels dans les petits États insulaires en développement (PEID).

En bref

Les politiques publiques, la gouvernance et les institutions peuvent aider à gérer les risques de pertes et de dommages, ainsi que les facteurs sous-jacents, dans un contexte d'incertitude.

La variabilité et le changement climatiques modifient radicalement les conditions de survie des êtres humains et des écosystèmes, une tendance qui est appelée à s'accentuer à l'avenir. Ces bouleversements s'ajoutent aux changements qui ont lieu sur les plans démographique, économique, technologique, politique et social. À quelque niveau que ce soit, les décideurs publics doivent déterminer quels risques ils doivent gérer, de quelle manière, dans quelle mesure et à quel moment.

De nombreux types d'incertitudes différents nuisent à la compréhension des composantes du risque climatique futur, à savoir les aléas, l'exposition et la vulnérabilité. Il arrive que l'on ne puisse pas prédire la probabilité de l'éventail des résultats possibles, ni même établir l'éventail de ces résultats. Ce degré d'incertitude oblige à modifier la procédure décisionnelle. Les approches traditionnelles consistant à « prédire puis agir » doivent céder le pas à des modèles décisionnels dans lesquels les choix de politique et d'investissement résistent mieux aux différents futurs possibles. La science doit être complétée par la compréhension et la prise en compte des différents contextes socioéconomiques intervenant dans les décisions. Ce processus nécessite des partenariats efficaces qui facilitent la collaboration entre les pouvoirs publics et la communauté scientifique et qui intègrent différents types de connaissances, y compris locales et traditionnelles. Enfin, ces partenariats doivent être perçus comme légitimes par les parties prenantes concernées.

Au fur et à mesure que le réchauffement climatique se poursuivra, les aléas qui y sont associés gagneront en fréquence et en intensité. Les méthodes utilisées pour réduire et gérer les risques climatiques doivent se focaliser sur leurs trois composantes énoncées par le Groupe d'experts intergouvernemental sur l'évolution du climat (GIEC) –, à savoir les aléas, l'exposition et la vulnérabilité –, ainsi que sur les facteurs qui y contribuent et leurs interactions.

- ***Aléas :*** Limiter la gravité des aléas climatiques nécessite des réductions rapides et radicales des émissions de gaz à effet de serre (GES), ainsi que la protection et le renforcement des puits de carbone naturels. Il est impératif que les émissions cumulées de dioxyde de carbone soient plafonnées à un niveau cohérent avec les efforts de limitation du réchauffement à 1.5 °C. Les moyens mis en œuvre pour atteindre ces objectifs difficiles auront des répercussions très importantes sur les résultats en matière de développement durable et de bien-être, ainsi que sur les deux autres composantes du risque climatique (l'exposition et la vulnérabilité).
- ***Exposition*** : L'exposition est une donnée dynamique qui dépend du contexte historique, géographique, économique, social et institutionnel, ainsi que des choix individuels. Elle subit également l'influence du changement climatique à mesure que la localisation, la fréquence et l'intensité des aléas évoluent. Les mesures employées pour réduire l'exposition sont notamment les réglementations (par exemple concernant l'utilisation des terres) et les normes, la tarification (comme les assurances) et les systèmes d'alerte précoce. Si l'exposition directe des populations à certains dangers climatiques est susceptible de diminuer avec le développement économique, les pertes et les dommages subis par les personnes et les biens risquent d'augmenter. Le

développement dans les régions à haut risque et une urbanisation mal maîtrisée peuvent accroître sensiblement l'exposition.

- ***Vulnérabilité*** : La vulnérabilité des moyens de subsistance, des êtres humains et des biens est une question complexe. Elle dépend des actifs, capacités, institutions (comme les marchés ou le système politique et judiciaire), politiques publiques et pratiques qui, au niveau des individus, des ménages, des communautés et des sociétés, déterminent la façon dont les citoyens et les organisations peuvent se préparer et faire face aux aléas climatiques. De surcroît, les pratiques, les infrastructures et les écosystèmes risquent de ne plus offrir à l'avenir la même résilience face aux aléas qu'autrefois, tandis que le changement climatique suscitera pour sa part de nouveaux aléas. À l'échelle des individus ou des ménages, les capacités particulièrement importantes sont les suivantes : i) économiques (diversité des revenus, épargne, accès à la protection sociale et à l'assurance) ; ii) institutionnelles (accès et sensibilisation aux ressources pouvant éclairer et faciliter les initiatives d'anticipation et de protection) ; et iii) politiques (accès et participation active aux processus décisionnels).

Les institutions en place vont orienter les efforts de réduction et de gestion des risques. Les structures correspondantes représentent le cadre politique de la prise des décisions. Elles peuvent mettre en avant certains intérêts ou au contraire en atténuer l'influence. Elles jouent aussi un rôle dans la façon dont les risques sont perçus, évalués, hiérarchisés et gérés. Cela étant, les structures institutionnelles peuvent aussi s'adapter aux fluctuations du processus politique. Par conséquent, les approches du risque climatique ont inévitablement un caractère politique, de même qu'elles reflètent les valeurs et les intérêts variés des parties prenantes.

La gestion des risques cible les processus et les institutions qui interviennent lorsque les décisions sont prises dans un contexte d'incertitude. Elle peut avoir lieu selon une démarche adaptative ou itérative, avec des mécanismes permettant un suivi, une évaluation et un apprentissage permanents. Une autre approche possible consiste à s'appuyer sur l'expérience croissante qu'ont les pays de l'amélioration de la cohérence entre les communautés travaillant à la réduction des risques liés au climat ou aux catastrophes.

Les normes jouent un rôle important car elles déterminent la nature et l'ampleur des actions à mener au regard des trois composantes du risque climatique. Certains types d'actions climatiques peuvent être engagés relativement rapidement, par exemple dans le cas d'un phénomène particulier ou d'événements répétés provoquant de vastes pertes et dommages. D'autres, en revanche, peuvent être retardés ou empêchés par l'inertie des institutions, le système de valeurs et les groupes d'intérêts.

Ceux que l'on appelle les « entrepreneurs de normes » peuvent contribuer à la diffusion de nouvelles normes en répertoriant et en faisant connaître les effets des différents choix. Les jeunes jouent un rôle vital en attirant l'attention du grand public sur la question du changement climatique. Ils font pression sur les administrations publiques pour qu'elles agissent, tout en mettant en lumière les conséquences des modes de vie et de consommation des individus.

L'élévation du niveau de la mer est l'un des dangers climatiques qui menacent les petits États insulaires en développement (PEID). Les mesures qui peuvent être prises pour y faire face sont de quatre types, avec chaque fois des avantages et des inconvénients :

- ***Protéger*** - Réduire les pertes et les dommages en mettant en place des ouvrages d'ingénierie ou des solutions inspirées de la nature.
- ***Prendre de l'avance*** - Prévenir la propagation des événements survenant sur les côtes vers l'intérieur des terres en construisant de nouvelles protections au large et en hauteur.

- ***S'adapter*** - Réduire la vulnérabilité des populations, des moyens de subsistance et des constructions.
- ***Se retirer*** - Réduire l'exposition ou y mettre fin en déplaçant les populations, les infrastructures et les activités humaines loin des zones à risque.

Les mesures prises par les pouvoirs publics dans les PEID pour faire face à la montée des eaux vont dépendre de la situation socioéconomique et peuvent aller au-delà de ce qui vient d'être énoncé (par exemple l'utilisation de systèmes d'alerte précoce, de plans d'urgence et de mécanismes d'intervention). Cependant, compte tenu de la grande incertitude qui règne concernant l'élévation future du niveau de la mer, les PEID sont obligés de mettre en œuvre des dispositifs flexibles pouvant être adaptés au fil du temps. Ils doivent donc déterminer quelles décisions à long terme peuvent être reportées jusqu'à ce que le niveau d'incertitude diminue. Celles qui ne peuvent pas l'être (par exemple les investissements relatifs à l'infrastructure essentielle) doivent prendre en compte les effets de l'augmentation du niveau de la mer. Les choix qui seront effectués dépendront des préférences des parties prenantes au regard des incertitudes. De nombreuses solutions techniques sont disponibles pour faire face à une montée des eaux même forte. Leur mise en place à grande échelle serait cependant coûteuse et modifierait complètement les paysages côtiers. Elle aurait également pour effet de menacer la grande diversité et le riche patrimoine culturels des PEID. La priorité doit donc être de fournir une aide internationale à ces pays, que ce soit sous forme de moyens de financement, de technologie ou de capacités. Une autre action à entreprendre de toute urgence est de procéder à des réductions rapides et radicales des émissions de GES pour limiter l'ampleur des dangers.

4.1. Introduction

Les phénomènes climatiques extrêmes et les changements à évolution lente ont déjà des impacts dramatiques et de grande ampleur sur la vie des individus et leurs moyens de subsistance. Cela est particulièrement vrai lorsque ces changements ont lieu en même temps que d'autres perturbations plus générales (sociales, économiques et politiques). Pour citer un exemple, l'Afrique de l'Est, qui a dû faire face en 2020 à la pandémie de COVID-19 et à la crise qui s'en est suivie, a également dû gérer des inondations dignes de l'une des saisons des pluies les plus fortes depuis 40 ans. Outre le déplacement de centaines de milliers de personnes, les inondations ont provoqué la perte de 70 000 hectares de cultures et de 96 000 têtes de bétail. Parallèlement, la région a connu la pire invasion de sauterelles depuis 25 ans (Kassegn et Endris, 2021[1]). Ces catastrophes concomitantes ont encore aggravé l'insécurité alimentaire qui régnait partout dans la région, menaçant les avancées obtenues en termes de développement. Les Philippines ont elles aussi connu simultanément plusieurs catastrophes en 2020. Ainsi, 22 cyclones y ont été recensés pendant la pandémie de COVID-19, dont Goni, le plus violent jamais enregistré sur les côtes dans cette région. Ces cyclones ont provoqué des dégâts considérables et laissé des milliers de personnes sans abri (Rocha et al., 2021[2]). Au fur et à mesure que le réchauffement climatique va se poursuivre, les aléas qui y sont associés vont gagner en fréquence et en intensité (GIEC, 2021[3]).

À quelque niveau que ce soit, les décideurs publics se trouvent confrontés à la variabilité climatique, qui vient perturber les niveaux actuels et futurs (d'après les projections) du changement climatique. Ils doivent donc déterminer quels risques gérer, de quelle manière, dans quelle mesure et à quel moment. À l'échelle d'un ménage ou d'une communauté, l'adaptation aux aléas météorologiques et climatiques peut supposer des ajustements – ou des modifications – des moyens de subsistance utilisés. Cela peut se traduire par des changements de cultures ou par l'abandon de l'agriculture au profit d'autres activités rémunératrices, ou encore par une émigration – à l'échelle nationale ou internationale – en quête de nouvelles opportunités, voire par des déplacements de population (GIEC, 2014[4]). À l'échelle d'un pays, les dommages causés par les aléas météorologiques et climatiques peuvent réduire à néant les avancées obtenues en termes de développement. Un tel renversement de situation peut accroître les inégalités de revenus ainsi que la vulnérabilité des groupes de population déjà marginalisés (Banque mondiale, 2021[5]). De plus, les aléas ayant un impact direct sur un pays, un groupe de population ou un secteur peuvent ensuite se propager à d'autres pans de la société. Il arrive aussi que les aléas s'étendent au-delà des frontières locales, régionales ou nationales, comme cela est indiqué dans l'Encadré 4.1.

Le présent chapitre s'intéresse aux approches pouvant être utilisées pour réduire et gérer les risques de pertes et de dommages induits par le changement climatique, en se focalisant sur le rôle des politiques publiques, de la gouvernance et des institutions. Le rôle de la finance et de la technologie est abordé respectivement dans les chapitres 5 et 6. La suite de ce chapitre est structurée en quatre sections. La section 4.2 s'intéresse aux approches de la prise de décision dans un contexte d'incertitude. La section 4.3 décrit les méthodes permettant de gérer les composantes du risque climatique (aléas, exposition et vulnérabilité). La section 4.4 examine le rôle des institutions, de la gouvernance et des normes. Enfin, la section 4.5 analyse les conséquences de l'élévation du niveau de la mer sur les priorités d'action et les processus décisionnels dans les petits États insulaires en développement (PEID).

4.2. La prise de décision dans un contexte d'incertitude

Le chapitre 3 a présenté les impacts du changement climatique, graves aujourd'hui et potentiellement catastrophiques à l'avenir. Ces impacts deviennent très probables si les actions engagées pour réduire et gérer les risques ne sont pas en adéquation avec l'objectif énoncé dans l'Accord de Paris de limiter le réchauffement à 1.5 °C. Après 10 000 ans de relative stabilité du climat, la Terre s'achemine vers une modification rapide de son régime climatique (GIEC, 2021[3] ; Marshall et Plumb, 2008[6]).

Encadré 4.1. L'interconnexion mondiale des risques climatiques

Le caractère systémique et transfrontière d'un grand nombre des risques climatiques se reflète dans les perturbations qu'ils provoquent au regard de la production agricole et de la sécurité alimentaire. Les systèmes alimentaires d'aujourd'hui sont à la fois dynamiques et complexes. Ils se composent de secteurs formels et informels se répartissant sur les chaînes de valeur des produits, y compris à l'échelle mondiale. Entre 2008 et 2018, les catastrophes hydrologiques, météorologiques et géologiques[1] ayant frappé le secteur agricole[2] des pays les moins avancés (PMA) et des pays à revenu intermédiaire de la tranche inférieure (PRITI) se sont chiffrées au total à 108 milliards USD sous forme de perte ou de réduction de la production de l'agriculture et de l'élevage. En intégrant toutes les tranches de revenus, on obtient la somme de 280 milliards USD ou 4 % de la production potentielle de l'agriculture et de l'élevage (FAO, 2021[7]). Compte tenu de la forte dépendance d'un grand nombre de pays en développement à l'égard des revenus agricoles, ces événements peuvent entraîner un profond bouleversement des moyens de subsistance et de la sécurité alimentaire (FAO, 2021[7] ; Naqvi, Gaupp et Hochrainer-Stigler, 2020[8]).

Les perturbations de la production peuvent aussi se répercuter sur les marchés, surtout lorsqu'elles frappent une ou plusieurs régions agricoles très fertiles, connues comme des « greniers à céréales » (UNDRR, 2019[9]). Environ 60 % de la production mondiale de céréales a lieu dans quelques régions des cinq « greniers » suivants : la République populaire de Chine (ci-après « la Chine »), les États-Unis, l'Inde, le Brésil et l'Argentine. Quatre céréales seulement représentent presque la moitié des calories du régime alimentaire moyen de la population mondiale (Woetzel et al., 2020[10]).[3] Cette concentration de la production, qui prend souvent la forme de monocultures, génère des économies d'échelle. Le problème est qu'elle est vulnérable aux ravageurs, aux phénomènes météorologiques extrêmes localisés et aux changements à évolution lente. Ces derniers incluent les hausses de températures et la désertification, qui peuvent avoir une incidence sur une part considérable de la production mondiale (Woetzel et al., 2020[10]). Les liens qui existent entre des phénomènes météorologiques éloignés (par exemple entre le phénomène El Niño/Oscillation australe et des températures régionales extrêmes comme les vagues de chaleur en Inde) augmentent également le risque de mauvaise récolte simultanée dans différentes régions (Gaupp et al., 2019[11]).

La vague de chaleur d'une intensité inédite survenue dans la Fédération de Russie (ci-après « la Russie ») en 2010 a entraîné une baisse de la récolte de céréales d'environ un tiers. Il s'en est suivi dans un premier temps une hausse considérable du prix mondial des céréales (de plus de 60 % entre juin et août 2010). À la mi-août 2020, pour faire taire les craintes d'insécurité alimentaire à l'échelle nationale, le gouvernement russe a décrété une interdiction des exportations de céréales. Cette interdiction, qui a été en vigueur jusqu'en juillet 2011, a provoqué une augmentation encore plus forte du prix des céréales sur le marché mondial (Challinor et al., 2018[12]). À la même période, le grenier du Pakistan a été frappé par des inondations dévastatrices qui ont contraint au déplacement de plus de 20 millions de personnes, pour certaines pendant plusieurs mois (Naqvi, Gaupp et Hochrainer-Stigler, 2020[8]). Les deux phénomènes étaient liés sur le plan météorologique (Lau et Kim, 2012[13] ; Trenberth et Fasullo, 2012[14]) ; associés à d'autres événements climatiques extrêmes survenus la même année, ils ont entraîné plus du doublement du prix du blé (Challinor et al., 2018[12]).

Avec le changement climatique, le risque de « mauvaises récoltes multiples dans les greniers à céréales » pourrait bien s'accroître pour le blé, le maïs et le soja, et diminuer pour le riz (Gaupp et al., 2019[11]). Des mécanismes internationaux ont été mis en place pour réduire et gérer ces risques. Cela inclut notamment la surveillance et l'alerte précoce des mauvaises récoltes, ainsi que la coordination de la distribution alimentaire en cas de pénurie (Janetos et al., 2017[15]). D'autres mesures ont été proposées, comme la mise en place de dispositifs permettant la constitution de réserves de céréales, ainsi que la conclusion d'accords contraignants entre un petit nombre de négociants céréaliers (Headey et Fan, 2008[16]).

Notes :

1. Les catastrophes hydrologiques, météorologiques et géologiques (ainsi que les pertes qu'elles entraînent dans les PMA et les PRITI) sont les suivantes : i) sécheresses (34 %) ; ii) inondations (19 %) ; iii) tempêtes (18 %) ; iv) tremblements de terre, glissements de terrain et mouvements de masse (13 %) ; v) ravageurs, maladies des plantes et maladies animales (9 %) ; vi) températures extrêmes (6 %) ; vii) incendies (1 %).

2. Dont les cultures, l'élevage, l'exploitation forestière, la pêche et l'aquaculture.

3. Les principaux « greniers » varient selon les céréales (Woetzel et al., 2020[10]) : ***pour le blé*** : Chine, États-Unis, Inde, Russie et Union européenne ; ***pour le maïs :*** Argentine, Brésil, Chine, États-Unis et Union européenne ; ***pour le soja*** : Argentine, Brésil, Chine, États-Unis et Inde ; ***pour le riz*** : Bangladesh, Chine, Inde, Indonésie et Viet Nam.

4.2.1 Le caractère changeant des risques et les incertitudes

Des régions qui, par le passé, ont été exposées à des inondations pourraient à l'avenir être confrontées à des problèmes de sécheresse, qu'elles ont peu eu l'habitude de gérer. Dans les régions montagneuses, par exemple, la fonte des neiges et le retrait des glaciers provoquent à court terme une augmentation de la disponibilité en eau. Cela génère en outre d'autres risques comme celui de crues glaciaires. Après son augmentation à brève échéance, la disponibilité en eau va commencer à diminuer (Hock et al., 2019[17]). Dans la région de l'Himalaya, les incertitudes relatives aux projections climatiques et à la dynamique des glaciers pourraient avoir d'importantes conséquences pour plus d'un milliard de personnes dépendant de ce « réservoir d'eau » de l'Asie (Scott et al., 2019[18] ; Mishra, 2015[19]).

Les régions sujettes à des incendies pourraient assister à une augmentation sans précédent de la fréquence et de l'ampleur de ces événements (Goss et al., 2020[20]). Les changements à évolution lente comme l'élévation du niveau de la mer menaceront de plus en plus les modes de vie et les moyens de subsistance des populations côtières et insulaires, y compris les croyances et les systèmes culturels traditionnels (McNamara, Westoby et Chandra, 2021[21]) Le franchissement des points de bascule climatiques pourrait entraîner de profondes transformations du système climatique et des conséquences graves pour les économies et les sociétés, à la fois aux niveaux régional et mondial. Les seuils de déclenchement de ces points de bascule sont incertains. Certains peuvent être proches, voire dépassés (Lenton et al., 2019[22]). Cela montre bien le côté inédit des défis que pourront rencontrer les décideurs publics pour trouver et mettre en œuvre des approches permettant de réduire et de gérer les risques de pertes et de dommages induits par le changement climatique.

Différents types d'incertitudes limitent l'applicabilité des données du passé pour comprendre les aléas climatiques futurs. Comme indiqué dans le chapitre 2, ces incertitudes concernent notamment : i) les émissions futures associées aux différentes trajectoires démographiques et socioéconomiques ; ii) la réaction du système climatique mondial aux différents niveaux des émissions et des aérosols ; enfin iii) la variabilité naturelle du système climatique (Zheng, Zhao et Oleson, 2021[23]). Les autres composantes du risque climatique (exposition et vulnérabilité) présentent elles aussi des incertitudes, par exemple en ce qui concerne la sensibilité des êtres humains, des actifs et des activités à un changement donné du climat. Ces incertitudes ont remis en question l'approche traditionnelle consistant à « prédire puis agir ». Compte tenu des coûts élevés de l'inaction ou des retards qui sont pris pour agir, il serait au contraire utile que les processus et les décisions puissent résulter de choix d'action robustes et flexibles capables de s'adapter à toutes sortes de scénarios climatiques possibles (Vincent et Conway, 2021[24]).

Outre l'accent qui est mis sur la robustesse et la flexibilité dans les prises de décisions, il convient de prendre en compte les valeurs et les points de vue des acteurs impliqués dans les processus (Marchau et al., 2019[25]). Un aspect essentiel est le niveau d'incertitude au sujet duquel une décision est requise (voir aussi le chapitre 2). Si les deux extrémités du spectre décisionnel sont la parfaite confiance et l'ignorance totale, il existe aussi quatre niveaux d'incertitude intermédiaires (Marchau et al., 2019[25]) (voir aussi le Graphique 4.1) :

- ***Niveau 1*** : La confiance n'est pas totale mais les décideurs publics estiment généralement qu'il n'est pas nécessaire de mesurer les degrés d'incertitude. Cela peut s'appliquer aux décisions qui doivent être prises à court terme au sujet d'un système bien défini pour lequel les données passées sont considérées comme un bon indicateur de l'avenir.
- ***Niveau 2*** : Les paramètres de modélisation décrivant le système du monde réel sont utilisés pour mesurer la distribution de probabilité de quelques scénarios alternatifs possibles. Les résultats attendus et les niveaux de risque acceptable seront pris en compte dans les processus décisionnels.
- ***Niveau 3*** : Il existe quelques scénarios plausibles pour l'avenir, mais le niveau d'incertitude est tel qu'il n'est pas possible de leur attribuer des probabilités. L'analyse des scénarios peut suggérer des actions publiques produisant de meilleurs résultats. La « meilleure » politique publique est celle qui produira les résultats les plus satisfaisants (sur le plan politique/social) dans les différents scénarios.
- ***Niveau 4*** : Ce niveau de grande incertitude peut s'appliquer dans deux cas : premièrement, de nombreux scénarios plausibles existent pour l'avenir du fait, par exemple, de l'absence de connaissances ou de données concernant les relations fonctionnelles ; deuxièmement, les prévisions sont qualitativement imparfaites en raison, par exemple, de phénomènes imprévisibles aux lourdes conséquences. Il peut être difficile (premier cas), voire impossible (second cas), de décrire les interactions entre les variables, de déterminer la distribution de probabilité des différents résultats, ou même d'évaluer l'attrait d'autres résultats possibles.

Graphique 4.1. Aperçu des caractéristiques des différents niveaux d'incertitude

	Certitude totale	**Niveau 1**	**Niveau 2**	**Niveau 3**	**Niveau 4 (grande) incertitude**		**Ignorance totale**
					Niveau 4a	Niveau 4b	
Contexte (x)		Avenir relativement clair	Futurs alternatifs (avec probabilités)	Quelques futurs plausibles	Nombreux futurs plausibles	Futur inconnu	
		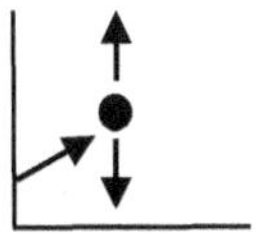	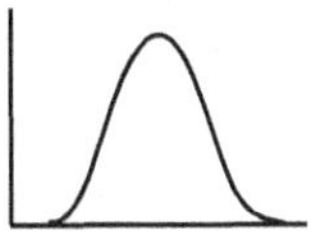	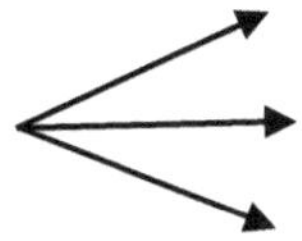		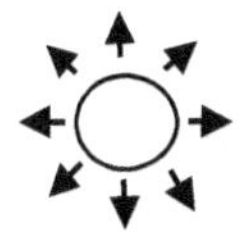	
Modèle du système (R)		Un seul modèle (déterministe)	Un seul modèle (stochastique)	Quelques modèles alternatifs	Nombreux modèles alternatifs	Modèle inconnu. On sait qu'on ne sait pas	
Résultats du système (O)		Estimation précise pour chaque résultat	Intervalle sûr pour chaque résultat	Éventail limité de résultats	Large éventail de résultats	Résultats inconnus. On sait qu'on ne sait pas	
Pondérations (W)		Une série de pondérations	Plusieurs séries de pondérations, avec pour chacune d'elles une probabilité	Éventail limité de pondérations	Large éventail de pondérations	Pondérations inconnues. On sait qu'on ne sait pas	

Note : Ce tableau part de l'hypothèse qu'il existe quatre principaux sièges d'incertitude : le contexte (X) ; le modèle du système et ses paramètres (R) ; les résultats du système (O) ; l'importance relative accordée aux différents résultats par les décideurs publics (W).
Source : d'après (Walker, Lempert et Kwakkel, 2013[26]).

S'agissant du changement climatique, les différents aléas qui apparaîtront à différentes échelles de temps seront associés à différents niveaux d'incertitude. À titre d'exemple, l'élévation du niveau de la mer est un changement à évolution lente qui se produit sur plusieurs dizaines d'années. À l'opposé, les phénomènes extrêmes comme les fortes précipitations peuvent durer quelques heures ou quelques jours. L'incertitude associée à ces différents types d'aléas – et donc aux mesures à prendre pour y faire face – est très variable. Pour ce qui est de la montée des eaux qui se produira dans les dix ans à venir, il peut être suffisant de prendre en considération un petit éventail seulement de scénarios possibles. Ceux-ci seraient établis à partir d'une estimation tenant compte de la dilatation thermique à la surface de la mer et de l'eau provenant de la fonte des glaciers et de la banquise. Sur des périodes plus longues, les scénarios plausibles sont vraisemblablement moins nombreux. Cela dit, il est difficile d'attribuer des probabilités crédibles à chaque résultat possible.

S'agissant des phénomènes extrêmes, leur occurrence peut parfois être prédite quelques jours à l'avance, par exemple dans le cas des fortes précipitations survenues au Pakistan en 2010 (Webster, Toma et Kim, 2011[27]). Sur des périodes plus longues, les aspects dynamiques du changement climatique (comme la modification du régime pluviométrique moyen) sont empreints d'une grande incertitude (Shepherd, 2014[28]). Le franchissement potentiel des points de bascule climatiques correspond au niveau maximal d'incertitude. Il est en effet impossible d'attribuer des probabilités à la survenue de l'un ou l'autre de ces points. De surcroît, en cas de franchissement d'un point de bascule donné, les conséquences peuvent être très variées. Certains scénarios climatiques futurs sont soit totalement inconnus, soit très mal connus.

4.2.3 Multiplication des approches décisionnelles adaptées au contexte d'incertitude

Le constat de ces dernières décennies est la multiplication des approches décisionnelles répondant à la double nécessité de réduire les risques et d'accroître la résilience face aux incertitudes liées à la situation. Ces approches reposent généralement sur des structures institutionnelles qui facilitent les processus itératifs fondés sur l'apprentissage et qui tiennent compte des interconnexions, de la complexité, des rétroactions et des seuils qui existent en ce qui concerne les différents systèmes et impacts. L'Encadré 4.2 présente brièvement trois approches décisionnelles adaptées au contexte d'incertitude, qui ont été amplement décrites dans les ouvrages universitaires et qui sont de plus en plus utilisées par les pouvoirs publics. Pour de plus amples détails et l'examen d'autres approches, voir la publication de Marchau et al. (2019[25]). L'Encadré 4.3 montre comment la combinaison de plusieurs approches peut aider à la prise de décisions dans le secteur agricole de l'Ouganda, où les niveaux de précipitations futurs sont incertains.

Encadré 4.2. Exemples d'approches de la prise de décision dans un contexte d'incertitude

Prise de décisions robustes (PDR)

Cette approche décisionnelle s'appuie sur un ensemble de concepts, de processus et d'outils utilisant le calcul informatique pour prendre des décisions plus satisfaisantes dans un contexte d'incertitude (Lempert, 2019[29]). Combinant l'analyse décisionnelle, différents scénarios et la modélisation, la PDR n'établit pas de prévisions mais teste différentes méthodes d'action pour faire face à toutes sortes de trajectoires possibles pour l'avenir. L'analyse des résultats des exercices de modélisation permet ensuite aux décideurs publics de repérer dans quelles trajectoires futures les mesures qu'ils envisagent de prendre atteignent les objectifs ou non (Lempert, 2019[29]). Dans les pays en développement, les données requises et le manque de ressources – entre autres – limitent l'adoption des approches PDR (Bhave et al., 2016[30]). Des études sont donc menées pour déterminer comment des méthodes de modélisation simplifiées peuvent fournir une aide à la décision, comme par exemple dans le cas du bassin du lac Tana en Éthiopie (Shortridge, Guikema et Zaitchik, 2016[31]).

Trajectoires adaptatives dynamiques

Cette approche décisionnelle tient compte des multiples incertitudes auxquelles sont confrontés les décideurs publics (celles liées au changement climatique et à des facteurs socioéconomiques). Elle appelle les planificateurs à établir un cadre d'action fondé sur une vision stratégique de l'avenir et incluant des mesures à court terme flexibles, qui puissent être ajustées pour refléter l'évolution de la situation (Haasnoot et al., 2013[32]). Les trajectoires adaptatives dynamiques fournissent par conséquent un espace permettant de surmonter la paralysie décisionnelle qui survient dans un contexte d'incertitude. Les conditions biophysiques, culturelles, socioéconomiques et politiques/institutionnelles déterminent pourquoi, comment, quand et par qui doivent être engagées des actions climatiques. Les décisions prises aujourd'hui peuvent ouvrir certaines possibilités mais en exclure d'autres ; l'évolution des paramètres biophysiques et socioéconomiques a également une influence sur les options qui seront disponibles à l'avenir (Haasnoot et al., 2020[33]). L'approche des trajectoires adaptatives dynamiques a été utilisée pour prendre des mesures de gestion des risques liés à l'eau dans les zones de delta, comme par exemple aux Pays-Bas (Gouvernement des Pays-Bas, 2020[34]), au Bangladesh (Gouvernement du Bangladesh, 2018[35]), dans le bassin du fleuve Murray-Darling en Australie (Murray-Darling Basin Authority, sans date[36]) et dans le contexte de la barrière de la Tamise au Royaume-Uni (Gouvernement du Royaume-Uni, 2021[37]).

Canevas narratifs

Cette approche a pour but de recenser les facteurs climatiques et socioéconomiques susceptibles d'influer sur les risques, afin d'évaluer les effets de certaines actions dans un contexte où la configuration future du climat est incertaine (Shepherd, 2019[38]). Elle peut prendre en compte certains types d'événements (passés ou probables) ayant de lourdes conséquences sur le plan sociétal, ou des trajectoires physiques du système climatique particulièrement dangereuses (comme les points de bascule) (Shepherd et al., 2018[39]). Le fait que cette approche mette l'accent sur la vraisemblance et le caractère empirique des canevas narratifs la rend particulièrement adaptée à toutes sortes d'usages. Elle permet : d'améliorer la sensibilisation aux risques ; de renforcer le processus décisionnel ; de cerner la vraisemblance de certaines projections climatiques ; de fournir des éléments concrets facilitant la compréhension des différents facteurs d'incertitude ; enfin, de mettre en lien des données physiques sur le climat et les dimensions humaines du changement climatique (Shepherd et al., 2018[39]).

La complexité technique de certaines approches décisionnelles limite leur applicabilité dans les pays en développement. Dans certains de ces pays, par exemple, les données disponibles peuvent être rares ou peu fiables, et les capacités techniques et de calcul inadaptées (Shortridge, Guikema et Zaitchik, 2016[31]). Des processus d'analyse simplifiés sont donc utilisés. Par exemple, les modèles hydrologiques sont remplacés par de simples relations ou hypothèses concernant l'impact des conditions climatiques sur les cours d'eau. L'analyse peut aussi se concentrer uniquement sur certaines variables plutôt que sur les systèmes dans leur ensemble (Shortridge, Guikema et Zaitchik, 2016[31]). Ces simplifications nécessitent une bonne compréhension des répercussions qu'elles peuvent avoir sur les résultats. Dans d'autres cas, les actions possibles peuvent être testées par rapport à des énoncés de relations causales ou des théories sur la causalité, afin d'orienter la réflexion au sujet des choix et des résultats (Popper, 2019[40]).

L'incertitude et les infrastructures à longue durée de vie

Cette façon d'aborder explicitement l'incertitude est particulièrement utile dans le contexte des gros investissements qui sont requis pour les infrastructures à longue durée de vie comme l'énergie, les transports, la protection des côtes et les dispositifs de gestion de l'eau (Shortridge, Guikema et Zaitchik, 2016[31]). Ne pas gérer l'incertitude fait courir le risque de perpétuer des investissements à long terme susceptibles d'exacerber l'exposition des individus et des actifs aux aléas climatiques futurs. La prendre en compte contribue au contraire à adopter des approches décisionnelles pouvant répondre à toutes sortes de situations futures différentes. Cette solution peut être plus satisfaisante sur le plan politique que des décisions de grande ampleur pouvant s'avérer irréversibles (Bhave et al., 2016[30]).

La barrière de la Tamise fournit un exemple de la façon de traiter l'incertitude. Cet ouvrage a été conçu pour s'adapter à différents niveaux d'élévation du niveau de la mer et modifications de l'estuaire jusqu'en 2070 environ. Différentes options ont été recensées pour améliorer ou remplacer cette barrière. Toutefois, compte tenu de l'approche adaptative qui a été adoptée, aucune décision définitive ne devra sans doute être prise avant plus ou moins 2040 (Gouvernement du Royaume-Uni, 2021[37]).

Lorsqu'une infrastructure à longue durée de vie est en place et que l'accent a été mis davantage sur son entretien et sa modification que sur sa construction, il serait bon d'évaluer sa résilience face à différents futurs climatiques. Ce processus peut aider à moderniser l'infrastructure ou à lui ajouter des mécanismes de secours. De cette manière, si des événements climatiques extrêmes entraînent la défaillance de l'un des éléments du dispositif, les autres peuvent prendre le relais (OCDE, 2018[41] ; OCDE, 2020[42]). Si l'ajout de mécanismes de secours majore les coûts initiaux, il peut aussi être considéré comme un gage de protection contre les événements extrêmes.

Coïncidence entre les investissements à long terme et les cycles électoraux

Il arrive que les bienfaits des investissements réalisés pour gérer les risques de pertes et de dommages mettent du temps à apparaître, ce qui peut constituer un problème pour les fonctionnaires élus (Evans, Rowell et Semazzi, 2020[43]). Des études ont montré que les électeurs sont plus enclins à voter en faveur d'un parti politique en place qui consacre de l'argent pour financer des solutions de secours en cas de catastrophe plutôt que pour se préparer aux catastrophes (Healy et Malhotra, 2009[44]). La plupart des décideurs publics agissent en outre en fonction des cycles de la planification budgétaire, qui favorisent rarement la réalisation des objectifs à long terme (Evans, Rowell et Semazzi, 2020[43]). Il est donc important que les aléas climatiques soient communiqués clairement afin que les avancées scientifiques orientent les prises de décisions (Jack et al., 2021[45]) (voir le chapitre 2).

Une autre approche pouvant être utilisée dans les processus décisionnels est la traduction des connaissances scientifiques en données exploitables, grâce à un travail collaboratif entre les producteurs et les utilisateurs des informations (Vincent et al., 2021[46]). L'un des avantages de cette méthode est qu'elle permet d'adopter des perspectives locales ou sectorielles (Cornforth, Petty et Walker, 2021[47]). Un autre aspect important est de mettre en place des processus transparents et acceptés par tous qui permettent de tenir compte des préférences et des valeurs des générations actuelles et futures (Lawrence et Haasnoot, 2017[48]) (voir la section 4.4.2). Les phénomènes extrêmes sans précédent survenus en 2021 – comme les températures record enregistrées en Colombie-Britannique (Canada) – montrent que les aléas climatiques aux conséquences dramatiques ne relèvent plus d'un avenir lointain.

Encadré 4.3. L'incertitude et les approches décisionnelles en Afrique de l'Est

Sur le continent africain, et spécialement en Afrique de l'Est, les projections futures des précipitations sont particulièrement incertaines. Cela est dû à une compréhension limitée des processus physiques qui interviennent pendant la saison des pluies et influent sur les niveaux de précipitations. Le climat sec qu'a connu récemment l'Afrique de l'Est s'est traduit à de nombreux endroits par des situations de sécheresse et de pénurie alimentaire. Cela contraste avec les résultats de la plupart des modèles climatiques, qui projettent un avenir plus humide. La divergence entre les projections et la réalité est connue comme le « paradoxe climatique de l'Afrique de l'Est » (Wainwright et al., 2019[49]). L'incertitude dans la région touche de nombreux aspects sociétaux comme la sécurité alimentaire, la disponibilité en eau pour l'agriculture et l'élevage, la santé publique et l'infrastructure ; ces impacts s'inscrivent dans un contexte plus général de risques socioéconomiques.

Dans le cadre du programme « Future Climate for Africa » (FCFA), le projet HyCRISTAL (consistant à intégrer les connaissances hydroclimatiques dans les décisions des pouvoirs publics afin de garantir la résilience climatique des infrastructures et des moyens de subsistance en Afrique de l'Est) a mis au point trois ***canevas narratifs*** pour le climat futur de la région. Ces canevas tiennent compte des projections climatiques diverses qui sont obtenues pour la région (Burgin et al., 2019[50]) :

- ***Scénario 1*** : climat beaucoup plus humide, forte augmentation des précipitations extrêmes et hausse des températures.
- ***Scénario 2*** : augmentation des précipitations extrêmes et hausse des températures.
- ***Scénario 3*** : forte hausse des températures et climat beaucoup plus sec avec des saisons des pluies moins régulières.

Ces trois scénarios ont des conséquences différentes en ce qui concerne la sécurité alimentaire et les moyens de subsistance. L'approche des canevas narratifs pour gérer l'incertitude (voir la définition dans l'Encadré 4.2) permet d'analyser quantitativement les grandes variables influant sur le rendement des principales cultures. Dans le cas, par exemple, de la culture de la patate douce en Ouganda, cette analyse tient compte : du volume total des précipitations pendant la saison de végétation ; du nombre de jours où la température est comprise entre 17 °C et 30 °C ; du nombre de jours où la température dépasse 30 °C ; de la pluviométrie moyenne par mois ; de la moyenne des températures maximales sur un mois. Les données météorologiques quotidiennes servent de base à l'élaboration de canevas narratifs quantitatifs qui représentent les trois scénarios du climat futur et utilisent les valeurs climatiques comme cela a été décrit par Burgin, Rowell et Marsham (2020[51]) (voir le Tableau 4.1). Ces canevas peuvent ensuite être intégrés à un ***modèle réseau des cultures*** utilisant comme références les données météorologiques issues de l'observation.

Tableau 4.1. Interprétation quantitative des trois canevas narratifs de l'avenir du climat en Afrique de l'Est

	Scénario climatique 1	Scénario climatique 2	Scénario climatique 3
Variation des températures annuelles (°C)	+ 2	+ 2.5	+ 3.1
Pourcentage de variation des précipitations DJFM	+ 17.5	+6.0	+4.0
Pourcentage de variation des précipitations AM	+ 27.5	+ 12.0	- 4.0
Pourcentage de variation des précipitations JJA	+ 21.0	+ 1.0	- 2.0
Pourcentage de variation des précipitations SON	+23.0	+ 2.5	- 8.0

Note : Les variations de températures sont présentées en valeurs absolues (degrés Celsius) et pour quatre périodes de l'année : décembre, janvier, février, mars (DJFM) ; avril, mai (AM) ; juin, juillet, août (JJA) ; septembre, octobre, novembre (SON).
Source : (Burgin et al., 2019[50]).

Pour simuler les effets des différents canevas narratifs, un modèle peut être élaboré à partir d'un ***réseau d'inférence causale.*** Des informations provenant de différentes sources (données, modèles et connaissances d'experts) sont ainsi compilées en vue de soutenir le processus décisionnel (Pearl et Mackenzie, 2018[52]). Le réseau représenté sur le Graphique 4.2 renseigne sur les liens entre les variables climatiques et non climatiques, ainsi que sur la façon dont elles influent ensemble sur la culture de la patate douce en Ouganda. Ces informations peuvent aider à cerner quelles seront les conséquences des différents canevas narratifs à moyen et long termes, notamment dans le domaine de la sécurité alimentaire, de la santé et la nutrition, et de l'économie au sens large. Les réseaux d'inférence causale permettent par conséquent d'utiliser certaines informations climatiques au niveau local. Cela montre bien les bienfaits d'un partenariat étroit et d'un dialogue entre les chercheurs et les parties prenantes locales en termes d'amélioration de la prise de décision et des résultats.

Graphique 4.2. Réseau d'inférence causale des principales variables intervenant dans la culture de la patate douce

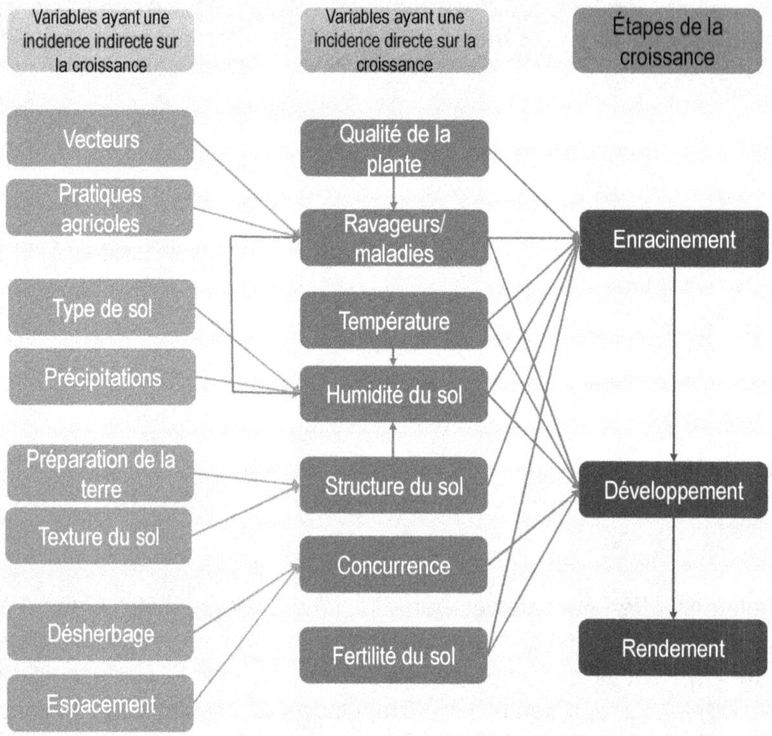

Ce réseau peut servir de base à une analyse quantitative se focalisant sur un sous-ensemble de données et de connaissances disponibles (par exemple : températures, précipitations ou risque d'infestation par des ravageurs). Pour quantifier les interactions entre les variables, le réseau peut être configuré sous forme de ***réseau bayésien*** (cf. (Fenton et Neil, 2012[53])]. Dans ce type de réseau, tous les états possibles de chaque nœud sont définis. Ainsi, le volume des précipitations peut être caractérisé comme « élevé », « moyen » ou « faible », avec chaque fois des fourchettes de valeurs. Des tableaux de probabilité conditionnelle sont ensuite élaborés pour chaque nœud. Ils indiquent la probabilité d'occurrence de chaque état du nœud en question en fonction des valeurs du nœud père. Pour citer un exemple, la probabilité de forte teneur en eau des sols au moment des plantations dépend du volume des précipitations survenues deux semaines avant. La structure causale du réseau permet de mettre en évidence les grandes interactions.

L'analyse doit aller encore plus loin si l'on veut comprendre comment les variations des rendements et des prix influent sur les moyens de subsistance. Les éléments à prendre en considération sont notamment : le contexte local ; les types de cultures et leurs réactions probables aux différents scénarios du changement climatique ; l'importance relative des différentes cultures pour les différents groupes de revenus au sein des communautés ; enfin, les diverses stratégies d'adaptation auxquels ces groupes ont accès. L'***approche de l'économie des ménages***, largement utilisée par les gouvernements africains pour effectuer des analyses de vulnérabilité, s'appuie sur des données sociales et économiques précises pour simuler l'impact de la variation des rendements et des prix sur le revenu des ménages et la sécurité alimentaire (Seaman et al., 2014[54] ; Acidri et al., 2018[55]). La plateforme ***Integrated Database and Applications for Policymakers*** (Base de données et applications intégrées à l'intention des décideurs publics) permet de stocker et d'analyser les données relatives à l'économie des ménages et fournit une plateforme regroupant les différents modèles de simulation d'impacts (Cornforth, Clegg et Petty, 2021[56]).

Un cadre décisionnel reposant sur les principes des ***trajectoires adaptatives et dynamiques*** (voir l'Encadré 4.2) peut aussi être utilisé pour sélectionner les actions publiques aujourd'hui appropriées face à un avenir incertain. L'objectif des pouvoirs publics est ici d'empêcher la multiplication des mauvaises récoltes dans le cadre des trois canevas narratifs possibles, en tenant compte des principaux points d'intervention. Bien que ce processus puisse utiliser différentes méthodes techniques, il est primordial qu'il s'appuie sur des connaissances et des pratiques locales.

Lorsque la méthode décrite plus haut est appliquée pour évaluer l'impact du changement climatique sur la culture de la patate douce en Ouganda, le constat est que les rendements prévus sont moins vulnérables aux précipitations extrêmes qu'on ne le pensait au départ. La lutte contre les infestations de ravageurs (par exemple le *Cylas formicarius,* ou charançon de la patate douce) pourrait donner tort aux projections d'impacts climatiques même les plus dramatiques. Cela a des conséquences sur l'importance relative accordée aux différentes cultures dans un contexte de changement climatique. Contrairement aux solutions relevant de l'ingénierie ou de l'infrastructure, les modifications de la politique agricole seront probablement des ajustements progressifs au changement climatique. Des dispositifs sont nécessaires pour permettre aux producteurs de s'adapter plus facilement au stress climatique, comme par exemple l'investissement dans l'irrigation à petite échelle et la fourniture de semences saines. Il conviendrait parallèlement de continuer à investir dans la recherche agricole afin d'améliorer les variétés de patate douce (voir un résumé des autres mesures possibles dans le Tableau 4.2).

Tableau 4.2. Actions et interventions possibles des pouvoirs publics pour la culture de la patate douce en Ouganda

	Actions et interventions des pouvoirs publics
Interventions au niveau local	• Amélioration du contrôle des ravageurs en fournissant des semences saines (sans charançon). • Réduction du stress hydrique : irrigation à petite échelle, amélioration du système de captage et de stockage de l'eau de pluie (récupération des eaux pluviales) et utilisation de cultures de couverture pour améliorer la rétention d'eau des sols. • Introduction de variétés végétales résistantes à la sécheresse ou remplacement des cultures (par exemple en intensifiant la production de patate douce au détriment de celle de maïs).
Actions et interventions des pouvoirs publics au niveau national	• Financement d'opérations de réduction/d'éradication des ravageurs de grande ampleur. • Amélioration de l'accès des producteurs aux nouvelles connaissances scientifiques et à un soutien technique de meilleure qualité afin d'optimiser les dates de plantation et de prendre des décisions plus opportunes pour améliorer la résilience des cultures. • Investissement dans des infrastructures et des services agricoles de base, notamment en allouant des enveloppes existantes au financement de services de vulgarisation (formation et maintien à niveau). • Amélioration du réseau d'observation agrométéorologique afin de fournir des services d'informations climatiques localisés ainsi qu'un large éventail de conseils au sujet du climat et de ses impacts sur les cultures. • Investissement à long terme dans la recherche agricole, développement de nouvelles variétés végétales mieux adaptées aux différents futurs climatiques possibles. • Investissement dans le suivi des changements à long terme intervenant au niveau des ménages en décentralisant la collecte des données et en mettant en place des capacités locales pour réaliser des évaluations sur l'économie des ménages.
Actions des pouvoirs publics au niveau mondial	• Réduction des émissions mondiales de gaz à effet de serre. • Aides financières, soutien au développement d'une expertise technique et investissement dans les réseaux nationaux de manière à fournir des informations quantitatives concernant les impacts sociaux et économiques des investissements dans l'infrastructure agricole, le changement de gouvernance et les dispositifs de financement locaux dans le contexte du changement climatique et environnemental. Ces actions nécessitent des engagements internationaux et, souvent, des niveaux d'investissement dépassant les capacités des pays en développement.

4.3. Régler la question urgente des pertes et des dommages

Réduire et gérer les risques de pertes et de dommages induits par le changement climatique nécessite de focaliser l'action sur les trois composantes des risques climatiques (les aléas, l'exposition et la vulnérabilité), ainsi que sur les facteurs qui modifient ces composantes et leurs interactions, comme cela a été conceptualisé par le Groupe intergouvernemental d'experts sur le changement climatique (GIEC) (voir le chapitre 1). Les aléas sont le résultat du réchauffement produit par les émissions de gaz à effet de serre (GES) présentes dans l'atmosphère, auxquelles s'ajoutent les influences au niveau régional d'autres polluants (comme les aérosols) sur le climat et la météorologie. Les degrés d'exposition et de vulnérabilité à ces différents aléas aux niveaux local, national et régional sont les résultats des conditions historiques, géographiques, sociales, politiques, culturelles et économiques.

Les pays ne peuvent cependant réduire ou gérer tous les risques – que ce soit pour des raisons financières, techniques ou matérielles –, ce qui entraîne des pertes et des dommages (voir au chapitre 1 l'encadré 1.2). Face à des pertes et des dommages souvent dévastateurs ou répétés, la nécessité de compléter l'adaptation au changement climatique par la réduction des risques de catastrophes, voire la limitation des aléas et le renforcement de la résilience des systèmes, est devenue de plus en plus criante à l'échelle internationale (OCDE, 2020[57]). L'accent sur les composantes des risques climatiques peut être explicite ou implicite. Il est explicite lorsque l'attention est portée par exemple sur la gestion de l'utilisation des terres, les pratiques agricoles et les normes en matière d'infrastructure, mais implicite lorsqu'elle est dirigée vers le développement des moyens de subsistance, la protection sociale ou les soins médicaux de base. Explicite ou implicite, l'action peut avoir lieu *ex ante* ou *ex post*. Menée *ex ante*, elle peut réduire l'aléa avant qu'il n'apparaisse, ou diminuer le degré d'exposition et de vulnérabilité ; *ex post*, elle peut limiter l'impact des aléas en prévoyant notamment des interventions d'urgence ainsi que la reconstruction à long terme pour réduire la vulnérabilité future.

Étant donné la vitesse et l'ampleur du changement climatique, des modifications rapides et parfois très profondes (Fedele et al., 2019[58]) peuvent s'avérer nécessaires, et pas seulement des améliorations progressives de la résilience. Cette approche axée sur la transformation peut avoir pour objectif de modifier fondamentalement les relations qui existent entre un aléa et l'une des composantes du risque climatique – ou les deux. Pour citer un exemple, une modification progressive – souvent par des améliorations techniques – peut entraîner une réduction minime de l'exposition ou de la vulnérabilité. En revanche, l'utilisation d'une approche de transformation permettrait, dans le cas d'une élévation du niveau de la mer et de risques d'inondations côtières, de transférer les populations (pour d'autres exemples, voir la section 4.3.3). De la même manière, des interventions à grande échelle pour s'attaquer aux inégalités préexistantes (sur le plan sanitaire et financier) pourraient avoir pour effet de transformer la géographie de la vulnérabilité à l'égard de certains aléas. Compte tenu de la portée, de la nouveauté et de la fréquence des aléas climatiques aujourd'hui – qui iront en s'accroissant dans les prochaines décennies –, les sociétés devront soit se transformer volontairement elles-mêmes, soit subir des transformations non planifiées et potentiellement désagréables (Levin et al., 2021[59]).

La présente section examine le rôle des pouvoirs publics dans la gestion de chacune des trois composantes du risque climatiques, tandis que la section 4.4 s'intéresse au rôle des politiques publiques, de la gouvernance et des institutions. Le rôle du financement au regard de la réduction et la gestion des risques est abordé dans le chapitre 5.

4.3.1. Atténuer les aléas climatiques

Le cadre de gestion des risques du GIEC fait de l'atténuation des émissions de GES la priorité numéro un pour réduire l'ampleur des aléas climatiques. Le fait de réussir à limiter le réchauffement planétaire moyen dépend de la capacité de la communauté internationale à atteindre en temps voulu « la neutralité des émissions mondiales de dioxyde de carbone (CO_2) d'origine anthropique et la baisse du forçage radiatif dû à d'autres gaz que le CO_2 » (GIEC, 2018[60]). L'article 4 de l'Accord de Paris appelle donc les Parties à réduire rapidement les émissions de façon à « parvenir à un équilibre entre les émissions anthropiques par les sources et les absorptions anthropiques par les puits de gaz à effet de serre au cours de la deuxième moitié du siècle » (CCNUCC, 2015[61]).

Dans le cas du CO_2, cet équilibre peut être obtenu à l'aide de « puits de carbone » naturels comme les forêts et les tourbières. Ces puits ne garantissent cependant pas une séquestration permanente du CO_2, contrairement à des technologies comme le captage et le stockage du carbone. Ils peuvent en revanche procurer simultanément d'autres bienfaits aux écosystèmes, par exemple en réduisant la vulnérabilité des bassins versants aux risques d'inondations. Les actions entreprises pour réduire les émissions de CO_2 contribueront également à faire baisser celles des autres polluants contribuant au changement climatique (comme le méthane, l'oxyde d'azote et le carbone noir). Parallèlement, d'autres mesures d'atténuation des émissions de gaz autres que le CO_2 (par exemple dans les secteurs de l'agriculture et du traitement des déchets) pourraient aider à ralentir le changement climatique et à limiter la hausse des températures moyennes à la surface du globe à court terme. Ces mesures pourraient en outre se traduire par une amélioration immédiate de la qualité de l'air (GIEC, 2018[60] ; Harmsen et al., 2019[62]).

Engagements en faveur de la neutralité carbone

Les engagements en faveur de la neutralité carbone varient en fonction des éléments suivants : la définition utilisée, la période considérée, l'objectif, la situation, la portée des émissions de GES et les secteurs concernés, ainsi que les mécanismes de gouvernance et les dispositifs institutionnels adoptés. Par ailleurs, de nombreux éléments restent encore à définir, tels que : la façon dont les pays comptent s'y prendre pour honorer leurs engagements ; l'importance relative accordée à la réduction des émissions, à l'absorption ou à l'utilisation des marchés internationaux du carbone ; les postulats sous-jacents (comme la technologie future du captage direct du CO_2 dans l'air et la mise à disposition de terrains) (Jeudy-Hugo, Lo Re et Falduto, 2021[63]).

D'après une enquête rendue publique en mars 2020, 124 pays – représentant 61 % des émissions mondiales – ont pris l'engagement d'atteindre la neutralité carbone. Leurs engagements concernent pour près de 40 % les émissions de CO_2, pour une part un peu plus élevée les GES dans leur ensemble, et pour 14 % des gaz non spécifiés (Black et al., 2021[64]). L'enquête a également révélé que les engagements pris par les pays sont de plus en plus complétés par des promesses d'action émanant des administrations infranationales et du secteur privé. Plus d'un cinquième des entreprises publiques interrogées en 2020 avaient pris des engagements en faveur de la neutralité carbone (Black et al., 2021[64]). Parmi elles, seules 20 % environ satisfont aux critères de robustesse définis ou inspirés par la campagne Objectif zéro des Nations Unies (à savoir : s'engager, planifier, agir et rendre compte).

Les trajectoires empruntées pour parvenir à la neutralité carbone sont déterminées par la situation de chaque pays. Cette situation dépend du niveau de développement économique, des ressources disponibles ainsi que des secteurs ou activités générateurs d'émissions. Un autre point important est l'accent qui est mis dans ces trajectoires sur la réduction de la demande, ainsi que sur la décarbonation des principales technologies et infrastructures (OCDE, 2017[65]). Certaines trajectoires risquent de ne pas aboutir, comme celles qui affichent une hausse continue des émissions de CO_2 au cours de la prochaine décennie, voire au-delà. Leur postulat est que des technologies d'absorption du dioxyde de carbone seront disponibles et largement utilisées dans le courant du siècle. Ces trajectoires sont particulièrement risquées car la plupart des technologies précitées en sont encore aux prémices du développement, ce qui représente un important facteur d'incertitude pour les décideurs publics.

Tous les secteurs devront subir des transitions rapides, profondes et sans précédent avec de fortes réductions des émissions (GIEC, 2018[60]), mais le potentiel de décarbonation n'est pas le même pour tous. Il est par exemple plus important pour l'agriculture et la foresterie que pour l'aviation et les industries lourdes (Rogelj et al., 2021[66] ; OCDE, 2017[65]). Pour que le secteur de l'énergie puisse atteindre la neutralité carbone en 2050, deux mutations sont requises. Premièrement, tous les nouveaux projets d'exploration du pétrole, du méthane et du charbon devront être stoppés. Deuxièmement, le gaz ne doit plus être considéré comme un combustible de transition (AIE, 2021[67]). Il s'agit là d'un message important envoyé aux décideurs publics et aux investisseurs, qui montre le besoin pressant et impérieux de gérer l'abandon progressif des combustibles fossiles.

Certains des investissements dans les combustibles fossiles passent par un soutien direct et indirect. Le premier réside dans le versement d'espèces au profit des projets ; le second prend la forme de subventions et de conditions fiscales avantageuses, qui financent indirectement la production de combustibles fossiles (OCDE/AIE, 2021[68]). En 2019, le soutien à cette production s'est accru de 30 %, principalement dans les pays de l'OCDE (OCDE/AIE, 2021[68]). Des fonds publics internationaux financent par ailleurs l'exploration du gaz dans les pays du Sud, ce qui pourrait signifier que ces opérations vont se poursuivre pendant plusieurs décennies (Muttitt et al., 2021[69]). En septembre 2021, la Chine a annoncé qu'elle mettra fin au financement de tous les projets d'exploration du charbon situés hors de son territoire.

Gestion des arbitrages et des synergies avec le développement durable

Les mesures annoncées ou mises en œuvre jusqu'ici par les pouvoirs publics sont très loin de ce qui est requis pour atteindre l'objectif de la neutralité carbone. Les décideurs publics sont confrontés à des choix difficiles pour définir leurs trajectoires futures d'atténuation. Chaque choix s'accompagne de difficultés de mise en œuvre, de synergies potentielles et d'arbitrages avec les objectifs plus vastes du développement durable (GIEC, 2018[60]). Cela dit, les arbitrages sont comparativement moins lourds lorsque les trajectoires prévoient une demande énergétique réduite, une faible consommation de matières et une consommation alimentaire à faible intensité de GES (GIEC, 2018[60]). La façon dont les pouvoirs publics aborderont ces difficultés aura des effets déterminants sur les résultats en matière de développement durable et de bien-être, ainsi que des répercussions sur les deux autres composantes du risque (l'exposition et la vulnérabilité). À l'heure où les pays essaient de se relever de la crise économique provoquée par la pandémie de COVID-19, les mesures prises par les administrations offrent une possibilité accrue de dégager des synergies entre l'objectif d'atténuation du changement climatique et celui du développement durable (ou du bien-être) au sens large (Buckle et al., 2020[70]).

Les profondes transformations qui sont requises pour atteindre la neutralité carbone au niveau mondial seront facilitées si les changements structurels sont opérés via des processus équitables et inclusifs. Ces processus doivent inclure tous les groupes de populations et tous les pays, sans exception (GIEC, 2018[60]). Pour un grand nombre de pays en développement, la coordination du soutien (sous forme d'aide financière ou de savoir-faire technologique) sera un aspect important. Cela permettra de s'assurer que l'atténuation du changement climatique sera intégrée à l'action en faveur du développement plutôt que de se faire à ses dépens. Dans le secteur énergétique, par exemple, les pays en développement vont devoir continuer à répondre aux besoins de leurs populations de plus en plus nombreuses tout en réduisant les émissions. Grâce à la coopération internationale, au développement; à la mise en œuvre de normes internationales et à l'innovation, les pays peuvent poursuivre ces deux objectifs de manière durable (AIE, 2021[67]).

Les stratégies de transition intégrant l'objectif d'atténuation du changement climatique et celui du bien-être au sens large permettront de recenser/d'opérer des arbitrages ainsi que de renforcer les synergies existant entre ces objectifs. Cela améliorera les bienfaits et la faisabilité des actions d'atténuation, et facilitera donc le choix de solutions durables par la population (OCDE, 2021[71]). Sur le plan intérieur, un soutien ciblé peut malgré tout être nécessaire pour les groupes de population subissant les impacts directs de la transition, par exemple la perte de leur emploi ou la hausse des prix de l'alimentation et de l'énergie (Soergel et al., 2021[72]). Les subventions à la production et la consommation de combustibles fossiles pourraient être réformées afin de libérer des fonds qui seraient affectés à ces groupes vulnérables.

C'est aux pays développés qu'il incombe d'assumer le rôle principal de la transition vers la neutralité carbone. Le financement climatique international des projets de réduction des émissions de GES peut aider à accélérer l'atténuation dans les pays en développement tout en favorisant le développement. D'autre part, les financements ciblés qui sont réalisés dans les pays en développement produisant de grandes quantités d'émissions peuvent permettre de réduire les risques de pertes et de dommages pour l'ensemble des pays en développement, en abaissant le niveau des aléas. Il faut toutefois, pour atteindre ce résultat, que les émissions n'augmentent pas à mesure que les aléas diminuent, que ce soit dans les pays bénéficiaires ou ailleurs.

4.3.2. Réduire au minimum l'exposition aux aléas météorologiques et climatiques

Outre l'atténuation des aléas climatiques, le cadre de gestion des risques du GIEC vise à réduire l'exposition des êtres humains, des moyens de subsistance, des activités économiques et des actifs aux aléas météorologiques et climatiques. Les PMA, les PEID, les écosystèmes de l'Arctique, mais aussi les régions très montagneuses et très sèches, présentent une exposition disproportionnée à la variabilité et au changement climatiques du fait de leur emplacement géographique et de leurs caractéristiques physiques (GIEC, 2018[60] ; GIEC, 2019[73]). L'exposition est également déterminée par des facteurs comme la démographie, l'urbanisation, la gestion des ressources naturelles, les moyens de subsistance disponibles et les dispositifs de gouvernance (GIEC, 2012[74] ; Duvat et al., 2017[75]). Sous l'effet du développement économique, les individus et les actifs se retrouvent concentrés dans les centres urbains. Avec le changement climatique, les sociétés risquent en outre d'être exposées à des aléas qu'elles n'avaient pas connus avant et auxquels elles peuvent donc être plus vulnérables. Le changement climatique peut par exemple accroître l'éventail des vecteurs possibles de maladies tels que les moustiques.

Dans certains pays, une exposition accrue peut aussi aller de pair avec une plus grande vulnérabilité (voir plus bas). C'est le cas lorsque des implantations informelles au développement rapide compliquent la tâche des autorités locales pour fournir des services de base et faire respecter les réglementations relatives à la gestion de l'utilisation des terres (Sudmeier-Rieux et al., 2015[76]). L'urbanisation peut aussi donner lieu à la prolifération des constructions dans des zones qui offrent un certain mode de vie (comme les forêts ou les côtes), mais qui sont aussi plus exposées aux aléas (OCDE, 2021[77]).

Le changement climatique lui-même modifiera l'intensité, la localisation et la temporalité des aléas, transcendant ainsi toutes les expériences passées dans tel ou tel lieu. Ces situations extrêmes sont la réalité d'aujourd'hui et frappent des populations qui n'avaient peut-être pas pensé par le passé être exposées un jour à de tels aléas. Ce fut le cas lors de la vague de chaleur de 2021 dans toute l'Amérique du Nord. La température maximale enregistrée le 29 juin à Lytton/Colombie-Britannique (Canada) était de 49.6 °C, soit 4.6 °C de plus que le record existant. De même, des températures sans précédent allant jusqu'à 38 °C ont été relevées en juin 2020 dans la ville de Verkhoyansk, en Sibérie, provoquant des impacts de grande ampleur (incendies, fonte du permafrost et invasion de ravageurs). Certaines zones de Sibérie ont connu des moyennes mensuelles dépassant de plus de 10 °C celles enregistrées pendant la période 1981-2010.

L'influence relative du changement climatique et d'autres facteurs sur le niveau d'exposition varie selon les contextes et les aléas. Pour citer un exemple, l'exposition – actuelle et future – des actifs aux inondations côtières ne s'explique pas seulement par l'élévation du niveau de la mer. En fait, l'urbanisation rapide exerce une pression sur l'infrastructure et génère des problèmes socioéconomiques et environnementaux (Hinkel et al., 2014[78] ; Mason et al., 2020[79]). À titre de comparaison, le changement climatique devrait jouer un plus grand rôle dans l'exposition future aux vagues de chaleur que l'évolution démographique (Jones et al., 2018[80]). Les systèmes d'alerte précoce ont beaucoup contribué à réduire le degré d'exposition des populations (voir l'Encadré 4.4). En revanche, ils ne réduisent pas toujours la vulnérabilité des moyens de subsistance ou des actifs.

Encadré 4.4. Bangladesh : Des initiatives complémentaires pour réduire l'exposition et la vulnérabilité aux aléas

Du fait de sa situation géographique, de sa topographie et de ses multiples réseaux hydrographiques, le Bangladesh est exposé à un grand nombre d'aléas météorologiques, parmi lesquels les cyclones, les fortes précipitations, les inondations et les sécheresses (Haque et al., 2018[81] ; Shakhawat Hossain et al., 2020[82]). Sa vulnérabilité est exacerbée par la forte densité démographique et la pauvreté multidimensionnelle. Entre 1991 et 2011, le pays a connu 247 phénomènes extrêmes ayant causé la mort de 824 personnes par an en moyenne ainsi que des pertes financières équivalant à 1.18 % du produit intérieur brut (PIB) (Nishat et al., 2013[83]). Dans certains cas, ces pertes se sont montées à 6 % du PIB (Haque et al., 2018[81]).

Le gouvernement a réagi en adoptant des lois, des politiques publiques et des procédures pour réduire l'exposition à ces aléas (Haque et al., 2018[81] ; Kumar, Lal et Kumar, 2021[84]). Il a notamment délaissé l'approche de l'aide d'urgence et la reprise après sinistre pour mettre davantage l'accent sur l'alerte précoce et l'évacuation, ainsi que sur la construction d'abris anticycloniques polyvalents. Les solutions fondées sur la nature, telles que la plantation de mangroves et la restauration des dunes, ont également atténué l'impact des aléas sur les populations côtières (Rahaman et al., 2020[85]).

En 2018, l'État a mis en place le « Delta Plan 2100 », qui repose sur une approche décisionnelle adaptative (voir l'Encadré 4.2) consistant à adapter les priorités d'action en fonction de l'évolution des aléas. Il peut ainsi décider de ne plus se consacrer à l'amélioration des digues mais plutôt à la construction de nouvelles plus solides (Pakulski et al., 2021[86]). Cette façon de procéder a contribué à protéger des vies. Lorsque le super-cyclone Amphan s'est abattu sur la baie du Bengale en mai 2020, les systèmes d'alerte précoce et d'évacuation ont permis d'évacuer pas moins de 2.5 millions de personnes vers des abris, limitant le nombre de morts à 12 au Bangladesh (Kumar, Lal et Kumar, 2021[84] ; IDMC, 2021[87]).

Amphan a toutefois détruit 150 kilomètres de digues, provoquant l'inondation des infrastructures, des terres agricoles et des champs, qui sont restés sous les eaux pendant plusieurs mois (IDMC, 2021[87]). De nombreuses personnes déplacées n'ont pas pu accéder aux centres d'évacuation et ont dû se réfugier dans des tentes ou sur des digues à ciel ouvert (OMM, 2021[88]). Si la plupart des personnes évacuées ont pu regagner leurs habitations relativement rapidement, 10 % environ se sont retrouvées sans abri (ONU, 2020[89] ; Kumar, Lal et Kumar, 2021[84]). Dans une enquête réalisée sept mois après le cyclone, les répondants ont indiqué qu'ils avaient réduit leur ration alimentaire et leurs dépenses médicales. Près de 70 % ont dû recourir à la mendicité, à l'emprunt ou à la vente de leurs biens (IDMC, 2021[87]).

Amphan n'est pas un cas isolé : les cyclones Sidr en 2008, Aila en 2009, ainsi que Fani et Bulbul en 2019 ont touché les mêmes zones (IDMC, 2021[87]). L'impact de ces phénomènes sur les moyens de subsistance devraient s'aggraver avec le changement climatique. L'élévation du niveau de la mer et l'intrusion des eaux salées vont progressivement contaminer les sols et les eaux souterraines, avec des conséquences néfastes pour l'agriculture, qui est l'un des principaux moyens de subsistance de la population rurale (Khan et al., 2021[90] ; Shakhawat Hossain et al., 2020[82] ; Clarke et al., 2018[91]). D'ici 2080, 18 % des côtes du Bangladesh devraient se retrouver sous l'eau (Khan et al., 2021[90]). L'adaptation des pratiques agricoles risque de n'être pas suffisante (Chen et Mueller, 2018[92]). Les phénomènes extrêmes tels que les inondations, les cyclones, les sécheresses et le stress thermique pourraient réduire les rendements du riz, du blé et de la pomme de terre de plus des deux tiers par rapport aux niveaux actuels, voire parfois menacer la sécurité alimentaire (BAD, 2014[93]).

Le constat est donc que la réduction de l'exposition aux aléas doit être complétée par une réduction de la vulnérabilité. Cette approche à deux facettes a été mise en œuvre dans les mesures sectorielles ainsi que dans les politiques du développement à court et long terme. Le Bangladesh pourrait également renforcer la protection des populations à risque en améliorant la cohérence de ses actions avec l'adaptation au changement climatique (Shamsuddoha et al., 2013[94] ; Islam, Chu et Smart, 2020[95]). En 2019, le gouvernement a lancé un programme pilote sur deux ans destiné à créer un mécanisme national relatif aux pertes et aux préjudices. Les objectifs de ce programme sont les suivants : i) bien intégrer les questions liées au changement climatique dans les politiques publiques de réduction des risques de catastrophe ; ii) combler les lacunes des cadres d'action liés à l'adaptation au changement climatique et à la réduction des risques de catastrophe ; et iii) élaborer un cadre complet qui permette d'affronter plus énergiquement les pertes et les dommages dus aux impacts climatiques (Haque et al., 2018[81]).

À la suite d'une catastrophe, les décideurs publics doivent déterminer quelles actions engager, sachant que c'est une occasion pour reconstruire – à l'identique ou différemment en mieux. Comme semble le montrer l'expérience, la population directement concernée par une catastrophe va souvent préférer les mesures visant à « reconstruire à l'identique » (Frank, Gesick et Victor, 2021[96]). Pour les responsables de l'action publique, il peut s'avérer difficile sur le plan politique de reloger des administrés qui ont tout perdu suite à un phénomène extrême. Ils auront en fait plus tendance à promettre un retour sûr et rapide à la situation d'avant. Suite à un ouragan, les risques de voir se reproduire ultérieurement un événement de même ampleur au même endroit peuvent être si faibles que l'on en est conduit à reconstruire les actifs endommagés. Toutefois, l'intensification des aléas va progressivement rendre cette approche moins rationnelle ; des incitations à réduire le niveau futur d'exposition seront absolument nécessaires (Frank, Gesick et Victor, 2021[96]). Dans d'autres cas, travailler avec la nature pour réduire et gérer les risques climatiques pourra être une solution alternative ou complémentaire (voir l'Encadré 4.5).

Les méthodes employées pour réduire et gérer les risques de pertes et de dommages peuvent contribuer indirectement à accroître le degré d'exposition. Deux exemples souvent cités illustrent bien cette problématique. Premièrement, les mesures de protection contre les inondations – visant à réduire la vulnérabilité – peuvent indirectement encourager les constructions dans les zones inondables, et accroître de ce fait l'exposition. Les études menées par exemple au Bangladesh montrent que le taux de mortalité lié aux inondations de 2017 avait été plus faible dans les zones bénéficiant d'une moins bonne protection (Ferdous et al., 2020[97]). Deuxièmement, les dispositifs d'assurance contribuent pour une grande part au transfert des risques (voir le chapitre 5). Or, s'il n'existe pas d'approche globale de la gestion des risques, ces dispositifs peuvent involontairement favoriser les investissements dans des activités ou des lieux exposés aux aléas climatiques actuels ou futurs (Schäfer, Warner et Kreft, 2018[98] ; Surminski et Oramas-Dorta, 2013[99]). Cela n'amoindrit pas l'utilité potentielle de l'une ou de l'autre de ces actions, mais montre qu'il est important de compléter les mesures de gestion des risques par des incitations, afin d'encourager les acteurs économiques à réduire leur exposition aux risques et à prendre des dispositions supplémentaires pour réduire leur vulnérabilité.

Outils pour limiter l'exposition aux aléas

Les décideurs publics ont à leur disposition différents outils et mécanismes permettant de limiter au maximum l'exposition. Les systèmes d'alerte précoce et leur rôle dans la réduction de l'exposition des individus aux aléas anticipés ont reçu beaucoup d'attention de la part des instances dirigeantes ces dernières années. Le Cadre d'action de Sendai pour la réduction des risques de catastrophe, par exemple, met l'accent sur les dispositifs d'alerte rapide multirisque (UNDRR, 2015[100]). Malgré la reconnaissance de ces systèmes, presque 90 % des PMA et des PEID les ont cités comme une priorité essentielle dans leurs contributions déterminées au niveau national prévues par la Convention-cadre des Nations Unies sur le changement climatique (CCNUCC) (OMM, 2020[101]). L'accent qui est mis sur les systèmes d'alerte précoce laisse poindre une éventuelle carence sur le plan de l'action politique ou du financement. Ces systèmes permettent aux individus et aux collectivités de prendre en temps utile des mesures préventives qui, selon les estimations, coûtent dix fois moins cher que les actifs qu'elles contribuent à préserver. La diffusion 24 heures à l'avance d'une alerte annonçant une tempête ou une vague de chaleur peut réduire les dommages de 30 % (GCA, 2019[102]).

Les systèmes d'alerte précoce peuvent en outre être utiles pour communiquer les risques et faire participer les populations locales aux alertes (CCNUCC, 2020[103]). Leur efficacité globale dépend toutefois de la capacité de chaque partie prenante ainsi que des dispositifs plus généraux existant à l'échelle nationale, régionale et internationale. Lorsqu'il manque des capacités de base ou qu'il existe des lacunes dans les systèmes, les pertes peuvent être catastrophiques. En 2008, un système de prévision des cyclones tropicaux a été mis en place dans le nord de l'océan Indien. Or, le Service météorologique indien (*Indian Meteorological Department*) désigné pour diffuser des prévisions et des alertes officielles sur les cyclones n'était pas habilité à en faire de même pour les ondes de tempête. Lorsque le cyclone Nargis a frappé le Myanmar, plus de 100 000 personnes ont trouvé la mort. Dans plus de 80 % des cas, les victimes ont été emportées par l'onde de tempête qui a balayé plus d'une centaine de villages (Webster, 2008[104]).

La mise en place de dispositifs à l'échelle régionale et internationale facilite l'échange d'informations. Il peut s'agir, par exemple, d'informations relatives à la gestion des risques d'inondations transfrontières dans les bassins versants ou des risques climatiques dans des terrains ou des paysages partagés comme des zones montagneuses. Ces dispositifs régionaux et internationaux peuvent aussi contribuer à améliorer la précision des alertes. L'inconvénient est qu'ils sont rarement dotés du pouvoir de déclencher une action (PNUD, 2019[105]). Les systèmes d'alerte précoce sont également de plus en plus utilisés dans le contexte du financement des risques de catastrophe, comme le montrent les dispositifs de financement fondé sur les prévisions qui sont décrits dans le chapitre 5.

Encadré 4.5. Travailler avec la nature pour réduire les risques climatiques

Les solutions fondées sur la nature sont des mesures visant à « protéger, gérer durablement ou restaurer la nature, dans le but de préserver ou d'améliorer les systèmes écosystémiques et ainsi de relever toutes sortes de défis sociaux, environnementaux et économiques » (OCDE, 2020[106]). Ces solutions peuvent aider à réduire et gérer l'exposition ainsi que la vulnérabilité des êtres humains et des moyens de subsistance aux risques climatiques. La protection et la restauration des mangroves, des prairies sous-marines et des marais salants, par exemple, peuvent accroître la résilience à différentes sortes d'impacts du changement climatique comme l'érosion des côtes et les inondations dues à l'élévation du niveau de la mer (voir la section 4.5). Dans les zones urbaines, les infrastructures vertes (comme les forêts) peuvent réduire la vulnérabilité aux inondations provoquées par des précipitations extrêmes, ainsi que l'exposition au stress thermique (Seddon et al., 2020[107]).

Compte tenu du délai nécessaire avant que se manifestent leurs bienfaits, les solutions fondées sur la nature nécessitent une perspective à long terme. En 1992, une tempête a provoqué d'importantes inondations dans le quartier de South Seaside Park, à New York. Les mesures prises par la suite ont consisté à ériger des dunes en installant des clôtures à neige pour retenir le sable et des plantes indigènes pour les fixer (NRC, sans date[108]). Lorsque l'ouragan Sandy a frappé la même zone en 2012, les dunes faisaient 7.5 mètres de haut et 45 mètres de large, soit des dimensions suffisantes pour réduire la vulnérabilité aux impacts de la tempête qui a dévasté les communautés côtières voisines (Smallegan et al., 2016[109]). Le succès des projets inspirés de la nature a conduit le Congrès des États-Unis à approuver l'attribution d'une enveloppe comprise entre un tiers et la moitié des coûts de reconstruction engendrés par l'ouragan Sandy pour financer des solutions centrées sur la restauration de l'habitat, les infrastructures vertes et la planification de la résilience des collectivités (FWS, 2019[110]).

Les solutions fondées sur la nature peuvent également atténuer les émissions de gaz à effet de serre, à hauteur de 10 gigatonnes de CO_2 par an[1] selon des estimations récentes (soit plus que les émissions mondiales du secteur des transports) (Griscom et al., 2017[111]). Pour atteindre ce résultat, il convient d'intensifier les actions afin de stopper la destruction des écosystèmes à l'échelle mondiale (Girardin et al., 2021[112]). Malgré les capacités d'atténuation de ces solutions, la crainte grandissante est qu'en mettant l'accent sur ce potentiel, les efforts de décarbonation ne soient retardés, les entreprises – en particulier – pouvant ainsi prétendre atteindre la neutralité carbone sans en fait réduire leurs émissions (Seddon et al., 2020[107]). Un autre sujet de préoccupation est la conservation par les écosystèmes de leurs propriétés de séquestration du carbone.

Les solutions fondées sur la nature peuvent aussi, si elles sont mal préparées et mises en œuvre, avoir des effets néfastes. Ainsi, la plantation d'arbres sur des prairies et des tourbières naturelles peut perturber les processus biologiques et biogéochimiques, ce qui peut entraîner la baisse de la qualité des sols et la diminution de la capacité des écosystèmes à stocker le carbone, d'où un appauvrissement de la biodiversité dans les prairies (Friggens et al., 2020[113]). Au Cambodge, un vaste projet de reforestation à des fins d'atténuation a conduit à la destruction de plusieurs paysages forestiers au profit de monocultures d'acacia, empêchant aux utilisateurs habituels d'avoir accès aux terres et aux ressources forestières (Scheidel et Work, 2018[114]). Par ailleurs, les opérations d'abattage et d'éclaircissage dans les plantations libèrent tous les 10-20 ans dans l'atmosphère le CO_2 qui avait été stocké ; avec les forêts naturelles, en revanche, la séquestration du carbone se poursuit pendant des décennies (Lewis et al., 2019[115]). La norme mondiale des solutions fondées sur la nature, créée par l'UICN, a pour but de corriger les effets potentiellement négatifs de ces solutions en fournissant des critères pour les définir ainsi qu'un cadre commun pour comparer les résultats.

La capacité des solutions fondées sur la nature à réduire les risques climatiques n'est pas non plus toujours garantie. Les écosystèmes changent avec le temps, en partie sous l'effet des pressions (comme le changement climatique, la pollution, les espèces envahissantes, la perte d'habitat et la surexploitation) qui s'exercent sur leur structure et leurs fonctions. Le risque est que cela menace sérieusement les bienfaits qu'ils sont censés avoir sur le climat et la biodiversité. Un exemple est celui des tourbières, qui fournissent des services écosystémiques précieux en assurant la gestion des inondations, mais qui sont sensibles au changement climatique (Shuttleworth et al., 2019[116]).

Une planification de l'utilisation des terres tenant compte de la sensibilité aux risques peut également apporter une solution à l'augmentation de l'exposition aux aléas météorologiques et climatiques suscités par le développement, en particulier l'urbanisation rapide. Les réglementations en matière d'aménagement du territoire peuvent avoir des effets à la fois incitatifs et dissuasifs sur les investissements publics et privés. Le mode de planification précité met en évidence l'importance des politiques publiques et des institutions dans la gestion de l'extension des investissements et des implantations dans des zones exposées aux aléas (Sudmeier-Rieux et al., 2015[76]). À l'instar des systèmes d'alerte précoce, les actions préventives ou *ex ante* visent à repérer et combattre les facteurs d'exposition, de manière à réduire les pertes et les dommages. Elles peuvent être complétées par un soutien ciblé à l'intention des individus et des communautés qui ont été déplacés temporairement ou de façon permanente en raison des aléas météorologiques et climatiques ou, pire, qui ont besoin d'être relogés. Au Népal, par exemple, la planification de l'utilisation des terres tenant compte de la sensibilité aux risques a permis de recueillir un volume considérable de données sur les aléas, l'exposition et la vulnérabilité. Ces données sont capitales pour comprendre les risques et élaborer une planification complémentaire de l'utilisation des terres permettant de les réduire et de les gérer (Hada, Shaw et Pokhrel, 2021[117]).

4.3.3. Réduire la vulnérabilité aux aléas météorologiques et climatiques

La troisième composante du cadre de gestion des risques du GIEC montre à quel point il est important de réduire la vulnérabilité sous-jacente des systèmes humains et naturels aux aléas météorologiques et climatiques. L'exposition à ces aléas a lieu dans des contextes complexes – sociaux, politiques et techniques – au sein d'un ou de plusieurs pays. S'agissant des PMA, par exemple, nombre d'entre eux tirent leurs revenus intérieurs principalement des ressources naturelles. Des pourcentages élevés de la population travaillent en extérieur. Les capacités financières dont disposent ces pays sont parfois limitées pour s'adapter au changement climatique et se relever après avoir été confrontés à des aléas climatiques (Woetzel et al., 2020[118]).

Au sein de chaque pays, la vulnérabilité dépend de la position des individus dans la société et de la capacité à contribuer aux processus décisionnels. Ces processus sont notamment ceux qui déterminent l'accès aux ressources, aux actifs et aux formes de protection sociale (Thomas et al., 2018[119]). Les groupes faisant l'objet d'une marginalisation (reposant par exemple sur le sexe, la race, l'âge, un handicap, les revenus, la classe sociale, la religion ou la localité) sont particulièrement exposés (Eriksen et al., 2021[120] ; Winsemius et al., 2015[121]). Ces conditions déterminent la capacité des différents segments de la société à accéder à des ressources qui leur permettent de se préparer aux aléas et de s'en relever. Ces ressources sont aussi bien matérielles qu'immatérielles et incluent notamment les revenus, le temps, les données et informations, la connaissance des ressources disponibles et la possibilité d'y accéder (Thomas et al., 2018[119]).

Le but des évaluations de la vulnérabilité climatique est de mettre en évidence les individus ou les actifs vulnérables aux impacts du changement climatique. L'accent y est souvent mis sur les infrastructures (par exemple les transports et les habitations), les moyens de subsistance et la santé (comme la nourriture et l'eau). Ces évaluations cherchent en revanche moins à comprendre d'où vient cette vulnérabilité. Des paramètres comme la pauvreté ou le manque de capacités sont présentés comme des facteurs potentiels, mais sans qu'ils soient nécessairement étudiés en profondeur (Ribot, 2014[122]). Pour s'attaquer à ce problème dans le contexte du développement au sens large, de nombreux États africains utilisent l'approche de l'économie des ménages, dont le but est de clarifier l'influence des facteurs de la vulnérabilité sur la pauvreté et la sécurité alimentaire (Seaman et al., 2014[54] ; Acidri et al., 2018[55]) (voir aussi l'Encadré 4.3).

Les facteurs économiques, institutionnels et politiques de vulnérabilité

Au vu de la nature de la vulnérabilité, il est important pour les décideurs publics de prendre en compte l'impact du changement climatique sur les éléments plus immatériels, qui jouent un rôle déterminant dans le fonctionnement des groupes sociaux et des réseaux. Ces facteurs vont des systèmes sociaux et des réseaux informels aux connaissances culturelles et pratiques de la vie quotidienne. Les facteurs de vulnérabilité ont été classés en trois catégories – économiques, institutionnels et politiques –, chacune appelant à des approches spécifiques (Thomas et al., 2018[119]).

Les ***capacités économiques*** incluent la diversité des sources de revenu et la possibilité de passer d'un moyen de subsistance à un autre (et, pour chacun, d'une méthode à une autre). Ces capacités peuvent être déterminantes dans l'impact d'un choc climatique sur le niveau global de richesse et de bien-être des ménages (Ahmed et al., 2019[123]). Les groupes de population marginalisés vivent souvent dans des zones plus exposées aux aléas. Par conséquent, lorsque survient une catastrophe, la part de richesses perdues par ces groupes a tendance à être relativement plus élevée que pour le reste de la population (Hallegatte et al., 2016[124]). S'ils ne disposent pas d'une diversité de sources de revenu, d'une épargne ou d'autres moyens de financement (comme une assurance ou une protection sociale), les ménages marginalisés risquent de recourir à des mécanismes d'adaptation ayant des effets préjudiciables. Des actions comme le retrait des enfants de l'école, la diminution de la consommation ou la vente de biens de production pourraient enclencher le cercle vicieux de la pauvreté (Bowen et al., 2020[125]). D'autres ménages pourraient choisir d'émigrer préventivement, que ce soit pour s'adapter ou pour réagir aux impacts climatiques (voir l'Encadré 4.6).

Encadré 4.6. Élévation du niveau de la mer et émigration

De plus en plus d'individus, dans le monde entier, ressentent les effets du changement climatique, et cela ne fera qu'empirer. Dans certains cas, ils s'adapteront à la situation en émigrant ; dans d'autres, ils seront peut-être involontairement déplacés. L'intérêt croissant des universitaires et des pouvoirs publics pour les liens existants entre le changement climatique et la mobilité des populations contribue à une compréhension plus nuancée de ces liens. Alors que certaines études mettent en évidence une augmentation de la mobilité des individus liée au changement climatique, d'autres laissent entendre que les groupes vulnérables pourraient devenir moins mobiles en cas d'aléas grandissants du fait – entre autres – de contraintes politiques et institutionnelles ou de l'absence de moyens ou de possibilités (Black et al., 2013[126]). Certains individus seront néanmoins réticents à émigrer en raison des liens étroits – économiques, culturels ou sociaux – qu'ils ont avec un lieu (McLeman et al., 2021[127]). Le fait de s'intéresser à l'impact de l'élévation du niveau de la mer sur l'émigration peut fournir un éclairage sur les nombreux facteurs qui interviennent dans ces processus.

Une forte proportion de la population mondiale vit dans des zones côtières où la montée des eaux aura des conséquences préjudiciables sur le bien-être (McLeman, 2017[128]). L'élévation du niveau de la mer devrait contraindre des millions de personnes à se retirer à l'intérieur des terres si les côtes ne sont pas protégées (Lincke et Hinkel, 2021[129]), ce qui pourrait donner lieu à des migrations sur de plus longues distances. D'après la plupart des estimations, la montée des eaux au XXIe siècle devrait être inférieure à 2 mètres au niveau mondial (voir l'encadré 3.2). Toutefois, les populations qui y sont exposées répondent à des profils variés. Cela inclut les populations vivant dans : i) des zones côtières de faible altitude ; ii) des zones inondables en cas de crue centennale ; ou iii) des zones qui seraient inondées dans certains scénarios d'élévation du niveau de la mer (Hauer et al., 2019[130]). Près de 190 millions de personnes occupent des terres situées sous la ligne de marée haute projetée pour 2100 dans un scénario de faibles émissions ; ce nombre passe à 630 millions dans un scénario de fortes émissions[1] (Kulp et Strauss, 2019[131]). Cela dit, les personnes exposées à la montée des eaux ne vont pas toutes réagir en émigrant. La principale raison est que des millions d'individus sont protégés contre ce phénomène et contre les niveaux d'eau extrêmes. Néanmoins, à mesure que le climat continuera de changer, les migrations vont sans doute se multiplier (Oppenheimer et al., 2019[132]).

L'émigration n'est généralement qu'une des solutions qui s'offrent aux ménages et aux collectivités pour faire face au changement climatique (McLeman et al., 2021[127]). De même, le changement climatique n'est que l'un des nombreux facteurs intervenant dans la décision d'émigrer (Hauer et al., 2019[130]). En principe, la lenteur avec laquelle le niveau de la mer évolue fournit suffisamment de temps aux individus pour prendre des mesures d'adaptation, en plus des efforts d'atténuation déployés pour limiter la montée des eaux (McLeman, 2017[128]). Le franchissement des points de bascule du système terrestre (voir le chapitre 3) pourrait entraîner des changements non linéaires dans les systèmes écologiques ainsi qu'une accélération rapide de l'élévation du niveau de la mer dans le courant du siècle. La configuration des flux migratoires serait alors susceptible d'évoluer elle aussi de façon non linéaire (McLeman, 2017[128]).

Bien que l'émigration liée à la montée des eaux puisse avoir des résultats positifs, elle est généralement considérée comme source de perturbations pour les ménages et, dans certains cas, pour le bien-être des communautés également. La décision d'émigrer a donc tendance à s'inscrire dans un contexte individuel ou familial plus global incluant un changement de situation sur le plan matériel, la sécurité alimentaire ou l'accès à un soutien formel ou informel (McLeman et al., 2021[127]). L'émigration peut être décidée en anticipation des impacts négatifs de l'élévation du niveau de la mer ou en réaction à ces impacts. Les décisions prises dans un but plus général auraient plus de chances de réussir à réduire la vulnérabilité et à renforcer la capacité d'adaptation. D'un autre côté, l'urbanisation, mais aussi les ressources environnementales et les agréments que procurent les zones côtières, encouragent les aménagements et les migrations le long des côtes (Hauer et al., 2019[130]).

Note :[1] Le scénario de faibles émissions correspond au RCP 2.6 (ou profil représentatif d'évolution de concentration) du GIEC ; celui de fortes émissions correspond au RCP 8.5.

La vulnérabilité des individus et le manque de ***capacités institutionnelles*** peuvent transformer les aléas en catastrophes. Lorsque l'ouragan Katrina a frappé la côte ouest des États-Unis en 2005, la région était économiquement défavorisée et reconnue pour ses inégalités multidimensionnelles profondes et persistantes. Selon certaines analyses, cette situation était le résultat de nombreuses années de politiques et de pratiques institutionnelles discriminatoires à l'égard des communautés noires. Leurs effets se sont fait sentir, entre autres, sur les marchés du travail, ainsi que sur le logement et le crédit (Henkel, Dovidio et Gaertner, 2006[133]). En 2005, les revenus médian et par habitant des ménages en Alabama, en Louisiane et dans le Mississipi – les États les plus directement touchés par l'ouragan – étaient inférieurs à la moyenne nationale. Parallèlement, le pourcentage de la population de ces États vivant dans la pauvreté était supérieur à la moyenne (Zottarelli, 2008[134]).

La marginalisation économique ainsi que les politiques et les pratiques discriminatoires se renforçaient mutuellement. Les deux aspects combinés se sont traduits par le fait que la population exposée n'a pas eu les capacités ni les ressources nécessaires pour prendre des mesures préventives afin de se préparer correctement à l'ouragan. Elle n'a pas non plus été en mesure de se protéger au moment de l'événement, par exemple en sécurisant ou en quittant les habitations (Thomas et al., 2018[119]). Ces points de vulnérabilité se sont manifestés dans le contexte de l'environnement bâti. Les segments les plus pauvres de la population ont eu plus tendance à s'installer dans des zones côtières meilleur marché et moins cotées, beaucoup plus exposées aux aléas météorologiques et climatiques. S'agissant de leur redressement après l'événement, ces groupes étaient également relativement peu assurés contre les inondations (Henkel, Dovidio et Gaertner, 2006[133]).

Les ***capacités politiques*** – qui prennent par exemple la forme de la participation active aux processus décisionnels – jouent un rôle important dans l'accès aux ressources, aux dispositifs publics et aux décisions. Les initiatives d'adaptation visent à renforcer la résilience des communautés face aux impacts du changement climatique. Un examen du financement du développement axé sur l'adaptation a cependant montré qu'elles échouent souvent à s'attaquer aux facteurs sous-jacents de la vulnérabilité individuelle ou collective (Eriksen et al., 2021[120]). Dans certains cas, ce financement a involontairement renforcé, redistribué ou amplifié la vulnérabilité. Les priorités fixées par les élites locales peuvent par exemple s'infiltrer dans la dynamique existante du pouvoir et renforcer les inégalités. Il peut aussi arriver, lorsqu'un aléa n'est pas géré avec soin, qu'il soit simplement transféré d'une communauté à une autre (par exemple dans le contexte des infrastructures de l'eau ou des côtes) (Eriksen et al., 2021[120]). Transférer des individus ou des communautés peut en outre avoir des effets négatifs sur la cohésion sociale et le sentiment d'appartenance. L'adoption de nouvelles pratiques agricoles pour maintenir la production peut également avoir des conséquences sur les valeurs culturelles (Adger et al., 2012[135]).

Ces considérations montrent qu'il est important que les approches de la réduction et de la gestion des risques de pertes et de dommages induits par le changement climatique soient soigneusement ancrées dans le contexte du pays ou de la communauté des individus concernés. Cela nécessite une bonne compréhension des facteurs qui déterminent le niveau des capacités économiques, institutionnelles et politiques, et ne passe pas toujours par des initiatives ayant trait au climat. Des approches encourageant un développement durable plus général (intégrant par exemple l'éducation, la santé ou le développement économique) pourraient au contraire être envisagées.

Les dispositifs doivent en outre s'appuyer sur la connaissance locale des risques et des méthodes utilisables pour les gérer. Les acteurs locaux – dont les groupes autochtones – possèdent une connaissance précise des aléas météorologiques et climatiques, du contexte socioéconomique et des expériences locales de la gestion des événements de ce type survenus par le passé (BIT, 2017[136]). La CCNUCC reconnaît le rôle des populations locales et autochtones dans la gestion des risques climatiques. La plateforme des communautés locales et des peuples autochtones vise à faciliter les échanges d'expériences sur l'action climatique émanant de différents systèmes de connaissances. Elle a également pour but d'encourager ces communautés et ces peuples à participer au processus climatique (CCNUCC, sans date[137]). L'Initiative pour l'adaptation en Afrique et l'initiative LIFE-AR pour une véritable adaptation et résilience dans les pays les moins avancés (voir l'Encadré 4.7) sont des exemples de processus gérés et pilotés par ces populations au niveau régional.

Encadré 4.7. Gestion et direction des initiatives climatiques

Initiative pour l'adaptation en Afrique (IAA)

L'IAA, initiée par l'Union africaine, a été présentée officiellement par les chefs d'État africains lors de la COP 21. Ses objectifs sont au nombre de trois : premièrement, accélérer les efforts d'adaptation aux effets néfastes du changement climatique ; deuxièmement, renforcer la collaboration en matière d'adaptation sur l'ensemble du continent ; troisièmement, recueillir des soutiens afin de pouvoir développer sensiblement les efforts d'adaptation.

L'IAA adopte un point de vue stratégique en repérant les lacunes et en mettant en relation les partenaires régionaux (publics et privés). Elle peut de cette façon recenser, affiner et classer par ordre de priorité les activités relevant de ses quatre grands axes d'action : i) renforcer les services d'informations climatiques ; ii) renforcer les cadres politiques et institutionnels ; iii) améliorer les mesures sur le terrain ; et iv) assurer le financement et les investissements au service de l'adaptation.

Les neuf principes généraux guidant l'IAA sont les suivants : i) être axée sur les parties prenantes ; ii) assurer la pertinence pour l'Afrique ; iii) développer et renforcer les partenariats existants ainsi que les nouveaux ; iv) appuyer l'engagement des pays africains en ce qui concerne les procédures de la CCNUCC ; v) promouvoir la coopération régionale et transfrontalière ; vi) développer les lots de travail en phase avec les besoins en adaptation à très court, court, moyen et long terme ; vii) améliorer la communication ; viii) adopter une approche par étape ; et ix) promouvoir la transparence.

Initiative LIFE-AR pour une véritable adaptation et résilience dans les pays les moins avancés

L'initiative LIFE-AR, gérée et pilotée par les PMA, a été créée en 2018 dans le but d'élaborer une vision à long terme concernant la résilience future de ces pays à l'égard du changement climatique. Cette vision consiste pour les PMA « à s'engager sur une trajectoire de développement résilient au changement climatique avant 2030 et à parvenir à la neutralité carbone à l'horizon 2050 de façon à assurer la croissance des sociétés et des écosystèmes ». L'initiative LIFE-AR est née de trois postulats : i) les approches habituelles de la gestion du changement climatique sont inefficaces ; ii) le financement de l'adaptation et des actions locales est très insuffisant dans les pays en développement ; et iii) les actions climatiques à court terme, centrées sur des projets et des secteurs spécifiques ont des effets limités. Aussi, pour relever ces défis et concrétiser la vision des PMA, des approches multisectorielles à long terme, conduites par les pays, sont adoptées : elles consistent à mettre en place dans chaque pays des systèmes, des connaissances et des capacités, ainsi qu'un accès à des sources de financement prévisibles et fiables – nationales et internationales, publiques et privées –, y compris au niveau local.

Les principes guidant l'action de LIFE-AR sont les suivants : l'inclusion, la participation, l'action locale, la justice, l'équité et la solidarité. Les gouvernements des PMA ont pris un certain nombre d'engagements, qu'ils ont complétés par des demandes adressées à la communauté internationale (voir le Tableau 4.3).

Tableau 4.3. Engagements et demandes dans le cadre de l'initiative LIFE-AR

Engagements des gouvernements des PMA	Demandes à la communauté internationale
Travailler avec l'ensemble de la société pour obtenir à l'avenir la neutralité carbone et la résilience à l'égard du changement climatique.	Fournir aux PMA des moyens de financement prévisibles, accessibles et de grande qualité afin de les aider à respecter les ODD et l'Accord de Paris. Soutenir l'objectif des PMA qu'au moins 70 % des flux financiers bénéficient aux actions locales à l'horizon 2030.
Établir une solide architecture pour le financement de l'action climatique, en faisant en sorte qu'au moins 70 % des flux financiers bénéficient aux actions locales à l'horizon 2030.	Travailler ensemble pour réduire les coûts des transactions et mettre en place une responsabilité mutuelle sous la direction des PMA.
Intégrer les notions d'adaptation, d'atténuation et de résilience dans les objectifs de développement locaux et nationaux.	Travailler avec les PMA sur le long terme pour renforcer les capacités institutionnelles locales et nationales.
Renforcer les capacités, les institutions, les connaissances, les compétences et l'apprentissage concernant le climat.	Investir dans des économies et des technologies neutres en carbone et résilientes au changement climatique dans les PMA.
Mettre en place une gouvernance plus inclusive afin que les décisions relatives au climat soient centrées sur la transformation des relations femmes-hommes et la justice sociale.	Concevoir des stratégies ambitieuses (dans les pays développés) pour une trajectoire associant un réchauffement de 1.5 °C, la neutralité carbone et la résilience à l'égard du changement climatique à l'horizon 2020.

Source : https://www.africaadaptationinitiative.org/fr/ ; (LIFE-AR, 2019[138])

Changement progressif ou transformation

Pour faire face aux impacts croissants du changement climatique, les acteurs cherchent à agir sur leur vulnérabilité. Dans la plupart des cas, cela se traduit par des ajustements progressifs des pratiques en vigueur. Au niveau national, ces aménagements peuvent concerner la gestion de l'utilisation des terres, la création d'infrastructures ou les stratégies sectorielles. À l'échelon individuel ou des ménages, les choix opérés en matière de moyens de subsistance peuvent réduire la vulnérabilité aux aléas météorologiques et climatiques. En Ouganda, les producteurs de patate douce ajustent eux-mêmes leurs pratiques pour obtenir les meilleurs rendements possible. Ainsi, en réponse à l'incertitude croissante concernant le début et la fin de la saison des pluies, ils plantent des variétés présentant des périodes de maturation plus courtes. Dans d'autres contextes, des changements plus radicaux – voire des transformations – s'avèrent nécessaires.

Dans le nord du Kenya, certains éleveurs pastoraux ont dépassé le stade des ajustements pour procéder à de véritables transformations. Ils ont ainsi remplacé le bétail par des camélidés, plus adaptés au climat de plus en plus chaud et à la prévisibilité moindre des précipitations. Les camélidés consomment moins d'eau, mangent une plus grande variété de plantes et produisent jusqu'à six fois plus de lait que les espèces de bétail locales (Salman et al., 2019[139] ; Volpato et King, 2018[140]). Le marché des camélidés et du lait de chamelle et de dromadaire s'est développé au fil du temps, avec des effets positifs sur les moyens de subsistance et la sécurité alimentaire (Elhadi, Nyariki et Wasonga, 2015[141]). À l'instar des éleveurs kenyans délaissant le bétail pour les camélidés, certains producteurs du Costa Rica abandonnent le café au profit des oranges. Ces fruits sont en effet plus adaptés à un climat plus chaud et rapportent plus que le café, soumis à une concurrence mondiale de plus en plus rude. Les producteurs costaricains ont également observé que les orangers résistaient mieux aux sécheresses, aux inondations, aux fluctuations des températures, au caractère erratique des précipitations et aux vents violents (Tye et Grinspan, 2020[142]).

Ces changements au Kenya et au Costa Rica ont été mis en œuvre de façon autonome et sans aucune aide de l'État. Ils étaient la résultante d'une évaluation de l'adéquation des nouvelles approches aux différents futurs climatiques. Cependant, pour que ces transformations soient durables, les décideurs publics doivent jouer un rôle plus actif en collaborant avec les communautés scientifiques, locales et autochtones. Ils doivent, ensemble, recenser les pistes d'action et concevoir des mesures et des plans facilitant la transition par la fourniture d'informations (notamment sur le climat), d'une assistance technique (comme des services de vulgarisation) et de ressources financières. Dans certains cas, les politiques de marché (les subventions à l'agriculture, par exemple) doivent elles aussi faire l'objet d'ajustements. L'idée serait de promouvoir des produits et des méthodes présentant une résilience au changement climatique, ainsi que de favoriser si besoin la création d'un marché pour les produits émergents (comme le lait de camélidé) (Salman et al., 2019[139] ; Volpato et King, 2018[140]). Qu'ils soient techniques ou financiers, ces ajustements nécessiteront du temps pour assurer le même niveau de soutien que les mesures existantes (Tye et Grinspan, 2020[142]). Il conviendrait, sur le court terme, de mettre en place des mécanismes permettant aux individus et aux acteurs privés de mieux faire face aux aléas climatiques. Il pourrait s'agir, par exemple, de lignes directrices claires sur la stratégie à mener et des dispositifs de soutien correspondants.

4.4. Le rôle des institutions, de la gouvernance et des normes dans la réduction et la gestion des pertes et des dommages

Les efforts qui seront déployés par les différentes parties prenantes à l'égard des aléas, de l'exposition et de la vulnérabilité seront guidés par les institutions et les processus de gouvernance existants. Le GIEC a recensé trois façons dont les institutions influencent et canalisent l'élaboration et la mise en œuvre des mesures sur le climat (Somanathan et al., 2014[143]):

- Les institutions, que ce soit par le biais de règles formelles ou de normes informelles, mettent en place des structures incitant à certaines décisions économiques (par exemple concernant les investissements dans les transports ou les comportements ayant trait à l'efficacité énergétique).
- Les institutions façonnent le contexte politique des prises de décisions en mettant en avant certains intérêts plutôt que d'autres (comme le montre la tarification de l'énergie ou la fiscalité environnementale au sens large mise en place par certains pays).
- Les institutions influencent la façon dont les risques sont perçus et évalués, le choix des risques sur lesquels il convient d'agir en priorité, et les dispositions qui sont prises (c'est-à-dire, les approches qui sont ou non prises en compte et adoptées).

La hiérarchisation et la gestion des risques climatiques dépendent également de la manière dont ces risques sont perçus, laquelle résulte des connaissances et de l'expérience passée. Cette perception détermine quels risques sont tolérables, lesquels méritent une attention, à quel moment et dans quelle mesure (Thomas et al., 2018[119]). Cela signifie que la gestion des composantes du risque climatique est inévitablement politique et qu'elle reflète les valeurs et les intérêts – divers et contradictoires – des parties prenantes. Les pouvoirs publics et autres dépositaires d'une autorité peuvent s'efforcer de clarifier les risques par divers biais tels que la consultation, la coordination des actions et la réalisation de travaux de recherche. Les individus et les collectivités interprètent ensuite les informations et les recommandations correspondantes à l'aune de leur propre perception des risques. Celle-ci ne coïncide pas forcément avec les grandes préoccupations publiques (Sudmeier-Rieux et al., 2015[76]). Il en est de même au niveau mondial, où chaque pays a sa propre perception, expérience et gestion des risques planétaires, y compris du changement climatique (White et Lawrence, 2020[144]).

L'existence d'intérêts et de valeurs divergents contribue à retarder l'action climatique. Les différences entre les structures d'incitation économique à l'action d'atténuation (un bien public mondial) ou d'adaptation (un ensemble de biens publics locaux, des ressources communes et des biens privés) peuvent conduire à des retards ou à des actions inadaptées. Or, les intérêts et les valeurs divergents – que ce soit au niveau national ou international – sont aussi des facteurs d'influence. On sait ainsi que des groupes ayant intérêt à voir la consommation de combustibles fossiles perdurer ont contribué à semer le doute sur la crédibilité de la climatologie (par exemple en menant des campagnes de désinformation).

De plus en plus d'éléments laissent à penser que l'action climatique ne doit pas nécessairement exclure le développement économique (OCDE, 2017[65] ; OCDE/La Banque mondiale/ONU Environnement, 2018[145]). Toutefois, compte tenu du niveau élevé d'ambition qui est requis pour réduire les risques de pertes et de dommages, il y aura inévitablement des gagnants et des perdants. À l'échelle d'un pays, par exemple, les activités économiques pourront être orientées vers des alternatives moins consommatrices de combustibles fossiles, ou moins vulnérables aux aléas météorologiques et climatiques. Cela entraînera des pertes d'emploi, mais aussi la création de nouveaux débouchés. La configuration des échanges entre les pays pourrait également s'en trouver modifiée, les entreprises cherchant à réduire leur vulnérabilité aux phénomènes météorologiques extrêmes.

Une transition juste et un travail décent sont en train de devenir les priorités des pouvoirs publics à l'égard de l'action climatique. Conscients des impacts sociaux grandissants de la politique menée concernant le changement climatique, les décideurs publics ont centré leur attention sur une transition juste pour la main-d'œuvre et sur la création d'emplois décents et de qualité. Comme on peut le lire dans son préambule, l'Accord de Paris met ainsi l'accent sur les « impératifs d'une transition juste pour la population active et de la création d'emplois décents et de qualité conformément aux priorités de développement définies au niveau national » (CCNUCC, 2015[61]).

Les décideurs publics ont à leur disposition toutes sortes d'outils pour rendre les risques climatiques concrets et alimenter les processus décisionnels. Certains de ces outils sensibilisent les différentes parties prenantes à la nature des risques et aux solutions qui s'offrent pour les gérer. D'autres influent sur les structures incitatives des processus décisionnels, comme par exemple l'indemnisation ponctuelle, la tarification ou les subventions. D'autres encore imposent des normes ou interdisent certaines pratiques, par exemple en ce qui concerne la gestion de l'utilisation des terres ou la conception technique (Baer, Campiglio et Deyris, 2021[146]). Les leviers peuvent être activés à différents niveaux de gouvernance et auprès de différents groupes d'acteurs. L'application des différents outils doit, par conséquent, être fondée sur la transparence ainsi qu'une bonne compréhension des synergies, des arbitrages et des rétroactions qui s'opèrent entre eux. Elle doit aussi respecter l'interaction qui existe entre, d'une part, les impacts liés au climat et, d'autre part, les conditions sociales, environnementales et économiques, à différentes échelles spatiales et temporelles (OCDE, 2021[147]).

4.4.1. Les dispositifs de gouvernance permettant de réduire et gérer les risques de pertes et de dommages

Les dispositifs de gouvernance occupent une place centrale dans la gestion des risques climatiques. Il s'agit globalement des structures et des processus qui conduisent la société et l'économie vers des objectifs communs (Ansell et Torfing, 2016[148]). Ils diffèrent par leur niveau d'intervention (local, national, régional ou mondial) et leur mode de gouvernance (marché, réseau, hiérarchie) (Jordan et al., 2015[149]). Dans le contexte du changement climatique, la gouvernance inclut une attention explicite à la gestion des aléas. Elle recouvre également un large ensemble de structures et de processus qui composent le contexte socioéconomique déterminant l'exposition et la vulnérabilité des personnes et des biens à l'égard de différents types d'aléas climatiques.

En tant que problème d'envergure mondiale dépendant de l'action collective pour limiter l'ampleur de ses aléas, le changement climatique est source de défis en ce qui concerne l'efficacité de la gouvernance internationale. Par exemple, les pays sont confrontés à des risques différents. Ils n'ont pas les mêmes intérêts ni la même perception des coûts et des bienfaits des actions d'atténuation. Ils présentent en outre de grandes différences en ce qui concerne leurs capacités politiques, économiques et technologiques.

Cela explique que l'on ait mis davantage l'accent, dans la mission de gouvernance, sur le volet de la gestion des risques (Klinke et Renn, 2019[150]). Les méthodes employées à cet égard soulignent la complexité de la compréhension des risques et l'incertitude y afférente. Elles mettent également en exergue l'ambiguïté ou les différences – voire les divergences – d'interprétation des risques et de leur contexte (Klinke et Renn, 2019[150]).

Deux approches récentes reflètent un changement d'axe, à savoir l'abandon des différents processus d'évaluation, de gestion et de communication des risques au profit des institutions et des processus qui orientent et facilitent la gestion des risques. Le Cadre d'action de Sendai pour la réduction des risques de catastrophe considère le renforcement de la gouvernance des risques de catastrophe comme une priorité pour assurer l'efficacité et l'efficience de la gestion desdits risques. Il « favorise la collaboration et les partenariats entre mécanismes et institutions, l'objectif étant la mise en œuvre d'instruments utiles à la réduction des risques de catastrophe et au développement durable » (UNDRR, 2015[100]). De son côté, la Recommandation du Conseil de l'OCDE sur la gouvernance des risques majeurs reconnaît l'importance d'introduire un changement fondamental dans la gouvernance des risques en impliquant l'ensemble de la société (OCDE, 2014[151]). Le Tableau 4.4 présente succinctement les recommandations et les axes d'action figurant dans ce texte (2014[151]).

Les approches adaptatives ou itératives de la gouvernance des risques insistent sur l'importance de l'utilisation combinée de structures de gouvernance et de dispositifs institutionnels permettant un suivi, une évaluation et un apprentissage continus (Klinke et Renn, 2012[152] ; OCDE, 2021[147] ; Folke et al., 2005[153]). Ces tâches peuvent bénéficier des leçons qui ont été tirées de la gestion de risques antérieurs ou similaires. Elles peuvent aussi s'appuyer sur les nouvelles connaissances des risques et des technologies y afférentes à mesure qu'elles deviennent disponibles (Klinke et Renn, 2012[152]). Ces approches permettent une caractérisation permanente des risques, laquelle sera capitale pour procéder à toutes sortes de tâches : de l'évaluation des risques à la conception, la mise en œuvre et l'évaluation des méthodes utilisées pour les réduire et les gérer (IRGC, 2017[154]).

Les aléas climatiques comme les contextes socioéconomiques présentent un caractère dynamique et non linéaire (voir le chapitre 2). Il en résulte que la gouvernance des risques doit évaluer : les différents processus et résultats ; leurs interactions (en particulier toute rétroaction pouvant accroître ou réduire l'efficacité des mesures) ; enfin, les synergies et arbitrages éventuels. Grâce à la nouvelle compréhension des risques et aux enseignements tirés, ces processus itératifs peuvent servir à ajuster continuellement les approches utilisées. L'Encadré 4.8 présente brièvement la méthode préconisée par le ministère fédéral allemand de la Coopération et du développement économiques pour gérer les risques liés au climat et aux catastrophes.

Tableau 4.4. Recommandation du Conseil de l'OCDE sur la gouvernance des risques majeurs

Recommandation	Action
Définir et promouvoir une approche holistique, multi-aléas et transfrontières de la gouvernance des risques au niveau national comme fondement d'une meilleure résilience et réactivité du pays.	• Développer une stratégie nationale de gouvernance des risques majeurs. • Définir le leadership au niveau national pour mener la mise en œuvre des politiques publiques, connecter les différentes politiques sectorielles et aligner les priorités entre les ministères et les différents échelons d'administration. • Associer tous les acteurs aux niveaux national et local afin de coordonner la participation de diverses parties prenantes dans des processus inclusifs d'élaboration des politiques. • Établir des partenariats avec le secteur privé pour assurer la réactivité et le partage des responsabilités conformément à la stratégie nationale.
Renforcer le niveau de préparation en s'appuyant sur la prospective et l'évaluation des risques ainsi que sur une architecture financière pour mieux anticiper l'ampleur et la complexité des impacts potentiels.	• Développer la capacité à anticiper les risques en lien direct avec la prise de décisions. • Donner la capacité aux départements ministériels et aux agences publiques d'anticiper et de gérer les menaces d'origine humaine. • Évaluer et renforcer les capacités essentielles de la gestion du risque. • Prévoir les impacts budgétaires des crises, par le biais de mécanismes de financement public clairement établis, par le renforcement des efforts afin de réduire les impacts que les risques majeurs pourraient avoir sur les finances publiques et sur le plan fiscal d'un pays pour une plus grande résilience.
Mobiliser les citoyens, les entreprises et les acteurs internationaux en les sensibilisant aux risques majeurs et en les incitant à investir dans la prévention et l'atténuation des risques.	• Encourager une approche sociétale pour la communication du risque et faciliter la coopération transfrontière, en utilisant des registres de risques, les médias et d'autres moyens de communication publique sur les risques majeurs. • Renforcer les mesures structurelles et non structurelles de protection pour réduire les risques majeurs. • Encourager les entreprises à prendre des mesures pour garantir la continuité de l'activité, en mettant l'accent sur les opérateurs d'infrastructures d'importance vitale.
Développer des capacités de gestion de crise évolutives pour permettre une prise de décision, une communication et des réponses d'urgence en temps utile, par une coordination des ressources à l'échelle de l'État, de ses agences et de réseaux de réponses élargis.	• Mettre en place des capacités stratégiques de gestion de crise pour faire face aux crises provoquées par des risques inédits et imprévisibles. • Renforcer le leadership, les capacités de détection précoce et d'interprétation des crises, et mener des exercices en faveur de la coopération interinstitutionnelle et internationale. • Mettre en place les compétences et les moyens nécessaires au renforcement des capacités d'intervention en cas d'urgence. • Développer les capacités des pouvoirs publics pour définir des plans de relèvement et de reconstruction et superviser leur mise en œuvre.
Faire preuve de transparence et de responsabilité dans le processus décisionnel lié aux risques et rendre des comptes en intégrant de bonnes pratiques de gouvernance et en tirant en permanence les leçons de l'expérience et des progrès scientifiques.	• Assurer la transparence s'agissant des informations utilisées pour favoriser l'acceptation des décisions de gestion des risques par les parties prenantes, afin de faciliter la mise en œuvre des politiques et limiter les risques d'atteinte à la réputation. • Renforcer la capacité de l'État à optimiser les ressources dédiées à la sécurité civile, à la sécurité nationale, au niveau de préparation et à la résilience. • Mettre en commun les connaissances, notamment les enseignements tirés d'événements antérieurs, les résultats scientifiques et de la recherche, dans des revues post-évènement, pour évaluer l'efficacité des activités de prévention et de préparation, ainsi que les opérations d'intervention et de redressement.

Note : Pour chaque domaine d'action, la Recommandation suggère des approches ou des actions ciblées.
Source : (OCDE, 2014[151]).

Encadré 4.8. La gestion holistique des risques dans le domaine de la coopération pour le développement en Allemagne

Le ministère fédéral allemand de la Coopération et du développement économiques préconise l'adoption d'une approche holistique et coordonnée pour gérer les risques liés au climat et aux catastrophes. Il s'appuie pour ce faire sur un large éventail de stratégies ainsi que d'instruments de gestion des risques (voir le Graphique 4.3). Des instruments divers – certains déjà éprouvés, d'autres plus innovants – utilisés dans les domaines de l'atténuation du changement climatique et de l'adaptation à ses effets, de la gestion des risques de catastrophe et de la protection sociale se combinent pour obtenir une méthode de gestion des risques unique et exhaustive. Une aide au développement temporaire assure en outre la transition vers l'aide humanitaire.

Dans la pratique, les instruments sont choisis en fonction du contexte. Les systèmes d'alerte précoce sont ainsi une composante essentielle de la stratégie de préparation. L'association de mesures d'adaptation (fondées par exemple sur les écosystèmes) et d'instruments de transfert des risques peut réduire considérablement les risques de pertes et de dommages. L'encadré 5.12, dans le chapitre 5, présente plus en détail le rôle des outils d'assurance et de financement des risques.

Cette façon de procéder encourage la flexibilité, autrement dit la prise en compte des besoins, contextes et échelles spécifiques, mais aussi des effets en cascade potentiels. L'approche de gestion holistique des risques aide aussi bien les États que les acteurs non étatiques à prendre en considération tous les risques applicables lorsqu'ils prennent des décisions et déploient des stratégies et des actions.

Graphique 4.3. Gestion holistique des risques : stratégies et instruments

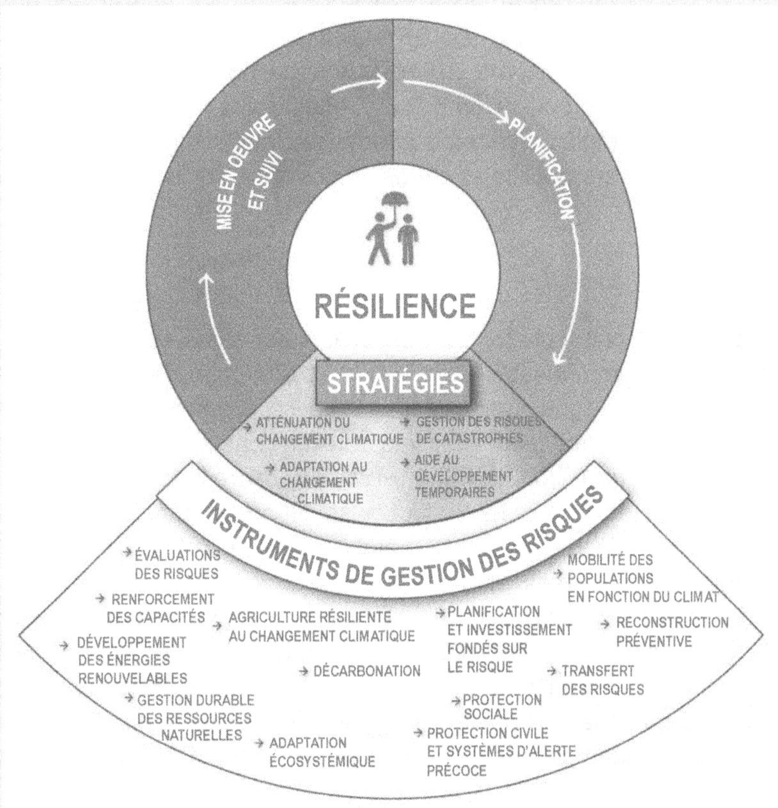

Source : (BMZ, 2019[155])

Mobilisation inclusive des parties prenantes

Une approche itérative nécessite la participation et la prise en compte des différents groupes d'acteurs – publics, privés, formels et informels –, y compris des populations locales et autochtones. Chaque partie prenante apporte une contribution unique et complémentaire à la compréhension des risques, ainsi qu'à leur réduction et leur gestion en fonction de ses capacités et des tâches qu'elle a accepté de remplir (Schweizer et Renn, 2019[156] ; GIEC, 2012[74]). Chacune d'elles dispose de ressources et de capacités différentes pour faire entendre son point de vue. Par conséquent, une représentation et une participation à titre individuel ne constituent pas une procédure inclusive (OCDE, 2021[147]). Des mécanismes doivent donc être mis en place pour faciliter les échanges d'informations, de manière à orienter les efforts vers une compréhension commune des risques et des approches à utiliser pour les réduire et les gérer.

Au Chili, par exemple, une Table ronde sur la mobilité des populations, le changement climatique et les catastrophes y afférentes a été organisée pour pallier les lacunes de la gouvernance, compte tenu de l'importance accrue que revêtent ces questions pour le pays. Diverses parties prenantes émanant des secteurs public et privé, des milieux universitaires et de la société civile y participent. Ce dispositif institutionnel favorise une meilleure compréhension des thèmes en question et des liens qui existent entre eux, en vue d'élaborer des lignes directrices à l'intention des administrations infranationales.

L'occurrence en cascade et le caractère incertain des risques climatiques impliquent que les parties prenantes ne sont pas toujours bien définies. Il arrive qu'elles proviennent de différentes circonscriptions géopolitiques (UNDRR, 2019[9]). Avec l'augmentation des risques de pertes et de dommages, les parties prenantes peuvent aussi avoir de plus en plus besoin d'opérer des changements radicaux ou des transformations pour réduire les aléas, l'exposition et la vulnérabilité. Dans la mesure où le changement climatique ne touche pas tout le monde de la même façon, ces processus doivent s'appuyer sur une compréhension des risques et une acceptation des actions et des approches proposées qui soient publiques, robustes et largement partagées , (UNDRR, 2021[157]). Il existe également un impératif politique et déontologique, à savoir que le système de gouvernance doit gérer ces processus avec soin et transparence. Cela peut inclure une évaluation précise, effectuée à l'avance, des effets redistributifs, ou encore l'adoption de mesures complémentaires d'indemnisation susceptibles de limiter les répercussions négatives des actions des pouvoirs publics et autres dispositions sur le bien-être des individus (OCDE, 2020[158]).

Coordination stratégique, opérationnelle et technique

Les pays prennent de plus en plus conscience des avantages d'une collaboration et d'une cohérence accrues entre les différentes communautés travaillant à la réduction des risques liés au climat et aux catastrophes (OCDE, 2020[57] ; Haque et al., 2018[81]). La cohérence des actions publiques – perçue comme un processus de coordination – peut avoir lieu dans un continuum allant du niveau stratégique aux niveaux opérationnel et technique (OCDE, 2020[57]) (voir l'Encadré 4.9). Si une plus grande cohérence peut être un gage d'efficience et d'efficacité, il peut aussi lui être opposée l'amélioration des différents processus de l'action publique (Dazé, Terton et Maass, 2018[159]). La logique théorique de la cohérence ne se retrouve pas toujours dans les faits, et des défauts de concordance – réels ou perçus comme tels – peuvent apparaître entre les processus et les institutions. Les incohérences peuvent provenir de plusieurs facteurs. Le contexte institutionnel différent des deux approches a contribué à la mise en place de structures et de mécanismes de financement distincts ne fonctionnant pas sur les mêmes échelles de temps. À titre d'exemple, la réponse immédiate à une catastrophe peut avoir lieu sur le court terme, alors que l'action climatique doit fondamentalement s'appuyer sur l'adoption de perspectives à long terme (OCDE, 2020[57]).

Les bonnes pratiques qui font leur apparition dans différents pays (dont les Philippines et le Pérou) consistent à instaurer la coordination au niveau des instances supérieures. Cette façon de procéder devrait avoir le soutien des responsables politiques car elle procure une compréhension commune de ce qu'est une plus grande cohérence et des moyens de l'obtenir. Dans la pratique, les grands ministères (comme celui des Finances) devraient s'assurer que l'affectation des ressources reflète la répartition des rôles et des responsabilités. Si le renforcement de la cohérence des actions publiques est l'apanage des administrations nationales, sa concrétisation a généralement lieu au niveau local ou sectoriel, où les capacités sont parfois plus réduites et où les responsables doivent répondre à des demandes concurrentes. Les acteurs nationaux doivent donc être informés de la charge que peuvent représenter la planification, la mise en œuvre et le suivi de ces processus pour les différentes parties prenantes (OCDE, 2020[57]).

Encadré 4.9. Cohérence des actions publiques : l'adaptation aux effets du changement climatique et la réduction des risques de catastrophe

Il existe trois façons d'instaurer et d'obtenir la cohérence : i) horizontalement entre les secteurs ; ii) verticalement entre les différents échelons de l'administration publique (local, infranational, national, régional et mondial) ; iii) via la collaboration entre les différents groupes d'acteurs : administrations et organisations intergouvernementales, secteur privé, organisations de la société civile et citoyens. Partant de là, il est possible de distinguer trois types de cohérence :

- ***Cohérence stratégique (visions et objectifs)*** : Il existe une correspondance entre les visions, objectifs et priorités relatifs à l'adaptation au changement climatique et à la réduction des risques de catastrophe figurant dans les stratégies et les plans de développement nationaux, ce qui fournit un cadre pour la cohérence opérationnelle. L'existence d'une cohérence stratégique fournit une base solide à la cohérence opérationnelle.
- ***Cohérence opérationnelle (actions publiques et institutions)*** : Existence de cadres d'action et de dispositifs institutionnels favorisant la mise en œuvre d'objectifs concordants en ce qui concerne l'adaptation au changement climatique et la réduction des risques de catastrophe, ce qui permet d'atténuer la charge pesant sur des ressources humaines, techniques et financières souvent limitées. Le fait de relier la mise en œuvre des deux programmes d'action en élaborant des politiques et des dispositifs institutionnels efficaces peut aussi éviter la duplication des efforts ou l'incompatibilité entre les activités.
- ***Cohérence technique*** : Elle consiste à renforcer les capacités techniques permettant d'évaluer les risques et les possibilités, de recenser et hiérarchiser les mesures d'adaptation au changement climatique et de réduction des risques de catastrophe, ainsi que de les financer. La planification des mesures d'adaptation peut ainsi bénéficier d'outils et d'informations déjà bien utilisés dans le domaine de la réduction des risques de catastrophe (comme par exemple les évaluations des risques). Inversement, les bonnes pratiques qui sont repérées en ce qui concerne l'adaptation au changement climatique peuvent inspirer les mesures de réduction des risques de catastrophe, évitant ainsi les problèmes de maladaptation.

Source : (OCDE, 2020[57]).

4.4.2. Les normes et « entrepreneurs de normes »

Le rôle des normes en tant que base de l'action, notamment au regard du changement climatique, est souvent sous-estimé. Les normes conditionnent les préférences, les idées et les attentes ; elles peuvent en outre faciliter l'intégration des politiques et institutions internationales (Galaz et al., 2017[160]). Le principe de précaution, par exemple, appelle à agir en évitant tout préjudice grave ou irréversible, avant que des effets préjudiciables puissent être démontrés scientifiquement. Quant au principe pollueur-payeur, il prévoit que celui qui pollue prend en charge les coûts de la réduction de la pollution et des mesures visant à prévenir les effets potentiellement préjudiciables sur les êtres humains ou la nature (Munir, 2013[161]). Ces deux principes sont devenus des éléments clés du droit international de l'environnement.

Les normes ne sont pas statiques : une fois créées, elles se diffusent jusqu'à ce qu'elles soient adoptées par une masse critique d'acteurs concernés (Galaz et al., 2017[160]). Des événements ou des éléments déclencheurs peuvent entraîner leur modification. Au niveau national, un déclencheur peut être un événement climatique extrême aux effets dévastateurs ou une série d'événements répétés provoquant des pertes et des dommages de grande ampleur. Ce rôle peut aussi être joué par des connaissances scientifiques plus pointues. Si certaines transitions ont lieu relativement rapidement, d'autres prennent beaucoup plus de temps. Le rythme du changement dépend de facteurs technologiques, économiques, commerciaux, politiques et sociaux.

L'interdiction des substances appauvrissant la couche d'ozone (SAO) est un exemple de transition relativement rapide, facilitée par le fait que des substituts commercialement viables sont déjà disponibles pour la plupart des usages. Le Protocole de Montréal, qui fixe les conditions de l'arrêt progressif de la production et de la consommation de SAO, est différent des autres accords internationaux sur l'environnement. Les objectifs et les échéances sont complétés par des mécanismes limitant la faculté des pays à faire ce qu'ils veulent, par exemple en ce qui concerne les restrictions commerciales (Barrett, 2003[162]). D'un autre côté, l'inertie dont font preuve les institutions en ce qui concerne l'abandon progressif de la production d'électricité à partir de combustibles fossiles dans les cas où la technologie a atteint son degré de maturité et où il existe des alternatives plus propres compétitives montre que la maturité technologique ne suffit pas pour que des transitions aient lieu. Des questions plus générales, d'ordre politicoéconomique, passent peut-être encore au premier plan, auquel cas une analyse explicite des obstacles à la transition peut s'avérer nécessaire.

Ceux que l'on appelle les « entrepreneurs de normes » – universitaires, experts en droit, responsables locaux ou chefs religieux, pour n'en citer que quelques-uns – peuvent œuvrer à la diffusion de nouvelles normes en appelant l'attention sur les conséquences de certains choix (Otto et al., 2020[163]). Par exemple, avec la publication de l'encyclique *Laudato si*, le Pape François a utilisé son rôle au sein de l'Église catholique pour mettre en lumière le devoir moral qu'ont tous les acteurs d'agir au regard du changement climatique, ainsi que les conséquences sur le plan éthique de l'inaction.

Depuis quelques années, les jeunes jouent un rôle essentiel – individuellement et collectivement – en appelant l'attention du grand public sur la question du changement climatique. Ils ont appelé les États à suivre les recommandations scientifiques disponibles, tout en mettant en évidence les conséquences des choix de consommation et de mode de vie individuels (Otto et al., 2020[163]). Dans les années à venir, les membres des mouvements de jeunes auront la possibilité de participer plus directement au processus politique, et ainsi de susciter des changements radicaux. Cela laisse entrevoir le rôle important de l'éducation, des sciences et de la pensée critique dans l'élaboration des normes, et montre aussi combien il est important de créer des structures institutionnelles qui accordent une place aux jeunes et aux générations futures dans les processus de l'action publique. Au Pays de Galles, par exemple, la loi sur le bien-être des générations futures a entraîné la création d'un commissaire responsable des générations futures.

Le temps dira quelle influence auront ces « entrepreneurs de normes » sur l'action climatique. Il n'en reste pas moins que les responsables de l'action publique ont de plus en plus conscience de la nécessité de s'intéresser aux préoccupations de l'opinion concernant le climat. Ainsi, lors des élections en Australie en 2019 (Colvin et Jotzo, 2021[164]) et en Allemagne en 2017, un large éventail de partis politiques ont inclu la question du changement climatique dans leurs programmes.

La poursuite en justice des administrations publiques et des entreprises par les citoyens

L'engagement citoyen se traduit également par la poursuite en justice des administrations publiques ou des entreprises pour leur incapacité à prendre des mesures appropriées sur la question climatique. À l'échelle mondiale, plus de 1 500 poursuites liées au climat ont été intentées, et leur nombre ne cesse d'augmenter. Dans la plupart des cas, les plaignants réclament une indemnisation pour les pertes induites par le changement climatique, afin de contraindre les administrations ou les entreprises à engager des actions climatiques plus ambitieuses (Setzer et Byrnes, 2020[165]). Si la plupart des plaintes n'ont jusqu'ici pas abouti, d'autres – comme en Allemagne et aux Pays-Bas – ont donné lieu à des changements :

- En avril 2021, un tribunal allemand a intimé au gouvernement de revoir sa loi sur le climat. Il a établi que le fardeau de la réduction des émissions pesait trop lourdement sur les générations futures (LSE, sans date[166]). Le gouvernement allemand a, en conséquence, voté un amendement à la loi sur le changement climatique. Il prend ainsi l'engagement de réduire les émissions de GES de 65 % avant 2030 par rapport aux niveaux de 1990 (au lieu de 55 %) et de 88 % avant 2040 (aucun objectif n'avait été fixé antérieurement). L'État a également modifié l'échéance pour obtenir la neutralité carbone, à savoir 2045 au lieu de 2050.
- En mai 2021, un tribunal néerlandais a ordonné à Shell et ses fournisseurs de réduire leurs émissions de 45 % avant 2030 par rapport aux niveaux de 2019. Les plaignants, représentant plus de 17 000 citoyens néerlandais, avançaient que les réductions de 20 % à l'horizon 2030 prévues par Shell représentaient une violation des droits humains car suscitant une crise climatique (LSE, sans date[166]). Il s'agit de la première fois qu'un tribunal ordonne à une grande entreprise d'accroître ses efforts en matière d'atténuation. Cela crée un précédent et offre à l'opinion publique un outil pour influencer l'action des pouvoirs publics ainsi que le comportement des entreprises (Toussaint, 2020[167] ; PNUE, 2021[168]).

Inversement, en 2020, le Comité des droits de l'homme des Nations Unies a rejeté la plainte d'un citoyen des Kiribati arguant que les effets du changement climatique avaient causé le déplacement de la population de ces archipels. Ce comité a statué que, compte tenu du rythme de l'élévation du niveau de la mer, la République des Kiribati avait la possibilité, avec l'aide de la communauté internationale, « de prendre des mesures fermes pour protéger et, si nécessaire, transférer sa population" (Comité des droits de l'homme de l'ONU, 2020[169]).

L'examen de 73 actions en justice liées au climat a montré que les éléments de preuve qui sont fournis sont souvent dépassés par rapport aux connaissances récentes de la climatologie et que des méthodologies comme la science de l'attribution pourraient être utilisées dans les cas futurs (Stuart-Smith et al., 2021[170]) (voir le chapitre 3).

Leadership, partenariats et confiance

Le leadership et les partenariats sont également importants pour susciter le changement. Ainsi, la mise en place de partenariats entre les scientifiques et les responsables de l'action publique peut permettre de s'assurer que les approches de la réduction et de la gestion des risques climatiques sont conçues à partir des connaissances scientifiques. Il est important de veiller à ce que les partenariats réunissent différentes types de connaissances, y compris celles des communautés locales et autochtones. Cela leur permet de contribuer à une meilleure compréhension des risques et à la recherche de solutions considérées comme légitimes par les parties prenantes (Cornforth, Petty et Walker, 2021[47] ; UNDRR, 2021[157]).

La confiance entre les parties prenantes est l'élément qui détermine si les partenariats peuvent susciter le changement. Certains considèrent que les parties prenantes ont besoin d'être sûres que la politique publique sera effectivement fondée sur le respect de la préservation de la dignité humaine (Ascher, 2017[171]). Pour d'autres, la collaboration dépendra de toutes sortes de processus de création de la confiance, celle fondée sur les affinités jouant un rôle central dans le contexte du changement climatique (UNDRR, 2021[157] ; Coleman et Stern, 2017[172]) :

- la confiance rationnelle, fondée sur les bienfaits et risques attendus ;
- la confiance dans les procédures (plus précisément dans leur équité et leur intégrité) ;
- la confiance fondée sur les affinités : émotions, charisme, identités ou sentiments partagés, mais pas toujours avec des interactions à long terme ;
- la confiance naturelle, résultant de la prédisposition d'un individu à faire confiance à un autre.

Depuis que les impacts dévastateurs du changement climatique deviennent de plus en plus apparents au niveau planétaire, les pouvoirs publics mettent de plus en plus l'accent sur la solidarité mondiale. Cela se reflète déjà dans le processus international de lutte contre le changement climatique, comme l'attestent par exemple : l'objectif de l'Accord de Paris consistant à poursuivre les efforts pour contenir l'élévation de la température de la planète nettement en dessous de 2 °C et à la limiter à 1.5 °C par rapport aux niveaux préindustriels ; l'accent mis sur le partage, mais aussi la différenciation, des responsabilités dans les contributions déterminées au niveau national ; l'obligation pour les pays développés de fournir des financements et autres formes de soutien (comme des technologies et une aide au renforcement des capacités) et d'ouvrir la voie en ce qui concerne la réduction des émissions. Ces objectifs, principes et responsabilités sont tous empreints de la notion de solidarité internationale. Ils véhiculent l'idée selon laquelle le déploiement d'une action collective pour réduire et gérer les risques et les impacts liés au changement climatique est bénéfique pour tout le monde. La solidarité est également devenue un maître-mot de l'action climatique dans le contexte humanitaire, les organisations faisant face à une pression croissante pour venir en aide à des pays subissant directement des pertes et des dommages induits par le changement climatique.

4.5. Conséquences de l'élévation du niveau de la mer sur les priorités d'action et les processus décisionnels dans les PEID

Cette section s'intéresse aux conséquences de l'élévation du niveau de la mer sur les priorités d'action et les processus décisionnels dans les petits États insulaires en développement. Elle s'appuie sur l'analyse, au chapitre 3, de l'impact de la montée des eaux sur ces pays, ainsi que sur les sections précédentes du présent chapitre. Le chapitre 3 a montré que tous les PEID, quels qu'ils soient, étaient vulnérables au changement climatique. Cela est particulièrement vrai en ce qui concerne l'élévation du niveau de la mer, car les zones habitables sont uniquement des zones côtières de faible altitude. Les PEID sont en outre beaucoup plus touchés par les phénomènes météorologiques extrêmes du fait de leurs emplacements géographiques. Avec des économies relativement peu diversifiées et des ressources naturelles limitées, ces pays risquent de subir d'énormes pertes et dommages sous l'effet de la montée des eaux.

La section 4.5.1 examine les différents types d'actions possibles pour faire face à l'élévation du niveau de la mer, ainsi que leurs avantages et inconvénients. Elle est complétée par la section 4.5.2 qui passe en revue les priorités d'action éventuelles et les processus décisionnels pouvant être utilisés pour s'attaquer à la montée des eaux dans les PEID.

4.5.1. Actions possibles avec leurs avantages et inconvénients

Il n'existe pas de remède miracle pour réduire et gérer le risque d'élévation du niveau de la mer et les changements qui y sont associés en termes de phénomènes extrêmes de montée des eaux, de submersion marine, d'érosion côtière, ainsi que de disparition d'écosystèmes et de ressources d'eau douce. Il existe différents types d'actions possibles pour faire face à l'élévation du niveau de la mer, chacune présentant des avantages et des inconvénients. Il est donc utile d'examiner le rôle complémentaire qu'elles peuvent jouer pour apporter une réponse globale au phénomène étudié. Quatre grands types d'actions ont été recensés (Nicholls et al., 2007[173] ; Oppenheimer et al., 2019[132] ; Wong et al., 2014[174]) et sont décrits brièvement ci-après. Ils s'ajoutent aux approches utilisées pour agir sur les facteurs d'exposition et de vulnérabilité, qui ont été décrites à la section 4.3.

Se protéger, prendre de l'avance, s'adapter et se retirer

Se protéger réduit les risques que les aléas frappant les côtes (élévation du niveau de la mer, marées, vagues) ne s'étendent à l'intérieur des terres et n'aient des effets préjudiciables sur les êtres humains, les moyens de subsistance et les constructions. Il existe trois manières de se protéger :

- Construire des ouvrages d'ingénierie tels que des digues et des brise-lames ;
- Remplacer le sable provenant de l'érosion par des mesures reposant sur les sédiments, afin de reconstituer les plages et les rivages ;
- Mettre en place des solutions fondées sur la nature en se servant des écosystèmes côtiers (récifs, mangroves et marais salants) comme de tampons.

Les solutions fondées sur la nature peuvent atténuer les phénomènes extrêmes de montée des eaux (marées et vagues), ralentir l'érosion, mais aussi surélever les terres ou en créer de nouvelles en capturant des sédiments et en accumulant des matières organiques et des détritus (Pontee et al., 2016[175] ; Spalding et al., 2013[176] ; Temmerman et al., 2013[177]). L'utilisation de digues – c'est-à-dire des structures de protection des côtes en dur – est très répandue dans les PEID. Ces murs verticaux sont construits le long des côtes pour prévenir les inondations et l'érosion (Betzold et Mohamed, 2016[178]).

Prendre de l'avance a également pour but d'empêcher la propagation des aléas vers l'intérieur des terres, mais cette fois en construisant de nouvelles protections au large et en hauteur. Pour les PEID, cela signifie la création de nouvelles terres ou de nouvelles îles à une altitude plus élevée que la normale. Cette poldérisation est largement répandue autour des villes côtières où les terres sont rares et précieuses, y compris dans les PEID. Les nouveaux polders ne sont en revanche pas nécessairement surélevés. Cela peut même causer des problèmes de maladaptation en augmentant l'exposition aux risques côtiers. Globalement, quelque 34 000 km^2 de terres ont été gagnés sur la mer au cours des 30 dernières années. Les plus grandes avancées ont eu lieu à Doubaï, à Singapour et en Chine (Donchyts et al., 2016[179] ; Martín-Antón et al., 2016[180]). Au niveau mondial, les atolls ont progressé de 62 km^2 sur la période 2000-20, soit environ deux fois la superficie des îles Tuvalu (Holdaway, Ford et Owen, 2021[181]). C'est aux Maldives que la poldérisation a été la plus forte dans l'ensemble des PEID, avec un gain de 38 km^2. L'île de Hulhumalé a par exemple été établie sur un récif situé à coté de l'île capitale de Malé. Son altitude dépasse d'environ 60 cm celle de Malé afin de faire face à l'élévation future du niveau de la mer (Brown et al., 2019[182]).

S'adapter englobe un large éventail de mesures qui réduisent la vulnérabilité des populations vivant le long des côtes, ainsi que celle des moyens de subsistance et des constructions. Cette troisième option n'empêche pas les risques côtiers de s'étendre vers l'intérieur des terres. Les mesures d'adaptation qui ont été recensées dans les PEID sont les suivantes : consolidation et surélévation des habitations ; installation et amélioration du stockage de l'eau ; conservation de nourriture en cas de catastrophe ; adoption de cultures présentant une tolérance au sel ; renforcement des capacités et activités de sensibilisation (Klöck et Nunn, 2019[183] ; Mycoo et Donovan, 2018[184]).

Se retirer, qui est la quatrième action possible, réduit ou élimine totalement l'exposition aux aléas en déplaçant les individus, les infrastructures et les activités humaines loin de la zone côtière à risque (Hino, Field et Mach, 2017[185]). En Europe et aux États-Unis, le retrait est souvent considéré comme une mesure d'adaptation côtière. Les terres qui se retrouvent inoccupées agissent comme une zone tampon en atténuant les phénomènes extrêmes de montée des eaux et, par conséquent, en réduisant le risque d'inondation à l'intérieur du territoire (Rupp-Armstrong et Nicholls, 2007[186]). En revanche, dans les ouvrages consacrés aux PEID (cf. le rapport spécial du GIEC sur les océans et la cryosphère), se retirer est généralement assimilé à des pertes et des préjudices, pour la bonne raison que cela signifie abandonner des terres qui sont rares, voire quitter des îles entières (Oppenheimer et al., 2019[132]). Étant donné la vulnérabilité des PEID aux catastrophes – comme cela a été vu au chapitre 3 –, de nombreux cas d'abandons d'îles ont été recensés, y compris pour des catastrophes non liées au climat. Ces catastrophes étaient par exemple une montée des eaux extrême – comme en 2004 aux Maldives, après le tsunami dans l'océan Indien (Gussmann et Hinkel, 2020[187]) –, des éruptions volcaniques – comme à Manam, en Papouasie-Nouvelle-Guinée (Kelman, 2015[188]) – ou la subduction de plaques tectoniques, comme cela est survenu au nord de l'archipel du Vanuatu (Ballu et al., 2011[189]).

Les quatre types d'actions biophysiques susmentionnées sont associées – ou conditionnées – à des dispositifs institutionnels qui prescrivent, recommandent ou préconisent certaines mesures (voir la section 4.4). Ces dispositifs ont été très peu étudiés dans les travaux consacrés aux PEID. Ceux qui ont été répertoriés dans ces pays sont les suivants : restriction de l'accès et de l'utilisation des ressources ; prise en compte systématique de la question du changement climatique dans les plans nationaux et les dispositifs d'assurance ; normes de construction pour des habitations résistantes aux inondations ; incitations financières au transfert des risques (comme des assurances subventionnées) ; communication d'informations via des systèmes d'alerte précoce sur les inondations (Klöck et Nunn, 2019[183] ; Leal Filho et al., 2021[190] ; Robinson, 2020[191] ; Mycoo et Donovan, 2018[184]).

Par ailleurs, les travaux de recherche consacrés à l'expérience des PEID en matière de gestion des risques sont loin d'être exhaustifs. Les récentes revues systématiques de ces travaux montrent que la littérature porte uniquement sur un petit nombre de ces pays. Les PEID du Pacifique sont ceux qui ont été le plus observés. Les études ont donc été centrées sur les îles les plus connues, au détriment des plus reculées et des moins urbanisées (Klöck et Nunn, 2019[183]). En règle générale, l'attention s'est portée soit sur les mesures concrètes, soit sur les changements de comportements. La plupart des mesures ont été enregistrées comme réactives (c'est-à-dire en réponse à une catastrophe). Elles concernent principalement des phénomènes extrêmes actuels, et non des événements relevant du changement climatique futur (Klöck et Nunn, 2019[183]). Rares sont les études ayant évalué l'efficacité desdites mesures dans les PEID (Gussmann et Hinkel, 2021[192] ; Klöck et Nunn, 2019[183]).

Protection matérielle ou naturelle

La question du choix entre des ouvrages d'ingénierie ou des solutions inspirées de la nature pour protéger les côtes contre les phénomènes extrêmes de montée des eaux et l'élévation du niveau de la mer a suscité de nombreux débats. Qu'il s'agisse de la littérature scientifique ou grise, les solutions fondées sur la nature y sont souvent présentées comme la solution à l'adaptation côtière. À l'inverse, les dispositifs de protection matériels (comme les digues) y sont décrits comme peu souhaitables, d'une utilité marginale et non durables. Ces critères de distinction sont peu utiles. Les deux systèmes de protection jouent un rôle complémentaire et sont souvent combinés dans ce que l'on appelle des approches hybrides (OCDE, 2020[106]).

Les protections matérielles présentent à la fois des avantages et des inconvénients. L'un de leurs avantages est qu'elles nécessitent peu de place. Elles offrent aussi une plus grande fiabilité et prédictibilité à l'égard des inondations qu'un grand nombre de solutions fondées sur la nature, qui varient plus dans le temps et dans l'espace selon le contexte (Narayan et al., 2016[193] ; Pinsky, Guannel et Arkema, 2013[194] ; Quataert et al., 2015[195]). L'un des inconvénients des protections matérielles, en particulier sur les îles coralliennes, est qu'elles interrompent le transport naturel des sédiments entre les récifs et les rivages, ainsi que les surfaces qui offrent un premier rempart contre les inondations et l'érosion des îles.

Les solutions fondées sur la nature n'assurent pas seulement la protection des côtes mais procurent aussi d'autres bienfaits comme la séquestration du carbone ainsi que la préservation de la qualité de l'eau, de la biodiversité, de la pêche et d'autres ressources (Oppenheimer et al., 2019[132]) (voir l'Encadré 4.5). Elles ont en outre la faculté de préserver elles-mêmes leur efficacité en s'adaptant naturellement à l'élévation du niveau de la mer. Elles peuvent pour cela rehausser les sols et se déplacer à l'intérieur des terres, à condition qu'il y ait suffisamment de sédiments et d'espace disponible. Certaines de ces solutions s'avèrent en outre plus économiques que les protections matérielles. Ferrario et al. (2014[196]) ont ainsi calculé que la restauration des récifs coralliens coûtait beaucoup moins cher que la construction de brise-lames artificiels.

Cela dit, les comparaisons entre les deux méthodes ignorent souvent le coût d'opportunité des solutions fondées sur la nature. Ce coût est généralement plus élevé, tout au moins sur le court terme. Ces solutions nécessitent souvent beaucoup d'espace, qui pourrait être mis à profit pour d'autres usages. Les forêts des mangroves disparaissent à la vitesse alarmante de 4-9 % par an (Duarte et al., 2008[197]), principalement parce que leur conversion pour l'agriculture, l'élevage de la crevette ou l'industrie rapporte de l'argent à titre privé sur le court terme (Li et al., 2013[198]).

Ces avantages et ces inconvénients signifient que les deux approches sont applicables dans des contextes différents. Les protections matérielles ont joué un rôle central dans les zones urbaines et à forte densité de population, et continueront de le faire à l'avenir. De nombreuses villes du monde, y compris dans les PEID, sont protégées par des infrastructures matérielles. Si l'espace est limité et si de nombreuses ressources précieuses aux êtres humains sont menacées, il est logique que les protections matérielles continuent d'être utilisées. Même dans le contexte d'une forte élévation du niveau de la mer au XXIe siècle, ces protections sont extrêmement rentables pour les villes et les zones densément peuplées (Hallegatte et al., 2013[199] ; Lincke et Hinkel, 2021[129] ; Tiggeloven et al., 2020[200]). En revanche, dans les îles rurales et peu peuplées qui disposent de plus d'espace, les solutions fondées sur la nature peuvent être largement souhaitables.

Dans les PEID formés sur des récifs coralliens, ces solutions peuvent être préférables lorsque les sols démontrent une capacité naturelle à s'élever en même temps que le niveau de la mer. Cela concerne les îles où la production et le transport naturels de sédiments fonctionnent correctement (voir le chapitre 3). La mise en place de dispositifs matériels dans ces environnements entraînerait à terme la destruction des processus naturels, enfermant alors ces îles dans des trajectoires de développement reposant sur le matériel (Duvat et Magnan, 2019[201]). Il n'empêche que les solutions fondées sur la nature ne conviennent pas forcément pour toutes les îles. Lorsque ces dernières ont déjà été profondément modifiées par les êtres humains, il est presque impossible de revenir à une dynamique de transformation naturelle. Cela concerne les principales îles ainsi que les capitales de nombreux récifs coraliens comme Malé aux Maldives ou Vaiaku/Funafuti dans les Tuvalu. Ici, les protections matérielles jouent un rôle important. Néanmoins, même les îles urbanisées ont besoin de maintenir un récif sain et vivant pour s'élever en même temps que le niveau de la mer. Ces récifs réduisent la hauteur et l'intensité des vagues, ce qui rend la protection de ces îles contre la montée des eaux beaucoup plus facile techniquement et moins coûteuse.

Prendre de l'avance ou se retirer

De manière générale, se protéger comporte toujours un risque résiduel. Matérielle ou naturelle, toute protection présente des failles, d'autant que les phénomènes extrêmes de montée des eaux pourraient dépasser les niveaux de protection. Il est, par conséquent, impossible d'exclure totalement les dégâts liés aux inondations. De plus, si les protections contre les inondations s'élèvent lorsque le niveau de la mer augmente, cela accroît le risque de phénomènes extrêmes. En cas de défaillance des dispositifs de protection, les dommages seront très importants car de vastes zones inondables se créeront derrière eux (Hallegatte et al., 2013[199]). Le risque de défaillance peut être ramené quasiment à zéro en installant de larges protections contre les inondations, autrement dit des digues réputées à toutes épreuves (De Bruijn, Klijn et Knoeff, 2013[202]). Le problème est qu'elles nécessitent beaucoup d'espace, qui n'est généralement pas disponible dans les PEID.

La mesure consistant à prendre de l'avance présente plusieurs avantages. Elle permet d'éviter en partie les risques résiduels si les nouvelles îles qui sont créées par poldérisation dépassent suffisamment le niveau de la mer. Pour citer un exemple, en cas de montée des eaux de moyenne ou grande ampleur, l'île de Hulhumalé dans les Maldives peut échapper à la submersion marine jusqu'à la fin du siècle (Brown et al., 2019[182]). Un autre avantage de cette mesure est qu'elle conduit à la création de nouvelles terres, qui sont généralement rares dans les PEID. Dans les PEID urbanisés, prendre de l'avance peut aider à surmonter les obstacles financiers. Les investissements initiaux, d'un montant élevé, qui doivent être effectués pour créer de nouvelles terres mieux protégées peuvent être amortis au bout de quelques années grâce aux revenus immobiliers générés par l'extension des terres (Bisaro et al., 2019[203]). Le retour sur investissement est ici plus rapide et moins risqué que dans le cas d'une protection côtière ordinaire, ce qui facilite la mobilisation de moyens de financement. Cela dit, prendre de l'avance comporte également des inconvénients. C'est le cas notamment des externalités environnementales négatives et de l'interruption de la dynamique naturelle des sédiments, qui entraîne généralement de l'érosion sur les terres nouvellement créées ou dans les localités voisines. Sur les atolls, la poldérisation a souvent lieu sur le plat des récifs, ce qui réduit ou élimine totalement la possibilité d'atténuer les vagues.

Lorsqu'il existe des terres disponibles situées à une altitude suffisante, le fait de se retirer permet d'échapper aux risques résiduels. C'est toutefois une mesure qui est généralement controversée, socialement et politiquement, et ce pour plusieurs raisons. La première est que les zones côtières sont le siège d'intérêts bien établis, notamment dans les secteurs du tourisme et de l'immobilier. La deuxième est que le retrait suscite des questions délicates ayant trait à l'équité et l'indemnisation. Enfin, se retirer a souvent des conséquences négatives comme la suspension des moyens de subsistance, la perte des repères culturels et identitaires, ainsi que le développement de troubles psychologiques (Hauer et al., 2019[130] ; Siders, Hino et Mach, 2019[204]).

4.5.2. Priorités d'action et processus décisionnels

Cette section présente six priorités d'action et processus décisionnels complémentaires qui peuvent être utilisés dans les PEID pour faire face à l'élévation du niveau de la mer. Ils sont le fruit des réflexions émanant de ce chapitre et du chapitre 3.

Priorités d'action internationales

À l'échelle internationale, la première des priorités est l'atténuation des émissions de GES. Seule une atténuation radicale peut réduire le risque que le niveau de la mer ne s'élève de plusieurs mètres et n'ait des conséquences dramatiques pour les PEID. Ces pays ont parfois plus de ressources pour faire face à cette problématique que ne le laissent souvent entendre les médias. Il n'en reste pas moins que nombre d'entre eux pourraient disparaître si rien n'est fait pour atténuer le changement climatique et la montée des eaux. Cela est particulièrement vrai pour les îles coralliennes se trouvant à seulement 2-3 mètres au-dessus du niveau de la mer. Ces PEID sont confrontés à la menace de vagues de plus en plus hautes et fortes qui frapperaient directement les côtes et les submergeraient, la protection naturelle assurée par les récifs coralliens ayant disparu sous l'effet du réchauffement des océans.

Une autre priorité d'action au niveau international est la nécessité d'aider les PEID à financer les coûts de l'adaptation et ceux de la reconstruction des infrastructures, actifs et moyens de subsistance essentiels. Quel que soit le degré d'atténuation, le niveau de la mer va continuer de s'accroître, même si l'objectif fixé par l'Accord de Paris en matière de réchauffement est atteint. Cela est dû au décalage dans le temps de la réaction de l'océan au réchauffement de la planète (Church et al., 2013[205] ; Oppenheimer et al., 2019[132]). Une élévation, même faible, du niveau de la mer nécessite des investissements substantiels dans les efforts d'adaptation des PEID, et entraîne l'augmentation des risques de pertes et de dommages. Dans de nombreux PEID, les phénomènes extrêmes de montée des eaux et autres aléas naturels ont des répercussions sur de larges portions du PIB. Cela implique que ces pays disposent de peu de moyens pour financer les mesures d'adaptation et autres activités visant à réduire et gérer les risques de pertes et de dommages. Une aide internationale est par conséquent nécessaire (Klöck et Nunn, 2019[183] ; OCDE, 2018[206]) (voir le chapitre 5).

Mise en œuvre de mesures « à faibles regrets »

De l'échelon national à l'échelon local, une priorité immédiate et suscitant généralement l'unanimité est la mise en œuvre de mesures « à faibles regrets » ou « sans regrets ». Bien que leur contenu dépende du contexte, ces mesures sont notamment l'adaptation et la préparation aux catastrophes (par exemple la planification d'urgence et les systèmes d'alerte précoce). L'un de leurs avantages est qu'elles produisent presque immédiatement des effets globalement positifs. Les systèmes d'alerte précoce contre toutes sortes d'aléas présentent l'un des ratios coûts-avantages les plus élevés. Cependant, lorsque ces mesures sont déployées isolément, elles ne sont efficaces que dans les conditions actuelles et avec une faible élévation du niveau de la mer. Elles doivent donc à terme être combinées, améliorées ou remplacées par d'autres dispositifs tels que la protection des côtes.

Une autre mesure « à faibles regrets » est l'éventuel retrait des populations occupant différentes îles d'un archipel. Bien qu'il soit généralement difficile de considérer le retrait comme une solution « à faibles regrets » ou « sans regrets » – sachant que cette notion est variable selon les parties concernées –, il y a des cas où se retirer pourra être considéré comme tel : par exemple après la survenue d'une catastrophe le long des côtes, la reconstitution des moyens de subsistance comme à l'origine risquant de coûter aussi cher que le transfert vers une autre île. Comme le montre l'expérience des Maldives lors du tsunami de 2004 dans l'océan Indien, la population concernée peut, dans de telles circonstances, être favorable à un retrait (Gussmann et Hinkel, 2020[187]). Le transfert peut aussi être une solution « à faibles regrets » lorsque la population est déjà peu nombreuse et diminue. Les habitants migrent alors vers des îles situées au centre d'archipels pour y refaire leur vie (Speelman, Nicholls et Dyke, 2016[207]). Dans les deux cas, le transfert et la concentration de la population sur un nombre d'îles plus réduit peuvent procurer des avantages à la fois en termes de développement et d'adaptation : les services publics et l'adaptation côtière peuvent ainsi être assurés de façon plus efficiente.

Pour finir, certaines mesures d'adaptation « à faibles regrets » résultent du fait que la montée des eaux et les impacts climatiques sont également provoqués par des facteurs locaux non liés au climat, sur lesquels il est possible d'agir pour réduire les risques climatiques actuels et futurs. Les processus naturels de production et de transport de sédiments peuvent être préservés afin de réduire les effets de l'érosion. La pollution de l'eau et les activités touristiques peuvent être réduites, de manière à préserver les récifs coralliens et à atténuer les impacts des vagues. Les mangroves peuvent être préservées pour atténuer les effets produits par les marées et les vagues. Enfin, un espace suffisant peut être rendu disponible pour permettre aux mangroves de se déplacer vers l'intérieur des terres à mesure que le niveau de la mer augmente (Duvat et Magnan, 2019[201] ; McLean et Kench, 2015[208]) (voir aussi le chapitre 3).

Conserver une liberté d'action pour l'avenir

Compte tenu de la grande incertitude qui règne au sujet de l'élévation du niveau de la mer, il est important de conserver une liberté d'action pour l'avenir (Hallegatte, 2009[209] ; Hinkel et al., 2019[210]). Par exemple, les décisions à long terme qui ne sont pas urgentes peuvent être remises à plus tard. C'est le cas pour de nombreuses décisions de retrait des zones urbaines des PEID (Oppenheimer et al., 2019[132]). Le niveau de la mer risque de s'élever de plusieurs mètres, ce qui représenterait pour ces pays des menaces existentielles. Il est aussi fort possible que l'élévation soit inférieure à 40 cm d'ici à 2100 (le 50e centile du RCP2.6) si l'objectif fixé par l'Accord de Paris en matière de réchauffement est atteint. S'adapter à ce degré de montée des eaux est techniquement faisable dans la plupart des endroits, et économiquement rentable dans les zones urbaines et densément peuplées. Par conséquent, il peut être stratégiquement intéressant pour ces zones d'attendre et d'observer comment le niveau de la mer effectif et ses projections évoluent au cours des prochaines décennies. Cela pourrait constituer une meilleure base pour prendre une décision existentielle comme celle de se retirer (Hinkel et al., 2019[210]). Cette attente ne permet toutefois pas de s'affranchir des deux dispositifs prioritaires que sont les mécanismes d'intervention et les processus d'action itératifs.

Une autre façon de conserver une liberté d'action pour l'avenir est d'opter pour des solutions flexibles pouvant être renforcées ou modifiées une fois que l'on en saura plus sur l'élévation future du niveau de la mer (voir aussi la section 4.2). C'est généralement l'argument avancé pour mettre en œuvre des solutions fondées sur la nature (notamment sur les sédiments), par opposition à des dispositifs matériels. Les solutions précitées peuvent, dans une certaine mesure, s'adapter d'elles-mêmes à la situation future en matière de montée des eaux. Les mesures reposant sur les sédiments offrent la souplesse d'une protection qui s'accroît lorsque le dépôt de sable augmente sous l'effet de l'élévation du niveau de la mer. La flexibilité peut aussi être intégrée dans les infrastructures matérielles. L'Allemagne, par exemple, construit des digues dont le sommet est plus large que nécessaire. Elles peuvent ainsi être rehaussées à faible coût si le niveau de la mer augmente plus que prévu (MELUR-SH, 2012[211]).

Prise en considération de l'élévation du niveau de la mer dans les décisions à prendre aujourd'hui

De nombreuses décisions ayant des effets sur le long terme doivent être prises aujourd'hui. Compte tenu de l'emplacement des PEID, nombre de ces décisions ont un lien avec l'élévation du niveau de la mer. C'est le cas notamment de celles qui concernent les infrastructures essentielles, la protection des côtes, la planification de l'utilisation des terres et la poldérisation, dont les échelles de temps peuvent s'étendre sur plusieurs décennies, voire sur un siècle. Dans les PEID, par exemple, de nombreux centres urbains connaissent une forte pression démographique et, par voie de conséquence, une pénurie de terrains pour construire des logements. C'est un problème qui doit être réglé dès aujourd'hui, souvent en créant de nouvelles terres ou de nouvelles îles. Des décisions à long terme doivent également être prises concernant l'aménagement de l'espace. Il peut par exemple être bénéfique de décider sans attendre quelles zones ou quelles îles devraient faire l'objet d'aménagements supplémentaires et lesquelles devraient être laissées telles quelles. Cela permettrait de laisser libre cours aux processus naturels, afin que les îles s'adaptent d'elles-mêmes à l'élévation du niveau de la mer.

La prise en compte de la montée des eaux dans ces décisions est très utile, mais la question centrale est de savoir sur quel niveau se fonder. La science ne peut donner qu'une réponse partielle. Le reste dépend de la tolérance des parties prenantes aux incertitudes. L'encadré 3.2, dans le chapitre 3, présente les processus décisionnels relatifs aux différents degrés de tolérance au risque et à l'incertitude. Lorsque les parties prenantes sont tolérantes à l'incertitude et que la valeur maximale potentielle est relativement faible, la *fourchette probable* définie par le GIEC fournit une bonne base de décision (Oppenheimer et al., 2019[132]). En revanche, si elles sont moins tolérantes à l'incertitude, une valeur élevée doit être prise en compte pour la montée des eaux. Il reste alors 17 % de risque pour que le niveau de la mer se situe au-dessus de la fourchette probable prévue dans les scénarios du GIEC. Dans de nombreux contextes urbains où le nombre de personnes et d'actifs exposés à l'élévation du niveau de la mer et aux phénomènes extrêmes de montée des eaux est élevé, les populations sont très intolérantes à l'incertitude. Les décideurs doivent, dans ce cas, envisager des scénarios futurs intégrant des valeurs élevées (Hinkel et al., 2019[210]).

L'approche adaptative de l'élaboration et du suivi des politiques

Une autre priorité est de définir des cycles itératifs pour les prises de décision et l'élaboration des politiques – de manière à pouvoir s'adapter aux nombreux changements –, ainsi que des systèmes de suivi adaptés. Cela correspond à « l'élaboration des politiques ou la planification adaptative » utilisée en cas d'incertitude ou d'ambiguïté (Walker, Haasnoot et Kwakkel, 2013[212] ; Walker, Rahman et Cave, 2001[213]), comme c'est le cas en ce qui concerne l'élévation du niveau de la mer (voir également la section 4.2). Ces approches adaptatives consistent en fait à mettre en œuvre dès aujourd'hui des solutions « à faibles regrets » et des mesures évolutives. Un suivi de l'élévation du niveau de la mer, des phénomènes extrêmes de montée des eaux et d'autres variables importantes pour la prise de décision doit ensuite être assuré afin de déterminer à quel moment les choix pour l'avenir et les nouvelles politiques doivent être décidés. Un aspect important de la stratégie de suivi est qu'elle doit permettre de mettre en évidence suffisamment à l'avance les changements d'orientation requis, afin de disposer d'un temps suffisant pour la planification et la mise en œuvre avant que des impacts négatifs surviennent (Hermans, et al., 2017).

Les mécanismes d'intervention pour faire face au pire

Les mécanismes d'intervention, qui sont la priorité ultime des pouvoirs publics, vont de pair avec le maintien d'une liberté d'action pour l'avenir et des solutions évolutives. Les types de mesures possibles sont examinés ainsi que la façon dont elles peuvent s'enchaîner dans le scénario-catastrophe d'une forte élévation du niveau de la mer. Si ce scénario ne se produit pas, il peut arriver un moment où il n'y aurait plus suffisamment de temps pour planifier et mettre en place certaines des mesures, pour lesquelles un délai de plusieurs décennies peut être nécessaire (Haasnoot et al., 2020[214]). Dans le contexte des PEID, les mécanismes d'intervention incluent des opérations de retrait de grande ampleur. Transférer toute la population de ces États insulaires n'est pas sans difficultés sur le plan déontologique, politique, technique, humanitaire et juridique (Kelman, 2015[188] ; Yamamoto et Esteban, 2014[215]). Si un grand nombre de PEID reconnaissent la menace existentielle que peut représenter l'élévation du niveau de la mer sur le long terme, rares sont les pays à avoir adopté jusqu'ici des mécanismes d'intervention (Thomas et Benjamin, 2018[216]). En 2014, Anote Tong, qui était alors président des Kiribati, a initié un plan d'intervention à long terme consistant à acquérir des terres dans l'archipel des Fiji pour y transférer la population de son pays. Toutefois, ce plan a ensuite été annulé par le nouveau président (Kupferberg, 2021[217]).

Un outil peu coûteux pouvant aider à concevoir des plans d'intervention est l'analyse des trajectoires d'adaptation (Haasnoot et al., 2013[32] ; Haasnoot et al., 2012[218]). Il est très populaire dans les pays côtiers et est amplement utilisé à Londres (Ranger, Reeder et Lowe, 2013[219]), aux Pays-Bas (Haasnoot et al., 2020[214]) et au Bangladesh (Gouvernement du Bangladesh, 2018[35]) (voir aussi l'Encadré 4.2). En revanche, il a été peu mis à profit dans les PEID. L'analyse peut conclure, entre autres, qu'aucune action ne doit pour l'instant être engagée. Elle peut aussi indiquer les décisions critiques qui devront être prises une fois qu'un certain niveau d'élévation de la mer sera atteint.

L'évolution dans le temps des priorités d'action des pouvoirs publics

À mesure que le niveau de la mer va continuer de s'élever au cours des prochaines décennies, les priorités d'action des pouvoirs publics qui ont été passées en revue dans cette section vont évoluer. Cela soulèvera une épineuse question – celle de déterminer si et jusqu'à quand les capacités d'adaptation des PEID seront suffisantes – qui conduira à la nécessité d'opter pour un panachage de mesures (se protéger, prendre de l'avance, s'adapter et se retirer). Dans certaines circonstances, un retrait à petite échelle pourra équivaloir à une mesure « à faibles regrets » aujourd'hui. Les mécanismes d'intervention devraient envisager un retrait de grande ampleur, même s'il sera dans la plupart des cas trop tôt pour le mettre en œuvre. Cela dit, si le niveau de la mer ne cesse de s'élever, les PEID devront à terme adopter une politique de retrait à grande échelle (Kelman, 2015[188]).

Les travaux visant à déterminer à quel moment les limites de l'adaptation seront atteintes ou à définir un niveau précis de montée des eaux n'ont pas été concluants (Leal Filho et al., 2021[190] ; Nurse et al., 2014[220] ; Oppenheimer et al., 2019[132]). Certains ont avancé des échéances concrètes, notamment que la plupart des atolls deviendront inhabitables d'ici 2050 (Storlazzi et al., 2018[221]). Le problème de ces projections est qu'elles n'ont pas pris en compte les mesures d'adaptation prises par les populations. Leur évaluation n'englobe donc pas tous les aspects. Inversement, les travaux intégrant les dimensions humaines et la question de l'adaptation n'ont pas établi d'échéances fixes en ce qui concerne l'adaptation à l'élévation du niveau de la mer dans les PEID (Oppenheimer et al., 2019[132]).

Une conclusion peut néanmoins être tirée, à savoir que les limites sociales, économiques et financières à l'adaptation risquent d'être atteintes (longtemps) avant les limites techniques (Hinkel et al., 2018[222]). Il existe en principe de nombreuses options techniques pour s'adapter même à une forte élévation du niveau de la mer au XXIe siècle, comme par exemple : le rehaussement des îles (Yamamoto et Esteban, 2014[215]) ; la création de brise-lames artificiels pour remplacer la protection autrefois assurée par les coraux, la désalinisation de l'eau de mer ou l'importation d'eau potable (Falkland et White, 2020[223]) ; ou encore l'installation d'îles flottantes (Marris, 2017[224]). Ces différentes options sont coûteuses à mettre en œuvre à grande échelle et il est peu probable que les PEID puissent se procurer et disposer des fonds et des moyens suffisants – au niveau national comme international – pour les financer (Hinkel et al., 2018[222] ; Oppenheimer et al., 2019[132]). Même si ces pays avaient les moyens d'opérer une transformation vers des cadres de vie aussi différents – et totalement artificiels –, une grande partie de leur diversité et de leur patrimoine culturels liés à l'environnement naturel disparaîtrait.

Références

Acidri, J. et al. (2018), « Uganda – Synthesising evidence for targeted national responses to climate change », *Briefing Note*, n° WIBN0218/01, Walker Institute, University of Reading, Royaume-Uni, http://dx.doi.org/10.5281/ZENODO.3510110. [55]

Adger, W. et al. (2012), « Cultural dimensions of climate change impacts and adaptation », *Nature Climate Change*, vol. 3/2, pp. 112-117, http://dx.doi.org/10.1038/nclimate1666. [135]

Ahmed, I. et al. (2019), « Climate change, environmental stress and loss of livelihoods can push people towards illegal activities: A case study from coastal Bangladesh », *Climate and Development*, vol. 11/10, pp. 907-917, http://dx.doi.org/10.1080/17565529.2019.1586638. [123]

AIE (2021), *Net Zero by 2050*, AIE, Paris, https://www.iea.org/reports/net-zero-by-2050. [67]

Ali, G. (dir. pub.) (2021), « Australian voters' attitudes to climate action and their social-political determinants », *PLOS ONE*, vol. 16/3, p. e0248268, http://dx.doi.org/10.1371/journal.pone.0248268. [164]

Ansell, C. et J. Torfing (2016), *Handbook on Theories of Governance*, Edward Elgar Publishing, Cheltenham, Royaume-Uni, http://dx.doi.org/10.4337/9781782548508. [148]

Ascher, W. (2017), *Understanding the Policymaking Process in Developing Countries*, Cambridge University Press, Cambridge, Royaume-Uni, http://dx.doi.org/10.1017/9781108277990. [171]

BAD (2014), « Bangladesh could see climate change losses reach over 9% of GDP – Report », Communiqué de presse, 19 août, Banque asiatique de développement, Manille, https://www.adb.org/news/bangladesh-could-see-climate-change-losses-reach-over-9-gdp-report. [93]

Baer, M., C. Campiglio et J. Deyris (2021), « It takes two to dance: Institutional dynamics and climate-related financial policies », *Working Paper*, n° 384/386, Centre for Climate Change Economics and Policy/Granta Research Institute on Climate Change and the Environment. [146]

Ballu, V. et al. (2011), « Comparing the role of absolute sea-level rise and vertical tectonic motions in coastal flooding, Torres Islands (Vanuatu) », *Proceedings of the National Academy of Sciences*, vol. 108/32, pp. 13019-13022, http://dx.doi.org/10.1073/pnas.1102842108. [189]

Banque mondiale (2021), *Overlooked: Examining the Impact of Disasters and Climate Shocks on Poverty in the Europe and Central Asia Region*, Banque mondiale, Washington, D.C. [5]

Barrett, S. (2003), *Environmental and Statecraft: The Strategy of Environmental Treaty-making*, Oxford University Press, United Kingdom. [162]

Betzold, C. et I. Mohamed (2016), « Seawalls as a response to coastal erosion and flooding: A case study from Grande Comore, Comoros (West Indian Ocean) », *Regional Environmental Change*, vol. 17/4, pp. 1077-1087, http://dx.doi.org/10.1007/s10113-016-1044-x. [178]

Bhave, A. et al. (2016), « Barriers and opportunities for robust decision making approaches to support climate change adaptation in the developing world », *Climate Risk Management*, vol. 14, pp. 1-10, http://dx.doi.org/10.1016/j.crm.2016.09.004. [30]

Bisaro, A. et al. (2019), « Leveraging public adaptation finance through urban land reclamation: Cases from Germany, the Netherlands and the Maldives », *Climatic Change*, vol. 160/4, pp. 671-689, http://dx.doi.org/10.1007/s10584-019-02507-5. [203]

BIT (2017), *Les peuples autochtones et les changements climatiques : De victimes à agents de changement grâce au travail décent*, Organisation internationale du Travail, Genève, https://www.ilo.org/wcmsp5/groups/public/---dgreports/---gender/documents/publication/wcms_632111.pdf. [136]

Black, R. et al. (2013), « Migration, immobility and displacement outcomes following extreme events », *Environmental Science & Policy*, vol. 27, pp. S32-S43, http://dx.doi.org/10.1016/j.envsci.2012.09.001. [126]

Black, R. et al. (2021), *Taking Stock: A Global Assessment of Net Zero Targets*, Energy & Climate Intelligence Unit and Oxford Net Zero, Londres, https://eciu.net/analysis/reports/2021/taking-stock-assessment-net-zero-targets. [64]

BMZ (2019), *Comprehensive Risk Management: The Approach of German Development Cooperation for Dealing with Disaster and Climate Risks*, ministère fédéral allemand de la Coopération économique et du Développement. [155]

Bowen, T. et al. (2020), *Adaptive Social Protection: Building Resilience to Shocks*, Banque mondiale, Washington, D.C., http://dx.doi.org/10.1596/978-1-4648-1575-1. [125]

Brown, S. et al. (2019), « Land raising as a solution to sea-level rise: An analysis of coastal flooding on an artificial island in the Maldives », *Journal of Flood Risk Management*, vol. 13/S1, http://dx.doi.org/10.1111/jfr3.12567. [182]

Buckle, S. et al. (2020), « Addressing the COVID-19 and climate crises: Potential economic recovery pathways and their implications for climate change mitigation, NDCs and broader socio-economic goals », *OECD/IEA Climate Change Expert Group Papers*, n° 2020/04, Éditions OCDE, Paris, https://dx.doi.org/10.1787/50abd39c-en. [70]

Burgin, L., D. Rowell et J. Marsham (2020), *Possible Futures for East Africa under a Changing Climate: Technical Appendix for HyCRISTAL's Climate Risk Narratives (Version 1)*, Zenodo, http://doi.org/10.5281/zenodo.3620757. [51]

Burgin, L. et al. (2019), *FCFA HyCRISTAL Climate Narrative Rural Infographic and Brief*, Zenodo, http://doi.org/10.5281/zenodo.3257288. [50]

CCNUCC (2020), *Policy Brief: Technologies for Averting, Minimizing and Addressing Loss and Damage in Coastal Zones*, Convention-cadre des Nations Unies sur les changements climatiques, Bonn, https://unfccc.int/ttclear/misc_/StaticFiles/gnwoerk_static/2020_coastalzones/cfecc85aaa8d43d38cd0f6ceae2b61e4/2bb696550804403fa08df8a924922c2e.pdf. [103]

CCNUCC (2015), *Accord de Paris*, Convention-cadre des Nations Unies sur les changements climatiques, Bonn, https://treaties.un.org/pages/ViewDetails.aspx?src=TREATY&mtdsg_no=XXVII-7-d&chapter=27&clang=_fr. [61]

CCNUCC (sans date), « Local Communities and Indigenous Peoples Platform », page web, https://unfccc.int/LCIPP#eq-1 (consulté le 23 juin 2021). [137]

Challinor, A. et al. (2018), « Transmission of climate risks across sectors and borders », *Philosophical Transactions of the Royal Society A: Mathematical, Physical and Engineering Sciences*, vol. 376/2121, p. 20170301, http://dx.doi.org/10.1098/rsta.2017.0301. [12]

Chapman, M. (dir. pub.) (2016), « The effectiveness, costs and coastal protection benefits of natural and nature-based defences », *PLOS ONE*, vol. 11/5, p. e0154735, http://dx.doi.org/10.1371/journal.pone.0154735. [193]

Chen, J. et V. Mueller (2018), « Coastal climate change, soil salinity and human migration in Bangladesh », *Nature Climate Change*, vol. 8/11, pp. 981-985, http://dx.doi.org/10.1038/s41558-018-0313-8. [92]

Church, J. et al. (2013), « Sea Level Change », dans Stocker, T. et al. (dir. pub.), *Climate Change 2013 : The Physical Science Basis. Contribution of Working Group I to the Fifth Assessment Report of the Intergovernmental Panel on Climate Change*, Cambridge University Press, Cambridge, Royaume-Uni et New York, NY. [205]

Clarke, D. et al. (2018), « Prospects for agriculture under climate change and soil salinisation », dans *Ecosystem Services for Well-Being in Deltas*, Springer International Publishing, Cham, http://dx.doi.org/10.1007/978-3-319-71093-8_24. [91]

Coleman, K. et M. Stern (2017), « Exploring the functions of different forms of trust in collaborative natural resource management », *Society & Natural Resources*, vol. 31/1, pp. 21-38, http://dx.doi.org/10.1080/08941920.2017.1364452. [172]

Comité des droits de l'homme de l'ONU (2020), *Views adopted by the Committee under article 5 (4) of the Optional*, https://demaribus.files.wordpress.com/2020/02/2728-2016.pdf. [169]

Cornforth, R., D. Clegg et E. Petty (2021), *The Integrated Database and Applications for Policymakers (Version v2.0)*, Zenodo, http://doi.org/10.5281/zenodo.5025211. [56]

Cornforth, R., C. Petty et G. Walker (2021), « Supporting climate-resilient planning at national and district levels: A pathway to multi-stakeholder decision-making in Uganda », dans *Climate Risk in Africa*, Springer International Publishing, Cham, http://dx.doi.org/10.1007/978-3-030-61160-6_8. [47]

Dazé, A., A. Terton et M. Maass (2018), *Coordinating Climate-Resilient Development Alignment to Advance Climate-Resilient Development. Overview Brief 1: Introduction to Alignment*, NAP Global Network, http://napglobalnetwork.org/wp-content/uploads/2018/08/napgn-en-2018-alignment-to-advance-climate-resilient-development-overview-brief.pdf. [159]

De Bruijn, K., F. Klijn et J. Knoeff (2013), *Unbreachable Embankments? In Pursuit of the Most Effective Stretches for Reducing Fatality Risk*, Taylor & Francis Group. [202]

Donchyts, G. et al. (2016), « Earth's surface water change over the past 30 years », *Nature Climate Change*, vol. 6/9, pp. 810-813, http://dx.doi.org/10.1038/nclimate3111. [179]

Duarte, C. et al. (2008), « The charisma of coastal ecosystems: Addressing the imbalance », *Estuaries and Coasts*, vol. 31/2, pp. 233-238, http://dx.doi.org/10.1007/s12237-008-9038-7. [197]

Duvat, V. et A. Magnan (2019), « Rapid human-driven undermining of atoll island capacity to adjust to ocean climate-related pressures », *Scientific Reports*, vol. 9/1, http://dx.doi.org/10.1038/s41598-019-51468-3. [201]

Duvat, V. et al. (2017), « Trajectories of exposure and vulnerability of small islands to climate change », *WIREs Climate Change*, vol. 8/6, http://dx.doi.org/10.1002/wcc.478. [75]

Elhadi, Y., D. Nyariki et O. Wasonga (2015), « Role of camel milk in pastoral livelihoods in Kenya: contribution to household diet and income », *Pastoralism*, vol. 5/1, http://dx.doi.org/10.1186/s13570-015-0028-7. [141]

Eriksen, S. et al. (2021), « Adaptation interventions and their effect on vulnerability in developing countries: Help, hindrance or irrelevance? », *World Development*, vol. 141, p. 105383, http://dx.doi.org/10.1016/j.worlddev.2020.105383. [120]

Evans, B., D. Rowell et F. Semazzi (2020), « The future-climate, current-policy framework: Towards an approach linking climate science to sector policy development », *Environmental Research Letters*, vol. 15/11, p. 114037, http://dx.doi.org/10.1088/1748-9326/abbeb9. [43]

Falkland, T. et I. White (2020), « Freshwater availability under climate change », dans *Springer Climate, Climate Change and Impacts in the Pacific*, Springer International Publishing, Cham, http://dx.doi.org/10.1007/978-3-030-32878-8_11. [223]

FAO (2021), *The Impact of Disasters and Crises on Agriculture and Food Security: 2021*, Organisation des Nations Unies pour l'alimentation et l'agriculture, Rome, http://dx.doi.org/10.4060/cb3673en. [7]

Fedele, G. et al. (2019), « Transformative adaptation to climate change for sustainable social-ecological systems », *Environmental Science & Policy*, vol. 101, pp. 116-125, http://dx.doi.org/10.1016/j.envsci.2019.07.001. [58]

Fenton, N. et M. Neil (2012), *Risk Assessment and Decision Analysis with Bayesian Networks*, CRC Press. [53]

Ferdous, M. et al. (2020), « The interplay between structural flood protection, population density, and flood mortality along the Jamuna River, Bangladesh », *Regional Environmental Change*, vol. 20/1, http://dx.doi.org/10.1007/s10113-020-01600-1. [97]

Ferrario, F. et al. (2014), « The effectiveness of coral reefs for coastal hazard risk reduction and adaptation », *Nature Communications*, vol. 5/1, http://dx.doi.org/10.1038/ncomms4794. [196]

Folke, C. et al. (2005), « Adaptive governance of social-ecological systems », *Annual Review of Environment and Resources*, vol. 30/1, pp. 441-473, http://dx.doi.org/10.1146/annurev.energy.30.050504.144511. [153]

Frank, S., E. Gesick et D. Victor (2021), *Inviting Danger: How Federal Disaster, Insurance and Infrastructure Policies are Magnifying the Harm of Climate Change*, Brookings, Washington, D.C., https://www.brookings.edu/wp-content/uploads/2021/03/Inviting_Danger_FINAL.pdf. [96]

Friggens, N. et al. (2020), « Tree planting in organic soils does not result in net carbon sequestration on decadal timescales », *Global Change Biology*, vol. 26/9, pp. 5178-5188, http://dx.doi.org/10.1111/gcb.15229. [113]

FWS (2019), « The Hurricane Sandy Resilience Program: Strengthening Nature for People and Wildlife », (brochure), U.S. Fish & Wildlife Service, Washington, D.C., https://www.fws.gov/hurricane/sandy/pdf/Hurricane-Sandy-Resilience-Program-fact-sheet-v4-101019.pdf. [110]

Galaz, V. et al. (2017), « Global governance dimensions of globally networked risks: The state of the art in social science research », *Risk, Hazards & Crisis in Public Policy*, vol. 8/1, pp. 4-27, http://dx.doi.org/10.1002/rhc3.12108. [160]

Gaupp, F. et al. (2019), « Changing risks of simultaneous global breadbasket failure », *Nature Climate Change*, vol. 10/1, pp. 54-57, http://dx.doi.org/10.1038/s41558-019-0600-z. [11]

GCA (2019), *Adapt Now: A Global Call for Leadership on Climate Resilience*, Global Commission on Adaptation, Rotterdam, https://cdn.gca.org/assets/2019-09/GlobalCommission_Report_FINAL.pdf. [102]

GIEC (2019), *Special Report on the Ocean and Cryosphere in a Changing Climate*, Groupe d'experts intergouvernemental sur l'évolution du climat, Genève, https://www.ipcc.ch/srocc/. [73]

GIEC (2018), *Special Report: Global Warming of 1.5°C*, Groupe d'experts intergouvernemental sur l'évolution du climat, Genève, https://www.ipcc.ch/sr15/. [60]

GIEC (2014), *Climate Change 2014: Impacts, Adaptation, and Vulnerability. Part A: Global and Sectoral Aspects. Contribution of Working Group II to the Fifth Assessment Report of the Intergovernmental Panel on Climate Change*, Cambridge University Press, Cambridge, Royaume-Uni et New York, NY. [4]

GIEC (2012), *Managing the Risks of Extreme Events and Disasters to Advance Climate Change Adaptation. A Special Report of Working Groups I and II of the Intergovernmental Panel on Climate Change*, Cambridge University Press, Cambridge, Royaume-Uni, https://www.ipcc.ch/pdf/special-reports/srex/SREX_Full_Report.pdf. [74]

Girardin, C. et al. (2021), « Nature-based solutions can help cool the planet — if we act now », *Nature*, vol. 593/7858, pp. 191-194, http://dx.doi.org/10.1038/d41586-021-01241-2. [112]

Goss, M. et al. (2020), « Climate change is increasing the likelihood of extreme autumn wildfire conditions across California », *Environmental Research Letters*, vol. 15/9, p. 094016, http://dx.doi.org/10.1088/1748-9326/ab83a7. [20]

Gouvernement des Pays-Bas (2020), *National Delta Programme 2021: Staying on Track in Climate-proofing the Netherlands*, Ministry of Infrastructure and Water Management; Ministry of Agriculture, Nature and Food Quality; Ministry of the Interior and Kingdom Relations, The Hague, https://english.deltaprogramma.nl/. [34]

Gouvernement du Bangladesh (2018), *Bangladesh Delta Plan 2100*, General Economic Division, Bangladesh Planning Commission, Dhaka, http://www.plancomm.gov.bd/site/files/fd6c54f6-dfab-4c71-b44a-e983ffd2bdee/-. [35]

Gouvernement du Royaume-Uni (2021), *Thames Estuary TE2100 Plan*, https://www.gov.uk/government/publications/thames-estuary-2100-te2100/thames-estuary-2100-te2100 (consulté le 29 avril 2021). [37]

Griscom, B. et al. (2017), « Natural climate solutions », *Proceedings of the National Academy of Sciences*, vol. 114/44, pp. 11645-11650, http://dx.doi.org/10.1073/pnas.1710465114. [111]

Gussmann, G. et J. Hinkel (2021), « A framework for assessing the potential effectiveness of adaptation policies: Coastal risks and sea-level rise in the Maldives », *Environmental Science & Policy*, vol. 115, pp. 35-42, http://dx.doi.org/10.1016/j.envsci.2020.09.028. [192]

Gussmann, G. et J. Hinkel (2020), « What drives relocation policies in the Maldives? », *Climatic Change*, vol. 163/2, pp. 931-951, http://dx.doi.org/10.1007/s10584-020-02919-8. [187]

Haasnoot, M. et al. (2020), « Defining the solution space to accelerate climate change adaptation », *Regional Environmental Change*, vol. 20/2, http://dx.doi.org/10.1007/s10113-020-01623-8. [33]

Haasnoot, M. et al. (2020), « Adaptation to uncertain sea-level rise; how uncertainty in Antarctic mass-loss impacts the coastal adaptation strategy of the Netherlands », *Environmental Research Letters*, vol. 15/3, p. 034007, http://dx.doi.org/10.1088/1748-9326/ab666c. [214]

Haasnoot, M. et al. (2013), « Dynamic adaptive policy pathways: A method for crafting robust decisions for a deeply uncertain world », *Global Environmental Change*, vol. 23/2, pp. 485-498, http://dx.doi.org/10.1016/j.gloenvcha.2012.12.006. [32]

Haasnoot, M. et al. (2012), « Exploring pathways for sustainable water management in river deltas in a changing environment », *Climatic Change*, vol. 115/3-4, pp. 795-819, http://dx.doi.org/10.1007/s10584-012-0444-2. [218]

Hada, C., R. Shaw et A. Pokhrel (2021), « Preparation and adoption of risk sensitive land use plans in the new federal context of Nepal », dans *Integrated Research on Disaster Risks, Disaster Risk Reduction*, Springer International Publishing, Cham, http://dx.doi.org/10.1007/978-3-030-55563-4_10. [117]

Hallegatte, S. (2009), « Strategies to adapt to an uncertain climate change », *Global Environmental Change*, vol. 19/2, pp. 240-247, http://dx.doi.org/10.1016/j.gloenvcha.2008.12.003. [209]

Hallegatte, S. et al. (2013), « Future flood losses in major coastal cities », *Nature Climate Change*, vol. 3/9, pp. 802-806, http://dx.doi.org/10.1038/nclimate1979. [199]

Hallegatte, S. et al. (2016), *Unbreakable: Building the Resilience of the Poor in the Face of Natural Disasters*, Banque mondiale, Washington, D.C., https://openknowledge.worldbank.org/handle/10986/25335. [124]

Haque, M. et al. (2018), « Towards establishing a national mechanism to address losses and damages: A case study from Bangladesh », dans *Loss and Damage from Climate Change, Climate Risk Management, Policy and Governance*, Springer International Publishing, Cham, http://dx.doi.org/10.1007/978-3-319-72026-5_19. [81]

Harmsen, M. et al. (2019), « Taking some heat off the NDCs? The limited potential of additional short-lived climate forcers' mitigation », *Climatic Change*, vol. 163/3, pp. 1443-1461, http://dx.doi.org/10.1007/s10584-019-02436-3. [62]

Hauer, M. et al. (2019), « Sea-level rise and human migration », *Nature Reviews Earth & Environment*, vol. 1/1, pp. 28-39, http://dx.doi.org/10.1038/s43017-019-0002-9. [130]

Headey, D. et S. Fan (2008), « Anatomy of a crisis: The causes and consequences of surging food prices », *Agricultural Economics*, vol. 39, pp. 375-391, http://dx.doi.org/10.1111/j.1574-0862.2008.00345.x. [16]

Healy, A. et N. Malhotra (2009), « Myopic voters and natural disaster policy », *American Political Science Review*, vol. 103/3, pp. 387-406, http://dx.doi.org/10.1017/s0003055409990104. [44]

Henkel, K., J. Dovidio et S. Gaertner (2006), « Institutional discrimination, individual racism, and Hurricane Katrina », *Analyses of Social Issues and Public Policy*, vol. 6/1, pp. 99-124, http://dx.doi.org/10.1111/j.1530-2415.2006.00106.x. [133]

Hinkel, J. et al. (2018), « The ability of societies to adapt to twenty-first-century sea-level rise », *Nature Climate Change*, vol. 8/7, pp. 570-578, http://dx.doi.org/10.1038/s41558-018-0176-z. [222]

Hinkel, J. et al. (2019), « Meeting user needs for sea level rise Information: A decision analysis perspective », *Earth's Future*, vol. 7/3, pp. 320-337, http://dx.doi.org/10.1029/2018ef001071. [210]

Hinkel, J. et al. (2014), « Coastal flood damage and adaptation costs under 21st century sea-level rise », *Proceedings of the National Academy of Sciences*, vol. 111/9, pp. 3292-3297, http://dx.doi.org/10.1073/pnas.1222469111. [78]

Hino, M., C. Field et K. Mach (2017), « Managed retreat as a response to natural hazard risk », *Nature Climate Change*, vol. 7/5, pp. 364-370, http://dx.doi.org/10.1038/nclimate3252. [185]

Hock, R. et al. (2019), « High mountain areas », dans Pörtner, H. et al. (dir. pub.), *Special Report on the Ocean and Cryosphere in a Changing Climate*, Groupe d'experts intergouvernemental sur l'évolution du climat, Genève. [17]

Holdaway, A., M. Ford et S. Owen (2021), « Global-scale changes in the area of atoll islands during the 21st century », *Anthropocene*, vol. 33, p. 100282, http://dx.doi.org/10.1016/j.ancene.2021.100282. [181]

IDMC (2021), *The Global Report on Internal Displacement (GRID) 2021*, Observatoire des situations de déplacement interne, Genève. [87]

IRGC (2017), *Introduction to the IRGC Risk Governance Framework, revised version*, EPFL International Risk Governance Center, Lausanne, http://dx.doi.org/10.5075/epfl-irgc-233739. [154]

Islam, S., C. Chu et J. Smart (2020), « Challenges in integrating disaster risk reduction and climate change adaptation: Exploring the Bangladesh case », *International Journal of Disaster Risk Reduction*, vol. 47, p. 101540, http://dx.doi.org/10.1016/j.ijdrr.2020.101540. [95]

Jack, C. et al. (2021), « Climate information: Towards transparent distillation », dans *Climate Risk in Africa*, Springer International Publishing, Cham, http://dx.doi.org/10.1007/978-3-030-61160-6_2. [45]

Janetos, A. et al. (2017), *The Risk of Multiple Breadbasket Failures in the 21st Century: A Science Research Agenda*, The Frederick S. Pardee Center for the Study of the Longer-Range Future, Boston University, https://www.bu.edu/pardee/files/2017/03/Multiple-Breadbasket-Failures-Pardee-Report.pdf. [15]

Jeudy-Hugo, S., L. Lo Re et C. Falduto (2021), *Understanding countries' net-zero emissions targets*, OECD/IEA Climate Change Expert Group Papers, Éditions OCDE, Paris. [63]

Jones, B. et al. (2018), « Avoiding population exposure to heat-related extremes: Demographic change vs climate change », *Climatic Change*, vol. 146/3-4, pp. 423-437, http://dx.doi.org/10.1007/s10584-017-2133-7. [80]

Jordan, R. et al. (2015), « Citizen science as a distinct field of inquiry », *BioScience*, vol. 65/2, pp. 208-211, http://dx.doi.org/10.1093/biosci/biu217. [149]

Kelman, I. (2015), « Difficult decisions: Migration from Small Island Developing States under climate change », *Earth's Future*, vol. 3/4, pp. 133-142, http://dx.doi.org/10.1002/2014ef000278. [188]

Khan, M. et al. (2021), « High-density population and displacement in Bangladesh », *Science*, vol. 372/6548, pp. 1290-1293, http://dx.doi.org/10.1126/science.abi6364. [90]

Klinke, A. et O. Renn (2019), « The coming of age of risk governance », *Risk Analysis*, vol. 41/3, pp. 544-557, http://dx.doi.org/10.1111/risa.13383. [150]

Klinke, A. et O. Renn (2012), « Adaptive and integrative governance on risk and uncertainty », *Journal of Risk Research*, vol. 15/3, pp. 273-292, http://dx.doi.org/10.1080/13669877.2011.636838. [152]

Klöck, C. et P. Nunn (2019), « Adaptation to climate change in Small Island Developing States: A systematic literature review of academic research », *Journal of Environment & Development*, vol. 28/2, pp. 196-218, http://dx.doi.org/10.1177/1070496519835895. [183]

Kulp, S. et B. Strauss (2019), « New elevation data triple estimates of global vulnerability to sea-level rise and coastal flooding », *Nature Communications*, vol. 10/1, http://dx.doi.org/10.1038/s41467-019-12808-z. [131]

Kumar, S., P. Lal et A. Kumar (2021), « Influence of Super Cyclone 'Amphan' in the Indian subcontinent amid COVID-19 pandemic », *Remote Sensing in Earth Systems Sciences*, vol. 4/1-2, pp. 96-103, http://dx.doi.org/10.1007/s41976-021-00048-z. [84]

Kupferberg, J. (2021), « Migration and dignity – relocation and adaptation in the face of climate change displacement in the Pacific – a human rights perspective », *The International Journal of Human Rights*, pp. 1-26, http://dx.doi.org/10.1080/13642987.2021.1889515. [217]

Lau, W. et K. Kim (2012), « The 2010 Pakistan flood and Russian heat wave: Teleconnection of hydrometeorological extremes », *Journal of Hydrometeorology*, vol. 13/1, pp. 392-403, http://dx.doi.org/10.1175/jhm-d-11-016.1. [13]

Lawrence, J. et M. Haasnoot (2017), « What it took to catalyse uptake of dynamic adaptive pathways planning to address climate change uncertainty », *Environmental Science & Policy*, vol. 68, pp. 47-57, http://dx.doi.org/10.1016/j.envsci.2016.12.003. [48]

Leal Filho, W. et al. (2021), « Climate change adaptation on Small Island States: An assessment of limits and constraints », *Journal of Marine Science and Engineering*, vol. 9/6, p. 602, http://dx.doi.org/10.3390/jmse9060602. [190]

Lempert, R. (2019), « Robust Decision Making (RDM) », dans *Decision Making under Deep Uncertainty*, Springer International Publishing, Cham, http://dx.doi.org/10.1007/978-3-030-05252-2_2. [29]

Lenton, T. et al. (2019), « Climate tipping points — too risky to bet against », *Nature*, vol. 575/7784, pp. 592-595, http://dx.doi.org/10.1038/d41586-019-03595-0. [22]

Levin, S. et al. (2021), « Governance in the face of extreme events: Lessons from evolutionary processes for structuring interventions, and the need to go beyond », *SSRN Electronic Journal*, http://dx.doi.org/10.2139/ssrn.3824954. [59]

Lewis, S. et al. (2019), « Restoring natural forests is the best way to remove atmospheric carbon », *Nature*, vol. 568/7750, pp. 25-28, http://dx.doi.org/10.1038/d41586-019-01026-8. [115]

LIFE-AR (2019), *LDC 2050 Vision: Towards a Climate-resilient Future*, LDC Initiative for Effective Adaptation and Resilience, http://www.ldc-climate.org/wp-content/uploads/2019/09/2050-Vision.pdf. [138]

Lincke, D. et J. Hinkel (2021), « Coastal Migration due to 21st Century Sea-Level Rise », *Earth's Future*, vol. 9/5, http://dx.doi.org/10.1029/2020ef001965. [129]

Li, Y. et al. (2013), « Coastal wetland loss and environmental change due to rapid urban expansion in Lianyungang, Jiangsu, China », *Regional Environmental Change*, vol. 14/3, pp. 1175-1188, http://dx.doi.org/10.1007/s10113-013-0552-1. [198]

LSE (sans date), « Climate Change Laws of the World », page web, https://climate-laws.org/ (consulté le 11 juin 2021). [166]

Marchau, V. et al. (dir. pub.) (2019), *Decision Making under Deep Uncertainty*, Springer International Publishing, Cham, http://dx.doi.org/10.1007/978-3-030-05252-2. [25]

Marris, E. (2017), « Why fake islands might be a real boon for science », *Nature*, vol. 550/7674, pp. 22-24, http://dx.doi.org/10.1038/550022a. [224]

Marshall, J. et R. Plumb (2008), *Atmosphere, Ocean and Climate Dynamics: An Introductory Text*, Academic Press, Cambridge, USA. [6]

Martín-Antón, M. et al. (2016), « Review of coastal land reclamation situation in the world », *Journal of Coastal Research*, vol. 75/sp1, pp. 667-671, http://dx.doi.org/10.2112/si75-133.1. [180]

Mason, D. et al. (2020), « How urbanization enhanced exposure to climate risks in the Pacific: A case study in the Republic of Palau », *Environmental Research Letters*, vol. 15/11, p. 114007, http://dx.doi.org/10.1088/1748-9326/abb9dc. [79]

Masson-Delmotte, V. et al. (dir. pub.) (2021), *Climate Change 2021: The Physical Science Basis. Contribution of Working Group I to the Sixth Assessment Report of the Intergovernmental Panel on Climate Change*, Cambridge University Press, Cambridge, Royaume-Uni. [3]

McLean, R. et P. Kench (2015), « Destruction or persistence of coral atoll islands in the face of 20th and 21st century sea-level rise? », *WIREs Climate Change*, vol. 6/5, pp. 445-463, http://dx.doi.org/10.1002/wcc.350. [208]

McLeman, R. (2017), « Thresholds in climate migration », *Population and Environment*, vol. 39/4, pp. 319-338, http://dx.doi.org/10.1007/s11111-017-0290-2. [128]

McLeman, R. et al. (2021), « Conceptual framing to link climate risk assessments and climate-migration scholarship », *Climatic Change*, vol. 165/1-2, http://dx.doi.org/10.1007/s10584-021-03056-6. [127]

McNamara, K., R. Westoby et A. Chandra (2021), « Exploring climate-driven non-economic loss and damage in the Pacific Islands », *Current Opinion in Environmental Sustainability*, vol. 50, pp. 1-11, http://dx.doi.org/10.1016/j.cosust.2020.07.004. [21]

MELUR-SH (2012), *Generalplan Küstenschutz des Landes Schleswig-Holstein – Fortschreibung 2012*, Ministerium für Energiewende, Landwirtschaft, Umwelt und ländliche Räume des Landes Schleswig-Holstein, Kiel, Allemagne. [211]

Mishra, V. (2015), « Climatic uncertainty in Himalayan water towers », *Journal of Geophysical Research: Atmospheres*, vol. 120/7, pp. 2689-2705, http://dx.doi.org/10.1002/2014jd022650. [19]

Munir, M. (2013), « History and development of the polluter pays principle », *SSRN Electronic Journal*, http://dx.doi.org/10.2139/ssrn.2322485. [161]

Murray-Darling Basin Authority (sans date), *Climate Variability and Change*, page web, https://www.mdba.gov.au/basin-plan-roll-out/climate-change (consulté le 29 avril 2021). [36]

Muttitt, G. et al. (2021), *Step off the Gas: International Public Finance, Natural Gas, and Clean Alternatives in the Global South*, International Institute for Sustainable Development, Winnipeg. [69]

Mycoo, M. et M. Donovan (2018), *A Blue Urban Agenda: Adapting to Climate Change in the Coastal Cities of Caribbean and Pacific Small Island Developing States*, Banque interaméricaine de développement, New York. [184]

Naqvi, A., F. Gaupp et S. Hochrainer-Stigler (2020), « The risk and consequences of multiple breadbasket failures: An integrated copula and multilayer agent-based modeling approach », *OR Spectrum*, vol. 42/3, pp. 727-754, http://dx.doi.org/10.1007/s00291-020-00574-0. [8]

Nicholls, R. et al. (2007), « Coastal systems and low-lying areas », dans Parry, M. et al. (dir. pub.), *Coastal Systems and Low-Lying Areas. Climate Change 2007 : Impacts, Adaptation and Vulnerability. Contribution of Working Group II to the Fourth Assessment Report of the Intergovernmental Panel on Climate Change*, Cambridge University Press, Cambridge, Royaume-Uni. [173]

Nishat, A. et al. (2013), *A Range of Approaches to Address Loss and Damage from Climate Change Impacts in Bangladesh*, BRAC University, Dhaka, https://www.weadapt.org/sites/weadapt.org/files/legacy-new/placemarks/files/5555b2dbe48b47069.pdf. [83]

NRC (sans date), *Dune Restoration, South Seaside Park, NJ*, Case Study, Naturally Resilient Communities:, http://nrcsolutions.org/wp-content/uploads/2017/05/NRC_CaseStudies_Dune-Restoration_South-Seaside-Park_NJ.pdf. [108]

Nurse, L. et al. (2014), *Small islands, Climate Change 2014: Impacts, Adaptation, and Vulnerability. Part B: Regional Aspects. Contribution of Working Group II to the Fifth Assessment Report of the Intergovernmental Panel of Climate Change*, Cambridge University Press, Cambridge, Royaume-Uni et New York. [220]

OCDE (2021), « Adapting to a changing climate in the management of coastal zones », *OECD Environment Policy Papers*, n° 24, Éditions OCDE, Paris, https://dx.doi.org/10.1787/b21083c5-en. [77]

OCDE (2021), *Strengthening Climate Resilience: Guidance for Governments and Development Co-operation*, Éditions OCDE, Paris, https://dx.doi.org/10.1787/4b08b7be-en. [147]

OCDE (2021), *Transport Strategies for Net-Zero Systems by Design*, Éditions OCDE, Paris. [71]

OCDE (2020), *Accélérer l'action pour le climat : Remettre le bien-être des personnes au centre des politiques publiques*, Éditions OCDE, Paris, https://dx.doi.org/10.1787/deb94cd3-fr. [158]

OCDE (2020), *Common Ground Between the Paris Agreement and the Sendai Framework: Climate Change Adaptation and Disaster Risk Reduction*, Éditions OCDE, Paris, https://dx.doi.org/10.1787/3edc8d09-en. [57]

OCDE (2020), « Nature-based solutions for adapting to water-related climate risks », *OECD Environment Policy Papers*, n° 21, Éditions OCDE, Paris, https://dx.doi.org/10.1787/2257873d-en. [106]

OCDE (2020), *Recueil de l'OCDE de bonnes pratiques gouvernementales en matière d'investissements de qualité dans les infrastructures*, Éditions OCDE, Paris, https://www.oecd.org/fr/finances/recueil-de-bonnes-pratiques-gouvernementales-en-matiere-investissements-de-qualite-dans-les-infrastructures.htm. [42]

OCDE (2018), « Climate-resilient infrastructure », *OECD Environment Policy Papers*, n° 14, Éditions OCDE, Paris, https://dx.doi.org/10.1787/4fdf9eaf-en. [41]

OCDE (2018), *Making Development Co-operation Work for Small Island Developing States*, Éditions OCDE, Paris, https://dx.doi.org/10.1787/9789264287648-en. [206]

OCDE (2017), *Investing in Climate, Investing in Growth*, Éditions OCDE, Paris, https://dx.doi.org/10.1787/9789264273528-en. [65]

OCDE (2014), *Recommandation du Conseil sur la gouvernance des risques majeurs*, https://www.oecd.org/gov/risk/Critical-Risks-Recommendation-French.pdf. [151]

OCDE/AIE (2021), *Update on recent progress in reform of inefficient fossil-fuel subsidies that encourage wasteful consumption*, https://www.oecd.org/fossil-fuels/publicationsandfurtherreading/OECD-IEA-G20-Fossil-Fuel-Subsidies-Reform-Update-2021.pdf. [68]

OCDE/La Banque mondiale/ONU Environnement (2018), *Financing Climate Futures: Rethinking Infrastructure*, Éditions OCDE, Paris, https://dx.doi.org/10.1787/9789264308114-en. [145]

OMM (2021), *État du climat mondial en 2020*, Organisation météorologique mondiale, Genève, https://library.wmo.int/index.php?lvl=notice_display&id=21984#.YebfWnrMJPY. [88]

OMM (2020), *2020 State of Climate Service: Risk Information and Early Warning Systems*, Organisation météorologique mondiale, Genève, https://library.wmo.int/index.php?lvl=notice_display&id=21777#.YCmtXGhKg2y. [101]

ONU (2020), *Flash Update # 2*, 22 mai, coordonnateur résident des Nations Unies au Bangladesh, https://reliefweb.int/report/bangladesh/office-un-resident-coordinator-flash-update-2-22-may-2020-bangladesh-2020-very (consulté le 8 juillet 2021). [89]

Oppenheimer, M. et al. (2019), *Sea Level Rise and Implications for Low Lying Islands, Coasts and Communities*, Oxford University Press. [132]

Otto, I. et al. (2020), « Social tipping dynamics for stabilizing Earth's climate by 2050 », *Proceedings of the National Academy of Sciences*, vol. 117/5, pp. 2354-2365, http://dx.doi.org/10.1073/pnas.1900577117. [163]

Pakulski, I. et al. (2021), *The Bangladesh Delta: A Lighthouse Case Study*, Banque mondiale, Washington, D.C., https://openknowledge.worldbank.org/bitstream/handle/10986/35066/The-Bangladesh-Delta-A-Lighthouse-Case-Study.pdf?sequence=5&isAllowed=y. [86]

Pearl, J. et D. Mackenzie (2018), *The Book of Why: The New Science of Cause and Effect*, Penguin. [52]

Pinsky, M., G. Guannel et K. Arkema (2013), « Quantifying wave attenuation to inform coastal habitat conservation », *Ecosphere*, vol. 4/8, p. art95, http://dx.doi.org/10.1890/es13-00080.1. [194]

PNUD (2019), *Five Approaches to Build Functional Early Warning Systems*, Programme des Nations Unies pour le développement, New York, https://reliefweb.int/report/world/five-approaches-build-functional-early-warning-systems. [105]

PNUE (2021), *Global Climate Litigation Report: 2020 Status Review*, Le Programme de l'ONU pour l'environnement, Nairobi, https://www.unep.org/resources/report/global-climate-litigation-report-2020-status-review. [168]

Pontee, N. et al. (2016), « Nature-based solutions: Lessons from around the world », *Proceedings of the Institution of Civil Engineers - Maritime Engineering*, vol. 169/1, pp. 29-36, http://dx.doi.org/10.1680/jmaen.15.00027. [175]

Popper, S. (2019), « Robust decision making and scenario discovery in the absence of formal models », *Futures & Foresight Science*, vol. 1/3-4, http://dx.doi.org/10.1002/ffo2.22. [40]

Quataert, E. et al. (2015), « The influence of coral reefs and climate change on wave-driven flooding of tropical coastlines », *Geophysical Research Letters*, vol. 42/15, pp. 6407-6415, http://dx.doi.org/10.1002/2015gl064861. [195]

Rahaman, M. et al. (2020), « Nature-based solutions to promote climate change adaptation and disaster risk reduction along the coastal belt of Bangladesh », dans *The Palgrave Handbook of Climate Resilient Societies*, Springer International Publishing, Cham, http://dx.doi.org/10.1007/978-3-030-32811-5_49-1. [85]

Ranger, N., T. Reeder et J. Lowe (2013), « Addressing 'deep' uncertainty over long-term climate in major infrastructure projects: Four innovations of the Thames Estuary 2100 Project », *EURO Journal on Decision Processes*, vol. 1/3-4, pp. 233-262, http://dx.doi.org/10.1007/s40070-013-0014-5. [219]

Ribot, J. (2014), « Cause and response: vulnerability and climate in the Anthropocene », *The Journal of Peasant Studies*, vol. 41/5, pp. 667-705, http://dx.doi.org/10.1080/03066150.2014.894911. [122]

Robinson, S. (2020), « Climate change adaptation in SIDS : A systematic review of the literature pre and post the IPCC Fifth Assessment Report », *WIREs Climate Change*, vol. 11/4, http://dx.doi.org/10.1002/wcc.653. [191]

Rocha, I. et al. (2021), « Typhoons during the COVID-19 pandemic in the Philippines: Impact of a double crisis on mental health », *Disaster Medicine and Public Health Preparedness*, pp. 1-4, http://dx.doi.org/10.1017/dmp.2021.140. [2]

Rogelj, J. et al. (2021), « Net-zero emissions targets are vague: Three ways to fix », *Nature*, vol. 591/7850, pp. 365-368, http://dx.doi.org/10.1038/d41586-021-00662-3. [66]

Rupp-Armstrong, S. et R. Nicholls (2007), « Coastal and estuarine retreat: A comparison of the application of managed realignment in England and Germany », *Journal of Coastal Research*, vol. 23/6, http://www.jstor.org/stable/30138541. [186]

Salman, R. et al. (2019), *Transformative adaptation in livestock production systems*, World Resources Institute, Washington, D.C., http://www.wri.org/publication/livestock-transformative-adaptation. [139]

Schäfer, L., K. Warner et S. Kreft (2018), « Exploring and Managing Adaptation Frontiers with Climate Risk Insurance », dans *Loss and Damage from Climate Change, Climate Risk Management, Policy and Governance*, Springer International Publishing, Cham, http://dx.doi.org/10.1007/978-3-319-72026-5_13. [98]

Scheidel, A. et C. Work (2018), « Forest plantations and climate change discourses: New powers of 'green' grabbing in Cambodia », *Land Use Policy*, vol. 77, pp. 9-18, http://dx.doi.org/10.1016/j.landusepol.2018.04.057. [114]

Schweizer, P. et O. Renn (2019), « Governance of systemic risks for disaster prevention and mitigation », *Disaster Prevention and Management: An International Journal*, vol. 28/6, pp. 862-874, http://dx.doi.org/10.1108/dpm-09-2019-0282. [156]

Scott, C. et al. (2019), « Water in the Hindu Kush Himalaya », dans *The Hindu Kush Himalaya Assessment*, Springer International Publishing, Cham, http://dx.doi.org/10.1007/978-3-319-92288-1_8. [18]

Seaman, J. et al. (2014), « The Household Economy Approach. Managing the impact of climate change on poverty and food security in developing countries », *Climate Risk Management*, vol. 4-5, pp. 59-68, http://dx.doi.org/10.1016/j.crm.2014.10.001. [54]

Seddon, N. et al. (2020), « Understanding the value and limits of nature-based solutions to climate change and other global challenges », *Philosophical Transactions of the Royal Society B: Biological Sciences*, vol. 375/1794, p. 20190120, http://dx.doi.org/10.1098/rstb.2019.0120. [107]

Serpa, S. (dir. pub.) (2021), « Review on socio-economic impacts of 'Triple Threats' of COVID-19, desert locusts, and floods in East Africa: Evidence from Ethiopia », *Cogent Social Sciences*, vol. 7/1, p. 1885122, http://dx.doi.org/10.1080/23311886.2021.1885122. [1]

Setzer, J. et R. Byrnes (2020), *Global Trends in Climate Change Litigation: 2020 Snapshot*, Grantham Research Institute on Climate Change and the Environment, Londres, https://www.lse.ac.uk/granthaminstitute/wp-content/uploads/2020/07/Global-trends-in-climate-change. [165]

Shakhawat Hossain, M. et al. (2020), « Climate change impacts on farmland value in Bangladesh », *Ecological Indicators*, vol. 112, p. 106181, http://dx.doi.org/10.1016/j.ecolind.2020.106181. [82]

Shamsuddoha, M. et al. (2013), *Establishing Links between Disaster Risk Reduction and Climate Change Adaptation in the Context of Loss and Damage: Policies and Approaches to Bangladesh*, Center for Participatory Research and Development, Dhaka. [94]

Shepherd, T. (2019), « Storyline approach to the construction of regional climate change information », *Proceedings of the Royal Society A: Mathematical, Physical and Engineering Sciences*, vol. 475/2225, p. 20190013, http://dx.doi.org/10.1098/rspa.2019.0013. [38]

Shepherd, T. (2014), « Atmospheric circulation as a source of uncertainty in climate change projections », *Nature Geoscience*, vol. 7/10, pp. 703-708, http://dx.doi.org/10.1038/ngeo2253. [28]

Shepherd, T. et al. (2018), « Storylines: An alternative approach to representing uncertainty in physical aspects of climate change », *Climatic Change*, vol. 151/3-4, pp. 555-571, http://dx.doi.org/10.1007/s10584-018-2317-9. [39]

Shortridge, J., S. Guikema et B. Zaitchik (2016), « Robust decision making in data scarce contexts: Addressing data and model limitations for infrastructure planning under transient climate change », *Climatic Change*, vol. 140/2, pp. 323-337, http://dx.doi.org/10.1007/s10584-016-1845-4. [31]

Shuttleworth, E. et al. (2019), « Restoration of blanket peat moorland delays stormflow from hillslopes and reduces peak discharge », *Journal of Hydrology X*, vol. 2, p. 100006, http://dx.doi.org/10.1016/j.hydroa.2018.100006. [116]

Siders, A., M. Hino et K. Mach (2019), « The case for strategic and managed climate retreat », *Science*, vol. 365/6455, pp. 761-763, http://dx.doi.org/10.1126/science.aax8346. [204]

Smallegan, S. et al. (2016), « Morphological response of a sandy barrier island with a buried seawall during Hurricane Sandy », *Coastal Engineering*, vol. 110, pp. 102-110, http://dx.doi.org/10.1016/j.coastaleng.2016.01.005. [109]

Soergel, B. et al. (2021), « Combining ambitious climate policies with efforts to eradicate poverty », *Nature Communications*, vol. 12/1, http://dx.doi.org/10.1038/s41467-021-22315-9. [72]

Somanathan, E. et al. (2014), « National and sub-national policies and institutions », dans Edenhofer, O. et al. (dir. pub.), *Climate Change 2014 : Mitigation of Climate Change. Contribution of Working Group III to the Fifth Assessment Report of the Intergovernmental Panel on Climate Change*, Cambridge University Press, Cambridge, Royaume-Uni et New York. [143]

Spalding, M. et al. (2013), « Coastal ecosystems: A critical element of risk reduction », *Conservation Letters*, vol. 7/3, pp. 293-301, http://dx.doi.org/10.1111/conl.12074. [176]

Speelman, L., R. Nicholls et J. Dyke (2016), « Contemporary migration intentions in the Maldives: The role of environmental and other factors », *Sustainability Science*, vol. 12/3, pp. 433-451, http://dx.doi.org/10.1007/s11625-016-0410-4. [207]

Storlazzi, C. et al. (2018), « Most atolls will be uninhabitable by the mid-21st century because of sea-level rise exacerbating wave-driven flooding », *Science Advances*, vol. 4/4, p. eaap9741, http://dx.doi.org/10.1126/sciadv.aap9741. [221]

Stuart-Smith, R. et al. (2021), « Filling the evidentiary gap in climate litigation », *Nature Climate Change*, http://dx.doi.org/10.1038/s41558-021-01086-7. [170]

Sudmeier-Rieux, K. et al. (2015), « Opportunities, incentives and challenges to risk sensitive land use planning: Lessons from Nepal, Spain and Vietnam », *International Journal of Disaster Risk Reduction*, vol. 14, pp. 205-224, http://dx.doi.org/10.1016/j.ijdrr.2014.09.009. [76]

Surminski, S. et D. Oramas-Dorta (2013), « Do flood insurance schemes in developing countries provide incentives to reduce physical risks? », *Centre for Climate Change Economics and Policy Working Paper*, vol. 139, http://www.cccep.ac.uk/wp-content/uploads/2015/10/WP11. [99]

Temmerman, S. et al. (2013), « Ecosystem-based coastal defence in the face of global change », *Nature*, vol. 504/7478, pp. 79-83, http://dx.doi.org/10.1038/nature12859. [177]

Thomas, A. et L. Benjamin (2018), « Policies and mechanisms to address climate-induced migration and displacement in Pacific and Caribbean small island developing states », *International Journal of Climate Change Strategies and Management*, vol. 10/1, pp. 86-104, http://dx.doi.org/10.1108/ijccsm-03-2017-0055. [216]

Thomas, K. et al. (2018), « Explaining differential vulnerability to climate change: A social science review », *Wiley Interdisciplinary Reviews: Climate Change*, vol. 10/2, http://dx.doi.org/10.1002/wcc.565. [119]

Tiggeloven, T. et al. (2020), « Global-scale benefit–cost analysis of coastal flood adaptation to different flood risk drivers using structural measures », *Natural Hazards and Earth System Sciences*, vol. 20/4, pp. 1025-1044, http://dx.doi.org/10.5194/nhess-20-1025-2020. [200]

Toussaint, P. (2020), « Loss and damage and climate litigation: The case for greater interlinkage », *Review of European, Comparative & International Environmental Law*, http://dx.doi.org/10.1111/reel.12335. [167]

Trenberth, K. et J. Fasullo (2012), « Climate extremes and climate change: The Russian heat wave and other climate extremes of 2010 », *Journal of Geophysical Research: Atmospheres*, vol. 117/D17, pp. n/a-n/a, http://dx.doi.org/10.1029/2012jd018020. [14]

Tye, S. et D. Grinspan (2020), « Building a climate resilient future for Costa Rica's coffee farming communities », *Practice Note*, World Resources Institute, Washington, D.C., http://dx.doi.org/10.46830/wripn.19.00103. [142]

UNDRR (2021), *GAR Special Report on Drought*, Bureau des Nations Unies pour la prévention des catastrophes, Baltimore, USA. [157]

UNDRR (2019), *Global Assessment Report on Disaster Risk Reduction*, Bureau des Nations Unies pour la prévention des catastrophes, Baltimore, USA, https://gar.undrr.org/report-2019. [9]

UNDRR (2015), *Cadre de Sendai pour la réduction des risques de catastrophe (2015-2030)*, Bureau des Nations Unies pour la prévention des catastrophes, Genève, https://www.undrr.org/publication/sendai-framework-disaster-risk-reduction-2015-2030. [100]

Vincent, K. et D. Conway (2021), « Key issues and progress in understanding climate risk in Africa », dans *Climate Risk in Africa*, Springer International Publishing, Cham, http://dx.doi.org/10.1007/978-3-030-61160-6_1. [24]

Vincent, K. et al. (2021), « Co-production: Learning from Contexts », dans *Climate Risk in Africa*, Springer International Publishing, Cham, http://dx.doi.org/10.1007/978-3-030-61160-6_3. [46]

Volpato, G. et E. King (2018), « From cattle to camels: Trajectories of livelihood adaptation and social-ecological resilience in a Kenyan pastoralist community », *Regional Environmental Change*, vol. 19/3, pp. 849-865, http://dx.doi.org/10.1007/s10113-018-1438-z. [140]

Wainwright, C. et al. (2019), « 'Eastern African Paradox' rainfall decline due to shorter not less intense Long Rains », *npj Climate and Atmospheric Science*, vol. 2/1, http://dx.doi.org/10.1038/s41612-019-0091-7. [49]

Walker, W., M. Haasnoot et J. Kwakkel (2013), « Adapt or perish: A review of planning approaches for adaptation under deep uncertainty », *Sustainability*, vol. 5/3, pp. 955-979, http://dx.doi.org/10.3390/su5030955. [212]

Walker, W., R. Lempert et J. Kwakkel (2013), « Deep uncertainty », dans *Encyclopedia of Operations Research and Management Science*, Springer US, Boston, MA, http://dx.doi.org/10.1007/978-1-4419-1153-7_1140. [26]

Walker, W., S. Rahman et J. Cave (2001), « Adaptive policies, policy analysis, and policy-making », *European Journal of Operational Research*, vol. 128/2, pp. 282-289, http://dx.doi.org/10.1016/s0377-2217(00)00071-0. [213]

Webster, P. (2008), « Myanmar's deadly daffodil », *Nature Geoscience*, vol. 1/8, pp. 488-490, http://dx.doi.org/10.1038/ngeo257. [104]

Webster, P., V. Toma et H. Kim (2011), « Were the 2010 Pakistan floods predictable? », *Geophysical Research Letters*, vol. 38/4, pp. n/a-n/a, http://dx.doi.org/10.1029/2010gl046346. [27]

White, I. et J. Lawrence (2020), « Continuity and change in national riskscapes: A New Zealand perspective on the challenges for climate governance theory and practice », *Cambridge Journal of Regions, Economy and Society*, vol. 13/2, pp. 215-231, http://dx.doi.org/10.1093/cjres/rsaa005. [144]

Winsemius, H. et al. (2015), *Disaster Risk, Climate Change, and Poverty: Assessing the Global Exposure of Poor People to Floods and Droughts*, Banque mondiale, Washington, D.C., http://dx.doi.org/10.1596/1813-9450-7480. [121]

Woetzel, J. et al. (2020), *Climate Risk and Response: Physical Hazards and Socioeconomic Impacts*, McKinsey Global Institute, https://www.mckinsey.com/business-functions/sustainability/our-insights/climate-risk-and-response-physical-hazards-and-socioeconomic-impacts. [118]

Woetzel, J. et al. (2020), « Will the world's breadbaskets become less reliable? », 18 mai, McKinsey Global Institute, https://www.mckinsey.com/business-functions/sustainability/our-insights/will-the-worlds-breadbaskets-become-less-reliable. [10]

Wong, P. et al. (2014), « Coastal systems and low-lying areas », dans Field, C. et al. (dir. pub.), *Climate Change 2014 : Impacts, Adaptation, and Vulnerability. Part A : Global and Sectoral Aspects. Contribution of Working Group II to the Fifth Assessment Report of the Intergovernmental Panel of Climate Change*, Cambridge University Press, Cambridge, Royaume-Uni et New York. [174]

Yamamoto, L. et M. Esteban (2014), *Atoll Island States and International Law*, Springer Berlin Heidelberg, Berlin, Heidelberg, http://dx.doi.org/10.1007/978-3-642-38186-7. [215]

Zheng, Z., L. Zhao et K. Oleson (2021), « Large model structural uncertainty in global projections of urban heat waves », *Nature Communications*, vol. 12/1, http://dx.doi.org/10.1038/s41467-021-24113-9. [23]

Zottarelli, L. (2008), « Post-Hurricane Katrina employment recovery: The Interaction of race and place », *Social Science Quarterly*, vol. 89/3, pp. 592-607, http://dx.doi.org/10.1111/j.1540-6237.2008.00550.x. [134]

5 Le financement et les risques financiers face à l'augmentation des pertes et des dommages

Ce chapitre a deux objectifs. D'une part, il examine les conséquences des pertes et des dommages – actuels et futurs – induits par le changement climatique sur les finances publiques. Ces conséquences nuisent à la capacité des pouvoirs publics de s'attaquer aux priorités que sont le développement durable et la réduction de la pauvreté dans le contexte du changement climatique. D'autre part, le chapitre passe en revue les rôles clés joués par le financement en ce qui concerne la réduction et la gestion des risques de pertes et de dommages, et plus précisément la réduction, la rétention et le transfert des risques. Ce chapitre s'intéresse également au financement du développement et au soutien direct ou indirect qu'il apporte à ces efforts, en soulignant le rôle important joué à cet égard par l'aide humanitaire.

En bref

Les pertes et les dommages ont des conséquences sur la viabilité budgétaire : les instruments de financement des risques doivent être utilisés de façon globale, mais aussi inclusive.

Les aléas climatiques peuvent avoir de vastes et complexes répercussions macroéconomiques, chacune dépendant du type d'aléa et de la situation du pays concerné. Les impacts du changement climatique pèsent déjà lourd sur les capacités financières d'un grand nombre de pays vulnérables, en particulier les petits États insulaires en développement (PEID) et les pays les moins avancés (PMA). La viabilité du secteur financier, qui fournit des outils pour financer les risques, est elle aussi menacée :

- La ***viabilité budgétaire*** est mise en péril par la diminution des recettes publiques et la nécessité de financer les mesures de gestion des catastrophes au détriment d'autres priorités (comme les investissements, l'éducation ou la résilience). Sur le long terme, cela pourrait menacer la capacité des États à rembourser leurs dettes. Après une catastrophe, le financement par l'emprunt risque de coûter cher aux pays concernés. Compte tenu de leur niveau de développement, certains n'auront peut-être pas accès à l'aide publique au développement (APD), ce qui aggravera leurs difficultés budgétaires.
- Le ***secteur financier*** subit directement les impacts des événements météorologiques et climatiques. Les dégâts causés aux biens des ménages et des entreprises, par exemple, peuvent avoir pour effet de bouleverser les processus de production et les chaînes de valeur en raison des crédits devenus non performants et de la baisse de la valeur des nantissements. Il s'ensuit alors une augmentation des coûts des services fournis par les banques et les compagnies d'assurance, qui risque d'entraîner une diminution des crédits et une hausse des primes d'assurance, d'où un allongement du délai de recouvrement. Certains événements climatiques – les changements à évolution lente ou les corrélations entre certains événements météorologiques extrêmes et les points de bascule éventuels – pourraient bien remettre en question les approches de gestion des risques financiers. L'instabilité financière potentielle mérite une attention supplémentaire et peut nécessiter une action coordonnée à l'échelle internationale.

Les pays, les ménages, les entreprises et les collectivités utilisent toutes sortes de mécanismes financiers complémentaires pour réduire et gérer les risques de pertes et de dommages induits par le changement climatique. Les différentes approches doivent être intégrées par les administrations nationales et infranationales dans une stratégie globale de financement des risques :

- La ***réduction des risques*** (comme l'amélioration de la résistance physique des bâtiments) est la première ligne de défense contre les impacts du changement climatique. En plus de réduire les risques de pertes et de dommages, elle fournit une base permettant de gérer les risques résiduels. Elle couvre également les dispositifs de protection sociale, qui permettent d'améliorer la résilience de populations se retrouvant sinon vulnérables et marginalisées.
- La ***rétention des risques*** (comme les fonds de gestion des catastrophes) permet d'allouer ou de réorienter des budgets afin de fournir un accès rapide à des moyens de financement en cas d'événements météorologiques fréquents et de faible intensité. Les crédits consentis par les banques internationales de développement pour faire face à des imprévus sont plus appropriés

pour les événements d'intensité et de fréquence moyennes. Les sommes requises en cas d'événements peu fréquents mais d'une grande intensité sont généralement supérieures aux fonds publics immédiatement disponibles.

- Le ***transfert des risques*** (comme les obligations catastrophes ou les formules d'assurance contre les risques climatiques) fournit aux acteurs publics un accès rapide à des ressources permettant de se relever des pertes et dommages subis. Cette solution est parfaitement adaptée en cas d'événements à faible probabilité mais de grande ampleur, car les sommes importantes qui sont nécessaires proviennent surtout des marchés de capitaux. Les dispositifs de transfert des risques peuvent bénéficier d'autres formes de transfert ou de mise en commun comme la mutualisation, ou être améliorés par d'autres types de gestion des risques, dans certains cas avec l'aide d'organismes de financement du développement.

Dans de nombreux pays, le système de couverture requis pour faire face aux risques climatiques est incomplet. Dans les pays à revenu élevé, plus de la moitié des pertes et dommages économiques causés par des phénomènes climatiques extrêmes sont assurés ; dans les autres, cette proportion n'atteint même pas un dixième. les lacunes sont particulièrement grandes en ce qui concerne les pertes et dommages non économiques, par exemple dans le domaine culturel. Au niveau des ménages, les personnes ayant un accès limité aux mécanismes de financement classiques peuvent avoir besoin de recourir à des solutions offrant une résilience non pas à long mais à court terme, par exemple en retirant leurs enfants de l'école afin de faciliter le redressement du ménage. Au niveau international, la couverture et l'accessibilité financière des assurances sont de plus en plus considérées comme faisant partie intégrante d'une stratégie globale de financement des risques. Les efforts visant à développer les assurances doivent refléter la nature changeante des risques afin de garantir la durabilité des dispositifs. Les événements à évolution lente qui surviennent progressivement pourraient à l'avenir exercer une forte pression sur le modèle traditionnel de l'assurance et rendre la diversification des risques plus difficile.

La mise en place d'une réglementation financière, d'une politique publique et d'une transparence pourrait permettre de réduire les besoins de financement intérieurs. Ces trois éléments créent un environnement propice à la réduction et à la gestion des risques. Les administrations publiques jouent un rôle important au regard de la communication, de la prise de conscience et de la compréhension des risques climatiques et des options de financement des risques en fixant des attentes à l'égard des acteurs économiques et du système financier. Ces actions peuvent améliorer la faculté des acteurs privés à gérer leurs propres risques, accroître la résilience et mettre en lumière les priorités d'action des pouvoirs publics. Les règles budgétaires associées à des clauses dérogatoires peuvent aussi faciliter la viabilité des finances publiques.

Le financement international du développement est une autre forme de soutien important pour les pays partenaires. Ces derniers aspirent (entre autres) à un accès plus simple et élargi à des moyens de financement qui soient adaptés à leur situation et à leurs priorités. Les fournisseurs bilatéraux et multilatéraux de financement à l'appui du développement sont de plus en plus conscients de la nécessité d'intégrer explicitement les risques de pertes et de dommages dans la conception de leurs programmes et de leurs stratégies. S'il en fournit un premier aperçu, le présent rapport ne rend pas toute la complexité ni l'ampleur du rôle que joue le financement du développement à l'égard de la réduction et de la gestion des risques de pertes et de dommages liés au climat. Le financement international du développement doit cibler ceux qui encourent le plus de risques. Les mécanismes utilisés doivent refléter la nature de ces risques afin d'assurer la viabilité des finances publiques et la soutenabilité de la dette. Il peut aussi être nécessaire que les acteurs de la coopération pour le développement adaptent leur approche à l'égard des pays qui ne remplissent plus les conditions requises pour bénéficier de l'APD, car ces pays peuvent être encore très exposés et vulnérables aux aléas climatiques. Les organisations humanitaires jouent un rôle de plus en plus important en créant un lien entre l'intervention en cas de catastrophe et la prévention, deux activités dont la coordination peut être améliorée via la coopération pour le développement.

5.1. Introduction

Les effets néfastes des aléas climatiques pèsent lourd sur les capacités financières d'un grand nombre de pays concernés, et se font sentir sur les êtres humains, les moyens de subsistance et les actifs. En 2019, par exemple, le Mozambique a été frappé par les cyclones tropicaux Idai (en mars) et Kenneth (en avril). Cela a porté le taux d'endettement de l'État à 103 % du produit intérieur brut (PIB) cette année-là. Le pays a été de nouveau frappé par deux cyclones de grande ampleur en janvier et février 2021 ; son taux d'endettement devrait atteindre 125 % du PIB d'ici la fin de l'année (FMI, 2021[1]). Le Mozambique n'est cependant pas un cas isolé. En septembre 2019, l'ouragan Dorian, de catégorie 5, a frappé le littoral des Bahamas, causant la mort d'au moins 70 personnes. Les pertes et dommages causés par l'événement ont été estimés à 3.4 milliards USD, soit l'équivalent d'environ 25 % du PIB du pays (Zegarra et al., 2020[2]). Dorian n'a pas été le seul des ouragans à avoir frappé les côtes des îles caribéennes ces dernières années. Plusieurs régions d'Asie ont également été le théâtre de cyclones tropicaux. En plus de peser sur le PIB – souvent pendant de nombreuses années –, ces catastrophes répétées détruisent des vies et des moyens de subsistance. Dans de nombreux pays en développement, il est très difficile d'attribuer ces événements au changement climatique car ces pays manquent de données d'observation de qualité, comme le soulignent le chapitre 3 et la publication de Hope (2019[3]). Il n'en reste pas moins que les effets catastrophiques de ces cyclones sont aggravés par le changement climatique : les précipitations sont plus intenses et les ondes de tempête atteignent des hauteurs supérieures sur les côtes.

Ce chapitre s'intéresse à la question du financement des pertes et dommages induits par le changement climatique. La section 5.2 examine les conséquences macroéconomiques du changement climatique, en centrant son attention sur la viabilité budgétaire. La section 5.3 donne une vue d'ensemble des rôles que peut jouer le financement au regard de la gestion des pertes et des dommages induits par le changement climatique, à savoir en termes de réduction, de rétention et de transfert des risques. Enfin, la section 5.4 rend compte de la situation actuelle et des tendances futures concernant les liens entre le financement du développement et les pertes et dommages susmentionnés.

5.2. Les conséquences macroéconomiques du changement climatique

Les aléas climatiques peuvent avoir de graves et complexes répercussions au niveau macroéconomique. Les effets économiques varient toutefois selon les types d'aléas. L'effet immédiat est un choc, suivi de pertes ou de dommages sur les actifs (par exemple les biens ou les cultures), ainsi que d'impacts sur l'offre de main-d'œuvre. Pour citer un exemple, certains aléas climatiques (comme des inondations et des tempêtes de grande intensité) peuvent causer des dégâts sur les bâtiments et les infrastructures ; d'autres (comme les vagues de chaleur) entraîneront certainement moins de dégâts matériels. Il y a cependant fort à parier qu'ils auront des conséquences sur le plan macroéconomique, par exemple des baisses de productivité dans certains secteurs (Day et al., 2018[4]).

Ces implications peuvent perturber la production dans un ou plusieurs secteurs puis, par ricochet, avoir des effets sur les échanges, les recettes en devises et les taux de change. Les risques climatiques peuvent ainsi menacer, directement ou indirectement, la sécurité alimentaire. Un impact direct pourrait être la diminution des rendements, alors qu'un impact indirect serait la baisse de la disponibilité en eau et de sa qualité, l'augmentation des ravageurs et des maladies, ainsi que l'appauvrissement de la pollinisation (Mbow et al., 2019[5]). Cela pourrait se traduire par une hausse des prix de l'alimentation, tant au niveau local que mondial. L'ampleur de cette hausse dépendra de l'intensité des impacts négatifs et de l'importance qu'ont les cultures concernées dans les chaînes d'approvisionnement mondiales (voir l'encadré 4.1). Le tourisme et les recettes qu'il procure est lui aussi vulnérable face aux événements climatiques qui risquent d'anéantir des sites naturels emblématiques (comme les récifs coralliens), de faire disparaître des plages, de détruire des complexes hôteliers et des infrastructures locales, et de réduire les réserves d'eau douce (Wolf et al., 2021[6]). Dans certains cas, les pertes et les dommages peuvent se quantifier en termes monétaires ; dans d'autres, en revanche, ce chiffrage n'est pas possible (par exemple, pour des pertes non économiques). Les tentatives de quantification des pertes peuvent s'appuyer sur des hypothèses difficiles à justifier ou ne faisant pas l'unanimité. Ces pertes peuvent concerner des vies humaines, des espèces, des biens culturels, la santé psychologique, la mobilité des individus (à titre temporaire ou permanent), ainsi que des perspectives pour les enfants et les générations futures (Tschakert et al., 2019[7]) (voir le chapitre 2).

Les institutions et les caractéristiques socioéconomiques ont une incidence sur les aléas liés au climat, et certains événements auront des impacts plus réduits dans les pays ayant déjà l'habitude de gérer le type d'aléa en question. Ainsi, les régions froides seront plus vulnérables en cas de hausse des températures car les habitations et les infrastructures y ont été construites pour résister au froid et conçues pour capturer la chaleur. De la même manière, les régions chaudes pourraient subir plus durement les périodes de grand froid, même si ces extrêmes devraient diminuer au fur et à mesure que le changement climatique progressera (Heutel, Miller et Molitor, 2020[8]). Les événements extrêmes survenus en 2021 (comme la vague de chaleur en Amérique du Nord) montrent que le niveau des températures extrêmes est déjà en train de changer avec le réchauffement actuel de 1.09 °C. Des aléas inédits font leur apparition et pourraient avoir des effets d'autant plus néfastes que les pays y sont encore peu ou pas familiarisés. Certains des bouleversements qu'ils entraîneront sur les capitaux, la main-d'œuvre et les revenus pourraient persister pendant plusieurs années.

Les impacts de grande ampleur ou les catastrophes requièrent une intervention immédiate pour apporter de l'aide aux individus et aux ménages concernés. Le problème est que les interventions de ce type risquent aussi de creuser les déficits budgétaires, d'accroître la dette publique et de limiter les investissements productifs. Les activités ultérieures de redressement et de reconstruction sont susceptibles d'avoir des effets – directs et indirects – positifs sur l'économie. Si les taux d'intérêt grimpent après un choc, cela risque d'attirer des fonds qui répondront au besoin de disposer de nouveaux capitaux. Si le financement privé (national ou international) n'est pas au rendez-vous, il faudra sans doute faire appel à l'aide au développement. Le manque de moyens pourra aussi limiter la vitesse et l'ampleur du redressement.

Pour toutes ces raisons, l'activité économique (le PIB par habitant) peut évoluer de toutes sortes de manières différentes après une catastrophe (pour un aperçu des méthodes d'évaluation, voir l'Encadré 5.1). La trajectoire de croissance dépendra des effets dominants de la catastrophe sur l'économie. Des profils d'évolution possible du PIB par habitant sont représentés sur le Graphique 5.1 Dans les scénarios A et B, la catastrophe n'a pas d'impact à long terme sur la trajectoire de croissance. En revanche, les scénarios C et D présentent respectivement une baisse et une augmentation ininterrompues de l'activité économique. Ces effets peuvent s'expliquer par de lourdes pressions financières (scénario C) ou par le remplacement des capitaux perdus par des technologies de haut niveau (scénario D). Pour toutes ces trajectoires, la catastrophe n'a pas d'incidence sur les taux de croissance à long terme. Ce ne sera peut-être pas toujours le cas ; les projections du climat futur font souvent état d'aléas répétés ou plus intenses, qu'ont déjà connus de nombreux pays. D'après les conclusions d'une méta-analyse, les phénomènes climatiques et météorologiques extrêmes ont un impact négatif sur la croissance économique, dont l'ampleur varie selon le type d'événement et le pays (Klomp et Valckx, 2014[9]).

Graphique 5.1. Profils d'évolution du PIB par habitant après un événement météorologique extrême

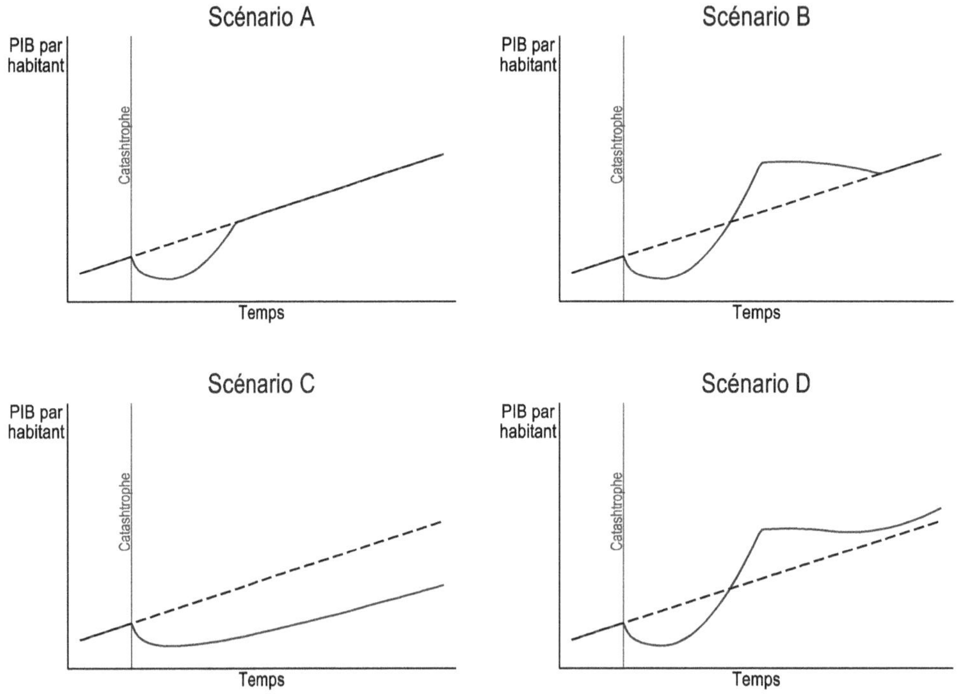

Source : (Chhibber et Laajaj, 2008[10]).

Encadré 5.1. Comprendre les impacts des événements météorologiques et climatiques extrêmes

Les répercussions macroéconomiques de ces événements ont été évaluées à l'aide d'un large éventail d'approches. Certaines sont plus appropriées pour évaluer les implications à court terme (où l'on part du postulat qu'il n'y a pas de changements au niveau des comportements ou de la production). D'autres suivent l'évolution de l'économie sur des périodes plus longues. En général, dans une approche à long terme, les différentes modélisations de la croissance et de la situation économique à l'échelle régionale parviennent à établir un lien entre les données macroéconomiques et les pertes/dommages survenant au niveau microéconomique, parfois grâce à des simulations.

La modélisation des catastrophes faisant appel à des systèmes d'information géographique est généralement réalisée à toutes sortes d'échelles (locale à mondiale). Elle consiste à cartographier toutes sortes d'aléas, puis à évaluer les pertes et dommages qu'ils causent sur les actifs (généralement les biens immobiliers) et les populations. Différentes hypothèses sont ainsi utilisées au sujet de la fréquence et de l'intensité d'un type d'aléa particulier (par exemple des inondations).

Ces modèles peuvent être utilisés pour évaluer combien coûterait le fait de s'assurer contre ces risques, ou pour analyser les coûts-avantages de différentes mesures d'adaptation et opérations d'investissement. Le constat de Mechler (2016[11]) est que les ratios coûts/avantages d'une réduction *ex ante* des risques de catastrophes sont très élevés (bien que variables selon les contextes et les interventions). De fait, les avantages sont en moyenne quatre fois supérieurs aux coûts. La modélisation des catastrophes peut être utilisée en même temps que des modèles fondés sur les agents afin de déterminer de façon approximative les comportements des acteurs économiques. Ces modèles ont une influence sur le degré de préparation aux catastrophes au niveau local, qui peut conduire à des estimations beaucoup plus faibles des dommages.

Source : (Botzen, Deschenes et Sanders, 2019[12]).

L'impact des catastrophes dépend également des types de pertes et dommages subis. Les catastrophes provoquant un grand nombre de morts et de victimes (donc qualifiées de « létales ») ont un impact négatif plus important sur la croissance de la production que celles causant principalement des destructions de biens et des pertes de capitaux. Cela est dû au fait que la reconstruction de biens, surtout lorsqu'ils sont assurés, peut contribuer à un regain temporaire de l'activité économique (Noy et Vu, 2010[13]). Toutefois, ces effets positifs de la reconstruction sur la croissance se font rares (Botzen, Deschenes et Sanders, 2019[12]). En réalité, les événements météorologiques et climatiques ont majoritairement des impacts négatifs, qui durent parfois plus de dix ans (Deryugina, 2017[14]). Le secteur financier peut lui-même subir les impacts du changement climatique (voir l'Encadré 5.2).

Les conséquences macroéconomiques des catastrophes sont en outre influencées par un certain nombre de facteurs spécifiques à chaque pays :

- ***L'emplacement géographique et la taille*** : Les impacts financiers du changement climatique se font particulièrement sentir dans les pays ayant une petite taille ou un faible poids économique (FMI, 2019[15]). Ainsi, le coût annuel moyen des catastrophes dans les PEID se chiffre à presque 2 % du PIB, soit plus de quatre fois plus que dans les pays de grande taille (FMI, 2016[16]). L'une des raisons est l'emplacement géographique des PEID, qui expose un grand nombre d'entre eux à des événements extrêmes tels que la saison des ouragans et des cyclones ou des changements à évolution lente, comme l'élévation du niveau de la mer (voir les chapitres 3 et 4). Toutefois, l'ampleur des impacts est également liée à leur taille relativement petite et elle a des effets négatifs sur l'investissement, les revenus et la base fiscale (FMI, 2016[16]).

- ***Le développement socioéconomique :*** Le niveau de développement socioéconomique peut avoir une influence sur l'impact des événements climatiques, notamment sur des critères comme le PIB par habitant, la protection sociale, l'ouverture des échanges et les taux de littératie (Botzen, Deschenes et Sanders, 2019[12]). Ainsi, l'existence de droits de propriété solides permet le développement et la pénétration des marchés de l'assurance, qui favorisent un redressement plus rapide lorsque surviennent des événements extrêmes (Kousky, 2019[17]) (voir la section 5.3.3). Face à de tels événements, une moindre diversification et une part plus élevée de l'agriculture dans l'activité économique peuvent se traduire dans les pays en développement par des impacts plus importants (voir le point suivant). Dans la mesure où le développement socioéconomique atténue les impacts, les pays les moins avancés (PMA) font et feront partie des plus touchés par le changement climatique. Les caractéristiques socioéconomiques de chaque pays jouent également un rôle important ; les impacts des événements liés au climat diffèrent selon le niveau de développement et d'autres facteurs prévalant à l'échelle infranationale (Noy et Vu, 2010[13]).
- ***La composition de l'économie :*** Les pays en développement ont tendance à être plus vulnérables car, contrairement à des pays de plus grande taille ou dont l'économie est plus diversifiée, leur nombre de secteurs est plus réduit (Narain, Rabanal et Byskov, 2003[18] ; Joya et Rougier, 2019[19]). Leur vulnérabilité est souvent exacerbée par le rôle relativement dominant des produits agricoles : ces produits représentent plus de 15 % du PIB dans les PMA, contre environ 1 % dans les pays de l'OCDE (Banque mondiale, 2021[20]). L'agriculture est un secteur particulièrement vulnérable au changement climatique (GIEC, 2018[21]).
- ***La dette publique*** : Son niveau est déjà élevé dans certains pays en développement, et la crise du COVID-19 l'a encore exacerbé. Cela se traduit par une moindre capacité à faire face car les possibilités d'emprunt s'en trouvent réduites, y compris après des phénomènes climatiques et météorologiques extrêmes (voir la section 5.2.1). En Afrique, par exemple, le ratio de la dette au PIB a atteint 70 % en 2020, ce qui représente plus de 10 points de pourcentage de plus qu'en 2019 et que le niveau recommandé par le Programme de coopération monétaire en Afrique pour les économies en développement (BAfD, 2021[22]). Un tel niveau d'endettement laisse peu de marge de manœuvre budgétaire pour investir dans la résilience à long terme, ni même dans les secours à court terme.

Différents types d'aléas climatiques vont attirer l'attention de la communauté internationale à différents niveaux, ce qui aura une incidence sur les aides et, au final, sur l'ampleur et la rapidité du redressement (Mejia, 2014[23] ; Eisensee et Stromberg, 2007[24]). Les pays des Caraïbes, en particulier, sont plus susceptibles de recevoir des secours après des tempêtes tropicales de grande intensité qu'après des inondations (Mejia, 2014[23]). Après l'ouragan Tomas en octobre 2010, Saint-Vincent-et-les-Grenadines a connu quelques mois plus tard des inondations. Bien que l'estimation des dommages ait été la même, les donneurs ont été trois fois plus généreux suite à l'ouragan (Mejia, 2014[23] ; FMI, 2011[25]). Certains PEID ne remplissent pas les conditions requises pour bénéficier de l'APD mais sont pourtant exposés à d'importants risques climatiques (voir la section 5.4.4). Les impacts des changements à évolution lente comme la hausse des températures ou l'élévation du niveau de la mer pourraient, au fil du temps, être encore plus importants que ceux des phénomènes extrêmes (Kalkuhl et Wenz, 2020[26] ; Haer et al., 2013[27]). On note également des interactions entre les aléas climatiques. Ainsi, la submersion marine provoquée par les ouragans risque d'être aggravée par l'élévation du niveau de la mer (Knutson et al., 2021[28]).

5.2.1. Les impacts sur la viabilité budgétaire et les solutions mises en place par les pays

Les impacts macroéconomiques comme ceux examinés plus haut rendent les populations plus vulnérables. Les pouvoirs publics auront donc sans doute besoin de consacrer plus d'argent à la protection sociale et à la reconstruction (Burke, Hsiang et Miguel, 2015[29] ; Botzen, Deschenes et Sanders, 2019[12]). Pour citer un exemple, les dépenses consacrées à l'assurance chômage sont plus élevées dans les années qui suivent un événement extrême (Deryugina, 2017[14]). Après l'ouragan Katrina, les emplois à la Nouvelle-Orléans sont passés de plus de 600 000 à moins de 450 000 (BLS, 2021[30]). Les allègements fiscaux qui ont été mis en place après l'événement ont réduit encore plus les recettes publiques (Froetsch et Rector, 2005[31]). Du côté des dépenses, les nouvelles digues et vannes installées dans la seule ville de la Nouvelle-Orléans auraient coûté 14 milliards USD (Frank, 2019[32]), une somme considérable par rapport aux 80 milliards USD du PIB annuel de la région (US Bureau of Economic Analysis, 2020[33]). Les administrations jouent souvent le rôle de garants des dépôts bancaires et ont besoin de s'assurer que le système financier est viable (Brei, Mohan et Strobl, 2019[34] ; Farhi et Tirole, 2017[35]). Par conséquent, tout aléa touchant le secteur financier (par exemple des crédits non performants ou la diminution des fonds propres des banques réduisant leur capacité à consentir de nouveaux prêts ; voir l'Encadré 5.2) se répercutera sur les finances publiques.

Les besoins de dépenses accrus combinés à la diminution des recettes résultant de la baisse de l'activité économique menaceront la viabilité budgétaire. Lorsque les pays concernés, comme les Bahamas, ne sont pas admissibles à l'APD, cela entraîne des difficultés sur le plan de la dette souveraine (voir la section 5.4). Comme le montrent les données issues de l'observation, les mesures *ex ante* – comme la réduction des risques de pertes et de dommages – produisent de meilleurs résultats sur le plan macroéconomique (Catalano, Forni et Pezzolla, 2020[36]). Les risques budgétaires peuvent cependant empêcher les pouvoirs publics de mettre en œuvre de telles mesures et les contraindre de recourir à des mesures *ex post*, moins efficaces.

La soutenabilité de la dette a été, et demeure, une question qui dépasse la problématique du changement climatique, mais qui en subira les conséquences. La moitié des pays en développement à bas revenu sont en situation de surendettement ou risquent de l'être, ce qui signifie qu'ils ont des difficultés à rembourser leur dette (FMI, 2021[37]). Le service de la dette des pays en développement a été estimé à plus de 3 000 millions USD pour la seule période 2020-21, qui coïncide avec des recettes limitées (Steele et Patel, 2020[38]). La durée et la persistance des effets des aléas climatiques sur la dette et son remboursement sont d'une importance cruciale pour évaluer la soutenabilité de la dette. D'après les estimations, le délai de paiement des coûts des événements climatiques se situe entre deux à trois ans (Ouattara et Strobl, 2013[39] ; Mohan et Strobl, 2020[40]) et plus de dix ans (Koetsier, 2017[41] ; Deryugina, 2017[14]), selon le contexte institutionnel et les conditions socioéconomiques des pays. Le Graphique 5.2 montre par exemple le ratio de la dette au PIB de la Dominique entre 1990 et 2020. Les traits rouges verticaux représentent les grands ouragans ayant entraîné une baisse du PIB. Après leur survenue, le niveau de la dette augmente considérablement. Il commence ensuite à diminuer, mais la fréquence des ouragans est telle qu'il s'accroît à nouveau de façon régulière (voir la tendance en pointillés).

Les impacts négatifs du changement climatique peuvent engendrer un cercle vicieux. Tout d'abord, les pays déploient des efforts pour rembourser leur dette. Leurs niveaux élevés d'endettement limitent par conséquent leur faculté à se redresser et se reconstruire après une catastrophe (Fresnillo, 2020[42]). Cela est particulièrement préoccupant dans le cas des PMA. La viabilité budgétaire peut donc constituer un obstacle à la capacité des pouvoirs publics à s'acheminer sur la voie d'un développement durable (notamment via des activités d'adaptation et d'atténuation) et à s'attaquer à des priorités comme la lutte contre la pauvreté. L'argent qui aurait dû être consacré à l'éducation, à la santé ou à l'infrastructure risque d'être injecté dans les actions d'urgence et les activités de remise en état et de reconstruction, alors même que l'accès à de nouvelles sources de financement est limité (Ameli et al., 2021[43]).

Graphique 5.2. L'effet des cyclones à répétition sur la dette publique de la Dominique

Ratio de la dette au PIB (%)

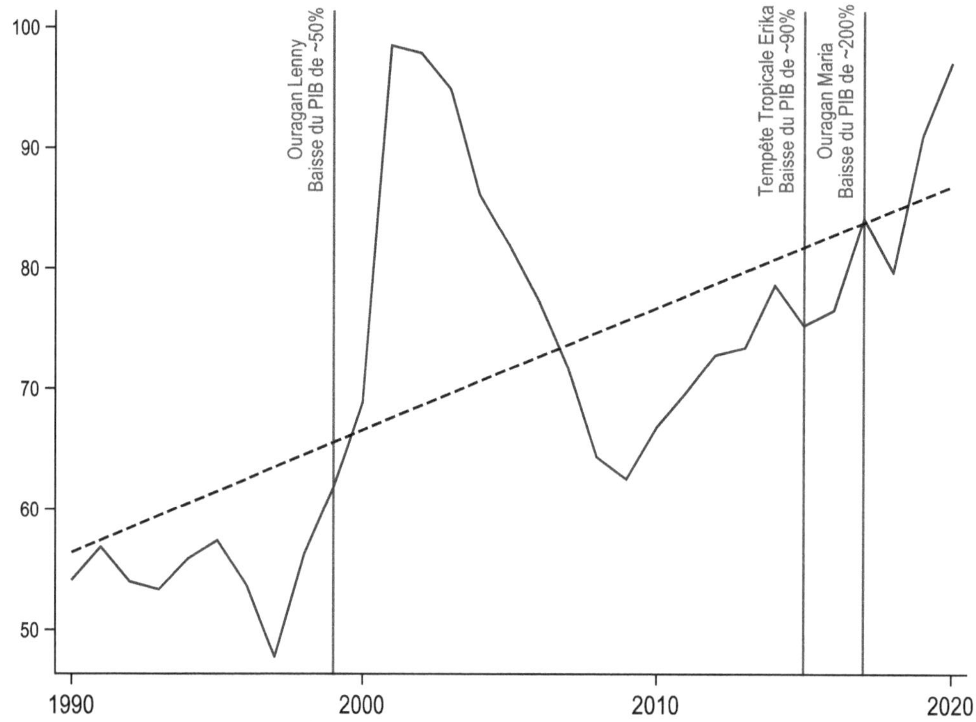

Note : Le graphique représente l'évolution de la dette du gouvernement de la Dominique par rapport au PIB (trait bleu) dans le contexte de phénomènes climatiques extrêmes (traits verticaux rouges). La ligne en pointillés représente la tendance.
Source : d'après (FMI, 2021[1]).

La dette intérieure et la dette extérieure n'ont pas les mêmes effets sur la soutenabilité de la dette, et elles devraient dans l'idéal se situer dans les limites acceptables dépendant de la situation de chaque pays (Reinhart et Rogoff, 2011[44] ; Gros, 2013[45]). En théorie, la dette intérieure peut être remboursée en augmentant les recettes ou en diminuant la valeur de la dette. Dans la pratique, cette approche crée de l'inflation, ce qui peut avoir d'autres conséquences négatives. La dette intérieure est par ailleurs une source de redistribution au niveau national, sachant que la plupart des fonds ne sortent pas du territoire. Par conséquent, la plupart des sommes disponibles pour rembourser la dette le sont aussi pour investir dans la résilience à long terme. La dette extérieure est quant à elle presque toujours exprimée dans une devise étrangère. Cela la rend plus risquée car les pays sont alors tributaires des fluctuations des taux de change. Les banques centrales peuvent, en théorie, épuiser leurs réserves en devises pour rembourser les créanciers étrangers. Ce risque peut être accru lorsqu'un événement climatique réduit la capacité de l'économie à générer des recettes en devises étrangères (par exemple grâce au tourisme ou aux exportations agricoles). Il existe également un risque de transfert si des mesures sont adoptées pour contrôler les sorties de capitaux. Pour toutes ces raisons, la dette extérieure s'accompagne généralement d'une prime de risque et est plus problématique pour la viabilité budgétaire que la dette intérieure (Gros, 2013[45]).

Après un événement climatique catastrophique, les fonds nécessaires à la reconstruction et la protection sociale ont tendance à provenir de sources extérieures. Cela s'explique simplement parce que les investisseurs du pays ont moins de ressources et de revenus disponibles. Dans la mesure où les aléas climatiques frappent les biens d'équipement, les taux d'intérêt risquent d'augmenter afin de refléter la hausse du rendement marginal du capital (Mohan et Strobl, 2020[40]). Le changement climatique a donc pour effet d'accroître le niveau d'endettement. Cette hausse provient d'ailleurs vraisemblablement de la dette étrangère, qui présente un niveau de risque plus élevé. Pour les pays en développement, la coopération internationale peut aussi procurer d'importants moyens de financement à des conditions libérales. En revanche, pour ceux de ces pays qui ont un revenu élevé et ne sont pas admissibles à l'APD, cela peut engendrer des problèmes de dette souveraine, comme expliqué à la section 5.4.4.

La budgétisation pour assurer la viabilité budgétaire

Dans les pays développés, l'assurance privée et les ressources du budget de l'État viennent généralement en aide aux secteurs ayant subi les impacts de catastrophes climatiques ; ce n'est pas le cas dans un grand nombre de pays en développement. Dans la mesure où les impacts des aléas climatiques ne peuvent être totalement éliminés, tous les pays devraient prendre des dispositions pour réduire le coût des catastrophes (FMI, 2019[15]). Ces dispositions sont notamment la création d'une marge de manœuvre budgétaire (par exemple, des réserves pour imprévus, un faible taux d'endettement et une bonne couverture via l'assurance), le renforcement des capacités institutionnelles et la préparation *ex ante*. Ces actions doivent être complétées par des efforts pour renforcer la résilience des actifs et des investissements face au climat, améliorer la sensibilisation et accroître la capacité de l'ensemble des parties prenantes à réduire et gérer les risques (BAD, 2018[46]). L'amélioration du développement financier permet en outre de limiter les effets éventuels des phénomènes extrêmes sur la dette publique (Zhang et Managi, 2020[47]). Faute de mesures de précaution de ce type, les pays risquent de devoir répondre à d'importants besoins de financement à un moment où une catastrophe aura sérieusement mis à mal leur solvabilité (FMI, 2019[15]). Il est impératif, pour relever les défis auxquels elles sont confrontées, que les administrations publiques utilisent de façon complémentaire les différents instruments de gestion des risques, comme cela est expliqué ci-dessous.

Des approches classiques de la politique budgétaire (comme des règles budgétaires) peuvent être importantes. Les États doivent réfléchir aux règles budgétaires au moment où ils établissent leurs budgets, de manière à assurer la viabilité des finances publiques. Ces règles sont par exemple le plafonnement de la dette ou la fixation d'une limite maximale au déficit budgétaire. Les pays ayant introduit des règles budgétaires dans leur Constitution ont une dette plus faible et ont amélioré la viabilité de leurs finances publiques (Asatryan, Castellón et Stratmann, 2018[48]). Ces règles peuvent avoir besoin d'être modifiées pour tenir compte des effets du changement climatique. Une clause dérogatoire pourrait être incluse pour les événements extrêmes de grande intensité (Nakatani, 2021[49]), à l'instar des « clauses ouragans » prévues pour le financement de la dette extérieure (voir la section 5.4.4). Les termes de cette clause devraient cependant être définis clairement car des conditions d'application vagues ou trop souples nuisent à la stabilisation de la dette (Combes, Minea et Sow, 2017[50]). Selon que la dette est intérieure ou extérieure, son financement aura des effets variables sur sa soutenabilité, comme indiqué dans la précédente sous-section.

Encadré 5.2. L'impact des aléas climatiques sur le secteur financier

Les systèmes financiers (institutions et marchés) fournissent un grand nombre de services essentiels qui pourraient être menacés par les aléas climatiques. À titre d'exemple, les phénomènes météorologiques extrêmes qui sont fréquents et intenses font peser des risques sur les portefeuilles d'investissement et de crédit. Malgré cela, les aléas climatiques ne sont, semble-t-il, pas toujours pris en compte dans l'évaluation des actifs financiers (Ramani, 2020[51] ; FMI, 2020[52]). Dans certains cas néanmoins, comme les obligations souveraines, la tarification des actifs intègre au moins en partie les risques climatiques auxquels le pays est confronté (Cevik et Jalles, 2020[53]).

Compte tenu de leurs nombreuses interactions, les institutions financières forment un tout compact propice à la propagation d'une crise. Des impacts négatifs perçus par une ou plusieurs institutions indépendantes (selon leur taille et leur degré d'interconnexion) font courir des risques accrus à l'ensemble de l'économie (Battiston et Martinez-Jaramillo, 2018[54] ; Dastkhan et Gharneh, 2018[55]). Les risques systémiques peuvent s'étendre au-delà des frontières et entraîner des crises financières dans d'autres pays, voire au niveau mondial (Saha et Viney, 2019[56]). Par conséquent, tout effet sensible sur le secteur financier peut avoir de graves conséquences sur l'économie réelle également. Les actifs financiers pouvant subir les impacts du changement climatique sont estimés, à l'échelle mondiale, à 2 500-4 200 milliards USD, voire jusqu'à 24 000 milliards USD (Dietz et al., 2016[57] ; Watts, 2015[58]). Aussi, un nombre croissant de régulateurs financiers – dont les professionnels de l'assurance – commencent à exiger une présentation des risques climatiques afin de connaître l'exposition et la vulnérabilité du système financier (Jones, 2021[59]) (voir aussi l'Encadré 5.7).

Les risques systémiques du secteur financier ont également des répercussions sur le solde budgétaire des États, et vice versa. Ainsi, les administrations centrales fournissent généralement des garanties aux banques, ce qui signifie qu'en cas de crise, les États assumeront une partie des coûts. Par ailleurs, les banques sont un maillon essentiel du système monétaire ainsi qu'un élément fondamental pour permettre le bon fonctionnement de l'économie. Le potentiel renflouement des banques par les États encourage les intéressées à prendre plus de risques qu'elles ne le feraient sinon. D'un autre côté, l'administration centrale peut ne pas être considérée comme un garant digne de confiance, ce qui aura toutes sortes de répercussions pour les banques (Brunnermeier et al., 2016[60]). En cas de défaillance d'un emprunteur souverain, les banques (nationales et étrangères) détenant des obligations souveraines subiront probablement des pertes brutales. D'autre part, des risques accrus de défaut de remboursement de la dette extérieure peuvent entraîner une contagion financière. Dans ce cas, la dette des pays se trouvant dans des situations similaires serait réévaluée pour tenir compte des risques perçus comme plus importants.

Pour finir, la dette publique est utilisée à la fois comme un actif et comme un nantissement par les banques et les autres acteurs du secteur financier. L'augmentation des risques associés à la dette souveraine aura des répercussions sur la facilité avec laquelle les ménages, les entreprises et les administrations infranationales pourront accéder aux capitaux des marchés financiers internationaux.

5.3. Les rôles du financement au regard de la réduction et la gestion des risques de pertes et de dommages

Cette section examine les rôles (réels et potentiels) que peut jouer le financement au regard de la réduction et de la gestion des risques de pertes et de dommages induits par le changement climatique. Dans ce contexte, le financement peut être public ou privé, national ou international. Pour obtenir des moyens de financement, les pouvoirs publics peuvent utiliser différentes approches. Le contenu de la présente section s'articule autour de trois grands thèmes :

1. La réduction des risques ;
2. La rétention des risques ;
3. Le transfert des risques.

Le secteur financier peut intervenir simultanément pour plusieurs de ces objectifs. Cela peut créer d'importantes synergies, mais nécessiter aussi des arbitrages (voir plus bas l'examen de la question de la protection sociale). Dans l'idéal, une stratégie de gestion des risques utilise et combine ces approches de façon harmonieuse. Ces dernières ont été représentées de façon synthétique sur le Graphique 5.3 afin de montrer le processus qui s'opère pour chacune d'elles. Il s'agit nécessairement d'une simplification et d'une théorisation des dilemmes et des options auxquels font face les décideurs publics à différentes périodes. Chaque approche possède ses propres caractéristiques en termes de délai, d'accès et de coûts, comme cela est représenté ci-dessous et décrit succinctement dans le Tableau 5.1.

Graphique 5.3. Illustration schématique du rôle du financement dans la gestion des risques actuels et futurs de pertes et de dommages

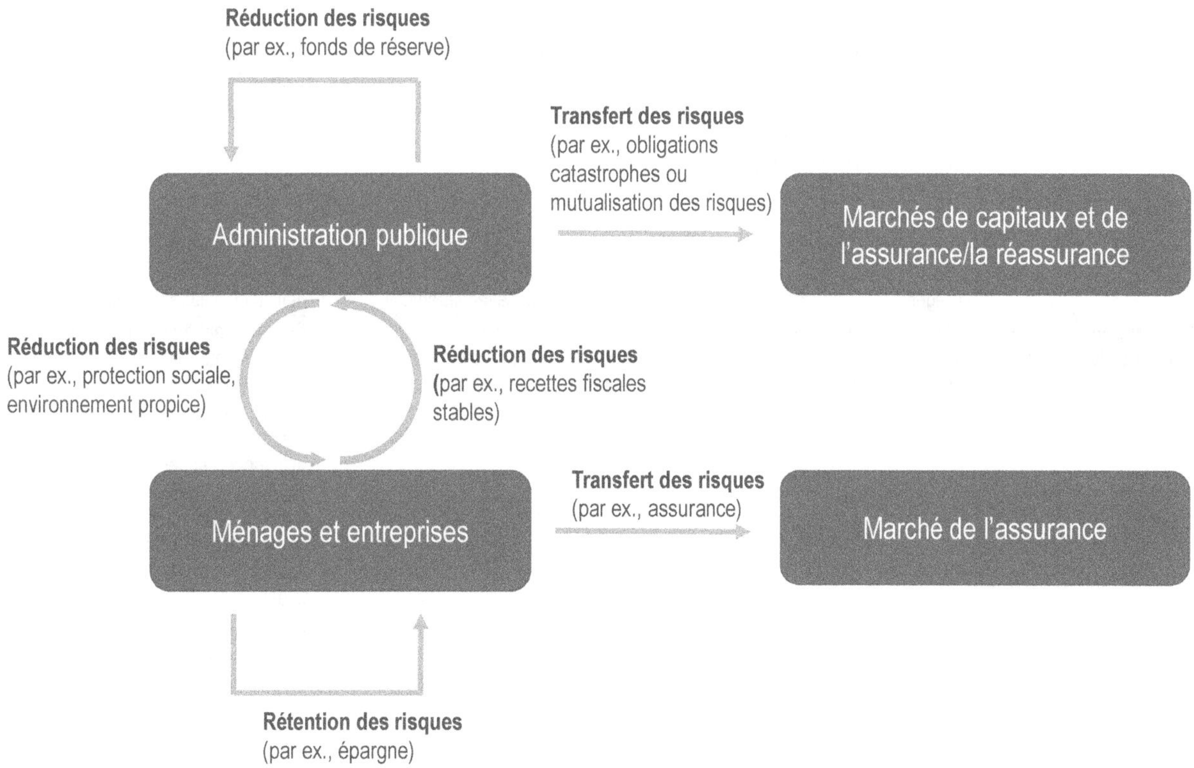

La Banque mondiale recommande d'adopter une approche à plusieurs niveaux pour faire face aux passifs éventuels de l'État. La rétention des risques (grâce à l'épargne et aux fonds disponibles) sera utilisée pour les aléas climatiques fréquents mais de gravité moindre (par exemple une inondation annuelle/une sécheresse localisée). Le recours à l'emprunt aura lieu pour les phénomènes de fréquence et de gravité moyennes (une inondation de grande ampleur, par exemple). Pour les événements moins fréquents pouvant avoir de lourds impacts (comme les sécheresses intenses ou les cyclones catastrophiques), le transfert des risques sera plus approprié (Calcutt, Maher et Fitzgibbon, 2021[61]).

La gestion des risques doit en outre être intégrée aux mécanismes de budgétisation et de gestion des finances publiques. Cela peut passer par exemple par la conception de processus budgétaires sensibles aux risques, par la classification des risques et le suivi des budgets, ainsi que par l'incorporation de la gestion des risques aux budgets sectoriels. Lorsque des mécanismes de financement particuliers peuvent être appliqués pour résoudre les problèmes (actuels ou survenant à brève échéance), cela est précisé tout au long du chapitre. Le rôle pouvant être joué par les différentes approches dans le cadre du redressement et de la reconstruction est décrit dans l'Encadré 5.3.

Tableau 5.1. Options de financement des passifs éventuels de l'État liés au climat

	Mécanisme de financement	Délai d'accès	Coût relatif
Réduction des risques	*Protection sociale :* Fourniture d'un soutien aux groupes les plus vulnérables de la société par le renforcement de leur résilience, l'apport d'une aide directe aux ménages touchés par une catastrophe, et éventuellement une assistance aux efforts de redressement.	Relativement court car le calcul est inclus dans le budget.	Dépend du coût d'opportunité des autres utilisations possibles des fonds alloués.
	Mise en place d'un environnement propice : faire participer le secteur privé.	Pas d'accès direct, mais important pour inciter à l'action et, dans certains cas, mobiliser le secteur privé.	Coûts budgétaires généralement faibles pour les activités de sensibilisation ; coûts politiques et financiers potentiellement plus élevés lorsqu'il s'agit de concevoir un cadre réglementaire.
Rétention des risques (épargne et fonds disponibles)	*Fonds de réserve spécial pour les risques climatiques ou les passifs éventuels (en général)* : montant fixe alloué chaque année pour faire face aux dépenses liées aux événements climatiques ou à un ensemble plus vaste d'imprévus.	Très court car l'opération ne nécessite normalement l'intervention d'aucune autre administration.	Dépend du coût d'opportunité des autres utilisations possibles des fonds alloués.
	Réaffectation de fonds d'urgence : fonds affectés à l'origine à d'autres priorités ou usages.	Relativement bref en fonction des autres autorités exécutives et législatives devant intervenir.	Coût pouvant être relativement élevé car les fonds proviendront, par définition, d'autres affectations.
Rétention des risques (emprunt)	*Mécanismes préétablis de crédit pour imprévus* : mécanismes de prêt accessibles en cas d'événement climatique.	Très court, selon les conditions qui doivent être satisfaites pour permettre l'accès aux fonds.	Coût pouvant être relativement faible selon les taux d'intérêt. Dans le cas des pays en développement, les crédits peuvent être contractés auprès de banques du développement et autres organismes partenaires, avec de faibles taux d'intérêt. L'obligation de remboursement peut entraîner des risques en termes de soutenabilité de la dette.
	Émission de titres de créances : vente de nouveaux bons du Trésor ou obligations.	Relativement court, selon l'accès existant aux marchés de capitaux et l'expérience dans le domaine de l'émission de titres.	Coût pouvant être relativement élevé si l'émission a lieu en plein milieu d'une crise, avec des risques importants pour les investisseurs. Conséquences sur la soutenabilité de la dette pouvant être multiples.
	Hausse de la fiscalité : introduction de nouvelles taxes temporaires/exceptionnelles.	Relativement long car il faudra sans doute que de nouvelles autorités exécutives ou législatives interviennent, et la collecte des taxes prendra du temps.	Coût pouvant être élevé en termes d'impact sur le redressement des ménages et des entreprises, en particulier si les nouvelles taxes s'appliquent aux victimes de phénomènes climatiques.
Transfert des risques	*Assurance dommages sur les bâtiments et l'infrastructure :* couverture des dépenses engagées pour la reconstruction, avec possibilité de	Relativement long car les versements n'ont lieu qu'une fois que les pertes ont été évaluées et que la prise en charge a été	Coût pouvant être assez élevé si les dommages sont relativement fréquents. Le dispositif est toutefois adapté en cas de pertes moins

	Mécanisme de financement	Délai d'accès	Coût relatif
	recourir à des assurances privées.	confirmée ; délai pouvant être réduit grâce à des formules hybrides avec versement d'un acompte.	fréquentes, et les coûts peuvent être réduits grâce à des systèmes de mutualisation.
	Protection financière des coûts de l'administration centrale (par exemple : mutualisation régionale des risques, obligations catastrophes, assurance paramétrique) : un montant fixe peut être obtenu pour financer les événements d'une particulière gravité.	Relativement court car les versements ont généralement lieu en fonction des caractéristiques des événements, qui peuvent être confirmées rapidement.	Coût pouvant être élevé si le seuil des versements est établi pour des événements relativement fréquents (le dispositif est plus adapté pour ceux qui le sont moins). D'importants coûts de transaction peuvent également s'y ajouter, qu'il est possible de réduire grâce au partage des coûts via la coopération régionale. Le dispositif n'a pas d'incidence sur la soutenabilité de la dette car les versements ne doivent pas être remboursés.

Encadré 5.3. Redressement et reconstruction

Les stratégies de financement des risques présentées dans ce chapitre peuvent aussi être appliquées lors des phases de redressement et de reconstruction, qui interviennent après qu'une crise humanitaire directe a été évitée. C'est le moment où l'on peut rétablir les services de base, commencer à reconstruire et à restaurer les actifs, et accorder la priorité à la restauration des moyens de subsistance. Dans certains cas, « reconstruire en mieux » sera peut-être possible, le travail de reconstruction étant combiné avec une amélioration de la résilience. Reconstruire en mieux peut réduire d'environ un tiers l'impact des événements météorologiques et climatiques sur le bien-être (Hallegate, Renschler et Walsh, 2018[62]).

Par conséquent, outre le fait qu'il est de la plus haute importance d'apporter des secours après la survenue d'un événement météorologique ou climatique, il est crucial de veiller à l'inclusivité et à la satisfaction des besoins à long terme de la société lors de la phase de redressement. Pour citer un exemple, après l'ouragan Maria en 2017, le gouvernement de Puerto Rico a décidé la fermeture définitive de 250 établissements scolaires, la plupart en zone rurale. Cette décision a entraîné toutes sortes d'effets négatifs à long terme pour les communautés rurales (Finucane et al., 2020[63]).

Le financement adaptatif est une méthode offrant la possibilité de concevoir des instruments financiers plus flexibles, et de faire participer au redressement les acteurs privés du secteur financier. Avant un événement climatique, un instrument financier (comme un prêt) est approuvé sous ses différents aspects (par exemple : montant des fonds, couverture). Chaque instrument est assorti de conditions différentes (telles que les taux d'intérêt). Lorsque l'aléa climatique devient réalité, l'instrument peut être mis à disposition rapidement sur la base des informations fournies préalablement, qui peuvent en théorie être actualisées. Ce type d'instrument s'accompagne généralement de dispositifs complémentaires, par exemple une protection sociale pour renforcer et accélérer le redressement (Hammet et Mixter, 2017[64]).

5.3.1. La réduction des risques

Le financement est un élément essentiel à la mise en œuvre et à l'accélération de l'action climatique, dont le but est de réduire et de gérer les impacts graves et potentiellement dévastateurs – actuels et futurs – du changement climatique. Comme cela a été souligné dans les chapitres 1 et 4, cette action inclut à la fois l'atténuation du changement climatique et l'adaptation à ses effets, mais aussi d'autres interventions telles que la réduction/le financement des risques de catastrophes et l'aide humanitaire. La présente section s'intéresse au rôle du financement au regard de la réduction et la gestion des risques économiques, qui englobent la dégradation des biens ainsi que la perte de revenus et de moyens de subsistance. Les biens désignent les bâtiments et les infrastructures, à la fois privés (comme les habitations et les entreprises) et publics (comme les établissements scolaires, les hôpitaux, les routes et les installations de production et de distribution d'électricité). La réduction des risques vise surtout à amoindrir la vulnérabilité actuelle et à gérer les risques de pertes futures. Parce qu'ils peuvent agir sur ces deux aspects, les dispositifs de protection sociale sont les premiers à être examinés.

Protéger les moyens de subsistance et réduire la précarité

Le rôle de la protection sociale

Les systèmes de protection sociale peuvent jouer un rôle très important en aidant les ménages à satisfaire leurs besoins immédiats et à se relever d'un événement. Cela est particulièrement vrai lorsqu'une partie de la population n'a pas la possibilité ou les moyens de contracter une assurance. La protection sociale fait référence aux mesures et aux programmes mis en place par les pouvoirs publics pour réduire et prévenir la pauvreté ainsi que la vulnérabilité à différents types de risques (BIT, 2017[65]). Certaines définitions de la protection sociale soulignent également son rôle dans l'amélioration du statut social et des droits des groupes de population marginalisés, du fait qu'elle atténue leur vulnérabilité économique et sociale (Sabates-Wheeler et Devereux, 2007[66]). Les formules mettant explicitement l'accent sur les droits humains fournissent un angle d'approche pour analyser les obligations, les inégalités et les vulnérabilités de la population, de même que pour s'attaquer aux pratiques discriminatoires qui vont à l'encontre desdits droits (UNRISD, 2016[67]). Les dispositifs de protection sociale s'articulent globalement autour de quatre grandes fonctions (Devereux et Sabates-Wheeler, 2004[68]) :

- ***Protéger*** : fournir une aide directe aux personnes démunies, par exemple sous forme de pensions de retraite, d'allocations chômage ou d'indemnités de l'assurance santé.
- ***Prévenir*** : faire en sorte d'éviter les situations de dénuement résultant d'un choc, par exemple grâce à des dons d'espèces et de nourriture, des programmes de travaux publics et des programmes d'alimentation scolaire.
- ***Promouvoir*** : accroître les revenus et les capacités de manière à renforcer les moyens de subsistance, par exemple au travers d'interventions sur le marché du travail (intégration sur le marché de l'emploi, indemnités et normes professionnelles) et de prestations sociales (aide sociale, services nutritionnels et soutien aux handicapés).
- ***Transformer*** : répondre aux préoccupations relatives à l'équité sociale et l'exclusion.

Les programmes de protection sociale peuvent réduire la vulnérabilité des individus et des ménages à différents types de risques, dont ceux liés au climat (Costella, Bachofen et Marcondes, 2017[69] ; Carter et al., 2019[70]). Ainsi, les prestations en espèces versées régulièrement à certains groupes de population en fonction de critères comme l'âge, le revenu ou l'existence d'un handicap peuvent constituer une source de revenus alternative. Elles permettent, en retour, de réduire l'impact des mauvaises récoltes sur la santé des individus. Ces prestations peuvent également éviter aux familles de recourir à des stratégies aux conséquences néfastes. En cas d'aléas climatiques, par exemple, les familles n'auront pas besoin de retirer leurs enfants de l'école pour qu'ils exercent des activités lucratives, ni de vendre leur bétail (de Janvry et al., 2006[71]). Dans un grand nombre de pays en développement, les dispositifs de protection sociale (comme l'aide alimentaire et les prestations en espèces), également appelés « filets de sécurité », constituent le principal domaine d'intervention des pouvoirs publics au profit des groupes vulnérables (Calcutt, Maher et Fitzgibbon, 2021[61]).

La protection sociale dite « adaptative » vient compléter les dispositifs généraux précités en se focalisant plus particulièrement sur la gestion des chocs, principalement ceux liés à des catastrophes. Les systèmes de protection adaptative peuvent favoriser la résilience des communautés face aux événements climatiques en investissant directement dans la capacité des sociétés à se préparer, à faire face et à s'adapter aux effets du changement climatique. Leur but est de réduire l'impact des risques climatiques sur le bien-être des populations : en servant de base aux actions et en facilitant leur mise en œuvre ; en aidant à la préparation aux risques grâce à des filets de sécurité publics et privés ; en réduisant au fil du temps l'exposition et la vulnérabilité aux risques pour mettre en place une résilience (Bowen et al., 2020[72]). Ces systèmes offrent donc une réponse à la vulnérabilité actuelle *en même temps* qu'ils essaient de réduire et de gérer les risques futurs de pertes et de dommages. On citera par exemple le programme « Hunger Safety Net » au Kenya, le projet « Productive Safety Net » en Éthiopie et le programme de protection sociale adaptative au Sahel de la Banque mondiale. Tous ces dispositifs utilisent les observations du climat pour mettre en place des actions destinées à accroître la résilience. Les individus et les communautés sont ainsi mieux armés pour réagir face aux aléas climatiques et autres chocs, de manière à protéger leurs actifs et leurs moyens de subsistance (Daron et al., 2020[73] ; Banque mondiale, 2020[74]). Ces programmes reconnus s'appuient sur des informations précises concernant la vulnérabilité de la population et peuvent adapter leur offre d'aide temporaire en fonction du contexte. C'est ce qui leur permet d'être efficaces pour acheminer des secours d'urgence en cas de choc (Calcutt, Maher et Fitzgibbon, 2021[61]). Certains de ces dispositifs bénéficient du soutien d'acteurs de la coopération pour le développement ou du secteur privé (voir l'Encadré 5.4).

Les systèmes de protection sociale adaptative peuvent être sources de changement s'ils remédient aux inégalités qui sont à l'origine de la vulnérabilité des populations face au changement climatique (Davies et al., 2009[75]). À titre d'exemple, le programme « Productive Safety Net » de l'Éthiopie est venu en aide aux 3.1 millions de personnes qui étaient menacées par la sécheresse de 2011 dans la Corne de l'Afrique, et a ainsi empêché que ce choc ne devienne une crise humanitaire (Hobson et Campbell, 2012[76]). Il a également eu des effets positifs en termes de sécurité alimentaire et de protection des actifs. Les évaluations établissent toutefois qu'il aurait été moins efficace pour protéger les ménages participants contre des chocs importants, en particulier les sécheresses (Tenzing, 2019[77]). Au Malawi, le programme « Farm Input Support » a lui aussi permis d'améliorer la sécurité alimentaire grâce à l'augmentation de la productivité de l'agriculture. En revanche, il a été moins performant pour réduire durablement la vulnérabilité aux chocs et aux tensions, comme cela a été constaté lors de l'inondation de 2015 et de la sécheresse de 2016 (Tenzing, 2019[77]).

Une évaluation des programmes nationaux de protection sociale relevant du Programme alimentaire mondial a mis en évidence des résultats similaires. Le constat est que les prestations versées aux ménages leur ont permis de compenser les effets des mauvaises campagnes agricoles par l'achat de nourriture, ainsi que par l'investissement dans les moyens de production de l'agriculture et de l'élevage (PAM, 2021[78]). Ces prestations ont été fournies dans le cadre de programme pluriannuels indépendants ou intégrés à des initiatives plus générales d'amélioration de la résilience. Ceux qui étaient intégrés à d'autres initiatives ont eu des effets positifs. La protection sociale y était combinée à d'autres approches de la gestion des risques telles que l'accès au capital naturel, à l'information et aux moyens de financement. Les synergies créées par les différents volets se sont traduites par une résilience accrue des participants. En revanche, lorsque la protection sociale ne s'accompagnait d'aucune autre action, les prestations permettaient aux bénéficiaires de compenser les impacts immédiats des épisodes de sécheresse mais ne produisaient aucun effet sur la résilience à long terme (PAM, 2021[78]).

Avec l'intensification des aléas climatiques, le risque d'émigrations (temporaires ou permanentes, volontaires ou involontaires) et de déplacements s'accroît (voir l'encadré 4.6). Il est donc important d'envisager la transférabilité des programmes de protection sociale. Lorsqu'ils sont mis en œuvre de façon décentralisée, leurs bienfaits peuvent se manifester plus rapidement et plus efficacement que dans un dispositif centralisé, particulièrement en temps de crise. Leur décentralisation faciliterait en outre la transférabilité de la protection sociale. En Tanzanie, par exemple, la décentralisation s'est avérée plus rentable pour améliorer la résilience, en partie parce que toutes les parties prenantes étaient impliquées dès le début (Greene, 2019[79]).

Le changement climatique est susceptible d'exercer une pression supplémentaire sur les programmes de protection sociale. Les administrations nationales risquent par exemple de fournir des aides financières *ex post* plus élevées pour compenser les pertes subies par les ménages, les entreprises ou les autorités infranationales. Or ces pertes auraient pu être assurées ou évitées par une gestion des risques en bonne et due forme. Les aides financières sont donc susceptibles de réduire les incitations à gérer ces risques ou à se protéger contre eux à l'avenir (un risque moral pourrait apparaître). Les différentes initiatives nationales et internationales devraient par conséquent être complémentaires afin d'utiliser au mieux les ressources peu abondantes et d'éviter dans la mesure du possible ce risque moral. Certains ménages, entreprises et administrations infranationales ont les moyens financiers de gérer les risques climatiques auxquels ils sont exposés. Il incombe aux pouvoirs publics de faire en sorte que tous les groupes de population soient incités comme il convient à gérer leur propre exposition aux risques. Cela inclut des mesures comme la réduction des risques et leur transfert vers le secteur privé de l'assurance (voir la section 5.3.3).

Encadré 5.4. Participation du secteur privé au renforcement des systèmes de protection sociale : le cas du Sénégal

L'initiative R4 en faveur de la résilience des communautés rurales fournit un ensemble de services de gestion des risques à plus de 91 000 ménages en Éthiopie, au Kenya, au Malawi, au Sénégal, en Zambie et au Zimbabwe. Plusieurs approches s'y combinent : réduction des risques (amélioration de la gestion des ressources par la création d'actifs) ; transfert des risques (assurance) ; rétention des risques (épargne et microcrédit) ; protection sociale (via la diversification des moyens de subsistance et l'aménagement des assurances en filets de sécurité sociale). Les contrats d'assurance permettent aux ménages de résister aux chocs grâce à l'apport d'un soutien en temps voulu après la survenue d'un événement extrême. Les ménages en question peuvent ainsi satisfaire leurs besoins de base, éviter de recourir à des mesures d'adaptation préjudiciables et lisser leurs revenus. En 2018, par exemple, suite aux faibles précipitations enregistrées en Éthiopie, au Kenya, au Malawi, au Sénégal et en Zambie, près de 30 000 agriculteurs ont reçu des compagnies d'assurance des indemnités s'élevant à 1.5 million USD (PAM, sans date[80]).

Dans le cas du Sénégal, l'initiative R4 a été mise en œuvre par l'intermédiaire de la *Compagnie nationale d'assurance agricole du Sénégal* (CNAAS), détenue à la fois par des capitaux publics et privés. Spécialisée dans les produits d'assurance agricole, la CNAAS a été soutenue par toutes sortes d'acteurs de la coopération pour le développement. Elle compte parmi ses actionnaires l'État sénégalais, des compagnies d'assurance, la *Banque Agricole* (privée) et des associations d'agriculteurs. La *Banque Agricole* accorde des prêts et des produits d'assurance à des microentreprises et des PME rassemblées en organisations de producteurs, coopératives agricoles ou groupements d'entreprises individuelles ou de microentreprises. Ces parties prenantes signent avec la *Banque Agricole* des contrats collectifs et communautaires. Ces contrats permettent de réduire les coûts de transaction et de faciliter l'accès de certains acteurs – marginalisés et intervenant principalement dans le secteur informel – à des crédits et des produits financiers. En contractant une assurance, les agriculteurs peuvent prendre des risques et investir, y compris en empruntant des voies qui améliorent leur résilience (par exemple : diversification de la production, amélioration des installations de stockage et pénétration de nouveaux marchés). En revanche, les producteurs du secteur informel, livrés à eux-mêmes, demeurent exclus du système car ils font rarement partie d'organisations de producteurs (Casado-Asensio, Kato et Shin, 2021[81]).

Le rôle de l'aide humanitaire

L'aide humanitaire joue un grand rôle dans l'administration des secours. C'est vrai à la fois dans le cas des changements à évolution lente et des phénomènes extrêmes, ainsi que des aides en nature (nourriture, eau, médicaments et tentes) (OCDE, 2021[82]). Si l'aide humanitaire fournie par des donneurs à la suite d'une catastrophe est une source capitale de financement, son volume et le moment où elle arrivera peuvent être difficiles à prédire, et elle peut être longue à recueillir (Bowen et al., 2020[72]). L'aide humanitaire anticipée a pris de l'ampleur ces dernières années et a été expérimentée dans plus de 60 pays (voir la section 5.4.2 et son rapport avec le financement du développement). Cela inclut des programmes dirigés par la Fédération internationale des Sociétés de la Croix-Rouge et du Croissant-Rouge, le réseau START et un certain nombre d'agences des Nations Unies (dont le Programme alimentaire mondial, l'Organisation des Nations Unies pour l'alimentation et l'agriculture et le Bureau de la coordination des affaires humanitaires) (FICR, 2020[83]). D'autres donneurs intègrent de plus en plus l'action anticipative dans les programmes existants ayant trait au développement (German Federal Foreign Office, 2020[84] ; Levine et al., 2020[85] ; Kuriyama et al., 2020[86]) et à l'aide humanitaire (Gouvernement du Royaume-Uni, 2021[87]).

L'action préventive fait référence à un ensemble d'actes permettant de prévenir ou d'atténuer les impacts éventuels d'une catastrophe avant la survenue d'un aléa climatique. Elle s'appuie sur les prévisions (notamment météorologiques) pour obtenir le financement d'activités avant que l'aléa ne se transforme en catastrophe (PAM, 2020[88]). Les initiatives centrées sur l'action préventive sont également désignées sous les appellations suivantes : actions précoces fondées sur les prévisions, financement fondé sur les prévisions ou alertes et interventions rapides. Dans un grand nombre de pays en développement, les organisations d'aide humanitaire intègrent de plus en plus le financement basé sur les prévisions dans leurs approches de gestion des risques de catastrophe et d'intervention. Avec le financement basé sur les prévisions, les sommes versées avant une catastrophe peuvent permettre aux bénéficiaires de se préparer à l'événement, voire de se protéger contre son impact imminent. Au Bangladesh, les ménages vulnérables ayant perçu une aide financière avant les inondations de 2017 – sur la base des prévisions – s'en sont mieux sortis que ceux qui n'en avaient pas eu. Ils ont ainsi pu accéder plus facilement à de la nourriture, ont accumulé moins de dette (assortie d'un taux d'intérêt élevé) et connu un niveau de stress moindre pendant et l'après l'événement (Gros et al., 2019[89]). Le fait de permettre aux personnes concernées d'engager des actions avant la survenue d'un événement extrême est plus efficace pour atténuer les impacts que les instruments de financement des risques conventionnels, qui versent généralement les aides après la catastrophe. Ces évolutions sont en étroite corrélation avec celles de l'assurance, décrites plus avant. L'action préventive pourrait cependant avoir une applicabilité limitée dans le cas des aléas climatiques difficiles à prévoir.

Les versements anticipés dépendent souvent de la surveillance des aléas climatiques imminents, qui permet au financement basé sur les prévisions de produire de nombreux bienfaits. Ces bienfaits sont par exemple le renforcement des capacités de communication anticipée et l'investissement dans la réduction des risques (par exemple pour prévenir les inondations), un lien étant ainsi créé entre l'information climatique et l'action rapide (CCNUCC, 2019[90]). La prévention *ex ante* réduit elle aussi les effets néfastes des catastrophes sur les avancées en matière de développement (OCDE, à paraître[91]). Au Kenya et au Soudan, la fourniture précoce d'aliments pour bétail supplémentaires en anticipation des sécheresses a permis une baisse du taux de mortalité des animaux chez les éleveurs qui en ont bénéficié (FAO, 2019[92]). Les différentes initiatives mondiales mettant l'accent sur l'action préventive sont présentées dans l'Encadré 5.5. Le but est davantage de donner un aperçu des pratiques que d'en fournir une description exhaustive. Outre les initiatives présentées dans l'encadré, un certain nombre de plateformes et de partenariats favorisent la montée en puissance de l'action préventive et promeuvent des synergies entre les communautés travaillant sur l'aide humanitaire, le climat et le développement.

Encadré 5.5. Initiatives mondiales favorisant l'action préventive

Fonds d'urgence pour les secours lors de catastrophes et financement basé sur les prévisions

En 2018, la Fédération internationale des Sociétés de la Croix-Rouge et du Croissant-Rouge a créé le Fonds d'urgence pour les secours lors de catastrophes, afin de promouvoir le déploiement d'une action anticipée à l'aide d'un dispositif de financement spécial (FICR, 2020[83]). Ce fonds favorise la mise en œuvre d'une action préventive par les Sociétés nationales de la Croix-Rouge et du Croissant-Rouge et étend sa portée. Le financement basé sur les prévisions s'appuie sur les approches traditionnelles de l'alerte précoce, en intégrant des mécanismes de prévision axée sur les impacts. Il ne remplace pas l'intervention post-catastrophe mais réduit les sommes dont ont besoin les communautés vulnérables après un choc pour faire face à la situation. Au Bangladesh, les acteurs de la coopération pour le développement fournissent une aide en espèces ponctuelle à 274 000 ménages avant que ne surviennent des inondations ou des cyclones, afin d'éviter les coûts d'évacuation élevés après les catastrophes (Casado-Asensio, Kato et Shin, 2021[81]). Lors des inondations qui ont frappé le pays en 2020, par exemple, le Bureau fédéral allemand des affaires étrangères a distribué aux ménages des sommes comprises entre 61 USD et 3 000 USD, en aidant les sinistrés à évacuer par bateau (German Federal Foreign Office, 2020[84]).

Bureau des Nations Unies pour la coordination des affaires humanitaires (OCHA) et Fonds central pour les interventions d'urgence

L'OCHA gère le Fonds central pour les interventions d'urgence et mène des projets pilotes sur l'action préventive (par exemple en Somalie pour gérer les sécheresses). Ces projets montrent comment l'action anticipée peut fonctionner de manière collective à grande échelle. Ainsi, la réhabilitation et la remise en état de puits de forage avant une sécheresse peuvent contribuer à améliorer les finances des ménages, à renforcer leur santé mentale, à maintenir le bétail en bonne santé et à réduire les conflits liés à l'eau (Wittig, 2021[93]). Avant cela, les fonds de réserve nationaux gérés par l'OCHA ont permis de faire face aux pertes et aux dommages en finançant des interventions rapides au moment des sécheresses survenues en Afghanistan et Somalie. Toutefois, bien que centrés sur la rapidité de l'action, ces projets pilotes ont été moins centrés sur la préparation, le redressement et le développement durable (Willitts-King et al., 2020[94]).

Initiative sur les systèmes d'alerte précoce aux risques climatiques (CREWS)

L'initiative CREWS est un dispositif financier visant à sauver des vies et des moyens de subsistance via la mise en place de systèmes d'alerte précoce et de services y afférents dans les PMA et les PEID. Datant de 2015, elle est le fruit d'une collaboration entre l'Organisation météorologique mondiale, le Bureau des Nations Unies pour la prévention des catastrophes et le Dispositif mondial de réduction des effets des catastrophes et de relèvement de la Banque mondiale. Le but de cette initiative est d'accroître les capacités des pays et des États insulaires à détecter, surveiller et prédire les événements météorologiques graves et à fort impact. Elle est complétée par un accès à des prévisions saisonnières à long terme ainsi que par des plans opérationnels d'alerte précoce et d'intervention qui améliorent l'accès des populations vulnérables aux avertissements.

Toutes les actions préventives n'ont pas été des réussites (PAM, 2020[88]). Elles ont malgré tout l'intérêt de compléter les investissements à long terme dans les mesures d'adaptation, de prévention des catastrophes et de développement, qui déterminent la capacité des ménages et des communautés à réduire et gérer les risques de pertes et de dommages induits par le changement climatique. Par conséquent, la prévention *ex ante* peut apporter un complément aux opérations *ex post* de reprise après sinistre, qui visent à reconstruire en mieux. L'action préventive est donc indispensable pour rompre le cercle vicieux des événements météorologiques extrêmes entraînant des crises humanitaires qui balaient tous les progrès accomplis en matière de développement. Il est encore possible pour les pouvoirs publics, les organisations humanitaires et les acteurs de la coopération pour le développement de renforcer les synergies entre l'aide financière anticipée et d'autres mesures visant à réduire les risques (Levine et al., 2020[85]). Bénéficiant par exemple du soutien du Japon, le Pérou, El Salvador, Fiji et les Philippines ont reçu des crédits pour imprévus et autres types d'aides financières pour faire face aux risques de catastrophes. Ils ont, parallèlement, mis au point des mécanismes d'intervention pour mieux se préparer à des risques de catastrophes sur le long terme (BAD, 2018[95]). La Mutuelle panafricaine de gestion des risques est une autre illustration de l'importance des mécanismes d'intervention qui sont en place (voir l'Encadré 5.11). Une collaboration accrue est également nécessaire entre ceux qui travaillent, d'une part, sur l'adaptation au changement climatique et, d'autre part, sur la réduction des risques de catastrophes. Il faudra peut-être pour cela harmoniser les mandats, les intérêts et les priorités des pouvoirs publics et des organisations de coopération pour le développement (Casado-Asensio, Kato et Shin, 2021[81] ; OCDE, 2020[96]).

Le financement des actions d'adaptation et d'atténuation

Les niveaux actuels d'exposition et de résilience déterminent l'ampleur des pertes et des dommages faisant suite à un phénomène dangereux. Un investissement efficace dans des mesures d'adaptation permet d'améliorer la résilience et de réduire l'exposition future au même type de phénomène. La résilience et l'exposition actuelles auront également une influence sur les ressources intérieures dont disposeront les pouvoirs publics, les ménages et les entreprises. Nombreux sont les pays pauvres qui ont un faible niveau de résilience mais sont très exposés aux phénomènes dangereux. Cette combinaison peut leur compliquer la tâche dans leur tentative de surmonter le cercle vicieux conduisant à des pertes et dommages importants. Ce cercle vicieux entraîne une baisse des investissements dans le développement et des niveaux de dépense insuffisants dans les mesures d'adaptation, d'où une vulnérabilité accrue face aux aléas climatiques futurs (sans doute plus fréquents et plus intenses).

Cet enchaînement peut se produire même si le retour sur investissement de nombreuses mesures d'adaptation est élevé. À titre d'exemple, la Commission mondiale sur l'adaptation estime qu'un investissement de 1 800 milliards USD dans les mesures d'adaptation pourrait générer 7 100 milliards USD en réduction des coûts et bienfaits non monétaires (sociaux et environnementaux) (GCA, 2019[97]). Les mesures d'adaptation sont par exemple des systèmes d'alerte précoce, une infrastructure résiliente au changement climatique, l'amélioration de la culture sèche, la protection mondiale des mangroves et l'amélioration de la résilience des ressources en eau. Pour supporter ces coûts, les pays peuvent avoir besoin de compléter leurs ressources intérieures avec le financement international à l'appui du développement. Il leur faudra aussi, dans la mesure du possible, lever des fonds privés. L'absence de source financière claire permettant de justifier l'investissement du secteur privé est un obstacle à la montée en puissance des activités d'adaptation.

Les fonds privés proviennent de sources très diverses : les producteurs locaux, les sociétés financières internationales et les multinationales pourraient tous jouer un rôle. La participation de ces acteurs est cruciale car l'essentiel des pertes et des dommages seront subis par les individus et les entreprises. Il peut être difficile de mobiliser des fonds privés pour des mesures n'ayant pas de source de financement directe (par exemple la gestion de la submersion marine), mais de bonnes pratiques sont en train d'apparaître (Hallegatte, Rentschler et Rozenberg, 2019[98] ; Casado-Asensio, Kato et Shin, 2021[81]). Même avec une source de financement évidente, les bienfaits procurés à la population sont plus vastes que les avantages retirés par les acteurs privés. Pour citer un exemple, un barrage assure la protection à la fois d'une usine et des zones voisines. Il n'est donc pas surprenant (dans les cas où c'était souhaitable) que le secteur privé n'ait financé que 1.6 % environ des efforts d'adaptation en 2017-18 (Tall et al., 2021[99]) (même s'il est impossible de comptabiliser tous les investissements privés tenant compte des risques climatiques). Un autre sujet de préoccupation est que l'environnement réglementaire n'est souvent pas très adapté à l'utilisation d'investissements privés pour réduire et gérer les risques. La mise en place d'un environnement propice peut aider à attirer des financements privés. Ainsi, la fourniture d'informations sur les aléas climatiques peut permettre aux acteurs privés de gérer les risques qu'ils prennent (voir l'examen de cette question plus avant).

Pour ce qui est des activités d'atténuation, les incitations sont différentes. Réduire les émissions des agents de forçage climatique (comme les principaux gaz à effet de serre [GES] qui se mélangent à l'atmosphère) est une contribution au bien public mondial, avec tous les risques de sous-approvisionnement et de comportement opportuniste que cela entraîne. La transparence et les mécanismes de révision de l'Accord de Paris ont pour but d'accroître progressivement l'ampleur des actions, mais le problème est qu'il reste peu de temps pour atteindre l'objectif de réchauffement fixé dans l'accord. De surcroît, les pouvoirs publics considèrent souvent les efforts d'atténuation comme coûteux dans le présent et produisant d'hypothétiques bienfaits à l'avenir, ce qui les dissuade d'investir. Or, c'est une erreur : les actions d'atténuation peuvent avoir dès maintenant des effets très bénéfiques en termes d'amélioration du bien-être des populations, en rapport avec les Objectifs de développement durable. En agissant à la fois pour le climat et pour le développement durable, les administrations publiques peuvent enregistrer rapidement des retombées positives, par exemple grâce à l'amélioration de la santé et de l'accessibilité, ainsi que la création d'emplois. Ces bienfaits constituent des arguments politiques et financiers justifiant que des actions d'atténuation soient engagées de façon anticipée. Les arbitrages pouvant s'avérer nécessaires – par exemple sur la question de l'accessibilité financière de l'énergie et de la concurrence – devront être mis en évidence et traités pour assurer une transition juste (OCDE, 2020[100]).

Tous les pays ont besoin d'actions d'atténuation pour atteindre la neutralité climatique. Dans la pratique, cependant, les efforts déployés par de nombreux pays en développement défavorisés responsables d'un faible pourcentage des émissions mondiales de GES n'auront pas d'effets sensibles sur les risques de pertes et de dommages. Il n'en reste pas moins que les principaux pays émetteurs devront procéder à des réductions rapides et radicales pour atteindre l'objectif de l'Accord de Paris. Par conséquent, pour accélérer les actions d'atténuation, le financement climatique devra couvrir les coûts marginaux induits par les technologies propres pour les pays en développement. Un aspect encourageant est le déploiement rapide de certaines de ces technologies (comme l'énergie solaire photovoltaïque et l'éolien terrestre), qui signifie que leurs coûts ont diminué. Les baisses de prix sont parfois telles que les technologies propres sont devenues plus compétitives que les solutions à base de combustibles fossiles. Ces technologies renouvelables peuvent aussi améliorer la sécurité énergétique et réduire la dépendance de certains pays aux combustibles importés. L'association de la production d'énergies renouvelables à petite échelle et de leur stockage peut en outre fournir l'électricité hors réseau qui fait tant défaut lorsqu'il n'existe pas d'accès au réseau. Cette électricité peut aussi permettre d'améliorer la santé des individus grâce à l'utilisation d'appareils écologiques réduisant la pollution de l'air intérieur (Obeng et al., 2008[101]).

Les acteurs de la coopération pour le développement peuvent aider les pays partenaires à gérer les risques de pertes et de dommages liés au climat de deux manières. Premièrement, ils peuvent utiliser des moyens de financement plus flexibles et plus prévisibles pour répondre aux besoins humanitaires immédiats. Deuxièmement, ils peuvent adapter les programmes en fonction de l'évolution de la situation et des risques climatiques futurs (Bowen et al., 2020[72] ; OCDE, 2021[102]) (voir la section 5.4).

Le choix des portefeuilles d'investissement

Les pouvoirs publics doivent choisir les investissements qu'ils vont réaliser, généralement en s'appuyant sur des analyses coûts-avantages (ACA) pour guider leurs décisions. Ces analyses évaluent les avantages et les inconvénients des différentes options, généralement en termes financiers. Elles permettent de déterminer quelle voie emprunter pour recueillir le plus de bénéfices nets. Elles ont néanmoins été critiquées pour des raisons de déontologie et de méthodologie. À titre d'exemple, le deuxième rapport d'évaluation du GIEC accordait beaucoup moins de valeur aux vies humaines dans les pays à bas revenu que dans les pays à revenu élevé, ce qui a suscité une controverse (GIEC, 1995[103] ; Dennig, 2017[104] ; Aldred, 2009[105]).

Par nature, les ACA sont utiles pour montrer les différences entre les investissements (OCDE, 2019[106]). S'agissant toutefois du changement climatique, ces analyses présentent plusieurs limites liées aux incertitudes physiques et socioéconomiques. Plus précisément, la fréquence et l'intensité des phénomènes météorologiques extrêmes futurs ainsi que l'inconnu qui règne concernant la trajectoire à long terme du développement socioéconomique limitent leur utilité. Les incertitudes de toutes sortes et les aléas climatiques potentiellement catastrophiques ne peuvent être exclus, même dans un avenir relativement proche (voir le chapitre 3). Il convient donc d'être prudent et de ne pas accorder trop d'importance aux ACA. Leurs résultats sont déterminés dans une large mesure par un seul paramètre, défini par des normes et dont la valeur n'est pas connue : le taux d'actualisation (voir le chapitre 2).

Dans certains cas, des raisons politiques, socioéconomiques ou culturelles justifient l'action, même en l'absence d'une ACA – comme cela a été fait par de nombreux pays en réponse à la pandémie de COVID. Il n'est alors pas justifié de comparer les coûts et les avantages : l'action ou le projet est si essentiel que tout doit être fait pour obtenir les bienfaits attendus. Une approche plus appropriée consiste à comparer différentes options afin de s'assurer que le projet est mené à moindre coût. De manière générale, une analyse coûts-efficacité (ACE) est plus facile à réaliser qu'une ACA car elle n'a pas besoin de monétiser tous les aspects (par exemple : les vies sauvées ou l'impact d'événements catastrophiques incertains) (OCDE, 2007[107]). Comme dans une ACA, les coûts y sont évalués en termes monétaires. Cela dit, seuls les coûts directs sont généralement pris en compte (même s'il arrive que les avantages multiples des actions d'atténuation soient également considérés). Si l'impact peut être mesuré sans être monétisé, les mesures mises en œuvre peuvent être caractérisées par leur ratio coût-efficacité (OCDE, 2007[107] ; Tuominen et al., 2015[108]). L'encadré 6.6 examine les outils permettant d'évaluer les différentes possibilités d'investissement. Tout processus décisionnel doit être participatif, de manière à prendre en compte différents points de vue.

Certaines mesures d'adaptation peuvent avoir des conséquences inattendues ou imprévues qui augmentent les risques. Celles qui réduisent la vulnérabilité peuvent créer des incitations à court terme qui ne sont pas compatibles avec la résilience à long terme. Par exemple, le coût de construction d'une digue dépend de la longueur des côtes – et non de la valeur des actifs – à protéger. Cela laisse entendre qu'il faut protéger uniquement les actifs de grande valeur situés dans une zone précise et circonscrite, et qu'il n'est pas utile de s'occuper des actifs de faible valeur ou dispersés sur une vaste zone exposée. Cette protection crée ensuite une incitation à transférer ou concentrer les actifs dans la zone concernée, ce qui accroît l'exposition (Gibbs, 2015[109]). Le transfert des actifs est en général dans l'intérêt des administrations locales également. Plus le nombre d'actifs est élevé et plus la base de revenus est importante, même si l'augmentation de l'exposition peut être difficile à justifier économiquement (OCDE, 2018[110]).

Le rôle des pouvoirs publics dans l'incitation des autres à agir

Les administrations publiques peuvent réduire leurs besoins de financement en mettant en place un environnement permettant au secteur privé de gérer ses propres risques. Les périodes de grande incertitude réglementaire dissuadent l'investissement. Les investisseurs attendent que l'incertitude diminue ou choisissent d'investir dans des régions ou des secteurs plus sûrs (Baker, Bloom et Davis, 2016[111] ; Bloom, 2009[112]). Le haut degré d'incertitude dans le domaine de l'action publique a en outre une incidence négative sur l'efficacité des mesures. Cela est particulièrement vrai dans les secteurs les plus directement touchés et pour lesquels les décisions en matière d'investissement sont les plus difficiles à reconsidérer (Bloom, Bond et Van Reenen, 2007[113] ; Gulen et Ion, 2015[114]). De manière générale, les décisions d'investissement dans les actions d'atténuation et dans certaines mesures d'adaptation sont difficiles à revoir, ce qui les rend particulièrement sensibles à l'incertitude de l'action publique (Fankhauser et Burton, 2011[115]). Cela montre l'importance d'une vision politique à long terme reposant sur le consensus. Une mesure qui subit relativement peu les périodes d'incertitude politique comme les élections peut aider à mobiliser l'investissement privé.

L'absence de sensibilisation aux aléas climatiques est un obstacle majeur à la réduction et la gestion de l'exposition et de la vulnérabilité des acteurs privés à ces aléas (voir l'exemple dans l'Encadré 5.6). La gestion de ces risques dépend alors principalement des perceptions et des attentes les concernant. Lorsque les ménages et les entreprises sont informés des risques climatiques auxquels ils peuvent être confrontés, ils ont tendance à changer de comportement (Halady et Rao, 2010[116] ; Andre et al., 2021[117]). L'une des façons, non souhaitable, de prendre connaissance de ces risques est de commencer par expérimenter leurs effets. Les individus deviennent plus prudents une fois qu'ils ont subi des aléas (Sakha, 2019[118]). Par exemple, les obligations émises par les collectivités locales de Californie n'ont commencé à intégrer les risques de catastrophes qu'après l'ouragan Katrina de 2005 et ses effets dévastateurs, les investisseurs ayant exigé une augmentation de la prime de risque (Fowles, Liu et Mamaril, 2009[119]). Les agences de notation de crédit se comportent de la même manière. Ainsi, après l'ouragan Harvey, l'agence Moody's a rétrogradé la ville de Port Arthur de A1 à A2. Elle a invoqué pour cela « le faible niveau de liquidités par rapport aux obligations financières supplémentaires imputables aux dégâts causés par le récent ouragan, qui dépassent largement le champ habituel des opérations de la ville » (Four Twenty Seven, 2018[120]). Les changements à évolution lente pourraient également susciter la même réaction. Les agriculteurs, qui sont généralement plus vulnérables face aux changements climatiques que d'autres secteurs d'activités, ont une plus grande perception des risques liés à l'évolution des conditions météorologiques (Schneiderbauer et al., 2021[121]). Le secteur financier pourrait lui aussi être vulnérable à certains aléas climatiques (Encadré 5.2), ce qui explique le rôle joué par les banques centrales et d'autres régulateurs du secteur (Encadré 5.7).

Encadré 5.6. Le manque d'information entraîne une surévaluation des biens exposés aux inondations

Les biens immobiliers exposés aux inondations ou à l'élévation du niveau de la mer sont un exemple amplement documenté des dysfonctionnements du marché suscités par le manque d'information sur les aléas climatiques. Dans de nombreux pays, le prix des biens ne reflète pas totalement le coût des risques d'inondations et de montée des eaux (Sandink, 2015[122] ; Storey et al., 2020[123]). Aux États-Unis, par exemple, les biens situés dans des zones inondables sont surestimés d'environ 10 % (Bakkensen et Barrage, 2017[124] ; Hino et Burke, 2021[125]). L'explication la plus plausible semble être le manque d'information (Shao et al., 2017[126]). Des données détaillées (comme des cartes) sur les aléas ne sont disponibles que depuis relativement peu de temps. Il est donc possible qu'elles n'aient pas été prises en compte sur les marchés. Le manque d'information peut être compensé par l'expérience personnelle. Une fois que des inondations surviennent et qu'elles ont un impact direct sur une zone, il devient possible d'évaluer les risques : le prix des biens baisse et la demande de produits d'assurance augmente (Pilla, Gharbia et Lyons, 2019[127] ; Storey et Noy, 2017[128]). Cet effet peut même se propager en partie aux localités voisines n'ayant pas été directement touchées par les inondations (Gallagher, 2014[129]). Les enquêtes mettent également en évidence l'affaiblissement progressif de cet effet, les individus ayant tendance à oublier ou à avoir moins d'attentes au fil du temps (Gallagher, 2014[129]). Aussi, une meilleure communication au sujet des risques et des impacts éventuels favorise une évaluation plus juste des biens sur le marché de l'immobilier et envoie les bons signaux, que ce soit de déménager ou de contracter une assurance (évidemment, les politiques publiques et la réglementation jouent également un rôle important). En France, par exemple, la communication du risque est obligatoire dans le cadre des ventes et des locations immobilières (OCDE, 2016[130]).

Cela dit, la sensibilisation au changement climatique n'est pas toujours suffisante pour que des actions soient engagées. La décision d'agir requiert souvent également des connaissances sur les possibilités, les institutions et les impacts au niveau local (Dessai et Sims, 2010[131]). La sensibilisation au changement climatique n'étant pas la même selon les pays et les populations, les méthodes de communication doivent être adaptées au contexte (Lee et al., 2015[132]) (voir le chapitre 2). Lorsque le changement climatique revêt une importante dimension politique, il serait peut-être plus utile de communiquer sur les bienfaits (économiques et autres) de l'action en faveur du climat que de détailler les risques climatiques (Bain et al., 2015[133]). La formulation exacte d'une campagne de sensibilisation dépend du public auquel elle s'adresse et du message à transmettre (Bolsen, Palm et Kingsland, 2019[134]).

Encadré 5.7. Le rôle éventuel des banques centrales

Les banques centrales font partie des institutions les plus importantes pour fournir un environnement économique sûr aux citoyens. De manière générale, leur mission est d'assurer la stabilité des prix et de l'emploi (Bodea et Hicks, 2014[135] ; Blinder et al., 2017[136] ; Fontana, 2006[137]). Bien que ces deux paramètres subissent l'influence des risques climatiques, un dixième seulement environ des banques centrales du monde sont censées prendre en considération dans leur mission la durabilité environnementale (Dikau et Volz, 2021[138]). Les autorités de régulation et de surveillance des banques et des bourses de valeurs nationales (ou régionales) disposent d'outils pour créer un environnement favorisant la gestion des risques. Pour citer un exemple, certains actifs – dont les actifs financiers – sont incorrectement évalués car leur prix ne reflète pas toujours le coût des risques climatiques (FMI, 2020[52]).

L'instauration de règles pour communiquer sur la sensibilité au changement climatique et la réalisation de simulations de crise en intégrant les risques climatiques sont des façons d'assurer la stabilité financière. Les simulations de crise s'appuient sur des scénarios futurs et observent quels seraient leurs effets sur les différentes banques et le système financier du point de vue comptable. Le réseau NGFS des banques centrales et des autorités de surveillance pour l'écologisation du système financier a été l'un des premiers à évaluer l'influence des risques climatiques sur le secteur financier (NFGS, 2019[139]). Du fait de la nature et de la complexité du changement climatique, les simulations de crise fondées sur les risques climatiques sont difficiles à réaliser. Seuls quelques pays en ont entrepris récemment (Baudion et Svoronos, 2021[140]). Ces simulations permettent de mettre en évidence les éventuelles lacunes du système financier au regard des risques climatiques. Elles pourraient, de ce fait, aider à concentrer les efforts d'adaptation ou à cerner les domaines dans lesquels l'intervention de l'État est requise.

En 2015, le Conseil de stabilité financière (CSF) a créé l'Équipe spéciale des informations financières ayant trait au climat (TCFD), chargée de promouvoir la diffusion de ces informations et d'accroître leur homogénéité entre les pays et les entreprises. La TCFD formule des recommandations sur les informations à communiquer concernant la gouvernance et la stratégie des entreprises, ainsi que leur gestion et évaluation des risques. Cette transparence permet aux marchés financiers de chiffrer les risques liés au climat. Elle crée, par voie de conséquence, une incitation à les réduire ou les gérer, et encourage les pouvoirs publics à mieux cibler leurs actions (TCFD, 2017[141] ; Jones, 2021[59]). Un nombre croissant de banques centrales ont donc commencé à mettre en œuvre les recommandations de la TCFD (Bank of England, 2020[142] ; Banque centrale européenne, 2021[143]).

5.3.2. La rétention des risques

Si les risques peuvent être réduits, ils ont en revanche peu de chances d'être éliminés complètement, et se matérialisent sous forme de pertes et de dommages induits par le changement climatique. Les pouvoirs publics sont exposés à ces pertes et dommages (les passifs éventuels) à la fois du fait des dégâts causés aux actifs publics et de leur rôle d'assureur en dernier ressort. L'Allemagne a ainsi annoncé récemment qu'elle allait verser une aide financière aux ménages – assurés ou non – touchés par les inondations de 2021 (Moulson, 2021[144]). Le pays, qui s'astreint à une discipline budgétaire, dispose d'une large offre de produits d'assurance. Une part relativement importante des pertes et dommages sont assurés. Pourtant, même dans ces conditions, l'administration allemande subit d'importantes pressions pour fournir des aides en cas de catastrophe.

L'une des stratégies pour gérer les risques climatiques passe par l'évaluation des passifs éventuels – explicites et implicites – que pourraient connaître les pouvoirs publics à la suite d'un événement météorologique ou climatique. Le problème est que rares sont les administrations qui quantifient leur éventuelle exposition à ces passifs. Cela est particulièrement vrai dans le cas des passifs implicites pouvant se déclarer après un événement extrême, lorsque les victimes sont peu assurées. Plus spécifiquement, lorsque l'ampleur ou la portée des risques est supérieure aux efforts nécessaires pour les réduire, ce sont les individus n'ayant ni assurance ni épargne qui absorberont les coûts des pertes. Une autre éventualité est que les coûts soient transférés à d'autres niveaux de gouvernance ou groupes d'acteurs, comme dans les exemples ci-dessous (Sudmeier-Rieux et al., 2015[145]) :

- ***Du secteur privé vers le secteur public.*** Le premier assume une grande part des investissements qui contribuent à la richesse d'un pays. Or, ces investissements génèrent aussi de nombreux risques pour le secteur public, qui doit éventuellement apporter un soutien financier en cas de catastrophe.
- ***Des pays en développement vers les pays développés***. Les seconds vont assumer une partie des coûts, que ce soit sous forme d'aide humanitaire en cas d'urgence déclarée, ou de financement du développement en soutenant des trajectoires de développement combinant la neutralité carbone et la résilience à l'égard du changement climatique.
- ***Des autorités infranationales vers les administrations nationales.*** Les autorités infranationales (qui sont à l'avant-poste de la réduction des risques climatiques au travers de la mise en œuvre des mesures) transféreraient les coûts vers les administrations nationales (qui sont responsables en dernier ressort de la sécurité publique).

Une grande difficulté est de repérer les besoins de soutien financier que pourront avoir les autorités infranationales à l'égard de l'administration centrale. C'est le cas en particulier dans les pays possédant un système de gouvernance décentralisé. L'OCDE et la Banque mondiale ont élaboré un cadre permettant de gérer les passifs éventuels liés à des catastrophes en utilisant les dispositifs de financement publics. Ce cadre consiste à répertorier et quantifier les cas où les finances publiques pourraient être sollicitées, ainsi que les mesures à prendre pour atténuer ces risques et gérer les risques résiduels (OCDE/Banque mondiale, 2019[146]). Une fois que les pouvoirs publics ont cerné les risques de passifs liés au climat, il leur reste à élaborer une stratégie pour s'assurer que des fonds suffisants seront disponibles pour répondre si nécessaire aux besoins de financement. Cette stratégie nécessitera l'utilisation de plusieurs instruments, dont éventuellement les formes suivantes de rétention des risques :

- ***Rétention des risques – Épargne et fonds disponibles :*** Des fonds spéciaux pour imprévus/de réserve, comme par exemple le fonds de gestion des catastrophes du Mozambique (Banque mondiale, 2019[147]), peuvent financer les pertes liées au climat dans les limites des ressources budgétaires. Ces fonds peuvent être accessibles rapidement en cas de besoin. Toutefois, mettre de côté une partie des finances publiques pour faire face à un besoin futur incertain présente à la fois un coût d'opportunité et un coût « politique ». Le premier correspond au renoncement à financer d'autres besoins, tandis que le second apparaît lorsque d'autres besoins ne peuvent être financés. Le coût politique implique également que les fonds de réserve peuvent être détournés pour d'autres usages s'ils ne sont pas suffisamment protégés contre l'ingérence politique. Le changement climatique pourrait accroître cette éventualité. Une autre possibilité est de réaffecter les fonds *ex post*, mais cela comporte aussi des inconvénients. Lorsqu'un aléa se présente, le fait de procéder à des réaffectations budgétaires peut mettre en sourdine d'autres priorités. Cela peut aussi nécessiter des procédures supplémentaires d'approbation parlementaire qui prennent du temps.

- ***Rétention des risques – Emprunt*** : Les mécanismes préétablis de crédit pour imprévus sont généralement bien adaptés pour financer les aléas de fréquence et d'intensité moyennes qui seraient coûteux ou politiquement difficiles à faire absorber par les budgets annuels. Plusieurs banques multilatérales et organismes bilatéraux de développement mettent à la disposition des pays en développement exposés à des catastrophes des crédits de prévention accompagnés de taux d'intérêt relativement bas. Ils collaborent également avec les pays emprunteurs en finançant la gestion des risques dans le cadre d'accords de prêt pour imprévus (voir la section 5.4). Cette formule possède elle aussi une dimension politique car l'échéance lointaine des crédits les rend intéressants pour les responsables politiques qui ne seront plus au pouvoir lorsque les emprunts devront être remboursés. Le recours à l'emprunt ou à la fiscalité pour répondre aux besoins de financement qui font suite à un événement climatique présente cependant des inconvénients. Par exemple, emprunter au beau milieu d'une crise peut entraîner des problèmes de viabilité budgétaire. De son côté, la fiscalité risque de faire peser des charges supplémentaires sur les ménages et les entreprises touchés, retardant alors leur redressement. Ces deux instruments ne doivent donc être envisagés que dans des scénarios extrêmes où il n'y a pas d'autres solutions de financement. Le changement climatique pourrait en outre accroître le coût de l'emprunt après une catastrophe de grande ampleur (voir la section 5.2.1). C'est pourquoi certains pays ont appelé à l'insertion, dans leur accord de prêt, d'une « clause ouragan ». Il s'agit en fait d'un moratoire sur le remboursement du crédit si une catastrophe survient, ce qui permet aux pays de se relever plus facilement après un événement météorologique extrême (Wigglesworth et Smith, 2019[148]). Une clause de ce type a par exemple été ajoutée au moment de la restructuration de la dette de la Grenade en 2015 et de la Barbade en 2019 (West, 2020[149]) (voir la section 5.4).

Les différentes approches décrites précédemment jouent des rôles différents dans la stratégie globale de financement des passifs éventuels. À titre d'exemple, les fonds de gestion d'urgence et le soutien aux ménages et entreprises subissant des pertes de revenu ou de chiffre d'affaires sont la priorité. Ces ressources risquent d'être requises beaucoup plus tôt que celles qui serviront à reconstruire des bâtiments ou des infrastructures publics (non essentiels).

5.3.3. Le transfert des risques

La couverture des risques par une assurance peut réduire les répercussions économiques des effets néfastes des changements climatiques. Le constat est qu'un haut niveau de pénétration ou de couverture de l'assurance atténue la baisse d'activité économique qui fait suite à une catastrophe (Melecky et Raddatz, 2011[150]), voire la supprime complètement en cas de couverture totale (Von Peter, Von Dahlen et Saxena, 2012[151]). Une étude récente a examiné les répercussions économiques de plus d'une centaine d'événements catastrophiques passés. Elle a établi que les pays où la pénétration de l'assurance est importante se redressent dans un délai moyen de 12 mois. À l'inverse, ceux dont le taux de pénétration est plus faible se relèvent en moyenne au bout de quatre ans (Cambridge Centre for Risk Studies et AXA XL, 2020[152]). L'OCDE (2018[153]) a constaté les mêmes effets bénéfiques sur la reprise de la réassurance mondiale des biens en cas de catastrophe. En plus d'absorber les pertes et d'accélérer la reprise économique, les marchés de l'assurance des aléas climatiques peuvent aussi améliorer la gestion des risques.

Dans de nombreux pays, la grande majorité des pertes économiques causées par des événements climatiques extrêmes ont tendance à être absorbées via la rétention des risques (c'est-à-dire l'épargne, la réaffectation des fonds disponibles ou l'emprunt). L'assurance et les autres dispositifs de transfert des risques[1] n'ont joué qu'un rôle limité dans l'atténuation des pertes et dommages publics et privés. Entre 2000 et 2019, environ 42 % de l'ensemble des pertes économiques liées au climat qui avaient été déclarées étaient assurées.[2] Ce pourcentage global masque cependant de grandes disparités entre les pays développés et en développement. Il était ainsi de 52 % dans les premiers (pays à revenu élevé), mais de moins de 10 % dans les seconds (voir le Graphique 5.4). Dans certains pays particulièrement vulnérables, ce pourcentage peut être de seulement 1-3 % (Sheehan, 2021[154]).

Graphique 5.4. Pourcentage de pertes assurées et non assurées enregistrées lors d'événements climatiques extrêmes (2000-19)

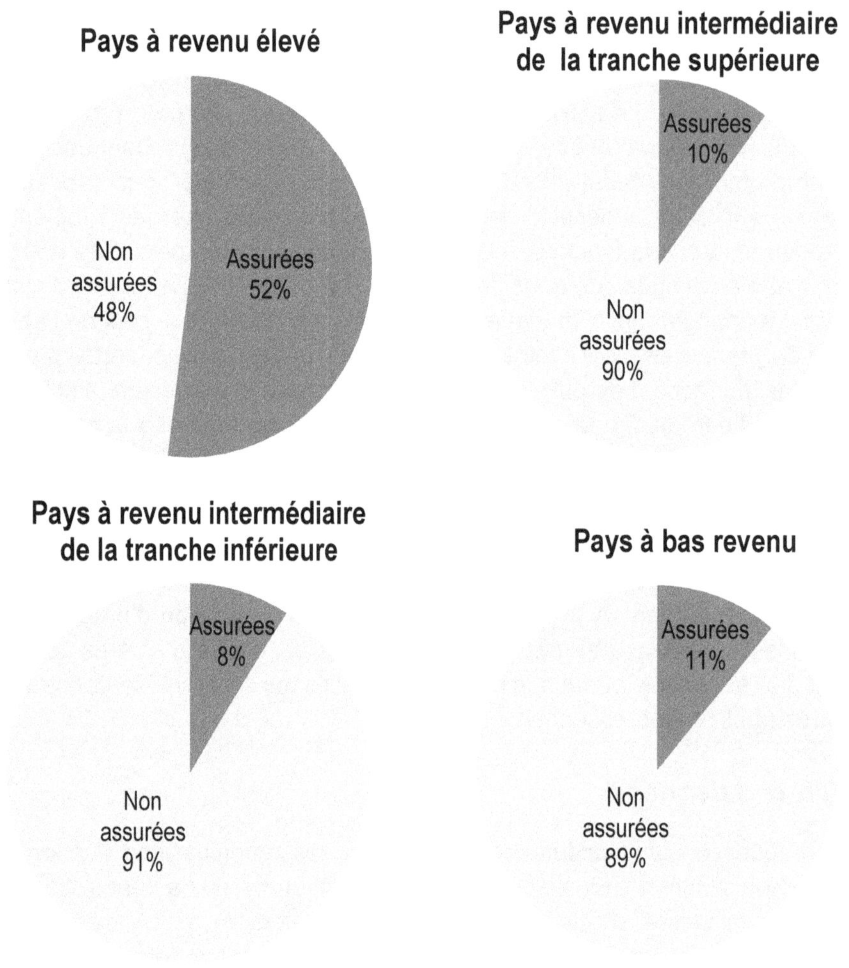

Note : Seuls les événements pour lesquels des pertes économiques assurées avaient été déclarées ont été pris en compte dans le calcul. La classification des pays par niveau de revenu correspond à celle des pays et groupes de prêts établie par la Banque mondiale (Banque mondiale, 2021[155]).
Source : Calculs de l'OCDE d'après les données fournies par Swiss Re sigma et PCS.

Les faibles niveaux d'assurance des aléas climatiques peuvent s'expliquer par des facteurs générant plusieurs effets. Ces facteurs peuvent majorer le coût de l'assurance, dissuader les compagnies d'assurance de couvrir l'aléa, ou abaisser le montant de la prime que les ménages, entreprises et organismes publics sont prêts à payer :

- ***La gravité des aléas :*** Les événements peu fréquents, aux conséquences lourdes et dont les pertes présentent une forte corrélation entre les assurés sont difficiles et coûteux à assurer. Le niveau de gravité accru des catastrophes oblige en outre les compagnies d'assurance à conserver d'importantes réserves pour couvrir des pertes éventuelles ou pour contracter une réassurance afin de se protéger contre des pertes. Cela renchérit leurs primes et peut entraîner des problèmes d'accessibilité financière (voir plus bas).

- ***Le comportement des consommateurs :*** Si la couverture concerne des événements peu fréquents, les citoyens peuvent être peu enclins à payer une assurance, le risque de subir des pertes pouvant leur sembler faible. Il se peut aussi qu'ils aient l'espoir que l'État les indemniserait pour les éventuels pertes et dommages subis (McClelland, Schulze et Coursey, 1993[156]).
- ***Le manque de connaissances financières :*** Une autre explication au faible pourcentage d'assurance des aléas climatiques est le manque de compréhension des produits d'assurance et des marchés correspondants de la part de la population concernée. Les personnes qui ne comprennent pas les produits d'assurance parce qu'elles n'ont pas de connaissances dans le domaine financier seront incapables de les évaluer et ne les achèteront donc pas.

Mesures visant à accroître la contribution des assurances à l'absorption des pertes liées au climat

Cette sous-section donne un aperçu des actions publiques et dispositifs réglementaires qui pourraient améliorer la contribution des marchés de l'assurance à l'atténuation des conséquences financières des pertes liées au climat (Encadré 5.8).

Encadré 5.8. Les bienfaits potentiels du développement du marché de l'assurance sur la gestion des risques

Des marchés de l'assurance développés offrant des produits couvrant les risques climatiques peuvent aussi contribuer à une meilleure gestion globale des risques. Les compagnies d'assurance utilisent des outils d'évaluation des risques (comme la modélisation des catastrophes) pour proposer une offre de produits et fournir une estimation probable des pertes futures. Ces outils peuvent également être utilisés avant de prendre des décisions d'investissement dans le domaine de l'atténuation des risques ou de l'adaptation. Lorsque c'est autorisé, les primes d'assurance dont le montant varie selon le niveau du risque peuvent constituer d'importantes incitations à s'assurer. Plus spécifiquement, elles pourraient encourager les investissements dans la réduction des risques et l'adaptation, de manière à pouvoir profiter d'une prime réduite. Lorsqu'elles ont affaire à des grands comptes – comme des grandes entreprises –, les compagnies d'assurance prodiguent souvent des conseils sur la prévention des risques. Il n'est pas rare non plus qu'elles jouent un important rôle de conseil dans le domaine des normes de construction et d'aménagement du territoire, de manière à réduire les pertes sur les risques supposés.

Veiller à ce que les ménages et les entreprises se voient proposer des produits d'assurance adaptés

Les mesures permettant de garantir que les compagnies d'assurance proposent des produits couvrant les aléas climatiques encouragent en conséquence les populations exposées à s'assurer (OCDE, 2021[157] ; OCDE, 2016[158]). Dans un produit d'assurance obligatoire, par exemple, les compagnies sont tenues de couvrir des risques bien précis. L'adhésion se fait soit par inclusion automatique de la couverture dans le contrat d'assurance, soit par son retrait. Dans certains pays, les autorités de régulation obligent les banques à faire en sorte que leurs emprunteurs assurent leurs biens hypothéqués contre les risques qu'ils encourent. Cela permet de protéger le système financier contre les défauts de remboursement des emprunteurs suite à une catastrophe. Le Graphique 5.5. représente le niveau de couverture des pertes ayant été subies lors d'inondations passées dans les pays de l'OCDE. Une distinction y est faite entre les cas où la couverture des risques est incluse automatiquement dans l'assurance des biens, et ceux où la couverture est imposée pour les biens adossés à des prêts hypothécaires. L'Encadré 5.9 décrit les conséquences des différentes formules d'assurance en s'appuyant sur les expériences de l'Inde et du Myanmar.

Les ménages ayant une meilleure connaissance des questions financières sont plus susceptibles de contracter une assurance, qu'ils vivent dans des pays développés ou en développement (Liu et al., 2021[159] ; Weedige et al., 2019[160]). Les acteurs de la société peuvent décider de contracter une assurance parce que d'autres l'ont fait, et ce pour plusieurs raisons. D'une part, certains types d'assurance sont susceptibles de devenir moins chers car un plus grand nombre de personnes les contracteront du fait de la répartition plus homogène des risques. Cela dit, des aléas climatiques comme l'élévation du niveau de la mer risquent à l'avenir de menacer ce schéma car la montée des eaux se produira simultanément sur l'ensemble des côtes, ce qui pourra rendre le transfert de risques plus difficile et plus coûteux (Santeramo et al., 2016[161]). D'autre part, le fait qu'un individu contracte une assurance augmente les chances qu'un autre en fasse de même (Millo et Pasini, 2010[162]). Les décideurs publics sont donc bien placés pour faire connaître les possibilités qui existent en matière de gestion des risques et pour améliorer les connaissances financières des citoyens en dispensant une éducation sur ces questions. Les programmes éducatifs seront sans doute plus efficaces s'ils tiennent compte des différences de préférences, de situation et de connaissances financières entre les individus (Amagir et al., 2017[163]). Telle pourrait être la base d'une meilleure connaissance, non seulement du secteur de l'assurance, mais aussi de la problématique – plus générale – de la gestion des risques climatiques.

Graphique 5.5. Pourcentage de pertes subies lors d'inondations qui étaient assurées, par type d'assurance (zone OCDE)

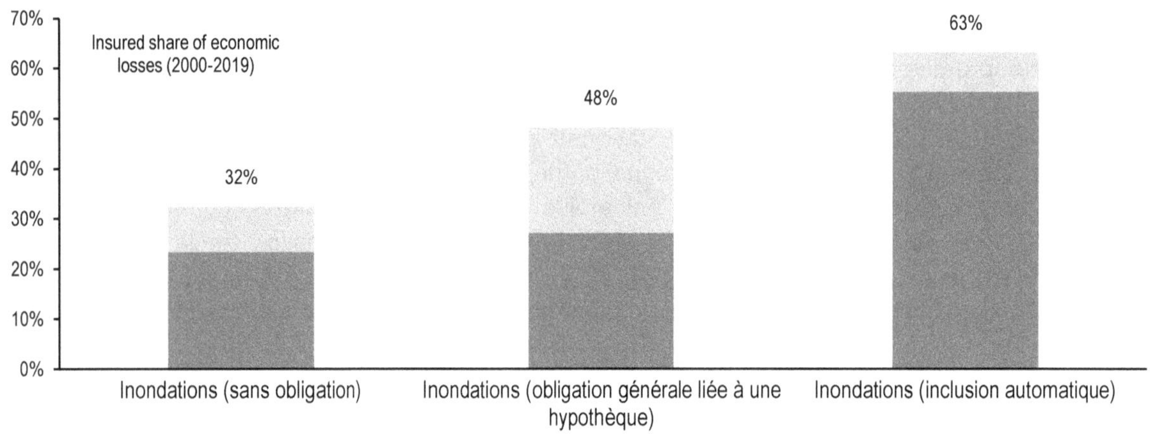

Note : Le graphique présente deux estimations : i) le pourcentage total de pertes économiques qui étaient assurées contre tous les événements survenus entre 2000 et 2019 ; ii) la moyenne simple du pourcentage de pertes assurées pour chaque événement. Le chiffre indiqué correspond à la valeur la plus élevée des deux estimations. Les données relatives au type de couverture des inondations proviennent de l'OCDE (2016[130]). Les pays de l'OCDE se répartissent comment suit : la formule « sans obligation » concerne l'Allemagne, l'Australie (ondes de tempête), le Canada, le Chili, la Colombie, la Grèce, l'Italie, le Japon, le Mexique, la Nouvelle-Zélande, le Portugal, la République tchèque et la Turquie ; l'obligation générale liée à une hypothèque est imposée aux États-Unis et en Irlande ; enfin, l'inclusion automatique se pratique en Australie (inondations consécutives à des précipitations), en Belgique, au Danemark, en Espagne, en France, en Pologne, au Royaume-Uni et en Suisse.
Source : Calculs de l'OCDE d'après les données sur les pertes liées à des catastrophes naturelles fournies par Swiss Re sigma et PCS.

Encadré 5.9. L'assurance des risques de catastrophes liées au climat en Inde et au Myanmar

L'Inde et le Myanmar présentent globalement des pourcentages d'assurance des biens similaires (les primes d'assurance représentent environ 0.06 % du PIB). En revanche, ils n'affichent pas le même niveau de couverture des aléas climatiques. En Inde, 10 à 18 % environ des pertes économiques dues à des inondations et des tempêtes (dont des cyclones) entre 2000 et 2019 étaient assurées, contre 1 à 6 % au Myanmar. En Inde, les polices d'assurance pour les risques standard d'incendie et certains sinistres particuliers qui sont proposées aux particuliers, commerçants et entreprises couvrent généralement (automatiquement) les orages, les typhons, les cyclones, les tempêtes, les tornades, les ouragans, les inondations ou les déluges (les assurés ont toutefois la possibilité d'annuler cette couverture). Cela signifie que la grande majorité des particuliers et des professionnels qui assurent leurs biens sont également couverts contre les dommages causés par des orages et des inondations. Au Myanmar, les orages, typhons, ouragans, tempêtes, cyclones, inondations et déluges font l'objet d'une couverture séparée. Cela signifie que les particuliers et les professionnels qui ont contracté une assurance pour leurs biens doivent se voir proposer cette couverture facultative et la souscrire. Cela dit, certaines banques exigent une couverture appropriée pour les biens adossés à des prêts hypothécaires.

Source : (OCDE, 2020[164]).

Résoudre les problèmes d'accessibilité financière des assurances

La faible pénétration des assurances appelle l'attention sur la nécessité pour les pouvoirs publics de résoudre les problèmes d'assurabilité. Il incombe à l'administration publique de créer les conditions dans lesquelles l'assurance des aléas climatiques constitue une option viable. Des problèmes de ce type commencent déjà à apparaître dans plusieurs pays (voir l'Encadré 5.10), sans doute en liaison avec le fait que des aléas climatiques risquent de frapper simultanément un grand nombre d'assurés. Les effets combinés des aléas climatiques réduisent les bienfaits de la diversification sur laquelle s'appuie le secteur de l'assurance pour fonctionner. Il peut arriver que certains aléas liés au climat ne soient plus assurés, les compagnies privées refusant de les prendre en charge. Ce désengagement du marché pourra cependant n'être que temporaire. Aux États-Unis, par exemple, les assureurs privés des inondations font leur retour sur le marché car ils sont désormais capables de mieux mesurer les risques en question. Si la demande de produits d'assurance augmente, les ménages et les entreprises pourront aussi consentir à payer plus cher les polices proposées par les compagnies.

Encadré 5.10. Les problèmes d'assurabilité des aléas climatiques aux États-Unis

Ces dernières années, de nombreux incendies de grande ampleur aux États-Unis ont entraîné des problèmes d'assurabilité des risques dans l'État de Californie. Les ménages habitant dans des zones très exposées aux risques d'incendies ont vu leurs primes d'assurance augmenter et leurs contrats ne pas être renouvelés à l'initiative des assureurs. Le *California Department of Insurance* a réagi à la situation en imposant un moratoire sur les non-renouvellements de polices d'assurance (California Department of Insurance, 2019[165] ; Insurance Journal, 2020[166]). Il a également organisé en octobre 2020 une audition en distanciel pour trouver une solution aux difficultés du secteur de l'assurance (Jergler, 2020[167]). Des problèmes d'assurabilité ont également été rapportés récemment concernant les ouragans (vents violents) dans l'État de Floride. Ils concernent notamment le non-renouvellement des polices par les assureurs (Insurance Journal, 2018[168]), des demandes d'autorisation parlementaire pour procéder à de fortes majorations des primes, ainsi que l'augmentation du nombre de polices en 2020 et 2021 auprès de Citizens (un assureur public du marché secondaire) (Saunders, 2020[169] ; O'Connor, 2021[170]).

Les primes fixées en fonction du niveau de risque auquel sont exposés des bâtiments ou des infrastructures peuvent fournir un important indicateur de la tarification de l'exposition aux risques. Les ménages et les entreprises devraient ainsi être encouragés à réduire leurs risques (autrement dit à atténuer le risque moral) pour bénéficier de tarifs d'assurance plus avantageux. L'influence du tarif des assurances sur la réduction des risques dépend d'un certain nombre de facteurs, tels que : la nature des aléas, le coût de mesures d'atténuation efficaces et la capacité des compagnies d'assurance à mesurer la réduction des risques et à baisser les primes. Le problème est que les primes dont le montant est fixé en fonction des risques ne sont pas forcément accessibles par les ménages ou les entreprises qui sont très exposés aux risques ou qui n'ont pas les moyens suffisants de payer une assurance. Dans ces situations, la solution peut venir de différents types de programmes d'assurance des risques de catastrophe. Dans un premier cas, les compagnies d'assurance (ou un seul assureur public) assument collectivement la prise en charge de l'exposition aux catastrophes de façon à constituer un portefeuille de risques diversifié permettant de réduire le coût global de la réassurance. Dans un autre, le programme est assorti d'une garantie de l'État pour les cas de pertes extrêmes. Ces deux options améliorent en fin de compte l'accessibilité financière des assurances pour risques climatiques. Un programme d'assurance des risques de catastrophe a tendance à aller de pair avec un haut niveau de couverture des pertes économiques causées par les aléas. Cela est particulièrement vrai dans les pays où l'assurance des biens est peu développée.[3]

Une solution au problème de l'accessibilité financière est la mise en place d'une assurance obligatoire garantie par l'État ou d'un assureur public. Ce type d'assurance est souvent moins cher que les produits proposés sur le marché purement privé car le taux de pénétration – et donc la capacité de répartition des risques – est plus élevé. Théoriquement, un assureur public est censé être mieux informé que ses homologues du secteur privé. En tant qu'organe public, il peut avoir accès à plus d'informations sur les risques auxquels sont exposés les assurés (par exemple les normes de construction). Il peut aussi intégrer les polices d'assurance dans la stratégie plus globale relative au climat. Pour autant, ces informations ne permettent de réduire le risque moral que si les primes d'assurance sont fixées en fonction des risques. Or cela est souvent considéré comme politiquement infaisable dans le cas d'une assurance publique (Paleari, 2019[171]). La Roumanie a par exemple instauré en 2008 un dispositif d'assurance obligatoire des catastrophes, dont la prime dépend de la qualité de construction des bâtiments. Si ce dispositif incite à améliorer la résistance physique des bâtiments, il ne règle pas en revanche la question du risque moral (par exemple en diminuant l'exposition ou d'autres vulnérabilités) (Hanger et al., 2017[172]). Il peut aussi arriver que les pouvoirs publics choisissent de proposer une couverture à une sélection de citoyens. L'État colombien a ainsi décidé d'assumer la responsabilité des bâtiments non assurés où vivent les deux groupes de population les plus pauvres (Ministère des Finances et du Crédit public de la Colombie, 2011[173] ; Gamper et al., 2017[174]). Malgré leurs lacunes, les assurances obligatoires sont parfois préférées aux réaffectations budgétaires, dont le caractère incertain et *ex post* n'incite pas à faire baisser le risque moral. Selon des études théoriques, la formule la plus efficiente et la plus équitable serait une assurance privée partiellement subventionnée par l'État. Cela pourrait inclure des bons financés par l'administration ou le recours croissant à un partenariat avec les pouvoirs publics (Hudson, Botzen et Aerts, 2019[175]).

Deux autres points sont également à préciser. D'une part, le risque moral n'est pas toujours présent dans le domaine de l'assurance. Les assurés peuvent être suffisamment prudents et continuer de réduire leurs risques, même en étant couverts par une assurance (Hudson et al., 2017[176] ; Mol, Botzen et Blasch, 2020[177]). Par conséquent, l'aversion au risque des individus est un élément clé à prendre en compte dans l'élaboration des politiques publiques. D'autre part, la non-assurabilité des actifs n'est pas toujours un point négatif. Si les actifs ne peuvent être assurés, cela crée une incitation à les déplacer du lieu exposé où ils se trouvent, ou tout au moins à ne pas les installer à cet endroit. Ces incitations ne sont cependant pas toujours suffisantes. Dans plusieurs pays, des biens continuent d'être construits dans des zones exposées aux risques de submersion marine ou d'incendies. Cela montre la nécessité de fournir des informations et d'accroître la sensibilisation (voir la section 0).

Accroître au maximum l'accès aux capacités des marchés mondiaux de capitaux et de la réassurance

Les marchés mondiaux de capitaux et de la réassurance jouent un rôle essentiel car ils fournissent une couche supplémentaire d'absorption des pertes et diversifient les risques de catastrophe à l'échelle internationale. Ces marchés (ainsi que certains investisseurs) peuvent ainsi prendre en charge une partie des pertes engendrées par une catastrophe climatique, ce qui permet d'alléger la charge assumée par le système financier national. Toutefois, plusieurs pays imposent des restrictions diverses au transfert des risques en direction de ces marchés (en particulier lorsqu'il s'agit d'un transfert transfrontières). Ainsi, des pays comme l'Inde et l'Indonésie limitent le montant des risques pouvant être transférés à des compagnies de réassurance n'ayant pas de présence locale. D'autres pays ne reconnaissent pas le transfert des risques vers les marchés de capitaux comme un moyen efficace pour les assureurs de réduire leurs actifs (OCDE, 2018[153]). La conséquence est que les risques de catastrophe (notamment climatique) se retrouvent concentrés sur le marché intérieur ou entre les mains des compagnies de réassurance nationales. Il en résulte une situation dangereuse pour l'économie car cela empêche les compagnies d'assurance de tirer pleinement parti des avantages que procure le transfert des risques vers les marchés de la réassurance.

Le transfert des risques vers les marchés de la réassurance peut procurer des avantages importants. La reprise économique a en effet été beaucoup plus rapide dans les pays où les marchés mondiaux de la réassurance avaient absorbé une grande partie des pertes (OCDE, 2018[153]) (voir le Graphique 5.6.). En fin de compte, un accès accru aux capacités des marchés mondiaux de capitaux et de la réassurance peut s'avérer nécessaire. Cet accès devrait fournir aux compagnies d'assurance une protection suffisante pour pouvoir gérer l'augmentation attendue des pertes dues aux aléas climatiques futurs.

Graphique 5.6. Perte (ou gain) cumulé(e) de PIB par rapport aux projections – antérieures aux événements – pour différents niveaux de réassurance

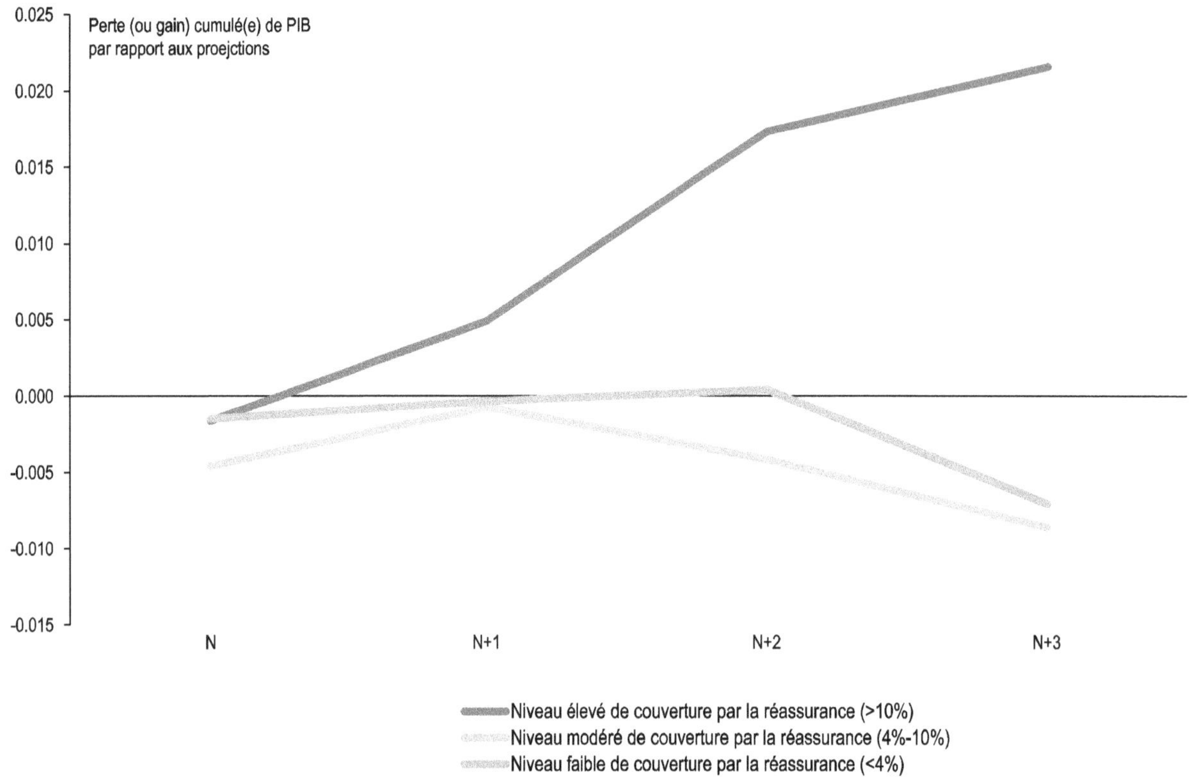

Note : Le graphique représente l'évolution réelle (après la catastrophe) du PIB d'un pays frappé par un événement climatique par rapport aux projections (antérieures à la catastrophe) selon trois scénarios de couverture des catastrophes : i) niveau élevé de couverture par la réassurance (soit plus de 10 % de l'ensemble des pertes économiques déclarées) ; ii) niveau modéré de couverture (soit entre 4 % et 10 % de l'ensemble des pertes économiques déclarées) ; et iii) niveau faible de couverture (soit moins de 4 % de l'ensemble des pertes économiques déclarées).
Source : (OCDE, 2018[153]).

L'assurance des biens publics exposés

Pour les bâtiments et les infrastructures publics comme pour les constructions privées, l'assurance dommages rembourse normalement la plupart des dépenses qui sont engagées pour les reconstruire à l'identique. Certaines administrations (nationales ou infranationales) peuvent aussi souscrire à une assurance permettant de financer les besoins plus généraux faisant suite à un aléa climatique. Avec ce type de produit, la garantie se déclenche généralement en fonction des paramètres de l'événement climatique. La vitesse du vent ou la pluviométrie peut par exemple dépasser un niveau prédéfini ; idem pour une perte modélisée. Cette assurance – dite paramétrique – est une source rapide de financement et de liquidités.

Le principal avantage de l'assurance paramétrique est sa simplicité. Sa souscription repose uniquement sur la probabilité que survienne à un endroit donné un événement correspondant au seuil fixé pour le versement d'une indemnité. De plus, le déclenchement de l'événement suffit pour susciter une indemnisation. Le principal inconvénient de ce type d'assurance est le niveau potentiellement important du risque de base. En d'autres termes, la garantie peut être activée même si aucune perte n'a été subie. Inversement, la couverture peut ne pas être appliquée alors qu'une perte a bien eu lieu (par exemple lorsque le seuil préfixé n'a pas été atteint). Le risque que cela se produise devrait s'amenuiser au fil du temps, à mesure que le degré de précision de l'évaluation des risques de catastrophes pourra être amélioré grâce à de nouvelles sources de données et techniques d'analyse (BAD et OCDE, 2020[178]).

Les obligations catastrophes, par exemple, sont une forme de dette émise par exemple par un pays (l'émetteur) par l'intermédiaire d'une entité spéciale pour transférer les risques vers les marchés de capitaux. Si un événement déclencheur survient, une partie des fonds déposés auprès de l'entité spéciale est mise à disposition de l'émetteur, et on dit qu'il y a défaillance sur les obligations.

La mutualisation des risques peut réduire le coût des outils de transfert des risques. Plusieurs dispositifs de ce type ont été mis en place au niveau régional, notamment dans les Caraïbes et en Amérique centrale, dans les îles du Pacifique, en Asie du Sud-Est et en Afrique (Mutuelle panafricaine de gestion des risques ; voir l'Encadré 5.11). Ils fournissent généralement un financement rapide servant davantage au redressement qu'à la reconstruction ; les versements ont lieu sur la base d'un paramètre de déclenchement. Les pays participants peuvent ainsi partager les coûts de la nécessaire modélisation et bénéficier d'une réassurance meilleur marché grâce à la diversification obtenue en souscrivant à une police collectivement. Certains dispositifs comme la Mutuelle panafricaine de gestion des risques (ARC) requièrent des pays participants qu'ils mettent préalablement au point des mécanismes d'intervention sur la façon dont ils utiliseront les fonds. Les processus et responsabilités en matière de versement y sont définis, ce qui diminue l'incertitude lorsqu'un événement se produit.

Investir dans des modèles de qualité supérieure, de même qu'étendre la couverture à différents types de phénomènes extrêmes, pourraient permettre d'améliorer l'efficacité de la mutualisation des risques. L'ARC a ainsi introduit en 2020 la couverture des cyclones tropicaux. D'autres améliorations possibles sont la mise en place de processus fondés sur des règles afin de gérer les attentes insatisfaites, voire l'ajout d'éléments déclencheurs de second plan pour réduire le risque de base. L'intégration d'indemnités de mutualisation des risques dans les dispositifs de protection sociale pourrait en outre accroître l'efficacité, réduire les délais de redressement et atténuer les difficultés des communautés vulnérables. L'introduction d'un nouveau type de soutien, plus durable, de la part des donneurs et des banques de développement permettrait également d'élargir la mutualisation des risques, fournissant une alternative aux fonds sporadiques destinés à des instruments spécifiquement financiers (Martinez-Diaz et McClamrock, 2019[179]).

Par ailleurs, en souscrivant collectivement une assurance pour les biens publics, les administrations peuvent réaliser des économies d'échelle. Elles peuvent aussi, en assurant un ensemble d'actifs (présentant des caractéristiques différentes au regard des risques), accéder aux marchés de l'assurance et de la réassurance en bénéficiant de coûts réduits. Plusieurs pays ont mis en place, aux niveaux national et infranational, des mécanismes d'assurance ou d'indemnisation publique. Les actifs publics sont ainsi partiellement couverts par l'État, l'autre partie des risques étant transférée aux marchés privés de la réassurance.

Les difficultés de l'assurance à gérer les risques de pertes et de dommages

L'impact croissant du changement climatique sur les secteurs de l'assurance et la réassurance est une certitude (Krauss et al., 2019[180]). Plus les pertes augmentent et plus les besoins de financement s'accroissent également, d'où la majoration des primes d'assurance. D'après une estimation, les primes facturées pour l'assurance des biens au niveau mondial vont progresser de 33-45 % entre 2020 et 2040, soit de 149 milliards USD à 183 milliards USD. Cette estimation tient compte de l'augmentation des pertes consécutives à des catastrophes couvertes par une assurance, y compris celles liées au changement climatique.

La diversification des liens existant entre les phénomènes météorologiques au niveau mondial risque également de devenir plus rare (Herweijer, Ranger et Ward, 2009[181] ; Boers et al., 2019[182]). Il se peut aussi que les assureurs refusent de fournir une couverture si les primes requises pour couvrir les pertes sont supérieures à ce que les ménages ou les entreprises ont la volonté (ou la capacité) de payer. Les assurances vont donc devenir progressivement plus chères, ce qui réduira la possibilité pour les pays en développement et les ménages défavorisés d'acquérir une couverture (Duus-Otterström et Jagers,

2011[183]) et exacerbera les inégalités. Il en ressort donc la nécessité, pour préserver l'assurabilité des risques climatiques, de réduire les risques en diminuant le degré d'exposition et de vulnérabilité.

Encadré 5.11. La Mutuelle panafricaine de gestion des risques

La Mutuelle panafricaine de gestion des risques (ARC) est un organisme régional de mutualisation des risques créé par l'Union africaine. Son rôle est d'aider les États africains, via la collaboration, à améliorer leurs capacités à planifier, à se préparer et à intervenir en cas d'événements climatiques et météorologiques extrêmes. Elle les aide donc à utiliser les technologies de pointe, ainsi qu'à accéder à des mécanismes de financement novateurs. Si les sécheresses sont courantes en Afrique, l'ARC estime qu'elles ne se produiront pas la même année sur l'ensemble du continent.

S'acquittant d'une prime annuelle, les pays participants touchent une indemnité si un événement déclencheur prédéterminé survient. Les paramètres de transfert de risques sélectionnés par chaque pays déterminent le seuil d'indemnisation. Ces paramètres sont notamment les suivants :

- ***Seuil d'attachement/de déduction*** : risque qu'un pays est prêt à conserver et gérer en utilisant d'autres ressources.
- ***Seuil de déclenchement*** : risque modélisé de sécheresse maximal qu'un pays souhaite voir assurer.
- ***Limite*** : indemnité maximale touchée par un pays en cas d'extrême sécheresse.
- ***Pourcentage de cession :*** pourcentage du risque total modélisé qu'un pays est prêt à transférer à la mutuelle.

L'ARC couvre en moyenne des pertes de 30 millions USD par pays et par saison pour des sécheresses survenant une fois tous les cinq ans ou plus (le chiffre exact est cependant très variable). La Mutuelle effectue des versements au Trésor national de chaque pays deux à quatre semaines après la fin de la saison des pluies. Le Trésor peut alors verser des aides aux ménages touchés par un événement selon un plan d'intervention préétabli. L'ARC dispense sa couverture à l'aide d'ARC Replica, un produit d'assurance conçu pour le Programme alimentaire mondial et d'autres acteurs de l'aide humanitaire. Son but est d'accroître l'efficacité de l'intervention humanitaire d'urgence dans les pays d'Afrique vulnérables exposés à des risques climatiques (PAM, 2018[184]).

Pour adhérer à l'ARC, les pays participants doivent élaborer un plan d'intervention précisant comment ils utiliseront – rapidement et efficacement – les indemnités versées. Ce plan indique également comment ils comptent aider de manière efficiente et rapide les individus les plus durement touchés par un événement météorologique extrême, de manière à préserver leurs moyens de subsistance. Si les indemnités doivent idéalement être utilisées dans les 120 jours suivant leur versement par l'ARC, les activités engagées doivent être terminées dans un délai de six mois.

Les acteurs de la coopération pour le développement, ainsi que les membres de l'Union africaine participants, peuvent contribuer à l'ARC par le versement de primes annuelles. Ainsi, dans le cadre de son plan d'urgence pour le COVID-19, l'Allemagne a versé à l'ARC en 2020 des primes permettant de venir en aide à 20 millions de personnes au cours de la campagne agricole 2020-21 (BMZ, 2021[185]). Les États-Unis, le Royaume-Uni et la Suisse ont également apporté un soutien aux États membres de l'ARC et aux partenaires du produit Replica par le paiement de primes.

Source : https://www.africanriskcapacity.org.

5.4. Le rôle de la coopération pour le développement dans l'aide apportée aux pays en développement pour réduire et gérer les risques de pertes et de dommages

Les difficultés énoncées dans les précédentes sections montrent l'importance pour l'ensemble des parties prenantes de pouvoir accéder à diverses sources de financement – et les utiliser – pour réduire et gérer les risques de pertes et de dommages. Cette section examine le rôle du financement du développement provenant de sources bilatérales et multilatérales, notamment des opérations ayant trait à l'aide humanitaire liée au climat. Elle décrit dans un premier temps les conditions qui favorisent, directement ou indirectement, les actions des pays en développement pour réduire et gérer les risques climatiques. S'en suit un bref examen de la façon dont les bailleurs de fonds intègrent les risques de pertes et de dommages dans leurs cadres stratégiques et de programmation. La section se poursuit avec la présentation des engagements de financement pris par les bailleurs bilatéraux et multilatéraux pour gérer les risques de pertes et de dommages induits par le changement climatique. L'analyse utilise une méthodologie conçue spécialement pour ce rapport. La section s'achève par les grandes questions qui doivent être prises en compte par les bailleurs, ainsi que par la description du rôle du financement du développement au regard de la viabilité budgétaire.

L'absence de consensus au sujet de la définition des pertes et dommages – que ce soit dans la sphère politique ou dans la littérature universitaire (Doelle et Seck, 2020[186] ; Toussaint, 2021[187]) – n'est pas sans conséquences sur le sens qui est donné à ces concepts dans le contexte de la coopération pour le développement. Selon l'idée communément admise, tous les efforts engagés pour ralentir la hausse moyenne des températures au niveau mondial et pour s'adapter aux effets néfastes du changement climatique peuvent permettre de réduire et de gérer les risques de pertes et de dommages induits par le changement climatique (CCNUCC, 2019[90]). Ainsi, l'amélioration de la gestion financière du secteur public n'est généralement pas assimilée à une action climatique. Or, elle peut aider à trouver des ressources intérieures pour financer l'adaptation au changement climatique (MOPAN, 2021[188]). D'autres interventions ne s'inscrivant pas dans le cadre climatique peuvent contribuer indirectement à l'adaptation et à la réduction des risques de catastrophes. C'est le cas par exemple de l'éducation, des actions de réduction de la pauvreté au sens large et de la protection sociale. Toutefois, cette approche générale ne fournit pas d'indication sur l'importance accordée par les bailleurs, dans leurs programmes et leurs financements, à l'examen et la gestion des risques de pertes et de dommages.

Une approche plus circonscrite est utilisée dans l'analyse ci-après, qui s'appuie sur les éléments examinés et avalisés lors des négociations sur le climat des Nations Unies. L'article 8 de l'Accord de Paris reconnaît la nécessité d'éviter les pertes et préjudices liés aux effets néfastes des changements climatiques, de les réduire au minimum et d'y remédier. Il énonce huit domaines de coopération et de facilitation visant à améliorer la compréhension, l'action et l'appui (CCNUCC, 2015[189]). Il met également en avant le Mécanisme international de Varsovie relatif aux pertes et préjudices comme le principal instrument permettant de traiter ces questions. Les décisions prises ensuite par les pays dans le cadre du processus international de lutte contre le changement climatique ont permis de mieux clarifier les différents types de pertes et de dommages. Les pays ne sont pas obligés de comptabiliser ou de déclarer séparément le financement des activités de réduction et de gestion des risques de pertes et de dommages. En fait, le suivi du soutien apporté à ces activités est assuré en partie grâce aux mécanismes existants de notification des fonds affectés aux mesures d'adaptation comme les rapports bisannuels, les communications nationales, les comptes rendus actualisés bisannuels et (dans le cadre de l'Accord de Paris) les dispositifs relatifs à la transparence.

5.4.1. Les approches stratégiques et de programmation

Les fonds et programmes relatifs au climat

Le paysage du financement du développement favorisant les efforts de réduction et de gestion des risques de pertes et de dommages induits par le changement climatique inclut à la fois des instruments bilatéraux et multilatéraux. Cette section présente brièvement un échantillon des principaux instruments entrant dans la catégorie du financement multilatéral, qui comprend des fonds et des programmes relatifs au climat. La Convention-cadre des Nations Unies sur le changement climatique (CCNUCC) prévoit un certain nombre de mécanismes spécialisés conçus pour financer l'action climatique dans les pays en développement. Le Fonds vert pour le climat (GCF), un mécanisme financier rattaché à la CCNUCC, a pour but d'aider les pays en développement à engager des actions en faveur du climat. Cela inclut les actions visant à éviter les pertes et dommages, à les réduire au minimum et à y remédier en utilisant les cadres d'investissement et guichets de financement existants (Fonds vert pour le climat, 2021[190] ; Kempa et al., 2021[191]). Cette aide reflète les décisions prises dans le contexte des négociations sur le climat. Le GCF est également supposé consacrer la moitié de ses ressources à l'adaptation au changement climatique (en équivalent-don).

D'autres mécanismes ont été rattachés au Fonds pour l'environnement mondial (FEM). C'est le cas par exemple du Fonds d'affectation spéciale, qui finance les activités de facilitation, notamment pour rendre compte des mesures d'adaptation et autres actions liées au changement climatique menées dans le cadre de la Convention. Le Fonds pour les pays les moins avancés finance la préparation et la mise en œuvre des évaluations des risques et des systèmes d'alerte précoce. Le Fonds spécial pour les changements climatiques est utilisé pour les activités d'adaptation pilotes ou de démonstration menées dans les pays autres que ceux précités. Quant au Fonds pour l'adaptation, créé dans le cadre du Protocole de Kyoto, il finance les projets et programmes d'adaptation au changement climatique mis sur pied dans les pays en développement vulnérables. Enfin, les Fonds d'investissement pour le climat, qui relèvent du Programme pilote pour la résilience climatique, financent l'intégration de la résilience et de la gestion des risques climatiques dans les plans de développement des pays et leur mise en œuvre.

Les différents acteurs fournissant aux pays partenaires des moyens de financer leur action climatique jouent des rôles complémentaires. Les banques de développement multilatérales et régionales se spécialisent souvent dans les investissements de grande ampleur – en accordant des prêts bonifiés – et interviennent auprès d'un large éventail de partenaires, notamment du secteur privé. Les institutions de financement du développement (comme l'AFD en France ou KfW en Allemagne) financent de grands projets d'infrastructure, également par le biais de prêts bonifiés. D'autres rôles peuvent être joués par les organisations multilatérales et internationales (comme les mécanismes financiers de la CCNUCC décrits plus haut), selon leur mission et les ressources dont elles disposent. Les fournisseurs bilatéraux de financement à l'appui du développement peuvent être relativement bien placés pour aider les pays partenaires à intégrer la question du changement climatique dans leurs processus nationaux de planification du développement. Ils utilisent pour cela des initiatives pilotes, le développement des capacités, l'assistance technique et le transfert de technologies. Ces bailleurs jouent un rôle tout aussi important lorsqu'il s'agit de fournir et de distribuer une aide humanitaire lorsque survient une catastrophe climatique.

L'accès au financement

La disponibilité des fonds ne garantit pas leur accessibilité. Plusieurs facteurs y font obstacle. Ainsi, les procédures d'accréditation sont souvent complexes et diffèrent d'un mécanisme à l'autre. Les processus de présentation des demandes et les obligations fiduciaires sont souvent trop lourds à gérer par les institutions des pays en développement, qui disposent rarement de capacités techniques et administratives suffisantes. Les fonds et les programmes relatifs au climat s'emploient à résoudre ces problèmes d'accès.

Ainsi, emboîtant le pas du Fonds pour l'adaptation, le GCF a introduit le principe de l'accès direct. Il existe toutefois une prise de conscience croissante du fait que d'autres actions sont nécessaires et que les questions structurelles ne se limitent pas à la création de fonds. Le contexte ou la notation de crédit des différents pays ont par exemple été répertoriés comme des aspects à prendre en considération.

Face à ce qui est perçu comme des lacunes de l'architecture internationale du financement à l'appui du développement (Gouvernement du Royaume-Uni, 2021[192] ; LIFE-AR, 2019[193]), différentes parties prenantes insistent sur le besoin urgent d'améliorer et de simplifier l'accès aux ressources financières pour compléter le financement de l'action climatique. Dans ce contexte, l'initiative LIFE-AR pour une véritable adaptation et résilience dans les pays les moins avancés a été conçue dans le but d'améliorer les connaissances climatiques ainsi que l'accès à un financement fiable et prévisible – national ou international, public ou privé. Cet accès serait guidé par les principes suivants : l'inclusion, la participation, l'action locale, la justice, l'équité et la solidarité (LIFE-AR, 2019[193]). Le Royaume-Uni, qui préside la COP 26, a mis en place une équipe spéciale sur l'accès au financement de l'action climatique (ou *Taskforce on Access to Climate Finance*). Coprésidée par le Royaume-Uni et les Fiji, cette équipe met en évidence quatre éléments essentiels à un accès efficace (Gouvernement du Royaume-Uni, 2021[192]) : i) l'appropriation nationale et la coordination ; ii) le déploiement d'une action homogène, coordonnée et structurée par les acteurs de la coopération pour le développement ; iii) le pragmatisme et la coordination avec les initiatives ; iv) l'inclusivité. Ce constat coïncide avec l'appel lancé par les ministres des Finances du Groupe des vingt pays les plus vulnérables (V20) en faveur « d'un soutien plus énergique et d'un engagement synergique de la communauté économique internationale propices à la mise en place d'économies résilientes au changement climatique » (V20, 2021[194]).

Les cadres stratégiques et de programmation

La focale et l'approche adoptées par les fournisseurs de financement à l'appui du développement résultent de l'accent qui est mis de plus en plus, lors des négociations sur le climat, sur les pertes et les dommages induits par le changement climatique, mais aussi des impacts climatiques subis par les pays en développement. Un exemple est l'engagement pris en 2021 par le G7 de renforcer son soutien au financement préétabli des risques, notamment via la campagne « Crisis Lookout » lancée par le *Centre for Disaster Protection*. Les fournisseurs n'utilisent pas la même terminologie. En fait, leur soutien à la réduction et la gestion des risques de pertes et de dommages est souvent intégré à des initiatives préexistantes d'adaptation, de résilience au changement climatique et de réduction des risques de catastrophes. Cela dit, certains fournisseurs font explicitement référence aux pertes et aux dommages dans leurs cadres et programmes stratégiques :

- L'organisme allemand d'aide au développement GIZ a créé en 2013 le *Programme mondial d'évaluation et de gestion des risques pour l'adaptation au changement climatique (pertes et dommages)*. Le but est d'aider les pays partenaires à concevoir et mettre en œuvre des mesures pour « éviter, réduire au minimum et gérer » les pertes et les dommages induits par le changement climatique, ainsi que de généraliser ces approches (GIZ, 2018[195]). Le ministère fédéral allemand de la Coopération économique et du Développement se réfère par ailleurs explicitement, dans sa nouvelle stratégie sur le climat et l'énergie, aux pertes et dommages liés au climat. Cette stratégie énonce des mesures concrètes d'aide aux pays partenaires, telles que : promotion des dispositifs de financement de la lutte contre les risques liés au climat et aux catastrophes ; aide à la mise en place de systèmes d'alerte précoce ; fourniture d'un soutien ciblé pour l'analyse et la gestion des risques climatiques ; enfin, renforcement des capacités et des connaissances sur le sujet des migrations et déplacements induits par le changement climatique. La stratégie précitée reconnaît en outre la nécessité d'adopter une approche plus systématique pour faire face à la vulnérabilité des pays partenaires. Ainsi, dans le cadre du Partenariat mondial InsuResilience (IGP), la banque de développement KfW apporte son soutien à de nombreux fonds ciblés sur la problématique, comme par exemple le Fonds de solutions InsuResilience et le Fonds d'investissement

InsuResilience. Le but du partenariat IGP est de renforcer les solutions d'assurance et de financement des risques liés au climat et aux catastrophes dans les pays en développement et les économies émergentes (voir l'Encadré 5.12).

- Au Danemark, la nouvelle Stratégie d'action mondiale pour le climat a pour but de « contribuer à la prévention et la réduction des risques de pertes et de dommages induits par le changement climatique, ainsi qu'aux efforts de reconstruction faisant suite à des catastrophes climatiques » grâce à une coopération au service du développement vert (Gouvernement du Danemark, 2020[196]). Avant l'adoption de cette nouvelle stratégie, c'est l'agence danoise pour le développement international (DANIDA) qui intervenait dans la gestion des pertes et dommages liés au climat. Elle apporte, par exemple, de l'aide aux éleveurs pastoraux du nord du Kenya contraints d'abandonner leur mode de vie traditionnel, notamment en déplaçant leur bétail pour trouver de l'eau et des zones de pâturage. La DANIDA dispense pour ce faire une formation professionnelle aux éleveurs ayant perdu leurs modes de subsistance, conformément au Plan d'action national du Kenya sur le changement climatique (Ministère des Affaires étrangères du Danemark, 2020[197]).
- Le *Plan d'action sur le changement climatique (2021-25)* de la Banque mondiale inclut une stratégie de financement couvrant l'adaptation au changement climatique ainsi que les pertes et les dommages. Il met plus particulièrement l'accent sur les obligations catastrophes qui donnent lieu à des versements lorsque surviennent, par exemple, des cyclones tropicaux satisfaisant aux critères spécifiés dans les conditions générales des obligations (Banque mondiale, 2021[198]). La Banque mondiale a également participé à la mise sur pied de programmes apparentés à des mécanismes régionaux de mutualisation des risques (comme le Dispositif d'assurance catastrophes naturelles pour les Caraïbes et l'Initiative de financement et d'évaluation des risques de catastrophes dans le Pacifique). Elle dirige par ailleurs d'autres programmes tels que le mécanisme mondial de financement des risques (GRiF) et la Facilité mondiale pour la prévention des risques de catastrophes et le relèvement, avec l'aide de tout un éventail de donneurs. Le GRiF a été conçu pour renforcer la résilience des pays vulnérables en cas de chocs climatiques et de catastrophes. Il permet donc des interventions et un redressement plus rapides et plus précoces grâce à des instruments de financement des risques préétablis, dont des solutions fondées sur le marché comme des dispositifs d'assurance.

Les fournisseurs ont également recours à l'évaluation des risques pour concevoir les dispositifs de lutte contre le changement climatique. Comme indiqué lors du dialogue d'experts de Suva qui s'est tenu dans le cadre de la CCNUCC, l'objectif de cette évaluation est également d'éviter, de réduire au minimum et de gérer les impacts du changement climatique. Des travaux sont également en cours concernant des outils d'évaluation des risques en accès libre qui aideraient à la prise de décisions, à la détermination des risques nationaux et à la modélisation probabiliste des risques (CCNUCC, 2019[90]). Les outils d'analyse des risques climatiques fournissent une approche préventive de la gestion des risques liés au climat et aux catastrophes car ils permettent d'intégrer des mesures de résilience dans la conception même des initiatives (Banque mondiale, 2021[199] ; BAfD, 2014[200] ; BAD, 2014[201] ; USAID, 2017[202] ; BMZ, 2019[203]). Les facteurs intervenant dans les risques climatiques et les incertitudes qui y sont associées sont complexes. La conséquence est que l'application des outils d'analyse de ces risques se heurte à des difficultés techniques (voir le chapitre 2).

Certains fournisseurs ont mis au point des outils utilisables *a posteriori* pour évaluer les besoins après la survenue d'aléas climatiques et autres aléas. Le Groupe des Nations Unies pour le développement, la Banque mondiale et l'Union européenne ont par exemple conçu conjointement en 2008 le dispositif d'évaluation des besoins après une catastrophe (PDNA), qui fournit une évaluation exhaustive – notamment des pertes et des dommages – et permet de recenser les besoins de la population touchée. Le PDNA planifie la remise en état des infrastructures, habitations, moyens de subsistance, services, structures de gouvernance et systèmes sociaux endommagés en mettant l'accent sur la réduction des risques de catastrophes futurs et sur l'augmentation de la résilience. Cette méthodologie influe sur les décisions d'investissement de fournisseurs comme la Banque islamique de développement (iSDB, 2019[204]).

Encadré 5.12. Le Partenariat mondial InsuResilience

Le Partenariat mondial InsuResilience (IGP) est une alliance internationale agissant pour accroître la résilience aux risques climatiques. Son objectif est de protéger la vie et les moyens de subsistance des populations pauvres et vulnérables à l'aide de solutions d'assurance et de financement des risques liés au climat et aux catastrophes. L'IGP est né de l'initiative InsuResilience, créée par le G7 en 2015. Il a été lancé en 2017 par un groupe de pays industrialisés ainsi que de membres du G20 et du V20, lors de la COP 23 de la CCNUCC. L'IGP travaille, au sein de la communauté internationale des acteurs de la résilience, à susciter l'action, élever les ambitions et encourager l'homogénéité des solutions d'assurance et de financement des risques liés au climat et aux catastrophes parmi un large éventail de partenaires. Ce partenariat réunit plus d'une centaine de représentants de différents groupes d'acteurs (pays, secteur privé, organisations multilatérales, banques de développement, société civile et milieu universitaire).

Depuis 2017, les différents acteurs se rencontrent chaque année lors du forum de l'IGP, qui leur permet d'échanger sur les bonnes pratiques, les principaux enseignements et les orientations futures de la communauté en ce qui concerne les solutions d'assurance et de financement des risques liés au climat et aux catastrophes. Se conformant à la Vision 2025, présentée lors du Sommet de 2019 des Nations Unies sur l'action climatique, l'IGP permet d'intervenir plus rapidement, plus sûrement et de façon plus rentable en cas de choc climatique et de catastrophe, en passant d'un mode de gestion de crise réactif à proactif. L'un de ses grands objectifs est de couvrir 500 millions de personnes pauvres et vulnérables par an jusqu'en 2025. En 2020, 137 millions de personnes dans plus de 100 pays ont bénéficié de 22 programmes mis en œuvre par l'IGP.

Source : (BMZ, 2021[185] ; InsuResilience Global Partnership, 2021[205]).

5.4.2. L'aide humanitaire pour faire face aux pertes et dommages

L'aide humanitaire joue un rôle important, que ce soit dans le cas des phénomènes à évolution lente ou des événements extrêmes. Elle se manifeste sous la forme d'opérations de secours, mais aussi de livraisons de nourriture, d'eau, de médicaments et de tentes. Si l'aide humanitaire fournie par des donneurs à la suite d'une catastrophe est cruciale, son volume et le moment où elle arrivera peuvent être difficiles à prédire, et elle peut être longue à recueillir (Bowen et al., 2020[72]). Les acteurs de la coopération pour le développement peuvent aider les pays partenaires à gérer les risques de pertes et de dommages liés au climat de plusieurs manières. Premièrement, ils peuvent utiliser des moyens de financement plus flexibles et plus prévisibles pour répondre aux besoins humanitaires immédiats. Deuxièmement, ils peuvent adapter leurs interventions en fonction de l'évolution de la situation et des risques climatiques futurs (Bowen et al., 2020[72] ; OCDE, 2021[102]). Par ailleurs, ces acteurs intègrent de plus en plus l'action préventive dans les programmes ayant trait au développement (German Federal Foreign Office, 2020[84] ; Levine et al., 2020[85] ; Kuriyama et al., 2020[86]) et à l'aide humanitaire (Gouvernement du Royaume-Uni, 2021[87]). Certains bailleurs bilatéraux et multilatéraux ont commencé à utiliser des indices de vulnérabilité climatique pour prendre des décisions en matière d'investissement (voir l'Encadré 5.13).

Encadré 5.13. Indices et cadres de mesure de la vulnérabilité climatique

L'utilisation d'indices de la vulnérabilité climatique peut être utile lorsque l'aide humanitaire est déployée en anticipation et que les intervenants n'ont pas de présence sur le terrain. L'indice des États fragiles, par exemple, répertorie les vulnérabilités – sociales, économiques, climatiques et autres – des pays pouvant contribuer à leur fragilité (The Fund for Peace, sans date[206]). L'indice mondial des risques climatiques cartographie les niveaux d'exposition et de vulnérabilité aux phénomènes météorologiques extrêmes, que les pays peuvent utiliser comme signaux d'avertissement pour se préparer à des événements futurs (Germanwatch, 2021[207]). Le programme « States of Fragility » de l'OCDE aide les acteurs de la coopération pour le développement à explorer des approches permettant d'obtenir de meilleurs résultats en matière de résilience dans les pays fragiles et en conflit. Ce programme inclut le concept de fragilité environnementale, qui recouvre les risques climatiques. Il montre comment de tels concepts peuvent être intégrés aux activités programmées par les donneurs dans les pays touchés par des événements climatiques (OCDE, 2020[208]). Ces indices et cadres de mesure permettent d'intégrer les questions climatiques dans les activités régulières de coopération au service du développement, améliorant ainsi la contribution des investissements à la résilience et au développement durable.

La section 5.3 mettait en évidence les arbitrages auxquels sont confrontés les pouvoirs publics lorsqu'ils doivent déterminer les mécanismes de financement appropriés face aux pertes et aux dommages (par exemple : la création de fonds de réserve spéciaux *ex ante*, par opposition à des réaffectations budgétaires *ex post*). De tels arbitrages peuvent s'avérer nécessaires lorsqu'il existe le risque que des ressources provenant d'investissements affectés globalement au développement ne changent d'orientation. Les acteurs de la coopération pour le développement connaissent la même difficulté. Ils doivent établir un arbitrage entre, d'une part, une aide humanitaire rapide et un soutien au redressement et, d'autre part, des investissements à moyen et long termes pour instaurer un développement durable (Fanning et Fullwood-Thomas, 2019[209]). Or il est fréquent que ces acteurs planifient et déploient leurs interventions, y compris celles liées au changement climatique, en les dissociant de l'aide humanitaire. Il n'est pas rare que ces deux formes de soutien soient gérées par des équipes ou des organismes différents en fonction de leurs règles, processus décisionnels, cycles de planification et enveloppes budgétaires (OCDE, 2019[210]). Dans un contexte d'aggravation des pertes et des dommages, la nécessité d'une collaboration accrue entre les acteurs du développement et ceux de l'aide humanitaire apparaît de plus en plus comme une évidence (Nations Unies, 2016[211]). Cette collaboration devra en fait passer par de plus grandes synergies entre les deux communautés. Les acteurs en question doivent à la fois répondre aux besoins immédiats des populations mais aussi contribuer à leur résilience face à des aléas dont certains ont déjà été expérimentés, tandis que d'autres sont le fruit de projections. Ils peuvent y parvenir via la planification et l'investissement précoce dans la préparation, comme l'a noté le G7 (Gouvernement du Royaume-Uni, 2021[212]), ainsi que par le choix de leurs programmes et la mise à contribution, dès le début et pour une longue durée, des acteurs locaux (voir l'Encadré 5.14).

Encadré 5.14. Les effets du changement climatique sur l'action humanitaire

Les aléas climatiques figurent parmi les principaux facteurs justifiant une aide humanitaire lors de crises de longue durée. Le paysage mondial de l'action humanitaire s'est par ailleurs élargi, avec la multiplication de plans d'action non conventionnels. Les organisations humanitaires, les groupes de la société civile locaux et les acteurs bénévoles se trouvent en première ligne et doivent gérer les impacts et les risques que font peser les crises climatiques sur les communautés, les vies humaines et les moyens de subsistance. L'écart grandissant entre la nécessité d'intervenir et les moyens pour le faire va devenir ingérable, tant au niveau local qu'international. Il est donc nécessaire, en plus de trouver des ressources supplémentaires, d'ajuster de toute urgence les modalités de l'aide humanitaire afin qu'elle contribue directement à l'adaptation et à la résilience des communautés à l'échelle mondiale. Dans cette optique et pour répondre à ce besoin croissant, le Bureau des Nations Unies pour la coordination des affaires humanitaires a formulé cinq recommandations à l'intention des acteurs de l'aide humanitaire :

- ***Intervenir précocement*** : Il convient, pour éviter l'exacerbation des besoins humanitaires, d'intervenir en amont de la crise par la préparation et la réduction des risques de catastrophes, par une action anticipative progressive et globale, ainsi que par la mise en place de dispositifs d'assurance et de financement des risques ambitieux.
- ***Agir sur le long terme*** : L'action à long terme requiert un financement et une planification s'inscrivant dans la durée, ainsi qu'un élargissement de la boîte à outils de l'aide humanitaire afin d'y inclure un soutien, par exemple, aux systèmes de protection sociale, aux structures de gouvernance du climat, ainsi qu'aux mesures d'atténuation du changement climatique et d'adaptation à ses effets. Prévoir un financement et des programmes sur plusieurs années réduit les coûts opérationnels et rend l'action plus efficace. Cela permet de développer les capacités et améliore la résilience au niveau local.
- ***Agir collectivement*** : Faire face à la fragilité, à la vulnérabilité et aux besoins croissants nécessite de déployer de nouvelles méthodes pour bénéficier des capacités et de l'expertise d'un plus large éventail d'acteurs. La mise en place de réseaux interconnectés et coordonnés pour réduire les risques climatiques et faciliter l'adaptation au changement climatique requiert du temps car il faut faire tomber les cloisonnements systémiques et établir de nouveaux partenariats, de plus grande ampleur. Ces réseaux doivent notamment regrouper les acteurs locaux de l'aide humanitaire, les milieux scientifiques et universitaires spécialisés dans le climat, ainsi que le secteur privé.
- ***Agir de façon inclusive*** : Adopter une approche axée sur l'équité est indispensable pour garantir une planification, un financement et des décisions qui ne soient pas préjudiciables et qui permettent de faire face à l'impact inégal du changement climatique et de gérer les inégalités préexistantes. Il faut pour cela que les programmes humanitaires et à long terme ciblant les groupes de population les plus vulnérables et marginalisés soient menés conjointement. Ces programmes doivent assurer un accès équitable aux services répondant aux besoins uniques des personnes vulnérables, tout en donnant à ces dernières les capacités d'agir.
- ***Agir pour la vulgarisation*** : Les sciences et la recherche doivent faire l'objet d'une vulgarisation plus efficace, de manière à améliorer la compréhension des impacts du changement climatique et des stratégies d'adaptation par les communautés locales, les administrations publiques, les secteurs et les donneurs. Quant aux acteurs de l'aide humanitaire, ils doivent comprendre les menaces futures que représente la crise climatique et adapter leurs modes de fonctionnement et leurs systèmes afin de répondre à des demandes croissantes en utilisant des ressources qui, elles, n'augmentent pas.

Source : UNOCHA (à paraître), *No Return to Normal: The Growing Humanitarian Climate Crisis*, UNOCHA Policy Branch, New York.

5.4.3. L'utilisation du financement du développement pour la gestion des pertes et des dommages – Tendances

Cette section passe en revue les approches utilisées dans le financement du développement pour réduire et gérer les risques de pertes et de dommages, et en dégage des tendances. L'analyse s'appuie sur les engagements d'APD qui ont été pris par les membres du Comité d'aide au développement (CAD) de l'OCDE et les fournisseurs multilatéraux pour 2018-19. Elle utilise le Système de notification des pays créanciers de l'OCDE (SNPC), une base de données contenant des informations sur chaque projet de coopération pour le développement financé par des membres du CAD et des fournisseurs multilatéraux. Chaque projet répertorié dans le SNPC est classé par secteur et en fonction, entre autres, des pays fournisseurs et partenaires, des instruments financiers utilisés et des sommes engagées. Le SNPC recense également les engagements pris par les pouvoirs publics à l'aide d'un ensemble de marqueurs des actions publiques ayant trait notamment au changement climatique, à la réduction des risques de catastrophes, à la biodiversité et à la désertification (voir l'Encadré 5.15).

Encadré 5.15. Les marqueurs du SNPC du Comité d'aide au développement de l'OCDE

Depuis 1998, le Comité d'aide au développement (CAD) suit les flux du financement du développement ciblant les objectifs des Conventions de Rio sur la biodiversité, sur les changements climatiques et sur la lutte contre la désertification grâce au SNPC et aux « “marqueurs de Rio ». Ces marqueurs ont été conçus à l'origine pour aider les pays membres à préparer les communications et les rapports qui leur sont demandés dans lesdites conventions, en recensant les activités conformes aux objectifs fixés par les conventions en matière de coopération pour le développement. Les membres du CAD indiquent, pour chaque activité de financement du développement, si elle vise des objectifs environnementaux ou climatiques. Les marqueurs de Rio sur la biodiversité, l'atténuation du changement climatique et la désertification ont été introduits en 1998. Un quatrième marqueur, évaluant l'adaptation au changement climatique, est utilisé depuis 2010. Un autre marqueur répertoriant les actions de réduction des risques de catastrophes a été ajouté par la suite, et des données sont disponibles depuis 2018. Dans les années qui suivent le lancement d'un marqueur, les pays doivent généralement adapter leurs systèmes de surveillance en conséquence, ce qui peut signifier que certaines informations ne seront pas enregistrées.

Les membres du CAD doivent impérativement rendre compte de leurs actions via les marqueurs de Rio. Ce n'est pas le cas en revanche pour les fournisseurs multilatéraux. Certains fonds ayant trait au climat (comme le Fonds vert pour le climat et le Fonds pour l'adaptation) appliquent cependant la méthodologie des marqueurs de Rio. De leur côté, les banques de développement multilatérales utilisent une méthode qui leur est propre pour répertorier les aspects qui, au sein de leurs projets, ont trait au climat (BAD et al., 2020[213]). Certains fonds multilatéraux (comme le Fonds international de développement agricole) appliquent également la méthode de la composante climatique pour rendre compte de leurs activités. Dans la mesure où les fournisseurs multilatéraux peuvent utiliser soit la méthode des marqueurs de Rio, soit celle de la composante climatique, l'analyse présentée dans cette section classe les résultats non pas en fonction du type de fournisseur (bilatéral/multilatéral) mais de l'approche utilisée (marqueur de Rio/composante climatique).

L'analyse s'appuie également sur les données de l'aide publique au développement (APD), excluant par là-même les autres apports du secteur public (AASP), définis comme des transactions publiques ne satisfaisant pas aux critères de l'APD. Les AASP comprennent : les dons aux pays en développement pour des besoins de représentation ou au titre d'objectifs essentiellement commerciaux ; les transactions bilatérales émanant d'organismes publics et visant à promouvoir le développement, mais avec un élément-don inférieur à 25 % ; les transactions bilatérales émanant d'organismes publics et visant principalement, quel que soit leur élément-don, à faciliter les exportations. Par définition, les AASP incluent : les crédits à l'exportation consentis directement au bénéficiaire d'une aide par un organisme ou une institution public/que (crédits à l'exportation du secteur public) ; l'acquisition nette par les pouvoirs publics et les institutions monétaires centrales de titres émis par des banques de développement multilatérales au prix du marché ; les subventions (dons) au secteur privé pour adoucir les conditions de prêt aux pays en développement ; enfin, les fonds soutenant l'investissement privé (OCDE, sans date[214]). Les AASP sont partiellement exclus de l'analyse car ils ne font pas l'objet d'une comptabilisation exhaustive de la part de tous les acteurs bilatéraux et multilatéraux de la coopération pour le développement. Ils sont en outre moins adaptés, semble-t-il, aux investissements dans l'adaptation au changement climatique ou la réduction des risques de catastrophes. Leur exclusion n'aura donc sans doute pas une grande incidence sur les conclusions présentées ici.

Le SNPC et les marqueurs de l'action publique ont été mis au point avant que la question des pertes et des dommages ne prenne de l'ampleur dans l'agenda politique ou n'apparaisse dans les négociations de la CCNUCC. La conséquence est un nombre limité de références explicites, dans les descriptifs de projets, à des objectifs de réduction et de gestion des risques de pertes et de dommages. Les autres raisons pouvant expliquer que ces références explicites sont limitées sont les suivantes :

- Il n'y a pas de consensus sur la façon de définir les activités relatives aux pertes et aux dommages, ni de norme ou de méthode pour suivre le financement du développement y afférent.
- L'accent qui est mis, au niveau politique, sur les pertes et les dommages est relativement récent et ne s'est pas encore propagé explicitement au niveau opérationnel.
- Certaines activités relatives aux pertes et aux dommages peuvent utiliser une terminologie différente (par exemple, « gestion des impacts climatiques ») et être partiellement recensées dans d'autres rubriques, notamment celles ayant trait à l'adaptation au changement climatique et à la réduction des risques de catastrophes.
- Le SNPC enregistre les engagements financiers pris dans le cadre de projets et de programmes. À l'opposé, l'article 8 de l'Accord de Paris et les axes de travail du Mécanisme international de Varsovie relatif aux pertes et préjudices font référence à des processus, qui sont plus difficiles à mesurer (par exemple, les phénomènes qui se manifestent lentement ou les pertes autres qu'économiques).

Il n'est, pour ces différentes raisons, pas aisé de repérer ni d'analyser le financement du développement qui soutient directement ou indirectement les efforts de réduction ou de gestion des risques de pertes et de dommages. Le SNPC demeure cependant la base de données la plus complète qui existe sur les engagements pris en matière de financement du développement. Elle peut donc fournir un éclairage sur les types d'engagements qui contribuent à la réalisation de ces objectifs.

Dans ce contexte, l'analyse présentée dans cette section s'appuie sur les décisions pertinentes approuvées par les parties aux négociations sur les pertes et dommages liés au climat (l'article 8 de l'Accord de Paris et le Mécanisme international de Varsovie ; voir leTableau 5.2). Un ensemble de codes d'activités ont ainsi pu être définis dans le SNPC. Lorsque les activités examinées concernent l'adaptation au changement climatique et la réduction des risques de catastrophes, ces codes indiquent le niveau des engagements pour 2018-19 (pour en savoir plus sur le cadre statistique de l'OCDE et la méthodologie employée, voir l'Annex 5.A).

Tableau 5.2. Références utilisées pour l'analyse quantitative

Article 8	Axes de travail du Mécanisme de Varsovie	Références disponibles
Systèmes d'alerte précoce		Voir plus bas la rubrique « Évaluation et gestion complètes des risques »
Préparation aux situations d'urgence		Aucune définition officielle (mais objectif clair).
Phénomènes se manifestant lentement	a) Phénomènes à évolution lente.	Décision 1/CP.16 de la CCNUCC (CCNUCC, 2010[215]) ; travaux du Mécanisme de Varsovie sur les phénomènes à évolution lente (CCNUCC, sans date[216]) ; document technique de la COP 17 relevant du programme de travail sur les pertes et les dommages (CCNUCC, 2011[217]).
Phénomènes susceptibles de causer des pertes et préjudices irréversibles et permanents		Aucune définition officielle
Évaluation et gestion complètes des risques	c) Approches de gestion complète des risques (dont la préparation aux situations d'urgence ?).	Définition des travaux du Mécanisme de Varsovie (CCNUCC, sans date[218]).
Dispositifs d'assurance dommages, mutualisation des risques climatiques et autres solutions en matière d'assurance		Aucune définition officielle (mais objectif clair).
Pertes autres qu'économiques	b) Pertes non économiques.	Document technique de la CCNUCC (CCNUCC, 2013[219]).
Résilience des communautés, des moyens de subsistance et des écosystèmes		
	d) Mobilité des êtres humains, dont l'émigration, les déplacements et les transferts planifiés.	Aucune définition officielle
	e) Amélioration de la coopération et de la facilitation en rapport avec l'action et l'appui, notamment le financement, les technologies et le renforcement des capacités.	

Note : Dans les cas où aucune définition officielle n'était disponible, ce sont l'article 8 et les axes de travail du Mécanisme de Varsovie qui ont été utilisés pour comparer les codes-objet du SNPC. Ces codes ont ensuite été évalués projet par projet afin de déterminer s'ils étaient pertinents pour l'analyse sur les pertes et les dommages.

Compte tenu de l'absence de définition standard des activités relatives aux pertes et aux dommages, il ne peut y avoir une seule estimation des engagements pris par les pays. Ce rapport prend le parti de ne pas proposer de définition car c'est une tâche qui relève du processus de lutte contre le changement climatique des Nations Unies. En revanche, le Graphique 5.7présente schématiquement différentes fourchettes d'engagements pris en matière de financement du développement qui vont dans le sens des efforts des pays partenaires pour réduire et gérer les risques de pertes et de dommages induits par le changement climatique. L'analyse se concentre sur trois approches (pour en savoir plus, voir l'Annex 5.A) :

- ***Approche 1*** : Les engagements privilégient les actions d'adaptation au changement climatique (on utilise la méthode des marqueurs pour les fournisseurs bilatéraux et celle de la composante climatique pour certains fournisseurs multilatéraux). Ils ciblent de plus un ensemble particulier de codes définis comme mettant en évidence les activités liées aux efforts de réduction et de gestion des risques de pertes et de dommages.
- ***Approche 2*** : Les engagements privilégient à la fois les actions d'adaptation au changement climatique et celles de réduction des risques de catastrophes (là aussi, on utilise la méthode des marqueurs pour les fournisseurs bilatéraux et celle de la composante climatique pour certains fournisseurs multilatéraux). Ils ciblent les codes définis comme mettant en évidence les activités liées aux efforts de réduction et de gestion des risques de pertes et de dommages.

- ***Approche 3*** : Engagements en faveur de trois codes d'activités (réduction des risques de catastrophes, préparation à des interventions contre toutes sortes d'aléas et opérations de reconstruction et de remise en état aussitôt après la phase d'urgence), privilégiant également les actions d'adaptation au changement climatique (on utilise la méthode des marqueurs et celle de la composante climatique).

Graphique 5.7. Différentes mesures des engagements pris par les fournisseurs bilatéraux et multilatéraux en rapport avec les pertes et les dommages, par méthode de notification

Moyenne annuelle 2018-19 des engagements en milliards USD

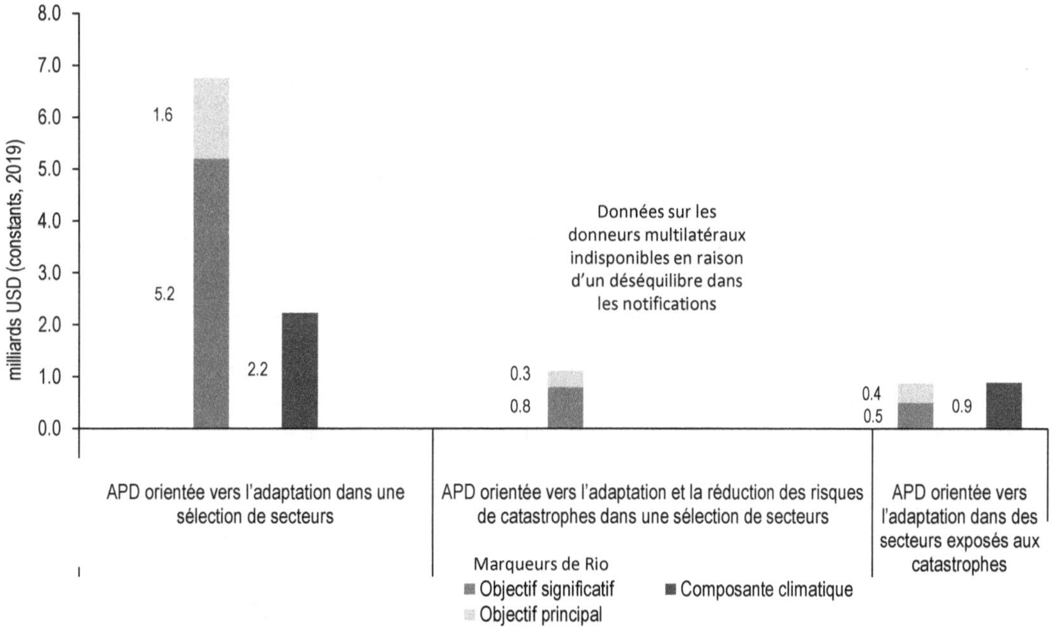

Note : La méthode de la composante climatique ne tient compte que de la part du financement qui, dans l'activité notifiée, est consacrée au changement climatique. En revanche, la méthode des marqueurs de Rio comptabilise la totalité de la valeur nominale du financement.
Source : (OCDE, 2021[82])

Sont exclus de l'analyse les engagements relatifs à l'atténuation du changement climatique, malgré la nécessité de renforcer globalement les actions en la matière si l'on veut limiter le niveau moyen de réchauffement à l'échelle mondiale et donc éviter des pertes et des dommages (voir le chapitre 1). Le SNPC ne recense que les actions d'atténuation qui sont engagées dans les pays en développement avec l'appui d'un financement du développement lié au climat. Il donne donc un aperçu incomplet des efforts engagés dans le domaine, car il n'inclut pas les engagements pris au niveau national ou dans les pays développés. De plus, il se concentre sur les pays qui n'ont que peu contribué au changement climatique. L'Encadré 5.16 s'intéresse à la question du financement du développement axé sur les actions d'atténuation dans les pays du G20 admissibles à l'APD. Les pays du G20 représentent plus de 75 % des émissions au niveau mondial.

Encadré 5.16. Le financement du développement à l'appui des actions d'atténuation dans les économies très émettrices

Le cadre de gestion des risques du GIEC insiste sur l'importance de limiter la génération d'aléas climatiques, en plus de réduire l'exposition et la vulnérabilité à ces aléas. La plupart des pays en développement produisent peu d'émissions de gaz à effet de serre (GES). En revanche, un petit nombre de grandes économies émergentes (également membres du Groupe des vingt [G20][1]) représentent plus de 40 % des émissions mondiales de GES. Ces pays reçoivent une aide des acteurs du développement pour atteindre leurs objectifs en matière d'atténuation du changement climatique. Par conséquent, opérer dans ces pays une réduction des émissions de GES peut avoir des répercussions importantes sur les pertes et les dommages futurs.

En 2018-19, l'APD et les autres apports du secteur public (AASP) fournis en lien avec des actions d'atténuation aux pays du G20 admissibles à l'APD par les membres du CAD et les fournisseurs multilatéraux utilisant la méthode des marqueurs de Rio[2] ont atteint 6.3 milliards USD par an en moyenne (voir le Graphique 5.8). Cela inclut tous les projets où l'atténuation est soit l'objectif principal (ou majoritaire), soit un objectif significatif. Dans le cas des fournisseurs multilatéraux pour lesquels la méthode utilisée est celle de la composante climatique, les aides (APD et AASP) se sont montées globalement à 9.6 milliards USD en moyenne en 2018-19, soit une hausse par rapport aux 4.5 milliards USD de 2015-16.

Les membres du CAD utilisent surtout l'APD, alors que certains fournisseurs multilatéraux ont recours à des moyens de financement à des conditions libérales remplissant les critères de l'APD (par exemple le GCF et d'autres fonds pour le climat). D'autres fournisseurs multilatéraux recourent en revanche à des prêts aux conditions du marché qui dépendent du groupe de revenus du bénéficiaire. Dans la pratique, ces prêts sont assortis de conditions générales plus favorables que sur le marché des capitaux et/ou sont consentis pour des activités que le secteur privé peut avoir des réticences à financer.

Graphique 5.8. APD et AASP bénéficiant à l'atténuation du changement climatique dans les pays du G20 admissibles à l'APD, par méthode de notification

Moyenne annuelle 2018-19 des engagements bruts en milliards USD

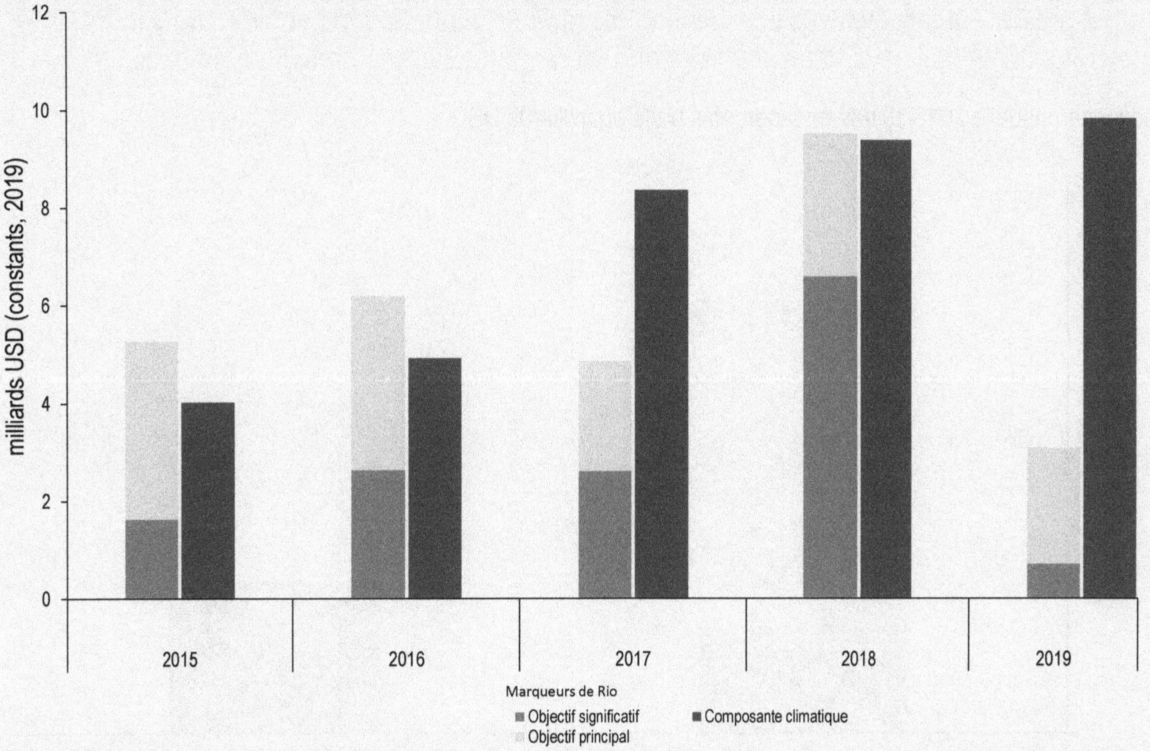

Notes :
[1] Les pays du G20 admissibles à l'APD sont les suivants : Afrique du Sud, Argentine, Brésil, Chine, Inde, Indonésie, Mexique et Turquie. La méthode de la composante climatique ne tient compte que de la part du financement qui, dans l'activité notifiée, est consacrée à l'atténuation du changement climatique. La méthode des marqueurs de Rio comptabilise la totalité de la valeur nominale du financement.
[2.] Les fournisseurs multilatéraux utilisant les marqueurs de Rio sont le Fonds pour l'adaptation, la Banque de développement des Caraïbes, les Fonds d'investissement pour le climat, l'Organisation pour l'alimentation et l'agriculture, le Fonds vert pour le climat, le Fonds pour l'environnement mondial, l'Institut mondial de la croissance verte, le Fonds international de développement agricole, le Fonds nordique de développement et le Programme des Nations Unies pour le développement.
Source : (CCNUCC, 2019[90] ; OCDE, 2021[82]).

ce qui signifie que les efforts d'atténuation engagés dans certains d'entre eux auront des effets importants sur la limitation du réchauffement moyen à l'échelle mondiale (Climate Analytics, World Resources Institute, 2021[220]). La même insuffisance des données vaut pour le reste de l'analyse, dans le sens où celle-ci n'inclut pas les actions nationales, publiques ou non. L'analyse se concentre sur le soutien aux pays en développement particulièrement vulnérables aux impacts du changement climatique.

Approche 1 : Engagements en faveur d'actions d'adaptation dans une sélection de secteurs

En 2019, 27 % de l'APD bilatérale (28.6 milliards USD) était consacrée aux actions dans lesquelles l'adaptation au changement climatique était l'objectif principal ou un objectif significatif, soit un léger recul par rapport aux 26 % de 2018 (OCDE, 2021[221]). Les engagements pris par les membres du CAD *dans des secteurs liés aux activités de réduction et de gestion des risques de pertes et de dommages* ont atteint 6.8 milliards USD par an en moyenne sur la période 2018-19. Cela incluait les engagements en faveur d'activités où l'adaptation au changement climatique était soit l'objectif principal, soit un objectif significatif.

S'agissant des fournisseurs multilatéraux, leurs engagements en faveur des actions d'adaptation et de sous-secteurs prédéfinis se sont montés en 2018-19 à 2.2 milliards USD par an (voir le Graphique 5.9). À noter que les engagements des fournisseurs multilatéraux sont comptabilisés à la fois avec la méthode des marqueurs de Rio et avec celle de la composante climatique (pour en savoir plus sur les marqueurs, voir l'Encadré 5.15).

Graphique 5.9. Engagements pris en faveur des actions d'adaptation par les fournisseurs bilatéraux et multilatéraux dans une sélection de secteurs, par méthode de notification

Moyenne annuelle 2018-19 des engagements bruts en milliards USD

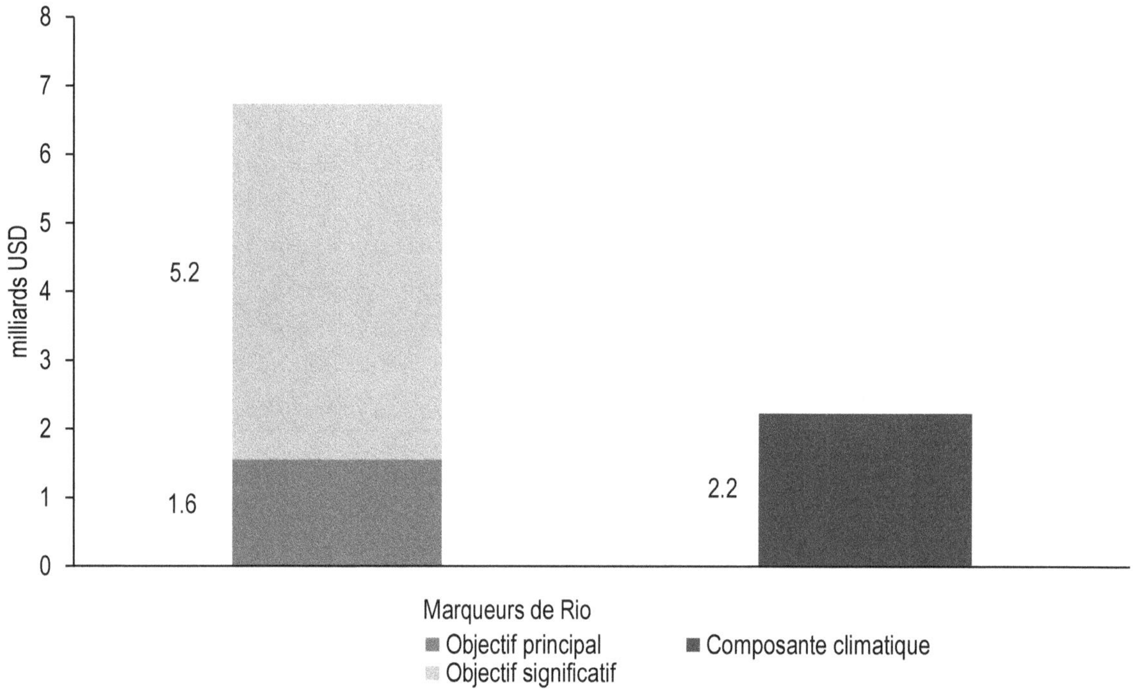

Note : La méthode de la composante climatique ne tient compte que de la part du financement consacré à des activités d'adaptation. En revanche, la méthode des marqueurs de Rio comptabilise la totalité de la valeur nominale du financement.
Source : (OCDE, 2021[82]).

Régler la question de la vulnérabilité des pays en développement face aux risques climatiques pouvant générer des pertes et des dommages, de même que le problème du degré d'exposition des pays, requiert une approche systémique (CCNUCC, 2019[90]). Il existe plusieurs façons d'observer les résultats. L'une d'elles consiste à analyser l'ampleur des actions d'adaptation au changement climatique qui sont engagées dans les secteurs pouvant subir des pertes et des dommages (voir l'Encadré 5.17) ; une autre est d'examiner les avantages multiples des différentes actions publiques. Lorsqu'ils rendent compte de leurs engagements à l'OCDE, les fournisseurs peuvent utiliser plusieurs marqueurs. Cela peut s'expliquer par les avantages multiples que procurent les activités mises en œuvre. Pour citer un exemple, l'agriculture climato-intelligente peut contribuer à la résilience climatique, à la réduction des émissions de GES par leur séquestration accrue, ainsi qu'à l'augmentation de la productivité et des revenus. La présente analyse montre que 56 % (3.4 milliards USD) des engagements bilatéraux pris en 2018-19 par les membres du CAD en faveur des activités d'adaptation correspondant aux secteurs sélectionnés empiètent sur d'autres marqueurs de l'action publique. Parmi ces engagements, 40 % privilégient la biodiversité, 21 % la lutte contre la désertification et 18 % la réduction des risques de catastrophes.

Encadré 5.17. Actions d’adaptation au changement climatique engagées dans des secteurs pouvant subir des pertes et des dommages

La sylviculture semble être le secteur qui concentre le plus d'engagements en faveur des actions d’adaptation (75 % de l’ensemble des engagements). Elle est suivie par la protection générale de l’environnement (57 %), l’agriculture (56 %) ainsi que la prévention des catastrophes/préparation à leur survenue (46 %). Ces niveaux de concentration sont le signe de la priorité et de la considération accrues accordées aux risques et aux impacts découlant du changement climatique dans les secteurs en question. En revanche, ils ne reflètent pas les volumes de l’aide. Ainsi, l’agriculture n’arrive qu’en troisième position dans le classement des secteurs, mais c’est elle qui bénéficie des engagements les plus importants en faveur de l’adaptation (2 milliards USD) (voir l’axe droit du Graphique 5.10).

Graphique 5.10. Niveaux de concentration de l’aide des fournisseurs bilatéraux dans une sélection de secteurs pouvant subir des pertes et des dommages, par secteur

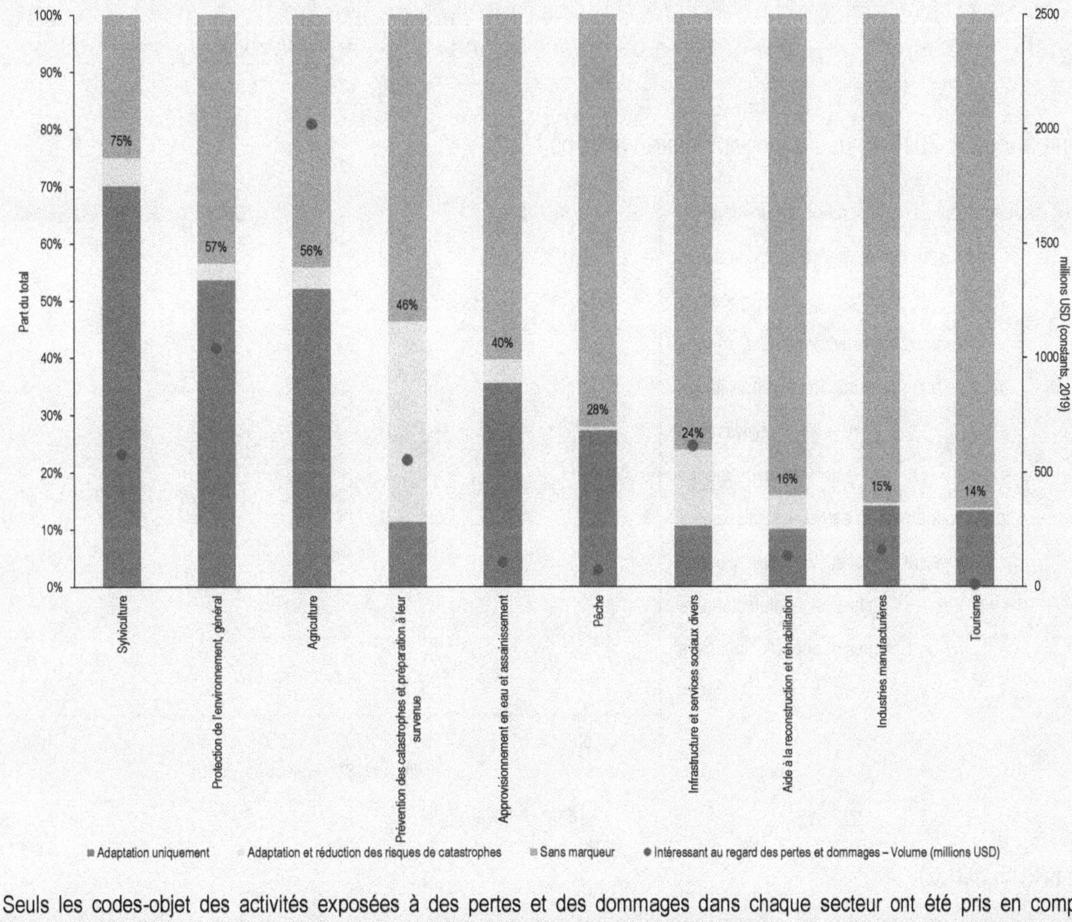

Note : Seuls les codes-objet des activités exposées à des pertes et des dommages dans chaque secteur ont été pris en compte (voir l’annexe 5.A.) Pour la réduction des risques de catastrophes, le code-objet utilisé est celui de la prévention des catastrophes/préparation à leur survenue.
Source : (OCDE, 2021[82]).

Approche 2 : Engagements en faveur d’actions d'adaptation et de réduction des risques de catastrophes dans une sélection de secteurs

En 2018-19, les membres du CAD ont engagé 1.1 milliard USD par an en moyenne pour des activités incluant un volet sur l'adaptation au changement climatique et sur la réduction des risques de catastrophes, dans les secteurs dont on estime qu'ils peuvent subir des pertes et des dommages (voir le Graphique 5.11). S'agissant des fournisseurs multilatéraux, les informations relatives à leurs engagements en faveur de la réduction des risques de catastrophes ne sont pas disponibles car les intéressés ne sont pas soumis aux mêmes obligations de notification au SNPC. Cela veut dire que l'analyse réalisée pour l'approche 2 n'inclut pas des engagements multilatéraux potentiellement importants ; certains d'entre eux se retrouveront dans l'analyse de l'approche 3. Pour l'approche 2, les secteurs les plus ciblés sont les suivants : prévention des catastrophes/préparation à leur survenue (419 millions USD), infrastructure et services sociaux divers (343 millions USD) et agriculture (138 millions USD). Compte tenu de la quantité relativement faible de données disponibles, le fait qu'il y ait quelques engagements de grande ampleur peut influer sur le résultat global. Par exemple, la proportion relativement élevée d'engagements en faveur de la prévention des catastrophes/préparation à leur survenue est due à un prêt bonifié d'un montant élevé qui a été accordé à un pays à revenu intermédiaire de la tranche inférieure pour atténuer les risques d'inondations urbaines.

Graphique 5.11. Engagements d'APD pris par des fournisseurs bilatéraux en faveur d'actions d'adaptation et de réduction des risques de catastrophes dans une sélection de secteurs, par secteur

Moyenne annuelle 2018-19 des engagements en millions USD

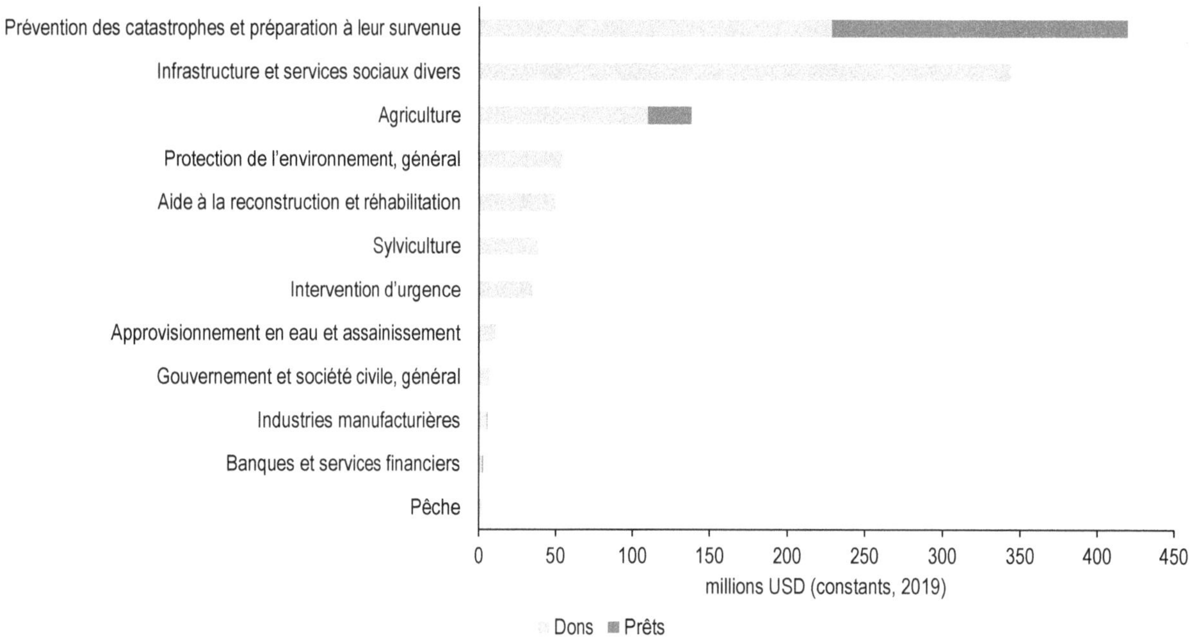

Source : (OCDE, 2021[82]).

Dans l'approche 2, les dons sont très répandus et représentent 81 % des engagements. Les 19 % restants prennent la forme de prêts bonifiés dont la part varie selon les groupes de revenus et les régions du globe auxquels appartiennent les pays (voir le Graphique 5.12.). Ici, le pourcentage de dons (77 %) dépasse celui des engagements d'APD consacrés à l'adaptation sur la même période. Dans le contexte des pertes et dommages, les dons peuvent aider les pays partenaires à résoudre les problèmes d'endettement (voir plus bas). Ils peuvent aussi agir comme un catalyseur et attirer d'autres financements du développement et investissements de la part du secteur privé. Les dons peuvent aussi jouer un rôle important en aidant à la mise en place de conditions propices à l'action climatique, comme par exemple : les plans d'adaptation nationaux ; les contributions déterminées au niveau national ; les stratégies nationales de réduction des risques de catastrophes ; les plans d'intervention et les cadres réglementaires y afférents. Les dons peuvent également financer les évaluations de la vulnérabilité et des risques climatiques, et ils sont couramment utilisés pour concevoir des dispositifs de transfert et de mutualisation des risques (OCDE/Banque mondiale, 2019[146]) (voir l'exemple des Philippines dans l'Encadré 5.18). Pour autant, ce type de financement n'est peut-être pas adapté pour répondre aux besoins de ressources rapidement mobilisables et de grande ampleur qui font suite à certains phénomènes extrêmes, hormis dans certaines circonstances (par exemple les dons permettant de financer partiellement les primes d'assurance). Une autre forme de don permettant de faire face aux pertes et dommages est l'aide humanitaire utilisée pour financer les mesures d'intervention en cas de catastrophe et de redressement, qui a été décrite plus haut.

Graphique 5.12. Engagements en faveur de l'adaptation au changement climatique et de la réduction des risques de catastrophes dans une sélection de secteurs, par instrument de financement et groupe de pays

Moyenne annuelle 2018-19 des engagements en millions USD

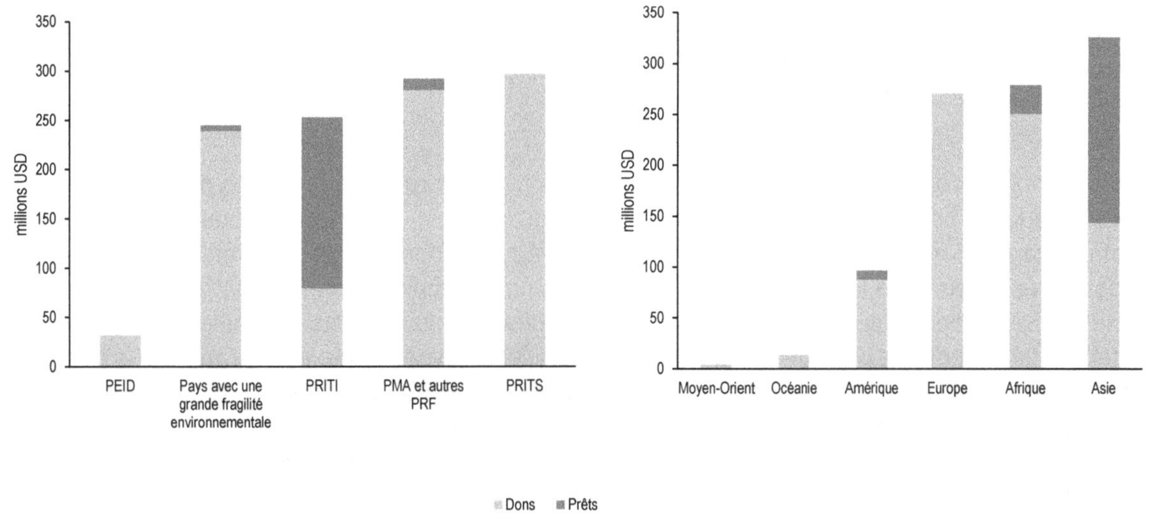

Note : Compte tenu de la quantité relativement faible de données disponibles, le fait qu'il y ait quelques engagements de grande ampleur peut influer sur le résultat global, comme c'est le cas pour le pourcentage des prêts accordés aux pays à revenu intermédiaire de la tranche inférieure (PRITI). PMA=pays les moins avancés ; PFR=pays à faible revenu ; PEID=petits États insulaires en développement ; PRITS=pays à revenu intermédiaire de la tranche supérieure.

Source : (OCDE, 2021[82]).

Encadré 5.18. Gestion des catastrophes et des risques climatiques dans les Philippines

En 2014, le gouvernement australien a versé un don de 6.6 millions USD aux Philippines, par l'intermédiaire du Programme des Nations Unies pour le développement (PNUD), à l'intention de l'initiative « *Disaster and Climate Risk Management* » (gestion des risques liés aux catastrophes et au climat) (OCDE, 2020[96]) qui bénéficiait également du soutien financier de la Banque mondiale. Dotée d'un budget total de 31 millions USD, cette initiative a pour but de développer les capacités des organismes techniques de l'État dans plusieurs domaines, tels que : surveillance des catastrophes et intervention ; alertes précoces et prévisions ; analyse des risques et des aléas ; recours à la climatologie et aux mesures d'adaptation pour améliorer la gestion des risques liés aux catastrophes et au climat dans les zones vulnérables. L'initiative prévoit en outre un partage de connaissances entre les organes compétents aux Philippines et en Australie, ainsi qu'avec des organisations non gouvernementales. Certains volets du développement des capacités concernaient également les populations, afin de les préparer aux impacts des catastrophes et à y faire face. En 2021, l'Australie et le PNUD ont décidé de poursuivre leur action avec l'initiative baptisée « *Strengthening Institutions and Empowering Localities against Disasters and Climate Change* » (renforcement des institutions et amélioration de la capacité des localités à faire face aux catastrophes et au changement climatique). Cette initiative vise à accroître la résilience des services publics et des populations des Philippines face aux catastrophes et au changement climatique. L'Australie y investira 14 millions USD au cours des six prochaines années (OCDE, 2020[96]).

Les prêts bonifiés sont assortis de conditions générales plus favorables que sur les marchés.[4] Ces types de prêts peuvent parfois être adaptés pour réduire les risques, par exemple pour investir dans une infrastructure résiliente au changement climatique. Certains fournisseurs insistent sur cet aspect en proposant des instruments financiers novateurs, comme par exemple la banque KfW et ses prêts résilients aux chocs (KfW, sans date[222]). Le but est de favoriser des investissements qui coûtent moins cher sur le long terme. Les conditions plus favorables des prêts bonifiés peuvent, par exemple, prendre la forme d'une option de retrait différé en cas de catastrophe, du dispositif CERC (*Contingency Emergency Response Component*) de la Banque mondiale et de lignes de crédit pour imprévus. Ces prêts ont déjà été consentis à plusieurs pays, dont le Pérou et les Philippines (OCDE, 2020[96] ; OCDE/Banque mondiale, 2019[146]). Ils permettent le transfert immédiat d'une aide financière en cas de catastrophe correspondant à des seuils prédéfinis (voir l'Encadré 5.19). Les prêts bonifiés ont en outre été utilisés dans certains cas pour payer les primes d'assurance.

Encadré 5.19. Réduire la vulnérabilité aux catastrophes en Jamaïque

Le gouvernement de Jamaïque, en collaboration avec la Banque interaméricaine de développement (BIAD) et la Banque mondiale, a mis au point un Programme pilote pour la résilience climatique (PPCR), dont le but est d'accroître la résilience du pays en améliorant la capacité d'adaptation des secteurs prioritaires (PPCR, sans date[223]). En 2016, la BIAD avait approuvé deux initiatives en Jamaïque. D'une part, le projet de réduction de la vulnérabilité aux catastrophes (30 millions USD) améliore la planification de la résilience au changement climatique et aux catastrophes, ainsi que la réduction des risques (notamment en modernisant les actifs essentiels vulnérables et en sécurisant les rivages). D'autre part, le dispositif d'intervention d'urgence en cas d'imprévu accroît la préparation et la capacité d'action du pays dans les situations d'urgence. Ces deux initiatives ont permis de renforcer le cadre réglementaire, institutionnel et budgétaire de la gestion des risques de catastrophes. La Jamaïque a également pris des mesures pour améliorer sa résilience budgétaire face aux chocs naturels et aux impacts du changement climatique. Tout d'abord, elle a souscrit une assurance paramétrique pour les ouragans, les séismes et les précipitations excessives dans le cadre du Dispositif d'assurance catastrophes naturelles pour les Caraïbes. Ensuite, elle a contracté un crédit pour imprévus auprès de la BIAD (BID, 2020[224]).

En 2020, le gouvernement jamaïcain a obtenu un prêt (70 millions USD) pour mener une politique de développement axée sur la viabilité budgétaire et la résilience au changement climatique. Ce prêt vise à promouvoir la viabilité budgétaire et l'inclusion, à accroître la résilience budgétaire et financière face aux risques liés aux catastrophes et au climat, ainsi qu'à améliorer les conditions de l'investissement de manière à favoriser une croissance durable (Banque mondiale, 2020[225]). Il permet de renforcer les mécanismes institutionnels visant à accroître la responsabilité budgétaire, mais aussi d'améliorer la viabilité du système de protection sociale. Ce prêt sert également à financer des mesures permettant de s'assurer que des ressources suffisantes sont disponibles pour lutter contre les aléas climatiques. Il est en outre utilisé pour renforcer la résilience de l'infrastructure du pays face à toutes sortes de risques de catastrophes. Cela passe par la réforme de la délivrance des titres de propriété ainsi que du processus d'approbation des demandes de permis de construire et d'aménagement, ainsi que par l'instauration d'une gestion efficace et d'un développement durable dans le secteur de la pêche. Le portefeuille des instruments de financement des risques de catastrophes détenus par la Jamaïque ne cesse de s'amplifier. En 2021, la Banque mondiale a accordé au pays une obligation catastrophe visant à réduire les risques encourus par le secteur de l'assurance – évalués à 185 millions USD pour 2021-23 –, de manière à réduire au minimum les pertes générées par les cyclones tropicaux. La Jamaïque est le premier pays de la région à prendre en charge de façon indépendante une obligation catastrophe pour se préparer à l'avance aux chocs, catastrophes et crises climatiques (Banque mondiale, 2021[226]).

Le recours à des prêts bonifiés pour gérer les questions climatiques, mais aussi pour le développement au sens large, risque d'accabler les pays avec une accumulation de dette, même lorsque les taux d'intérêt sont inférieurs à ceux du marché. Par exemple, les prêts pour imprévus peuvent être rapidement épuisés en cas de chocs climatiques, et leur utilisation régulière peut alourdir la charge de la dette d'un pays (Bowen et al., 2020[72]). Un niveau d'endettement insoutenable peut alors menacer la stabilité économique des pays déjà vulnérables, et donc nuire à leur résilience budgétaire en cas d'aléas climatiques. Cela peut avoir pour conséquence de mettre sens dessus dessous un processus de remboursement qui paraissait sinon clair et simple. Certains préviennent même que le coût d'un financement externe risque d'amplifier le « piège de l'investissement dans le climat » pour les pays en développement (Ameli et al., 2021[43]) (voir la section 5.4.4). Cette dynamique est souvent observée dans les PEID. Ces pays se voient accorder des prêts bonifiés car certains d'entre eux ont certes des revenus intermédiaires de la tranche supérieure, mais sont très exposés et vulnérables aux aléas climatiques. Les fournisseurs doivent donc trouver un équilibre entre les prêts bonifiés et les dons, en particulier dans les situations de vulnérabilité, raison pour laquelle certains donneurs proposent de nouveaux instruments [voir par exemple (KfW, sans date[222])]. Dans certains cas, il peut s'avérer nécessaire de privilégier les dons. De surcroît, verser des dons substantiels serait plus efficace que financer un grand nombre de petits projets n'ayant pas d'effet en termes de transformation (Ameli et al., 2021[43]), ou qu'acheminer des fonds via de nombreux canaux pour des dons d'un montant individuel relativement faible (MOPAN, 2021[188]). Si cette lecture n'est pas évidente lorsque l'on observe le Graphique 5.12, c'est parce que l'analyse porte uniquement sur un petit ensemble d'engagements notifiés pouvant apporter un soutien aux actions visant à réduire et gérer les risques de pertes et de dommages.

La majorité des engagements situés à l'intersection entre l'adaptation au changement climatique et la réduction des risques de catastrophes ont lieu en faveur de pays plus vulnérables comme les PEID ou les PMA. Dans les PMA et les pays à faible revenu, les dons représentent 96 % du total des engagements. Leur part est moindre – 31 % – dans les pays à revenu intermédiaire de la tranche inférieure. Dans les PEID, 100 % des financements s'effectuent sous la forme de dons, contre 90 % dans les pays africains. Cela laisse entendre que les dons sont le principal vecteur de financement des pertes et des dommages, et que les fournisseurs ont tendance à ajuster leurs modalités en fonction du degré de vulnérabilité des pays partenaires.

Approche 3 : Engagements en faveur d'une sélection de secteurs couvrant des activités de réduction et de gestion des risques de pertes et de dommages

Parmi les secteurs/codes-objet couverts par le SNPC, trois revêtent une pertinence particulière au regard des pertes et des dommages, à savoir : i) la réduction des risques de catastrophes ; ii) la préparation à des interventions contre toutes sortes d'aléas ; iii) les opérations de reconstruction et de remise en état aussitôt après la phase d'urgence (voir le Graphique 5.13). L'accent est donc mis sur les catastrophes liées au climat, sans considération pour l'attention accordée par les fournisseurs à la gestion des risques de phénomènes à évolution lente ou de pertes autres qu'économiques. Si l'on applique le marqueur de l'adaptation au changement climatique à ces trois secteurs d'activités, l'APD versée par les membres du CAD en 2018-19 s'est élevée à 689 millions USD par an. Cela inclut les projets dans lesquels l'adaptation était l'objectif principal ou un objectif significatif. Les engagements des fournisseurs multilatéraux se sont montés à 1.1 milliard USD, soit 886 millions comptabilisés avec la méthode de la composante climatique et 186 millions avec les marqueurs de Rio.

Graphique 5.13. Engagements pris en faveur des actions d'adaptation par les fournisseurs bilatéraux et multilatéraux dans trois secteurs

Moyenne annuelle 2018-19 des engagements bruts en millions USD, par méthode de notification

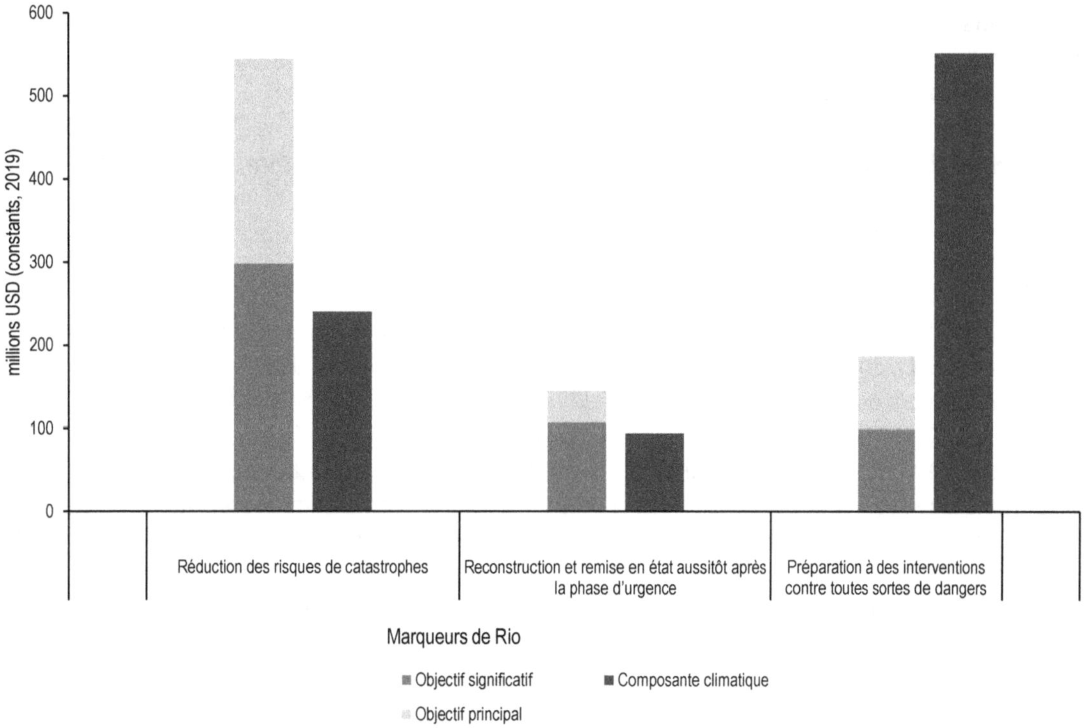

Note : La méthode de la composante climatique ne tient compte que de la part du financement consacré à des activités d'adaptation. En revanche, la méthode des marqueurs de Rio comptabilise la totalité de la valeur nominale du financement.
Source : (OCDE, 2021[82]).

Autres sources de financement du développement

Pour les analyses futures, un suivi attentif des autres sources de financement du développement sera nécessaire. D'une part, l'aide philanthropique privée, dont les notifications au SNPC sont de plus en plus nombreuses, commence à s'orienter vers la gestion du changement climatique (OCDE, 2021[82]). Début 2020, par exemple, d'éminentes œuvres de charité comme la Fondation Bill & Melinda Gates ont fait savoir qu'elles plaçaient le changement climatique au premier rang de leurs priorités ; en 2019, cette fondation a consacré 150 millions USD aux actions d'atténuation et d'adaptation. Cela dit, la notification de ces organisations auprès de l'OCDE ne signifie pas qu'elles accordent explicitement la priorité à la problématique des pertes et des dommages ou à la question de l'adaptation au changement climatique.

D'autre part, les fournisseurs utilisent également des canaux officiels, ainsi que des garanties, pour recueillir des sources de financement du développement privées. Dans le contexte du changement climatique, le niveau de collecte a été plus faible qu'attendu, peut-être en raison de la modification de la composition globale du financement en faveur du climat (OCDE, 2021[227]). En 2019, le financement privé de l'action climatique s'est chiffré à 14 milliards USD, soit en recul de 4 % par rapport à 2018 (14.6 milliards USD). Le financement privé recueilli par les bailleurs publics bilatéraux – à savoir des investissements directs dans des entreprises et des projets, des montages simples de cofinancement et des lignes de crédit – a augmenté ; en revanche, celui obtenu par les fournisseurs multilatéraux – à savoir des garanties et des prêts consortiaux – a diminué (OCDE, 2021[227]).

Trouver des moyens plus sûrs de travailler avec le secteur privé pour tirer profit de financements bilatéraux et multilatéraux s'ajoutant aux fonds privés permettrait d'accroître les ressources, en vue notamment de financer les actions d'adaptation au changement climatique et les activités de réduction et de gestion des pertes et des dommages. Cette quête ne doit cependant pas occulter le fait que la participation du secteur privé n'est pas toujours la bonne solution. Les compagnies d'assurance ont de solides compétences, par exemple, dans la compréhension et l'atténuation des risques, une expertise qui, dans le contexte approprié, ne doit pas nécessairement être réservée au domaine de l'assurance mais peut aussi bénéficier à la prise de décisions dans des domaines plus vastes.

5.4.4. Viabilité budgétaire et coopération dans le domaine du développement

Des niveaux d'endettement viables dans le contexte de l'aggravation des risques climatiques

La viabilité de la dette est une préoccupation majeure pour un grand nombre de pays en développement (voir la section 5.2.1), dont l'endettement a atteint plus de 8 500 milliards USD en 2020 (Banque mondiale, 2021[228]). Les acteurs de la coopération pour le développement ont commencé à prendre en considération la question de la viabilité de la dette dans leurs activités. En fait, lors de la réforme de l'APD en 2016, le CAD a explicitement conditionné sa politique en matière d'octroi de prêts au respect des règles fixées par le Fonds monétaire international (FMI) et la Banque mondiale concernant la viabilité de la dette (OCDE, 2016[158]). Les analyses de viabilité de la dette (AVD) réalisées par ces deux organisations évaluent le risque comme étant « faible », « modéré » ou « élevé », voire concluent au « surendettement » ; les dons versés par l'IDA dépendent de ces niveaux de classification. Si les résultats des AVD sont pris en compte par les bailleurs dans leurs processus de prêts, les financements risquent d'être limités aux pays dont la situation au regard du budget de l'État a été jugée suffisamment viable. Les conditions d'admissibilité ont par ailleurs été aménagées pour être plus favorables aux pays les plus pauvres, l'élément-don ayant été rehaussé (d'un minimum de 25 % à plus de 45 %). Un programme mené conjointement par le FMI et la Banque mondiale au Burkina Faso a par exemple imposé des règles plus strictes (à savoir un seuil de concessionnalité de 35 %) (Gouvernement de la France, 2016[229]). Enfin, certains fournisseurs modifient directement la nature de leurs prêts. Ainsi, comme indiqué plus haut, la banque allemande KfW propose désormais des prêts résilients aux chocs. Ces prêts bonifiés incluent des clauses de rachat de la dette ou de report des échéances en cas d'événement climatique, de manière à limiter la charge budgétaire et à libérer des fonds pour financer les opérations de secours lors d'une catastrophe (KfW, sans date[222]).

Le respect de ces limites d'endettement est censé renforcer le cadre de viabilité de la dette mis en avant par le FMI et la Banque mondiale dans leurs politiques d'octroi de prêts bilatéraux. Le dispositif n'est cependant pas forcément toujours adapté pour faire face aux conséquences des phénomènes météorologiques et climatiques extrêmes et au surendettement qu'ils peuvent causer dans les pays en développement. Comme indiqué plus haut, le Mozambique a enregistré en 2019 plus de 873 millions USD de dégâts suite aux cyclones Idai et Kenneth, alors qu'il s'acheminait déjà vers un niveau d'endettement non viable. Suite à ces deux cyclones, le FMI a accordé au pays un prêt d'urgence de 118 millions USD (FMI, 2019[230]). Bien que le Mozambique fusse surendetté, sa vulnérabilité face au changement climatique n'a pas été prise en compte dans l'analyse de viabilité de la dette. Il ne remplissait donc pas les conditions pour obtenir un allègement de la dette d'urgence de la part du FMI (Fresnillo, 2020[42]). Cela a eu des conséquences sur les conditions générales des prêts bonifiés pouvant être consentis au pays par les membres du CAD et d'autres fournisseurs et, par voie de conséquence, sur les autres ressources (notamment du secteur privé) qui auraient pu être débloquées pour favoriser le redressement.

Le FMI et d'autres fournisseurs de financement à l'appui du développement (comme la BIAD) sont conscients de ces difficultés. Ils expérimentent des instruments novateurs, notamment des « clauses ouragans » qui permettent d'atténuer l'impact d'une catastrophe sur les finances publiques d'un pays et la viabilité de sa dette [voir par exemple (Robinson, 2016[231])]. Des approches et des instruments de portée plus générale pourraient également être envisagés (comme l'assurance) parmi l'ensemble d'instruments dont disposent les pouvoirs publics ; des approches *ex ante* pourraient aussi être mises en avant dès le départ.

De tels dispositifs permettent aux fournisseurs de s'assurer que le financement à des conditions libérales qu'ils accordent aux pays partenaires ne fait pas empirer la situation de ces derniers en matière d'endettement. L'une des options dont ils disposent est de promouvoir des instruments de financement alternatifs, comme par exemple l'échange de dettes contre des mesures d'adaptation aux changements climatiques ou des programmes de protection de la nature. Ces échanges permettent au créancier de réduire sa dette de deux manières : en la convertissant en monnaie locale pour la rembourser à un taux d'intérêt plus faible ; en l'allégeant de telle ou telle autre façon. Les fonds ainsi économisés peuvent alors être utilisés pour financer des initiatives d'adaptation, d'atténuation ou de protection de la biodiversité. Le système d'échange peut créer une plus grande marge de manœuvre budgétaire pour les engagements en faveur du climat, de l'environnement et du développement. Les États-Unis ont par exemple conclu avec le Costa Rica l'échange de 26 millions USD de dettes contre la mise en place d'un programme de conservation de la forêt tropicale (Berbegal-Ibanez et al., 2019[232]). Ils ont également convenu des échanges similaires avec, entre autres, les gouvernements du Brésil, du Guatemala, d'Indonésie et de Jamaïque (Sommer, Restivo et Shandra, 2020[233]). Si ces échanges peuvent s'accompagner de coûts de transaction élevés et s'étendre dans la durée (Cassimon, Prowse et Essers, 2011[234]), ils suscitent un nouvel intérêt de la part des acteurs de la coopération pour le développement (Steele et Patel, 2020[38] ; Sommer, Restivo et Shandra, 2020[233] ; Yue et Wang, 2021[235]). Contrairement aux dispositifs d'échange plus anciens, ceux d'aujourd'hui permettent de s'attaquer aux crises de la dette, du climat et de la biodiversité. Ainsi, les fonds économisés par les pays partenaires sont investis dans des initiatives de réduction de la pauvreté favorisant la résilience au changement climatique, l'atténuation des émissions polluantes ou la protection de la biodiversité, et jouant donc un rôle clé dans la reprise post-COVID-19 (Picolotti et Miller, 2020[236]).

Réintégration des pays qui ne sont plus admissibles à l'APD : une possibilité pour l'avenir ?

Les pays les plus pauvres sont généralement plus vulnérables aux effets du changement climatique. Les pays en développement aux revenus plus élevés (dont certains PEID) peuvent aussi être très exposés aux aléas climatiques. Les ouragans survenus en 2016 dans les Caraïbes ont par exemple causé d'importants dégâts dans des pays qui, en raison de leur niveau de revenus par habitant, ne pouvaient plus bénéficier de l'APD. Certains territoires concernés (comme les Îles Vierges britanniques) ont donc lancé un appel pour être temporairement réadmis dans la liste des pays admissibles à l'APD. De cette manière, les opérations de reconstruction faisant suite aux ouragans pourraient être comptabilisées au titre de l'APD (Tew, 2017[237]), ce qui faciliterait l'accès de ces territoires à des moyens de financement.

Cette situation montre que les risques climatiques sont en train de redéfinir le concept traditionnel de l'admissibilité à l'APD. Le niveau de développement n'est plus mesuré uniquement à l'aide du niveau de revenu (OCDE, 2019[238]), mais de plus en plus en tenant compte du degré d'exposition et de vulnérabilité aux aléas climatiques. Certains membres du CAD ont accepté d'apporter de l'aide aux pays frappés par une catastrophe, même s'ils ne remplissent plus les critères pour bénéficier de l'APD. Pour citer un exemple, les PEID à haut revenu peuvent continuer à accéder au Fonds européen de développement (qui sera progressivement mis hors service au profit de l'instrument de voisinage, de coopération au développement et de coopération internationale). Ce fonds utilise dans sa formule d'affectation des aides un indice de vulnérabilité économique (Groupe de réflexion interinstitutions sur le financement du développement, 2020[239]). De son côté, l'Association internationale de développement a adopté une clause d'exonération pour les PEID, mais cette aide ne serait pas comptabilisée au titre de l'APD. Des travaux sont en cours au CAD concernant la méthodologie d'actualisation de la liste des bénéficiaires de l'APD (par exemple, en ce qui concerne la réintégration des pays ou des territoires en cas de crise humanitaire liée à une catastrophe) (OCDE, 2021[240]). De leur côté, les fournisseurs multilatéraux réfléchissent à la mise en place d'autres mesures, par exemple un moratoire – avec suppression des intérêts – sur le remboursement de la dette après la survenue d'une catastrophe climatique (Groupe de réflexion interinstitutions sur le financement du développement, 2020[239]).

Références

Aldred, J. (2009), « Ethics and climate change cost-benefit analysis: Stern and after », *New Political Economy*, vol. 14/4, pp. 469-488, http://dx.doi.org/10.1080/13563460903288221. [105]

Amagir, A. et al. (2017), « A review of financial-literacy education programs for children and adolescents », *Citizenship, Social and Economics Education*, vol. 17/1, pp. 56-80, http://dx.doi.org/10.1177/2047173417719555. [163]

Ameli, N. et al. (2021), « Higher cost of finance exacerbates a climate investment trap in developing economies », *Nature Communications*, vol. 12/4046, https://doi.org/10.1038/s41467-021-24305-3. [43]

Andre, P. et al. (2021), « Fighting climate change: The role of norms, preferences, and moral values », *Discussion Paper*, n° 14518, Institute of Labor Economics, Bonn, http://ftp.iza.org/dp14518.pdf. [117]

Asatryan, Z., C. Castellón et T. Stratmann (2018), « Balanced budget rules and fiscal outcomes: Evidence from historical constitutions », *Journal of Public Economics*, vol. 167, pp. 105-119, http://dx.doi.org/10.1016/j.jpubeco.2018.09.001. [48]

BAD (2018), *Economic and Fiscal Impacts of Disasters in the Pacific*, Banque asiatique de développement, Manille, http://dx.doi.org/10.22617/tcs189300-2. [46]

BAD (2018), *Mobilizing Contingency Funds for Climate Related Disasters*, Banque asiatique de développement, Manille, https://reliefweb.int/report/world/mobilizing-contingency-funds-climate-related-disasters. [95]

BAD (2014), *Climate Risk Management in ADB Projects*, Banque asiatique de développement, Manille, http://www.adb.org/sites/default/files/publication/148796/climate-risk-management-adb-projects.pdf (consulté le 20 September 2021). [201]

BAD et al. (2020), *2019 Joint Report on Multilateral Development Banks' 2019 Climate Finance*, Banque africaine de développement, Banque asiatique de développement, Banque Asiatique d'investissement pour les infrastructures, Banque européenne pour la reconstruction et le développement, Banque européenne d'investissement, Banque interaméricaine de développement, Banque islamique de développement, Banque mondiale, https://www.ebrd.com/news/2020/mdbs-climate-finance-in-low-and-middleincome-countries-in-2019-reaches-us-415-billion.html (consulté le 21 juillet 2021). [213]

BAD et OCDE (2020), *Leveraging Technology and Innovation for Disaster Risk Management and Financing*, http://dx.doi.org/10.22617/TCS2000393-2. [178]

BAfD (2021), *Perspectives économiques en Afrique 2021*, Banque africaine de développement, Abidjan, https://www.afdb.org/fr/documents-publications/perspectives-economiques-en-afrique. [22]

BAfD (2014), *Climate Screening and Adaptation Review & Evaluation Procedures*, Banque africaine de développement, Abidjan, https://www.afdb.org/fileadmin/uploads/afdb/Documents/Generic-Documents/CSS%20Basics-En_def.pdf (consulté le 25 September 2021). [200]

Bain, P. et al. (2015), « Co-benefits of addressing climate change can motivate action around the world », *Nature Climate Change*, vol. 6/2, pp. 154-157, http://dx.doi.org/10.1038/nclimate2814. [133]

Baker, S., N. Bloom et S. Davis (2016), « Measuring economic policy uncertainty », *The Quarterly Journal of Economics*, vol. 131/4, pp. 1593-1636, http://dx.doi.org/10.1093/qje/qjw024. [111]

Bakkensen, L. et L. Barrage (2017), *Flood Risk Belief Heterogeneity and Coastal Home Price Dynamics: Going Under Water?*, National Bureau of Economic Research, Cambridge, MA, http://dx.doi.org/10.3386/w23854. [124]

Bank of England (2020), *The Bank of England's Climate-related Financial Disclosure 2020*, Bank of England, Londres, https://www.bankofengland.co.uk/-/media/boe/files/annual-report/2020/climate-related-financial-disclosure-report-2019-20.pdf?la=en&hash=5DA959C54540287A2E90C823807E089055E6721B. [142]

Banque centrale européenne (2021), « Eurosystem agrees on common stance for climate change-related sustainable investments in non-monetary policy portfolios », 4 février, Communiqué de presse, Banque centrale européenne, Francfort-sur-le-Main, https://www.ecb.europa.eu/press/pr/date/2021/html/ecb.pr210204_1~a720bc4f03.en.html. [143]

Banque mondiale (2021), *Agriculture, valeur ajoutée (% du PIB)*, https://donnees.banquemondiale.org/indicateur/NV.AGR.TOTL.ZS (consulté le 18 June 2021). [20]

Banque mondiale (2021), *Climate Change Action Plan, 2021-2025, Supporting Green, Resilient, and Inclusive Development*, Banque mondiale, Washington, D.C., https://openknowledge.worldbank.org/bitstream/handle/10986/35799/CCAP-2021-25.pdf?sequence=2&isAllowed=y. [198]

Banque mondiale (2021), *International Debt Statistics 2022*, Banque mondiale, http://dx.doi.org/10.1596/978-1-4648-1800-4. [228]

Banque mondiale (2021), « Welcome to the World Bank Climate and Disaster Risk Screening Tools », page web, https://climatescreeningtools.worldbank.org/ (consulté le 2 June 2021). [199]

Banque mondiale (2021), « World Bank catastrophe bond provides Jamaica $185 million in storm protection », 19 juillet, Communiqué de presse, Banque mondiale, Washington, D.C., https://www.worldbank.org/en/news/press-release/2021/07/19/world-bank-catastrophe-bond-provides-jamaica-185-million-in-storm-protection?mc_cid=c29830e8a7&mc_eid=2adb4feb83. [226]

Banque mondiale (2021), *World Bank Country and Lending Groups*, (base de données), https://datahelpdesk.worldbank.org/knowledgebase/articles/906519-world-bank-country-and-lending-groups. (consulté le 2 July 2021). [155]

Banque mondiale (2020), « Jamaica First Economic Resilience Development Policy Loan », page web, https://projects.worldbank.org/en/projects-operations/project-detail/P170223 (consulté le 2 October 2021). [225]

Banque mondiale (2020), « Programme de protection sociale adaptative au Sahel », Note de synthèse, https://www.worldbank.org/en/programs/sahel-adaptive-social-protection-program-trust-fund (consulté le 16 juin 2021). [74]

Banque mondiale (2019), *Mozambique: Disaster Risk Management and Resilience Program Project*, Banque mondiale, Washington, D.C., https://projects.worldbank.org/en/projects-operations/project-detail/P166437. [147]

Battiston, S. et S. Martinez-Jaramillo (2018), « Financial networks and stress testing: Challenges and new research avenues for systemic risk analysis and financial stability implications », *Journal of Financial Stability*, vol. 35, pp. 6-16, http://dx.doi.org/10.1016/j.jfs.2018.03.010. [54]

Baudion, P. et J. Svoronos (2021), « Stress-testing banks for climate change – a comparison of practices », *FSI Insights on Policy Implementation*, n° 34, Juillet, Institut pour la stabilité financière, Banque des règlements internationaux, Bâle. [140]

Berbegal-Ibanez, M. et al. (2019), « Costa Rica's perspective on Total Official Support for Sustainable Development (TOSSD) », *OECD Development Co-operation Working Papers*, n° 56, Éditions OCDE, Paris, https://dx.doi.org/10.1787/94e8be1a-en. [232]

BID (2020), *Corporate Evaluation: Lending Instruments Report*, Banque interaméricaine de développement, Washington, D.C., https://publications.iadb.org/publications/english/document/Lending-Instruments-Report.pdf. [224]

BIT (2017), *Rapport mondial sur la protection sociale 2017-19 : Protection sociale universelle pour atteindre les objectifs de développement durable*, Organisation internationale du Travail, Genève, https://www.social-protection.org/gimi/gess/RessourcePDF.action?id=54922. [65]

Blinder, A. et al. (2017), « Necessity as the mother of invention: Monetary policy after the crisis », *Economic Policy*, vol. 32/92, pp. 707-755, http://dx.doi.org/10.1093/epolic/eix013. [136]

Bloom, N. (2009), « The impact of uncertainty shocks », *Econometrica*, vol. 77/3, pp. 623-685, http://dx.doi.org/10.3982/ecta6248. [112]

Bloom, N., S. Bond et J. Van Reenen (2007), « Uncertainty and investment dynamics », *Review of Economic Studies*, vol. 74/2, pp. 391-415, http://dx.doi.org/10.1111/j.1467-937x.2007.00426.x. [113]

BLS (2021), *Total Nonfarm Employment, New Orleans-Metairie, LA*, (base de données), https://www.bls.gov/eag/eag.la_neworleans_msa.htm (consulté le 5 March 2021). [30]

BMZ (2021), « InsuResilience Global Partnership », (brochure), ministère fédéral allemand de la Coopération économique et du Développement, Berlin, https://www.bmz.de/resource/blob/57180/ba5d152504bcbb0beeeb3b9e11dde6ea/BMZ_insuresilience_en.pdf. [185]

BMZ (2019), *Comprehensive Risk Management: The Approach of German Development Cooperation for Dealing with Disaster and Climate Risks*, ministère fédéral allemand de la Coopération économique et du Développement, Berlin. [203]

Bodea, C. et R. Hicks (2014), « Price stability and central bank independence: Discipline, credibility, and democratic institutions », *International Organization*, vol. 69/1, pp. 35-61, http://dx.doi.org/10.1017/s0020818314000277. [135]

Boers, N. et al. (2019), « Complex networks reveal global pattern of extreme-rainfall teleconnections », *Nature*, vol. 566/7744, pp. 373-377, http://dx.doi.org/10.1038/s41586-018-0872-x. [182]

Bolsen, T., R. Palm et J. Kingsland (2019), « The impact of message source on the effectiveness of communications about climate change », *Science Communication*, vol. 41/4, pp. 464-487, http://dx.doi.org/10.1177/1075547019863154. [134]

Botzen, W., O. Deschenes et M. Sanders (2019), « The economic impacts of natural disasters: A review of models and empirical studies », *Review of Environmental Economics and Policy*, vol. 13/2, pp. 167-188, http://dx.doi.org/10.1093/reep/rez004. [12]

Bowen, T. et al. (2020), *Adaptive Social Protection Systems, Building Resilience to Shocks*, Banque mondiale, Washington, D.C., http://dx.doi.org/10.1596/978-1-4648-1575-1. [72]

Brei, M., P. Mohan et E. Strobl (2019), « The impact of natural disasters on the banking sector: Evidence from hurricane strikes in the Caribbean », *The Quarterly Review of Economics and Finance*, vol. 72, pp. 232-239, http://dx.doi.org/10.1016/j.qref.2018.12.004. [34]

Brunnermeier, M. et al. (2016), « The sovereign-bank diabolic loop and ESBies », *American Economic Review*, vol. 106/5, pp. 508-512, http://dx.doi.org/10.1257/aer.p20161107. [60]

Burke, M., S. Hsiang et E. Miguel (2015), « Global non-linear effect of temperature on economic production », *Nature*, vol. 527/7577, pp. 235-239, http://dx.doi.org/10.1038/nature15725. [29]

Calcutt, E., B. Maher et C. Fitzgibbon (2021), *Emerging Lessons in Financing Adaptive Social Protection*, Banque mondiale, Washington, D.C., https://www.financialprotectionforum.org/publication/emerging-lessons-in-financing-adaptive-social-protection?mc_cid=1b791a32e2&mc_eid=2adb4feb83. [61]

California Department of Insurance (2019), « Wildfire insurance crisis leads commissioner to call for first-ever statewide non-renewal moratorium », 5 décembre, Communiqué de presse, California Department of Insurance, Los Angeles, http://www.insurance.ca.gov/0400-news/0100-press-releases/2019/release092-19.cfm. [165]

Cambridge Centre for Risk Studies et AXA XL (2020), *Optimising Disaster Recovery: The Role of Insurance Capital in Improving Economic Resilience*, Cambridge Centre for Risk Studies at the University of Cambridge Judge Business School, https://axaxl.com/-/media/axaxl/files/optimizing-disaster-recovery.pdf. [152]

Carter, B. et al. (2019), *Social Protection Topic Guide*, Institute of Development Studies, Brighton, Royaume-Uni, https://gsdrc.org/topic-guides/social-protection/types-of-social-protection/. [70]

Casado-Asensio, J., T. Kato et H. Shin (2021), « Lessons on engaging with the private sector to strengthen climate resilience in Guatemala, the Philippines and Senegal », *OECD Development Co-operation Working Papers*, n° 96, Éditions OCDE, Paris, https://dx.doi.org/10.1787/09b46b3f-en. [81]

Cassimon, Prowse et Essers (2011), « The pitfalls and potential of debt for nature swaps », *Global Environmental Change*, vol. 21/1, pp. 93-102, https://www.sciencedirect.com/science/article/abs/pii/S0959378010000981?via%3Dihub. [234]

Catalano, M., L. Forni et E. Pezzolla (2020), « Climate-change adaptation: The role of fiscal policy », *Resource and Energy Economics*, vol. 59, pp. 1-19, http://dx.doi.org/10.1016/j.reseneeco.2019.07.005. [36]

CCNUCC (2019), « Elaboration of the sources of and modalities for accessing financial support for addressing losses and damages », *Technical Paper*, juin, Convention-cadre des Nations Unies sur les changements climatiques, Bonn, https://unfccc.int/sites/default/files/resource/01_0.pdf. [90]

CCNUCC (2015), *Adoption de l'Accord de Paris, COP21 Décision 1/CP.21*, Convention-cadre des Nations Unies sur les changements climatiques, Bonn, https://unfccc.int/fr/node/180843https://unfccc.int/process-and-meetings/conferences/past-conferences/paris-climate-change-conference-november-2015/cop-21/cop-21-decisions. [189]

CCNUCC (2013), « Non-economic losses in the context of the work programme », *Technical Paper*, Convention-cadre des Nations Unies sur les changements climatiques, Bonn, https://unfccc.int/resource/docs/2013/tp/02.pdf. [219]

CCNUCC (2011), *Synopses Series: Slow Onset Events*, Convention-cadre des Nations Unies sur les changements climatiques, Bonn, https://unfccc.int/files/adaptation/application/pdf/soe_synopsis.pdf. [217]

CCNUCC (2010), *Rapport de la Conférence des Parties sur sa seizième session, tenue à Cancún du 29 novembre au 10 décembre 2010 Additif Deuxième partie: Mesures prévues par la Conférence des Parties à sa seizième session*, Convention-cadre des Nations Unies sur les changements climatiques, Bonn, https://unfccc.int/fr/node/6527. [215]

CCNUCC (sans date), « Comprehensive Risk Management Approaches », page web, https://unfccc.int/wim-excom/areas-of-work/crm-approaches (consulté le 11 August 2021). [218]

CCNUCC (sans date), « Slow Onset Events », page web, https://unfccc.int/wim-excom/areas-of-work/slow-onset-events (consulté le 16 June 2021). [216]

Cevik, S. et J. Jalles (2020), « This changes everything: Climate shocks and sovereign bonds », *Documents de travail du FMI*, Fonds monétaire international, Washington, D.C., https://www.imf.org/en/Publications/WP/Issues/2020/06/05/This-Changes-Everything-Climate-Shocks-and-Sovereign-Bonds-49476. [53]

Chhibber, A. et R. Laajaj (2008), « Disasters, climate change and economic development in sub-Saharan Africa: Lessons and directions », *Journal of African Economies*, vol. 17/Supplement 2, pp. ii7-ii49, http://dx.doi.org/10.1093/jae/ejn020. [10]

Climate Analytics, World Resources Institute (2021), *Closing the gap: the impact of G20 climate commitments on limiting global temperature rise to 1.5°C*, https://www.wri.org/research/closing-the-gap-g20-climate-commitments-limiting-global-temperature-rise (consulté le 16 October 2021). [220]

Combes, J., A. Minea et M. Sow (2017), « Is fiscal policy always counter- (pro-) cyclical? The role of public debt and fiscal rules », *Economic Modelling*, vol. 65, pp. 138-146, http://dx.doi.org/10.1016/j.econmod.2017.05.017. [50]

Costella, C., C. Bachofen et G. Marcondes (2017), « 7 things to know about managing climate risks through social protection », *Policy Brief*, BRACED, http://www.braced.org/resources/i/?id=394db34f-1a14-4fe5-9daa-d3a1921003fb. [69]

Daron, J. et al. (2020), « Integrating seasonal climate forecasts into adaptive social protection in the Sahel », *Climate and Development*, pp. 543-550, http://dx.doi.org/10.1080/17565529.2020.1825920. [73]

Dastkhan, H. et N. Gharneh (2018), « How the ownership structures cause epidemics in financial markets: A network-based simulation model », *Physica A: Statistical Mechanics and its Applications*, vol. 492, pp. 324-342, http://dx.doi.org/10.1016/j.physa.2017.09.089. [55]

Davies, M. et al. (2009), « 'Adaptive social protection': Synergies for poverty reduction », *IDS Bulletin*, vol. 39/4, pp. 105-112, http://dx.doi.org/10.1111/j.1759-5436.2008.tb00483.x. [75]

Day, E. et al. (2018), « Upholding labour productivity under climate change: An assessment of adaptation options », *Climate Policy*, vol. 19/3, pp. 367-385, http://dx.doi.org/10.1080/14693062.2018.1517640. [4]

de Janvry, A. et al. (2006), « Can conditional cash transfer programs serve as safety nets in keeping children at school and from working when exposed to shocks? », *Journal of Development Economics*, vol. 79/2, pp. 349-373, http://dx.doi.org/10.1016/j.jdeveco.2006.01.013. [71]

Dennig, F. (2017), « Climate change and the re-evaluation of cost-benefit analysis », *Climatic Change*, vol. 151/1, pp. 43-54, http://dx.doi.org/10.1007/s10584-017-2047-4. [104]

Deryugina, T. (2017), « The Fiscal Cost of Hurricanes: Disaster Aid versus Social Insurance », *American Economic Journal: Economic Policy*, vol. 9/3, pp. 168-198, http://dx.doi.org/10.1257/pol.20140296. [14]

Dessai, S. et C. Sims (2010), « Public perception of drought and climate change in southeast England », *Environmental Hazards*, vol. 9/4, pp. 340-357, http://dx.doi.org/10.3763/ehaz.2010.0037. [131]

Devereux, S. et R. Sabates-Wheeler (2004), « Transformative social protection », *Working Paper Series*, n° 232, Institute of Development Studies, Brighton, Royaume-Uni, https://opendocs.ids.ac.uk/opendocs/handle/20.500.12413/4071. [68]

Dietz, S. et al. (2016), « 'Climate value at risk' of global financial assets », *Nature Climate Change*, vol. 6/7, pp. 676-679, http://dx.doi.org/10.1038/nclimate2972. [57]

Dikau, S. et U. Volz (2021), « Central bank mandates, sustainability objectives and the promotion of green finance », *Ecological Economics*, vol. 184, p. 107022, http://dx.doi.org/10.1016/j.ecolecon.2021.107022. [138]

Doelle, M. et S. Seck (2020), « Loss and damage from climate change: From concept to remedy? », *Climate Policy*, vol. 20/6, p. 669, http://dx.doi.org/10.1080/14693062.2019.1630353. [186]

Duus-Otterström, G. et S. Jagers (2011), « Why (most) climate insurance schemes are a bad idea », *Environmental Politics*, vol. 20/3, pp. 322-339, http://dx.doi.org/10.1080/09644016.2011.573354. [183]

Eisensee, T. et D. Stromberg (2007), « News droughts, news floods, and U.S. disaster relief », *The Quarterly Journal of Economics*, vol. 122/2, pp. 693-728, http://dx.doi.org/10.1162/qjec.122.2.693. [24]

Fankhauser, S. et I. Burton (2011), « Spending adaptation money wisely », *Climate Policy*, vol. 11/3, pp. 1037-1049, http://dx.doi.org/10.1080/14693062.2011.582389. [115]

Fanning, E. et J. Fullwood-Thomas (2019), « The humanitarian-development-peace nexus: What does it mean for multi-mandated organizations? », *Discussion Paper*, Oxfam, Royaume-Uni, http://dx.doi.org/10.21201/2019.4436. [209]

FAO (2019), *The Sudan. Impact of Early Warning Early Action. Protecting Agropastoralist Livelihoods Ahead of Drought.*, Organisation des Nations Unies pour l'alimentation et l'agriculture, Rome, https://www.preventionweb.net/publications/view/65578. [92]

Farhi, E. et J. Tirole (2017), « Deadly Embrace: Sovereign and Financial Balance Sheets Doom Loops », *The Review of Economic Studies*, vol. 85/3, pp. 1781-1823, http://dx.doi.org/10.1093/restud/rdx059. [35]

FICR (2020), *Reducing Risks and Building Resilience – World Disasters Report*, Fédération internationale des Sociétés de la Croix-Rouge et du Croissant-Rouge, Genève, https://media.ifrc.org/ifrc/wp-content/uploads/2020/11/IFRC_wdr2020/20201113_WorldDisasters_4.pdf. [83]

Finucane, M. et al. (2020), « Short-term solutions to a long-term challenge: Rethinking disaster recovery planning to reduce vulnerabilities and inequities », *International Journal of Environmental Research and Public Health*, vol. 17/2, p. 482, http://dx.doi.org/10.3390/ijerph17020482. [63]

FMI (2021), *Base de données des Perspectives de l'économie mondiale*, IMF Publishing, https://www.imf.org/en/Publications/WEO/weo-database/2021/April (consulté le 1 September 2021). [1]

FMI (2021), *Fiscal Monitor: Strengthening the Credibility of Public Finances*, IMF Publishing, https://www.imf.org/en/Publications/FM/Issues/2021/10/13/fiscal-monitor-october-2021 (consulté le 14 octobre 2021). [37]

FMI (2020), « Climate change: Physical risk and equity prices », dans *Global Financial Stability Report : Markets in the Time of COVID-19*, Fonds monétaire international, Washington, D.C., https://www.imf.org/en/Publications/GFSR/Issues/2020/04/14/global-financial-stability-report-april-2020. [52]

FMI (2019), « Building resilience in developing countries vulnerable to large natural disasters », *Policy Paper*, n° 19/020, Fonds monétaire international, Washington, D.C., https://www.imf.org/-/media/Files/Publications/PP/2019/PPEA2019020.ashx. [15]

FMI (2019), « IMF Executive Board approves USD 118.2 million Rapid Credit Facility Assistance to the Republic of Mozambique in the wake of Cyclone Idai », 19 avril, Communiqué de presse, Fonds monétaire international, Washington, D.C., https://www.imf.org/en/News/Articles/2019/04/19/pr19121-republic-mozambique-imf-exec-board-approves-rapid-credit-facility-assistance-cyclone-idai. [230]

FMI (2016), « Small states' resilience to natural disasters and climate change – role for the IMF », *Policy Paper*, Fonds monétaire international, Washington, D.C., https://www.imf.org/en/Publications/Policy-Papers/Issues/2016/12/31/Small-States-Resilience-to-Natural-Disasters-and-Climate-Change-Role-for-the-IMF-PP5079. [16]

FMI (2011), *St. Vincent and the Grenadines: Request for disbursement under the Rapid Credit Facility*, Fonds monétaire international, Washington, D.C. [25]

Fonds vert pour le climat (2021), *Decision of the Board on the Ninth Report of the Green Climate Fund to the Conference of the Parties to the United Nations Framework Convention on Climate Change*, Green Climate Fund, Incheon, https://www.greenclimate.fund/sites/default/files/decision/bbm-2021/decision-bbm-2021-05-bbm-2021-05-decision-board-ninth-report-gcf-cop-unfccc.pdf. [190]

Fontana, G. (2006), « The Federal Reserve and the European Central Bank: A theoretical comparison of their legislative mandates », *Journal of Post Keynesian Economics*, vol. 28/3, pp. 433-450, http://dx.doi.org/10.2753/pke0160-3 477 280 304. [137]

Four Twenty Seven (2018), *Assessing Exposure to Climate Change in U.S. Munis*, Four Twenty Seven, May 2018, San Francisco, http://427mt.com/wp-content/uploads/2018/05/427-Muni-Risk-Paper-May-2018-1.pdf. [120]

Fowles, J., G. Liu et C. Mamaril (2009), « Accounting for natural disasters: The impact of earthquake risk on California municipal bond pricing », *Public Budgeting & Finance*, vol. 29/1, pp. 68-83, http://dx.doi.org/10.1111/j.1540-5850.2009.00924.x. [119]

Frank, T. (2019), *After a $14-Billion Upgrade, New Orleans' Levees Are Sinking*, 11 avril, https://www.scientificamerican.com/article/after-a-14-billion-upgrade-new-orleans-levees-are-sinking/. [32]

Fresnillo, I. (2020), « A tale of two emergencies – the interplay of sovereign debt and climate crises in the global south », *Briefing Paper*, décembre, Réseau européen sur la dette et le développement, Bruxelles, https://www.eurodad.org/a_tale_of_two_emergencies_the_interplay_of_sovereign_debt_and_climate_crises_in_the_global_south. [42]

Froetsch, T. et R. Rector (2005), *The Economic and Budgetary Effects of the Katrina Emergency Tax Relief Act of 2005*, Heritage Foundation, Washington, D.C. [31]

Gallagher, J. (2014), « Learning about an infrequent event: Evidence from flood insurance take-up in the United States », *American Economic Journal: Applied Economics*, vol. 6/3, pp. 206-233, http://dx.doi.org/10.1257/app.6.3.206. [129]

Gamper, C. et al. (2017), « Managing disaster-related contingent liabilities in public finance frameworks », *Documents de travail de l'OCDE sur la gouvernance publique*, n° 27, Éditions OCDE, Paris, https://dx.doi.org/10.1787/a6e0265a-en. [174]

GCA (2019), *Adapt Now: A Global Call for Leadership on Climate Resilience*, Global Center on Adaptation, Rotterdam, https://gca.org/reports/adapt-now-a-global-call-for-leadership-on-climate-resilience/. [97]

German Federal Foreign Office (2020), « Helping Before disaster strikes – anticipatory humanitarian assistance in Bangladesh », 13 octobre, ministère allemand des Affaires étrangères, https://www.auswaertiges-amt.de/en/aussenpolitik/themen/humanitaerehilfe/disaster-risk-reduction/2404730. [84]

Germanwatch (2021), « Global Climate Risk Index 2021 », page web, https://reliefweb.int/report/world/global-climate-risk-index-2021 (consulté le 5 August 2021). [207]

Gibbs, M. (2015), « Pitfalls in developing coastal climate adaptation responses », *Climate Risk Management*, vol. 8, pp. 1-8, http://dx.doi.org/10.1016/j.crm.2015.05.001. [109]

GIEC (2018), *Managing the Risks of Extreme Events and Disasters to Advance Climate Change Adaptation*, Groupe d'experts intergouvernemental sur l'évolution du climat, Genève, https://www.ipcc.ch/site/assets/uploads/2018/03/SREX_Full_Report-1.pdf. [21]

GIEC (1995), *Rapport : Seconde évaluation du GIEC*, Groupe d'experts intergouvernemental sur l'évolution du climat, Genève, https://www.ipcc.ch/site/assets/uploads/2018/06/2nd-assessment-fr.pdf. [103]

GIZ (2018), *Global Programme on Risk Assessment and Management for Adaptation to Climate Change (Loss and Damage)*, Deutsche Gesellschaft für Internationale Zusammenarbeit (GIZ) GmbH, Eschborn/Bonn, https://www.giz.de/de/downloads/giz2018-en-global-programme-on-risk-assessment.pdf. [195]

Gouvernement de la France (2016), « Les nouvelles règles pour les prêts d'aide publique au développement : quels enjeux ? », *TRÉSOR-ÉCO*, n° 161, Gouvernement français, Paris, https://www.tresor.economie.gouv.fr/Articles/c9bb0e18-25ed-4527-b0bf-3f8e47688284/files/9a55521b-c855-4e9f-9241-5783bff5dcce. [229]

Gouvernement du Danemark (2020), *A Green and Sustainable World: The Danish Government's Long-term Strategy for Global Climate Action*, Gouvernement du Danemark, Copenhague, https://um.dk/en/foreign-policy/new-climate-action-strategy/. [196]

Gouvernement du Royaume-Uni (2021), « G7 famine prevention and humanitarian crises compact », *Policy Paper*, 5 mai, gouvernement du Royaume-Uni, Londres, https://www.gov.uk/government/publications/g7-foreign-and-development-ministers-meeting-may-2021-communique/g7-famine-prevention-and-humanitarian-crises-compact#iv-scale-up-anticipatory-action. [87]

Gouvernement du Royaume-Uni (2021), « New G7 action to keep people safer from climate disasters », 13 juin, Communiqué de presse, Gouvernement du Royaume-Uni, Londres, https://www.gov.uk/government/news/new-g7-action-to-keep-people-safer-from-climate-disasters. [212]

Gouvernement du Royaume-Uni (2021), *Taskforce on Access to Climate Finance: Draft Concept Note*, Gouvernement du Royaume-Uni, Londres, https://2nsbq1gn1rl23zol93eyrccj-wpengine.netdna-ssl.com/wp-content/uploads/2021/05/Taskforce-on-Access-to-Climate-Finance-Draft-Concept-Note-May-2021.pdf. [192]

Greene, S. (2019), *Lessons from Piloting the Decentralised Climate Finance Programme, Tanzania*, Institut international pour l'environnement et le développement, Londres, https://pubs.iied.org/g04398?k=Local%20Climate%20Finance. [79]

Gros, C. et al. (2019), *Household-level effects of providing forecast-based cash in anticipation of extreme weather events: Quasi-experimental evidence from humanitarian interventions in the 2017 floods in Bangladesh*, Elsevier Ltd. [89]

Gros, D. (2013), « Foreign debt versus domestic debt in the euro area », *Oxford Review of Economic Policy*, vol. 29/3, pp. 502-517, http://dx.doi.org/10.1093/oxrep/grt038. [45]

Groupe de réflexion interinstitutions sur le financement du développement (2020), *Financing for Sustainable Development Report 2020*, Groupe de réflexion interinstitutions sur le financement du développement, https://developmentfinance.un.org/fsdr2020. [239]

Gulen, H. et M. Ion (2015), « Policy uncertainty and corporate investment », *Review of Financial Studies*, p. hhv050, http://dx.doi.org/10.1093/rfs/hhv050. [114]

Haer, T. et al. (2013), « Relative sea-level rise and the conterminous United States: Consequences of potential land inundation in terms of population at risk and GDP loss », *Global Environmental Change*, vol. 23/6, pp. 1627-1636, http://dx.doi.org/10.1016/j.gloenvcha.2013.09.005. [27]

Halady, I. et P. Rao (2010), « Does awareness to climate change lead to behavioral change? », *International Journal of Climate Change Strategies and Management*, vol. 2/1, pp. 6-22, http://dx.doi.org/10.1108/17568691011020229. [116]

Hallegate, S., J. Renschler et B. Walsh (2018), *Building Back Better: Achieving Resilience through Stronger, Faster, and More Inclusive Post-Disaster Reconstruction*, Banque mondiale, Washington, D.C., https://openknowledge.worldbank.org/handle/10986/29867. [62]

Hallegatte, S., J. Rentschler et J. Rozenberg (2019), *Lifelines: The Resilient Infrastructure Opportunity*, Banque mondiale, Washington, D.C., http://dx.doi.org/10.1596/978-1-4648-1430-3. [98]

Hammet, L. et K. Mixter (2017), *Adaptive Finance to Support Post Disaster Recovery*, Yale Center for Business and the Environment and Yale School of Forestry and Environmental Studies, https://www.weadapt.org/sites/weadapt.org/files/cbey_adaptivefinancing_oct2017.pdf. [64]

Hanger, S. et al. (2017), « Insurance, public assistance, and household flood risk reduction: A Comparative study of Austria, England, and Romania », *Risk Analysis*, vol. 38/4, pp. 680-693, http://dx.doi.org/10.1111/risa.12881. [172]

Herweijer, C., N. Ranger et R. Ward (2009), « Adaptation to Climate Change: Threats and Opportunities for the Insurance Industry », *The Geneva Papers on Risk and Insurance - Issues and Practice*, vol. 34/3, pp. 360-380, http://dx.doi.org/10.1057/gpp.2009.13. [181]

Heutel, G., N. Miller et D. Molitor (2020), « Adaptation and the mortality effects of temperature across U.S. climate regions », *The Review of Economics and Statistics*, pp. 1-33, http://dx.doi.org/10.1162/rest_a_00936. [8]

Hino, M. et M. Burke (2021), « The effect of information about climate risk on property values », *Proceedings of the National Academy of Sciences*, vol. 118/17, p. e2003374118, http://dx.doi.org/10.1073/pnas.2003374118. [125]

Hobson, M. et L. Campbell (2012), « How Ethiopia's Productive Safety Net Programme (PSNP) is responding to the current humanitarian crisis in the Horn », *Humanitarian Exchange* 53, pp. 9-11, https://odihpn.org/magazine/how-ethiopia%C2%92s-productive-safety-net-programme-psnp-is-responding-to-the-current-humanitarian-crisis-in-the-horn/. [76]

Hope, M. (2019), « Cyclones in Mozambique may reveal humanitarian challenges of responding to a new climate reality », *The Lancet Planetary Health*, vol. 3/8, pp. e338-e339, http://dx.doi.org/10.1016/s2542-5196(19)30131-7. [3]

Hudson, P., W. Botzen et J. Aerts (2019), « Flood insurance arrangements in the European Union for future flood risk under climate and socioeconomic change », *Global Environmental Change*, vol. 58, p. 101966, http://dx.doi.org/10.1016/j.gloenvcha.2019.101966. [175]

Hudson, P. et al. (2017), « Moral hazard in natural disaster insurance markets: Empirical evidence from Germany and the United States », *Land Economics*, vol. 93/2, pp. 179-208, http://dx.doi.org/10.3368/le.93.2.179. [176]

Insurance Journal (2020), « California issues moratorium on insurers non-renewing or cancelling following wildfires », 5 novembre, Insurance Journal, https://www.insurancejournal.com/news/west/2020/11/05/589813.htm (consulté le 21 juillet 2021). [166]

Insurance Journal (2018), « Report: More than 87K Floridians dropped by home insurers last quarter », 12 décember, Insurance Journal, https://www.insurancejournal.com/news/southeast/2018/12/12/511652.htm. [168]

InsuResilience Global Partnership (2021), *InsuResilience Annual Report 2020: Climate and Disaster Resilience in a World of Uncertainty*, InsuResilience Global Partnership, https://annualreport.insuresilience.org/. [205]

iSDB (2019), *Disaster Risk Management and Resilience Policy*, Banque islamique de développement, Djeddah, https://www.isdb.org/sites/default/files/media/documents/2021-05/Disaster%20Risk%20Management%20Resilience%20Policy.pdf. [204]

Jergler, D. (2020), « California pledges to protect homeowners from insurer withdrawals due to wildfires », 19 octobre, Insurance Journal, https://www.insurancejournal.com/news/west/2020/10/19/587154.htm. [167]

Jones, H. (2021), « Financial regulators attempt to align rules on climate risks », 7 juillet, Reuters, https://www.reuters.com/business/sustainable-business/financial-regulators-attempt-align-rules-climate-risks-2021-07-07/. [59]

Joya, O. et E. Rougier (2019), « Do (all) sectoral shocks lead to aggregate volatility? Empirics from a production network perspective », *European Economic Review*, vol. 113, pp. 77-107, http://dx.doi.org/10.1016/j.euroecorev.2019.01.004. [19]

Kalkuhl, M. et L. Wenz (2020), « The impact of climate conditions on economic production. Evidence from a global panel of regions », *Journal of Environmental Economics and Management*, vol. 103, p. 102360, http://dx.doi.org/10.1016/j.jeem.2020.102360. [26]

Kempa, L. et al. (2021), *Financing Loss and Damage: Options for the Green Climate Fund*, Centre de collaboration École de Francfort/PNUE pour le financement de la lutte contre les changements climatiques et de l'énergie durable, http://dx.doi.org/10.13140/RG.2.2.26829.77285. [191]

KfW (sans date), *Förderung des Angebots von gegen Naturkatastrophen abgesicherter Darlehen durch die BOAD in Westafrika*, KfW Development Bank, page web, https://www.kfw-entwicklungsbank.de/ipfz/Projektdatenbank/F%C3%B6rderung-des-Angebots-von-gegen-Naturkatastrophen-abgesicherter-Darlehen-durch-die-BOAD-in-Westafrika-44585.htm (consulté le 29 September 2021). [222]

Klomp, J. et K. Valckx (2014), « Natural disasters and economic growth: A meta-analysis », *Global Environmental Change*, vol. 26, pp. 183-195, http://dx.doi.org/10.1016/j.gloenvcha.2014.02.006. [9]

Knutson, T. et al. (2021), « Climate change is probably increasing the intensity of tropical cyclones », *ScienceBrief*, vol. mars, pp. 1-7, https://sciencebrief.org/uploads/reviews/ScienceBrief_Review_CYCLONES_Mar2021.pdf. [28]

Koetsier, I. (2017), « The fiscal impact of natural disasters », *Discussion Paper*, Utrecht University, http://dspace.library.uu.nl/bitstream/handle/1874/358659/rebo_use_dp_2017_1717.pdf. [41]

Kousky, C. (2019), « The role of natural disaster insurance in recovery and risk reduction », *Annual Review of Resource Economics*, vol. 11/1, pp. 399-418, http://dx.doi.org/10.1146/annurev-resource-100518-094028. [17]

Krauss, A. et al. (2019), *Climate Change and the (Re)insurance Implications*, Traub Lieberman Straus & Shrewsberry LLP and Aspen Re. [180]

Kuriyama, N. et al. (2020), « Towards a comparative framework of adaptive planning and anticipatory action regimes in Chile, Japan, and the US: An exploration of multiple contexts Informing tsunami risk-based planning and relocation », *Journal of Disaster Research*, vol. 15/7, pp. 887-889, https://www.researchgate.net/publication/347773615_Towards_a_Comparative_Framework_of_Adaptive_Planning_and_Anticipatory_Action_Regimes_in_Chile_Japan_and_the_US_An_Exploration_of_Multiple_Contexts_Informing_Tsunami_Risk-Based_Planning_and_Relocation. [86]

Lee, T. et al. (2015), « Predictors of public climate change awareness and risk perception around the world », *Nature Climate Change*, vol. 5/11, pp. 1014-1020, http://dx.doi.org/10.1038/nclimate2728. [132]

Levine, S. et al. (2020), *Anticipatory action for livelihood protection*, Overseas Development Institute, Londres, https://cdn.odi.org/media/documents/202006_odi_anticipatory_action_for_livelihood_protection_wp_final.pdf. [85]

LIFE-AR (2019), « LDC 2050 Vision: Towards a Climate-resilient Future », (brochure), Initiative des PMA pour une adaptation et une résilience efficaces, http://www.ldc-climate.org/wp-content/uploads/2019/09/2050-Vision.pdf. [193]

Liu, W. et al. (2021), « The effect of financial literacy on rural households insurance participation: Evidence from farmers in southwest China », *Asia-Pacific Journal of Accounting & Economics*, pp. 1-17, http://dx.doi.org/10.1080/16081625.2021.1915165. [159]

Martinez-Diaz, L. et J. McClamrock (2019), *The future of disaster risk pooling for developing countries: Where do we go from here?*, World Resources Institute, Washington, D.C., http://www.wri.org/publication/disaster-risk-pooling. [179]

Mbow, C. et al. (2019), « Food security », dans Shukla, P. et al. (dir. pub.), *Climate Change and Land : An IPCC Special Report on Climate Change, Desertification, Land Degradation, Sustainable Land Management, Food Security, and Greenhouse Gas Fluxes in Terrestrial Ecosystems*. [5]

McClelland, G., W. Schulze et D. Coursey (1993), *Insurance for low-probability hazards: A bimodal response to unlikely events*, Springer, https://link.springer.com/article/10.1007/BF01065317. [156]

Mechler, R. (2016), « Reviewing estimates of the economic efficiency of disaster risk management: opportunities and limitations of using risk-based cost–benefit analysis », *Natural Hazards*, vol. 81/3, pp. 2121-2147, http://dx.doi.org/10.1007/s11069-016-2170-y. [11]

Mejia, S. (2014), « Debt, growth and natural disasters: A Caribbean trilogy », *Working Paper*, Fonds monétaire international, Washington, D.C., https://www.imf.org/en/Publications/WP/Issues/2016/12/31/Debt-Growth-and-Natural-Disasters-A-Caribbean-Trilogy-41757. [23]

Melecky, M. et C. Raddatz (2011), « How do governments respond after catastrophes? Natural-disaster shocks and the fiscal stance », *Document de travail de recherche sur les politiques*, n° 5564, Banque mondiale, Washington, D.C., http://dx.doi.org/10.1596/1813-9450-5564. [150]

Millo, G. et G. Pasini (2010), « Does social capital reduce moral hazard? A network model for non-life insurance demand », *Fiscal Studies*, vol. 31/3, pp. 341-372, http://dx.doi.org/10.1111/j.1475-5890.2010.00118.x. [162]

Ministère des Affaires étrangères du Danemark (2020), *Strategic Framework, Denmark-Kenya Partnership 2021-2025*, Ministère des affaires étrangères, Gouvernement du Danemark, Copenhague, https://kenya.um.dk/en/danida-en/denmark-kenya-partnership-policy. [197]

Ministère des Finances et du Crédit public de la Colombie (2011), *Contingent Liabilities: The Colombian Experience*, Ministère des Finances et du Crédit public de la Colombie, http://treasury.worldbank.org/bdm/pdf/Contingent_Liabilities_Colombian_Experience.pdf. [173]

Mohan, P. et E. Strobl (2020), « The impact of tropical storms on the accumulation and composition of government debt », *International Tax and Public Finance*, vol. 28/3, pp. 483-496, http://dx.doi.org/10.1007/s10797-020-09622-5. [40]

Mol, J., W. Botzen et J. Blasch (2020), « Risk reduction in compulsory disaster insurance: Experimental evidence on moral hazard and financial incentives », *Journal of Behavioral and Experimental Economics*, vol. 84, p. 101500, http://dx.doi.org/10.1016/j.socec.2019.101500. [177]

MOPAN (2021), *Lessons in Multilateral Effectiveness: Pulling Together – The Multilateral Response to Climate Change*, Réseau de mesure des performances des organisations multilatérales, Paris. [188]

Moulson, G. (2021), « German Cabinet approves some $427 million inf first flood aid », 21 juillet, Associated Press, https://apnews.com/article/europe-business-government-and-politics-environment-and-nature-floods-a3f662c153903121eb62183427b8d460. [144]

Nakatani, R. (2021), « Fiscal rules for natural disaster- and climate change-prone small states », *Sustainability*, vol. 13/6, p. 3135, http://dx.doi.org/10.3390/su13063135. [49]

Narain, A., P. Rabanal et S. Byskov (2003), *Prudential issues in less diversified economies*, Fonds monétaire international, Washington, D.C., https://www.imf.org/en/Publications/WP/Issues/2016/12/30/Prudential-Issues-in-Less-Diversified-Economies-16858. [18]

Nations Unies (2016), « Too important to fail – addressing the humanitarian financing gap », *Report to the UN Secretary-General*, Groupe de haut niveau de l'ONU sur le financement de l'action humanitaire, New York, https://digitallibrary.un.org/record/830113?ln=en. [211]

NFGS (2019), « Guide to climate scenario analysis for central banks and supervisors », *Technical Document*, Network for Greening the Financial System, Banque de France, https://www.ngfs.net/sites/default/files/medias/documents/ngfs_guide_scenario_analysis_final.pdf. [139]

Noy, I. et T. Vu (2010), « The economics of natural disasters in a developing country: The case of Vietnam », *Journal of Asian Economics*, vol. 21/4, pp. 345-354, http://dx.doi.org/10.1016/j.asieco.2010.03.002. [13]

Obeng, G. et al. (2008), « Impact of solar photovoltaic lighting on indoor air smoke in off-grid rural Ghana », *Energy for Sustainable Development*, vol. 12/1, pp. 55-61, http://dx.doi.org/10.1016/s0973-0826(08)60419-6. [101]

OCDE (2021), *Enhancing Financial Protection Against Catastrophe Risks: The Role of Catastrophe Risk Insurance Programmes*, https://www.oecd.org/daf/fin/insurance/Enhancing-financial-protection-against-catastrophe-risks.htm (consulté le 11 octobre 2021). [157]

OCDE (2021), *Financement climatique fourni et mobilisé par les pays développés : Tendances agrégées mises à jour avec les données de 2019*, Éditions OCDE, Paris, https://dx.doi.org/10.1787/68a276c9-fr. [227]

OCDE (2021), *Les profils de coopération au développement*, Éditions OCDE, Paris, https://dx.doi.org/10.1787/5cd4ba84-fr. [221]

OCDE (2021), « Qu'est-ce que l'APD ? », (Brochure), Éditions OCDE, Paris, https://www.oecd.org/fr/cad/financementpourledeveloppementdurable/normes-financement-developpement/What-is-ODA-FR.pdf. [240]

OCDE (2021), *Strengthening Climate Resilience: Guidance for Governments and Development Co-operation*, Éditions OCDE, Paris, https://dx.doi.org/10.1787/4b08b7be-en. [102]

OCDE (2021), *Système de notification des pays créanciers du CAD-OCDE (SNPC)*, Éditions OCDE, Paris, https://stats.oecd.org/Index.aspx?DataSetCode=crs1 (consulté le 1 juin 2021). [82]

OCDE (2020), *Accélérer l'action pour le climat : Remettre le bien-être des personnes au centre des politiques publiques*, Éditions OCDE, Paris, https://dx.doi.org/10.1787/deb94cd3-fr. [100]

OCDE (2020), *Common Ground Between the Paris Agreement and the Sendai Framework: Climate Change Adaptation and Disaster Risk Reduction*, Éditions OCDE, Paris, https://dx.doi.org/10.1787/3edc8d09-en. [96]

OCDE (2020), *États de fragilité 2020*, Éditions OCDE, Paris, https://www.oecd.org/fr/publications/etats-de-fragilite-261b19f4-fr.htm. [208]

OCDE (2020), *Leveraging the Role of Property Catastrophe Reinsurance Markets: The Case of India, Indonesia, Myanmar, and the Philippines*, https://www.oecd.org/finance/insurance/leveraging-the-role-of-property-catastrophe-reinsurance-markets.htm. [164]

OCDE (2019), *Analyse coûts-avantages et environnement : Avancées théoriques et utilisation par les pouvoirs publics*, Éditions OCDE, Paris, https://dx.doi.org/10.1787/9789264300453-fr. [106]

OCDE (2019), *Perspectives du développement mondial 2019 : Repenser les stratégies de développement*, Éditions OCDE, Paris, https://dx.doi.org/10.1787/84aa0757-fr. [238]

OCDE (2019), *Recommandation du CAD sur l'articulation entre action humanitaire, développement et recherche de la paix*, Comité d'aide au développement de l'OCDE, Paris, https://legalinstruments.oecd.org/fr/instruments/OECD-LEGAL-5019. [210]

OCDE (2018), *Assessing the Real Cost of Disasters: The Need for Better Evidence*, OECD Reviews of Risk Management Policies, Éditions OCDE, Paris, https://doi.org/10.1787/9789264298798-en. [110]

OCDE (2018), *The Contribution of Reinsurance Markets to Managing Catastrophe Risk*, http://www.oecd.org/finance/the-contribution-of-reinsurance-markets-to-managing-catastrophe-risk.pdf. [153]

OCDE (2017), *Proposal to Establish a Policy Marker for Disaster Risk Reduction (DRR) in the OECD DAC Creditor Reporting System (CRS), DCD/DAC/STAT(2017)26.*, OCDE. [242]

OCDE (2016), *Financial Management of Flood Risk*, Éditions OCDE, Paris, http://www.oecd-ilibrary.org/finance-and-investment/financial-management-of-flood-risk_9789264257689-en. [130]

OCDE (2016), « Modernising the Measurement of Concessional Sovereign Loans », Éditions OCDE, https://www.oecd.org/dac/financing-sustainable-development/concessional-sovereign-loans.htm (consulté le 23 May 2021). [158]

OCDE (2007), *Handbook for Appraisal of Environmental Projects Financed from Public Funds*, Éditions OCDE, Paris, https://www.oecd.org/environment/outreach/38786197.pdf. [107]

OCDE (sans date), *Autres apports du secteur public*, (base de données), https://data.oecd.org/fr/drf/autres-apports-du-secteur-public-aasp.htm (consulté le 27 juillet 2021). [214]

OCDE (à paraître), *Cooling the Hotspots: Climate Finance in Fragile Contexts*, INCAF Financing for Stability Series, Éditions OCDE, Paris. [91]

OCDE (sans date), « DAC Glossary of Key Terms and Concepts », page web, https://www.oecd.org/dac/dac-glossary.htm (consulté le 14 juin 2021). [241]

OCDE/Banque mondiale (2019), *Fiscal Resilience to Natural Disasters: Lessons from Country Experiences*, Éditions OCDE, Paris, https://doi.org/10.1787/27a4198a-en. [146]

O'Connor, A. (2021), « Florida regulator nixes citizens' request to remove rate cap on new business », 21 avril, Insurance Journal, https://www.insurancejournal.com/news/southeast/2021/04/21/610818.htm. [170]

Ouattara, B. et E. Strobl (2013), « The fiscal implications of hurricane strikes in the Caribbean », *Ecological Economics*, vol. 85, pp. 105-115, http://dx.doi.org/10.1016/j.ecolecon.2012.10.002. [39]

Paleari, S. (2019), « Disaster risk insurance: A comparison of national schemes in the EU-28 », *International Journal of Disaster Risk Reduction*, vol. 35, p. 101059, http://dx.doi.org/10.1016/j.ijdrr.2018.12.021. [171]

PAM (2021), *Does Climate Insurance Work?*, Programme alimentaire mondial, Rome, https://docs.wfp.org/api/documents/WFP-0000131314/download/?_ga=2.41432225.2058348918.1631613435-806037866.1627984044. [78]

PAM (2020), *The Evidence Base on Anticipatory Action*, Programme alimentaire mondial, Rome, https://www.wfp.org/publications/evidence-base-anticipatory-action. [88]

PAM (2018), « ARC Replica. WFP's partnership with the African Risk Capacity (ARC) for the expansion of climate risk insurance », (brochure), Programme alimentaire mondial, Rome, https://docs.wfp.org/api/documents/WFP-0000063792/download/#:~:text=WHAT%20IS%20ARC%20REPLICA%3F,countries%20prone%20to%20climate%20risks. [184]

PAM (sans date), « R4 - Initiative en faveur de la résilience des communautés rurales », page web, https://fr.wfp.org/publications/r4-initiative-en-faveur-de-la-resilience-des-communautes-ruraleshttps://www.wfp.org/r4-rural-resilience-initiative (consulté le 23 May 2021). [80]

Picolotti, R. et A. Miller (2020), « Debt for climate swaps can help developing countries make a green recovery », 13 novembre, Institut international du développement durable, Winnipeg, https://www.iisd.org/sustainable-recovery/debt-for-climate-swaps-can-help-developing-countries-make-a-green-recovery/. [236]

Pilla, F., S. Gharbia et R. Lyons (2019), « How do households perceive flood-risk? The impact of flooding on the cost of accommodation in Dublin, Irlande », *Science of the Total Environment*, vol. 650, pp. 144-154, http://dx.doi.org/10.1016/j.scitotenv.2018.08.439. [127]

PPCR (sans date), « Adaptation Programme and Financing Mechanism », page web, https://ppcrja.org.jm/adaptation-programme-and-financing-mechanism/ (consulté le 23 September 2021). [223]

Ramani, V. (2020), *Addressing Climate as a Systemic Risk - A Call to Action for U.S. Financial Regulators*, Ceres, Boston, https://www.ceres.org/resources/reports/addressing-climate-systemic-risk. [51]

Reinhart, C. et K. Rogoff (2011), « The forgotten history of domestic debt », *The Economic Journal*, vol. 121/552, pp. 319-350, http://dx.doi.org/10.1111/j.1468-0297.2011.02426.x. [44]

Robinson, M. (2016), *Introducing Hurricane Clauses: Lessons from Grenada's Recent Experience. A Countercyclical Financial Instrument*, The Commonwealth, Londres, https://thecommonwealth.org/sites/default/files/inline/Introducing%20Hurricance%20Clauses.PDF. [231]

Sabates-Wheeler, R. et S. Devereux (2007), « Social protection for transformation », *IDS Bulletin*, vol. 38/3, pp. 23-28, http://dx.doi.org/10.1111/j.1759-5436.2007.tb00368.x. [66]

Saha, S. et B. Viney (2019), « How climate change could spark the next financial crisis », *Journal of International Affairs*, vol. 73/1, pp. 205-216. [56]

Sakha, S. (2019), « Determinants of risk aversion over time: Experimental evidence from rural Thailand », *Journal of Behavioral and Experimental Economics*, vol. 80, pp. 184-198, http://dx.doi.org/10.1016/j.socec.2019.03.008. [118]

Sandink, D. (2015), « Urban flooding and ground-related homes in Canada: An overview », *Journal of Flood Risk Management*, vol. 9/3, pp. 208-223, http://dx.doi.org/10.1111/jfr3.12168. [122]

Santeramo, F. et al. (2016), « Farmer participation, entry and exit decisions in the Italian crop insurance programme », *Journal of Agricultural Economics*, vol. 67/3, pp. 639-657, http://dx.doi.org/10.1111/1477-9552.12155. [161]

Saunders, J. (2020), « Florida-backed citizens extends moratorium on policy cancellations », 7 août, PropertyCasual360, https://www.propertycasualty360.com/2020/08/07/state-backed-citizens-extends-moratorium-on-policy-cancellations-414-184702/. [169]

Schneiderbauer, S. et al. (2021), « Risk perception of climate change and natural hazards in global mountain regions: A critical review », *Science of the Total Environment*, vol. 784, p. 146957, http://dx.doi.org/10.1016/j.scitotenv.2021.146957. [121]

Shao, W. et al. (2017), « Understanding the effects of past flood events and perceived and estimated flood risks on individuals' voluntary flood insurance purchase behavior », *Water Research*, vol. 108, pp. 391-400, http://dx.doi.org/10.1016/j.watres.2016.11.021. [126]

Sheehan, M. (2021), « Weathering climate risk: V20 Group and the IDF call for joint collaboration and international support to strengthen global physical climate risk management capabilities », 20 septembre, Reinsurance News, https://www.insdevforum.org/weathering-climate-risk-v20-group-and-the-idf-call-for-joint-collaboration-and-international-support-to-strengthen-global-physical-climate-risk-management-capabilities/. [154]

Sommer, J., M. Restivo et J. Shandra (2020), « The United States, bilateral debt-for-nature swaps, and forest loss: A cross-national analysis », *The Journal of Development Studies*, vol. 56/4, pp. 748-764, https://doi.org/10.1080/00220388.2018.1563683. [233]

Steele, P. et S. Patel (2020), « Tackling the triple crisis. Using debt swaps to address debt, climate and nature loss post-COVID-19 », *Issue Paper*, Institut international pour l'environnement et le développement, Londres, https://pubs.iied.org/sites/default/files/pdfs/migrate/16674IIED.pdf. [38]

Storey, B. et I. Noy (2017), « Insuring property under climate change », *Policy Quarterly*, vol. 13/4, http://dx.doi.org/10.26686/pq.v13i4.4603. [128]

Storey, B. et al. (2020), *Insurance Retreat - Sea Level Rise and the Withdrawal of Residential Insurance in Aotearoa New Zealand*, Report for the Deep South National Science Challenge, https://deepsouthchallenge.co.nz/wp-content/uploads/2021/01/Insurance-Retreat-December-2020-Final-Report.pdf (consulté le 10 July 2021). [123]

Sudmeier-Rieux, K. et al. (2015), « Opportunities, incentives and challenges to risk sensitive land use planning: Lessons from Nepal, Spain and Vietnam », *International Journal of Disaster Risk Reduction*, vol. 14, pp. 205-224, http://dx.doi.org/10.1016/j.ijdrr.2014.09.009. [145]

Tall, A. et al. (2021), *Enabling Private Investment in Climate Adaptation and Resilience : Current Status, Barriers to Investment and Blueprint for Action*, Banque mondiale, Washington, D.C., https://openknowledge.worldbank.org/handle/10986/35203. [99]

TCFD (2017), *Recommendations of the Task Force on Climate-related Financial Disclosures: Final Report*, Équipe spéciale des informations financières ayant trait au climat, Bâle. [141]

Tenzing, J. (2019), « Integrating social protection and climate change adaptation: A review », *WIREs Climate Change*, vol. 11/2, http://dx.doi.org/10.1002/wcc.626. [77]

Tew, R. (2017), « ODA modernisation: An update following the October 2017 HLM », *Briefing*, Development Initiatives, http://devinit.org/wp-content/uploads/2017/11/ODA-modernisation-an-update-following-the-October-2017-HLM.pdf. [237]

The Fund for Peace (sans date), « Fragile States Index », page web, https://fragilestatesindex.org/ (consulté le 11 August 2021). [206]

Toussaint, P. (2021), « Loss and damage and climate litigation: The case for greater interlinkage », *Review of European, Comparative and International Environmental Law*, vol. 30/1, pp. 16-33. [187]

Tschakert, P. et al. (2019), « One thousand ways to experience loss: A systematic analysis of climate-related intangible harm from around the world », *Global Environmental Change*, vol. 55, pp. 58-72, http://dx.doi.org/10.1016/j.gloenvcha.2018.11.006. [7]

Tuominen, P. et al. (2015), « Economic appraisal of energy efficiency in buildings using cost-effectiveness assessment », *Procedia Economics and Finance*, vol. 21, pp. 422-430, http://dx.doi.org/10.1016/s2212-5671(15)00195-1. [108]

UNRISD (2016), « The human rights-based approach to social protection », *Issues Brief*, n° 2, Institut de recherche des Nations Unies pour le développement social, Genève. [67]

US Bureau of Economic Analysis (2020), *Total Gross Domestic Product for New Orleans-Metairie, LA (MSA) [NGMP35380]*, (base de données), https://fred.stlouisfed.org/series/NGMP35380 (consulté le 3 June 2021). [33]

USAID (2017), *Climate Risk Screening and Management Tool*, Agence des États-Unis pour le développement international, Washington, D.C., https://www.climatelinks.org/sites/default/files/USAID%20CRM%20Activity%20tool%20%2B%20Annex%202-23-17.pdf. [202]

V20 (2021), « 1st Climate Vulnerables Finance Summit Communiqué », 8 juillet, Groupe des vingt pays vulnérables, https://www.v-20.org/activities/ministerial/1st-climate-vulnerables-finance-summit-communique. [194]

Von Peter, G., S. Von Dahlen et S. Saxena (2012), « Unmitigated disasters? New evidence on the macroeconomic cost of natural catastrophes », *BIS Working Papers*, n° 394, Banque des règlements internationaux, Bâle, https://www.bis.org/publ/work394.pdf. [151]

Watts, C. (2015), *The Cost of Inaction: Recognising the Value at Risk from Climate Change*, The Economist Intelligence Unit. [58]

Weedige et al. (2019), « Decision making in personal insurance: Impact of insurance literacy », *Sustainability*, vol. 11/23, p. 6795, http://dx.doi.org/10.3390/su11236795. [160]

West, O. (2020), « IADB to roll out hurricane clauses as small state please gain traction », 15 octobre, GlobalMarkets, https://www.globalcapital.com/globalmarkets/article/28mud0joemtvb9q4o3gu8/ssa/iadb-to-roll-out-hurricane-clauses-as-small-state-pleas-gain-traction. [149]

Wigglesworth, R. et C. Smith (2019), « 'Hurricane clause' in bonds helps countries struck by disaster », 4 juin, Financial Times, https://www.ft.com/content/4917e73a-8305-11e9-b592-5fe435b57a3b. [148]

Willitts-King, B. et al. (2020), *Risk-informed approaches to humanitarian funding*, The INSPIRE Consortium, https://cdn.odi.org/media/documents/Risk-informed_approaches_to_humanitarian_funding_using_risk_finance_tools_to_stren.pdf. [94]

Wittig, J. (2021), « UN Central Emergency Response Fund supports anticipatory action in Ethiopia and Somalia », 16 avril, Nations Unies, Bureau de la coordination des affaires humanitaires, https://www.unocha.org/story/un-central-emergency-response-fund-supports-anticipatory-action-ethiopia-and-somalia. [93]

Wolf, F. et al. (2021), « Influences of climate change on tourism development in small Pacific Island states », *Sustainability*, vol. 13/8, p. 4223, http://dx.doi.org/10.3390/su13084223. [6]

Yue, M. et C. Wang (2021), « Debt-for-nature Swaps: A triple-win solution for debt sustainability and biodiversity finance in the Belt and Road Initiative (BRI)? », 1er février, Greenbelt Road and Initiative Center, https://green-bri.org/debt-for-nature-swaps-in-the-belt-and-road-initiative-bri/. [235]

Zegarra, M. et al. (2020), « Impact of Hurricane Dorian in the Bahamas: A View from the sky », *Technical Note*, n° IDB-TN-1857, Banque interaméricaine de développement, Washington, D.C., https://publications.iadb.org/publications/english/document/Impact_of_Hurricane_Dorian_in_The_Bahamas_A_View_from_the_Sky.pdf. [2]

Zhang, D. et S. Managi (2020), « Financial development, natural disasters, and economics of the Pacific small island states », *Economic Analysis and Policy*, vol. 66, pp. 168-181, http://dx.doi.org/10.1016/j.eap.2020.04.003. [47]

Annex 5.A. Cadre statistique et méthodologie

Considérations méthodologiques

Le Comité d'aide au développement (CAD) de l'OCDE compile annuellement des statistiques sur l'aide publique au développement (APD) et autres flux financiers versés par les acteurs de la coopération pour le développement bilatéraux et multilatéraux aux pays en développement. Ces données sont accessibles librement dans la base de données du Système de notification des pays créanciers de l'OCDE (SNPC).

Vue d'ensemble des données figurant dans le SNPC

Les données proviennent des projets et programmes individuels des donneurs bilatéraux et multilatéraux. Les membres du CAD ont une obligation de notification de leurs données. Ils doivent pour cela fournir au SNPC des informations sur l'objectif de l'aide fournie en utilisant un ensemble de codes sectoriels (ou codes-objet). Lors de leur notification, les donneurs sont invités à répondre à la question : « Dans quels domaines particuliers de l'économie ou de la structure sociale du pays bénéficiaire ce transfert va-t-il stimuler le développement ? » [la liste de l'ensemble des codes-objet définis par le CAD est disponible à la page (OCDE, sans date[241])]. Le SNPC inclut en outre un système de marquage de l'action publique qui facilite le suivi des activités des membres du CAD à l'appui des objectifs des Conventions de Rio de 1992 sur la biodiversité, sur les changements climatiques et sur la lutte contre la désertification (les « marqueurs de Rio »). La notification des activités relatives à l'atténuation du changement climatique, à la biodiversité et à la désertification est devenue obligatoire pour les membres du CAD en 2006, et celle sur l'adaptation au changement climatique en 2010. La définition et les critères d'éligibilité du marqueur de Rio relatif à l'adaptation au changement climatique sont présentés succinctement dans le Tableau 5.A.1. Pour chaque activité notifiée, les membres du CAD (et autres donneurs bilatéraux) doivent indiquer si l'objectif de l'une ou l'autre des Conventions de Rio y est un objectif « principal » ou « significatif ». Les activités dont c'est l'objectif « principal » n'auraient sinon pas reçu de financement ; celles dont c'est un objectif « significatif » présentent d'autres objectifs principaux mais ont été conçues ou ajustées pour atteindre aussi l'objectif de la Convention de Rio correspondante. Cette distinction indique le degré de prise en compte des questions environnementales dans les activités de coopération pour le développement.

Tableau 5.A.1. Définition et critères d'éligibilité du marqueur de Rio relatif à l'adaptation au changement climatique

Aide à l'appui des objectifs de la Convention-cadre des Nations Unies sur le changement climatique : l'adaptation au changement climatique	
DÉFINITION Une activité devrait être classée comme « orientée vers l'adaptation » (valeur Principale ou Significative) si :	Elle vise à réduire la vulnérabilité des systèmes humains ou naturels aux impacts actuels et attendus du changement climatique, notamment la variabilité du climat, en maintenant ou en accroissant la résilience via le renforcement de la capacité à s'adapter aux facteurs de stress liés au changement climatique, aux chocs et à la variabilité – ou à les absorber –, et/ou en contribuant à réduire l'exposition à ces effets. Cette définition couvre diverses activités englobant la production d'informations et de savoirs, le développement des capacités, ainsi que la planification et la mise en œuvre de mesures d'adaptation au changement climatique.
CRITÈRES D'ÉLIGIBILITÉ Une activité peut être retenue au titre de l'adaptation au changement climatique si :	a) l'objectif d'adaptation au changement climatique figure explicitement dans la documentation se rapportant à l'activité et b) cette activité comporte des mesures particulières correspondant à la définition ci-dessus. La réalisation d'une analyse de l'adaptation au changement climatique, soit séparément, soit dans le cadre des procédures normales des agences, facilite la démarche. Pour faciliter la notation, la « bonne pratique » recommandée consiste à procéder en trois temps, en particulier pour déterminer la valeur Principale : • Définir le contexte des risques, de la vulnérabilité et des impacts liés à la variabilité du climat et au changement climatique : pour qu'un projet soit considéré comme contribuant à l'adaptation au changement climatique, le contexte de la vulnérabilité climatique doit être clairement établi à l'aide d'un ensemble d'éléments probants. Ces derniers peuvent prendre des formes diverses, notamment des analyses et rapports existants, ou encore l'analyse originale de la vulnérabilité du climat, réalisée sur mesure dans le cadre de la préparation du projet. • Spécifier dans la documentation du projet la volonté de s'attaquer aux risques, vulnérabilités et impacts répertoriés : il convient d'indiquer dans le projet comment il gérera les aspects du changement climatique liés au contexte et à l'emplacement géographique, comme cela figure dans les analyses et rapports existants, ou encore dans l'analyse de la vulnérabilité du climat réalisée pour le projet. • Démontrer qu'il existe un lien clair et direct entre les risques, vulnérabilités et impacts répertoriés et les activités propres au projet : ce dernier doit explicitement, comme en fait état sa documentation, apporter une solution aux risques et vulnérabilités liés au changement climatique actuel et futur.

Source : (OCDE, 2020[96]).

En 2018, un nouveau marqueur relatif à la réduction des risques de catastrophes a été approuvé (voir la présentation succincte de sa définition et de ses critères d'éligibilité dans le Tableau 5.A.2). La notification au titre de ce marqueur a débuté en 2019, pour les flux de 2018. En 2018 et 2019, les membres du CAD ont notifié au titre de ce marqueur 5 975 activités relevant de l'APD. Le nombre de ces activités s'est accru de 38 % en 2018-19. En 2018, trois membres du CAD (Royaume-Uni, Belgique et Hongrie) n'ont déclaré aucune activité dans cette catégorie, mais ils l'ont fait en 2019. Au cours de cette période, plusieurs pays ont également notifié un nombre plus élevé d'initiatives. Il est peu probable que cette augmentation traduise un changement de priorité des actions publiques (ou la survenue d'une grave catastrophe au cours de cette période) ayant pu entraîner une attention nouvelle pour ces questions. Le constat, pour les nouveaux marqueurs, est au contraire que la trajectoire reste la même : plusieurs cycles de notification seront probablement nécessaires avant que le marqueur ne reflète un changement d'orientation des actions publiques.

Tableau 5.A.2. Définition et critères d'éligibilité du marqueur du Cadre d'action de Sendai pour la réduction des risques de catastrophe

Aide à l'appui des objectifs du Cadre d'action de Sendai pour la réduction des risques de catastrophe	
DÉFINITION Une activité devrait être classée comme « orientée vers la réduction des risques de catastrophe » (valeur Principale ou Significative) si :	Elle vise à favoriser la concrétisation de l'objectif principal et des objectifs mondiaux* du Cadre de Sendai, conçu pour assurer une réduction substantielle des risques de catastrophe et des pertes qui en résultent s'agissant des vies humaines, des moyens de subsistance et de la santé des personnes, ainsi que des actifs économiques, physiques, sociaux, culturels et environnementaux des personnes, des entreprises, des collectivités et des pays.
CRITÈRES D'ÉLIGIBILITÉ	L'activité contribue à prévenir l'apparition de nouveaux risques de catastrophe, et/ou à réduire les risques de catastrophe existants, et/ou à renforcer la résilience à travers la mise en œuvre de mesures intégrées et inclusives dans les domaines économique, structurel, juridique, social, culturel, environnemental, technologique, politique et institutionnel et dans ceux de la santé et de l'éducation, qui permettent de prévenir ou de réduire l'exposition aux risques et la vulnérabilité face aux catastrophes, d'améliorer la préparation des interventions et des efforts de relèvement, dans le but exprès d'améliorer la sécurité humaine, le bien-être, la qualité de la vie, la résilience et le progrès vers un développement durable. L'activité sera marquée « Objectif principal » si elle vise directement et explicitement à favoriser la réalisation d'au moins une des quatre priorités énoncées dans le Cadre de Sendai pour l'action : • Priorité 1 : comprendre les risques de catastrophe. • Priorité 2 : renforcer la gouvernance des risques de catastrophe pour mieux les gérer. • Priorité 3 : investir dans la réduction des risques de catastrophe aux fins de la résilience. • Priorité 4 : renforcer l'état de préparation aux catastrophes pour intervenir de manière efficace et pour « mieux reconstruire » durant la phase de relèvement, de remise en état et de reconstruction.
EXEMPLES D'ACTIVITÉS CARACTÉRISTIQUES	Appui à la conception, à la mise en œuvre et à l'évaluation de stratégies, de politiques et de mesures visant à améliorer la compréhension des risques de catastrophe ; intégration des considérations relatives à la réduction des risques de catastrophe dans les politiques, la planification et la législation en matière de développement ; action visant à encourager l'engagement des responsables politiques en faveur de la réduction des risques de catastrophe et la participation des populations locales à celle-ci ; cartographie, modélisation et évaluation des risques, et diffusion des informations issues de ces travaux ; élaboration d'outils d'aide à la décision pour une planification tenant compte des risques ; mise en place de systèmes d'alerte rapide, avec une sensibilisation des populations locales ; activités visant à développer les connaissances, à sensibiliser le grand public et à renforcer la coopération dans le domaine de la réduction des risques de catastrophe ; inscription de la problématique de la réduction des risques de catastrophe dans les programmes d'enseignement et les activités de renforcement des capacités des enseignants et autres éducateurs ; formation à la gestion des risques de catastrophe destinée aux populations locales, aux autorités locales et à des secteurs précis ; intégration des considérations relatives à la réduction des risques de catastrophe dans les politiques relatives à l'adaptation au changement climatique, à la protection sociale et à l'environnement ; instauration de normes légales qui favorisent la résilience dans le domaine des infrastructures et de l'aménagement de l'espace ; financement et assurance concernant les catastrophes ; planification de la préparation aux catastrophes et organisation d'exercices réguliers pour améliorer la réponse ; mise en place d'infrastructures et d'équipements protecteurs ; planification et financement visant à renforcer la résilience pendant le relèvement.

Source : (OCDE, 2017[242]).

Les activités notifiées peuvent répondre aux critères de plusieurs marqueurs ; il convient d'en tenir compte lors de la compilation des données se rapportant à tous les marqueurs. Dans le présent chapitre, les chiffres du financement du développement bénéficiant aux activités d'adaptation au changement climatique et à celles de réduction des risques de catastrophe n'ont pas été ajoutés, afin d'éviter une double comptabilisation. En règle générale, les statistiques doivent soit être élaborées pour un seul marqueur à la fois (sans faire la somme des totaux), soit faire état des chevauchements qui existent entre les marqueurs afin de ne pas comptabiliser les chiffres deux fois. La présente analyse tient compte des chevauchements entre les marqueurs, de manière à éviter une double comptabilisation.

La méthodologie décrite plus haut s'applique aux membres du CAD, mais pas à tous les acteurs multilatéraux de la coopération pour le développement. Les fonds ayant trait au climat (comme le Fonds vert pour le climat et le Fonds pour l'adaptation) appliquent la méthodologie des marqueurs de Rio. En revanche, les banques de développement multilatérales utilisent une méthode qui leur est propre pour répertorier les aspects qui, au sein de leurs projets, ont trait au climat (BAD et al., 2020[213]). Bien que les donneurs multilatéraux puissent théoriquement notifier des engagements au titre de la réduction des risques de catastrophes, seules quatre organisations (la Banque asiatique de développement, l'Institut mondial de la croissance verte, le Fonds vert pour le climat et l'Organisation mondiale de la santé) ont signalé 618 activités de ce type en 2018-19. Les donneurs multilatéraux ont donc été exclus de l'analyse qui, axée sur les pertes et les dommages, couvrait les activités de réduction des risques de catastrophes.

Considérations méthodologiques

L'analyse statistique porte sur l'ensemble des activités classées comme orientées vers l'adaptation au changement climatique (y compris leurs éléments qui se chevauchent avec les marqueurs de la biodiversité, l'atténuation du changement climatique, la lutte contre la désertification, l'aide à l'environnement et la réduction des risques de catastrophes). Dans la mesure où le marqueur de la réduction des risques de catastrophes n'a été introduit qu'en 2018, l'analyse est centrée sur les engagements de 2018-19. Les données de 2020 seront disponibles fin 2021.

L'analyse se focalise sur les donneurs bilatéraux, c'est-à-dire les 30 membres du CAD de l'OCDE qui notifient au SNPC les flux financiers engagés dans des activités et qui appliquent la méthode des marqueurs de Rio. Cela concerne les pays suivants : Allemagne, Australie, Autriche, Belgique, Canada, Corée, Danemark, Espagne, États-Unis, Finlande, France, Grèce, Hongrie, Irlande, Islande, Italie, Japon, Luxembourg, Norvège, Nouvelle-Zélande, Pays-Bas, Pologne, Portugal, République tchèque, Royaume-Uni, Slovaquie, Slovénie, Suède, Suisse et Union européenne. Bien que la Corée figure dans la liste des pays hors Annexe I de la CCNUCC, elle est membre du CAD et est donc incluse dans l'analyse. Outre les membres du CAD, le SNPC regroupe les données de 30 autres acteurs bilatéraux de la coopération pour le développement. Tous ne peuvent cependant pas utiliser la méthode des marqueurs de Rio, raison pour laquelle ils ont été exclus de l'analyse.

D'autre part, plusieurs banques de développement multilatérales et quelques fonds et programmes spécialement consacrés au climat notifient également à l'OCDE leurs activités de financement du développement liées au climat. En voici la liste : Fonds pour l'adaptation ; Banque africaine de développement ; Fonds africain de développement ; Banque asiatique de développement ; Société andine de développement ; Banque de développement des Caraïbes ; Fonds d'investissement pour le climat ; Banque européenne d'investissement ; Organisation des Nations Unies pour l'alimentation et l'agriculture ; Fonds vert pour le climat ; Fonds pour l'environnement mondial ; Institut mondial de la croissance verte ; Banque interaméricaine de développement ; IDB Invest ; Fonds international de développement agricole ; Banque islamique de développement ; Fonds nordique de développement ; PNUD ; Banque internationale pour la reconstruction et le développement ; Association internationale de développement. Lorsque les analyses vont au-delà de l'APD, elles utilisent également les données de la Banque asiatique d'investissement dans les infrastructures, de la Banque de développement du Conseil de l'Europe et de la Banque européenne pour la reconstruction et le développement. Comme indiqué, toutes ces institutions n'utilisent pas la méthode des marqueurs de Rio. Celles qui utilisent une méthode qui leur est propre sont dissociées des autres (les membres du CAD et les donneurs multilatéraux employant une méthode différente sont représentés à l'aide de bâtons distincts).

L'analyse utilise un certain nombre de codes-objet d'activités présentant un intérêt au regard des pertes et des dommages, en s'appuyant sur les définitions établies dans le cadre du processus de la CCNUCC (à savoir l'article 8 de l'Accord de Paris, les cinq axes de travail du Mécanisme international de Varsovie et les définitions approuvées lors des Conférences des Parties à la Convention). Une révision manuelle de ces codes (avec l'élimination de ceux qui paraissaient à première vue pertinents d'après la définition des codes-objet figurant dans les lignes directrices des statistiques du CAD) a permis de ne conserver que ceux présentant le plus d'intérêt au regard des pertes et des dommages (voir le Tableau 5.A.3). De cette façon, l'analyse permet d'évaluer approximativement dans quelle mesure les donneurs tiennent compte, dans leur financement du développement, de la problématique de la réduction et de la gestion des risques de pertes et de dommages induits par le changement climatique.

Tableau 5.A.3. Codes-objet des activités présentant un intérêt au regard des pertes et des dommages

Article 8	Axes de travail du Mécanisme de Varsovie	Codes-objet pertinents
Systèmes d'alerte précoce		
Phénomènes se manifestant lentement	A) Phénomènes à évolution lente	Protection de la biosphère – 41020 Diversité biologique – 41030 Développement sylvicole – 31220 Politique de la sylviculture et gestion administrative – 31210 Approvisionnement en eau potable - dispositifs de base – 14031
Phénomènes susceptibles de causer des pertes et préjudices irréversibles et permanents		Assistance matérielle et services d'urgence – 72010 (73011 et 73012) Assistance alimentaire d'urgence – 72040 Reconstruction et réhabilitation – 730 (73010) Intervention d'urgence (720) (hormis Coordination des secours et services de soutien – 72050)
Évaluation et gestion complètes des risques	c) Approches de gestion complète des risques	Prévention des catastrophes/Préparation à leur survenue – 740 (dont 74020) Réduction des risques de catastrophe – 43060 Protection sociale – 16010 Politiques, planification et administration des services de protection sociale – 16011 Aide plurisectorielle pour les services sociaux de base – 16050
Dispositifs d'assurance dommages, mutualisation des risques climatiques et autres solutions en matière d'assurance		Politique des finances et gestion administrative – 24010 Intermédiaires financiers officiels – 24030 Intermédiaires financiers du secteur informel et semi formel – 24040 Services financiers agricoles – 31193
Pertes autres qu'économiques	b) Pertes non économiques	
Résilience des communautés, des moyens de subsistance et des écosystèmes		Développement rural – 43042 Politique de l'emploi et gestion administrative – 16020 Développement agricole – 31120 Ressources en terres cultivables – 31130 Ressources en eau à usage agricole – 31140 Produits à usage agricole – 31150 Production agricole – 31161 Développement de la pêche – 31320 Éducation et formation dans le domaine de la pêche – 31381 Recherche dans le domaine de la pêche – 31382 Services dans le domaine de la pêche – 31391 Politique du tourisme et gestion administrative – 33210 Développement des Petites et moyennes entreprises (PME) – 32130
	d) Mobilité des êtres humains, dont l'émigration, les déplacements et les transferts planifiés	Faciliter la migration et la mobilité de façon ordonnée, sans danger, régulière et responsable – 15190
	e) Amélioration de la coopération et de la facilitation en rapport avec l'action et l'appui, notamment le financement, les technologies et le renforcement des capacités	Recherche et développement technologiques – 32182 Télécommunications – 22020 Technologies de l'information et de la communication (TIC) – 22040 Services météorologiques – 15143 Éducation et formation en matière d'approvisionnement en eau et d'assainissement – 14081 Vulgarisation agricole – 31166 Éducation et formation dans le domaine agricole – 31181 Recherche agronomique – 31182 Éducation et formation dans le domaine de la pêche – 31381 Recherche dans le domaine de la pêche – 31382 Éducation et formation environnementales – 41081 Recherche environnementale – 41082 Recherche en sylviculture – 31282

Source : (OCDE, sans date[241])

Notes

[1] L'assurance et les autres dispositifs de transfert des risques ont également des coûts pour les ménages, les entreprises et les organismes publics qui y ont recours. Tous payent une prime pour la couverture fournie, qui est généralement censée être adaptée aux pertes attendues.

[2] Estimations établies d'après les données fournies par Swiss Re sigma et PCS. Seuls les événements pour lesquels des pertes économiques assurées avaient été déclarées ont été pris en compte dans le calcul.

[3] Entre 2000 et 2019, 58 % environ des pertes économiques causées par des inondations étaient assurées dans les pays de l'OCDE disposant d'un programme d'assurance des risques de catastrophe (dont les inondations), alors qu'elles n'étaient que de 31 % dans les pays ne disposant pas d'un tel programme. S'agissant des tempêtes, 59 % environ des pertes économiques qui y étaient liées étaient couvertes par une assurance dans les pays possédant un programme de ce type, contre 50 % dans les autres. En Espagne, un assureur public couvre un large éventail d'aléas. Par voie de conséquence, la part des pertes économiques couverte par une assurance y est nettement plus élevée que dans les autres pays où le taux de pénétration de l'assurance des biens y est similaire (la Grèce, l'Italie et le Mexique).

[4] Les prêts bonifiés sont assortis de conditions plus avantageuses que les non bonifiés, qui sont conclus aux conditions du marché (ou assimilées). L'APD se distingue de l'AASP par un élément-don de 25 % au minimum. Pour en savoir plus, voir OCDE (sans date[241]).

6 Technologies de réduction et de gestion des pertes et dommages

La technologie est essentielle pour une gouvernance efficace des risques, et notamment des aléas complexes et potentiellement systémiques induits par le changement climatique. Il est indispensable de comprendre les risques et les impacts actuels et futurs du changement climatique avant d'élaborer et de mettre en œuvre des stratégies de réduction et de gestion des pertes et dommages potentiels qui leur sont associés. L'observation et la modélisation du système climatique et les capacités de prévision peuvent contribuer à la caractérisation des risques. Les technologies seront à la base de l'évaluation des risques et de l'élaboration des stratégies de réduction et de gestion de ces risques. Les risques sont en constante évolution, aussi un processus itératif de suivi, d'évaluation et d'apprentissage peut-il contribuer à la compréhension et à la gestion des risques au fil du temps.

En bref

La technologie joue un rôle crucial à tous les stades de la compréhension et de la gestion des risques de pertes et dommages induits par le changement climatique

Les technologies jouent un rôle fondamental dans la réduction et la gestion des risques de pertes et dommages induits par le changement climatique. Lorsque les décisions sont prises en situation d'incertitude, un processus de gouvernance des risques doit faciliter une surveillance, une évaluation et un apprentissage constants. Ces processus itératifs peuvent êtres guidés par i) une caractérisation et ii) une évaluation claires des risques, complétées par iii) l'élaboration et la mise en œuvre de stratégies de réduction et de gestion des risques. La technologie revêt une importance cruciale pour chacune des trois composantes de la gouvernance des risques. Le présent chapitre met en avant certaines de ces technologies, sans viser à l'exhaustivité.

Technologies de caractérisation des risques

Comprendre la variabilité et le changement climatiques est une entreprise scientifique complexe. Les progrès technologiques dans des domaines tels que les moyens d'observation spatiale, les puissances de calcul élevées, les logiciels de cartographie et les systèmes de télécommunications ont fourni des outils essentiels pour mieux comprendre le système climatique et en caractériser les risques. La participation inclusive des parties prenantes peut – tout comme les savoirs indigènes et locaux – contribuer à compléter les connaissances scientifiques sur les déterminants des risques que les données observées pourraient ne pas permettre de déceler. À l'échelle mondiale, une telle collaboration peut faciliter le partage de données, d'informations et de capacités de modélisation dont les différents pays pourraient ne pas disposer à titre individuel.

Les services d'information météorologique et climatologique (SIMC) sont essentiels pour identifier et évaluer les options de réduction et de gestion des risques de pertes et dommages, ainsi que pour en suivre les performances. Un dialogue précoce et soutenu avec les différents utilisateurs de ces services peut aider à faire en sorte que les données et les informations soient utiles à la prise de décision. Une meilleure assimilation des données, telles que les prévisions déterministes des trajectoires des cyclones, peut jouer un rôle crucial dans l'amélioration des prises de décision. Les SIMC souffrent cependant d'un retard significatif dans nombre des pays les moins avancés (PMA) et des petits États insulaires en développement (PEID). Par ailleurs, si les services météorologiques sont bien établis, ceux destinés à guider les actions à plus longue échéance sont moins répandus, malgré des progrès notables ces dernières années. Des améliorations constantes du dialogue entre fournisseurs et utilisateurs et de la manière dont l'information est véhiculée sont nécessaires pour garantir que ces services climatologiques répondent à une demande et qu'ils soient non seulement utilisables mais aussi utiles.

Pour comprendre l'exposition et la vulnérabilité aux aléas liés au climat, il faut disposer de données socioéconomiques granulaires et savoir comment les risques influent sur les moyens de subsistance et l'état de santé des populations, et plus généralement sur leur cadre de vie. Une grande partie de ces données pourrait ne pas être aisément quantifiable. Dans le cadre de l'évaluation de l'exposition aux aléas climatiques, des technologies sont nécessaires pour faciliter la fourniture de données très précises sur les caractéristiques des environnements naturels et bâtis. La technologie et les produits de données géospatiales peuvent donner des indications sur les chevauchements entre aléa, exposition et vulnérabilité. Ces produits accroissent au fil du temps la granularité et la pertinence des évaluations des risques pour certains lieux et certains groupes socioéconomiques. En association avec l'utilisation des réseaux sociaux, les enquêtes et les analyses prédictives (modélisation, apprentissage automatique et exploration de données, par exemple) peuvent également fournir des informations utiles sur la diversité et l'intensité des perceptions, des préoccupations et des impacts potentiels suscités par les risques.

Technologies d'évaluation des risques

Les informations issues de la caractérisation des risques peuvent servir de base à l'évaluation des risques et permettre aux décideurs de prendre des mesures de réduction et de gestion des risques émergents. Par exemple, les Centres mondiaux de production de prévisions climatiques annuelles à décennales de l'OMM s'appuient sur l'expertise scientifique et les modélisations informatiques des centres climatologiques les plus avancés au monde pour produire des informations utiles aux décideurs.

Les technologies de surveillance et de modélisation du système climatique seront également essentielles pour déterminer comment les aléas pourraient évoluer dans le temps et dans l'espace. Elles peuvent ainsi nourrir les systèmes d'alerte précoce et contribuer à la compréhension des multiples effets du changement climatique, y compris les potentiels effets en cascades.Ceci se révèlera particulièrement important face aux aléas émergents dans l'éventualité où un ou plusieurs points de basculement climatique devaient être déclenchés. L'estimation de la tolérance au risque à différentes échéances s'avère délicate, car cette tâche va bien au-delà de l'évaluation des différentes catastrophes liées au climat qui sont habituelles dans les conditions climatiques actuelles.

Technologies d'élaboration, de mise en œuvre et d'évaluation des stratégies de réduction et de gestion des risques

Les décisions quant à savoir à quels risques s'attaquer, par quels moyens, dans quelle mesure et à quel moment seront d'ordre politique ou personnel. Cependant, la mise en œuvre de ces choix peut parfois être fonction des technologies et des capacités technologiques (infrastructures ou compétences) disponibles. À titre d'exemple, les émissions de gaz à effet de serre doivent être fortement et rapidement réduites si l'on veut limiter les aléas qu'elles engendrent. Les trajectoires à faibles émissions doivent accroître le recours aux technologies sobres en carbone et donner lieu à une refonte des systèmes pour limiter l'augmentation de la demande en énergie et en matières premières. Il sera ainsi possible d'éviter une dépendance hasardeuse à l'égard de technologies visant l'absorption du dioxyde de carbone présent dans l'atmosphère plus tard dans ce siècle. Ces technologies pourraient représenter une menace pour d'autres objectifs (comme la sécurité alimentaire ou l'inversion de la perte de biodiversité). Au nombre des technologies destinées à limiter l'exposition et à réduire la vulnérabilité aux aléas liés au climat figurent notamment les alertes précoces concernant les aléas climatiques. Ces systèmes doivent prendre en considération tout un éventail d'horizons temporels et d'aléaspotentiels. Il s'agit entre autres des changements à évolution lente, des phénomènes extrêmes et des points de basculement climatique qui pourraient être déclenchés, même aux niveaux de réchauffement considérés comme probables au cours de ce siècle.

Les technologies sont par ailleurs à la base d'innovations susceptibles de réduire les pertes et dommages en cas de catastrophe. Elles peuvent par exemple accélérer les versements financiers pour aider les individus, les populations locales et les pays à se relever en ayant recours à une assurance paramétrique. Par ailleurs, les technologies de chaînes de blocs permettent de réduire le coût des transferts de fonds.

Les technologies disponibles seront bien souvent tributaires de la coopération locale, régionale et internationale pour remédier aux problèmes de diffusion et à la limitation des capacités. Une coopération plus étroite au niveau international, régional et mondial s'avère particulièrement importante dans le cas des investissements majeurs dans des domaines tels que les ordinateurs à hautes performances, les satellites et les capacités de modélisation et de prévision à la pointe du progrès. Le soutien international est également important pour remédier à la limitation des capacités (financières, techniques et organisationnelles) et favoriser le progrès technologique et l'innovation dans beaucoup de pays en développement. Les partenariats et les initiatives internationales peuvent aider à répondre aux besoins en matière de collecte et de partage de données d'observation, de surveillance et de modélisation climatiques, ainsi que de prévisions météorologiques. Les populations locales doivent être associées au processus de prise de décision, de manière à comprendre le contexte local et les capacités à assurer une meilleure diffusion des technologies.

6.1. Introduction

La définition et la mise en œuvre efficace des stratégies de réduction et de gestion des risques de pertes et dommages induits par le changement climatique reposent sur différents types d'éléments. Il s'agit notamment des savoirs locaux et indigènes, des données et des informations issues des sciences naturelles et sociales, et d'un processus de participation des diverses parties prenantes. Le chapitre 4 a mis en lumière la nécessité que les processus de gouvernance des risques reconnaissent l'importance, et intègrent, des mécanismes facilitant une surveillance, une évaluation et un apprentissage continus lors des prises de décision en situation d'incertitude (Klinke et Renn, 2012[1]), comme c'est le cas en matière de changement climatique. Ce processus peut s'appuyer sur les enseignements tirés de la gestion de risques antérieurs ou similaires, ou bien sur les nouvelles manières d'appréhender les risques et les technologies qui leur sont liées au fur et à mesure qu'elles deviennent disponibles. Ces processus itératifs de gestion des risques peuvent reposer sur trois composantes étroitement liées :

- la caractérisation des risques
- l'évaluation des risques
- l'élaboration, la mise en œuvre et l'évaluation des stratégies de réduction et de gestion des risques.

Ces composantes sont étroitement liées au processus de Plans nationaux d'adaptation mis en place par la Convention-cadre des Nations Unies sur les changements climatiques (CCNUCC). Ce processus met en lumière les étapes importantes consistant en premier lieu à acquérir les informations, puis à examiner les éléments préparatoires en vue de la planification, avant d'établir les stratégies de mise en œuvre à longue échéance (CCNUCC, 2012[2]). Chacune des composantes est complétée par un certain nombre d'éléments transversaux, dont une communication transparente et inclusive tenant compte du contexte sociétal.

La gestion de la gouvernance des risques devrait être guidée par un processus transparent et inclusif facilitant l'adoption de différents angles de vue pour comprendre les risques (Schweizer et Renn, 2019[3] ; IRGC, 2017[4]). La prise de décision doit tenir compte du contexte social, institutionnel, politique et économique plus large. La capacité organisationnelle des principaux acteurs – autorités, entreprises et particuliers – a une incidence sur les degrés de tolérance aux risques et de confiance dans le processus. Aussi la prise de décision doit-elle reconnaître la capacité des principaux acteurs du cadre de gouvernance des risques à remplir leurs rôles (IRGC, 2017[4]).

Le présent chapitre examine le rôle de la technologie du point de vue des trois composantes du processus de gouvernance des risques. Il reconnaît que la technologie n'est que l'un des facteurs déterminants qui guident ce processus. Ce chapitre met également en évidence comment les technologies peuvent venir à l'appui des aspects transversaux de la gouvernance, tels que le dialogue et la communication avec les parties prenantes. Dans ce contexte, le terme « technologie » peut aussi bien désigner un élément matériel (tel qu'un satellite) que, dans un sens plus large, une technique, des connaissances pratiques ou des compétences concrètes nécessaires à la réalisation d'une activité donnée (Boldt et al., 2012[5]).

Le reste de ce chapitre s'articule autour des trois composantes du processus de gouvernance des risques succinctement décrits ci-dessus. La section 6.2.1 étudie comment la technologie peut contribuer à la caractérisation des risques. La section 6.2.2 est axée sur le rôle de la technologie dans l'évaluation des risques et dans les processus décisionnels ultérieurs, qui déterminent à quels risques il convient de s'attaquer, par quels moyens, à quel moment, et dans quelle mesure. La section 6.2.3 examine ensuite le rôle de la technologie dans l'élaboration, la mise en œuvre et l'évaluation des stratégies de réduction et de gestion des risques. La section 6.2.4 passe en revue les critères importants pour la création d'un environnement propice à la diffusion des technologies. Le Tableau 6.1 offre une présentation synthétique des principaux points et met en lumière les considérations dont il doit être tenu compte lors de l'étude du rôle de la technologie dans les petits États insulaires en développement (PEID) et les pays les moins avancés (PMA).

Tableau 6.1. Le rôle de la technologie à l'appui des processus de gouvernance des risques de pertes et dommages

Composante	Méthode	Soubassement technologique (y compris les infrastructures scientifiques)	Considérations relatives aux PEID et aux PMA
Caractérisation – Évaluation des risques et des parties prenantes	Évaluation des aléas	• Services d'information météorologique et climatologique : capacités d'observation et de modélisation prédictive de la Terre (cyclones, ondes de tempête et inondations, par exemple). • Les séries de données d'observation à long terme facilitent la détection de la variabilité et du changement, et donc l'attribution. Mesures satellitaires et surveillance *in situ* des principaux éléments du système climatique (inlandsis de l'Antarctique, par exemple). • Modélisation du climat (modèle de circulation générale) sur des ordinateurs hautement performants ; assimilation des données et apprentissage automatique ; recherche climatique, prévisions. • Réseaux mondiaux d'observation météorologique, les relevés paléoclimatiques contextualisent le changement et la variabilité actuels et permettent de comprendre certains éléments de basculement potentiels au sein du système climatique.	• Les données d'observation et les capacités technologiques et de modélisation dont disposent les pays en développement peuvent être incomplètes, ce à quoi la collaboration régionale ou mondiale peut en partie remédier. • Les études des phénomènes extrêmes dans les pays à faible revenu sont rares, du fait de la faiblesse des relevés d'observations, des différences dans les mécanismes de notification des impacts des phénomènes extrêmes et d'une moins bonne simulation du climat tropical par les modèles climatiques. • Les savoirs indigènes peuvent compléter les connaissances scientifiques pour ce qui est des déterminants des risques qui pourraient ne pas être identifiés par les méthodes classiques de traitement des données. • Le niveau des capacités technologiques et de l'accès aux moyens de financement déterminera (entre autres facteurs) le degré d'application de ces technologies.
	Évaluation de l'exposition et de la vulnérabilité	• Séries de données à grande échelle relatives aux caractéristiques spatiales de l'exposition et de la vulnérabilité aux différents types d'aléas climatiques en fonction de la situation socioéconomique. La technologie peut y contribuer grâce aux mégadonnées, à des études rapides à l'aide de satellites ou d'UAV*, ainsi qu'à la communication avec les populations exposées. • Études et évaluations, par exemple à travers l'externalisation ouverte et le recours à l'analyse de données, et évaluation des perceptions des risques et des autres préoccupations à travers les médias sociaux.	• La qualité des données, l'accès à des infrastructures fonctionnelles et les technologies de communication peuvent être moindres ou moins disponibles dans certaines régions. • Les savoirs indigènes peuvent fournir des informations qui pourraient ne pas être obtenues par les méthodes classiques de traitement des données. • Les préoccupations des populations indigènes des régions reculées et des autres minorités peuvent être sous-représentées.
Évaluation – Caractérisation des connaissances	Profils de risque basés sur des données factuelles, conclusions et options de réduction des risques	• Caractérisation de la manière dont les aléas liés au climat pourraient évoluer dans le temps et l'espace à l'aide, par exemple, des technologies de surveillance et de modélisation du système climatique. Elle peut être à la base des alertes précoces et d'une compréhension des impacts multiples et potentiellement en cascade des aléas émergents liés au climat (points de bascule, par exemple).	• Les relevés d'observations incomplets auront une incidence sur la surveillance et la modélisation. • Les modèles climatiques sont moins performants dans les régions tropicales du fait des interactions complexes entre la convection et la variabilité.
Évaluation – Évaluation des risques	Sur la base de la valeur, en jugeant de la tolérabilité, de l'acceptabilité et de la nécessité des mesures de	• Les capacités de mesure et de prévision en temps réel, dont les capteurs d'observation de la Terre situés au sol, servent de base aux projections des aléas climatiques au vu des évaluations de l'exposition et de la vulnérabilité.	• La rareté des données sur les phénomènes et les impacts extrêmes, le manque de données chronologiques sur les variables climatiques, les niveaux d'exposition et les variations de la vulnérabilité. • Limitation des capacités de prévision.

Composante	Méthode	Soubassement technologique (y compris les infrastructures scientifiques)	Considérations relatives aux PEID et aux PMA
	réduction des risques	• Les outils d'évaluation des risques, tels que la cartographie numérique des risques, peuvent s'appuyer sur des approches participatives pour offrir plus de détails sur l'exposition et la vulnérabilité.	
Élaboration, mise en œuvre et évaluation des stratégies – Élaboration	Définition, évaluation et sélection des options	• Les infrastructures physiques, la connectivité réseau et les capacités techniques institutionnelles offrent des exemples de facteurs qui influent sur la diffusion et la dissémination des technologies.	• Les capacités technologiques des PMA et des PEID et leur accès aux moyens de financement ne sont pas suffisants, ce qui peut (entre autres facteurs) influer sur le degré d'application de certaines technologies.
	Outils d'aide à la décision	• Les algorithmes de pointe et les représentations visuelles avancées ont amélioré les outils de prise de décision : analyse coûts-avantages, analyse coût-efficacité et analyse multicritères. • En association avec des simulations, reposant par exemple sur des outils de simulation sociale, les modèles informatiques peuvent éclairer les processus décisionnels impliquant des interactions sociales complexes.	• La coopération pour le développement peut aider les PMA et les PEID à identifier les méthodes d'évaluation des risques appropriées pour réduire et gérer les pertes et dommages potentiels.
Élaboration, mise en œuvre et évaluation des stratégies – Mise en œuvre	Réduction des aléas climatiques	• Efforts de réduction des émissions mondiales (atténuation) : plus grand recours aux technologies essentielles, telles que les énergies renouvelables, le stockage d'énergie, les réseaux intelligents, et la refonte des systèmes pour réduire la demande d'énergie et de matières premières.	• Certains PMA et PEID ne disposent pas d'une électricité stable, ce qui peut limiter leur capacité à appliquer les technologies d'atténuation.
	Réduction au minimum de l'exposition et de la vulnérabilité	• Technologies financières de récupération post-catastrophe, telles que la technologie de chaînes de blocs pour les transferts de fonds, l'indice de risque météorologique et la notation des risques par l'intelligence artificielle pour la souscription de contrats d'assurance. • Capacités de surveillance et de prévision météorologiques pour déclencher des versements financiers afin d'aider à la récupération post-catastrophe.	• L'application de certaines technologies (notamment celles à caractère expérimental) peut être conditionnée par l'accès à des ressources financières des PEID et des PMA, qui seront dans certains cas tributaires d'un financement international.
	Réduction au minimum de l'exposition et de la vulnérabilité	• Systèmes d'alerte précoce : capacités d'observation de la Terre, prévisions météorologiques avancées, surveillance des principaux aléas potentiels au sein du système climatique (par exemple, salinité des océans, inlandsis de l'Antarctique, fonte du pergélisol). Capacités à communiquer et à répondre aux signaux d'alerte précoce, à travers les communications mobiles ou l'Internet, par exemple.	• L'aptitude à produire des alertes précoces sera fonction des capacités technologiques (de modélisation et de surveillance). • Les déficiences technologiques et infrastructurelles dans certaines régions peuvent réduire l'efficacité des systèmes d'alerte précoce.
Élaboration, mise en œuvre et évaluation des stratégies – Suivi et examen	Surveillance, contrôle et enseignements tirés de la pratique	• Les techniques d'apprentissage automatique peuvent créer des inventaires des phénomènes et des impacts extrêmes pour mieux comprendre les risques.	• Les inventaires nationaux peuvent mettre en lumière les facteurs qui influent sur l'exposition et la vulnérabilité dans les différentes régions.

Composante	Méthode	Soubassement technologique (y compris les infrastructures scientifiques)	Considérations relatives aux PEID et aux PMA
Éléments transversaux	Communication	• Les technologies de l'information et de la communication sont à la base des médias sociaux, des groupes de discussion, ainsi que de l'analyse prédictive, qui visent à mieux comprendre les risques. • Les technologies de l'information et de la communication permettent d'avoir accès aux alertes précoces et aux autres informations pertinentes.	• Sensibilisation aux craintes relatives aux pertes et aux dommages auxquels doivent faire face les PMA et les PEID et renforcement du dialogue à leur sujet.
Éléments transversaux	Participation des parties prenantes	• En association avec l'utilisation des médias sociaux, les applications d'enquête, les groupes de discussion et les analyses prédictives (modélisation, apprentissage automatique et exploration de données, par exemple) peuvent également offrir de précieuses informations recueillies auprès des différentes parties prenantes sur la diversité et l'intensité des perceptions, des préoccupations et des impacts socioéconomiques potentiels liés aux risques.	• Les technologies de communications satellitaires accroissent la résilience des communications avec les organismes internationaux et les parties prenantes locales et régionales, aux fins d'échange d'informations sur des sujets allant des aléas climatiques jusqu'aux mesures de réduction des catastrophes.

Note : * Les UAV sont des véhicules aériens sans pilote.
Source : d'après (Schweizer et Renn, 2019[3] ; IRGC, 2017[4] ; Arendt-Cassetta, 2021[6]).

6.2. Technologies pour comprendre, réduire et gérer les risques de pertes et dommages induits par le changement climatique

Cette section examine les trois composantes de la méthode de gouvernance des risques brièvement décrites à la section 6.1. Pour chacune de ces composantes, elle met en lumière comment la technologie peut contribuer aux méthodes de gouvernance des risques. L'application de la technologie sera d'autant plus efficace si elle s'accompagne d'une communication transparente, d'un dialogue durable avec les parties prenantes et d'un renforcement des capacités.

6.2.1. Technologies pour caractériser les risques de pertes et dommages

La compréhension du climat, et à plus forte raison celle de la variabilité et du changement climatiques, est une tâche complexe d'un point de vue scientifique (voir l'examen au chapitre 2). Une meilleure compréhension de l'atmosphère et de ses relations d'interdépendance avec les autres composantes du système climatique peut efficacement aider à se préparer à affronter les risques, à les gérer et à les réduire. Les progrès technologiques dans des domaines tels que les moyens d'observation spatiale, les puissances de calcul élevées, les logiciels de cartographie et les systèmes de télécommunications ont permis de disposer d'outils essentiels pour mieux comprendre le système climatique, et de parfaire la collecte de données d'observation et la modélisation climatique. Ces progrès technologiques ont été d'une importance cruciale pour comprendre la nature du changement climatique et des aléas liés au climat. Ils continueront d'être à la base de nouvelles améliorations de la compréhension des risques, ainsi que des mesures pour y faire face. Les technologies d'observation de la Terre, au moyen notamment de satellites et de la télédétection, produisent de plus en plus gros volumes de données qui connaissent un développement exponentiel (Reichstein et al., 2019[7]).

Le dialogue avec les parties prenantes peut aider les décideurs à en apprendre davantage sur leurs perspectives de risques et sur la manière dont les aléas climatiques exercent une influence négative sur leurs moyens d'existence. Cela contribuera à une analyse approfondie qui servira de base à la caractérisation des risques pour un certain lieu ou pour une population donnée. Une telle analyse révèle comment ces aléas se manifestent dans le contexte socioéconomique, de manière à éclairer les processus décisionnels sur l'opportunité et les moyens de réduire et de gérer les risques qui s'ensuivent. Comme indiqué au chapitre 1, le risque climatique est fonction de l'aléa, de l'exposition des personnes et des biens à l'aléa, et de leur vulnérabilité à cet aléa particulier. Cette section examine comment la technologie peut contribuer à l'évaluation, en s'attachant elle-même à étudier les aléas, l'exposition et la vulnérabilité.

Évaluation des aléas

L'évaluation des aléas consiste à identifier les aléas et estimer le risque qu'ils se produisent. Les données relatives aux aléas sont l'élément nécessaire pour procéder à l'estimation de l'ampleur et de la fréquence des phénomènes météorologiques. La chaîne de valeur des services d'information météorologique et climatologique (SIMC) (Graphique 6.1.) doit produire des connaissances de grande qualité de manière à offrir des informations précises sur les évolutions tendancielles et les projections. La présente section met l'accent sur certains grands éléments de ce processus sans viser à l'exhaustivité.

Graphique 6.1. Chaîne de valeur des services d'information météorologique et climatologique

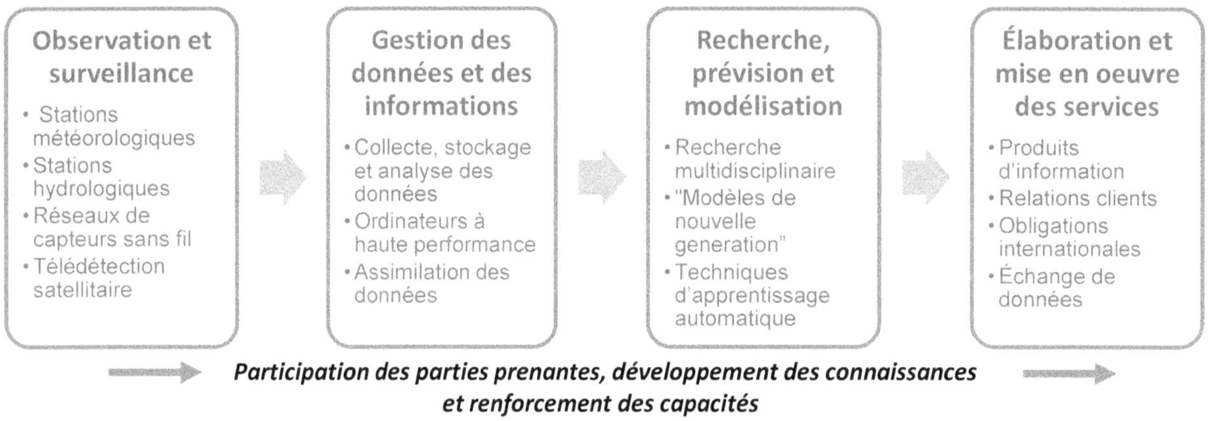

Source : D'après (OMM, 2015[8] ; CIF, 2020[9]).

Les SIMC jouent un rôle crucial dans la prise de décision (Allis et al., 2019[10]) en apportant les informations nécessaires sur les états passés, présents et à venir de l'atmosphère à différentes échelles de temps. Ils procurent les informations nécessaires à l'évaluation des impacts potentiels des aléas pour un secteur géographique donné. Parmi les éléments de l'infrastructure sous-jacente figurent les instruments de collecte de données ; les systèmes de collecte, de conservation et de gestion des données ; ainsi que les processus d'élaboration et de mise à disposition des services météorologiques et climatologiques. La recherche suggère que les services météorologiques sont bien établis, mais que les services climatologiques destinés à guider les actions à plus longue échéance le sont moins, malgré des progrès notables ces dernières années. Cela a contribué aux appels à une amélioration constante du dialogue entre les fournisseurs et les utilisateurs de ces services et à faire en sorte que les informations soient utilisables et utiles pour les utilisateurs finals.

Les SIMC peuvent permettre une meilleure compréhension des aléas météorologiques et climatiques, et donner ce faisant aux pouvoirs publics, aux entreprises et aux individus la possibilité de mieux anticiper et mettre en œuvre les mesures de réduction et de gestion des risques. Par exemple, les données sur les marées, les vents et les pressions atmosphériques qui entrent en interaction avec les caractéristiques du littoral peuvent permettre de mieux comprendre les aléas liés aux ouragans et aux inondations (Alley, Emanuel et Zhang, 2019[11]). Des millions de personnes vivent déjà de par le monde dans des zones inondables. Une meilleure prévision des conditions météorologiques peut aider à suivre l'ampleur et l'intensité des phénomènes dangereux pour limiter les préjudices, ainsi que les pertes et dommages potentiels subis par les populations dans ces zones exposées (Zhang et Weng, 2015[12]).

Les composantes de la chaîne de valeur des SIMC incluent divers ensembles de parties prenantes et de plateformes de service. Elles englobent les activités des stations d'observation météorologique et hydrologique ; la gestion et la recherche de données et d'informations ; les produits de prévision et de modélisation ; ainsi que l'élaboration et la dissémination des services (OMM, 2015[8]). Chacune des composantes est créatrice de valeur et établit un lien entre la production des services et les processus décisionnels des parties prenantes. La fiabilité et l'exactitude des observations météorologiques ne pourront être utiles que si les systèmes peuvent les traduire en informations susceptibles de guider les processus décisionnels (OMM, 2020[13]). Il sera donc nécessaire de continuer à investir dans la chaîne de valeur des SIMC pour assurer la fiabilité et la mise à disposition des produits d'information météorologique et climatologique. Ces produits doivent demeurer pertinents, accessibles et crédibles pour un large public de décideurs, de clients et de populations locales (OMM et CMSC, 2019[14]).

Observation et surveillance

Au niveau le plus fondamental, un réseau de stations météorologiques fournit des mesures directes des principales variables météorologiques avec un degré de granularité suffisamment fin. C'est essentiel pour établir des séries chronologiques fiables sur la variabilité et le changement climatiques, y compris la fréquence des phénomènes extrêmes, et pour calibrer les modèles, ainsi que les données fournies par les instruments de télédétection. Le réseau existant est toutefois d'une faible densité, surtout dans les pays en développement. Par exemple, la température de l'air est une variable essentielle pour évaluer le changement climatique. Cependant, les observations de la température de l'air sont issues d'un nombre limité de stations météorologiques principalement situées dans les pays développés (OMM, 2015[8]). De surcroît, les observations présentent souvent – notamment dans les pays en développement – des lacunes temporelles et spatiales, aussi les séries chronologiques comportent-elles des variables manquantes. Les satellites peuvent par contre mesurer de manière plus suivie la température à la surface du sol. Ils peuvent ainsi établir une série de données où la température de l'air est déterminée à partir de la température à la surface du sol (Hooker, Duveiller et Cescatti, 2018[15]).

Outre les instruments météorologiques classiques, diverses technologies peuvent permettre de mieux comprendre les aléas liés au climat (CNUCED, 2021[16]). À titre d'exemple, les mesures des précipitations sont des données d'entrée fondamentales pour les modèles hydrologiques et écologiques. Les relevés pluviométriques permettent de mesurer les précipitations à la surface de la Terre. Ils peuvent cependant être incomplets en raison des limites que présentent les stations de surface (voir chapitre 2 et Encadré 6.3). Pour en accroître la précision, les relevés pluviométriques peuvent par exemple être associés aux observations satellitaires, qui se caractérisent par une plus grande homogénéité spatiale (Sun et al., 2018[17]). Les données issues des capteurs maritimes et aériens, ainsi que des satellites spatiaux, fournissent des quantités d'informations qui peuvent jeter une certaine lumière sur des changements tels que ceux enregistrés par les glaces de l'Arctique. Beaucoup de ces instruments peuvent fournir des données quasiment en temps réel pour surveiller l'atmosphère, les océans et la surface du sol, et notamment les effets de la variabilité et du changement climatiques.

Les observations satellitaires de la Terre constituent un important outil mondial de prévision météorologique et d'observation du changement climatique. Les observations climatiques reposent sur un ensemble complémentaire de satellites et de mesures à la surface pour assurer la couverture nécessaire. La capacité des satellites à surveiller l'environnement depuis l'espace peut aider les pays en développement qui ne disposeraient pas de leurs propres capacités. Par exemple, le système mondial d'observation (SMO) de l'Organisation météorologique mondiale (OMM) englobe des observations au sol aussi bien que depuis l'espace qui sont essentielles pour mieux comprendre le système Terre et faciliter la production de SIMC. Les données satellitaires fournies par le SMO de l'OMM représentent 90 % des données utilisées pour établir les prévisions météorologiques numériques mondiales, sur lesquelles s'appuient la plupart des méthodes de modélisation du système Terre (UIT, 2020[18]).

Les réseaux de capteurs sans fil (RCSF) sont des nœuds de capteurs capables de collecter des données en temps réel sur le milieu environnant, telles que la température, la pression de l'eau et les zones impactées par des fumées (BAD/OCDE, 2020[19]). Avec l'Internet des objets (IdO)[1], par exemple, les RCSF peuvent être déployés dans les environnements urbains pour déceler les émissions de gaz à effet de serre (GES) et de pollution atmosphérique et en mesurer les niveaux, qui peuvent ensuite être utilisées aux fins de surveillance de l'environnement (Khan, Gupta et Gupta, 2020[20]). Dans le secteur agricole, ils peuvent assurer la surveillance de la qualité de l'eau ou de l'humidité des sols (UIT, 2016[21]). Au Rwanda, par exemple, les plantations de thé subissent un stress du fait de la sécheresse, des inondations, de l'érosion des sols, des ennemis des cultures et des maladies. Les RCSF offrent aux planteurs de thé une solution de surveillance des conditions pédologiques (humidité, acidité, etc.) et du milieu environnant présentant une plus grande efficacité-coût que les onéreuses technologies spatiales. Ces RCSF sont alimentés par des panneaux solaires et les données sont transmises par des moyens de communication non filaires (UIT, 2016[21]).

Gestion des données et de l'information

Les différentes données collectées sur le système Terre proviennent de diverses sources pouvant présenter des caractéristiques variables sous l'angle des échelles temporelles et spatiales, des types de données et des processus physiques couverts. La pléthore de données disponibles donne largement la possibilité de faire avancer la recherche scientifique. Aussi la gestion des données est-elle essentielle pour les travaux de recherche, de prévision et de modélisation climatiques. Chacun des différents centres participant à la gestion des données doit en assurer l'intendance dans le cadre du Système mondial d'observation du climat (SMOC) (OMM, 2015[22]). Il s'agit en l'occurrence des centres de données internationaux, des centres nationaux, des centres de suivi en temps réel, des centres d'analyse en différé et des centres de réanalyse. L'amélioration de la surveillance du climat nécessite un renforcement des capacités (outils, méthodes et infrastructures) de gestion des données. Des capacités renforcées faciliteraient le stockage et l'échange des données, permettant d'assurer une circulation régulière des données en direction de l'ensemble des utilisateurs, la surveillance des flux de données, ainsi que la conservation à long terme des données en vue d'une utilisation future (OMM, 2015[22]). L' examine l'importance que revêtent les services météorologiques et hydrologiques nationaux (SMHN) dans ce contexte.

Encadré 6.1. Renforcement des services météorologiques et hydrologiques nationaux

Les services météorologiques et hydrologiques nationaux (SMHN) constituent la principale source de données et d'informations météorologiques, hydrologiques et climatologiques dans de nombreux pays. Leur mandat consiste souvent à établir, mettre en œuvre et entretenir les systèmes nationaux d'observation, de surveillance, de modélisation et de prévision. Il implique en outre le traitement des données, ainsi que la gestion, l'échange et la dissémination des produits connexes (OCDE, 2021[23]).

L'information hydrométéorologique apporte une aide importante aux différentes parties prenantes exposées aux risques climatiques (dans des domaines tels que l'agriculture, l'énergie, les transports, la santé et l'eau). Les SMHN peuvent, par exemple, être à la base d'alertes précoces et d'un aménagement du territoire. La demande croissante de SMHN rend d'autant plus nécessaire la réalisation d'investissements supplémentaires. Ces investissements sont par exemple indispensables pour mettre en place un vaste réseau d'observation de grande qualité, une collecte et une gestion efficaces des données, des installations informatiques à la pointe du progrès, des systèmes perfectionnés d'analyse des données, une recherche renforcée et une dissémination efficace (OMM, 2015[8]).

Les SMHN sont des entités bénéficiant d'un financement public. Compte tenu de la concurrence pour bénéficier des budgets de l'État, les SMHN de nombreux pays en développement sont souvent assez mal pourvus en ressources. Cela a des effets négatifs sur les capacités technologiques et humaines (tant du point de vue du nombre des effectifs que de leurs compétences techniques en matière d'entretien des équipements et de traitement des données et de l'information) (OCDE, 2021[23]). Bien que les processus liés aux SMHN puissent être renforcés de diverses manières en fonction du contexte régional ou national, les principales recommandations sont les suivantes (Hewitt et al., 2020[24] ; Bruno Soares, Daly et Dessai, 2018[25] ; OMM, 2015[8]) :

- ***Renforcer*** la collaboration avec les partenaires sectoriels et avec les principales parties prenantes afin de coproduire des services sur mesure en matière d'impacts, de risques et de stratégies. La collaboration internationale peut favoriser le partage de connaissances avec des pays qui pourraient avoir à faire face à des défis climatiques similaires.
- ***Constituer*** un portefeuille de financements fournis par divers investisseurs pour pouvoir disposer des ressources nécessaires et promouvoir le progrès scientifique et technique. Une coordination et une étroite collaboration avec les donneurs et les banques de développement seront dans ce contexte indispensables pour éviter une mise en œuvre fragmentée.
- ***Aider*** les PMA en leur assurant un meilleur accès aux modèles climatiques, aux données d'observation et aux puissances de calcul de pointe, de sorte que leurs SMHN puissent fournir de meilleures prévisions présentant un degré de granularité suffisant pour servir de base à des approches décisionnelles éclairées.
- ***Mettre en place*** de meilleures stratégies de communication pour montrer les avantages des SMHN. Il serait ainsi possible de justifier des dépenses publiques visant à procéder à des investissements publics sûrs et soutenus, à travers, par exemple, d'études d'évaluation mettant en évidence les retours sur investissement potentiels.

Les techniques avancées d'assimilation des données et les ressources informatiques de pointe permettent d'assimiler de gros volumes d'observations à haute résolution des flux environnementaux provenant de sources au sol identifiées au moyen de la télédétection. Il est ensuite possible d'analyser et de prévoir ces flux à l'aide de modèles climatiques (Zhang et Weng, 2015[12]). Les modèles fonctionnant de manière cohérente et continue au fil du temps sur la base de diverses observations ont radicalement transformé la prévision des phénomènes dangereux. Les prévisions météorologiques des aléas tels que les ouragans, les blizzards et les crues éclair sont désormais plus précises et disponibles en temps utile (Alley, Emanuel et Zhang, 2019[11]). Un ouragan, par exemple, constitue un phénomène à grande échelle. Il est toutefois hautement dépendant de processus non linéaires de plus petite ampleur qui sont plus difficiles à observer et à prévoir. L'assimilation d'observations par télédétection haute résolution des caractéristiques de la structure de l'ouragan permet une modélisation plus réaliste du vortex afin d'obtenir de meilleures prévisions déterministes (Zhang et Weng, 2015[12]). Un autre exemple en est l'assimilation de la réflectivité radar à haute résolution des propriétés des nuages issues des données de télédétection. Associées à celles fournies par les satellites, ces données permettent une meilleure modélisation des prévisions grâce à la prise en compte des évolutions précoces des phénomènes de tempête (Jones et al., 2015[26]).

Dans la mesure où ils favorisent la mise à disposition et l'application des services climatologiques, les outils de gestion des données peuvent aider les pays disposant de capacités technologiques et numériques moins développées. Au nombre de ces outils figurent des systèmes infonuagiques ouverts destinés à assurer la collecte, le stockage, le traitement et la prévision des données. Sur les 28 grands groupes de modélisation contribuant au projet international d'intercomparaison des modèles climatiques (CMIP6), seulement 3 sont issus de pays en développement : République populaire de Chine (ci-après dénommée « Chine »), Inde et Thaïlande (CIF, 2020[9]). Aucune extension de licence à une date ultérieure ne sera nécessaire pour accéder aux bases de données libres, aussi est-il plus facile d'avoir systématiquement accès aux données et aux informations pour les intégrer et en tenir compte dans les modèles. Cela s'avère particulièrement utile pour les chercheurs et les institutions publiques des PMA et des PEID dont les capacités institutionnelles et techniques de collecte et de modélisation des données peuvent être limitées. Malgré l'enthousiasme suscité dans les pays en développement par les données librement accessibles, la propriété, la copaternité et le lieu de stockage des données risquent de soulever des problèmes de pertinence (Brönnimann et al., 2018[27]).

Plusieurs de ces bases de données et de ces plateformes sont accessibles aux chercheurs et aux décideurs. L'initiative « Observation de la Terre au service du développement durable » de l'Agence spatiale européenne offre ainsi un libre accès à une vaste base de données d'observation de la Terre. Elle ouvre aussi aux utilisateurs l'accès à un ensemble d'outils et de ressources logicielles pour visualiser, analyser et traiter les données d'observation (ESA, sans date[28]). Le service Copernicus concernant le changement climatique (*Copernicus Climate Change Service* – C3S) est une ressource régionale et mondiale qui offre un libre accès aux données et aux outils climatiques, tels que la bibliothèque de référence et les didacticiels de l'interface de programmation d'application (*Application Programming Interface* – API) pour diverses applications (Copernicus, sans date[29]). Oasis Loss Modelling Framework Ltd assure une modélisation des catastrophes librement accessible associant des partenariats multinationaux public-privé d'assureurs, de réassureurs, d'entreprises et de spécialistes de la modélisation météorologique pour faire en sorte que la modélisation des assurances soit plus accessible et plus transparente pour le public. Cette plateforme est destinée aux pays en développement et vise à éclairer la modélisation et à améliorer l'interopérabilité (Oasis, 2021[30]).

Recherche, prévisions et modélisation climatiques

Pour comprendre les principales caractéristiques du climat de la Terre d'un point de vue quantitatif, les théories et les observations physiques doivent être converties en modèles représentant les principales caractéristiques et interactions. La complexité même du système implique que certaines dynamiques fondamentales doivent faire l'objet d'estimations approximatives et que les biais doivent être corrigés. En outre, les échelles spatiales et temporelles du modèle retenu doivent être conformes aux capacités de l'ordinateur, qui peuvent être limitées. Certains processus essentiels à plus petite échelle que ceux résolus par le modèle (par exemple la formation des nuages) doivent donc être décrits au moyen de paramètres estimés plutôt que par des calculs explicites. Ces caractéristiques peuvent avoir des répercussions sur d'importants aspects du comportement du modèle, aboutissant à des projections très différentes pour certains phénomènes climatiques dans certaines régions (Shepherd, 2014[31] ; Bony et al., 2015[32]).

La compréhension des incertitudes liées à la disponibilité des données d'observation (chapitre 2) peut aider à améliorer les performances des modèles climatiques. Les progrès des méthodes d'apprentissage automatique permettent d'identifier les incertitudes des modèles et de tirer des enseignements essentiels sur les caractéristiques spatiotemporelles à partir de séries de données complexes, de très grande ampleur et en constante évolution portant sur les variables relatives à la Terre. Les incertitudes liées aux variations saisonnières ou interannuelles, qui peuvent être très variables d'une région à l'autre et au fil du temps (voir chapitre 2), sont un écueil pour les modèles climatiques. Les techniques d'apprentissage automatique, telles que le réseau neuronal artificiel, peuvent supprimer le bruit des données et prédire les variations saisonnières. Ces techniques peuvent par exemple permettre d'établir les profils de respiration au printemps induits par la croissance des racines, le développement des feuilles et la forte humidité des sols. Ces caractéristiques n'étaient auparavant pas bien représentées dans les modèles du cycle du carbone (Papale et Valentini, 2003[33]).

L'apprentissage profond, une méthode d'apprentissage automatique, peut permettre de dégager des caractéristiques et des enseignements de séries de données complexes et de grande ampleur afin de catégoriser, d'identifier et de prédire les régimes météorologiques à partir de détails spatiaux et temporels (Reichstein et al., 2019[7]). Il peut par exemple servir à détecter les ouragans en déterminant leurs spécificités spatiales à partir de leurs caractéristiques (niveau de pression, allure spatiale, flux en spirale, etc.) en vue de définir et de catégoriser le type de phénomène extrême (Liu et al., 2016[34]). Il importe que les phénomènes extrêmes soient caractérisés avec précision dans les simulations climatiques et les archives de données d'observation, de manière à comprendre les évolutions tendancielles pour détecter les phénomènes extrêmes qu'elle qu'en soit l'échelle géographique (Reichstein et al., 2019[7]). L'apprentissage profond a également été appliqué à la modélisation de la variabilité à court terme du niveau des mers à l'échelle régionale en s'appuyant sur les estimations des températures océaniques. Cet outil peut offrir un moyen prometteur d'anticiper les changements du niveau des mers pour les besoins des processus décisionnels à courte échéance (Nieves, Radin et Camps-Valls, 2021[35]).

Les capacités en science des données et les connaissances théoriques doivent être renforcées, car elles sont indispensables pour le traitement et l'interprétation des données d'observation. Les applications de l'apprentissage automatique ouvrent des perspectives, mais elles pourraient être limitées du fait d'un certain nombre de difficultés. Celles-ci ont trait à l'interprétabilité ; à l'évolution et la modification des variables physiques au fil du temps ; ainsi qu'à l'incertitude et la complexité des données d'observation. Les méthodes d'apprentissage profond peuvent par exemple être précises lorsqu'elles sont appliquées à la modélisation. La qualité des prévisions est toutefois tributaire de celle des données d'observation fournies à l'algorithme (CNUCED, 2021[16] ; Reichstein et al., 2019[7]). La série de données d'apprentissage utilisée pour instruire un algorithme en vue de prédire un résultat peut être tirée d'observations qui ne sont pas véritablement représentatives du modèle, surtout si cette série est d'ampleur réduite (Karpatne et al., 2017[36]). Si la série de données d'apprentissage est biaisée, les modèles d'apprentissage automatique risquent de finir par reproduire ces biais. En outre, compte tenu de l'évolution constante des dynamiques climatiques et des processus physiques, les prévisions à long terme risquent d'être peu plausibles (Karpatne et al., 2017[36]). Les nouvelles méthodes d'analyse des séries de données scientifiques associant les connaissances théoriques, la modélisation physique et des algorithmes capables d'apprentissage à partir d'étiquettes biaisées seront essentielles pour exploiter utilement les séries de données d'observation du système Terre (Bergen et al., 2019[37]).

La mise au point de modèles climatiques est une tâche gourmande en ressources, car elle nécessite la participation d'une multiplicité d'acteurs pour élaborer et rendre disponibles des données et des informations cruciales. Le Système mondial de traitement des données et de prévision de l'OMM comporte plusieurs composantes qui en font partie intégrante. L'OMM a par exemple désigné des Centres mondiaux de production de prévisions à longue échéance répartis autour du monde (OMM, sans date[38]). Ces centres soutiennent les Centres climatiques régionaux (CCR) de l'OMM, ainsi que les SMHN. Par exemple, le Centre européen pour les prévisions météorologiques à moyen terme fournit des prévisions ainsi que des analyses et des séries de données climatiques à l'échelle mondiale susceptibles de répondre aux besoins des différents utilisateurs. Ces données peuvent être complétées par les Centres mondiaux de production de prévisions climatiques annuelles à décennales. Ces centres s'appuient sur l'expertise de climatologues réputés ainsi que sur les récents modèles informatiques élaborés par des centres climatiques mondiaux de premier plan pour produire des points sur les informations utiles aux décideurs du monde entier (OMM, 2020[39]). Les CCR organisent des forums sur les perspectives climatiques régionales afin de parvenir à un consensus – parmi les experts en climatologie nationaux, régionaux et internationaux – sur les produits pertinents en matière de perspectives climatiques, tels que les perspectives climatiques régionales. Ces forums favorisent la coordination des activités de prévision saisonnière et l'élaboration de produits adaptés afin de promouvoir la fourniture de services par les SMHN au niveau national. Ils assurent la cohérence de l'accès aux informations climatiques et de leur interprétation (OMM, sans date[40]).

Élaboration et fourniture de services

Des SIMC efficaces peuvent aider les décideurs à réduire et gérer les risques de pertes et dommages. Encore faut-il que la société tire parti de manière optimale des SIMC disponibles pour prendre des décisions plus éclairées (Hewitt et al., 2020[24]). Les SIMC sont surtout utiles lorsqu'ils sont adaptés aux besoins des décideurs et de la société et qu'ils fournissent des informations pertinentes, accessibles et crédibles (OMM et CMSC, 2019[14]). Il est toutefois ardu d'identifier les utilisateurs et de déterminer comment dialoguer avec eux, ce qui rend difficile une participation active et rigoureuse des utilisateurs (Hewitt et al., 2020[24]). Pour réduire la vulnérabilité et l'exposition des vies humaines et des moyens d'existence aux aléas climatiques et météorologiques, il est nécessaire de bien comprendre le contexte socioéconomique. Les équipes interdisciplinaires de chercheurs, d'experts en communication et de spécialistes en sciences sociales apportant des compétences dans différents domaines pourraient de ce fait être encouragées, afin d'offrir des SIMC appropriés à certaines institutions et certains secteurs particuliers. Cela peut conférer une valeur ajoutée à l'élaboration et à la fourniture des services grâce à une prise en considération de la diversité des structures sociales, des comportements et des contextes, tout en tenant compte des capacités techniques des utilisateurs (Shove, 2010[41]).

Les investissements dans les compétences humaines peuvent favoriser la compréhension des processus climatiques. Ces investissements peuvent se manifester par des efforts d'éducation, de formation et de mentorat dans des domaines multidisciplinaires tels que la science, l'analyse des données et l'intelligence artificielle. La climatologie et les informations sur le climat tendent à produire des résultats complexes à interpréter. Les non scientifiques peuvent n'avoir ni les capacités techniques indispensables pour interpréter les résultats ni les facultés de prévision nécessaires à la prise de décisions (Bruno Soares, Daly et Dessai, 2018[25]). Pour être capables de gérer les risques liés au climat, les pays et les secteurs concernés devront être davantage sensibilisés au problème du changement climatique, avoir accès aux informations climatologiques et être à même d'interpréter les SIMC. L'exploitation de ces capacités pourrait ensuite aider à prendre des décisions plus judicieuses du point de vue du climat, à améliorer la modélisation, et à définir de meilleures options de gestion des risques (OMM, 2015[8]).

Limitation des capacités de caractérisation des risques de pertes et dommages induits par le changement climatique

Les SIMC peuvent être un outil efficace au service de la gouvernance des risques climatiques, et ce pour plusieurs raisons. Premièrement, ils peuvent aider à protéger des vies, par exemple en apportant un soutien aux systèmes d'alerte précoce (SAP). Ils peuvent également permettre de prendre des mesures anticipatives et préventives pour réduire et gérer les pertes et dommages (Hallegatte, 2012[42]). Les PMA et les PEID présentent toutefois un retard significatif en matière de SIMC, alors qu'ils sont également les plus vulnérables aux impacts de la variabilité et du changement climatiques (OMM, 2020[13]). Les technologies spatiales et les instruments *in situ* peuvent être excessivement coûteux pour nombre de PMA et de PEID. De plus, beaucoup d'entre eux ne disposent ni des infrastructures de soutien, ni de la gouvernance et des capacités numériques nécessaires pour mettre en place et exploiter les équipements d'observation et de surveillance. À titre d'exemple, les pays d'Afrique subsaharienne ne bénéficient pas d'un accès stable à des réseaux de distribution d'électricité et de télécommunications de base. Dans ce type de situations, des solutions plus simples peuvent s'avérer d'une plus grande efficacité-coût (UIT, 2016[21]). La section 6.2.4 examine plus en détail les questions de dissémination des technologies.

Les partenariats mondiaux et la collaboration internationale sont essentiels pour procéder à des échanges de données d'observation de haute qualité et pour aider les pays dont les capacités nationales sont limitées à y avoir accès. La combinaison des données fournies par le réseau d'observation national avec la réanalyse des données satellitaires et climatiques, ainsi qu'avec les cartes d'élévation, peut accroître la disponibilité des données. Ce processus a par exemple aidé à produire des séries temporelles complètes sur le plan spatial couvrant 30 années de précipitations et 50 années de températures, avec un maillage de 4 km de côté en Afrique. Ces séries temporelles ont sensiblement amélioré la caractérisation des informations sur les risques climatiques à une échelle locale (Dinku et al., 2017[43]).

L'intelligence artificielle peut faciliter les efforts pour combiner des données issues de sources différentes (Gil et al., 2018[44]). L'*International Research Institute for Climate and Society* a lancé l'initiative *Enhancing National Climate Services* (« améliorer les services climatiques nationaux ») en vue d'aider les pays africains à combler les lacunes des données d'observation et à accroître la qualité de celles-ci. Les données des séries temporelles pourraient s'en trouver améliorées par voie de conséquence. L'Encadré 6.2 dresse une liste des initiatives similaires qui favorisent la production de données et aident à renforcer la connaissance des risques climatiques au moyen de divers outils d'évaluation des risques.

La disponibilité des données au niveau local n'en demeure pas moins problématique. La compréhension des impacts à l'échelle locale est particulièrement cruciale, étant donné que la population de la zone considérée pourrait devoir faire face à une augmentation de la fréquence de différents types d'aléas climatiques survenant l'un après l'autre (de fortes inondations suivies de sécheresses, par exemple) (Mohanty, 2020[45]). Le manque de données sur les risques au niveau local empêche de procéder à des évaluations des risques localisés, ce qui fait obstacle à l'élaboration de plans et de stratégies reposant sur des informations fiables pour réduire l'ampleur des pertes et dommages. Les séries de données sur les variables climatiques provenant d'organisations telles que la Banque mondiale, le Centre européen, l'Administration américaine des affaires océaniques et atmosphériques (*National Oceanic and Atmospheric Administration*) et NatCatService sont le plus souvent disponibles en métaformat ou en format spatial. Ce format est complexe et exige des compétences techniques en analyse des données ou l'utilisation de logiciels géospatiaux pour servir de base aux évaluations des risques. Mohanty (2020[45]) décrit une méthodologie utilisée en Inde pour créer des données sur les aléas selon un maillage au niveau local ou un *atlas des risques climatiques*. Cette méthodologie peut permettre une identification fine des risques pour améliorer l'état de préparation et favoriser des politiques climatiques efficaces. Une analyse décennale basée sur une cartographie des aléas au niveau local peut mettre en lumière les effets cumulés enregistrés dans certaines régions locales, ainsi que les éventuelles modifications des zones microclimatiques.

Encadré 6.2. Outils d'évaluation des risques

Plusieurs plateformes visent à s'attaquer aux problèmes liés au renforcement des capacités d'évaluation quantitative des risques au niveau régional et national. Ces plateformes peuvent donner aux décideurs les moyens d'agir grâce à une meilleure compréhension des risques climatiques et des approches permettant de les gérer (GFDRR, 2016[46]). Ces plateformes sont par exemple les suivantes :

- L'***Integrated Database for African Policymakers (IDAP)*** regroupe des séries de données pertinentes relatives au climat, aux récoltes, à l'hydrologie et aux moyens d'existence au sein d'une plateforme infonuagique. Ces informations permettent de traduire les scénarios d'aléa en projections des impacts sur les moyens d'existence de la population sous une forme aisément compréhensible pour les non spécialistes (Cornforth, Petty et Walker, 2021[47]). L'IDAP permet aux décideurs locaux de créer et d'explorer leurs propres scénarios lors de l'élaboration des plans d'adaptation.
- L'***Initiative 510 de la Croix-Rouge néerlandaise*** offre des outils numériques d'évaluation des risques et des prévisions fondées sur les impacts permettant de pronostiquer les catastrophes imminentes susceptibles d'affecter les populations vulnérables afin de mettre en place des plans d'action anticipatifs (Red Cross 510, 2021[48]).
- L'***Initiative d'évaluation et de financement des risques de catastrophe dans le Pacifique*** (*Pacific Catastrophe Risk Assessment and Financing Initiative* – PCRAFI) fournit des outils d'évaluation des risques de catastrophe pour aider à comprendre, à modéliser et à évaluer les risques pour 15 États insulaires du Pacifique en s'appuyant sur les informations disponibles pour les besoins des évaluations régionales. Cette plateforme collecte, traite et élabore des données géoréférencées sur les aléas ainsi que des informations socioéconomiques pour la modélisation des risques. Ces données sont stockées et accessibles à travers le système d'information sur les risques dans le Pacifique (PCRAFI, sans date[49]).
- L'***Initiative d'évaluation probabiliste des risques en Amérique centrale*** fournit aux institutions publiques, aux universitaires et aux praticiens d'Amérique centrale des outils de renforcement des capacités d'évaluation, de compréhension et de communication relatives aux risques de catastrophe. Cette plateforme fournit des applications logicielles spécialisées, des services de conseil et des formations en vue de soutenir les stratégies de gestion et de financement des risques (CAPRA, sans date[50]).
- L'***Évaluation des risques urbains*** de la Banque mondiale offre aux gestionnaires des villes une méthode flexible pour identifier des mesures efficaces par rapport aux coûts en vue d'évaluer les risques auxquels pourrait devoir faire face leur ville. Le projet est centré sur les évaluations des impacts potentiels de ces aléas, sur les évaluations institutionnelles et sur les évaluations socioéconomiques (Dickson et al., 2012[51]).

Le manque d'observations hydrométéorologiques peut avoir des conséquences d'ampleur régionale et mondiale. Les efforts mondiaux, tels que le Cadre mondial de services climatiques de l'OMM, visent à surmonter et réduire le manque de données dans les PMA et les PEID. Ils peuvent toutefois avoir également des effets positifs pour le reste du monde. Dans le cadre de cette initiative, le Département indien de météorologie a partagé sa technologie de prévision et son service de conseil météorologique avec de nombreux pays vulnérables dépourvus de services hydrométéorologiques (Biswas, 2016[52]). L'Alliance pour le développement hydrométéorologique est par ailleurs parvenue à regrouper des organismes de développement international, des organisations humanitaires et des institutions financières en vue d'améliorer les services d'information météorologique, climatologique et environnementale. L'Alliance et ses nombreuses institutions partenaires, telles que les Fonds d'investissement climatique, le

Fonds pour l'adaptation, la Banque asiatique de développement et le Fonds vert pour le climat, mettent en œuvre des approches conjointes pour coordonner et concevoir les investissements destinés à aider les pays vulnérables. Leurs outils de collaboration et de diagnostic contribuent à soutenir l'environnement opérationnel des SMHN en renforçant les capacités et en établissant des prévisions météorologiques, des SAP et une information climatologique de grande qualité (Alliance, 2021[53]). L'Alliance soutient également la facilité financière pour des observations systématiques (*Systematic Observations Financial Facility* – SOFF) de l'OMM afin d'aider les pays à produire les données d'observation indispensables pour des prévisions météorologiques et des services climatologiques de meilleure qualité (voir Encadré 6.3).

Encadré 6.3. La Facilité financière pour des observations systématiques de l'Organisation météorologique mondiale

L'insuffisance du partage mondial des données au sol réduit la précision des prévisions météorologiques et de l'analyse climatologique, du niveau local jusqu'au niveau mondial. Les petits États insulaires en développement (PEID) et les pays les moins avancés (PMA) ne disposent pas des capacités nécessaires pour assurer le fonctionnement et l'entretien des infrastructures d'observation. Une augmentation de la qualité des prévisions météorologiques des PMA et des PEID entraînera une amélioration des prévisions à moyen et à long terme à l'échelle mondiale, et elle permettra en outre de prendre des mesures climatiques plus adaptées dans ces pays.

Le Réseau d'observation de base mondiale (ROBM) mis en place par l'Organisation météorologique mondiale (OMM) exige que les membres de cette dernière procèdent à la collecte et à un partage international de données d'observation au sol avec une résolution spatiale et une fréquence temporelle minimales. La pleine mise en œuvre du ROBM dans les PEID et les PMA nécessiterait un réseau opérationnel d'environ 2 300 stations terrestres. Pour y parvenir, il faudra installer ou remettre en état 2 000 stations d'observation. Un renforcement des capacités et des investissements substantiels et continus seront en outre nécessaires pour aider à assurer le fonctionnement et la pérennité des services météorologiques et climatologiques.

L'OMM a créé la facilité financière pour des observations systématiques (*Systematic Observations Financial Facility* – SOFF) pour aider à remédier au manque de capacités en matière de prévisions météorologiques et de services climatologiques de grande qualité. Elle fournira un financement et une assistance technique à long terme pour aider les pays vulnérables à respecter les paramètres établis d'un commun accord à l'échelle internationale et imposés par le ROBM. Au cours de ses cinq premières années de mise en œuvre, la SOFF vise à aider 68 PEID et PMA à se conformer aux exigences du ROBM et à avoir accès à une meilleure information météorologique et climatologique. À terme, il s'ensuivra une multiplication par 10 du nombre d'observations produites par les stations aérologiques et par 20 du volume des données issues des stations météorologiques partagées à l'échelle mondiale. L'amélioration des observations dans l'ensemble du monde aura un effet positif sur les prévisions locales et sur les analyses climatologiques, quel que soit le lieu considéré.

Source : (OMM, 2020[13] ; OMM, 2020[54]).

Évaluation de l'exposition et de la vulnérabilité

Outre les technologies de collecte et de suivi des données d'observation, les technologies de collecte de données sur l'exposition et la vulnérabilité contribuent également à offrir une vision globale des risques climatiques. Bien souvent, les données sur les aléas sont plus disponibles et accessibles que celles relatives à l'exposition et à la vulnérabilité. Cela donne à penser que les évaluations de la vulnérabilité et de l'exposition doivent être complétées par une meilleure identification du contexte socioéconomique

(OCDE, 2021[23]). Plusieurs éléments devraient guider les évaluations de la vulnérabilité et de l'exposition. Il s'agit notamment des connaissances ; des approches qualitatives ascendantes, telles que le *réseau d'inférences causales* dans l'approche synoptique (chapitre 4) ; ainsi que la participation des parties prenantes. Ces éléments peuvent ensuite alimenter les processus quantitatifs pour soutenir les évaluations de l'exposition et de la vulnérabilité.

Pour comprendre la vulnérabilité sociétale, il faut disposer de données socioéconomiques granulaires et procéder à des évaluations des impacts des risques sur les moyens d'existence et l'état de santé des populations, et plus généralement sur leur cadre de vie. Beaucoup de ces éléments ne sont souvent pas directement quantifiables. Les impacts négatifs auront des effets disproportionnés sur les secteurs les plus vulnérables de la société, ce qui aggravera les inégalités sociales. Par exemple, les populations des zones côtières dont les revenus sont limités pourraient n'avoir que peu de possibilités de changer de lieu de résidence ou de reconstruire leurs logements après une catastrophe (Bell et al., 2021[55]). L'utilisation de technologies et de produits de données géospatiales permet de superposer les données relatives aux aléas, à l'exposition et à la vulnérabilité. Ces éléments d'information peuvent accroître au fil du temps la granularité et la pertinence des évaluations des risques pour certains lieux et certains groupes socioéconomiques. À titre d'exemple, une étude a combiné des données sur l'intensité du stress thermique dans les îlots de chaleur avec des données de recensement géoréférencées. Elle est parvenue à la conclusion que, dans les principales villes américaines, les personnes de couleur vivent en moyenne dans des quartiers caractérisés par une intensité de stress thermique plus élevé, tout comme les populations en dessous du seuil de pauvreté (Hsu et al., 2021[56] ; Chakraborty et al., 2020[57]). Les données issues des systèmes de télédétection et d'information géospatiale peuvent être combinées avec celles fournies par les réseaux de téléphonie mobile pour créer une carte prédictive de la pauvreté, cette méthode étant plus rapide que celles reposant sur les données de recensement.

La technologie des téléphones intelligents peut être mise à profit pour produire des données granulaires sur la vulnérabilité d'une manière participative et efficace par rapport aux coûts ; ces données sont difficiles à obtenir par des méthodes classiques (telles que l'observation de la Terre) (Salvati et al., 2021[58]). Le taux de possession de téléphones intelligents a augmenté dans tous les pays, accroissant ainsi les possibilités que la population participe à la collecte des données pertinentes. Par exemple, les données sur les caractéristiques physiques des bâtiments (matériaux de construction ou localisation, par exemple) sont nécessaires pour surveiller leur vulnérabilité aux aléas liés au climat. Ces données servent de base à l'élaboration et à la mise en œuvre de plans climatiques et de plans de protection civile à l'échelon local (Salvati et al., 2021[58]). La ville italienne de La Spezia, par exemple, est exposée à un certain nombre d'aléas géohydrologiques tels que des inondations, des crues éclair ou des glissements de terrain. En s'appuyant sur des données produites de manière participative par les téléphones intelligents, les chercheurs ont réuni des informations sur les caractéristiques physiques des bâtiments qui pourraient aider à évaluer la vulnérabilité aux phénomènes hydrogéologiques (Salvati et al., 2021[58]).

Les applications mobiles peuvent également permettre aux individus de télécharger des photos et de signaler les dommages aux infrastructures pour donner des indications sur les risques d'inondation dans un lieu déterminé. Ces indications peuvent ensuite servir pour la gestion des inondations et pour les évaluations hydrologiques reposant sur des données géolocalisées (Frigerio et al., 2018[59]). Ces données produites de manière participative peuvent permettre d'identifier avec plus de précision les zones exposées aux aléas. Elles peuvent être utilisées pour conférer une valeur ajoutée aux produits de prévisions reposant sur des données relatives à la vulnérabilité et à l'exposition. Par exemple, une étude mondiale s'est appuyée sur l'application d'un algorithme aux publications effectuées sur les médias sociaux pour établir une base de données historiques et en temps réel sur les phénomènes d'inondation. Celle-ci peut être utilisée pour valider la modélisation des risques d'inondation ; assigner des tâches aux satellites (permettant de collecter des données de télédétection de l'exposition aux différents phénomènes) ; renforcer le système d'alerte précoce et la connaissance de la situation pour réduire les conséquences des inondations extrêmes ; et améliorer les applications tributaires des données historiques (telles que les programmes de financement fondés sur les prévisions) (de Bruijn et al., 2019[60]).

Les données à haute résolution et large couverture sur les caractéristiques des environnements naturels et bâtis peuvent contribuer sous divers aspects à la gestion des risques climatiques. Les méthodes avancées de télédétection, telles que la détection et la télémétrie par ondes lumineuses (*Light Detection and Ranging* – LiDAR) et le radar à synthèse d'ouverture (RSO), peuvent percer la couverture nuageuse pour déterminer les matériaux de construction, la hauteur des bâtiments et les caractéristiques topographiques (BAD/OCDE, 2020[19]). Les détecteurs LIDAR et RSO ont été utilisés pour produire des cartes à haute résolution des aléas, car ils peuvent collecter des données à très fine résolution. Ces cartes peuvent ensuite servir à l'élaboration des stratégies de préparation et d'atténuation (Yu, Yang et Li, 2018[61]). Par exemple, aux Philippines, les détecteurs LIDAR ont été utilisés pour identifier les dommages structurels imputables aux inondations dans les zones de faible altitude enregistrant une urbanisation rapide (Bragais et al., 2016[62]). Ils ont également aidé à détecter le blocage des réseaux de transport après la tempête Katrina aux États-Unis en vue d'aider les équipes de secours (Kwan et Ransberger, 2010[63]). Les données RSO peuvent être utilisées pour les stratégies de préparation aux catastrophes telles que l'élaboration de plans de réduction des risques d'inondation et de gestion des inondations (Rahman et Thakur, 2018[64]).

Les détecteurs aériens peuvent enregistrer des images aériennes à plus fine résolution et fournir des informations sur la situation en temps réel pour faire face aux phénomènes dangereux. Il peut par exemple s'agir de détecter les zones exposées aux feux de forêt et de mesurer l'ampleur de l'aléa et sa proximité des zones habitées. Les aéronefs équipés de capteurs à infrarouge peuvent détecter les points chauds à faible altitude, enregistrer les données et les transférer directement aux pompiers présents sur le terrain (Marder, 2019[65]). Les données collectées peuvent servir à améliorer et renforcer les protocoles et les plans stratégiques, grâce en particulier à l'élaboration de cartes en temps réel pour la gestion future des risques d'incendie. Elles peuvent également offrir un moyen perfectionné pour déceler les fines fissures et les légers dommages subis par les structures lors des évaluations réalisées à la suite des catastrophes (Sarker et al., 2020[66]).

L'efficacité-coût des véhicules aériens sans pilote (UAV ou drones) peut être supérieure à celle des images aériennes prises depuis des aéronefs. Les UAV peuvent collecter des données au sol à haute résolution et les rendre plus accessibles pour les différentes parties prenantes (Minges, 2019[67] ; BAD/OCDE, 2020[19]). Les UAV peuvent transporter divers types de capteurs, dont des capteurs photographiques, vidéo, infrarouges, des capteurs de rayonnement et des capteurs météorologiques. En Tanzanie, par exemple, les UAV survolent régulièrement les quartiers urbains pour créer à l'intention des autorités locales des cartes détaillées de l'exposition aux risques d'inondation (Ackerman et Koziol, 2019[68]). Les agriculteurs se sont servis d'UAV dotés de caméras numériques pour suivre l'état de leurs cultures, et pour détecter les dommages causés par les épisodes de sécheresse, les tempêtes de grêle et les inondations (Michels, von Hobe et Musshoff, 2020[69]). Aux États-Unis, pendant l'ouragan Florence en 2018, les chercheurs ont utilisé des UAV submersibles pour mesurer la température de l'océan, dont la chaleur alimentait l'ouragan. Il a ainsi été possible de combler les lacunes que présentaient les images satellitaires et d'améliorer la modélisation des ouragans (Minges, 2019[67]).

Pour décider comment faire face aux aléas climatiques, il faudra disposer d'une bonne compréhension spatiale et temporelle de l'exposition et de la vulnérabilité. Des données et des analyses géospatiales et des outils de visualisation tels que ceux décrits ci-dessus seront nécessaires à cet effet. Des capacités en temps réel devront permettre de suivre l'exposition des populations à un aléa donné et de faciliter les communications entre les autorités compétentes et les populations affectées. Les technologies examinées ci-dessus présenteront un intérêt tout particulier, qu'il s'agisse des communications mobiles, des médias sociaux ou de l'utilisation des images satellitaires et des UAV pour réaliser des évaluations rapides. Ces dernières exigeront des capacités avancées de traitement de données. Associées aux capacités de l'intelligence artificielle, les données géospatiales à haute résolution sur les profils d'exposition et de vulnérabilité aideront également à guider le choix des mesures à adopter, ainsi que leur mise en œuvre. Les questions de confidentialité et de fiabilité des données devront être soigneusement prises en considération lors du recours aux applications de communication mobile, notamment à des fins de collecte de données au sein des populations touchées (Arendt-Cassetta, 2021[6]).

Participation inclusive des parties prenantes à la mise en lumière des risques

La participation des parties prenantes est une composante transversale du processus de gouvernance des risques. Il reconnaît que les valeurs, les préoccupations et les visions du risque des divers groupes de parties prenantes seront différentes, d'un pays à l'autre comme au sein de chacun d'eux. Il pourrait en être ainsi du fait de leur situation socioéconomique ; de leur expérience passée des risques ; ou de différences de perception concernant la cause et la nature des aléas et de leurs conséquences. Ces différences peuvent également découler du discours politique et plus généralement public sur la question du risque ; des réseaux sociaux d'une personne ; de la capacité d'un groupe ou d'un individu à exercer une influence (par exemple à travers les médias sociaux) ; ou des attitudes et des points de vue plus larges face à la nature (Brody et al., 2007[70]).

Les perceptions du public ou celles des individus peuvent être tout aussi importantes, voire davantage, que les évaluations scientifiques des risques pour inspirer les mesures prises pour faire face à ces derniers. Leur situation sociale peut exclure les populations vulnérables des débats sur l'évaluation des risques. Les responsables de l'action publique pourraient donc devoir nouer délibérément un dialogue avec eux de sorte que leurs points de vue puissent nourrir les processus décisionnels. Les savoirs locaux et indigènes peuvent par exemple utilement compléter les données d'observation sur les risques largement répandus auxquels ces populations ont dû faire face pendant des générations (voir Encadré 6.4). Les représentants du secteur privé peuvent offrir un autre angle de vue sur les risques qui peut alimenter la recherche, le progrès technologique et la communication sur les risques, entre autres.

Associés à l'utilisation des médias sociaux, les applications d'enquête, les groupes de discussion et les analyses prédictives (modélisation, apprentissage automatique et exploration de données, par exemple) peuvent également offrir de précieuses informations sur la diversité et l'intensité des perceptions, des préoccupations et des impacts socioéconomiques potentiels liés aux risques. Les systèmes d'information géographique et l'analyse spatiale peuvent également jeter une certaine lumière sur la manière dont la vulnérabilité et l'exposition influent sur la perception des risques (Brody et al., 2007[70]). Ces technologies peuvent être conjuguées avec les processus de participation des parties prenantes pour éclairer les points de vue sur les risques. Ces approches peuvent être très utiles pour évaluer les différentes options envisageables puisque les perceptions ont vraisemblablement une incidence sur la propension à soutenir les interventions des pouvoirs publics. Elles peuvent également influer sur l'exposition et la vulnérabilité, par exemple sur la probabilité que les parties prenantes construisent une maison dans une zone à haut risque.

Encadré 6.4. Savoirs locaux et indigènes

Les savoirs locaux recouvrent les connaissances et les compétences accumulées par les individus et par les populations d'un lieu donné. Les savoirs indigènes recouvrent les connaissances, les compétences et les philosophies développées par les sociétés ayant un long passé d'interactions avec leur environnement naturel (GIEC, 2019[71]). De nombreuses populations locales ont des traditions bien ancrées en matière de réponse aux changements de l'environnement qui sont transmises de génération en génération à travers la tradition orale (Granderson, 2017[72]).

Au Vanuatu, dans l'océan Pacifique, les savoirs indigènes dans le domaine de l'observation et de la prévision de la variabilité du climat ont été mis en pratique et transmis oralement de génération en génération. Associés aux connaissances scientifiques, les savoirs indigènes sur les profils bioclimatiques ont permis d'améliorer la surveillance du climat et la modélisation des aléas. Par exemple, ils fournissent des indications sur les liens que la formation des nuages, la direction du vent, les marées et les autres conditions environnementales entretiennent avec les changements de comportement des végétaux et des animaux (Granderson, 2017[72]).

Aux États-Unis, les pompiers californiens ont noué un dialogue avec les tribus amérindiennes, qui mettent en pratique depuis des milliers d'années certaines techniques pour protéger leurs terres et éviter que des feux incontrôlés se propagent à travers les montagnes (Sommer, 2020[73]). Dans les îles Hawaï, un projet visant à cartographier les aléas s'est appuyé sur une stratégie de modélisation participative avec les membres des communautés rurales, en tenant compte du savoir des *kupuna* (des anciens). La connaissance indigène des réseaux de communication a ainsi contribué à l'élaboration de plans d'adaptation spatiale (Baudoin et al., 2016[74]).

6.2.2. Technologies pour évaluer les risques de pertes et dommages

L'acceptabilité des différents risques est souvent fonction de la compréhension de ces risques par les parties prenantes. Comme indiqué aux chapitres 2 et 3, le degré de connaissance de ces risques est variable. Il peut dépendre du type d'aléa considéré, de la compréhension des expositions et des vulnérabilités qui lui sont liées, ainsi que de l'échelle temporelle et des enjeux. La présente section met l'accent sur certaines technologies qui contribuent à la gouvernance des risques, et notamment sur les progrès de la surveillance et de la modélisation climatiques, sur l'analyse prédictive et sur les outils d'évaluation. On peut considérer que le processus d'évaluation de la tolérabilité et de l'acceptation des risques comporte deux composantes distinctes, la première reposant sur des données factuelles (caractérisation des connaissances) alors que la seconde s'appuie sur la notion de valeur (évaluation des risques) pour procéder aux arbitrages nécessaires.

Caractérisation des connaissances

Les risques climatiques sont complexes et peuvent présenter différentes dimensions qui influencent les stratégies adoptées pour en assurer la réduction et la gestion. Les connaissances acquises lors de la phase de caractérisation des risques peuvent aider à classer le degré de compréhension des risques par rapport à un éventail de prises de décisions (voir section 4.2). Les extrémités de cet éventail correspondent à respectivement à une certitude absolue et à une totale ignorance. Entre les deux, il existe divers degrés d'incertitude allant d'un avenir clairement défini jusqu'à un avenir totalement inconnu, en passant par un petit nombre d'avenirs possibles relativement bien compris et par un grand nombre d'avenirs plausibles. La caractérisation des aléas et les moyens d'y faire face peuvent par conséquent être très variables.

La surveillance et la modélisation du climat, ainsi que les prévisions météorologiques, peuvent indiquer aux décideurs comment les aléas pourraient évoluer au fil du temps. Ces indications peuvent à leur tour étayer les stratégies de réduction et de gestion des pertes et dommages subis par les systèmes menacés. Le risque est caractérisé à l'aide d'un profil multidimensionnel avant que son acceptabilité ne soit évaluée (voir ci-dessous). La caractérisation des risques peut évoluer au fil du temps au fur et à mesure que la compréhension des aléas s'améliore. Aussi importe-t-il au plus haut point que les méthodes de prise de décision en situation d'incertitude donnent de bons résultats dans les différents avenirs climatiques, comme indiqué au chapitre 4.

Les prévisions des aléas météorologiques et climatiques ont longtemps eu pour ambition de constituer un continuum couvrant les différentes échelles temporelles pertinentes (Shukla et al., 2010[75]). Hoskins (2012[76]) avance qu'elles peuvent en principe avoir un pouvoir prédictif à toutes les échelles temporelles. Il fait en effet valoir que tel peut être le cas malgré le caractère chaotique de l'atmosphère et le transfert de l'incertitude de l'échelle la plus réduite à l'échelle planétaire. Les prévisions des aléas à court terme (sur une semaine, par exemple) s'appuient sur des systèmes de surveillance bien développés. Ceux-ci ont été largement examinés ci-dessus et il n'est en l'occurrence pas nécessaire de leur consacrer de plus amples développements.

Les modèles sur des échelles temporelles légèrement plus éloignées (sur un mois, par exemple) ne permettent pas une bonne prévision des aléas du fait qu'ils ne représentent pas correctement les tropiques (tant du point de vue de la convection que des profils de variabilité du climat). Ces modèles n'en sont pas moins essentiels pour beaucoup de pays en développement et de PEID. À une échelle saisonnière, la puissante oscillation australe El Niño (ENSO) confère un pouvoir de prédiction aux modèles sur des échelles temporelles pouvant atteindre un an. Il peut en être ainsi en raison de la lente évolution du phénomène El Niño à l'échelle d'un mois, ainsi que de la bonne compréhension de son influence sur la météorologie des différentes régions du monde – bien qu'elle ne soit pas déterministe (Hoskins, 2012[76]). L'inertie des températures de surface des mers et la persistance de certains modes de variabilité sur plusieurs années pourraient permettre d'établir des prévisions sur une période pouvant atteindre jusqu'à une décennie. Il est également possible que le pouvoir de prédiction s'étende sur une durée supérieure à la décennie. Parmi les principaux facteurs figurent les conditions extérieures telles que les variations des flux d'énergie solaire atteignant la Terre ; les aérosols volcaniques et les projections des émissions anthropiques de GES et d'aérosols ; ainsi que la persistance des modes oscillatoires dans les océans Atlantique et Pacifique (Hoskins, 2012[76]).

Le grand défi du Programme mondial de recherche sur le climat vise à améliorer les prévisions climatiques multiannuelles à décennales et à accroître leur utilité pour les activités de planification à court terme des décideurs (dans les domaines de l'urbanisme et de l'agriculture, par exemple). Les chercheurs doivent prendre en considération plusieurs déterminants sous-jacents issus aussi bien des projections climatiques que des prévisions climatiques. Les projections climatiques établissent un climat mondial moyen sur la base du forçage anthropique en prenant pour point de départ les époques passées, alors que les prévisions climatiques sont produites en partant du système climatique actuel. Leur association permet d'élaborer des prédictions climatiques multiannuelles à décennales et des informations spécifiques pour chaque région (voir Graphique 6.2) (GIEC, 2013[77]). Les Centres mondiaux de production de prévisions climatiques annuelles à décennales de l'OMM s'appuient désormais sur l'expertise scientifique et les modélisations informatiques des centres climatologiques les plus avancés au monde pour produire des informations utiles aux décideurs. Comme indiqué au chapitre 2, les différentes sources d'incertitude ne contribueront vraisemblablement pas de la même manière aux divers aléas liés au climat.

Une partie de la caractérisation des connaissances consiste à comprendre l'ambiguïté qui découle des divergences de vues sur un risque donné. Dans le cas du changement climatique, l'ambiguïté (et la controverse) résultant des différences de points de vue sur le plan économique et éthique est bien connue. La plus récente déclaration du GIEC est extrêmement importante dans ce contexte. D'après le GIEC, « (i)l est incontestable que l'influence humaine a réchauffé l'atmosphère, les océans et les terres. Des changements rapides et généralisés se sont produits dans l'atmosphère, les océans, la biosphère et la cryosphère » (GIEC, 2021[78]). L'ambiguïté découle également de l'incertitude des projections des phénomènes extrêmes par les modèles climatiques, dont il a été amplement question au chapitre 2. Les approches permettant d'agir face à ces incertitudes sont examinées au chapitre 4 ; celles couronnées de succès doivent être dynamiques, adaptatives et itératives.

La surveillance des efforts de réduction des aléas liés au climat, tels que les émissions de GES, contribue à un bien public mondial. La surveillance réduit l'ampleur des aléas liés au climat auxquels chacun doit faire face, qu'il s'agisse d'un pays, d'une entreprise, d'une population locale ou d'un individu. Par ailleurs, elle quantifie plus efficacement les émissions de GES. Cela permettra aux chercheurs de mieux comprendre comment les émissions contribuent aux changements observés dans les principaux écosystèmes, mais aussi de déterminer où pourraient se situer les futurs points de basculement (Lenton et al., 2019[79]). Les incitations sont donc différentes pour chaque type de mesure.

Les technologies susceptibles de favoriser une mesure, une notification et une vérification efficaces des efforts de réduction des émissions de GES auront tendance à encourager une plus grande coopération. Un exemple en est l'observation de la Terre pour détecter et surveiller les émissions de GES et les puits de carbone terrestres et océaniques correspondants à l'échelle mondiale. Le satellite d'observation des gaz à effet de serre lancé par le Japon détecte ainsi les rayons infrarouges réfléchis et émis par la surface de la Terre et par l'atmosphère. Il assure une couverture mondiale en trois jours, et complète ainsi les réseaux effectuant des mesures terrestres et aériennes (Stokke et Young, 2017[80] ; Faiyetole, 2018[81]). Le Groupe des observations de la Terre (*Group on Earth Observations*) est un partenariat intergouvernemental qui s'attache à accroître la disponibilité, l'accès, et l'utilisation des systèmes mondiaux d'observation pour soutenir la mise en œuvre de l'Accord de Paris, notamment sous l'angle des notifications nationales (GEO, 2018[82]).

Graphique 6.2. Prévision du climat : interactions entre variabilité naturelle et changement climatique

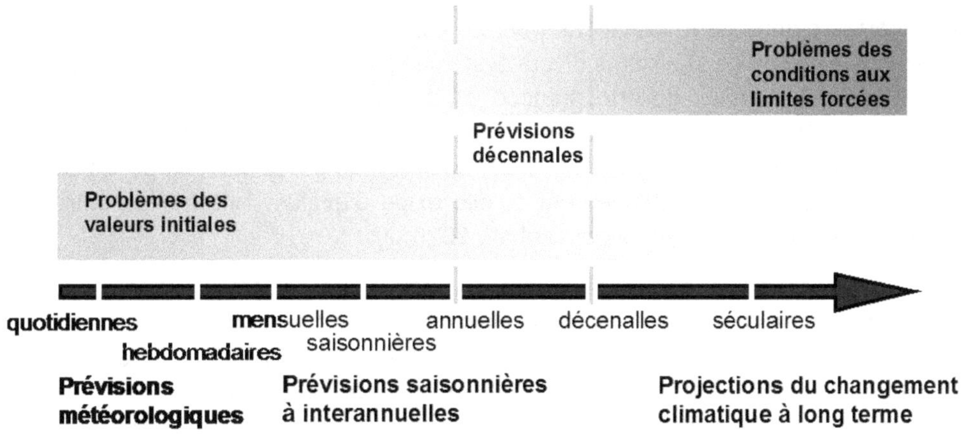

Note : Les prévisions décennales doivent aussi bien prendre en considération les conditions initiales du système climatique que l'évolution du forçage à long terme.
Source : (GIEC, 2013[77]).

L'évaluation des risques aux fins de réduction et de gestion des pertes et dommages doit prendre en considération aussi bien les changements à évolution lente que les phénomènes extrêmes. Une connaissance plus approfondie des phénomènes extrêmes du passé et des facteurs ayant influé sur eux pourrait permettre de comprendre les phénomènes extrêmes à venir et de se préparer à y faire face, et aider à quantifier les pertes et dommages (Clarke, Otto et Jones, 2021[83]). Par ailleurs, l'évaluation des risques doit également prendre en considération la possibilité que des points de basculement irréversibles ayant d'importants impacts non linéaires en cascade soient brusquement atteints. Après qu'un point de basculement irréversible d'ampleur mondiale a été dépassé, le système ne peut pas revenir à son état initial, quelles que soient les stratégies de réduction et d'inversion mises en œuvre (Lenton et al., 2019[79]). De nombreux systèmes sont proches de leurs points de basculement ou vont les atteindre. Au nombre des exemples figurent la fonte de l'inlandsis de l'Antarctique occidental, l'arrêt de la circulation méridienne de retournement de l'Atlantique (voir chapitre 3), la disparition des glaciers alpins ou le dépérissement des récifs coralliens. Pour comprendre à quel point les différents systèmes sont près d'atteindre le seuil crucial, il faudra mieux appréhender les processus qui régissent les risques auxquels chacun de ces systèmes doit faire face (Swingedouw et al., 2020[84]).

Technologies facilitant la compréhension, la mesure et la surveillance des éléments de basculement

La gestion des risques doit tenir compte du possible dépassement des seuils qui déclencheront des points de basculement climatique (GIEC, 2021[78]). Les impacts (mondiaux ou régionaux) de ces points de basculement peuvent réduire sensiblement l'efficacité des mesures de réduction destinées à faire face à l'exposition et à la vulnérabilité aux aléas liés au climat prévus en l'absence de ces points de basculement. Outre les techniques de modélisation et d'assimilation des données (section 6.2.1), les technologies permettant de mieux surveiller et modéliser le système climatique joueront un rôle essentiel. Elles doivent établir comment les aléas liés au climat peuvent évoluer dans le temps et dans l'espace et quand le système s'approchera d'un état climatique moins habitable. Pour comprendre et surveiller ces éléments de basculement, et peut-être même lancer des alertes précoces à leur sujet, il est essentiel de disposer de données scientifiques de grande qualité selon une fréquence appropriée. Celles-ci incluent des données d'observation sur les brusques changements climatiques survenus dans le passé géologique en vue d'améliorer la capacité des modèles à rendre compte des couplages et des rétroactions au sein du système Terre (Lenton et al., 2019[79]). Le décryptage des caractéristiques statistiques de variables couvrant des centaines d'années de variations peut contribuer à fournir davantage d'indications sur la probabilité d'atteindre le niveau de seuil dans divers systèmes (Swingedouw et al., 2020[84]). Il est toutefois compliqué de détecter les signaux d'alerte précoce et la capacité de prédiction de certaines de ces transitions critiques peut être limitée (Ditlevsen et Johnsen, 2010[85] ; Lenton, 2011[86] ; Swingedouw et al., 2020[84] ; Bury, Bauch et Anand, 2020[87] ; Rosier et al., 2021[88]). La prédiction des points de basculement demeure en effet difficile, du fait principalement qu'elle exige d'évaluer l'interaction entre la variabilité naturelle et le forçage anthropique (Swingedouw et al., 2020[84]).

La combinaison des observations par télédétection issues de diverses sources et des séries chronologiques plus longues d'observations de la Terre portant sur des variables clés a contribué à la connaissance de différents éléments de basculement au sein de la biosphère, des océans et de la cryosphère (Swingedouw et al., 2020[84]). Les observations par télédétection sont essentielles pour distinguer les variations induites par un forçage anthropique et la variabilité naturelle, afin d'améliorer la modélisation des systèmes. À titre d'exemple, les outils de télédétection des réseaux de surveillance des océans, tels que le réseau Argo, utilisent des flotteurs profileurs autonomes pour mesurer la salinité des océans, ainsi que la température et la force de la gravité dans les couches supérieures de l'océan afin de déterminer le degré actuel de stabilité des océans. Plus de 3 000 flotteurs profileurs dérivants opèrent dans les 2 000 mètres supérieurs de l'océan (NOAA, sans date[89]). Pour expliquer comment la composition des espèces et des communautés marines s'adapte aux changements de grande ampleur de la biodiversité ou des écosystèmes, il faudra recourir à des méthodes permettant d'obtenir des prévisions quantifiables des profils spatiaux et temporels au moyen de théories écologiques afin d'étudier les impacts à long terme (Beaugrand et al., 2019[90]).

Les techniques permettant de mieux comprendre dans quelle mesure les différents systèmes sont proches de leurs points de basculement en sont encore à leurs balbutiements. Il est difficile de prévoir quel état du système déclencherait le franchissement des points de basculement. Souvent, les paramètres déterminants ne connaissent que des modifications à la marge avant que l'état du système ne subisse une transformation soudaine ou persistante. Les indicateurs d'alerte précoce (IAP) constituent une méthode aidant à détecter une perte de résilience rapide du système (Gsell et al., 2016[91]). Les IAP sont des indicateurs statistiques capables de quantifier la perte de résilience temporelle ou spatiale des systèmes en vue de détecter un « changement de régime ». Ils peuvent ainsi signaler que les seuils cruciaux sont près d'être atteints. Une autre méthode s'appuie sur la visionique pour détecter automatiquement les bords, qui permettent de révéler les changements d'état soudains du climat et les phénomènes climatiques extrêmes dans les séries de données climatiques (Bathiany, Hidding et Scheffer, 2020[92]). Cette approche permet de quantifier le degré de soudaineté, d'obtenir des indications sur les causes des changements et d'évaluer certaines incertitudes liées aux phénomènes climatiques. De meilleures technologies de surveillance sont nécessaires pour améliorer l'observation de haut niveau des perturbations des profils spatiaux liées aux transitions fragiles au sein des systèmes. Un programme scientifique international axé sur la surveillance, la modélisation et l'élaboration d'IAP potentiels pour une série d'éléments de basculement offrirait d'importants avantages publics mondiaux. Des progrès dans ce sens semblent être en cours. Début 2021, par exemple, le Bureau du Climat de l'ESA a organisé un forum sur la télédétection des points de basculement dans le système climatique ; ce forum a été accueilli par l'Institut international des sciences de l'espace (*International Space Science Institute*) (ESA, sans date[93]). En outre, le projet AIMES du programme Future Earth tient des séries de discussions réunissant des représentants de diverses communautés de spécialistes des sciences naturelles et sociales pour faire progresser les connaissances sur les éléments de basculement, l'irréversibilité, et les changements soudains au sein du système Terre (AIMES, sans date[94]).

Évaluation des risques

L'évaluation des risques vise à déterminer si le risque considéré est acceptable pour les décideurs et les parties prenantes. Cela dépend souvent de la manière dont les parties prenantes comprennent les risques, et notamment de leurs valeurs et de leurs points de vue. Les risques peuvent être analysés à différents niveaux de granularité ou en tenant conjointement compte de la probabilité que le risque se produise et de son impact potentiel s'il venait à se matérialiser. La communauté internationale a décidé que les risques induits par le changement climatique ne sont pas acceptables et que des mesures d'atténuation et d'adaptation doivent être mises en œuvre pour ramener les risques à un niveau tolérable. L'objectif de température de l'Accord de Paris pourrait être considéré dans ce contexte. Il indique le degré de changement climatique au-delà duquel les risques sont si élevés qu'il convient de les éviter. Le Graphique 6.3 illustre les différents jugements quant à l'acceptabilité du risque : acceptable, tolérable et intolérable. Ce graphique montre les combinaisons de probabilité du risque et d'ampleur des conséquences qui pourraient amener un décideur à classer un risque donné comme *acceptable* (aucune intervention formelle n'est nécessaire) *; tolérable* (les avantages associés méritent de courir le risque mais devraient s'accompagner de mesures appropriées de réduction des risques) ; ou *intolérable* (le changement doit être purement et simplement interdit ou faire l'objet d'une substitution si le risque ne peut être évité) (IRGC, 2017[4]).

Graphique 6.3. Évaluation des risques

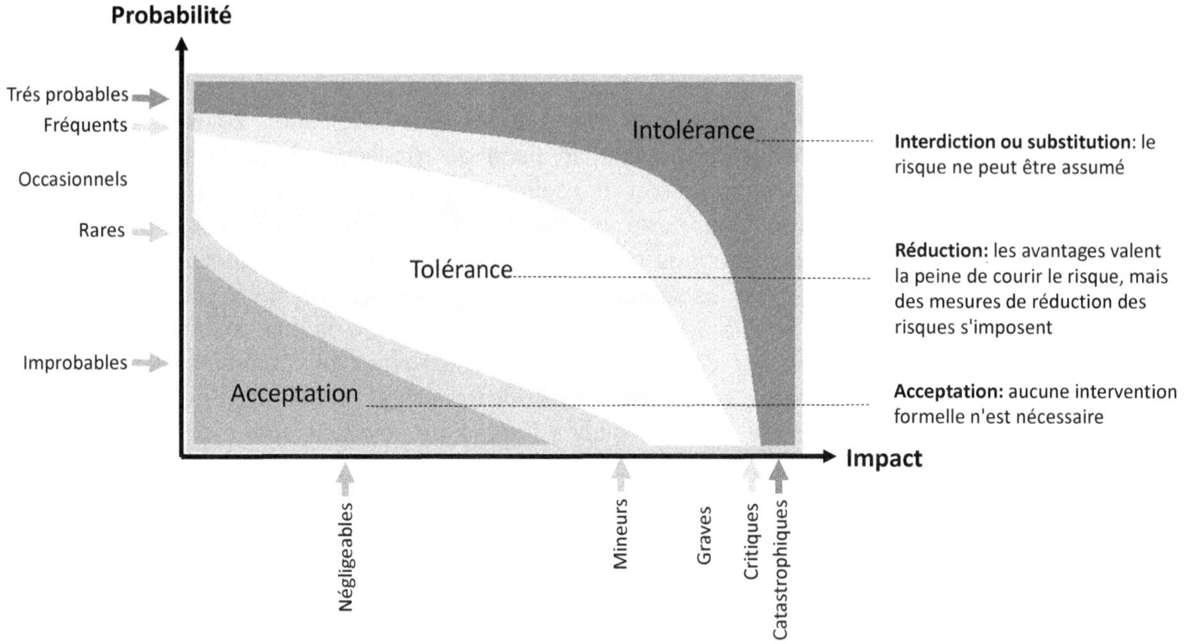

Source : D'après (IRGC, 2017[4]).

À l'échelle mondiale, la nature du changement climatique fait que le comportement des pays gros émetteurs déterminera si les objectifs de l'Accord de Paris seront ou non atteints. Le degré de changement climatique lié à l'objectif de température de l'Accord de Paris a implicitement été considéré comme tolérable, sous réserve que des mesures de réduction des risques soient mises en œuvre (atténuation, décarbonation, renforcement de la capacité d'adaptation). Cependant, les pays vulnérables pourraient ne pas être (pour des raisons financières, technologiques ou de capacités) à même de mettre en œuvre les mesures requises. Des efforts seront par conséquent nécessaires pour réduire l'exposition aux aléas des personnes et des biens, mais aussi pour en diminuer la vulnérabilité en ayant recours aux approches examinées au chapitre 4.

Un processus d'évaluation similaire devra être appliqué aux risques individuels caractérisés par une ampleur spatiale plus réduite et une échelle temporelle plus courte. Certains risques auront, presque par définition, des conséquences extrêmement graves mais pourraient ne pas être évitables (voir encadré 1.1). Il pourrait notamment s'agir de phénomènes extrêmes tels que l'arrivée à terre d'un ouragan ou d'un cyclone d'importance majeure dans une zone très peuplée. Dans de tels cas, un système d'alerte précoce et un plan d'évacuation efficaces pourraient être privilégiés pour réduire au minimum l'exposition de la population à l'aléa. Cela peut certes réduire, voire supprimer, le nombre de victimes mortelles, mais pas de totalement éviter les pertes et dommages économiques et psychologiques. À mesure que le niveau des mers continue de monter, les PEID pourraient bien devoir faire face à des décisions difficiles quant à savoir si les risques de pertes et dommages induits par le changement climatique demeurent ou non tolérables (voir chapitre 4).

L'évaluation des risques implique la prise en compte d'un plus large éventail de valeurs, dont les valeurs sociétales, les intérêts économiques et les considérations politiques, qui peuvent influer sur l'appréciation du risque. Les approches participatives de la création d'outils d'évaluation des risques locaux, par exemple, jouent un rôle essentiel dans l'évaluation des risques. Elles établissent un utile échange d'informations qui permet aux décideurs de prendre conscience de la manière dont la société juge les risques et met en lumière le regard porté par les populations sur une augmentation des risques climatiques qui pèsent sur les moyens d'existence et les systèmes (van Aalst, Cannon et Burton, 2008[95]). La méthodologie pourrait s'appuyer sur divers outils, dont une cartographie des risques, des réunions de groupes de réflexion, des enquêtes et des échanges de vues, ainsi que des entretiens.

À titre d'exemple, des cartes numériques des risques locaux peuvent être aisément partagées, mises à jour et intégrées dans d'autres applications numériques. Cette approche facilite une coproduction de la connaissance et de l'évaluation des risques qui peut éclairer les mesures d'adaptation et de réduction des risques de catastrophe. Créé par l'Institut international pour l'analyse des systèmes appliqués, le portail Risk Geo-Wiki assure par exemple un échange mutuel d'informations sur le risque issues des savoirs locaux et des connaissances des experts (Geo-Wiki, sans date[96]). Il intègre un processus de cartographie participative dans le cadre duquel les membres de la population locale fournissent, par exemple, des cartes préexistantes ou dessinées à la main indiquant où se trouvent les infrastructures critiques, les abris d'urgence et les ressources communautaires. Ces informations sont ensuite numérisées et peuvent être complétées par les parties prenantes locales. Par ailleurs, les cartes numérisées peuvent être superposées sur les images satellites pour obtenir une meilleure visualisation et aider à la planification, à la conception et à la mise en œuvre des initiatives. Ce portail a été utilisé dans certaines localités du Népal, du Pérou et du Mexique (Mechler et al., 2018[97]).

Les progrès des technologies géospatiales ont donné la possibilité de traduire les apports des connaissances qualitatives locales en modèles mathématiques permettant une évaluation quantitative des résultats potentiels, par exemple dans le cas des projets de restauration et de protection des localités affectées (Hemmerling et al., 2019[98]). Ce processus permet de recenser les connaissances localisées sous la forme de séries de données utilisables qui peuvent être ensuite combinées avec des séries de données existantes et servir à diverses fins dans le cadre du processus de planification. Cette quantification peut par exemple permettre d'identifier et de réduire le risque que certains groupes sociaux ou culturels subissent des impacts disproportionnés, et d'élaborer par ailleurs des stratégies de planification fondée sur des données factuelles géographiquement ciblées. Elle permet aux responsables de l'action publique de prendre des décisions en connaissance de cause, qu'elles soient d'ordre budgétaire ou qu'elles visent à l'adoption de nouveaux plans d'adaptation et de résilience (Cornforth, Petty et Walker, 2021[47]).

6.2.3. Technologies pour l'élaboration, la mise en œuvre et l'évaluation des stratégies de réduction et de gestion des risques de pertes et dommages

Cette composante du processus décide des approches les plus appropriées pour la gestion des risques climatiques en s'appuyant sur l'évaluation des risques, examinée à la section 6.2.2. La légitimité et l'efficacité de tout processus de gouvernance des risques dépendront de nombreux facteurs non techniques, dont le degré de confiance des parties prenantes à l'égard du processus. Les chapitres 4 et 5 ont examiné comment la réduction et la gestion des risques de pertes et dommages induits par le changement climatique peuvent être assurées. La présente section porte essentiellement sur la manière dont les stratégies, les options et les approches de réduction et de gestion des risques sont tributaires de certaines technologies ou de certaines capacités technologiques (infrastructures ou compétences, par exemple). Elle décrit comment la compréhension des risques peut aider à opter pour une approche décisionnelle appropriée.

Définir les options en matière de gestion

L'élaboration de stratégies de réduction et de gestion des risques de pertes et dommages peut tirer profit d'un passage en revue des informations produites par les différentes composantes du processus de gouvernance des risques, telles que la caractérisation des risques ou leur évaluation. Dans le contexte du changement climatique, les décisions seront souvent prises en situation d'incertitude. Dans de telles circonstances, il importera de mettre en œuvre des processus itératifs pour la gestion des risques. Ces processus devraient s'appuyer sur une surveillance, une évaluation et un apprentissage continus, et être complétés par des approches décisionnelles adaptatives (voir l'examen à la section 4.2). Le choix des options de gestion devrait prendre en considération la situation socioéconomique plus large.

Outils d'aide à la décision

Comme indiqué à la section 6.1, le terme « technologie » peut aussi bien désigner un élément matériel que, dans un sens plus large, une technique permettant de mener à bien une activité. Ici, les outils d'aide à la décision aident à évaluer les risques afin de déterminer quelles sont les priorités pour les approches décisionnelles. Pour traduire les informations tirées des évaluations des risques en objectifs ou en stratégies opérationnels, il est nécessaire de bien comprendre le contexte plus large, y compris les divers systèmes affectés. Cela aidera à limiter le transfert des risques d'une zone vers une autre. Les décideurs peuvent éprouver des difficultés à naviguer dans les données et les informations disponibles pour évaluer les risques et formuler les mesures à prendre. La coopération pour le développement peut utilement contribuer à aider les populations vulnérables à identifier les approches appropriées. Un exemple en est offert par le projet AGRICA, succinctement présenté à l'Encadré 6.5.

Encadré 6.5. Analyse des risques climatiques pour l'identification et la pondération des stratégies d'adaptation

Le projet d'analyse des risques climatiques pour l'identification et la pondération des stratégies d'adaptation en Afrique subsaharienne (AGRICA) est mis en œuvre par l'Institut de Potsdam pour la recherche sur les impacts climatiques (*Potsdam Institute for Climate Impact Research*) en coopération avec l'Agence allemande pour le développement pour le compte du ministère fédéral allemand de la Coopération et du Développement économiques. L'Afrique subsaharienne a un accès limité à des informations fiables sur les risques et les impacts climatiques pour éclairer la prise de décision et les stratégies d'adaptation. Le projet AGRICA est axé sur le secteur agricole et aide les pays d'Afrique subsaharienne à identifier des stratégies d'adaptation au moyen de scénarios d'adaptation chiffrés.

Le projet AGRICA modélise toute la chaîne des impacts agricoles, ainsi que les stratégies d'adaptation susceptibles de soutenir les efforts du secteur pour faire face au changement climatique. L'étude des risques climatiques individuels prend la forme d'une évaluation des impacts. Celle-ci donne lieu à un examen des interactions entre le changement climatique, l'évolution des disponibilités en eau, et les impacts climatiques sur le secteur agricole qui s'ensuivent. L'évaluation des impacts permet ensuite de déterminer à l'aide d'analyses biophysiques, d'analyses coûts-avantages et d'analyses socioéconomiques quelles sont les stratégies d'adaptation appropriées.

Le projet vise à apporter un soutien aux autorités et aux acteurs du développement dans les pays faisant l'objet d'une étude de cas. Les résultats des analyses des risques climatiques peuvent à leur tour alimenter les processus d'élaboration de plans nationaux et infranationaux, tels que les Contributions déterminées au niveau national et les Plans d'adaptation nationaux. Ces résultats peuvent en outre orienter la coopération pour le développement, non seulement grâce à l'identification des priorités nationales, mais aussi en limitant l'exposition aux risques climatiques.

Source : (PIK, sans date[99]) examiné *in* (OCDE, 2021[23]).

Les outils d'aide à la décision, tels que l'analyse coûts-avantages, l'analyse coûts-efficacité et l'analyse multicritères, peuvent être utilisés pour faire un tri entre les différentes options (voir Encadré 6.6). Ces outils aident à déterminer quelles sont, compte tenu des hypothèses retenues, les approches équitables et efficaces par rapport aux coûts permettant de réduire et gérer les pertes et dommages. Les progrès des techniques et des algorithmes ont amélioré la capacité des logiciels à intégrer et analyser les données provenant de diverses sources, et créé de nouvelles fonctions spatiales et temporelles. Celles-ci accroissent les capacités de visualisation et de comparaison des différentes options. Ces capacités permettent d'évaluer les performances des différentes options en tenant compte des diverses incertitudes et d'une multiplicité de scénarios d'aléas futurs. Il est ainsi possible de mesurer l'efficacité des options de réduction des risques et de procéder à une analyse transparente et cohérente pour aider à la prise de décisions (Newman et al., 2017[100]). Un autre exemple d'outil décisionnel permettant d'aider à évaluer les problèmes complexes impliquant une multiplicité d'acteurs prend la forme de simulations, par exemple au moyen des outils de simulation sociale appelés « jeux sérieux ». Ceux-ci combinent les modèles computationnels et la participation d'acteurs réels pour éclairer les différentes optiques lorsque la prise de décision exige la gestion d'interactions sociales complexes (Mechler et al., 2018[97]).

Encadré 6.6. Outils d'évaluation des options

L'***analyse coûts-avantages (ACA)*** est centrée sur l'efficience économique d'une stratégie ou d'une option données. Elle compare les coûts liés à l'option considérée aux avantages qu'elle présente, afin d'en calculer la valeur actuelle nette. Au final, l'ACA s'attache à maximiser le bien-être social compte tenu des impacts du changement climatique qui ont été identifiés. L'ACA ne prend toutefois pas en considération certains aspects importants des risques, tels que le degré d'incertitude et d'ambiguïté, les questions de répartition et d'équité, ou les jugements de valeur des parties prenantes à l'égard des projets (voir l'examen des limites de l'ACA à la section 5.3.1). Compte tenu de la temporalité à long terme de certaines des mesures prises par les pouvoirs publics, l'ACA s'applique pour l'essentiel aux options rudimentaires et à court terme liées à des risques simples.

L'***analyse coût-efficacité (ACE)*** compare l'attractivité des différentes approches ou options en les évaluant et en les hiérarchisant en fonction de leur capacité à atteindre un objectif préétabli. L'ACE évalue les coûts en termes monétaires, alors que les avantages peuvent être mesurés sous une forme non monétaire. Elle est surtout utile pour évaluer les options à court terme de nature simple, non technique ou « immatérielles », telles que le renforcement des capacités. L'ACE exige des travaux approfondis pour garantir que les politiques sont mises en œuvre simultanément pour prendre en compte les éléments que les autres évaluations pourraient avoir négligé. Elle peut donc être appliquée pour remédier aux problèmes d'ambiguïté.

L'***analyse multicritères (AMC)*** attribue aux différentes options une note ou un classement relatifs en fonction des critères d'évaluation. L'AMC pondère les divers éléments selon leur importance relative. Elle peut ainsi être utilisée dans le cadre d'analyses transversales pour l'évaluation de stratégies couvrant un large éventail d'objectifs difficiles à quantifier, tels que l'acceptabilité, l'équité, l'urgence ou les coavantages. Cette approche s'appuie sur la planification de scénarios portant sur des phénomènes considérés individuellement, et elle peut également inclure des critères sur la manière dont les différentes options se comportent en situation d'incertitude. Elle pourrait par ailleurs être particulièrement appropriée pour encourager la participation des parties prenantes à la prise de décision, de manière à tenir aussi bien compte de leurs préférences que de l'avis des experts.

Source : (Econadapt, sans date[101]).

Réduire les aléas liés au climat grâce à l'atténuation

Les réductions rapides et marquées des émissions de GES, y compris celles résultant du changement d'affectation des terres, sont les mesures les plus efficaces pour limiter la fréquence et l'intensité des aléas liés au climat (GIEC, 2021[78]). La capacité à atteindre des objectifs d'atténuation stricts tels que ceux impliqués par l'Accord de Paris est pour l'essentiel tributaire de la technologie. Les technologies solaire, éolienne et hydroélectrique ont en effet assuré des réductions rapides. Ces résultats, et un déploiement et une production plus larges des énergies renouvelables constituent l'une des raisons d'espérer que des réductions rapides et de grande ampleur des émissions pourront être mises en œuvre. Cependant, même dans ce cas de figure, les efforts doivent être accélérés (AIE, 2021[102]). Qui plus est, des réductions des émissions sont nécessaires partout au sein de l'économie, même dans les secteurs où les réductions sont difficiles à réaliser, tels que ceux de la production alimentaire ou du transport de marchandises. S'il n'en est pas ainsi, les émissions nettes de CO_2 devront devenir négatives pour compenser les éventuelles émissions résiduelles de ces secteurs.

Il peut dès lors être indispensable d'avoir recours aux technologies d'élimination du dioxyde de carbone (EDC). La plus prometteuse de ces technologies réside dans la combustion de biomasse associée au captage et à la séquestration géologique à long terme des émissions de CO_2 qui en résultent grâce aux technologies de captage et de stockage du carbone (CSC). Les concentrations de CO_2 dans l'atmosphère pourraient être réduites au fil de la répétition des cycles de croissance, de récolte et de combustion de la biomasse. Le déploiement des technologies de CSC à l'échelle qui serait nécessaire dans de tels scénarios serait à lui seul une tâche extrêmement difficile. L'Encadré 6.7 décrit les émissions mondiales nettes de CO_2 pour quatre trajectoires. Il montre que les technologies de CSC peuvent susciter des inquiétudes quant à la réduction des émissions nettes, même dans le cas où il serait possible de les mettre en œuvre à grande échelle.

Encadré 6.7. Implications technologiques des trajectoires des émissions mondiales

Les scénarios où la demande future d'énergie est la plus élevée prévoient les plus faibles niveaux de réduction des émissions de CO_2 à l'horizon 2030, comme l'illustre le scénario « P4 » du Graphique 6.4 et du GIEC (2018[103]). Pour limiter la hausse des températures à 1.5 °C, ces scénarios nécessiteraient d'assurer au cours du siècle des émissions négatives cumulées représentant environ 1 200 gigatonnes de CO_2 – soit l'équivalant d'environ 30 années d'émissions de CO_2 liées à l'énergie observées avant la crise du COVID (2019) (GIEC, 2018[101]). Pour atteindre cet objectif, il faudrait avoir recours à des technologies d'élimination du dioxyde de carbone, telles que la bioénergie associée au captage et stockage du carbone (BECCS), ainsi qu'à la protection et – si possible – au renforcement des puits naturels de carbone. La BECCS est considérée comme l'approche la plus plausible, tant du point de vue technologique que sous l'angle de la modélisation. D'après le scénario P4, il faudrait consacrer quelque 7.2 millions de kilomètres carrés de terres aux cultures bioénergétiques d'ici 2050. Cela représente plus de 30 fois la superficie nécessaire dans le scénario où la demande est la plus faible (scénario « P1 » sur la partie gauche du Graphique 6.4) (GIEC, 2018[103]), et l'équivalent de près de 15 % de l'ensemble des surfaces agricoles mondiales[2].

L'acceptabilité du déploiement à grande échelle de la BECCS soulève, tout comme sa faisabilité technique, de gros doutes sur la crédibilité d'une EDC de grande ampleur. Cela suscite encore davantage de doutes sur le point de savoir si les scénarios qui prévoient comme le « P4 » une forte demande représentent des trajectoires potentielles crédibles pour se conformer à l'objectif de température de l'Accord de Paris. À supposer que le déploiement de la technologie de CSC à une telle échelle soit réalisable, l'ampleur même de l'utilisation des sols à des fins de production de bioénergie dans le cadre de ces trajectoires soulève des questions majeures concernant la concurrence pour la terre et les répercussions potentielles de l'atténuation du changement climatique sur la sécurité alimentaire et sur la perte de biodiversité. La sécurité alimentaire et la protection de la biodiversité pourront être plus aisément assurées par des trajectoires caractérisées par une faible augmentation future de la demande d'énergie et de celle des autres ressources.

Graphique 6.4. Décomposition des contributions aux émissions mondiales nettes de CO_2 dans quatre trajectoires présentées pour illustrer le modèle

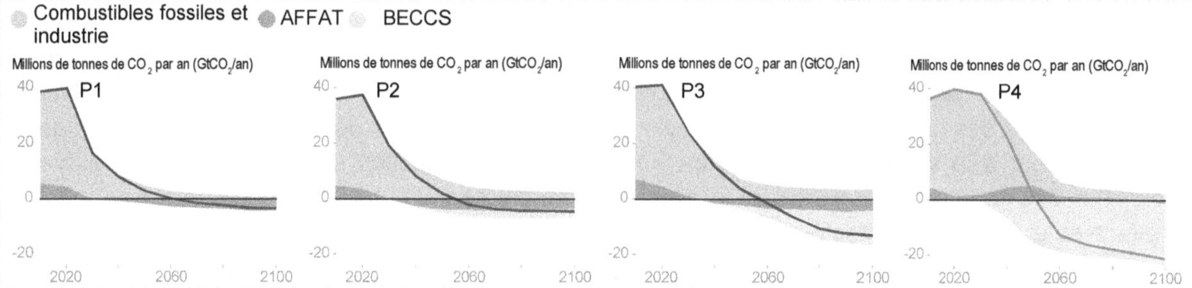

Note : La demande finale d'énergie augmente de gauche (P1) à droite (P4). Ces différentes stratégies d'atténuation peuvent toutes restreindre à 1.5 °C le réchauffement mondial, sans dépasser ce seuil ou en ne le dépassant que de manière limitée. Toutes les trajectoires ont recours à l'élimination du dioxyde de carbone, mais dans des proportions variables selon la contribution relative de la bioénergie associée au captage et stockage du carbone et des mesures d'élimination dans l'agriculture, la foresterie et les autres affectations des terres. P1 est un scénario caractérisé par une faible demande d'énergie (Grubler et al., 2018[104]) et il est conforme aux études qui mettent particulièrement l'accent sur les mesures visant à agir sur la demande ; P2 est un scénario axé sur la durabilité (sur la base de la trajectoire socioéconomique partagée SSP1) élaboré dans le cadre du modèle AIM (Fujimori et al., 2017[105]) ; P3 est un scénario intermédiaire (fondé sur la trajectoire socioéconomique partagée SSP2) établi dans le cadre du modèle MESSAGE-GLOBIOM (Fricko et al., 2017[106]) ; et P4 est un scénario à forte intensité d'énergies fossiles et forte demande d'énergie (reposant sur la trajectoire socioéconomique partagée SSP5) créé dans le cadre du modèle REMIND-MAgPIE (Kriegler et al., 2017[107]). Une description narrative des différents scénarios SSP pourra être trouvée *in* O'Neill *et al.* (2017[108]).
Source : Rapport spécial du GIEC « Réchauffement planétaire de 1.5 °C » (GIEC, 2018[103]).

Les réductions marquées des émissions nécessiteront une innovation, un progrès et un déploiement technologiques de plus grande ampleur (par exemple dans le domaine du stockage d'énergie à grande échelle et du CSC). Elles exigeront également des modifications des systèmes intégrant ces technologies. Elles peuvent ainsi créer des liens dynamiques entre l'offre et la demande (grâce par exemple aux réseaux intelligents), mais aussi modifier radicalement la conception des systèmes pour réduire l'intensité en énergie et en matières premières des différentes économies (Buckle et al., 2020[109]). Le GIEC (2021[78]) fait observer que les trajectoires caractérisées par de faibles ou très faibles émissions de GES auraient des effets rapides et durables de limitation du changement climatique d'origine anthropique, contrairement aux scénarios prévoyant des émissions de GES élevées ou très élevées. Ces trajectoires auraient également les plus fortes probabilités de parvenir à ce résultat sans entraîner de plus amples dégradations du bien-être humain ou des écosystèmes naturels.

Réduction de l'exposition et de la vulnérabilité aux aléas liés au climat

L'exposition et la vulnérabilité sont des caractéristiques complexes et multidimensionnelles des systèmes socioéconomiques. À titre d'exemple, il est possible que certains types d'expositions ne puissent être modifiées que par des interventions à longue échéance (comme dans le domaine des infrastructures ou des terres agricoles). D'autres types d'exposition pourraient être plus flexibles, même en l'espace de quelques heures ou de quelques jours, comme l'exposition des populations humaines aux phénomènes extrêmes. Les technologies et les systèmes sur lesquels s'appuient les systèmes d'alerte précoce et de réaction rapide peuvent réduire l'exposition des individus aux aléas tels que les tempêtes, les inondations et les vagues de chaleur au moyen de leur relocalisation physique. La présente section étudie comment la technologie soutient un petit nombre de stratégies de réduction de l'exposition et de la vulnérabilité des populations et des moyens d'existence aux risques climatiques : SAP, résilience sectorielle et récupération post-catastrophe. Un examen approfondi de la contribution de la technologie au renforcement de la résilience, en particulier pour ce qui est du transfert de technologies et des évaluations des besoins technologiques, est fourni par l'OCDE (2021[23]).

Systèmes d'alerte précoce (SAP)

La réduction et la gestion des risques de pertes et dommages induits par le changement climatique exigent des approches assurant la protection et la préparation des populations. Une préparation efficace constitue une approche intégrée et à longue échéance de la gouvernance des risques. Dans le cadre de l'élaboration des stratégies d'adaptation, il sera donc nécessaire de bien comprendre les dimensions spatiale et temporelle de l'exposition et de la vulnérabilité pour décider comment faire face aux aléas météorologiques et climatiques. Les risques météorologiques et climatiques croissants rendent la surveillance impérative. Cela nécessitera des outils de gestion, d'analyse et de visualisation des données géospatiales du genre de ceux décrits à la section 6.2.1. Il faudra notamment des capacités en temps réel pour surveiller l'exposition des populations aux aléas et faciliter les communications entre les autorités mobilisées pour y faire face et les personnes affectées.

Les SAP sont des systèmes intégrés de surveillance des aléas. Les SAP fournissent des alertes et signalent les risques au public, aux autorités et aux entreprises afin de leur permettre d'agir en temps opportun. Les progrès de l'observation météorologique, hydrologique et climatologique, ainsi que le renforcement des capacités de modélisation et de prévision, jouent un rôle important dans la surveillance des aléas, et plus particulièrement des phénomènes extrêmes (fortes pluies, tempêtes, cyclones, vagues de chaleur, etc.). Les satellites d'observation de la Terre assurent une transmission rapide et précise des données d'alerte précoce grâce aux méthodes de dissémination et aux outils cartographiques des systèmes d'information géographique (CNUCED, 2021[16]). Les avancées technologiques dans le domaine de l'observation et de la surveillance de la Terre (atmosphère, sols et océans, et éléments tels que la température, les précipitations, la pression et le vent) ont permis la détection en temps réel des phénomènes météorologiques dangereux (tempêtes, inondations et sécheresses, par exemple) (Guo,

Zhang et Zhu, 2015[110]). Par exemple, le projet relatif aux produits d'information basés sur des observations de la Terre pour la réduction des risques de sécheresse au niveau national du Centre de télédétection des surfaces terrestres, sis en Allemagne, fournit des informations sur les risques aux systèmes d'alerte précoce concernant les aléas de sécheresse en Afrique du Sud et en Ukraine (ZFL, 2021[111]). Les méthodes fondées sur l'observation de la Terre surveillent l'humidité des sols, les précipitations et la végétation pour évaluer les risques de sécheresse (ONU, 2021[112]).

Les progrès technologiques ont également contribué à mieux optimiser les efforts de coordination des SAP et à en accroître la précision. Cependant, la prévision des aléas à long terme (par opposition aux prévisions météorologiques ou aux projections climatiques) nécessite de plus grandes capacités opérationnelles. La surveillance observationnelle des systèmes clés influant sur les aléas à ces échelles temporelles plus longues (par exemple, les plateformes de glace de l'Antarctique, la fonte du pergélisol et la circulation océanique) est également nécessaire, à distance comme *in situ*. Les SAP peuvent également être faisables pour certains points de basculement climatique (Lenton, 2011[86]) ; voir Swingedouw (2020[84]) pour un examen du recours à l'observation de la Terre pour fournir des alertes précoces pour ces points de basculement.

Les différents pays n'ont pas tous les mêmes capacités ni le même besoin de mettre efficacement en œuvre les SAP. Il convient de mentionner un certain nombre d'exemples tirés de différents contextes nationaux :

- En ***Éthiopie***, la méthode de modélisation climatique semi-subjective a été remplacée par une approche objective reposant sur la climatologie. Il est ainsi possible d'assurer une meilleure prévision saisonnière afin d'aider le pays à accomplir des progrès en matière d'atténuation et d'anticipation des pertes induites par les phénomènes climatiques extrêmes (OMM, 2020[113]).
- En ***Mongolie***, les conditions climatiques extrêmes ont amené de nombreux ménages d'éleveurs à perdre leurs troupeaux. Un partenariat conjoint entre le gouvernement et la Mission d'évaluation des récoltes et de la sécurité alimentaire (CFSAM) de la FAO et du PAM a permis de superposer des indicateurs socioéconomiques aux données de surveillance et aux prévisions afin d'aider à cibler les familles vulnérables en vue de mettre en œuvre des mesures anticipatives (OMM, 2020[113]).
- Au ***Népal***, l'alerte précoce lancée auprès de la population n'a pas été bien reçue en raison de la qualité médiocre des liaisons radio et d'un manque de compréhension par la population du degré de gravité de l'inondation. Le fait de travailler en étroite collaboration avec les membres de la population locale pour élaborer conjointement le SAP a contribué à assurer que les messages sont adaptés et bien compris par la population (Shrestha et al., 2021[114]).
- Au ***Japon***, une plateforme centralisée prend en charge le SAP et diffuse des informations sur les consignes de sécurité, les plans d'évacuation et la récupération post-catastrophe. Cette approche diffuse les mêmes informations à toutes les parties prenantes, y compris les médias, la municipalité et les sociétés de service public (GFDRR, 2019[115]).

Dans le contexte du SAP, il est essentiel de nouer un dialogue avec les parties prenantes locales, et en particulier avec les segments marginalisés ou vulnérables de la population. Il peut être difficile de toucher les personnes marginalisées et vulnérables du fait de leur localisation physique, des normes sociales ou des obstacles technologiques. Par exemple, dans certaines cultures, les femmes ne sont pas encouragées à participer aux formations de renforcement des compétences (Shrestha et al., 2021[114]). Les plans de mise en œuvre des protocoles du SAP doivent faire appel à des méthodes créatives pour assurer une plus grande inclusion des parties prenantes. Dans certaines localités rurales n'ayant que peu d'infrastructures de communication, voire aucune, les informations proviennent des membres de la population locale. Au Sri Lanka, par exemple, beaucoup de localités sont situées dans des zones écartées. Pour y remédier, les capacités du SAP sont renforcées en assignant un rôle de premier plan aux membres de la population locale, chargés d'informer les groupes vulnérables sur les risques encourus (Baudoin et al., 2016[74]).

Rôle de la technologie dans le financement de la récupération post-catastrophe

La vulnérabilité résulte de divers facteurs. Ceux-ci incluent les niveaux de développement, les inégalités et la localisation géographique, ainsi que les caractéristiques individuelles (sexe, âge, état de santé, statut social, origine ethnique et classe sociale). Ces facteurs influent sur les niveaux d'accès aux éléments de patrimoine et aux revenus, l'endroit où les personnes vivent, ainsi que leur accès aux services essentiels, dont le logement et les soins de santé. Le chapitre 5 examine les mécanismes financiers, y compris les programmes de protection et d'assurance sociales. Ces programmes aident les individus, les ménages ou les entreprises à réduire les risques de pertes et dommages induits par les aléas climatiques, ainsi qu'à gérer leur exposition et leur vulnérabilité aux risques climatiques. Les innovations technologiques sont à la base de bon nombre de ces services financiers. L'Encadré 6.8 illustre les possibilités que les technologies de chaîne de blocs réduisent sensiblement le coût des envois internationaux de fonds aux membres de sa famille, dont le montant à l'échelle mondiale est bien supérieur à celui de l'aide publique au développement.

Encadré 6.8. Envois de fonds et technologie de chaîne de blocs

Les envois de fonds jouent un rôle important dans le développement, puisque leur volume était en 2018 plus de trois fois supérieur à celui de l'aide publique au développement. Ils procurent aux pays à faible revenu et à revenu intermédiaire une source de financement stable. Les frais de transfert sont cependant élevés, le coût mondial moyen d'un transfert à destination des pays à faible revenu et à revenu intermédiaire atteignant 6.9 % du montant de l'envoi de fonds (Rühmann et al., 2020[116]). Le coût des envois de fonds entre pays du Sud s'élève en moyenne à 18.7 % en Afrique subsaharienne, taux trois fois supérieur à la moyenne mondiale (Rühmann et al., 2020[116]).

La chaîne de blocs offre une approche innovante permettant d'envoyer et de recevoir des fonds plus rapidement et à moindres frais, mais aussi d'atteindre les zones mal desservies par les systèmes financiers officiels. La chaîne de blocs s'appuie sur une technologie de registres distribués fournissant un moyen d'inscrire des données sur une multiplicité de registres tenus et contrôlés par un réseau décentralisé (distribué) de serveurs informatiques (Rühmann et al., 2020[116]). Cette technologie offre une approche permettant d'envoyer et de recevoir des fonds sous forme de monnaie numérique grâce à de nouvelles infrastructures de paiement court-circuitant les intermédiaires pour autoriser un transfert de personne à personne. La chaîne de blocs peut permettre des règlements transfrontières plus rapides et abordables que les systèmes traditionnels de transfert d'argent et aider à garantir que les paiements servent aux fins prévues. La technologie de chaîne de blocs peut être plus accessible pour les utilisateurs grâce à la technologie des téléphones intelligents (Banque mondiale, 2019[117]). Dans les pays à faible revenu où de nombreux adultes n'ont pas accès aux services bancaires, les téléphones intelligents offrent une solution de rechange pour recevoir des paiements. En Amérique latine et dans les Caraïbes, par exemple, 90 % des adultes qui ne disposent pas de services bancaires possèdent un téléphone portable (Banque mondiale, 2019[117]).

Rühmann *et al.* (2020[116]) décrivent toutefois plusieurs inconvénients de cette technologie, dont les problèmes de confidentialité des données, les incertitudes réglementaires et la question de la remise des fonds en espèces au dernier kilomètre. Il n'est guère probable que l'utilisation de la chaîne de blocs apporte une solution au problème du dernier kilomètre, étant donné que la conversion de la monnaie numérique en espèces peut être difficile : même de grands établissements bancaires ne sont pas parvenus à l'assurer.

L'assurance peut fournir aux ménages subissant les effets négatifs du changement climatique un accès à des moyens de financement vitaux pour eux (voir l'examen au chapitre 5). Les nouvelles technologies et les innovations permettent de mieux cibler les produits d'assurance. Ces technologies fournissent de nouvelles sources de données sur les aléas, l'exposition et la vulnérabilité (observation de la Terre, imagerie participative, etc.) et de nouveaux outils permettant de les analyser (intelligence artificielle ou apprentissage automatique, par exemple). Elles accroissent ce faisant la disponibilité de garanties abordables contre les aléas climatiques. Les nouvelles technologies et les nouveaux outils peuvent par exemple permettre de réduire les coûts de la sélection des risques, processus qui représente en règle générale pas moins de 20 à 25 % du montant brut des primes. Une société d'assurances a par exemple intégré une cotation des risques par l'intelligence artificielle dans son processus d'évaluation des risques de feux incontrôlés. Elle a constaté que certains facteurs secondaires qui réduisent les risques pour les ménages, tels que l'aménagement paysager et les bâtiments résistant au feu, ainsi que la distance par rapport à la végétation à haut risque, entraînaient une diminution du coût de l'assurance pour les personnes vivant dans des zones à haut risque d'incendie (Sams, 2020[118]). Ces mêmes technologies peuvent également être utilisées pour le règlement des sinistres et contribuent à faire baisser les frais de liquidation des sinistres. La distribution d'assurances en ligne et des innovations telles que les contrats intelligents pourraient procurer de nouveaux gains d'efficience (Goldby et al., 2019[119]).

Ces innovations dans le financement de la récupération post-catastrophe pourraient jouer un rôle particulièrement important en contribuant à combler les lacunes de la couverture par la modélisation commerciale des catastrophes. Cela permettra à son tour aux sociétés d'assurance de faire en sorte que la couverture soit disponible dans les pays où les outils d'analyse des données et des risques sont plus limités. En Zambie, par exemple, un partenariat entre la Banque Nationale et une société d'assurances a abouti à la création d'une couverture des biens abordable pour les micro, petites et moyennes entreprises. Elle assure contre les tempêtes, les incendies et les inondations en s'appuyant sur une plateforme numérique pour la sélection des risques et la tarification (Inclusivity Solutions, 2020[120]). Ces technologies et innovations peuvent également accroître la capacité des sociétés d'assurance à offrir des garanties innovantes, sous la forme, par exemple, d'une assurance paramétrique ou d'une assurance météorologique (Encadré 6.9).

Encadré 6.9. L'apprentissage automatique au service de l'assurance contre les risques météorologiques

Les petits exploitants agricoles sont vulnérables aux chocs climatiques. L'assurance fondée sur un indice météorologique est un produit de transfert du risque financier qui peut permettre de surmonter les problèmes rencontrés par les systèmes traditionnels d'assurance. Les systèmes traditionnels d'assurance des récoltes indemnisent généralement les agriculteurs des pertes vérifiables au terme de la période de végétation. À l'inverse, l'assurance fondée sur un indice météorologique s'appuie sur un indice composé des régimes pluviométriques, des températures, ainsi que d'autres indicateurs. Ceux-ci font office de variable de substitution des risques et traduisent les fluctuations météorologiques extrêmes en un indice de mauvaise récolte (Bettini, Gioli et Felli, 2020[121]). Les indemnisations accordées aux agriculteurs sont ainsi fonction des risques plutôt que des pertes individuelles. Étant donné que ni l'agriculteur ni l'assureur ne peuvent manipuler les mesures de la pluviométrie, l'approche fondée sur des indices météorologiques réduit les problèmes d'asymétrie de l'information. Les pertes ne sont plus liées aux indemnisations, ce qui élimine le problème de l'aléa moral puisque les agriculteurs ne gagneront rien en cas de mauvaise récolte. Les visites à domicile pour que les assureurs vérifient les pertes de récolte sont par ailleurs évitées. Les primes sont ainsi maintenues à un niveau plus abordable (Bettini, Gioli et Felli, 2020[121]).

La technologie a aidé à surmonter plusieurs problèmes non résolus liés à l'indice météorologique. L'indice météorologique exige un réseau dense de stations météorologiques, alors que celles-ci sont plutôt dispersées dans la plupart des régions du monde. Tel est en particulier le cas dans les pays en développement dont les petits exploitants agricoles seront les principaux bénéficiaires de l'assurance fondée sur des indices météorologiques. Bien que les données satellitaires soient désormais davantage disponibles, mais les observations à l'échelon local peuvent s'avérer plus utiles pour l'assurance fondée sur un indice météorologique. Plusieurs pays ont adopté différentes stratégies pour surmonter cet état de fait :

- En ***Tanzanie*** et au ***Mozambique***, l'apprentissage automatique a été utilisé pour élaborer un indice dynamique établissant une relation entre les relevés météorologiques locaux et les observations météorologiques des utilisateurs, les rapports des agriculteurs sur les pertes de rendement des cultures et les données relatives aux prix sur les marchés mondiaux. Il est ainsi possible de mettre au point des stratégies plus élaborées de gestion des risques et des pertes de récoltes (Biffis et Chavez, 2017[122]).
- Au ***Rwanda***, des stations météorologiques solaires collectent des données météorologiques toutes les 15 minutes. Ces données sont agrégées et comparées avec les données météorologiques historiques au terme de la période de végétation. Les indemnisations sont alors calculées et envoyées, tout comme les informations météorologiques, à travers les téléphones portables. Cela réduit les coûts administratifs et ceux de livraison (UIT, 2016[21]).
- Au ***Kenya***, le fonds InsuResilience Solutions et le ministère kényan de l'Agriculture, de l'Élevage et de la Pêche se sont associés pour mettre en œuvre une stratégie d'assurance climato-intelligente à l'intention des petits exploitants agricoles. Celle-ci conjugue deux innovations technologiques dans le domaine de l'assurance contre les risques climatiques : l'indice d'humidité des sols et un outil de vérification des pertes au moyen de photographies qui réduit au minimum les coûts de vérification des pertes. Ce programme d'assurance était par ailleurs complété par des services de conseil souples et climato-intelligents destinés aux agriculteurs, ainsi que par une aide à la décision (InsuResilience, 2021[123]).
- Le ***Bangladesh***, le ***Nigeria*** et le ***Sri Lanka*** ont recours à des techniques de détection virtuelle au moyen de liaisons hertziennes commerciales pour collecter des mesures au sol. Les liaisons hertziennes commerciales sont des liaisons radio terrestres utilisées dans le cadre des réseaux de télécommunications mobiles. Lors des précipitations, l'intensité du signal peut être analysée et traduite en des mesures précises des précipitations. Cela convertit les réseaux mobiles en des réseaux virtuels de pluviomètres. (Raithatha et Tricarico, 2019[124]).

Suivi et examen

Les approches adaptatives ou itératives de la gouvernance des risques requièrent des mécanismes qui facilitent une surveillance, une évaluation et un apprentissage continus lors des prises de décision en situation d'incertitude. Le suivi et l'examen sont nécessaires dans toutes les composantes de la gouvernance des risques. Le renforcement des capacités et des processus de gouvernance doit être assuré en permanence afin de systématiser la diffusion des connaissances auprès des organisations clés, des principales entités publiques et privées et des décideurs de premier plan. En outre, le transfert de connaissances compatibles avec les capacités des utilisateurs auxquels elles sont destinées aidera ces derniers à mieux comprendre les enjeux, ce qui renforcera à son tour leur confiance dans l'utilisation des informations sur les risques climatiques pour guider leurs actions (Weaver et al., 2017[125] ; Butler et al., 2015[126] ; Street et al., 2019[127]).

Les inventaires des phénomènes et des impacts météorologiques extrêmes peuvent fournir des informations utiles et permettre d'étudier les phénomènes sans précédent. Ils identifient les phénomènes dangereux préjudiciables, ainsi que l'évolution dans le temps des vulnérabilités et des caractéristiques de l'exposition liées à ces phénomènes dangereux. Cela permet d'étudier les enseignements tirés des phénomènes passés susceptibles d'éclairer les processus de formulation des politiques destinées à faire face à des phénomènes similaires dans l'avenir ou de bénéficier à d'autres régions pouvant se retrouver dans des situations similaires. Cependant, même les bases de données sur les risques les plus complètes et les plus systématiques ne sont pas conçues pour comprendre quels sont les facteurs (y compris l'exposition et la vulnérabilité) qui influent sur la gravité des catastrophes passées, ni pour quantifier les pertes et dommages liés à un phénomène imputable en tout ou partie au changement climatique anthropique (Clarke, Otto et Jones, 2021[83]). Clarke *et al.* (2021[83]) décrivent un cadre destiné à l'enregistrement des détails relatifs aux phénomènes à fort impact à une échelle nationale. La constitution d'une telle base de données exige de réunir de grandes quantités de données provenant de diverses sources, et de s'appuyer sur une analyse des données, sur des techniques d'apprentissage automatique, ainsi que sur les meilleures pratiques et les meilleures méthodologies.

6.2.4. Création d'un environnement propice à la diffusion des technologies

La gestion des risques climatiques est tributaire de la fonctionnalité des technologies (autrement dit des équipements et des compétences) et de leur capacité de diffusion. Bien souvent, une technologie pourrait être mise au point, disponible et efficace dans un contexte donné (pays, société, situation socioéconomique), mais produire des résultats différents lors de son application dans d'autres contextes (OCDE, 2021[23]). L'échec des efforts de diffusion des technologies est en partie dû à une connaissance insuffisante des besoins locaux. Pour le dire simplement, l'accès à une technologie ne garantit pas que les acteurs locaux disposent de la capacité ou des compétences nécessaires à son absorption et à son utilisation. Dans certains cas, l'utilisateur auquel une nouvelle technologie est destinée pourrait ne pas comprendre pleinement comment elle peut être utile à la gestion des risques. Il est essentiel de bien comprendre le contexte sociétal et de disposer des ressources locales indispensables pour favoriser l'adoption et l'absorption de la technologie. Le Tableau 6.2 présente quelques-uns des critères qu'il convient de prendre en considération pour sélectionner les technologies spécifiques sur lesquelles s'appuieront les processus de gouvernance des risques. Il est suivi d'un examen des approches permettant de s'attaquer aux obstacles à la diffusion et à une mise en œuvre et une exploitation efficaces des technologies.

Tableau 6.2. Exemples de critères pour la diffusion des technologies

Critères	Exemples
Économiques et financiers	Accès au financement, coût du capital, opportunité financière, viabilité financière, incitations économiques
Marché	Infrastructures de marché, concurrence à armes égales, sources suffisantes de rendements croissants, demande du marché
Politiques, juridiques et réglementaires	Cadre juridique adapté, politiques commerciales, stabilité politique, accessibilité et partage des données, administration
Réseau	Connexion entre les acteurs et cadre de communication
Capacités institutionnelles et organisationnelles	Renforcement des institutions professionnelles, des capacités institutionnelles et de la confiance dans les organisations
Infrastructures physiques	Investissements dans les infrastructures sous-jacentes pour soutenir les capacités technologiques
Compétences humaines	Formation adéquate, mentorat, développement des compétences humaines, recherche multidisciplinaire
Sociaux, culturels et comportementaux	Préférences des consommateurs et normes sociales, traditions, dispersion de l'habitat, comportement social
Information et sensibilisation	Soutien des capacités de dissémination afin d'accroître la sensibilisation aux informations et les avantages de l'application des technologies, incorporation d'un cadre pour recevoir des commentaires
Techniques	Concurrence, normes et codes techniques, exploitation et maintenance, fiabilité du produit
Autres	Impacts environnementaux, facteurs géophysiques, extensibilité

Source : D'après (Boldt et al., 2012[5]).

Accessibilité

Les pertes et dommages induits par le changement climatique continueront de s'aggraver. L'accès aux technologies peut aider les pays à réduire et gérer les risques avec plus d'efficacité. Sans un tel accès, les populations vulnérables pourraient avoir à mettre en œuvre des technologies ayant pour une large part un caractère imitatif (Homberg et McQuistan, 2018[128]), ou devoir choisir d'autres moyens simples, non technologiques et plus abordables (Dechezleprêtre et al., 2020[129]). À titre d'exemple, les données produites de manière participative pourraient avoir une plus grande efficacité-coût que les satellites et les télécapteurs lorsqu'il s'agit de collecter des données locales pour cartographier les inondations. Elles ne sont toutefois pas aussi fiables pour ce qui est de la collecte d'observations continues. S'il n'est pas remédié à cette fracture technologique, la compréhension de l'exposition et de la vulnérabilité aux risques au niveau local ne pourra être qu'incomplète. Même si dans un premier temps les technologies peuvent s'avérer coûteuses, leur efficacité-coût peut s'améliorer au fil du temps si elles bénéficient d'une dissémination suffisante (OCDE/AIE, 2003[130]). Le Réseau de Santiago, établi lors de la COP 25 dans le cadre du Mécanisme international de Varsovie, vise à aider les pays en développement à faire face aux pertes et dommages grâce à une assistance technique (CCNUCC, sans date[131]). Les pays développés devront fournir une aide financière pour faire en sorte que le réseau soit véritablement utile aux pays en développement.

L'accès aux données pourrait dans certains cas être restreint par les réglementations gouvernementales ou par les droits d'auteur commerciaux, ainsi que par la protection de la vie privée, ou encore par les exigences en matière de localisation des données (BAD/OCDE, 2020[19]). Dès lors, les investissements publics dans les infrastructures de collecte de données telles que les SMHN (voir) ou dans des initiatives encourageant la collaboration entre entités publiques et privées pourraient contribuer à répondre aux besoins en données. Certains pays en développement pourraient avoir besoin d'une aide pour accéder aux capacités de traitement et d'analyse des données nécessaires pour améliorer la gestion des risques.

Fossé des inégalités

Les dépôts de brevet internationaux montrent que l'innovation dans le domaine de l'adaptation se trouve concentrée dans les économies à revenu élevé et en Chine (Dechezleprêtre et al., 2020[129]). Cela donne à penser que la diffusion des innovations et des technologies est déterminée par la capacité des pays à absorber les technologies ou les innovations (Dechezleprêtre et al., 2020[129]). Les capacités institutionnelles et financières de certains pays très vulnérables au changement climatique, dont les PMA et les PEID, sont souvent insuffisantes. Aussi ne disposent-ils que de possibilités limitées en matière de recherche et développement, de partage des connaissances et de nouvelles innovations pour faire face aux risques climatiques et à ceux de pertes et dommages (Izumi et al., 2019[132]). Le renforcement des capacités et des infrastructures technologiques nécessaires pour appliquer et mettre au point des technologies dans les pays en développement pourrait être mis en œuvre à plus grande échelle de manière à assurer l'inclusion des populations vulnérables. La société serait ainsi dotée de l'ossature indispensable pour se préparer à l'apparition d'innovations technologiques permettant de faire face aux risques climatiques.

Fracture numérique

Des mesures telles que le renforcement des réseaux et des infrastructures de télécommunications peuvent contribuer à réduire la fracture numérique. Cela peut à son tour accroître les capacités des pays à appliquer les technologies. Le renforcement des infrastructures physiques favorisera l'application de certaines technologies et facilitera leur diffusion et leur adoption au fil du temps à travers divers canaux. Par exemple, le développement des infrastructures de sorte que les technologies de l'information et de la communication améliorent la couverture par le haut débit dans les pays en développement peut faciliter la collecte de données d'observation et les communications d'urgence, ainsi que le transfert des aides financières à travers les appareils mobiles en cas de phénomène dangereux. En Amérique latine, le Brésil, le Chili et la Colombie ont mis en place des points d'accès au WI-FI à l'échelle nationale afin d'assurer l'inclusion numérique (OCDE et al., 2020[133]).

L'instauration de mécanismes stratégiques et financiers destinés à soutenir des modèles économiques permettant une évolution du paysage technologique peut favoriser l'adaptation technologique future. Il pourrait notamment s'agir du lancement de programmes de formation pour les individus et les entreprises sur les outils numériques disponibles et d'une concentration des efforts sur le renforcement de leurs capacités techniques. Un soutien aux incubateurs et aux accélérateurs des technologies climatiques peut aider les entrepreneurs à établir des stratégies commerciales et des liens avec le marché, mais aussi leur fournir des sources de financement et des procédures pour y avoir accès (CCNUCC, 2020[134]).

Transfert de technologies

Les dispositifs de gouvernance devraient faciliter un accès inclusif aux technologies et aux connaissances en vue de la réduction et de la gestion des pertes et dommages. Les partenariats internationaux, les politiques commerciales et les accords commerciaux spéciaux peuvent favoriser la dissémination transfrontière des technologies (Boldt et al., 2012[5]). Par exemple, la coopération Sud-Sud[3] et triangulaire[4] peut jouer un rôle essentiel du point de vue de l'accélération de l'action climatique et du transfert des technologies et des connaissances sous-jacentes entre pays en développement. Les technologies issues des pays en développement peuvent être plus appropriées et plus efficaces par rapport aux coûts pour les autres pays en développement dans la mesure où elles tendent à être adaptées à des conditions locales similaires (CCNUCC, 2017[135]). Une approche pourrait consister à établir un lien entre d'une part les technologies qui favorisent la gestion des risques climatiques et d'autre part les stratégies de développement durable et les Plans d'adaptation nationaux, afin de mettre le transfert de technologies en adéquation avec les objectifs plus larges de développement.

Une autre possibilité consiste à tirer parti de nouveaux marchés ou à exploiter les marchés existants sur lesquels les pays en développement peuvent mettre en œuvre et absorber les technologies naissantes (Homberg et McQuistan, 2018[128]). Les transferts internationaux de technologies sont essentiels pour combler l'écart technologique entre les pays développés et ceux en développement, y compris en matière de changement climatique. Cette approche impose toutefois de faire preuve de prudence. Ces investissements accrus pourraient aboutir à des modèles commerciaux susceptibles de présenter des inconvénients pour les PEID et les PMA (Hewitt et al., 2020[24]). Une coopération plus étroite au niveau international, régional et mondial peut permettre de bénéficier d'économies d'échelle pour ce qui est des investissements majeurs dans des domaines tels que les ordinateurs à hautes performances, les satellites et les capacités de modélisation et de prévision à la pointe du progrès dans les PMA. Une telle coopération ouvre des perspectives en matière d'apprentissage.

Coopération internationale

La coopération et la collaboration internationales peuvent aider les PMA et les PEID à renforcer leurs capacités – financières, techniques et organisationnelles – à produire des SIMC et à mettre au point et adapter des approches visant à la réduction et à la gestion des pertes. La coopération pour le développement peut par exemple aider les PMA et les PEID à travers des initiatives de renforcement des capacités axées sur la collecte de données d'observation, ou grâce au partage de données, de méthodes et d'outils. Les partenariats internationaux peuvent en outre aider les gouvernements à prendre en compte les considérations relatives au changement climatique – et celles liées à la réduction et à la gestion des risques de pertes et dommages – dans les politiques et les pratiques plus larges de nature sectorielle ou en rapport avec le développement. Les membres de la communauté internationale peuvent disposer d'une connaissance et d'une compréhension des risques et de la manière dont les technologies ont été utilisées pour y faire face, et ils peuvent partager ces informations avec les pays avec lesquels ils collaborent. Les capacités nationales à mieux comprendre les risques et à les réduire et les gérer avec efficacité s'en trouveront réduites. Cela conférera également une valeur ajoutée aux services climatiques, ce qui justifie de nouveaux investissements dans ces services dans différents secteurs.

Financement

La mise au point et la dissémination des technologies peuvent être favorisées par les possibilités de financement offertes par divers mécanismes technologiques. Au nombre de ceux-ci figurent le Centre et Réseau des technologies climatiques, le Comité exécutif de la technologie de la CCNUCC, la Coopération Sud-Sud et triangulaire ou le Réseau de Santiago pour les pertes et dommages (qui fait partie intégrante du Mécanisme international de Varsovie). Ces programmes apportent aux pays vulnérables et aux PMA une expertise et un soutien par divers moyens. Des exemples en sont les évaluations techniques liées aux besoins technologiques ; la mise au point et le transfert de technologies ; les dispositions en matière de financement, de formation, de gestion ; et l'identification des obstacles technologiques (UNOSSC, sans date[136] ; CCNUCC, sans date[131] ; CTCN, sans date[137] ; CCNUCC, sans date[138]). Il est essentiel de promouvoir la diffusion des technologies et l'innovation technologique dans de nombreux pays en développement afin d'assurer la réduction et la gestion des risques de pertes et dommages.

Références

Ackerman, E. et M. Koziol (2019), « Tanzania Builds a Drone Industry From Local Know-How and Bamboo », page web, https://spectrum.ieee.org/robotics/drones/tanzanias-homegrown-drone-industry-takes-off-on-bamboo-wings (consulté le 30 April 2021). [68]

AIE (2021), *Financing Clean Energy Transitions in Emerging and Developing Economies*, AIE, Paris. [102]

AIMES (sans date), « Analysis, Integration, and Modeling of the Earth System », page web, https://aimesproject.org/ (consulté le 18 Oct 2021). [94]

Alley, R., K. Emanuel et F. Zhang (2019), « Advances in weather prediction », *Science*, vol. 363/6425, pp. 342-344, http://dx.doi.org/10.1126/science.aav7274. [11]

Alliance (2021), « Country Hydromet Diagnostics », page web, https://alliancehydromet.org/country-hydromet-diagnostics/ (consulté le 15 September 2021). [53]

Allis, E. et al. (2019), « L'avenir des services climatologiques », n° 68, Bulletin de l'OMM, Organisation météorologique mondiale, Genève, https://public.wmo.int/fr/ressources/bulletin/l%E2%80%99avenir-des-services-climatologiques. [10]

Arendt-Cassetta, L. (2021), « From digital promise to frontile practice: New and emerging technologies in humanitarian action », *Policy Brief*, Bureau de la coordination des affaires humanitaires de l'ONU, New York. [6]

BAD/OCDE (2020), *Leveraging Technology and Innovation for Disaster Risk Management and Financing*, Banque asiatique de développement, Manille, http://dx.doi.org/10.22617/tcs200393-2. [19]

Banque mondiale (2019), « Blockchain: How the Fourth Industrial Revolution can help accelerate progress towards development », 24 janvier, Banque mondiale, Washington, D.C., https://www.worldbank.org/en/news/feature/2019/01/24/blockchain-como-asegurarse-que-cada-dolar-llegue-a-quien-lo-necesita. [117]

Bathiany, S., J. Hidding et M. Scheffer (2020), « Edge detection reveals abrupt and extreme climate events », *Journal of Climate*, vol. 33/15, pp. 6399-6421, http://dx.doi.org/10.1175/jcli-d-19-0449.1. [92]

Baudoin, M. et al. (2016), « From top-down to 'community-centric' approaches to early warning systems: Exploring pathways to improve disaster risk reduction through community participation », *International Journal of Disaster Risk Science*, vol. 7/2, pp. 163-174, http://dx.doi.org/10.1007/s13753-016-0085-6. [74]

Beaugrand, G. et al. (2019), « Prediction of unprecedented biological shifts in the global ocean », *Nature Climate Change*, vol. 9/3, pp. 237-243, http://dx.doi.org/10.1038/s41558-019-0420-1. [90]

Bell, A. et al. (2021), « Migration towards Bangladesh coastlines projected to increase with sea-level rise through 2100 », *Environmental Research Letters*, vol. 16/2, p. 024045, http://dx.doi.org/10.1088/1748-9326/abdc5b. [55]

Bergen, K. et al. (2019), « Machine learning for data-driven discovery in solid Earth geoscience », *Science*, vol. 363/6433, p. eaau0323, http://dx.doi.org/10.1126/science.aau0323. [37]

Bettini, G., G. Gioli et R. Felli (2020), « Clouded skies: How digital technologies could reshape 'loss and damage' from climate change », *WIREs Climate Change*, vol. 11/4, http://dx.doi.org/10.1002/wcc.650. [121]

Biffis, E. et E. Chavez (2017), « Satellite data and machine learning for weather risk management and food security », *Risk Analysis*, vol. 37/8, pp. 1508-1521, http://dx.doi.org/10.1111/risa.12847. [122]

Biswas, P. (2016), « India's Met model for world: Bhutan, 7 others to replicate tech-based advice », 16 octobre, The Indian Express, https://indianexpress.com/article/india/india-news-india/indias-met-model-for-world-bhutan-7-others-to-replicate-tech-based-advice-3729310/. [52]

Boldt, J. et al. (2012), *Overcoming Barriers to the Transfer and Diffusion of Climate Technologies*, TNA Guidebook Series, Risø DTU National Laboratory for Sustainable Energy, Centre Risø sur l'énergie, le climat et le développement durable du PNUE, https://unepdtu.org/publications/overcoming-barriers-to-the-transfer-and-diffusion-of-climate-technologies/. [5]

Bony, S. et al. (2015), « Clouds, circulation and climate sensitivity », *Nature Geoscience*, vol. 8/4, pp. 261-268, http://dx.doi.org/10.1038/ngeo2398. [32]

Bragais, M. et al. (2016), « Vulnerability assessment using Lidar data », *The International Archives of the Photogrammetry, Remote Sensing and Spatial Information Sciences*, vol. XLI-B8, pp. 1397-1401, http://dx.doi.org/10.5194/isprs-archives-xli-b8-1397-2016. [62]

Brody, S. et al. (2007), « Examining the relationship between physical vulnerability and public perceptions of global climate change in the United States », *Environment and Behavior*, vol. 40/1, pp. 72-95, http://dx.doi.org/10.1177/0013916506298800. [70]

Brönnimann, S. et al. (2018), « A roadmap to climate data rescue services », *Geoscience Data Journal*, vol. 5/1, pp. 28-39, http://dx.doi.org/10.1002/gdj3.56. [27]

Bruno Soares, M., M. Daly et S. Dessai (2018), « Assessing the value of seasonal climate forecasts for decision-making », *WIREs Climate Change*, vol. 9/4, http://dx.doi.org/10.1002/wcc.523. [25]

Buckle, S. et al. (2020), « Addressing the COVID-19 and climate crises: Potential economic recovery pathways and their implications for climate change mitigation, NDCs and broader socio-economic goals », *OECD/IEA Climate Change Expert Group Papers*, n° 2020/04, Éditions OCDE, Paris, https://dx.doi.org/10.1787/50abd39c-en. [109]

Bury, T., C. Bauch et M. Anand (2020), « Detecting and distinguishing tipping points using spectral early warning signals », *Journal of The Royal Society Interface*, vol. 17/170, p. 20200482, http://dx.doi.org/10.1098/rsif.2020.0482. [87]

Butler, J. et al. (2015), « Integrating top-down and bottom-up adaptation planning to build adaptive capacity: A structured learning approach », *Coastal Management*, vol. 43/4, pp. 346-364, http://dx.doi.org/10.1080/08920753.2015.1046802. [126]

CAPRA (sans date), « CAPRA Probabilistic Risk Assessment Platform », page web, https://ecapra.org/ (consulté le 17 August 2021). [50]

CCNUCC (2020), *Policy Brief: Technologies for Averting, Minimising and Addressing Loss and Damage in Coastal Zones*, Nations Unies, Bonn. [134]

CCNUCC (2017), *South–South cooperation and triangular cooperation on technologies for adaptation water and agriculture sectors*, CCNUCC, Bonn. [135]

CCNUCC (2012), *The National Adaptation Plan Process: A Brief Overview*, Convention-cadre des Nations Unies sur les changements climatiques, Bonn, https://unfccc.int/files/adaptation/application/pdf/nap_overview.pdf. [2]

CCNUCC (sans date), « About the Santiago Network », page web, https://unfccc.int/santiago-network/about (consulté le 22 September 2021). [131]

CCNUCC (sans date), « Comité exécutif de la technologie », page web, https://unfccc.int/ttclear/tec (consulté le 22 September 2021). [138]

Chakraborty, T. et al. (2020), « A spatially explicit surface urban heat island database for the United States: Characterization, uncertainties, and possible applications », *ISPRS Journal of Photogrammetry and Remote Sensing*, vol. 168, pp. 74-88, http://dx.doi.org/10.1016/j.isprsjprs.2020.07.021. [57]

CIF (2020), *Strengthening Weather and Climate Information Serices: Highlights from PPCR Supported Projects*, Fonds d'investissement climatiques, Washington, D.C., https://www.climateinvestmentfunds.org/sites/cif_enc/files/knowledge-documents/ppcr_resilience_series_weather_and_climate_information_services.pdf. [9]

Clarke, B., F. Otto et R. Jones (2021), « Inventories of extreme weather events and impacts: Implications for loss and damage from and adaptation to climate extremes », *Climate Risk Management*, vol. 32, p. 100285, http://dx.doi.org/10.1016/j.crm.2021.100285. [83]

CNUCED (2021), *Exploring Space Technologies for Sustainable Development*, Conférence des Nations Unies sur le commerce et le développement, Genève, https://unctad.org/system/files/official-document/dtlstict2021d1_en.pdf. [16]

Copernicus (sans date), « Copernicus Key Products and Services », page web, https://climate.copernicus.eu/ (consulté le 26 July 2021). [29]

Cornforth, R., C. Petty et G. Walker (2021), « Supporting climate-resilient planning at national and district levels: A pathway to multi-stakeholder decision-making in Uganda », dans *Climate Risk in Africa*, Springer International Publishing, Cham, http://dx.doi.org/10.1007/978-3-030-61160-6_8. [47]

CTCN (sans date), « About the Climate Technology Centre and Network (CTCN) », page web, https://www.ctc-n.org/about-ctcn (consulté le 22 September 2021). [137]

de Bruijn, J. et al. (2019), « A global database of historic and real-time flood events based on social media », *Scientific Data*, vol. 6/1, http://dx.doi.org/10.1038/s41597-019-0326-9. [60]

Dechezleprêtre, A. et al. (2020), *Invention and Global Diffusion of Technologies for Climate Change Adaptation: A Patent Analysis*, International Bank for Reconstruction and Development/World Bank, Washington, DC. [129]

Dickson, E. et al. (2012), *Urban Risk Assessments: Understanding Disaster and Climate Risk in Cities*, Banque mondiale, Washington, D.C., https://www.worldbank.org/en/topic/urbandevelopment/publication/urban-risk-assessments. [51]

Dinku, T. et al. (2017), « Enhancing National Climate Services (ENACTS) for development in Africa », *Climate and Development*, vol. 10/7, pp. 664-672, http://dx.doi.org/10.1080/17565529.2017.1405784. [43]

Ditlevsen, P. et S. Johnsen (2010), « Tipping points: Early warning and wishful thinking », *Geophysical Research Letters*, vol. 37/19, http://dx.doi.org/10.1029/2010gl044486. [85]

Econadapt (sans date), « Econadapt Toolbox, Methods », page web, https://econadapt-toolbox.eu/methods (consulté le 21 September 2021). [101]

ESA (sans date), « Earth Observation Information Discovery Platform », page web, https://earth.esa.int/eogateway (consulté le 4 June 2021). [28]

ESA (sans date), « Remote Sensing Of Tipping Points In The Climate System », page web, https://climate.esa.int/en/news-events/remote-sensing-tipping-points-climate-system/ (consulté le 18 Oct 2021). [93]

Faiyetole, A. (2018), « Potentialities of space-based systems for monitoring climate policies and mitigation of climate process drivers », *Astropolitics*, vol. 16/1, pp. 28-48, http://dx.doi.org/10.1080/14777622.2018.1436329. [81]

Fricko, O. et al. (2017), « The marker quantification of the Shared Socioeconomic Pathway 2: A middle-of-the-road scenario for the 21st century », *Global Environmental Change*, vol. 42, pp. 251-267, http://dx.doi.org/10.1016/j.gloenvcha.2016.06.004. [106]

Frigerio, S. et al. (2018), « Hands-on experience of crowdsourcing for flood risks. An android mobile application tested in Frederikssund, Denmark », *International Journal of Environmental Research and Public Health*, vol. 15/9, p. 1926, http://dx.doi.org/10.3390/ijerph15091926. [59]

Fujimori, S. et al. (2017), « SSP3: AIM implementation of Shared Socioeconomic Pathways », *Global Environmental Change*, vol. 42, pp. 268-283, http://dx.doi.org/10.1016/j.gloenvcha.2016.06.009. [105]

GEO (2018), *Geo Work Programme and The Paris Agreement*, CCNUCC, Genève, https://unfccc.int/sites/default/files/resource/2.30%20GEO-WP.pdf. [82]

Geo-Wiki (sans date), « Risk Geo-Wiki », page web, https://geo-wiki.org/branches/risk/ (consulté le 18 Oct 2021). [96]

GFDRR (2019), *Information and Communication Technology for Disaser Risk Managment in Japan*, Banque mondiale, Washington, D.C. [115]

GFDRR (2016), *Solving the Puzzle: Innovating to Reduce Risk; Written Contributions*, Banque mondiale, Washington, D.C. [46]

GIEC (2021), *Climate Change 2021: The Physical Science Basis. Contribution of Working Group I to the Sixth Assessment Report of the Intergovernmental Panel on Climate Change*, Masson-Delmotte, V. et al. (dir. pub.), Cambridge University Press, Cambridge, Royaume-Uni, https://www.ipcc.ch/report/ar6/wg1/downloads/report/IPCC_AR6_WGI_Full_Report.pdf. [78]

GIEC (2019), *Climate Change and Land: an IPCC special report on climate change, desertification, land degradation, sustainable land management, food security, and greenhouse gas fluxes in terrestrial ecosystems*, Groupe d'experts intergouvernemental sur l'évolution du climat, Genève. [71]

GIEC (2018), *IPCC Special Report Global Warming of 1.5 ºC*, Groupe d'experts intergouvernemental sur l'évolution du climat, Genève. [103]

GIEC (2013), *Climate Change 2013: The Physical Science Basis. Contribution of Working Group I to the Fifth Assessment Report of the Intergovernmental Panel on Climate Change*, Cambridge University Press, Cambridge, Royaume-Uni, https://www.ipcc.ch/report/ar5/wg1/. [77]

Gil, Y. et al. (2018), « Intelligent systems for geosciences », *Communications of the ACM*, vol. 62/1, pp. 76-84, http://dx.doi.org/10.1145/3192335. [44]

Goldby, M. et al. (2019), « Triggering innovation: How smart contracts bring policies to life », *Emerging Risks Report 2019*, Lloyd's et Centre for Commercial Law Studies, Londres, https://assets.lloyds.com/assets/pdf-triggering-innovation-how-smart-contracts-bring-policies-to-life/1/pdf-triggering-innovation-how-smart-contracts-bring-policies-to-life.pdf. [119]

Granderson, A. (2017), « The role of traditional knowledge in building adaptive capacity for climate change: Perspectives from Vanuatu », *Weather, Climate, and Society*, vol. 9/3, pp. 545-561, http://dx.doi.org/10.1175/wcas-d-16-0094.1. [72]

Grubler, A. et al. (2018), « A low energy demand scenario for meeting the 1.5 °C target and sustainable development goals without negative emission technologies », *Nature Energy*, vol. 3/6, pp. 515-527, http://dx.doi.org/10.1038/s41560-018-0172-6. [104]

Gsell, A. et al. (2016), « Evaluating early-warning indicators of critical transitions in natural aquatic ecosystems », *Proceedings of the National Academy of Sciences*, vol. 113/50, pp. E8089-E8095, http://dx.doi.org/10.1073/pnas.1608242113. [91]

Guo, H., L. Zhang et L. Zhu (2015), « Earth observation big data for climate change research », *Advances in Climate Change Research*, vol. 6/2, pp. 108-117, http://dx.doi.org/10.1016/j.accre.2015.09.007. [110]

Hallegatte, S. (2012), *A Cost Effective Solution to Reduce Disaster Losses in Developing Countries: Hydro-Meteorological Services, Early Warning and Evacuation*, Banque mondiale, Washington, D.C., https://openknowledge.worldbank.org/bitstream/handle/10986/9359/WPS6058.pdf?s. [42]

Hemmerling, S. et al. (2019), « Elevating local knowledge through participatory modeling: active community engagement in restoration planning in coastal Louisiana », *Journal of Geographical Systems*, vol. 22/2, pp. 241-266, http://dx.doi.org/10.1007/s10109-019-00313-2. [98]

Hewitt, C. et al. (2020), « Making society climate resilient: International progress under the Global Framework for Climate Services », *Bulletin of the American Meteorological Society*, vol. 101/2, pp. E237-E252, http://dx.doi.org/10.1175/bams-d-18-0211.1. [24]

Homberg, M. et C. McQuistan (2018), « Technology for climate justice: A reporting framework for loss and damage as part of key global agreements », dans *Loss and Damage from Climate Change, Climate Risk Management, Policy and Governance*, Springer International Publishing, Cham, http://dx.doi.org/10.1007/978-3-319-72026-5_22. [128]

Hooker, J., G. Duveiller et A. Cescatti (2018), « A global dataset of air temperature derived from satellite remote sensing and weather stations », *Scientific Data*, vol. 5/1, http://dx.doi.org/10.1038/sdata.2018.246. [15]

Hoskins, B. (2012), « The potential for skill across the range of the seamless weather-climate prediction problem: A stimulus for our science », *Quarterly Journal of the Royal Meteorological Society*, vol. 139/672, pp. 573-584, http://dx.doi.org/10.1002/qj.1991. [76]

Hsu, A. et al. (2021), « Disproportionate exposure to urban heat island intensity across major US cities », *Nature Communications*, vol. 12/1, http://dx.doi.org/10.1038/s41467-021-22799-5. [56]

Inclusivity Solutions (2020), *Hollard Insurance and FNB Zambia Unveil New Insurance Product to Protect Small Businesses from Economic Shocks*, https://inclusivitysolutions.com/hollard-insurance-and-fnb-zambia-unveil-new-insurance-product/. [120]

InsuResilience (2021), « Crop Insurance Program for Smallholder Farmers in Kenya », page web, https://www.insuresilience-solutions-fund.org/news-events (consulté le 15 September 2021). [123]

IRGC (2017), *Introduction to the IRGC Risk Governance Framework, revised version*, EPFL International Risk Governance Center, Lausanne, http://dx.doi.org/10.5075/epfl-irgc-233739. [4]

Izumi, T. et al. (2019), « Disaster risk reduction and innovations », *Progress in Disaster Science*, vol. 2, p. 100033, http://dx.doi.org/10.1016/j.pdisas.2019.100033. [132]

Jones, T. et al. (2015), « Simultaneous radar and satellite data storm-scale assimilation using an Ensemble Kalman Filter approach for 24 May 2011 », *Monthly Weather Review*, vol. 143/1, pp. 165-194, http://dx.doi.org/10.1175/mwr-d-14-00180.1. [26]

Karpatne, A. et al. (2017), « Theory-guided data science: A new paradigm for scientific discovery from data », *IEEE Transactions on Knowledge and Data Engineering*, vol. 29/10, pp. 2318-2331, http://dx.doi.org/10.1109/tkde.2017.2720168. [36]

Khan, A., S. Gupta et S. Gupta (2020), « Multi-hazard disaster studies: Monitoring, detection, recovery, and management, based on emerging technologies and optimal techniques », *International Journal of Disaster Risk Reduction*, vol. 47, p. 101642, http://dx.doi.org/10.1016/j.ijdrr.2020.101642. [20]

Klinke, A. et O. Renn (2012), « Adaptive and integrative governance on risk and uncertainty », *Journal of Risk Research*, vol. 15/3, pp. 273-292, http://dx.doi.org/10.1080/13669877.2011.636838. [1]

Kriegler, E. et al. (2017), « Fossil-fueled development (SSP5): An energy and resource intensive scenario for the 21st century », *Global Environmental Change*, vol. 42, pp. 297-315, http://dx.doi.org/10.1016/j.gloenvcha.2016.05.015. [107]

Kwan, M. et D. Ransberger (2010), « LiDAR assisted emergency response: Detection of transport network obstructions caused by major disasters », *Computers, Environment and Urban Systems*, vol. 34/3, pp. 179-188, http://dx.doi.org/10.1016/j.compenvurbsys.2010.02.001. [63]

Lenton, T. (2011), « Early warning of climate tipping points », *Nature Climate Change*, vol. 1/4, pp. 201-209, http://dx.doi.org/10.1038/nclimate1143. [86]

Lenton, T. et al. (2019), « Climate tipping points – too risky to bet against », *Nature*, vol. 575/7784, pp. 592-595, http://dx.doi.org/10.1038/d41586-019-03595-0. [79]

Liu, Y. et al. (2016), « Application of deep convolutional neural networks for detecting extreme weather in climate datasets », *Computer Vision and Pattern Recognition*, https://arxiv.org/abs/1605.01156. [34]

Marder, J. (2019), « NASA Tracks Wildfires From Above to Aid Firefighters Below », page web, https://www.nasa.gov/feature/goddard/2019/nasa-tracks-wildfires-from-above-to-aid-firefighters-below (consulté le 21 June 2021). [65]

Mechler, R. et al. (2018), « Supporting Climate Risk Management at Scale. Insights from the Zurich Flood Resilience Alliance Partnership Model Applied in Peru & Nepal », dans *Loss and Damage from Climate Change, Climate Risk Management, Policy and Governance*, Springer International Publishing, Cham, http://dx.doi.org/10.1007/978-3-319-72026-5_17. [97]

Michels, M., C. von Hobe et O. Musshoff (2020), « A trans-theoretical model for the adoption of drones by large-scale German farmers », *Journal of Rural Studies*, vol. 75, pp. 80-88, http://dx.doi.org/10.1016/j.jrurstud.2020.01.005. [69]

Minges, M. (2019), *Disruptive Technologies and their Use in Disaster Risk Reduction and Management*, Union internationale des télécommunications, Genève, https://www.itu.int/en/ITU-D/Emergency-Telecommunications/Documents/2019/GET_2019/Disruptive-Technologies.pdf. [67]

Mohanty, A. (2020), *Preparing India for Extreme Climate Events: Mapping Hotspots and Response Mechanisms*, Council on Energy, Environment and Water, New Delhi, https://www.ceew.in/sites/default/files/CEEW-Preparing-India-for-extreme-climate-events_10Dec20.pdf. [45]

Newman, J. et al. (2017), « Review of literature on decision support systems for natural hazard risk reduction: Current status and future research directions », *Environmental Modelling & Software*, vol. 96, pp. 378-409, http://dx.doi.org/10.1016/j.envsoft.2017.06.042. [100]

Nieves, V., C. Radin et G. Camps-Valls (2021), « Predicting regional coastal sea level changes with machine learning », *Scientific Reports*, vol. 11/1, pp. 358-361, http://dx.doi.org/10.1038/s41598-021-87460-z. [35]

NOAA (sans date), « Argo Center », page web, https://www.aoml.noaa.gov/phod/argo/ (consulté le 21 September 2021). [89]

O'Neill, B. et al. (2017), « The roads ahead: Narratives for shared socioeconomic pathways describing world futures in the 21st century », *Global Environmental Change*, vol. 42, pp. 169-180, http://dx.doi.org/10.1016/j.gloenvcha.2015.01.004. [108]

Oasis (2021), « An Open Source Catastrophe Modelling Platform », page web, https://oasislmf.org/ (consulté le 7 May 2021). [30]

OCDE (2021), *Strengthening Climate Resilience: Guidance for Governments and Development Co-operation*, Éditions OCDE, Paris, https://dx.doi.org/10.1787/4b08b7be-en. [23]

OCDE/AIE (2003), *Technology Innovation, Development and Diffusion*, Éditions OCDE, Paris, https://www.oecd.org/env/cc/2956490.pdf. [130]

OCDE et al. (2020), *Latin American Economic Outlook 2020: Digital Transformation for Building Back Better*, Éditions OCDE, Paris, https://dx.doi.org/10.1787/e6e864fb-en. [133]

OMM (2021), « Selon de nouvelles prévisions du climat, il est davantage probable que la température soit supérieure de 1,5 °C aux valeurs préindustrielles pendant les cinq prochaines années », 27 mai, Communiqué de presse, Organisation météorologique mondiale, Genève, https://public.wmo.int/fr/medias/communiqu%C3%A9s-de-presse/selon-de-nouvelles-pr%C3%A9visions-du-climat-il-est-davantage-probable-que. [139]

OMM (2020), *2020 State of Climate Service: Risk Information and Early Warning Systems*, Organisation météorologique mondiale, Genève, https://library.wmo.int/doc_num.php?explnum_id=10385. [113]

OMM (2020), « De nouvelles prévisions climatologiques des températures mondiales pour les cinq prochaines années », 8 juillet, Communiqué de presse, Organisation météorologique mondiale, Genève, https://public.wmo.int/fr/medias/communiqu%C3%A9s-de-presse/de-nouvelles-pr%C3%A9visions-climatologiques-des-temp%C3%A9ratures-mondiales-pour. [39]

OMM (2020), « The Systematic Observations Financing Facility: How will it work? », *Information Brief*, Organisation météorologique mondiale, Genève, https://library.wmo.int/doc_num.php?explnum_id=10378. [13]

OMM (2020), « The value of Surface-Based Meteorological Observational Data: Costs and benefits of the Global Basic Observing Network », *Information Brief*, Organisation météorologique mondiale, Genève, https://library.wmo.int/doc_num.php?explnum_id=10376. [54]

OMM (2015), *Déterminer la valeur du temps et du climat : L'évaluation économique des services météorologiques et hydrologiques*, Organisation météorologique mondiale, Genève, https://library.wmo.int/index.php?lvl=notice_display&id=19780#.Yeq3pXrMJPY. [8]

OMM (2015), *Status of the Global Observing System for Climate*, Organisation météorologique mondiale, Genève, https://library.wmo.int/doc_num.php?explnum_id=7213. [22]

OMM (sans date), « Global Producing Centres for Long-Range Forecasts », page web, https://community.wmo.int/global-producing-centres-long-range-forecasts (consulté le 23 September 2021). [38]

OMM (sans date), « Regional Climate Outlook Forums », page web, https://public.wmo.int/en/our-mandate/climate/regional-climate-outlook-products. [40]

OMM et CMSC (2019), « 2019 State of climate services », *Working Paper*, n° 1242, Organisation météorologique mondiale, Genève, https://library.wmo.int/doc_num.php?explnum_id=10089. [14]

ONU (2021), « UN-Spider.org », page web, https://www.un-spider.org/projects/evidenz/background-information (consulté le 31 May 2021). [112]

Papale, D. et R. Valentini (2003), « A new assessment of European forests carbon exchanges by eddy fluxes and artificial neural network spatialization », *Global Change Biology*, vol. 9/4, pp. 525-535, http://dx.doi.org/10.1046/j.1365-2486.2003.00609.x. [33]

PCRAFI (sans date), « Pacific Risk Information System Community », page web, http://pcrafi.spc.int/ (consulté le 17 August 2021). [49]

PIK (sans date), « AGRICA - Climate Risk Analyses for Identifying and Weighing Adaptation Strategies in sub-Saharan Africa », page web, https://www.pik-potsdam.de/en/institute/departments/climate-resilience/projects/project-pages/agrica/agrica-sv-giz-climate-project (consulté le 25 September 2020). [99]

Rahman, M. et P. Thakur (2018), « Detecting, mapping and analysing of flood water propagation using synthetic aperture radar (SAR) satellite data and GIS: A case study from the Kendrapara District of Orissa State of India », *The Egyptian Journal of Remote Sensing and Space Science*, vol. 21, pp. S37-S41, http://dx.doi.org/10.1016/j.ejrs.2017.10.002. [64]

Raithatha, R. et D. Tricarico (2019), *Mobile Technology for Rural Climate Resilience: The Role of Mobile Operators in Bridging the Data Gap*, GSMA AgriTech Programme, Londres, https://www.gsma.com/mobilefordevelopment/wp-content/uploads/2019/10/GSMA_AgriTech_Climate_Report.pdf. [124]

Red Cross 510 (2021), « 510.Global », page web, http://510.global (consulté le 4 June 2021). [48]

Reichstein, M. et al. (2019), « Deep learning and process understanding for data-driven Earth system science », *Nature*, vol. 566/7743, pp. 195-204, http://dx.doi.org/10.1038/s41586-019-0912-1. [7]

Rosier, S. et al. (2021), « The tipping points and early warning indicators for Pine Island Glacier, West Antarctica », *The Cryosphere*, vol. 15/3, pp. 1501-1516, http://dx.doi.org/10.5194/tc-15-1501-2021. [88]

Rühmann, F. et al. (2020), « Can blockchain technology reduce the cost of remittances? », *OECD Development Co-operation Working Papers*, n° 73, Éditions OCDE, Paris, https://dx.doi.org/10.1787/d4d6ac8f-en. [116]

Salvati, P. et al. (2021), « Acquiring vulnerability indicators to geo-hydrological hazards: An example of mobile phone-based data collection », *International Journal of Disaster Risk Reduction*, vol. 55, p. 102087, http://dx.doi.org/10.1016/j.ijdrr.2021.102087. [58]

Sams, J. (2020), « Not all homes in wildfire zones are uninsurable. Here's how insurers can tell », 22 mai, Insurance Journal, https://www.insurancejournal.com/news/national/2020/05/22/569684.htm. [118]

Sarker, M. et al. (2020), « Disaster resilience through big data: Way to environmental sustainability », *International Journal of Disaster Risk Reduction*, vol. 51, http://dx.doi.org/10.1016/j.ijdrr.2020.101769. [66]

Schweizer, P. et O. Renn (2019), « Governance of systemic risks for disaster prevention and mitigation », *Disaster Prevention and Management: An International Journal*, vol. 28/6, pp. 862-874, http://dx.doi.org/10.1108/dpm-09-2019-0282. [3]

Shepherd, T. (2014), « Atmospheric circulation as a source of uncertainty in climate change projections », *Nature Geoscience*, vol. 7/10, pp. 703-708, http://dx.doi.org/10.1038/ngeo2253. [31]

Shove, E. (2010), « Beyond the ABC: Climate Change Policy and Theories of Social Change », *Environment and Planning A: Economy and Space*, vol. 42/6, pp. 1273-1285, http://dx.doi.org/10.1068/a42282. [41]

Shrestha, M. et al. (2021), « The last mile: Flood risk communication for better preparedness in Nepal », *International Journal of Disaster Risk Reduction*, vol. 56, p. 102118, http://dx.doi.org/10.1016/j.ijdrr.2021.102118. [114]

Shukla, J. et al. (2010), « Toward a new generation of world climate research and computing facilities », *Bulletin of the American Meteorological Society*, vol. 91/10, pp. 1407-1412, http://dx.doi.org/10.1175/2010bams2900.1. [75]

Sommer, L. (2020), « To manage wildfire, California looks to what tribes have known all along », 24 août, NPR, https://www.npr.org/2020/08/24/899422710/to-manage-wildfire-california-looks-to-what-tribes-have-known-all-along. [73]

Stokke, O. et O. Young (2017), « Integrating Earth observation systems and international environmental regimes », dans *Satellite Earth Observations and their Impact on Society and Policy*, Springer Singapore, Singapour, http://dx.doi.org/10.1007/978-981-10-3713-9_16. [80]

Street, R. et al. (2019), « How could climate services support disaster risk reduction in the 21st century », *International Journal of Disaster Risk Reduction*, vol. 24/mars, pp. 28-33, http://dx.doi.org/10.1016/j.ijdrr.2018.12.001. [127]

Sun, Q. et al. (2018), « A review of global precipitation data sets: Data sources, estimation, and intercomparisons », *Reviews of Geophysics*, vol. 56/1, pp. 79-107, http://dx.doi.org/10.1002/2017rg000574. [17]

Swingedouw, D. et al. (2020), « Early warning from space for a few key tipping points in physical, biological, and social-ecological systems », *Surveys in Geophysics*, vol. 41/6, pp. 1237-1284, http://dx.doi.org/10.1007/s10712-020-09604-6. [84]

UIT (2020), *Space Science for Achieving the Sustainable Development Goals*, Union internationale des télécommunications, Genève. [18]

UIT (2016), *Harnessing the Internet of Things for Global Development*, Union internationale des télécommunications, Genève, https://www.itu.int/en/action/broadband/Documents/Harnessing-IoT-Global-Development.pdf. [21]

UNOSSC (sans date), « About South-South and Triangular Cooperation », page web, https://www.unsouthsouth.org/about/about-sstc/ (consulté le 22 September 2021). [136]

van Aalst, M., T. Cannon et I. Burton (2008), « Community level adaptation to climate change: The potential role of participatory community risk assessment », *Global Environmental Change*, vol. 18/1, pp. 165-179, http://dx.doi.org/10.1016/j.gloenvcha.2007.06.002. [95]

Weaver, C. et al. (2017), « Reframing climate change assessments around risk: Recommendations for the US National Climate Assessment », *Environmental Research Letters*, vol. 12/9, http://dx.doi.org/10.1088/1748-9326/aa846a. [125]

Yu, M., C. Yang et Y. Li (2018), « Big data in natural disaster management: A Review », *Geosciences*, vol. 8/5, p. 165, http://dx.doi.org/10.3390/geosciences8050165. [61]

ZFL (2021), « EvIDENz », page web, https://www.zfl.uni-bonn.de/research/projects/ (consulté le 7 June 2021). [111]

Zhang, F. et Y. Weng (2015), « Predicting hurricane intensity and associated hazards: A five-year real-time forecast experiment with assimilation of airborne Doppler radar observations », *Bulletin of the American Meteorological Society*, vol. 96/1, pp. 25-33, http://dx.doi.org/10.1175/bams-d-13-00231.1. [12]

Notes

[1] L'IdO est issu de la convergence de réseaux d'objets physiques comme les logiciels, les capteurs et les autres dispositifs connectés à l'Internet utilisés pour échanger et suivre des informations en temps réel telles que la température, la qualité de l'eau, les émissions, les fumées, ou l'humidité.

[2] Sur la base des chiffres de la FAO, qui estime à environ 5 milliards d'hectares les terres agricoles mondiales – voir www.fao.org/sustainability/news/detail/en/c/1274219/.

[3] La coopération Sud–Sud est un « vaste cadre de collaboration entre les pays du Sud dans les domaines politique, économique, social, culturel, environnemental et technique. Impliquant deux ou plusieurs pays en développement, elle peut s'établir sur une base bilatérale, régionale, intrarégionale ou interrégionale. Elle permet aux pays en développement de partager leurs connaissances, leurs compétences, leur expertise et leurs ressources pour atteindre leurs objectifs de développement grâce à des efforts concertés. » (UNOSSC, sans date[136])

[4] La coopération triangulaire est une « collaboration dans laquelle les pays donateurs traditionnels et les organisations multilatérales facilitent les initiatives Sud-Sud par la fourniture de mécanismes de financement, de programmes de formation et de gestion et de systèmes technologiques ainsi que d'autres formes de soutien » (UNOSSC, sans date[136]).

www.ingramcontent.com/pod-product-compliance
Lightning Source LLC
LaVergne TN
LVHW080630011026
849160LV00014B/1173